Pablo Neruda

파블로 네루다

Pablo Neruda

파블로 네루다

애덤 파인스타인(Adam Feinstein) 지음

김현균 · 최권행 옮김

대한민국, 서울, 학이시습, 2025

일러두기

- 이 책은 ≪Pablo Neruda: A Passion for Life≫(Bloomsbury, 2004)를 저본으로 삼았습니다.
- 각주는 원서에 있는 것이고, 옮긴이가 붙인 주석은 본문 괄호 안에 넣고 내용 뒤에 '옮긴이 주'라고 표시했습니다.
- [ ]와 ( )의 쓰임은 원서를 따랐습니다.
- 외래어 표기는 현행 한글어문규정의 외래어표기법을 따랐습니다.
- 원서의 오류는 옮긴이가 바로잡아 번역에 반영하였습니다.

감사의 말

옥스퍼드 대학 세인트 캐서린 칼리지에 재직하고 있는 로버트 프링밀 교수의 관대한 후원이 없었다면 이 전기는 존재하지 않았을 것이라고 해도 과언이 아니다. 나는 그의 우정과 호의에 많은 은혜를 입었다. 그는 친절하게도 매우 귀중한 자료를 빌려주었고, 그의 시간, 연구, 조언, 칠레에서 접촉해야 할 사람들의 명부 그리고 파블로 네루다와의 우정에서 비롯한 개인적인 일화를 제공해 주었다. 또 로버트는 이 책의 원고를 읽어 주면서 많은 메모를 남겼고 부적절한 번역을 바로잡아 주었다. 물론, 아직도 오류가 남아 있다면 그것은 어디까지나 나의 탓이다.

또한 산티아고에 있는 파블로 네루다 재단에 무한히 감사한다. 재단은 칠레에 머무는 동안 나에게 도움을 준 네루다의 그 밖의 친구들과 친척들을 접촉할 수 있게 주선해 주었다.

윈게이트 재단과 레버흄 트러스트의 지원 덕분에 칠레, 스페인, 러시아를 여행하면서 기록 문서를 조사할 수 있었다.

칠레의 문화 저널 ≪로시난테≫의 편집장 호세 미겔 바라스에게 감사한다. 그는 놀라운 식견으로 더없이 유용한 이름과 전화번호를 건네주었다.

산티아고의 국립 도서관에서 후안 카밀로 로르카가 베풀

어 준 도움을 고맙게 생각한다. 그는 나를 도서관에 소장된 방대한 네루다 관련 파일로 일일이 안내해 주었다. 바르셀로나 시립 도서관과 런던 국립 문서 보관소 직원들에게도 감사한다. 그들은 인내심을 가지고 많은 관련 문서의 소재를 찾아 주었다.

헤이그의 캐슬린 보트허버트에게 많은 빚을 졌다. 그녀는 네루다의 첫 부인 마루카의 삶에 관한 주목할 만한 연구를 수행하였고, 앞서 공개된 적이 없는 많은 세부 사항을 밝혀냈다. 또 이 연구 분야에서 도움을 준 아나벨 토레스에게도 감사의 마음을 전한다.

네루다의 스페인 시절에 관한 정보를 제공해 준 칠레의 훌리오 갈베스, 네루다의 1964년 노벨상 수상 저지를 위한 성공적인 캠페인에 대한 증거 자료를 함께 나눈 프랜시스 스토너 손더스에게도 깊이 감사한다.

칠레에서 네루다에 대한 기억과 통찰을 기꺼이 나누어 준 이들에게도 고마움을 표해야 한다. 볼로디아 테이텔보임, 마르가리타 아기레, 아이다 피게로아, 세르히오 인순사, 이네스 발렌수엘라, 이네스 피게로아. 산티아고의 폴리 델라노, 프란시스코 벨라스코, 마리 마트너, 사라 비알, 빅토르 페이, 로세르 브루, 호세 발메스, 마리아 갈베스, 빅토리아 라고, 페데리코 쇼프, 로돌포 레예스 그리고 이르마 파체코. 발파라이소의 프란시스코 벨라스코와 마리 마트너. 테무코의 후안 카를로스 레예스, 베르나르도 레예스 그리고 리디아 에레라. 라스 크루세스의 니카노르 파라.

네루다의 친구이자 비서, 전기 작가인 마르가리타 아기레에게 각별한 감사의 마음을 전한다. 산티아고에서 몇 차례 그녀를 만난 적이 있는데, 애석하게도 2003년 12월에 세상을 떠나고 말았다.

칠레의 시인이자 저널리스트인 사라 비알에게도 특별히 고마움을 표해야 한다. 나는 비냐 델 마르에서 그녀와 오래도록 유익하고 유쾌한 대화를 나누었고, 그녀는 귀중한 증거 자료를 손에 넣을 수 있게 도와주었다.

1966년 뉴욕 국제 펜클럽 대회를 조직했던 경험과 네루다가 미국에 체류하는 동안 그에게서 받은 개인적 인상을 함께 나눈 아서 밀러에게 깊이 감사한다.

또 여러 차례에 걸친 네루다의 구소련 방문에 대해 매우 귀중한 식견을 제공해 준 모스크바의 베라 쿠테이시코바의 도움에 깊이 감사한다. 아울러 모스크바 국립 문서 보관소 직원들의 도움에도 감사한다.

또한 네루다에 관한 여러 중국어 텍스트를 번역한 류홍빈이 베풀어 준 도움에 고마운 마음을 전한다.

칠레에 남아 있는 네루다의 세 채의 집 – 라 차스코나, 이슬라네그라, 라 세바스티아나 – 에서 일하는 직원들에게도 고마움을 표하고 싶다. 그들은 내가 오랜 시간 건물과 그 주변을 둘러보고 사진을 찍을 수 있게 허락해 주었다.

또 런던 대학의 라틴아메리카 문학 교수인 제이슨 윌슨에게도 감사를 표한다. 그는 이 책을 집필하는 동안 나와 수없이 열띤 토론을 나누었고 많은 유용한 자료를 빌려주었다.

에르난 로욜라가 펴낸 새로운 판본의 네루다 『전집』에도 고마움을 표해야 한다. 이 책은 한결같이 정보와 기쁨의 원천이 되었다.

또 이 기획에 시종일관 열의를 보여 준 리즈 콜더와 알렉산드라 프링글, 나의 에이전트 빅토리아 홉스 그리고 거친 글을 매끄럽게 다듬어 준 블룸즈버리 출판사의 편집자들인 빌 스웨인슨과 빅토리아 밀러에게도 고마움을 전한다.

애덤 파인스타인(Adam Feinstein)

머리말

수많은 세상 사람들의 삶을 풍요롭게 했고 세상을 떠난 지 30년이 넘은 지금까지도 여전히 그렇다고 말할 수 있는 시인은 극히 드물다. 칠레의 시인 파블로 네루다는 그런 사람이다. 네루다는 20세기의 가장 위대한 스페인어권 시인의 한 사람이었으며, 그의 작품의 아름다움은 과거에 그랬던 것처럼 사회 정의를 향한 열정, 삶에 대한 사랑과 더불어 오늘날에도 살아 숨 쉬고 있다.

거의 반세기 전인 1971년 네루다가 노벨 문학상을 수상했을 때, 연인들은 세계 곳곳에서 『스무 편의 사랑의 시와 하나의 절망의 노래』의 시구들로 서로에게 사랑을 고백했다. 더 많은 사람들이 『기본적인 송가』의 우아하고 감동적인 수수함, 『지상의 거처』의 난해한 아름다움, 『모두의 노래』의 서사시적 장대함, 『에스트라바가리오』의 근사한 해학적 자조 그리고 이후의 연애시의 강렬한 서정을 통해 황홀경에 빠졌다.

네루다의 정치적 신념－1956년 이후로는 사건들에 연루되어 점차 더 큰 곤란을 겪게 되었지만, 그는 오랫동안 스탈린주의자였다－은 더 이상 유효하지 않을지도 모른다. 그러나 2004년 7월 그의 탄생 100주년이 눈앞에 다가온 지금, 그의 근원적인 휴머니즘은 여전히 현대적 의미를 지닌다.

네루다는 20세기의 지구를 가득 채웠고 가르시아 로르카, 피카소, 엘뤼아르, 아라공, 예렌부르크를 비롯한 20세기의 가장 매혹적이고 영향력 있는 명사들과 가깝게 교우했다.

그의 삶의 이야기는 경이롭다. 네루다는 단지 한 사람의 시인, 외교관, 정치가가 아니었다. 그는 포도주(특히, 칠레산), 여자(그는 세 명의 부인과 수많은 연인을 가졌다) 그리고 노래를 뜨겁게 사랑했다. 내전이 한창이던 마드리드에서는 용기 있게 공화파를 지지하다 외교관직을 박탈당하기도 했고, 공화파 난민 2000명을 낡은 어선 위니펙호에 실어 칠레로 수송함으로써 그들의 생명을 구했다. 조국의 압제적인 지도자를 피해 은신하던 세월과 말을 타고 안데스산맥을 넘어 죽음을 무릅쓰고 아르헨티나로 탈출한 일은 그 자체만으로도 한 권의 책이 될 것이다. 탈출 과정이나 그 이후에 그가 종종 시의 힘과 살아 있다는 더없는 기쁨을 통해 가까운 친구들은 물론이고 심지어 정적들로부터도 열렬한 지지를 얻었다는 것은 의미심장하다. 3년간의 유럽 망명 중에는 이탈리아 당국을 성공적으로 따돌리고 곤돌라를 타고 베네치아로 들어가기도 했다. 칠레로 돌아간 뒤에는 대통령 후보로 지명되었으나 살바도르 아옌데를 위해 후보직을 사퇴했다.

네루다는 그가 만난 사람들 대부분을 사로잡았다. 가르시아 로르카는 인상적으로 그를 “잉크보다 피에 더 가까운” 시인으로 불렀다.

네루다는 또한 대단히 복잡한 인물이었다. 그는 자신을 “파블로 네루다… 나의 가장 불충한 적”이라고 부르면서 자기모순을 인정했다. 이러한 모순의 해명을 시도한 이 책은 참고 자료의 인용이 풍부한, 영어로 쓰인 최초의 네루다 전기다. 그 외에 유일하게 충실한 네루다 전기로는 그의 절친한 친구인 볼로디아 테이텔보임이 1984년 모스크바에서 쓴 것을 꼽을 수 있는데, 여기에서 작가는 필수적인 자료를 참조하지 않고 있으며 네루다의 성격과 정치적 교우 관계의 부정적 측면을 눈에 띄게 그럴싸한 말로 얼버무리고 있다.

파블로 네루다는 장폴 사르트르와 정반대되는 인물이었다. 사르트르가 그를 둘러싼 세계에 구토를 느꼈다면, 네루다는 고통스러운 지병이 막바지에 이른 순간에도 기쁨을 느꼈다. 사르트르가 삶의 본질적 무의미성을 받아들임으로써 개인적 자유를 발견하라고 가르쳤다면, 네루다는 인간―특히, 작가들―에게는 삶을 끌어안고 사회 정의의 추구에 매진할 책무가 있다고 느꼈다. 오늘날 우리가 살고 있는 지구촌에서 사르트르의 메시지는 한없이 공허하고 쉽게 받아들여지지 않는다. 반면에 인간적 연대에 대한 네루다의 요구는 그 어느 때보다 호소력이 강하다.

흐루쇼프의 해빙기에 스탈린주의를 거역했지만 네루다의 절친한 친구로 남은 러시아 시인 예브게니 옙투셴코는 1973년 칠레의 시인이 죽고 며칠 뒤에 심금을 울리는 「네루다에게 보내는 편지」를 썼다.

…오늘 나는 네루다를 본다
그는 언제나 정중앙에 있다
또 흔들림 없이,
사람들에게 자신의 시를 실어 나른다
한 덩이 빵처럼
소박하고 평온하게.[1)]

---

1) Yevgeny Yevtushenko, 'The Face Behind the Mask', trans. Arthur Boyars and Simon Franklin, *New Poems* (Marion Boyars, London, 1979).

차례

나의 가족에게

1.
비밀, 그림자, 포도주 그리고 비
1904~1920

파블로 네루다는 1904년 7월 12일 "포도밭의 녹색 머리칼이 곱슬거리는"[1] 칠레 중부의 포도주 산지 파랄에서 리카르도 엘리에세르 네프탈리 레예스 바소알토로 태어났다. 교사이던 그의 어머니 로사는 이미 서른여덟의 나이였다. 출산하고 정확히 두 달 이틀이 지난 1904년 9월 14일 그녀는 사망했다. 산욕열로 인해 사망한 것으로 추정되지만, 틀림없이 분만으로 몸이 허약해진 상태였을 것이다. 그는 자신을 세상에 나오게 해 준 여인을 영영 알지 못했다.

네루다의 아버지 호세 델 카르멘 레예스 모랄레스 역시 태어나면서 온화하고 차분한 어머니 나탈리아 모랄레스 에르모시야를 잃었다. 호세 델 카르멘의 아버지는 기질과 성격이 딴판인 여자와 재혼했다. 장난기 어린 유머 감각을 지닌

1) Pablo Neruda, 'Nacimiento', *Memorial de Isla Negra* (Losada, Buenos Aires, 1964).

강건한 여자였던 엔카르나시온 파라다는 호세 델 카르멘의 아버지와의 사이에서 자그마치 열세 명의 아이를 낳았는데, 모든 자녀에게 성서상의 이름을 지어 주었다.

스무 살이 되자 수염을 기른 당당한 풍채와 건장한 체격의 호세 델 카르멘은 기묘하게도 벨렌(베들레헴)으로 이름 붙여진 파랄의 자그마한 가족 소유지에 하나같이 성서상의 이름을 가진 이복형제 일족을 남겨 두고 일을 찾아 150마일 가량 떨어진 탈카우아노항으로 떠났다. 탈카우아노는 호세 발마세다 대통령의 지시로 댐이 건설된 후에 떠들썩한 산업 기지로 탈바꿈해 있었다.

네루다의 아버지는 로토(최하층민)가 아니었다. 결코 그렇지 않았다. 남미에서 로토는 보통 사람들과는 다르다. 로토는 칠레 캄포(시골)의 뒤떨어진 농부와 산티아고 교외의 전문 노동자를 연결하는 존재로 기능공이나 광부, 또는 더 나아가 전기 기사가 되기 위해 소유지를 떠난 사람들이다. 그러나 로토는 또한 전통적으로 기지가 넘치고 장사 수완이 좋다. 불행히도 호세 델 카르멘에게는 그런 수식어가 전혀 어울리지 않았다. 그는 일을 찾아 칠레 땅을 종횡무진 누비고 다녔던 것이다. 그는 정처 없이 유랑하다 국경을 넘어 아르헨티나의 한 지역으로 들어가기도 했다.

호세 델 카르멘은 그가 머물렀던 탈카우아노의 하숙집에서 수다쟁이 카를로스 메이슨 라이니케와 우정을 맺게 된다. 미국 출신의 기업가 지망생이던 그는 이제 막 싹트기 시작한 칠레의 철도 사업에 관심이 많았다. 철도망의 촉수는 급속하게 남쪽으로 뻗어 나가고 있었다. 메이슨은 호세의 막역한 친구가 되어 이내 파랄에 있는 호세의 소유지 벨렌을 자주 방문하게 되었다. 특히 그 지방에 살던 칸디아 마르베르데 가문의 딸인 미카엘라 칸디아를 만난 뒤로는 부쩍 발걸음이 잦았으며 나중에 그녀와 결혼하게 된다.

결혼 후에 메이슨은 사업을 확장하기로 했다. 그는 테무코역 주변 땅을 대규모로 매입했다. 테무코는 1만 명의 주민이 거주하던, 이제 막 번창하기 시작한 변경 도시였다. 이곳에서 메이슨은 특유의 추진력을 앞세워 소규모 호텔을 비롯한 몇몇 사업에 착수했다.

그의 젊은 친구 호세 델 카르멘이 탈카우아노의 작업장과 파랄에 있는 아버지 소유지를 오가며 으레 머무르곤 했던 곳이 바로 테무코의 이 호텔이었다. 또 그가 카를로스의 처제이자 미카엘라의 여동생인 트리니다드에게 마음이 끌린 것도 이곳에서였다. 이처럼 테무코를 잠깐씩 들러 가던 중에 호세가 트리니다드를 임신시킨 것 같다. 1895년 봄에 태어난 아이가 파블로의 이복형인 로돌포 레예스 칸디아였다.

이 추문이 세상에 알려지면 곤란했으므로 그는 부득이 테무코에서 멀리 떨어진 톨텐강 기슭의 코이푸에에서 출생하게 되었다. 로돌포는 그곳에 남겨진 채 열한 살 때까지 산파인 에스테르의 손에서 길러졌다. 원만하지 못했던 로돌포 부모의 관계는 거기서 중단되었고, 그 일은 가족의 비밀이 되

었다. 아주 최근까지도 로돌포는 네루다의 남동생으로 알려져 있었다.[2)]

4년 후 스물아홉 살이 된 호세 델 카르멘은 다른 여자에게 진심으로 사랑을 호소하기 시작했다. 로사 네프탈리 바소알토 오파소는 그보다 여섯 살 연상이었으며 파랄에서 교사로 있었다. 칠레 작가 마리아노 라토레 코우르트의 아버지 마리아노 라토레 엘로르드도우이는 파랄의 누메로 도스 학교에서 네루다 어머니의 학생이었다. 그의 부인 페르난디나 코우르트 역시 로사 네프탈리 바소알토 오파소를 만난 적이 있으며, 그녀를 "학생들에게 지극히 상냥했지만, 뻣뻣하고 도도하며 엄격한" 여자로 기억하고 있었다. 로사는 시를 쓰거나 작문을 하도록 학생들을 독려하길 좋아했으며, 학생들의 글을 고쳐 줄 때 "감정이나 아름다움을 묘사하기 위한 적확한 단어를 찾아내는 남다른 재능"을 보여 주었다. 페르난디나는 그녀를 교양 있는 여자로 기억했으며, 더욱이 그녀가 고전 작품을 낭송하는 것을 들은 적이 있다고 회고했다. 페르난디나의 말을 빌리면, 검은 옷차림에 높은 목소리와 초록빛이 감도는 캐묻는 듯한 눈을 지녔던 그녀는 "맵시 있는 여

---

2) 이 정보 및 다른 새로운 정보는 로돌포 레예스의 손자 베르나르도 레예스(Bernardo Reyes)가 그의 책 *Neruda—retrato de familia, 1904-1920* (Editorial de la Universidad de Puerto Rico, San Juan, 1996)에서 제공한 것이다. 로돌포는 여자와 오페라를 좋아했고, 세 번 결혼했으며, 여러 직업을 전전했다.

자"[3]였다.

아직 테무코의 트리니다드 칸디아의 매력에 빠져 있던 시절에, 호세 델 카르멘은 이따금 친목회에서 로사를 만났다. 그러나 그의 관심은 더 이상 깊어지지 않았다. 유일하게 남아 있는 로사의 사진을 보면 아름답다기보다는 호기심을 끄는 얼굴임을 알 수 있다. 그녀의 까만 눈, 곱슬곱슬한 검은 머리 그리고 부드럽고 정숙한 수줍은 표정은 호세에게 어머니의 모습을 떠올리게 했을 것이다.

두 사람은 1903년 가을에 결혼해 파랄의 산 디에고 거리에 정착했고, 1년 뒤에 장차 시인이 될 아이가 그곳에서 태어났다. 마리아노 라토레 엘로르도우이는 세기 전환기의 파랄을 이렇게 묘사한다.

> [파랄은] 더러운 잿빛 쓰레기 더미다. 굳이 특색을 대라면, 전혀 특색이 없다는 것이 특색이라고 생각한다. 그곳은 최근에 세워진 야영지 같은 인상을 주었다. 돌풍의 흔적이 남아 있는 벗겨진 벽들이 마치 겨울 지도처럼 보이는 특색 없는 견고한 집들. 여름의 흙먼지와 겨울의 진창… [그러나] 축제 기간이면 도시는 도취와 광란에 휩싸였다. 경마는 칠레 전역에서 온 사람들을 사로잡았고, 사

3) Jaime González Colville, 'Doña Rosa Basoalto, Mariano Latorre y Neruda', *Cuadernos,* Fundación Pablo Neruda, Santiago, No.29, 1997, pp.11-21에서 인용.

교 클럽에서는 밤낮 거금을 걸고 도박판이 벌어졌다. 그 곳의 가수와 매춘부들은 명성이 자자했다.4)

돈은 빠듯했다. 호세는 부지런한 사람이었지만 손바닥만 한 포도밭으로는 생계를 꾸릴 수 없었고, 당시 교사의 보수는 보잘것없었다. 그러나 두 사람은 행복했다. 로사는 시 낭송을 즐겼고, 비록 한 편도 남아 있지 않지만, 어쩌면 습작을 시도했을지도 모른다.5)

네루다의 조국 칠레는 심각한 경제적 어려움에 처해 있었다. 수십 년 동안 번영과 정치적 안정을 구가하던 칠레는 사회 불안으로 파멸 상태에 놓여 있었는데, 특히 북부 지방이 심했다. "칠레에는 인도보다 심한 카스트가 존재했고, 로토, 피헤(상류 계급), 아리비스타(벼락부자), 시우티코(거들먹거리는 사람)처럼 사람들 각각을 걸맞은 자리에 배치하기 위한 경멸적인 용어가 존재했다… 태어나면서 신분이 정해졌다. 사회적 지위가 내려가기는 쉬웠지만, 돈과 명예와 재능만으로 신분 상승을 꾀하기는 어려웠다. 그것은 여러 세대에 걸친 지속적인 노력을 요했다."6)

---

4) Mario Latorre Elordouy, 'Anécdotas y Recuerdos de Cincuenta Años', *Revista Occidente,* Santiago, No.81, October 1952, pp.37-44, and No.82, November 1952, pp.24-25.

5) Pablo Neruda, *Confieso que he vivido,* translated by Hardie St Martin as *Memoirs* (Souvenir Press, London, 1977), p.10.

그러나 20세기 초에 평범한 칠레 사람에게, 라틴아메리카의 다른 어떤 곳보다 공산주의 운동이 활발했던 이 나라는 결코 사회적 갈등의 온상이 아니었다. "모두들 금방 자신의 정확한 위치를 알았다. 칠레의 상류 계급은 대체로 유럽인들처럼 보인다. 그러나 사회 경제적 단계를 내려가면 토착적 성격이 두드러진다. 계급 의식이 얼마나 강한지 나는 자기 신분의 경계를 넘는 사람을 한 번도 보지 못했다."[7)]

아직 네프탈리(어머니의 두 번째 이름)로 알려진 파블로 네루다의 미래는 계급 상승보다 더 절박한 문제들을 안고 있었다. 그는 힘겨웠던 인생의 첫 시기에 줄곧 그 문제와 맞닥뜨려야 했다. 훗날 그의 아버지는 "어렸을 때 네프탈리는 수줍음을 많이 탔고 형편없는 약골이었다. 그는 대부분의 시간을 병상에서 보냈다. 심지어 목숨을 부지할 수 있을지 걱정을 했을 정도로 몸이 허약했다"[8)]라고 회고했다.

호세 델 카르멘은 아이를 직접 돌볼 수 없어 네프탈리를 할아버지인 호세 앙헬 레예스 에르모시야에게 맡겼다. 그는 열세 명의 친자식을 부양해야 했지만 경제적으로는 꽤 유복한 편이었다. 호세의 계모인 엔카르나시온 파라다는 서둘러 유모를 구하려고 했다. 그녀는 마리아 루이사 레이바라는 젊

---

6) Isabel Allende, *Paula* (Flamingo, London, 1996), p.6.

7) Ibid., p.61.

8) *La Bicicleta*, Santiago de Chile, July 1983, p.5에서 인용.

고 건강한 아낙을 찾아냈다. 어린 자식이 하나 있었지만 그녀는 기꺼이 새로운 신생아에게 젖을 물릴 수 있었다. 당시 칠레에서 경제적 여유가 있는 가정이라면 유모를 두는 것은 흔한 일이었다.

아이들이 우글거리는 집에서 네프탈리는 관심 끌기 경쟁을 펼쳐야 했다. 그의 할아버지는 다소 고압적인 데다 호되게 훈계조의 잔소리를 늘어놓았고, 아무 영문도 모르는 어린 네프탈리에게 불호령이 떨어지기 일쑤였다. 그러나 그의 할아버지는 그런대로 정이 많은 사람이었다.

많은 이주자들이 일자리를 찾아 칠레 북부의 초석 산지로 이동했지만, 호세 델 카르멘은 또다시 탈카우아노 댐 건설 현장에서 일하기 위해 남쪽으로 가기로 했다. 그는 몇 해 전 카를로스 메이슨을 만난 바로 그 하숙집에 거처를 정했다. 하숙집은 카탈루냐 출신의 톨라 가족이 운영하고 있었다. 그는 결혼한 지 1년 만에 아내를 잃은 슬픔에서 헤어나기 위해 파랄에서 떨어져 지내는 시간이 점점 많아졌다. 하숙집에 기거하는 동안, 그는 톨라 가족의 세 딸 중 하나인 아우렐리아에게 흉금을 털어놓았다. 그녀에게 로사를 잃은 슬픔과 코이푸에에 있는 아들 로돌포에 대해 얘기했다. 그는 로돌포가 태어나고 10년이 지나도록 아들 얼굴을 거의 보지 못했다. 상황을 '정상화'하는 문제에 대해 테무코에 있는 로돌포의 어머니 트리니다드와 상의해 보라고 조언해 준 사람은 이제 갓 성년이 된 아우렐리아였다.

트리니다드는 평소처럼 모든 것을 체념적으로 받아들였다. 로돌포의 아들 라울과 결혼한 리디아 에레라는 테무코에서 나에게 말하기를 "그분은 아주 말수가 적었고, 내내 듣기만 했습니다. 너무 순종적이라는 생각이 들었어요"[9]라고 했다.

그러나 호세가 로돌포를 방문한 일은 결과가 그다지 좋지 못했다. 아들은 아버지를 인정하기를 거부하고 톨텐 강변의 울창한 풀숲으로 달아났던 것이다. 현재 칠레의 주요 구리 회사 사장인 로돌포의 아들 로돌포 레예스는 이렇게 회고한다.

> 아버지는 나에게 시골에 살면서 동물의 세계를 알게 되었다고 했습니다. 퓨마의 눈을 응시했다고 했지요. 그분은 생명의 자연 언어를 이해했지만, 사람들이 데리러 오자 겁에 질려 그곳을 떠나지 않으려고 했어요.[10]

로사가 사망하고 2년이 지난 1906년, 네프탈리의 아버지는 트리니다드 칸디아 마르베르데와 결혼하기로 마음먹었다. 신혼부부는 카를로스 메이슨의 집으로 옮겨 갔고, "열 두서너 살의 거의 반(半)야만인이던"[11] 로돌포가 곧 그들과 합류했다.

---

9) Lidia Herrera, in conversation with AF, Temuco, April 2000.

10) Rodolfo Reyes, in conversation with AF, Santiago, March 2000.

11) Rodolfo Reyes, *Neruda—retrato de familia,* p.46.

어린 네루다와 이복형, 그리고 로돌포와 아버지의 관계는 원만하지 못했다. 베르나르도 레예스(네루다의 이복형 로돌포의 아들－옮긴이 주)가 말하기를, "아버지는 언제나 나에게 호세 델 카르멘 레예스 할아버지는 정말 무척 엄한 분이셨다고 말씀하셨다"라고 했다.

> 집에 도착하면 그분은 기차 호루라기를 불어 대며 지시를 내렸고, 한 치의 오차도 없이 지시 내용을 행동에 옮기느라 모두들 부산하게 움직였다. 그분은 대단히 권위적이었는데, 나의 아버지 로돌포에게 특히 더 심했다. 그건 아버지에게 장남으로서의 책무를 부여했기 때문이었다. 아버지는 아침에 파블로를 학교에 데려다주는 것도 임무의 하나였다고 하셨다. 등굣길에 파블로가 어찌나 "굼뜨고 멍청했던지" 아버지는 정말로 짜증이 나서 미칠 지경이었고, 파블로를 학교 건물 안으로 거의 밀어 넣다시피 했다고 한다.[12]

80년의 세월이 흐른 뒤에, 리디아 에레라는 호세 델 카르멘을 이렇게 기억했다. "친구들을 끔찍이도 좋아하는 아주 다정다감한 분이었어요. 친구들은 대부분 철도 노동자였는데, 그들도 모두 그분을 좋아했지요. 그렇지만 자식들에게

---

12) Ibid.

는 매우 엄했어요. 라우리타(네루다의 이복여동생 라우라의 애칭－옮긴이 주) 말로는, 손을 씻고 머리를 빗지 않으면 식탁에 앉지도 못하게 하셨대요."[13]

그러나 트리니다드는 더할 나위 없이 자애로운 계모였다. 어린 네프탈리는 언제나 그녀를 '마마드레(mamadre)'(네루다가 만들어 낸 신조어로 '또 한 분의 어머니' 정도의 뜻을 가지며, 시인이 의붓어머니를 친모처럼 가까이 느꼈음을 알 수 있다－옮긴이 주)로 불렀다. 그는 애정 어린 첫 시들을 그녀에게 바쳤고, 훗날 그녀를 "폭풍우 몰아치는 지역에서 수줍은 태양의 싱그러움처럼, 그녀의 요란한 나무 밑창 구두의 반짝이는 작은 램프처럼 감미롭다"[14]라고 기억했다. 그녀는 "부지런하고 다정했으며, 시골 아낙의 유머 감각과 끝없이 샘솟는 활기찬 선량함을 지니고 있었다".[15]

레예스 가족을 여러 차례 방문한 적이 있는 힐베르토 콘차 리포－곧 네프탈리의 학교 친구가 되며 훗날 자신도 후벤시오 바예라는 필명으로 시인이 된다－는 이렇게 말한다.

트리니다드가 파블로를 대하는 태도는 일반적으로 상상

13) Lidia Herrera, in conversation with AF, Temuco, April 2000.

14) Pablo Neruda, 'La Mamadre', *Memorial de Isla Negra.*

15) Pablo Neruda, 'Infancia y poesía', *El Tiempo,* Bogotá, 31 October 1971.

> 할 수 있는 계모의 모습과는 전혀 달랐다… 파블로의 아버지 호세 델 카르멘 레예스는 기품 있는 분위기의 고상한 분이었다. 그는 끝이 희끄무레한 턱수염을 약간 기르고 있었다… 그는 친절하고 관대했지만 파블로에게는 매우 엄했다. 도냐 트리니다드는 키가 작고 여위었으며, 의붓아들을 따뜻하게 대해 주었다. 그녀는 자나 깨나 심히 약골이던 파블로의 건강을 걱정하며 살았다.[16)]

또 재혼한 남편의 입장에서도 트리니다드는 탁월한 선택이었다. 그녀는 남편에게 헌신적이었을뿐더러 부유한 친척들을 통해 경제적으로도 집안에 보탬이 되었다. 호세 델 카르멘은 언제나 자발적인 장사꾼이었다. 그러나 결코 그다지 능력 있는 장사꾼은 못 되었다. 네루다는 회고록에서 아버지가 기차역에서 그에게 암탉을 팔려고 하는 아라우칸족 인디오 여인과 값을 흥정하려고 애쓰던 모습을 회상하고 있다.

> 물건값을 한 푼도 깎아 주지 않는 고집불통의 아라우칸족 여인 앞에서 암탉을 집어 들었을 때 아버지의 황금빛 염소수염은 정말 볼만했다.[17)]

---

16) Gilberto Concha Riffo (Juvencio Valle), *La Bicicleta*, p.6에서 인용.

17) Pablo Neruda, *Memoirs*, p.14.

호세 델 카르멘은 친구이자 이제는 친척이 된 카를로스 메이슨을 통해 테무코의 새로운 철도 회사에서 일할 것을 제의받았다.

오늘날 테무코는 옷가지와 음식을 파는 상점과 노점이 줄지어 늘어선 격자 모양의 거리로 이루어진 떠들썩한 현대적인 상업 도시다. 물론 중심지에서 몇백 야드만 벗어나면 지금도 우마차를 탄 마푸체족 인디오들이 간선 도로를 횡단하는 우선 통행권을 놓고 배기가스를 내뿜는 버스와 태연하게 경쟁하는 구역을 만날 수 있다. 네프탈리가 성장한 테무코는

> 역사는 짧지만 철물상은 즐비한 개척 도시의 하나였다. 인디오들은 글을 읽을 줄 몰랐으므로 철물상들은 한눈에 들어오는 간판을 길가에 내걸었다. 거대한 톱, 어마어마한 가마솥, 커다란 자물통… 그리고 좀 더 걸어가다 보면, 신발 가게 앞에 거대한 장화가 서 있었다.[18]

아라우칸족 인디오의 후예인 마푸체족은 테무코 변두리의 평원에 있는 정착지에서 살고 있었다. 그들은 새끼 양, 달걀, 직물 같은 물건들을 팔기 위해 테무코에 들어갔다가 저녁때면 자신들의 오두막으로 돌아가곤 했는데, 남자는 말을

---

18) Pablo Neruda, 'Las vidas del poeta', *O Cruzeiro Internacional,* Rio de Janeiro, 16 January 1962.

탔고 여자는 옆에서 걸었다.

네루다는 훗날 테무코에서 보낸 초기 유년 시절을 회상할 때마다 "잊을 수 없는 유일한 등장인물"은 비라고 말했다.

> 어떤 때는 몇 달이고 몇 년이고 줄곧 비가 내렸다. 비는 긴 유리 바늘처럼 주룩주룩 쏟아지며 지붕 위에서 산산이 부서지거나 투명한 파도로 창문을 후려쳤다. 집 하나 하나는 한겨울의 대양 위에서 천신만고 끝에 항구에 닿은 배였다. 아메리카 남부의 차가운 비는 채찍처럼 세차게 내리치다가 곧 푸른 하늘을 남기고 지나가는 따뜻한 스콜이 아니다. 오히려 남부의 비는 지칠 줄 모르고 잿빛 하늘에서 끝없이 쏟아져 내린다.[19)]

그의 유년은 "젖은 신발, 칡덩굴과 딱정벌레가 삼켜 버린 숲속의 부러진 나무줄기" 그리고 아버지의 "황금빛 턱수염"으로 수놓아진 세월이었다.

그의 아버지의 새 직업은 새로 건설하는 철도의 자갈 기차 운전사였다. 호세 델 카르멘의 천직이었다. 네루다는 훗날 "아버지는 형편없는 농사꾼이었고 탈카우아노 댐의 평범한 일꾼이었다. 그러나 뛰어난 철도원이었다. 그는 진정한 철도원이었다. 어머니는 밤이면 테무코역을 들고나는 기차

---

19) Ibid.

중에서 어느 것이 아버지 기차인지 분간할 수 있었다"[20]라고 회상했다. 새벽 4시에 교대 시간이 되어 호세가 귀가할 때면, "문이 흔들리고 집 전체가 진동했으며, 계단은 삐걱거렸고, 우렁찬 목소리가 험한 욕설을 쏟아냈다".[21] 심지어 네프탈리와 의붓누이 라우라가 아버지를 살해할 생각을 했을 만큼 때때로 그는 몹시 전횡을 휘둘렀던 것 같다.

이따금 네프탈리의 아버지는 그를 학교에서 불러내 함께 빗줄기와 진창을 뚫고 숲의 한복판으로 긴 기차 여행을 하기도 했다. 그것은 신비한 경험이었다. 레일이 폭우에 쓸려가지 않도록 기차로 자갈과 모래를 실어다 침목 사이에 깔았다. 일꾼들이 채석장에서 자갈을 파내야 했으므로 기차는 때때로 몇 주일 동안 계속 멈춰 서 있기도 했다. 그러면 네프탈리는 "더없이 눈부신 보물들인 거대한 양치류, 현혹적인 딱정벌레, 낯선 들새의 알을 품고 있는 원시림, 봄의 숲 옆에 멈춰 선 작은 집"[22]에서 아버지와 머무르곤 했다.

그것은 그에게 경이로운 세계를 펼쳐 보였다.

> 나는 그곳의 자연에 흠뻑 취했다. 분명 열 살 무렵이었지만 나는 이미 시인이었다. 아직 시는 쓰지 않았지만 나는

---

20) Pablo Neruda, 'Infancia y poesía'.

21) Pablo Neruda, 'El padre', *Memorial de Isla Negra.*

22) Pablo Neruda, 'Las vidas del poeta'.

새와 딱정벌레와 자고새의 알에 매료되었다. 깊은 골짜기에서 매끈하고 거무스름하면서 반짝이는 엽총 총신 색깔의 새알을 찾아낸 것은 기적이었다. 나는 곤충들의 완벽함에 입이 벌어졌다.[23]

기차 여행은 네프탈리가 자연뿐만 아니라 낯선 사람들과도 접촉할 수 있게 해 주었다. 그는 이들의 불길하고 난폭한 과거 생활을 그저 짐작할 수 있었을 뿐이었다. 이 사람들은 그가 일찍이 1926년에 시도한 산문픽션, 즉 간음과 난폭한 복수의 이야기를 담고 있는 중편 소설『거주자와 그의 희망』을 수놓았을 것이다. 네프탈리는 철도 노동자인 몽헤를 만났는데, 칼에 찔린 흉터가 얼굴을 위에서 아래로 가로지르고 있었다. 호세는 몽헤가 매우 위험한 인물이라며 주의를 주었다. 그런데 알고 보니, 그는 어린아이들을 귀여워했다. 그는 털투성이 거미, 산비둘기 새끼 따위를 가져다주며 소년의 호기심을 채워 주었다. 그중에서도 가장 인상적인 것은 알록달록한 딱정벌레였는데, 그는 빨간색, 보라색, 녹색, 노란색의 기억을 남기고 사라질 때까지 소년의 손에 딱정벌레를 올려놓고 있었다. 그런데 어느 날 몽헤 역시 자취를 감추었다. 네프탈리는 아버지에게 그가 어디로 갔는지 묻고 나서야 끔찍한 사고로 죽었다는 것을 알게 되었다. 몽헤는 기차에서 절

23) Ibid.

벽 아래로 굴러떨어져 목숨을 잃었다. 네프탈리는 그 얘기를 듣고 일주일 내내 펑펑 울었다.

테무코의 집으로 돌아갔지만 집안은 평온한 분위기와는 거리가 멀었다. 무엇보다, 당시에 변경 지역의 큰 건물들 대부분이 그랬듯이, 여러 개의 가족 숙소가 서로 통해 있었기 때문이다. 레예스 가문(호세 델 카르멘 쪽), 칸디아 가문(그의 부인 쪽), 메이슨 가문(그의 부인의 친척들) 사람들이 연장, 우산, 식탁, 의자 등속을 같이 사용했다.

가장 잊을 수 없는 순간은 메이슨 가문 구역에서 벌어진 잔치였는데, 통째로 구운 새끼 양, 강낭콩 샐러드, 풍성한 포도주 그리고 기타 음악이 흘러넘쳤다. 새끼 양은 아침에 도살되었는데, 소름 끼치게도 종종 누군가 어린 네프탈리에게 대야에 떨어지는 피를 마시라고 들이밀기도 했다. 텁수룩한 백발이 시인 에머슨을 빼닮은 가장 카를로스 메이슨은 부인 미카엘라 칸디아와 함께 분주하기 이를 데 없는 식탁 머리에 앉아 몸소 주인 노릇을 했다.

집안이 분잡했던 데는 호세 델 카르멘의 유난히 사교적인 성격 탓도 있었다. 철도원 동료들을 비롯한 술벗이 여의치 않은 날이면, 그는 거리에서 사람들을 끌어들여 식사를 함께 했다. 그리 사교적이지 못했던 트리니다드에게는 마음 편한 일이 아니었다. 남편 앞에서는 주눅이 들어 얌전히 침묵을 지켰지만, 그녀는 기품이 넘쳤다.

그녀는 최대한 체면을 차려야 할 처지였다. 또 다른 비밀이 언제든지 결혼 생활을 위험에 빠뜨릴 수 있었던 것이다.

장기간 집을 비울 때면 호세 델 카르멘은 계속해서 탈카우아노의 하숙집으로 아우렐리아 톨라를 찾아갔다. 처음에는 십 대를 갓 지난 아우렐리아가 가까운 친구에 지나지 않았지만, 이제 한창 꽃이 핀 그녀는 어느덧 매혹적인 처녀가 되어 있었다. 마흔 살의 호세는 그녀에게 끌렸고, 다시 한번 뜻밖의 신속한 결과를 가져왔다. 아우렐리아가 임신을 해서 라우라를 낳은 것이다.

네루다의 사랑하는 여동생 라우라[그는 코네히타(작은 토끼)라는 애칭으로 부르면서 세계 곳곳에서 '라우리타'에게 자주 편지를 썼다]는 사실 배다른 누이였지만, 이 사실은 그에게 숨겨졌다. "온화하고 말이 없던 트리니다드는 이 관계에 대해 결코 알지 못했거나, 아니면 알고 싶어 하지 않았을 것이다. 그녀는 어린 네프탈리와 로돌포에게 사랑을 듬뿍 쏟으며 혼령처럼 집 안을 돌아다녔다."[24)]

처음에 라우리타는 나머지 가족들과 떨어져 산 로센도라고 불리는 소도시에서 탈 없이 잘 지냈다. 이따금 그녀는 어머니 아우렐리아에게 아빠가 어디에 있는지 묻곤 했다. 그사이에 아우렐리아가 점차 출세하겠다는 결심을 굳히면서 호세와의 관계가 악화한 것으로 보인다. 그녀는 결국 트리니다드가 테무코에서 라우리타를 친딸처럼 키울 수 없는지 그 가

---

24) Rodolfo Reyes, *Neruda—retrato de familia*, p.48.

능성을 타진했다.

호세가 부인에게 돌아가 모든 사실을 털어놓았을 때, 놀랍게도 그녀는 그 새로운 사실과 라우리타를 자식으로 들여야 하는 상황을 아주 담담하게 받아들였다. 네프탈리와 라우리타는 금세 매우 친해졌다. 그는 몸이 아플 때면 언제나 그녀에게 창밖에서 일어나고 있는 일들을 세세히 설명해 달라고 부탁했다. 그런데 그는 라우리타에 관한 진실을 눈치챘을까?

분명 어렴풋이 느꼈을 것이다. 네루다의 세 번째 부인 마틸데 우루티아에 따르면, 한번은 그가 라우리타와 그 문제를 거론하려 했지만, 그녀가 급히 대화를 끊고 울면서 방으로 뛰어갔다고 한다. 네루다는 사랑하는 라우리타에게 상처를 입힌 것에 질겁해 다시는 그 문제를 입 밖에 내지 않았다.[25]

겨울에는 집이 몹시 추웠다. 테무코의 집들이 흔히 그렇듯, 목조 건물은 서둘러 세워졌고 비는 함석지붕 위로 끝없이 쏟아졌다. 때때로 네프탈리는 잠을 자다 말고 깨어나 창밖을 바라보았는데, 맞은편 집의 지붕이 바람에 날아간 것이 보이곤 했다. 그런 일은 다반사였다.

여섯 살이 되던 1910년에 네프탈리는 테무코의 남자 초등학교에 입학했다. 시골이었지만 학교 친구들의 분포는 유럽 이민자의 대규모 유입으로 칠레 사회가 얼마나 국제적이 되었는지를 잘 보여 주었다. "학교 친구들은 슈나케, 셸러,

---

25) Ibid., p.50.

하우저, 스미스, 타이토, 세라니 따위의 이름을 가지고 있었다. 알발라나 프랑코 같은 스페인계 유대인의 이름을 가진 아이들도 있었다. 또 맥귄티 같은 아일랜드인의 이름이나 야니셰프스키 같은 폴란드인의 이름도 있었다… 이따금 우리는 폐쇄된 커다란 헛간에서 도토리를 가지고 싸웠다. 도토리에 맞아 보지 않은 사람은 얼마나 아픈지 알지 못할 것이다."[26]

힐베르토 콘차 리포 – 훗날의 시인 후벤시오 바예 – 는 네프탈리를 말이 없고, 깡마르고(그의 별명은 '정강이뼈'였다), 우울하고, 얼빠진 공상가로 기억했다. 그러나 틀림없이 계모는 이미 그에게 읽는 법을 가르쳤고, 그때 벌써 그는 주의 깊은 자연의 관찰자였다.

바예는 네프탈리가 늘 친구들의 뜀박질 놀이에 끼지 못했던 것으로 기억했다. "너무 왜소하고 깡말랐기 때문이었다. 공놀이를 할 때면 아무도 그를 자기편으로 끌어들이지 않았다. 그는 말수가 적은 얌전한 아이였고, 구석에 앉아 조그마한 이야기책을 읽곤 했다… 그는 작은 것들(이상한 돌, 나뭇조각, 곤충)에 대해 끝없는 호기심을 가지고 있었다. 그리고 그는 결코 그 호기심을 잃지 않았다."[27]

또 다른 급우인 루이스 움베로 세르다 역시 같은 기억을 가지고 있었다. "네프탈리는 축구를 지독히 못했다. 그는 결

---

26) Pablo Neruda, 'Infancia y poesía'.

27) Concha Riffo, *La Bicicleta*, p.5에서 인용.

코 공을 건드릴 수 없었다. 우리는 풀과 곤충을 찾아 강 아래쪽으로 소풍을 가곤 했다. 그는 책을 좋아했고, 특히 쥘 베른을 즐겨 읽었다. 그는 필체가 엉망이었다."[28]

그는 또한 수학에도 젬병이었다. 그러나 다행히 친구인 알레한드로 (사샤) 세라니의 도움을 받았다.

그의 또 다른 초등학교 친구 헤라르도 세겔은 훗날 칠레 최초의 공산주의 지식인의 한 사람이 되었다. 네프탈리가 처음으로 정치를 목격한 것은 제1차 세계대전이 발발한 열 살 때였다. 그는 급우들이 연합국을 지지하는 아이들과 반대 입장을 취한 독일 이민자 자녀들로 갈리는 것을 보았다. 그러나 정치는 아직 어린아이였던 당시의 네루다의 삶에 큰 영향을 끼치지 못했다. 파장이 바다 건너까지 전해진 1917년 러시아 혁명의 격변조차 별 영향을 주지 못했다.

또 다른 학교 친구 디에고 무뇨스는 회고록에서 이 시절을 이렇게 회상하고 있다.

> 우리는 그 사건[러시아 혁명]에 대해 명확한 개념이 없었고, 몇 년이 지나서도 사정은 마찬가지였다. 그러나 우리는 그 결과의 하나를 즐겼다. 위대한 러시아 작가들의 작품이 우리 언어로 번역되어 유포되었는데, 분명 이 작품들은 문명화된 인류가 무엇을 '상실하고' 있는지를 낱낱

28) Ibid.

이 보여 줄 목적으로 널리 보급되었다. 이 문학은 우리에게 커다란 영향을 끼쳤다.[29)]

네프탈리의 주된 관심사는 어떻게 하면 몸을 따뜻하게 유지할 수 있을까 하는 것이었다.

우리는 추위와 비에도 아랑곳하지 않고 오솔길을 따라 띄엄띄엄 놓인 돌을 밟으며 학교에 걸어가곤 했다. 바람에 우산이 날아갔다. 비옷은 비쌌고 난 장갑 끼는 것을 좋아하지 않았다. 신발은 비에 흠뻑 젖었다. 화롯가에 널어놓은 젖은 양말과 작은 기관차처럼 김을 내뿜던 빼꼭한 신발을 영원히 잊지 못할 것이다. 때때로 홍수가 닥쳐 찢어지게 가난한 사람들이 살던 강가의 마을들을 휩쓸어 버렸다. 대지 역시 부들부들 떨며 흔들렸다.[30)]

그는 아버지의 연녹색 모자를 즐겨 쓰고 다녔는데, 바람이 세차게 불던 어느 날 영영 잃어버리고 말았다.

그러나 봄이 오면 테무코는 매혹적으로 변했다. 그는 학교 친구들과 함께 물에 젖는 것도 아랑곳하지 않고 카우틴강

---

29) Diego Muñoz, 'Pablo Neruda: vida y poesía', *Ediciones de la Revista Mapocho,* Biblioteca Nacional, Santiago, Vol.2, No.3, 1964.

30) Pablo Neruda, 'Las vidas del poeta'.

으로 달려 내려가 발을 담그곤 했다.

테무코의 여름은 "노란빛이었고 타는 듯이 뜨거웠다".[31] 그의 아버지는 종종 그를 시원한 푸에르토 사베드라 해변으로 데려가곤 했다. 해변에 누워 잠을 잘 수 있도록 집에서 돗자리를 가져갔다. 네루다는 결코 푸에르토 사베드라를 잊지 않았다. 그가 펭귄과 부디호(湖)의 야생 백조를 처음 본 것도, 모래투성이 무화과 열매를 먹은 것도 바로 그곳에서였다.

> 우리는 호숫가에서 숭어를 낚거나 작살이나 창으로 물고기를 잡았다. 작살을 높이 치켜들고 꼼짝 않는 밀렵꾼들, 번쩍이는 창 그리고 이어 몸부림치는 물고기를 지켜보는 것은 매혹적이었다. 또한 그곳에서 나는 종종 홍학이 처녀지를 가로질러 하늘을 장밋빛으로 물들이며 날아가는 것을 보았다.[32]

레예스 가족은 푸에르토 사베드라에 가면 호세 델 카르멘의 농부 친구 오라시오 파체코의 집에서 묵었다. 세월이 흐른 뒤에 네루다는 1964년 시집 『이슬라네그라의 추억』에서

31) Ibid., p.24.

32) Pablo Neruda, *Para nacer he nacido,* edited by Matilde Urrutia and Miguel Otero Silva (Edicion Planeta, Santiago, 1978), translated by Margaret Sayers Peden as *Passions and Impressions* (Farrar, Staus and Giroux, New York, 1983), p.241.

파체코 가족의 집에 머물던 일을 다정하게 회상했다.[33] 오라시오 파체코는 입에 호루라기를 문 네루다의 아버지가 네프탈리와 라우라의 손을 억세게 움켜잡고 차가운 거친 바다로 줄지어 들여보내는 장면을 목격한 적이 있다고 기억했다.[34]

그 시절의 몇 안 되는 생존자 중 한 명인 오라시오 파체코의 딸 이르마는 나에게 푸에르토 사베드라의 집 주변에서 네프탈리와 함께 놀았던 일을 말해 주었다.

> 그가 나를 번쩍 들어 올리자 어머니는 나를 떨어뜨릴까 봐 등골이 오싹해지셨지요. 어머니는 "그러다 기어이 네가 애를 잡겠구나" 하고 소리치셨어요. 한번은 실제로 나를 바닥에 떨어뜨렸고, 그것으로 그 놀이는 끝이 났습니다. 그러나 세월이 흐르고 나서 다시 만났을 때, 네루다는 와서 무릎에 앉으라고 말하곤 했지요. 푸에르토 사베드라에서 그는 늘 그랬거든요. 그는 매우 다정다감했어요.[35]

이르마 파체코는 또 이 무렵에 네프탈리가 이미 시를 쓰

33) Pablo Neruda, 'Las Pacheco', *Memorial de Isla Negra.*

34) Rodolfo Reyes, *Neruda—retrato de familia,* p.64.

35) Irma Pacheco, in conversation with AF, Santiago, April 2000.

고 있었고, 그의 아버지는 질색을 하였던 것으로 기억한다. "그는 해변이나 작은 보트에서 글을 쓰곤 했는데, 들어와서 점심 먹으라고 애써 아들을 부를라치면 그의 아버지 입에서는 '그놈은 제정신이 아니야'라는 말이 절로 튀어나왔지요."[36]

푸에르토 사베드라에서 맛본 또 다른 즐거움은 해변을 따라 말을 타는 것이었다. 십 대 초반의 네프탈리에게 말타기는 관능적인 쾌감을 주었다. "내 고향에 말을 타고 바닷가를 질주하는 것보다 더 멋진 것은 없었다."[37]

어린 네프탈리는 푸에르토 사베드라에 있는 도서관에 한층 마음이 끌렸다. 도서관은 아우구스토 윈터라는 시인이 운영하고 있었는데, "꾀죄죄한 짧은 수염과 그 위로 사랑 가득한 두 눈"[38]을 가진 땅딸막한 사람이었다. 가공할 1960년의 지진과 거대한 해일로 푸에르토 사베드라가 초토화되었을 때, 책들은 바닷가 모래 위에 흩어진 채 발견되었다.

아우구스토 윈터는 어린 네프탈리의 사고에 큰 영향을 끼쳤다. 태평하고 자유분방했던 그는 엄격하고 준엄한 전통주의자인 호세 델 카르멘과는 판이했다. 도서관 사서로 일하기 전에 그는 임페리알강을 항해하는 작은 증기선의 수리를 담당한 정비사였다. 푸에르토 사베드라 시청의 서기 겸 회계원

---

36) Ibid.

37) Pablo Neruda, *Passions and Impressions,* p.241.

38) Ibid.

으로 일하기도 했던 윈터는 당대의 여러 일류 시인들과 정기적으로 서신을 주고받았던 매우 교양 있는 사람이었다.

> 아우구스토 윈터는 나의 문학적 탐욕에 혀를 내둘렀다. 그는 "그걸 벌써 다 읽었니?"라고 물으며 바르가스 빌라의 새 책과 입센의 책, 로캉볼 연재소설을 건네주었다. 나는 타조처럼 가리지 않고 모든 것을 삼켜 버렸다. 아우구스토 윈터는 이제껏 내가 본 최고의 도서관 사서였다. 그의 방 한가운데에는 톱밥 난로가 놓여 있었는데, 나는 긴긴 겨울날에 쓰인 세상의 모든 책을 읽을 운명을 타고난 사람처럼 거기에 눌러앉아 그 여름의 석 달을 보냈다.[39]

네프탈리는 빅토르 위고부터 막심 고리키까지, 세르반테스부터 보들레르까지 어떤 책이든 손에 집히는 대로 게걸스럽게 읽어 치웠다. 그는 하루에 책을 세 권씩 읽었다고 했다. 버펄로 빌의 무용담을 읽었다. 그는 인디오를 죽인다는 이유로 서부극의 주인공을 좋아하지 않았지만, 한 동료 기수의 기술에는 경탄했다.

나중에 감수성이 예민한 어린 네프탈리를 사로잡은, 푸에르토 사베드라의 가장 큰 매력은 그와 마찬가지로 가족과

---

39) Ibid.

함께 바닷가로 휴가를 온 소녀 테레사 바스케스였다. '테루사'로 불린 그녀는 『스무 편의 사랑의 시와 하나의 절망의 노래』에 실린 여덟 편의 시에 영감을 주었으며, 다른 시에서 네루다는 그녀를 "양귀비꽃 사이에 핀 테루사, 첫 아픔의 검은 불꽃"[40]으로 회상하고 있다.

사실, 네프탈리는 동네 대장장이의 딸 블랑카 윌슨에게 푹 빠진 학우에 대한 호의로 시라노식(시라노는 1950년에 제작된 스탠리 크레이머의 동명 영화에 등장하는 17세기 프랑스 기사로 크리스티앙을 대신해 연애편지를 써서 록산에 대한 자신의 사랑을 표현한다－옮긴이 주) 첫 연애편지를 썼다. 그녀가 의심을 품고 네프탈리에게 편지를 쓴 장본인이 그가 아니냐고 물었을 때, 선뜻 아니라고 부인할 용기를 내지 못했다. 그녀는 사랑의 편지에 대한 답례로 그에게 마르멜로 열매를 건넸다. 그는 그것을 먹지 않고 소중히 간직했다. "나는 이렇게 친구 대신 소녀의 마음을 차지하게 되었고, 그녀에게 끝없이 사랑의 편지를 보내면서 계속 마르멜로 열매를 받았다."[41]

우리가 네루다의 회고록을 신뢰한다면 － 이제껏 쓰인 가장 유쾌한 회고록의 하나지만 동시에 곳곳에 전적으로 신뢰할 수 없는 부분이 있다 － 그가 처음으로 진지하게 이성

40) Pablo Neruda, 'Amores: Terusa (I)', *Memorial de Isla Negra.*

41) Pablo Neruda, *Memoirs,* p.12.

의 매력에 눈뜬 것은 아마도 두 소녀를 통해서였을 것이다. "내가 내성적이고 과묵한 것만큼이나 조숙하고 극악무도했던"[42] 그녀들은 테무코에 있는 그의 집 맞은편에 살았다. 수줍은 성격이었음에도 하루는 그녀들을 쳐다보지 않을 수 없었다. 그를 현혹하는 무언가를 손에 들고 있었던 것이다. 가까이 다가가 보니 터키옥의 푸른빛을 띤 작은 새알이 몇 개 들어 있는 들새 둥지였다. 그가 둥지를 잡으려고 하자, 그녀들 중 한 명이 먼저 그의 옷 속에 손을 넣어 더듬게 해 줘야 한다고 말했다. 네프탈리는 겁에 질려 달아났고, 아버지 소유의 빵집으로 이어지는 골목길로 접어들었다. 뒤쫓아 온 소녀들이 막 그의 바지를 벗기기 시작했을 때, 아버지의 발자국 소리가 들렸다. 네프탈리와 그를 덮친 소녀들은 계산대 뒤에 몸을 웅크린 채 숨을 죽이고 있었다.

그는 열한 번째 생일을 2주일 앞두고, "전에는 느껴 보지 못한 감정인 깊은 불안, 일종의 고뇌와 슬픔에 사로잡혀"[43] 첫 시를 썼다. 그 시는 "천사 같은" 그의 새엄마에게 바쳐졌다. 그는 자신이 쓴 시의 수준을 확신할 수 없어 종잇장을 흔들며 부모에게 달려갔다.

두 분은 식당에서 아이들의 세계와 어른들의 세계를 강

42) Ibid.

43) ibid., p.20.

물보다도 더 확연히 갈라놓는 숨죽인 대화를 나누고 계셨다. 나는 여전히 뮤즈의 첫 방문에 흥분해서 몸을 떨며, 시 구절이 적힌 종이쪽지를 부모님 앞에 내밀었다. 아버지는 무심하게 받아 들고는 건성으로 읽으시더니 아무 생각 없이 돌려주시며 "그걸 어디서 베꼈니?" 하고 물으셨다. 그러고는 낮은 목소리로 먼 옛날의 거창한 일들에 대해 어머니와 계속 얘기를 나누셨다. 내가 기억하기로, 나의 첫 시는 이렇게 태어났고, 나는 또 이렇게 무심한 문학 비평의 첫맛을 보았다.[44]

1915년 6월 3일에 쓴 것으로 적혀 있는 그의 첫 시는 지금도 남아 있다. 거기에는 이렇게 쓰여 있다.

> 사랑하는 엄마,
> 당신께 드리려고
> 황금빛 지역의 풍경에서
> 이 초라한 엽서를 골랐어요. 네프탈리.

집안 남자들과 달리 그의 새엄마는 독실한 신앙인이었다. 그러나 그녀는 자신의 신앙을 의붓아들에게 주입하지 않았다. 네프탈리가 열두 살이었을 때, 하루는 새엄마가 성당

---

44) Ibid.

에 데려가려고 그에게 손을 내밀었다. 그는 라일락꽃 향기가 가득한 테무코의 이글레시아 델 코라손을 기억했다. "신자가 아니어서 나는 전례를 따르지 않았다… 나는 성호를 긋는 법을 결코 배우지 않았다. 그리고 신실한 신자들 틈에 버티고 있는 불경한 어린 소년에게 눈길을 주는 사람은 아무도 없었다… 아마도 그것이 내가 언제나 경외심을 가지고 성당에 들어간 이유일 것이다."[45]

훗날 그는 바로 그 테무코 성당에서 처음으로 마리아라는 소녀에게 사랑의 감정을 느꼈다고 말했다. "그 순수하고 혼란스러운 첫사랑, 혹은 그 비슷한 어떤 감정은 파괴적이고, 고통스럽고, 동요와 고뇌로 가득했으며, 거기에는 수녀원의 날카로운 라일락 향기의 흔적이 속속들이 스며 있었다."[46]

그로부터 오래지 않아, 네프탈리는 정말로 첫 경험을 하게 된다. 그 자신의 말에 따르면, 그 일은 일꾼들에 둘러싸인 타작마당의 짚 더미 아래서 일어났다. 잠이 들었을 때 그는 밀짚 아래서 낯선 몸뚱이가 가까이 다가오는 것을 느꼈다.

> 나는 덜컥 겁이 났다. 그 물체는 서서히 접근해 왔다. 내 쪽으로 다가오는 낯선 형상에 짓눌려 밀짚이 바스락거리는 소리가 들렸다. 기다리는 동안 온몸이 뻣뻣하게 굳

45) Pablo Neruda, 'Infancia y poesía'.

46) Ibid.

었다. 아마도 일어나서 소리를 질러야 했을 것이다. 나는 꼼짝 않고 가만히 있었다. 머리맡에서 숨소리가 들려왔다. 갑자기 손 하나가 내게로 미끄러져 들어왔다. 큼지막하고 거칠었지만 분명 여자의 손이었다. 그 손은 나의 이마와 눈과 온 얼굴을 부드럽게 어루만졌다. 그러고는 탐욕스러운 입술이 내 입술을 덮쳤고, 나는 여자의 몸뚱이가 머리부터 발끝까지 온몸을 짓누르는 것을 느꼈다. 두려움은 점차 강렬한 쾌감으로 바뀌었다. 내 손은 땋은 머리와 매끄러운 이마 그리고 양귀비꽃처럼 보드라운 그녀의 감긴 두 눈을 쓰다듬었다. 나는 계속해서 손을 더듬어 크고 단단한 두 개의 젖가슴과 풍만한 둥근 엉덩이 그리고 나를 휘감은 두 다리를 만졌다. 이윽고 산이끼 같은 음부 깊숙이 손가락을 찔러 넣었다. 그 낯선 여자의 입에서는 신음 소리 하나 새어 나오지 않았다. 무슨 일이 있어도 깨어나서는 안 되는 일고여덟 명의 다른 남자들의 몸뚱이가 파묻혀 있는 짚 더미에서 소리 없이 사랑을 나누기란 얼마나 어려웠던가. 그러나 분명 우리는 모든 것을 다 할 수 있었다. 다만 끝없는 조심성이 요구되었다. 잠시 후 그 낯선 여자는 돌연 내 옆에서 잠에 곯아떨어졌고, 벌어진 상황에 황망해진 나는 겁에 질리기 시작했다. 이제 곧 날이 밝을 테고, 먼저 잠을 깬 타작마당의 일꾼들은 내 옆에 알몸으로 누워 있는 여자를 보게 될 터였다. 그러나 나도 잠이 들고 말았다. 잠을 깨자마자 흠칫 놀라 옆자리로 손을 뻗어 보았다. 거기에는 움푹 파인 따뜻한 빈자리, 그 여자의 따뜻한 부재만 남아 있었다.[47)]

더없이 강렬했던 이 경험은 최근에야 비로소 『테무코 노트』에 실린 십 대의 격렬한 성애시(性愛詩)에 영감을 주었음이 분명하다.[48)] 그는 심지어 구체적으로 "비단처럼 매끄러운 너의 손과 너의 황금빛 포니테일을 찾아 밀밭을"[49)] 가로질렀다고 언급하고 있다.

나는 내가 네게 줄 수 있는 최고의 선물을 받아들이기 위해
휴경지처럼 네 몸이 열리는 것을 느꼈다.
…느끼기 위해, 전율하기 위해, 오 대지여, 해 질 녘의
태양처럼 가라앉고, 가라앉고, 가라앉기 위해[50)]

대체로 이 시들은 네프탈리가 일찍이 테무코에서 경험한

---

47) Pablo Neruda, *Memoirs,* pp.27-28.

48) Pablo Neruda, 'Cuadernos de Neftalí Reyes', *Obras completas* (Galaxia Gutenberg, Círculo de Lectores, Barcelona, 2001, Vol.4) 참조.

49) ibid., p.154.

50) ibid., p.174.

덧없는 정사의 고통스러움을 반영하는 은근한 갈망을 담고 있다.

디에고 무뇨스의 부인 이네스 발렌수엘라는 이 시기에 네프탈리가 아말리아 알비소라는 또 다른 소녀와도 사랑에 빠졌다고 말했다. 그녀는 도시에 전기를 공급하는 책임을 맡은 한 테무코 가문의 딸이었다.

이네스 발렌수엘라는 나중에 아말리아를 만나 스무 살의 나이 차에도 좋은 친구 사이가 되었는데, 그녀를 "검은 눈에 아주 예쁘고 가무잡잡했던" 것으로 기억한다. "그녀는 아주 매력적이고 생기가 넘쳤어요. 파블로는 어려서 그녀와 사랑에 빠졌습니다. 그는 훗날 산티아고 린치 거리의 집으로 그녀를 초대했지만, 그때는 그저 우정일 따름이었지요."[51]

어린 네프탈리는 종종 "검은 옷을 입은 작은 소년 시인"으로서의 깊은 외로움을 느꼈다. 그는 아무도 자신의 조숙함을 제대로 알아주지 않는다는 생각에 맥이 빠져 이따금 "소금을 집어 먹거나 벚나무에 기어오르기도 하고, 또 울적한 마음에 괜스레 한 번에 버찌를 한 움큼씩 입안에 털어 넣으며"[52] 일상생활에서 도피하곤 했다.

초기에는 보들레르, 랭보, 말라르메, 아폴리네르 같은 프랑스 시인들의 영향을 받았다. 그는 시집을 빌려 그들의 시를

---

51) Inés Valenzuela, in conversation with AF, Santiago, 2000.

52) Pablo Neruda, 'Infancia y poesía'.

처음부터 끝까지 전부 베꼈다. 디에고 무뇨스가 지적한 대로,

> 파블로 네루다는 루벤 다리오라는 새로운 천재가 스페인어권 시를 강타하고 있을 때 태어났다. 니카라과의 [모데르니스모] 시인은 모든 곳에 있었다. 그는 인구에 회자되고 논평되었으며, 사람들은 그의 말에 귀를 기울였다. 또 3세기 전 공고라와 케베도가 겪었던 것처럼, 그는 열광적인 찬양과 동시에 공격의 대상이 되었다. 그 시절 학교에서 문학을 공부한 우리 같은 사람들에게 루벤 다리오는 그야말로 대단한 위인이었다.[53]

네프탈리는 열세 살이던 1917년에 첫 작품을 발표했다. 시가 아니라 '열광과 인내'라는 제목의 신문 글이었다. 네프탈리 레예스라는 이름으로 서명된 이 글은 테무코의 일간지 ≪라 마냐나≫ 7월 18일 자에 실렸다. 이 글에서 그는 사람들에게 열광과 인내로 스스로의 욕망을 따를 것을 요구했다. "콜럼버스와 마르코니를 비롯한 많은 사람들의 예는 잊혀서는 안 된다. 왜냐하면 그들은 더욱 영광스러운 삶에 이르렀으며, 그들 없이는 살 수 없기 때문이다."[54]

≪라 마냐나≫의 편집장은 네루다가 아저씨라고 믿었던

53) Diego Muñoz, 'Pablo Neruda: vida y poesía'.

54) Pablo Neruda, *La Mañana,* 18 July 1917.

오를란도 메이슨이었는데, 어린 네루다에게 우상 같은 존재였다. 지방 도시인 테무코에서, "시인이 거의 도둑놈 취급을 받는 평온한 마을의 부르주아들 틈에서",[55] 메이슨은 어린 네프탈리가 필요로 했던 영감의 원천이었다. 메이슨은 테무코의 대중 낭송회에서 자신의 시를 큰 소리로 읽곤 했으며, 네프탈리 집에서 낭송회를 열기도 했다.[56] 그는 또한 사회 정의의 투사였다. 훗날 파블로 네루다도 그처럼 사회 정의의 투사가 된다.

> 식민지 개척자들은 도적 소탕을 구실로 거주자들의 땅을 빼앗았고, 인디오는 토끼처럼 살해되었다… 1810년 독립 이후 칠레인들은 스페인 침략자들처럼 인디오를 살해하는 일에 광적으로 매달렸다. 테무코는 아라우칸족 인디오의 최후 거점이었다. 오를란도 메이슨은 이 모든 것에 항거했다. 야만적이고 폭력적인 인간들 틈에서 그의 신문이 잔혹한 사람들에 맞서 정의로운 사람들을, 강자에 맞서 약자를 옹호하는 것을 보는 것은 멋진 일이었다.[57]

---

55) Diego Muñoz, 'Pablo Neruda: vida y poesía', p.188.

56) Volodia Teitelboim, *Neruda* (University of Texas Press, Austin, TX, 1991), p.27.

57) Pablo Neruda, 'Infancia y poesía'.

메이슨은 순응을 거부했다. 그는 신문을 통해 권력 남용을 비난했고 관련자들의 이름을 폭로했다. 아마도 이 관련자들 중 한 명이 ≪라 마냐나≫ 사무실에 불을 지른 장본인이었을 것이다. 네프탈리는 이 사건에 충격을 받아 등골이 오싹함을 느꼈다. 끝내 범인은 색출하지 못했지만 ≪라 마냐나≫ 사무실 화재는 사고가 아닌 보복성 공격임이 틀림없었다. 이 사건은 미래의 네루다에게 아저씨의 뒤를 따르겠다는 강렬한 욕망을 불러일으켰다.

레예스 가문의 과거에는 놀라운 비밀이 또 있었다. 오를란도 메이슨은 결코 네루다의 아저씨가 아니었다. 오를란도는 장차 네루다의 새엄마가 될 트리니다드 칸디아 마르베르데와 루데신도 오르테가라는 젊은이 사이에 있었던 과거의 로맨스가 낳은 결과였다. 카를로스 메이슨은 파랄에 있는 호세의 소유지 벨렌에서 오르테가를 만난 적이 있으며, 그의 정력에 감탄한 나머지 테무코로 불러 다양한 사업 계획을 조정하는 일을 거들게 했다. 결국, 네루다가 항상 우러러보던 오를란도 메이슨 '아저씨'는 사실 이부형제였던 것이다. 물론 오를란도는 카를로스를 아버지로 믿었고 메이슨 집안에서 사랑을 받으며 자랐다.

그러나 라우리타의 경우처럼, 이 놀랄 만한 뜻밖의 새로운 사실은 오를란도가 어린 시절 네루다의 삶에 끼쳤던 영향력과 중요성을 전혀 훼손하지 않는다. 새로운 사실로 인해 '마마드레' 트리니다드에 대한 우리의 태도가 달라질 수 있을 뿐이다. 그녀에게도 감추고 싶은 과거가 있었고, 이는 그녀가 왜 집안에서 조신하게 처신했는지, 그리고 왜 겉으로는 남편의 잦은 실수를 담담하게 받아들였는지를 설명해 준다.

코이푸에에서 야생 생활을 하다시피 어린 시절을 보낸 로돌포는 그사이 테무코의 철물상에서 일자리를 구했다. 어느 날 호세 델 카르멘은 테무코 학교의 긴급회의에 호출되었다. 놀랍게도 음악 교사는 로돌포가 산티아고 음악 학교 성악 전공 과정에 전액 장학생으로 선발되었다는 사실을 알려 주었다. 로돌포의 아들 베르나르도는 훗날 이렇게 회고했다.

> 나의 아버지 로돌포는 평생 노래 부르기를 좋아했다. 그는 서정적인 가수였지만, 어렸을 때 유학을 떠난 파블로처럼 행운을 누리지는 못했다. 파블로에게는 언제나 특권이 주어졌다. 그는 산티아고로 유학을 갔고, 하숙비와 대학 등록금도 집에서 대 주었다. 아버지도 산티아고 음악 학교에서 노래 공부를 하고 싶어 했다. 그러나 이 계획에 대해 들었을 때, 호세 델 카르멘은 소리를 버럭 질렀다. "시인이 되겠다는 얼간이 놈과 실랑이하는 것도 신물이 나는데, 이젠 네가 가수가 되겠다는 거냐!" 그는 화가 치밀어 펄펄 뛰었다. 뾰족한 반장화로 로돌포를 사정없이 때렸는데, 나중에 통증이 얼마나 심했던지 아버지는 며칠 동안 자리에 앉지도 못했다고 한다.[58]

오를란도 메이슨 다음으로 일찍이 테무코에서 네루다에게 큰 영향을 끼친 사람은 가브리엘라 미스트랄이었다. 당시 루실라 고도이로 알려졌던 그녀는 1919년에 여학교 교장으로 테무코에 왔다. 열다섯 살에 위대한 칠레 시인－1945년에 그녀는 라틴아메리카인 최초로 노벨 문학상을 수상한다－과 첫 대면한 네프탈리는 그녀를 키가 크고 햇볕에 그을린 얼굴에서 하얀 이가 반짝거렸으며, 옷차림이 변변찮았던 것으로 기억했다. 또 그녀는 얼굴 가득 넉넉한 웃음을 머금었는데, 테무코의 여자들이 모자를 써 보라고 권하자 "뭐라고요? 안데스산맥에 모자를 씌운 것처럼 우스꽝스러울 텐데요"라고 대답했다. 네프탈리는 몹시 수줍음을 타서 자기가 써 놓은 글을 그녀에게 보여 주지 못했다. 대신 그녀는 그가 탐독했던 톨스토이, 도스토옙스키, 체호프 같은 작가들의 책을 빌려주었다.

십 대 소년 네루다는 이미 진지하게 시를 쓰기 시작했고, 작품에 네프탈리 레예스로 서명했다. 그중 열여섯 편이 1918년 말부터 1919년 초까지 산티아고의 종합지 ≪달려라-날아라≫에 실렸고, 그 밖에도 많은 시가 여러 학생 잡지에 발표되었다. 대부분 간결하고 자전적인 색채가 짙었으며, '나의 15년 세월', '나의 학창 생활에 대해' 같은 제목을 달고 있었다. 네프탈리가 열네 살이던 1918년 10월 10일 ≪달려

58) Rodolfo Reyes, *Neruda－retrato* de familia, p.46.

라-날아라≫에 발표한 첫 번째 시에는 '야상곡'이라는 이름이 붙여졌다.

> 밤이다. 외롭고 슬프다.
> 깜박이는 촛불 아래서
> 기쁨과 고통에 대해,
> 지친 노년과
> 당당하고 오만한 젊음에 대해 생각한다.
> …
> 늑대의 입처럼 캄캄한
> 밤이 오면, 나는 씁쓸함
> 가득한 사색에 잠긴다[59]

훗날 네루다는 이 작품들에 대해 "아주 서툰 첫 시들"[60]이

---

59) 이 초기 작품들은 네루다의 이복여동생 라우리타가 세 권의 노트에 수집했다. 1977년 그녀가 사망하자 이 노트들은 테무코의 가톨릭 대학교에서 교원으로 일하던 그녀의 조카 라파엘 아과요 케세나스(Rafael Aguayo Quezenas)에게 맡겨졌다. 이 유산은 1982년 런던 소더비 경매에 나왔으며, 그 이후로 이 노트들은 상당한 논란의 대상이 되었다. 이 노트들은 에르난 로욜라가 5권으로 새롭게 펴낸 뛰어난 네루다 전집판의 일부(*Obras completas*, Galaxia Gutenberg, Círculo de Lectores, Barcelona, 2001, Vol.4)로 2001년 처음 한 권에 묶였다.

60) Pablo Neruda, *Ercilla,* Santiago, 24 April 1968.

라고 자평했다. 대부분 틀에 박힌 진부한 것들이었지만, 어떤 시들은 사춘기 소년의 심리 상태에 대한 매혹적인 통찰과 사랑, 고독, 비, 종처럼 그의 농익은 시들을 지배하게 될 몇몇 주제를 드러낸다.

그는 의심의 여지 없이 자신의 길을 느끼고 있었다. 1919년 '이상적 친교'로 이름 붙여진 그의 시가 파랄 인근의 카우케네스에서 열린 마울레 꽃 축제에서 3등상을 수상한다. 1년 뒤에는 또 다른 초기 작품이 테무코 봄 축제 백일장에서 그에게 1등상을 안겨 주었다.

1920년 5월에 쓴 한 시에서, 그는 자신을 "사랑에 취한" 사람으로 묘사했다. 그러나 이는 성을 배제한 로맨티시즘이 아니었다. 명백히 육체적이다.

> 내게 따뜻한 두 가슴과 사랑스러운 두 눈을 다오,
> 만일 그대가 그것들을 건네주지 않으면, 내 사랑 무슨 소용 있을까?[61]

1920년 7월에 쓴 또 한 편의 흥미로운 시에서, 그는 시만 가지고는 살아갈 수 없을 것 같다고 고백했다. 무언가 삶에 '유익한' 일을 하기를 바랐던 아버지의 기대를 저버렸을 때 잠시나마 양심의 가책에 가까운 감정을 느꼈던 것이다.

---

61) Pablo Neruda, 'La hora del amor', *Obras completas.* Vol.4, p.153.

…내일 혹은 모레
나는 변호사 못지않은 부르주아가 될 것이다,
초승달을 향한 길이 가로막힌
하찮은 안경잡이 의사 부럽지 않은 부르주아가…
도대체 왜 시인은 잡지에서처럼
삶 속에서 치과 의사 자격을 얻어야 하나![62]

마찬가지로 1920년에 썼으며 유명하지는 않지만 가장 흥미로운 시에 속하는 「고독의 장미」에서 네루다는 장미의 치유력을 언급하고 있다. 일부 비평가들은 일생을 통해 네루다의 시에서 장미가 갖는 중요성을 근거로 손쉬운 결론을 도출했다. 가령, 로사가 생모의 이름이라는 사실을 지적했고, 또 자신의 출생이 어머니의 죽음을 불러왔다는 것을 떠올릴 때마다 그가 강박적인 고통을 느꼈다고 주장했다. 이러한 비평적 해석은 대부분 현실과 거리가 있을 것이다. 그러나 어떤 해석은 일정한 설득력을 지니며, 실제로 1920년의 이 시에서 장미는 "향기로운 겸손의 가지들"로 사람에게 자양분을 줄 수 있다. 그의 벗이자 전기 작가인 볼로디아 테이텔보임은 이렇게 말한다. "네루다는 언제나 자신을 고아로 느꼈습니다. 혹자는 그가 어머니를 찾으며 일생을 보냈다고 말합니다. 아마도 이는 정신 분석가의 해석이겠지만, 나는 여기에

62) Pablo Neruda, 'E1 liceo', ibid.

일말의 진실이 있다고 믿습니다. 그는 늘 어머니의 부재를 아쉬워한 덩치 큰 아이였지요."[63]

네루다의 아버지는 네프탈리의 초기 시에 무심한 반응을 보이는 데 그치지 않았다. 그는 아들이 시인을 장래의 직업으로 여기는 건 물론이고 그런 보헤미안적인 활동을 위해 공부를 희생한다는 생각 자체를 참지 못했다. 화가 치민 호세 델 카르멘은 네프탈리의 침실로 달려가 그의 노트를 창밖으로 내던지고는 안뜰로 내려가 불태워 버렸다.

아버지와의 불화가 너무나 고통스러운 나머지 네프탈리는 과감한 조치가 필요하다는 것을 실감했다. 열여섯 살이던 1920년 10월 그는 파블로 네루다로 개명하기로 마음먹었다. 공식적인 절차를 밟은 것은 아니지만 — 1946년 12월 28일이 되어서야 비로소 단독 날인 증서에 의해 호적상의 이름을 바꾸게 된다 — 이제부터 그의 글은 파블로 네루다로 서명될 것이다. 아버지의 품에서 벗어나겠다는 단호한 의지의 표명이었다.

네루다는 이탈리아 시에 등장하는 이름인 파올로를 좋아한 데서 '파블로'에 대한 영감을 얻었을 것이다.[64] 일반적으

---

63) 2001년 9월 20일 스톡홀름 대학에서 있었던 볼로디아 테이텔보임의 강연.

64) 1970년 1월 이슬라네그라에서 인터뷰 진행자인 리타 기버트가 네루다에게 히브리어로 파블로가 "아름다운 것을 말하는 사람"이라고 말하자 네루다는 이렇게 답했다. "정말요? 그렇다면

로 그의 새로운 성은 위대한 체코 작가 얀 네루다에게서 빌려 온 것으로 여겨졌다. 그의 『말라스트라나 이야기』 중 한 편이 산티아고의 한 저널에 번역·소개되었는데, 네프탈리는 이 작품을 읽고 감탄했다. 그러나 적어도 한 명의 비평가는 네루다라는 성이 바이올린 연주가 빌마 노르만 네루다에서 왔을 것으로 추정했다. 그녀는 첫 번째 셜록 홈스 이야기인 『주홍색 연구』에서 언급되고 있는 실존하는 바이올리니스트다. 시인은 당시 탐정 소설과 코난 도일 이야기의 열렬한 독자였으며, 이러한 열정은 평생 변치 않는다. 『주홍색 연구』는 1908년 '이상한 범죄'라는 제목의 스페인어판 번역으로 산티아고에 등장한 반면, 얀 네루다의 가장 잘 알려진 작품은 네프탈리가 새로운 이름을 정하고 나서 상당한 시간이 지난 1923년까지도 스페인어로 번역되지 않았다.[65] 테무코 태생의 의사 엔리케 로버트슨 알바레스는, 셜록 홈스도 뿌듯하게 여겼을, 몹시 기괴하지만 흥미로운 최근의 한 탐정 소설에서, 네루다가 실제로 여성 바이올리니스트에게서 이름을 빌려 왔다는 '증거'라고 생각되는 것을 발견했다. 로버트슨은 틀림없이 네프탈리가 테무코에서 있었던 그녀의 콘

틀림없이 예수의 제자인 다른 파블로(바오로)일 거요." Rita Guibert, *Seven Voices: Seven Latin American Writers* (Knopf, New York, 1973), pp.3-78.

65) Miguel Arteche, 'Opiniones: Sherlock Holmes admira a Neruda', *Hoy*, Santiago, No.187, 18-24 February 1981, p.42 참조.

서트 광고 전단을 보았을 것으로 믿는다. 실제로 네루다의 시에서 바이올린은 전혀 예기치 않은 순간에 등장한다. 예컨대, 『기본적인 송가』에 수록된 「보이지 않는 사람」에 나오는 "바이올린 색 곤충"[66]이라는 멋진 표현을 예로 들 수 있다.

그러나 그의 인터뷰나 훗날 그가 프라하를 여행하는 길에 얀 네루다의 생가를 몹시 방문하고 싶어 했다는 사실로 미루어 볼 때, 그의 이름은 체코의 시인에게서 유래했을 가능성이 크다. 네루다는 『회고록』에서 그 이름 소리가 마음에 들어 신문에서 골라잡았을 뿐 어느 작가의 이름인 줄은 몰랐다고 밝히고 있다.[67]

네루다가 새 이름으로 서명한 최초의 시는 '잃어버린 사랑'으로 이름 붙여졌다. 당시에 쓰인 그의 많은 시들이 그렇듯, 이 시는 덧없는 열정에 집착한다. 당시 산티아고의 대학생이던 루데신도 오르테가 메이슨 — 네루다의 계모 트리니다드와 짧은 로맨스를 나눈 루데신도의 아들 — 이 그의 시 몇 편을 수도로 가져가겠다는 기발한 생각을 해냈고, 학생연맹

---

66) Enrique Robertson Álvarez, 'Pablo Neruda, el enigma inaugural', *Boletín de la Unidad de Investigación*, University of Alicante, Alicante, December 1999, pp.50-64. 이 특별호는 1999년 3월 스페인 알리칸테 대학에서 열린 학술 대회('Neruda, con la perspectiva de 25 años')의 발표문을 모은 것이다.

67) Pablo Neruda, *Memoirs*, p.158.

저널 ≪클라리다드≫를 설득해 마침내 시를 게재하는 데 성공했다. 파블로의 장래성이 인정을 받은 것이다. 그러나 당장은 시인이 아닌 산문 작가로 활동하게 된다.

칠레에서 1920년은 피로 얼룩진 해였다. 비록 칠레 정부가 제1차 세계대전에서 중립을 지켰고 수출 상품의 벼락 경기가 경제 활동 전반과 산업 발전의 기폭제가 되었지만, 번영은 오래가지 못했다. 전후의 세계적인 불황이 유독 칠레에서 맹위를 떨쳤는데, 종전 후 칠레의 주요 수입원의 하나였던 천연 질산염 수요가 감소한 데다 독일에서 합성 질산염 제품이 개발된 것이 주된 원인이었다. 대다수 칠레 노동자들은 탄광 지대를 떠나 일자리를 찾아 남쪽으로 이동했다. 1918년과 1919년에는 경찰력과의 격렬한 충돌과 파업, 대규모 시위가 잇달아 일어나면서 노동자들의 소요 사태가 눈에 띄게 늘었다. 1919년 2월 푸에르토 나탈레스에서 발생한 파업은 열다섯 명의 희생자를 내면서 강제 진압되었다. 1922년까지는 공산당이 창당되지 않았지만, 칠레노동자연맹(FOC)은 이미 활발하게 활동을 전개하고 있었다(1919년에는 산티아고에서 10만 명이 참가한 집회를 소집했다). 구리 및 초석 광산에서 오랜 전통을 이어 온 노동조합 대표부로 인해 칠레는 라틴아메리카를 통틀어 공산당의 활동이 가장 활발한 지역의 하나가 되었다.

1920년 7월 21일, 퇴임을 앞둔 칠레 대통령 후안 루이스 산푸엔테스는 산티아고에서 발생한 학생 폭동의 강제 진압을 진두지휘했다. 수도의 학생연맹 본부는 파괴되었고, 젊은 학생 시인 호세 도밍고 고메스 로하스는 수감 상태에서 심하게 구타당하고 고문당한 끝에 정신 질환에 시달리다 그 해에 한 정신 병원에서 사망했다.

정치적 혼란의 와중에서 열여섯 살의 네루다는 테무코문학협회 회장 및 카우틴학생연합 간사로 임명되었다. 1920년 10월에는 또한 ≪클라리다드≫의 테무코 통신원이 되었으며, 산티아고에서 학생 폭동이 진압되었다는 가혹한 소식을 접하고 몹시 슬퍼했다. 이때 그의 몸속에 진정한 정치 참여의 씨앗이 뿌려졌다. 학생연맹 본부 급습 이후 테무코에서 은신처를 찾던 학생 리더 호세 산토스 곤살레스 베라가 네루다에게 도움을 청하자 그는 당장 사건에 연루되었다.

그가 네루다라는 이름으로 발표한 최초의 신문 글은 시골생활에서 벗어나려는 몸부림과 함께 "착취, 자본, 권력 남용"에 대한 분노를 담고 있다.

그의 다음 기착지는 산티아고의 대학이 될 것이다. 네루다는 산티아고에서 부르주아 계급에 혐오를 느끼는 동시에, 자신을 들뜬 불평분자들, 예술가들 그리고 범죄자들과 동일시하기 시작했다고 말했다.

2.
산티아고의 보헤미안
1921~1927

1921년 3월, 열여섯 살의 파블로 네루다는 밤 기차로 테무코를 출발해 따뜻한 산티아고에 첫발을 디뎠다. 그는 검은 신사복 차림에 중절모를 썼고, 아버지가 준 눈에 띄는 검정 어깨망토를 걸치고 있었다. "가스와 커피 냄새가 풍기는" 도시가 그의 눈앞에 펼쳐졌다. "수많은 건물은 낯선 이방인과 빈대로 득실거렸다. 거리의 교통수단은 쇳소리와 종소리를 요란하게 내며 힘겹게 움직이는 낡아 빠진 작은 전차가 담당했다."[1)]

20세기 초 극적인 팽창을 경험했던(1865년의 인구 조사 이후 20년마다 인구가 두 배로 증가했다)[2)] 칠레의 수도는 1920년의 정치적 격변과 학생·노동자 폭동으로 파괴되었고, 그 여파는 네루다를 매혹하는 동시에 그를 소름 끼치게

---

1) Pablo Neruda, *Memoirs,* p.37.

2) Marcel Niedergang, *The Twenty Latin Americas* (Pelican Books, London, 1971), p.21.

했다.

학생 시인 호세 도밍고 고메스 로하스의 운명은 네루다에게 「축제의 노래」라는 시를 쓰도록 영감을 주었으며, 그는 이 시로 1921년 학생연맹 시 경연 대회에서 수상했다. 이를 통해 약간의 명성을 얻기는 했지만 돈을 벌지는 못했다. 이러한 상황은 장차 한동안 그의 운명이 될 것이었다.

네루다가 대중 앞에서 수상작을 낭송해 달라는 요청을 받았을 때, 동료 시인 로베르토 메사 푸엔테스는 그가 가느다란 목소리 때문에 웃음거리가 될까 봐 대신 낭송해 주기로 했다. (정작 네루다는 너무 긴장하고 흥분한 나머지 시를 읽을 수 없었다고 했다. 그러나 자신이 "아주 오랫동안 빗소리를 들으며 살아 온 남부 출신 특유의 단조로운" 목소리를 지녔다는 점은 인정했다.)[3]

네루다는 프랑스어 교사가 되기 위해 사범 대학에서 공부하고 있었는데, 수업에 들어가는 대신 학생연맹 본부에서 후안 간둘포 같은 저명한 아나키스트의 연설을 들으며 초창기 산티아고 생활 대부분을 보냈다. 간둘포는 키가 작은 데다 머리가 벗어지기 시작했지만 전혀 겁이 없었다. 한번은 잔인한 킬러로 악명 높은 군인이 그에게 결투를 신청했다. 결투를 받아들인 간둘포는 2주 동안 검술을 익힌 끝에 상대를 쉽

3) Pablo Neruda, interviewed in *Marcha,* Montevideo, 17 September 1971.

게 물리쳤다.

네루다는 곧 학생 잡지 ≪클라리다드≫에 주간 정치 칼럼과 시를 쓰며, 사무실에서 편집장인 알베르토 로하스 히메네스를 만나게 된다. 그는 커다란 모자를 눌러쓰고 눈에 띄는 넥타이를 맸으며 인상적인 구레나룻을 길게 기르고 있었다. 그는 수중에 땡전 한 푼 없으면서도 멋지게 차려입을 줄 아는 사람이었다. 네루다의 말을 빌리면, 책과 포도주와 여자를 사랑했던 그는 "무한대의 자생적 보헤미안"이었다. 로하스는 또한 시를 썼으며, 심지어 '아구'라는 이름의 새로운 시 유파를 창설하기도 했다. 그는 '아구'라는 말이 인간의 첫 외침, 신생아의 첫 시구라고 했다.

로하스는 어린 네루다 – 그는 산티아고에 도착했을 때 자신이 아직 '소년'이었다는 점을 인정했다 – 에게 옷을 맵시 있게 입는 법과 담배 피우는 법, 종이 새 접는 법을 가르쳐 주었다. 그는 네루다의 삶에 활기를 불어넣었다. 파블로는 의식적으로 로하스의 냉소주의와 거친 술버릇에 물들지 않으려고 애썼다고 한다. 그러나 또 다른 친구 오를란도 오야르순은 로하스 히메네스와의 우정 때문에 그가 결정적으로 프랑스어 교사의 길을 포기하고 대신 문학에 투신하게 되었다고 생각한다. "희게 회칠한 파블로 방의 흙벽은 [로하스 히메네스의] 그림과 시, 우스꽝스러운 엄숙함을 드러내는 글귀들로 도배되어 있었는데, 모두 파블로를 우울한 유폐 생활에서 끌어내기 위한 것들이었다."[4)]

네루다 공부방의 작은 서가에는 프랑스의 공산주의자 시인 폴 엘뤼아르의 시, 레오니트 안드레예프의 소설, 스페인 소설가 피오 바로하의 작품은 물론, 러시아 시인 푸시킨의 시들이 빼곡히 꽂혀 있었다. 시인으로 훗날 비평가이자 에세이스트가 되었으며 당시에 네루다의 가장 절친한 친구의 한 사람이던 토마스 라고는 네루다가 벽에 걸어 두었던 토머스 채터턴의 사진에 대해 이렇게 썼다. "나는 영국의 청년 시인 채터턴이 자살한 후에 다락방 침대에 누워 있는 시신의 복제품을 결코 잊을 수 없었다." 라고는 그것이 이제 막 태어나려던 시인의 내면세계의 일단을 보여 준다고 생각했다.[5)]

한편, 네루다는 투병 중인 학생 호아킨 시푸엔테스 세풀베다의 석방을 요구하는 「칠레의 시인들에게」와 같은 대담한 정치시를 쓰기 시작했다.

산티아고에 처음 도착했을 때 네루다는 몹시 수줍음을 타는 소년이었지만, 수도에 정착한 지 4개월이 채 지나지 않은 시점에 ≪클라리다드≫에 실린 그의 글은 열여섯 살 청년의 억제되지 않은 성적 태도를 보여 준다. "젊고 강한 그[청년]는… 그저 타고난 힘의 배출구를 찾아 나서는 짐승이다… 거리에는 욕망에 불타는 활기찬 여자들이 넘쳐나고, 남자는 다

---

4) Orlando Oyarzún, *Aurora,* Santiago, July-December, 1964.

5) Tomás Lago, *Ojos y oídos-Cerca de Neruda* (LOM Ediciones, Santiago, 1999), p.24.

시 사냥감에게 달려든다."[6]

하나같이 가난하던 다른 동료 중에는 금세 가까운 친구가 된 땅딸막한 재치꾼 루벤 아소카르, 훗날 여러 해 동안 네루다의 충실한 비서로 일하게 되는 오메로 아르세, 뉴욕 대학에서 공부를 해 완벽한 영어를 구사하고 아바나 시가를 피우던 알바로 이노호사가 있었다. 알바로는 바다표범 가죽 장사를 포함해 그들 모두를 부자로 만들어 줄 거창한 사업 계획에 집요하게 매달렸다. 네루다는 곧 디에고 무뇨스, 헤라르도 세겔, 후벤시오 바예 같은 테무코 시절의 학교 친구들과 재회하게 되어 매우 기뻤다.

그는 새로 만난 친구들과 문학을 이야기하며 산티아고의 바에서 밤을 지새웠다. "나 같은 시골뜨기에게 보들레르에 관해 대화를 나누거나 프랑스 시인들을 아는 사람을 만난다는 것은 대단히 매혹적이었어요. 우리는 새롭게 발견한 것들을 서로 주고받으며 밤을 꼬박 새웠지요."[7]

그러나 그는 다달이 받던 용돈을 더 이상 아버지에게 의지할 수 없게 되었다. 아들이 공부는 뒷전이고 시를 쓰며 시간을 허비한다는 것을 눈치챈 호세 델 카르멘이 용돈을 끊어 버린 것이다. 곤경에 처한 네루다는 이복여동생 라우리타에

---

6) Pablo Neruda, 'Sexo', *Claridad,* Santiago, 2 July 1921.

7) Pablo Neruda, interviewed in *Marcha,* Montevideo, 17 September 1971.

게 편지를 썼다. "끼니를 거르기에는 난 아직 너무 어려."[8] 산티아고에서 네루다가 지녔던 얼마 안 되는 돈은 사랑하는 새엄마 트리니다드가 보내 준 것이었다. 그녀는 라우리타를 통해 은밀하게 돈을 전달했다.

오메로 아르세는 파블로를 그룹의 핵심 구성원의 한 사람으로 기억했다.

> 키가 크고 야위었던 그는 검은 옷차림에 천성적으로 붙임성이 있었다. 이 젊은 시인의 존재는 분위기를 좌우했다. 그는 광대한 시 세계를 거느렸으면서도 으스대지 않고 말했다. 그에게는 오직 사소한 관심사를 지닌 눈앞의 친구들만이 중요한 것 같았다. 그의 대화에는 가벼운 유머가 있었다… 그리고 그는 많은 사람들이 익살스럽게 흉내 내곤 하던 느릿한 목소리를 지니고 있었다.[9]

토마스 라고는 그 나름대로 이렇게 썼다.

> 젊은 레예스가 야윈 얼굴에 차분한 눈길로 매일 여자 친

---

8) Pablo Neruda, *Cartas a Laura* (ed. Hugo Montes, Ediciones Cultura Hispánica del Centro Iberoamericano de Cooperación, Madrid, 1978).

9) Homero Arce, *Los libros y los viajes-Recuerdos de Pablo Neruda* (Nascimento, Santiago, 1976).

> 구와 함께 거니는 것을 볼 수 있었다… 그 시절에 그의 모습이 어땠는지를 보여 주는 당시의 인물 사진이 있다. 시름에 젖은 눈으로 사색에 잠긴 검은 옷차림의 소년. 입 밖에 내지 않은 심원한 생각에 사로잡힌, 조용하고 섬세한 소년.[10]

라고에 따르면, 네루다는 당시에 커피밖에 마시지 않았고, 책을 읽고 시를 쓰는 일에 온 정력을 바쳤다.

그러나 라고는 자유분방한 네루다를 본질적으로 근실하고 진지한 사람으로 보는데, 그의 시각은 디에고 무뇨스의 관점과는 판이하다. 무뇨스는 네루다와 함께 나이트클럽을 들락거렸고, 적어도 한 번은 여가수를 집에 데려갔다. 파블로도 다른 여가수를 집에 데려갔다. "당시의 작가들은 보통 소다수 가게나 카페에 모이지 않고 맥줏집이나 바를 선호했다." 보들레르, 랭보 또는 베를렌의 시를 암송하지 않을 때면, 그들은 "프랑스어나 영어, 혹은 독일어로 술꾼들의 노래나 뱃사람들의 노래를 불렀다."

오를란도 오야르순은 파블로, 토마스 라고와 함께 '엘 도쿄'라는 기묘한 상호의 중국 레스토랑에서 식사했던 때를 떠올렸다. 그들은 자리에 앉기 무섭게 먼저 빵에 소금과 올리

---

10) Tomás Lago, 'Allá por el año veintitantos', *Pro Arte*, Santiago, 15-31 July 1954.

브유를 듬뿍 바른 다음 게걸스럽게 먹어 치웠다. 뒤에 다시 찾아가자 웨이터들은 그들에게 주문받기를 거부했다. 웨이터들은 "우리 올리브유를 몽땅 거덜 내려고"라며 투덜댔다.

언젠가 한껏 으스대는 침입자가 서클에 밀어닥쳤다. 그룹의 리더로 행세하려고 했던 젊은 칠레 시인 파블로 데 로카였다. 그는 훗날 커다란 반향을 불러일으킨다. 데 로카는 평생 끈질기게 네루다의 지독한 적이 되었다. 그는 『네루다와 나』라는 책을 통째로 바쳐 가면서까지 동료 칠레 시인에게 맹렬한 공격을 퍼부었다.

그러나 젊은이들에게 산티아고의 삶은 흥미진진한 것이었다. 정치적 불안에도 불구하고 새로운 현란함이 있었다. 바로 그 무렵에 탱고가 아르헨티나 국경을 넘어 칠레로 유입되었다. 그러나 네루다는 결코 탱고를 배우지 않았다. 디에고 무뇨스는 이렇게 회고한다.

> 보헤미안 시절에 우리는 탱고, 폭스트롯, 찰스턴을 추었다. 로하스 히메네스, 오를란도 오야르순 그리고 나는 대단한 춤꾼들이었다. 그러나 파블로는 결코 춤을 추는 법이 없었다. 그 역시 노래는 좋아했지만, 대충이라도 장단에 맞춰 노래를 흥얼거린 적이 단 한 번도 없었다. 그는 한 손으로 턱을 괸 채 우울하게 자리를 지킬 따름이었다. 로하스 히메네스는 그를 놀리며 시인은 활달해야 한다고 말했다.[11]

이 시기에 칠레인들은 시를 재발견하고 있었다. 네루다는 훗날 "칠레인들은 수많은 시인의 시를 암송했어요. 그들은 언제나 시를 무척 좋아했지요. 아마도 화산 국가이자 해양 국가인 칠레의 고립성에 그 원인이 있을 겁니다"[12]라고 말했다.

훗날 네루다의 절친한 친구가 되었으며 그의 작품을 러시아어로 번역한 소련 작가 일리야 예렌부르크는 네루다의 시에 관한 흥미로운 글에서, 칠레 시인이 산티아고에 도착한 시기의 라틴아메리카 문학의 상황을 이렇게 기술했다.

> 라틴아메리카 시는 기로에 서 있었다. 1916년, 이른바 '모데르니스모' 경향을 대표하는 마지막 거장 루벤 다리오가 사망했다. 그는 베를렌의 가을 바이올린과 니카라과의 여름 북소리를 결합할 줄 알았던 시인이었다. 다리오가 사망한 후, 다양한 유파와 문학 서클이 과거의 시를 연장하고자 애썼다… 일부는 부지런히 파리의 최신 유행을 모방했다… 파블로 네루다는 스페인어권 시의 오랜 관심사를 흡수했다. 그러나 동시에 프랑스의 '저주받은 시인들', 특히 보들레르와 아르튀르 랭보의 시적 · 영

---

11) Diego Muñoz, *Memorias: Recuerdos de la bohemia nerudiana* (Mosquito Editores, Santiago, 1999).

12) Pablo Neruda, interviewed in *Marcha,* Montevideo, 17 September 1971.

적 체험을 간과하지 않았다. 시인은 또한 칠레 민중시의 생명력을 간파했다.[13]

예렌부르크는 네루다가 소련 시인 마야콥스키의 울림에 경탄했다고 고백했음을 상기시킨다. 그에 따르면, 젊은 시절 네루다는 마야콥스키의 "진정성, 예술적 관행의 거부, 우레 같은 목소리"[14]의 영향을 받았다.

산티아고에서 네루다가 처음 살았던 곳은 소개를 받고 찾아간 마루리 거리 513번지의 하숙집이었다. 결코 잊지 못할 주소였다. 그곳의 호화스러움 때문이 아니었다. 정반대로 하숙집은 마포초강 북쪽의 산티아고 미개발 지역에 자리 잡고 있었다. 그러나 그곳에서는 장려한 해넘이를 볼 수 있었다. 매일 되풀이된 다채색 황혼과의 황홀한 만남은 1923년에 출간된 그의 첫 시집 『황혼 일기』의 많은 시에 흘러들게 된다.

"그 시절 학생을 상대로 한 하숙집에 산다는 것은 참혹한 굶주림을 뜻했다. 나는 전보다 훨씬 더 많은 시를 썼지만 내가 먹은 것은 전에 비해 보잘것없었다. 당시 내가 알고 지내던 몇몇 시인은 빈약하고 형편없는 식생활로 몸을 망쳤다."[15]

---

13) Ilya Ehrenburg, 'La poesía de Pablo Neruda', *Poesía política (discursos políticos) de Pablo Neruda*, ed. Margarita Aguirre (Editora Austral, Santiago, 1953), pp.11-14.

14) Ibid.

설상가상이었다. 수도 전역에 결핵이 창궐했는데, 딱히 치료법이 없었다. 네루다는 무서운 질병으로 순식간에 친구 몇을 잃었다. 비록 그가 시나 회고록에서 전염병을 구체적으로 언급한 적은 없지만, 『황혼 일기』 곳곳에서 끝없이 다가와 학창 생활을 위협했던 검은 그림자를 엿볼 수 있다. 네루다 자신은 결핵을 피할 수 있었다. 그가 극빈한 생활을 했고 어려서부터 약골로 건강이 좋지 않았다는 점을 생각하면 기적이 아닐 수 없었다.

대학에서 법학을 공부하고 있던 디에고 무뇨스는 네루다의 여러 거처 중 한 곳을 이렇게 회상했다.

> 가구라고는 매트리스와 담요 몇 장이 딸린 철제 침대 하나, 초를 세워 놓은 상자 그리고 화분과 물 주전자를 올려놓은 또 다른 상자가 전부인 후미진 방이었다. 날이 저물지 않았는데도 벌써 촛불이 켜져 있었고, 파블로는 시를 쓰고 있었다… 우리는 서로 인사를 나누었고, 나는 그에게 말을 걸기 시작했다. 파블로는 계속해서 글을 썼고 이따금 나에게 말을 건넸다. 나를 무시해서가 아니었다. 그는 생애 말년까지 똑같이 행동했다. 그에게는 옆에서 누군가가 작업을 가로막는다는 게 방해가 되지 않았을 뿐더러 오히려 그는 그것을 즐겼던 것으로 보인다. 그를

---

15) Pablo Neruda, *Memoirs,* p.30.

방해했다기보다는 오히려 그에게 도움을 준 듯하다.[16)]

잘 꾸며진 네루다의 첫 번째 방은 에스파냐 거리에 있었다. 그는 카우틴 강변에 진득하게 앉아서 그에게 수학을 가르쳐 주던 테무코 시절의 학교 친구 알레한드로 세라니와 방을 같이 썼다. 그러나 그들은 그곳에 오래 머물지 않았다. 하숙비가 비싼 건 차치하고라도, 하숙집 여주인이 발자크 소설의 등장인물처럼 하숙생들과 그들을 찾아오는 여자 친구들을 감시했던 것이다.

그래서 네루다는 더 값싼 집으로 이사했다. 그는 시인 루벤 아소카르, 작가이자 비평가인 토마스 라고와 함께 집을 얻었다. 이 집 역시 오래가지 않았다. 파블로는 라우리타에게서 아버지가 외과 수술을 받으러 산티아고에 올 예정이라는 얘기를 전해 들었다. 파블로는 호세 델 카르멘이 자기를 찾아내 혼쭐을 낼까 봐 두려운 나머지 에스파냐 거리로 다시 옮겨 갔고, 아버지가 테무코로 돌아간 것이 확실해질 때까지 그곳에 머물렀다.

어느 날 밤, 네루다는 멕시코로 떠나는 루벤 아소카르를 환송하기 위해 산티아고의 헤네랄 마케나 거리에 있는 레스토랑에서 친구들과 만났다. 값싼 식당이었는데도 계산할 돈이 모자라 할 수 없이 모두 재킷을 벗어 두고 나와야 했다. 아

16) Diego Muñoz, *Memorias*, pp.25-26.

소카르는 친구들이 모두 와이셔츠 차림으로 레스토랑을 떠나던 광경을 영영 잊지 못했다. 그러나 루벤은 곧 다른 문제로 골머리를 앓게 된다. 그는 외국에 나가 있는 동안 카야오에서 좌익 활동 혐의로 페루 경찰에 체포되어 21일간 리마의 파놉티코 교도소에 수감되었다.

그사이에 네루다는 학생 잡지 ≪클라리다드≫에 서평을 썼다. 그는 테무코 시절 교장 선생님으로 만났던 동료 칠레 시인 가브리엘라 미스트랄의 첫 시집 『비탄』에 경탄했다. 또 그는 루벤 아소카르의 시집과 머지않아 자신의 시적 전개에 영향을 끼치게 될 우루과이 시인 카를로스 사바트 에르카스티의 시집을 논평했다.

이 무렵 네루다는 벌써 최소한 두 명의 여자와 동시에 사랑에 빠졌다. 1920년 봄, 그는 테무코에서 테레사 바스케스라는 이름의 소녀를 만났다. 그녀가 테무코의 꽃 축제에서 막 여왕의 영예를 안은 때였다. 그녀는 후에 어머니가 재혼하자 이름을 테레사 레온 베티앙으로 바꾸었다. 산티아고로 떠나기 전 네루다는 푸에르토 사베드라의 바닷가에서 테레사를 만났고, 그들은 마푸체족이나 안달루시아인의 의상을 입고 함께 기쁨을 나누었다.

분명 네루다는 산티아고에서 테레사가 곁에 없는 것을 아쉬워했다. 1922년부터 1924년까지 그는 그녀에게 끊임없이 열정적인 편지를 썼고, 그녀의 답장을 받고 매우 기뻐했다. "멀리 있는 사랑하는 사람아, 그대에게서 편지를 받는다는 것, 그리고 다시 한번 사랑하고 또다시 행복을 느낀다는 것, 그것은 얼마나 달콤하고 아름다운가." 그는 테레사를 '봄의 여왕'으로, 그리고 자신을 '가을과 겨울의 왕'으로 불렀다.

1921년부터 1923년까지 네루다는 '테루사'에게 바친 수많은 시를 썼다. 이 시들은 최근 에르난 로욜라가 펴낸 새로운 네루다 전집에 '테루사 앨범'이란 제목으로 묶여 있다.[17)]

로욜라는 1920년 봄(바로 이 봄에 파블로 네루다라는 필명을 쓰기 시작했다) 시인이 테레사를 처음 만났을 때, 파올로와 프란체스카라는 이름의 문학적 가면 뒤에 청춘의 열정을 감추었을 가능성이 있다고 믿는다. 반세기 후, 그는 또 다른 불륜의 사랑을 감추기 위해 로도와 로시아라는 이름의 똑같은 장치를 사용하게 된다. 이처럼 네루다에게는 세월이 흘러도 절대 변치 않는 면이 있었다.

산티아고에서 네루다는 테레사에게 사랑과 하소연, 자기 회의로 가득 찬 편지 세례를 퍼부었다.

> 네가 알다시피, 나는 갑자기 삶을 비참하게 만들고 아무것도 할 수 없게 하는 고독과 피로, 슬픔의 나락으로 떨어진다. 그 순간들에 왜 난 너에게 편지를 써야 하는지! 그러고는 전혀 예기치 못한 때에, 멀리서, 사랑하는 너로

17) Pablo Neruda, 'Álbum Terusa', *Obras completas,* Vol.4, pp.271-278.

> 부터 편지를 받고, 다시 삶을 사랑하고 새로운 기쁨을 찾는 것은 얼마나 달콤하고, 또 얼마나 아름다운가!

휴일이면 파블로는 산티아고를 벗어나 테무코와 푸에르토 사베드라에서 테레사를 만났다. 그러나 사정은 이미 전과 달라져 있었다. 수도에서 그에게 너무나 많은 일이 있었고, 급기야 스무 살의 파블로는 1924년의 한 편지에서 이렇게 쓰고 있다. "테루사, 우린 아득히 멀리 떨어져 있는 거지? 이렇게 차츰 멀어져 가고 있는 거야? 이게 나만의 느낌일까?"[18)]

그의 느낌은 정확했다. 그러나 정말로 두 사람을 갈라놓은 것은 아득한 지리적 거리가 아니라 테레사 부모의 반대였다. 그녀의 조카딸 로사 레온 뮐러에 따르면, 레온 베티앙 집안은 자신들을 테무코의 상류 계급으로 여긴 반면, 레예스 집안은 거의 철저히 사회의 테두리를 벗어난 하층 계급으로 간주했다. "더군다나 그가 어깨 망토에 중절모를 쓰고 다녔기 때문에 그들은 그를 '부이트레(독수리)'라는 별명으로 불렀다."[19)]

네루다는 결코 테루사를 잊지 못했다.

> 난 더 이상 그녀를 사랑하지 않는다. 사실이다. 그러

---

18) Ibid., p.1238.

19) *Buen Domingo,* Santiago, 12 August 1982에서 인용.

나 어쩌면 그녀를 사랑하는지도 몰라.

사랑은 얼마나 짧고, 또 망각은 얼마나 길던가.

테루사에게 바친 그 유명한 스무 번째 시에서, 네루다는 젊은 날의 혼란스러움을 이처럼 아름답게 묘사하고 있다. 그는 40년 후 『이슬라네그라의 추억』에서 그녀에게 두 편의 시를 바치게 된다. 그리고 가족의 결사적인 반대에도 불구하고, 그녀 역시 네루다를 극복하는 데 오랜 시간이 걸린 것으로 보인다. 그녀는 파블로와 결별하고 나서 몇 년 후 타자기 수리공과 결혼했으며, 1972년 네루다보다 1년 앞서 세상을 떠났다.

그러나 테레사에게 열정적인 편지와 시를 쓰는 동안, 네루다는 또 다른 여자와 사랑에 빠졌다. 상대는 그의 친구 루벤의 누이 알베르티나 로사 아소카르였다. 두 사람은 파블로가 산티아고에 도착한 직후 사범 대학 복도에서 만났다. 1978년의 인터뷰에서 알베르티나는 그들의 첫 만남을 이렇게 회고했다. "그는 열여섯 살이고 나는 열여덟 살이었어요. 우리는 둘 다 프랑스어를 공부하고 있었고 아주 가까운 친구 사이가 됐지요… 우리는 로메오 무르가, 내 동생 루벤, 토마스 라고 같은 시인 친구들과 대화하는 것을 좋아했어요… 우리는 로메오와 더 절친한 사이가 됐고, 그 무렵에 정말로 일이 시작됐답니다."[20)]

알베르티나 아소카르는 파블로와 마찬가지로 칠레 남부

에서 수도로 왔다. 물론 카우틴 지방이 아니라 탄광과 가까운 로타 알토의 아라우코 출신이었다. 그녀의 부모는 둘 다 교사였다.

> 그[파블로]는 나처럼 아주 조용한 사람이었어요. 우리는 말없이 걷기를 즐겼고, 단지 생각을 주고받을 때만 침묵을 깨뜨렸지요. 하지만 우리만의 세계에 파묻혀 서로 나란히 걷기를 좋아했습니다. 우린 다른 사람들과는 달랐어요. 팔라시오 데 베야스 아르테스에서 열리는 학생 무도회에 가기도 했고, 또 토요일이면 사범 대학에서 독주회와 콘서트가 열렸지요… 아델리나 언니는 그를 참을 수 없어 했어요. 당시에 시인들의 이미지가 좋지 않았기 때문이지요. 그들은 괴벽스러운 보헤미안으로 여겨졌어요.[21]

일찍이 1921년 11월 10일, 네루다는 알베르티나를 '나비'라고 부르면서 그녀에게 사랑의 시를 썼다. 테레사에 대한 열정이 여전히 절정에 달해 있었고 휴일이면 그녀를 만나러 가던 때였다.

---

20) Albertina Azócar, interviewed in *Revista Intramuros,* Santiago, No.9, 1978.

21) Ibid.

나비여…
멈추지 않는 시간,
장미의 시간이다.
몰아세운다,
입 맞춘다,
너를 붙잡는 사람의
거센
머리가
너를 스친다,
구석구석 네게 입 맞춘다,
달콤하고 성스러운
알베르티나
로사.

그것은 네루다가 살아가면서 수없이 반복하게 될 열정적인 곡예였다. 실제로 그가 알베르티나에게 쓴 111통의 편지는 1932년 7월까지 이어지는데, 이때는 이미 첫 부인과 결혼한 지 2년이 지난 시점이었다. 그는 알베르티나가 콘셉시온 대학에서 공부를 계속하기 위해 산티아고를 떠난 뒤에도 계속 편지를 썼다. 1923년 9월 16일 자 편지에서 그는 그녀에게 바쳐진 시가 신문에 실린 사실을 언급하고 있다. 그는 그 시를 「부재하는 사람의 시」로 명명한다. 이 시는 훗날 『스무 편의 사랑의 시와 하나의 절망의 노래』에 수록된 그 유명한 열다섯 번째 시가 된다.

알베르티나에게 편지를 보내면서 네루다는 서서히 혼란스럽고 거의 불안정한 기분에 휩싸인 젊은이로 바뀌어 갔다. 그의 사춘기는 오래 지속되었다. 때로는 알베르티나를 '네토차 네루다(그녀가 가장 마음에 들어 한 별명)'로 부르면서 다정하게 대하는가 하면, 어떤 때는 그녀가 자신을 밀어내고 있다는 생각에 화가 치밀어 난폭하고 혐오스러운 이름을 사용하기도 했다. 실제로 거의 일방적인 관계였다고 볼 수 있다. 이는 부분적으로 테레사 가족과 마찬가지로 알베르티나 가족 역시 네루다를 적당한 사윗감으로 받아들이기가 대단히 어려웠기 때문이었다.

세월이 흐른 뒤에 알베르티나는 이렇게 회고했다.

> 내가 물리적으로 네루다와 함께한 시간은 산티아고의 사범 대학에서 보낸 단 2년뿐이었어요. 개강을 했지만 나는 학교로 돌아가지 못했습니다. 아버지는 나를 콘셉시온 대학에 입학시켰고, 그곳에서 프랑스어 교직 과정을 마쳤지요. 언니[아델리나]가 그 일과 깊이 관련되어 있다고 생각합니다. 그는 수없이 편지를 보내왔고, 가급적 자주 날 만나러 왔어요… 나는 파블로를 뜨겁게 사랑했지만, 당시에는 사정이 지금과 많이 달랐지요… 그는 나보다 더 자주 편지를 썼고, 열흘이 지나도록 소식을 받지 못하면 몹시 화를 냈어요. 그를 매우 사랑했지만 나는

속마음을 잘 드러내는 편이 아니었어요. 생각 좀 해 보세요. 부모님에게 들키지 않고 그의 편지를 집어 들어야 했고, 답장할 때도 똑같은 일이 반복되었답니다. 그분들이 나의 일거수일투족을 감시하셨거든요. 심지어 집 밖에 나가 동네 어귀를 거닐 수도 없었어요. 끔찍한 상황이었습니다.[22]

그러나 대학이 방학에 들어가면 두 사람은 여전히 함께 기차 여행을 할 궁리를 했다. 그들은 산 로센도—네루다의 이복누이가 태어난 후 숨겨진 채 자란 소도시—에서 헤어져 알베르티나는 계속 콘셉시온으로 갔고 파블로는 테무코의 집으로 돌아왔다.

이 시기에 알베르티나와 테레사가 네루다의 유일한 여자친구들은 아니었다. 에차우렌 거리의 파블로 하숙집을 드나들던 사람 중에는 라우라 아루에도 있었다. 비록 그녀는 패거리의 일원에 불과했지만, 그들의 관계가 결코 예사롭지 않았다는 충분한 증거가 있다. 라우라가 보관하고 있던 놀랄 만한 앨범에는 네루다의 약식 스케치와 그가 '랄라' 또는 '밀랄라'로 부른 소녀에게 추천해 준 독서 목록이 들어 있었다.[23]

---

22) Ibid.

23) Robert Pring-Mill, Notes to his A *Poet for All Seasons*, (Catalogue for International Symposium on Pablo Neruda, Universities of Oxford and Warwick, 12-26 November 1993) 참조.

그러나 다른 무엇보다, 네루다는 자리에 앉아 황혼을 바라보며 자신의 첫 시집을 구성하게 될 시들을 썼다. 『황혼 일기』가 끝내 빛을 볼 수 있게 되기까지 그는 숱한 개인적 희생을 감수해야만 했다. 이 시집은 1923년 칠레 학생연맹 출판사인 에디토리알 클라리다드에서 출간되었으며, 학생 리더 후안 간둘포가 삽화를 그렸다.

> 인쇄 대금을 치르기 위해 나는 매일같이 온탕과 냉탕을 오갔다. 가지고 있던 얼마 안 되는 가구를 팔았다. 아버지가 엄숙한 표정으로 건네주신, 두 개의 작은 깃발이 서로 엇갈리게 새겨진 시계는 곧 전당포에 맡겨졌다. 나의 검은 시인 복장도 시계의 뒤를 따랐다. 인쇄업자는 단호했다. 마침내 출판 준비가 완료되고 제본까지 마쳤을 때, 그는 사악한 표정을 지으며 나에게 말했다. "안 돼요. 대금 전액을 계산하기 전에는 단 한 부도 가져갈 수 없어요."[24]

첫 시집의 출판을 위한 재정적 도움은 전혀 예상치 못한 곳에서도 주어졌다. '알로네'로 더 잘 알려진 우파 비평가 에르난 디아스 아리에타가 그 장본인이었는데, 그는 한눈에 네루다의 재능을 알아보았다. 그러나 이와 상관없이 네루다는 500페소－당시에 5달러가 채 안 되는 돈이었다－에 저작권

24) Pablo Neruda, *Memoirs,* p.49.

을 출판업자에게 양도했고, 그길로 공증 사무소 밖에서 기다리고 있던 친구들을 산티아고의 최고급 레스토랑인 '라 바이아'로 데려가 크게 한턱냈다.

『황혼 일기』는 수준이 고르지는 않지만 조숙한 시집이다. 네루다가 겨우 열아홉 살이던 1923년에 나왔지만, 이 책에는 심지어 그가 산티아고에 도착하기도 전인 1920년 5월에 쓴 시도 몇 편 들어 있다. 몇몇 시는 사실상 테무코 시절의 노트에서 직접 옮겨 온 것이었다. 그러나 그 밖의 시들은 새로운 성숙과 확신을 보여 준다.

이 시집은 48편의 시를 다섯 개의 파트에 배치하고 있다. 여기에 실린 시들은 전통적인 운율을 사용하지만 다양한 영향을 감지할 수 있다. 네루다는 학창 시절부터 좋아했던 프랑스 시와의 정서적 유대를 단절하지 않았다. 1866년에 나온 베를렌의 『토성인의 노래』는 출간된 지 이미 반세기가 넘었지만, 『황혼 일기』에 실린 「신비로운 저녁의 황혼」, 「석양」 같은 시에서 직접적인 반향을 찾아볼 수 있다. 네루다가 하숙집 발코니에서 황혼을 바라보며 쏟아 낸 경탄이 특히 그렇다. 베를렌처럼 네루다는 이따금 신에게 기원한다. 그러나 베를렌은 그의 시집에서 신의 존재를 믿지 않는다고 분명히 밝히고 있다. 또 베를렌이 시집에 「두 번 다시는(Nevermore)」이라는 영어 제목의 시를 집어넣었던 것처럼, 네루다도 제목이 영어로 된 「작별(Farewell)」이라는 유명한 시를 포함했다.

라틴아메리카에서는 루벤 다리오의 모데르니스모가 여

전히 젊은 시인들에게 거대한 그림자를 드리우고 있었다. 시인을 부르주아 사회에서 추방된 존재로 보는 모데르니스모 시인들의 관점은 산티아고의 보헤미안 시절에 네루다 자신이 겪었던 체험에 잘 부합한다. 그리고 비록 무신론자였지만 (실은 훗날 자신을 불가지론자로 불렀다), 네루다는 – 괴로운 마음 상태에서 – 피타고라스의 학설, 즉 인간은 보잘것없는 바위에서 신까지를 아우르는 거대한 존재망의 일부라는 믿음을 철저히 인식하고 있었다. 다리오는 보통 사람의 모순을 초월해 그 우주적 조화를 교시하는 것이 시인의 책무라고 생각했다. 루벤 다리오가 『세속적 세퀜티아』에서 그리스 신화의 인물들을 언급한 것과 마찬가지로, 네루다는 『황혼 일기』에서 트로이의 헬레네를 인용한다.

그러나 『황혼 일기』는 전형적인 모데르니스모 시집이 아니다. 우선, 리듬이 너무 전통적이고 주제는 지나치게 다양하다. 그리고 라틴아메리카 문학의 권위자인 진 프랑코가 지적한 대로, "[네루다가] 다른 어떤 시를 읽었든지 간에, 그는 강한 개인적 표현법을 가지고 있었고, 이를 위해 새로운 형식과 기법을 전유하고 계발했다… 그에게 시는 언제나 직관, 즉 '세계의 물리적 흡수'였다."[25)]

『황혼 일기』의 주제는 다양한 반면, 이 첫 시집을 관통하

---

25) Jean Franco, *Introduction to Spanish-American Literature,* 3rd ed. (Cambridge University Press, Cambridge, 1994), p.280.

는 어조는 단일한데, 멜랑콜리, 슬픔 그리고 더 나아가 우울의 어조가 그것이다. 칠레의 비평가 우고 몬테스가 지적했듯이, 네루다는 종종 동사 'caer(추락하다)'의 변이형을 사용하여 떠남의 느낌을 표현한다.[26] 실제로, 「지붕 위의 오후」는 시 전문이 'caer' 동사를 바탕으로 쓰였다. 그러나 네루다는 멜랑콜리를 즐기는 것처럼 보인다. 마치 시인에게 어울리는 감정으로 느끼는 듯하다. 그가 이러한 확신을 떨쳐 버리는 데는 여러 해가 걸렸다. 1928년 극동에서 아르헨티나 비평가 엑토르 에안디에게 보낸 편지에서, 여전히 네루다는 "많은 사람에게는 그토록 불행한, 그 울적한 순간이 나에게는 더없이 소중한 재료라네"라고 쓰고 있다.

사랑과 에로티시즘 역시 『황혼 일기』의 많은 시들을 물들이고 있다. 그러나 이전 시기의 작품에서처럼, 사랑은 불안, 의심, 고독으로부터의 탈주와 교감에 대한 열망의 좌절로 가득 차 있다. 많은 여자 친구들이 네루다와 동침하기 위해 그의 하숙집을 찾았지만, 그녀들은 감정이 아니라 성적으로 그를 만족시킨 한순간의 모험의 대상이었다.

과일이나 상처처럼
감춰지고 열리는,

26) Hugo Montes, *Para leer a Neruda* (Ediciones Universidad Nacional Andrés Bello, Santiago, 1974), p.21.

복부의 굴곡.

맨살의 감미로운 무릎
내 무릎에 꽉 죄인,
맨살의 감미로운 무릎.

젖가슴의
둥근 선물 사이에
뒤엉킨 머리털.

잠자리에 남아 있는 흔적,
영혼 속에 잠든 흔적,
발광한 단어들.[27]

그렇다면 이 시기에 네루다는 어떤 유형의 사랑을 찾고 있었을까? 『황혼 일기』는 덧없음과 고독의 감정으로 가득하다. 이러한 공허감이 손쉽고 난잡한 숱한 성관계를 유발한 것은 아니었을까? 아니면 '돈 후안'적인 존재 양식이 그에게 내면적 공허감을 부여했던 것일까?

---

27) Pablo Neruda, 'Morena, la Besadora', *Crepusculario* (Nascimento, Santiago, 1926).

나는 입 맞추고 떠나가는
뱃사람의 사랑이 좋다.

그들은 약속을 남기고
영영 돌아오지 않는다.

항구마다 여인이 기다리고
뱃사람은 입 맞추고 떠나간다.

어느 밤 그들은 바다 침대에서
죽음과 함께 잠들리라.

나는 입맞춤과 침대와 빵으로
나뉘는 사랑이 좋다.

영원할 수도
덧없을 수도 있는 사랑.

또다시 사랑하기 위해
벗어나고 싶어 하는 사랑.[28)]

28) Pablo Neruda, 'Farewell', Ibid.

뱃사람의 쉼 없는 삶은 산티아고와 칠레를 떠나 다른 나라들을 탐험하고 싶은 네루다 자신의 충동을 예시하는 듯하다. 그것은 또한 산으로 둘러싸인 도시에서 쓴, 젊은 날의 바다에 대한 탄식이다. 그는 오직 시집에 제목을 부여하는 황혼에서만 조화의 느낌을 발견하는 것처럼 보인다. 그는 황혼이 불러일으키는 행복감에 이끌려 믿지도 않는 신에게 감사를 드리기까지 한다.

> 신이여, 당신은 하늘을 불 밝히는 이 놀라운
> 구릿빛 황혼을 어디서 찾으셨나요?
> 황혼은 저 자신을 다시 기쁨으로 채우는 법을 가르쳐
> 주었어요.[29)]

비록 신에 대한 태도가 긍정적인 경우는 드물지만, 그가 무신론자임을 생각하면 놀랄 만큼 신에 대한 언급이 많은 편이다. 「아버지」라는 시에서 네루다는 이렇게 노래하고 있다.

> …신에게 물어보세요. 사람들이 내게
> 준 것은 왜 준 것인지, 또 왜 훗날
> 내가 지상과 천상의 고독을 알게 되었는지.

---

29) Pablo Neruda, 'Los crepúsculos de Maruri', Ibid.

신에게 바치는 기도에서 네루다는 의식적으로 당대의 문학 경향을 따랐을 것이다. 그러나 그가 전혀 독실한 신자가 아니었음에도, 우고 몬테스는 첫 시집의 많은 진술에서 성서적 단순성이 엿보인다고 지적한다. "슬프다, 그러나 나는 언제나 슬프다… 통곡은 씨앗이고 나는 대지의 유일한 이랑인 양… 배고프면, 내 빵을 먹으라…"[30)]

네루다가 학생연맹 본부에서 급진적인 리더들의 연설에 귀 기울이며 숱한 시간을 보냈다는 점을 고려할 때, 『황혼 일기』에 정치시는 고사하고 정치적 언급조차 전무하다는 것은 뜻밖이다. 적어도 당장은 ≪클라리다드≫, ≪지그재그≫ 같은 잡지에 발표할 글을 위해 의도적으로 정치적 견해를 남겨두기로 한 것 같다. 현실 참여의 명백한 표지는 후안 간둘포에게 바친 헌사에서 유일하게 발견된다. 그는 표지와 삽화에 사용할 목판화를 새겨 주는 등 『황혼 일기』의 출판 과정에서 주도적인 역할을 한 인물이었다.

『황혼 일기』는 1923년 산티아고에서 출간되자마자 칠레 독자들의 호응을 얻었고, 많은 독자들은 첫 두 행 – "너의 깊은 곳에서, 나를 닮은 슬픈 소년이, / 무릎을 꿇고 우리를 바라본다." – 이 자주 언급되는 「작별」이라는 유명한 시를 외웠으며 거리에서 낭송했다.

비평가들 역시 대체로 깊은 감명을 받았다. 찬사를 보낸

---

30) Hugo Montes, *Para leer a Neruda*, p.23.

비평가 중에는 테무코 학창 시절에 네루다가 숭배했던 앞 세대의 칠레 시인 페드로 프라도도 있었으니, 분명 그는 세상을 품에 안은 기분이었을 것이다. 프라도는 네루다를 "천천히 단단하고 높이 자라는 나무"에 비유하면서 그의 위대한 미래를 예언했다. "확신하건대, 나는 이 땅에서 그 나이에 그만한 높이에 다다른 시인을 따로 알지 못한다." ≪클라리다드≫는 "이 책과 함께 네루다는 진부하고 뒤떨어진 지적 풍토에 풍성한 약속을 제공하는 문학 세대의 선두 주자로 자리매김하게 되었다"라고 평하면서 『황혼 일기』와 그 작가에게 열렬한 갈채를 보냈다.

이 시들이 암시하고 있는 것처럼, 산티아고에서 네루다는 정말로 불행했을까? 그의 동료 보헤미안들의 말을 믿는다면 그렇지 않다. 그는 그들의 밤샘 토론에 흔쾌히 합류하곤 했다. 실제로 그들의 화제는 잇달아 프랑스 시인 아폴리네르에서 칠레의 해산물 요리로 옮겨 가곤 했다. 그들은 보들레르, 베를렌, 랭보를 암송했고, 제임스 조이스와 마르셀 프루스트에 대해 논했다. 디에고 무뇨스는 당시를 이렇게 회상했다. "당시에는 아직 그 작가들 중 누구도 스페인어로 번역되지 않았고, 그래서 우리는 당시의 보편적인 문화어였던 프랑스어로 그들을 읽었다. 파블로는 제임스 조이스를 열정적으로 탐독했다. 그 책은 『율리시스』였다. 또 나에게 프루스트의 『잃어버린 시간을 찾아서』를 빌려주면서 여러 부분을 권하기도 했다."31)

외향적인 대화에도 불구하고 네루다는 늘 수줍어했다. 그는 훗날 회고록에서 "나는 소심한 사람의 맹렬함으로 시에서 도피처를 찾았다"[32]라고 썼다. 그리고 그 이후의 삶에서도 그는 여전히 수줍음을 많이 탔다. 아마도 바에서의 야간 회합은 근원적인 불안과 불만, 고립을 감추어 주었을 것이다.

그러나 신기하게도 이러한 면모는 그가 여자관계에서 대단한 성공을 거두는 데 방해가 되지 않았다. 물론 그의 친구들이 다 그 이유를 헤아릴 수는 없었다. 디에고 무뇨스는 "파블로는 여자 문제에서 대단한 행운아였지만, 이는 외모보다는 그의 시와 성공한 시인으로서의 명성 덕분이었다고 생각한다. 왜냐하면 그는 삐쩍 마른 데다 폐병 환자 같은 몰골이었고, 긴 머리를 정신없이 풀어 헤치고 다녔기 때문이다"라고 말했다.

1923년 1월 여름방학에 테무코를 찾았을 때, 파블로는 한밤중에 잠자리에 들 준비를 하다 말고 마지막으로 밤하늘을 응시하기로 했다. 멋진 칠레 남부의 밤하늘이, 별로 뒤덮인 환하고 드넓은 밤하늘이 그를 바라보고 있었다. "나는 책상으로 달려가 흥분된 가슴으로 받아쓰기를 하듯 시를 썼다. 많은 제목이 붙여졌다가 마침내 '열광적인 투석꾼'이라는 이름을 갖게 된 책의 첫 시였다."[33]

---

31) Diego Muñoz, *Memorias,* p.79.

32) Pablo Neruda, *Memoirs,* p.49.

그러나 그 순간의 매혹은 오래가지 않았다. 그가 오를란도의 형제인 친구 알리로 오야르순에게 시를 읽어 주었을 때, 알리로는 즉각 다른 어떤 시인으로부터 직접적인 영향을 받지 않았는지 물었다. 충격을 받은 네루다는 어느 시인을 말하느냐고 물었다. 알리로는 잘 알려진 우루과이 시인을 언급하면서 '사바트 에르카스티'라고 말했다. 여전히 어안이 벙벙한 상태에서 파블로는 사바트 에르카스티에게 시를 보냈고, 그는 "이처럼 완성도가 높은 뛰어난 시를 좀처럼 읽어 보지 못했네. 그러나 자네의 시에는 사바트 에르카스티의 울림이 들어 있다고 말해야겠네"[34]라고 답을 했다.

이는 네루다가 성인으로서 처음 겪은 문학적 좌절이었으며, 어린 시절 우편엽서에 흘려 쓴 첫 시를 보여 주었을 때 아버지가 보였던 반응에 견줄 수 있을 만큼 충격적이었다. 그는 훗날을 기약하며 『열광적인 투석꾼』을 서랍에 고이 간직했고, 10년 동안 그 책의 출판을 허락하지 않았다. 그러나 책의 첫머리에서부터 1920년대 초 그의 불안한 마음 상태에 대한 통찰을 제공하는 시행을 찾아볼 수 있다. 가령, 계속 반복되는 시행인 "나는 소리친다. 운다. 욕망한다"가 눈에 띈다. 그리고 생동감 넘치는 성적 이미지는 육체적 욕구와 동시에 순수한 성적 쾌감 너머의 만족에 대한 그의 끝없는 갈망을

33) Ibid., p.50.

34) Ibid., p.51에서 인용.

반영한다. "나로 당신을 채워라. 나를 욕망하라, 나를 고갈시켜라."

에르카스티의 편지는 한동안 광대한 시를 쓰겠다는 네루다의 야심을 꺾어 놓았다. 그러나 밤샘 음주와 여성 편력도 네루다의 문학적 충동과 야망을 거의 약화하지 못한 것 같다. "나는 아주 소박한 특징과 나 자신의 조화로운 세계를 찾으며 또 다른 사랑의 책을 쓰기 시작했다. 『스무 편의 사랑의 시와 하나의 절망의 노래』가 그 결실이었다."[35]

1924년 6월, 결정적으로 네루다에게 명성을 가져다준 시집 『스무 편의 사랑의 시와 하나의 절망의 노래』가 나왔다. 이 시집은 아직도 전 세계 사람들 사이에 널리 회자되고 있다. 몇몇 시는 칠레 전역을 비롯한 스페인어권 세계 모든 독자의 마음과 입술에 각인되었고, 오늘날까지도 여전히 그렇다. 열다섯 번째 시의 첫 행("마치 네가 곁에 없는 것 같아, 난 말 없을 때의 네가 좋다")과 스무 번째 시의 서두("오늘 밤 나는 세상에서 가장 슬픈 시를 쓸 수 있다")는 유독 사람들의 입에 많이 오르내렸다.

그러나 네루다의 출판업자인 카를루스 조지 나시멘토는 처음에 『스무 편의 사랑의 시와 하나의 절망의 노래』를 펴내는 것을 달가워하지 않았고, 『황혼 일기』를 높이 평가하던 일부 독자들도 새 시집에 기만당했다는 느낌을 받았다.

---

35) Ibid.

네루다는 『열광적인 투석꾼』의 모호함을 버리고 그와 그의 독자들 대다수가 적어도 당시에 그가 단연 발군이라고 생각하던 단순하고 직접적인 감정에 대한 호소로 돌아갔다. 그는 평생 이 시집의 시를 낭송해 달라는 부탁과 함께 이 시들이 누구의 영향을 받았는지 설명해 달라는 요청을 받게 된다. 그에게 영감을 준 여자들은 누구였을까? 그는 그녀들의 이름을 밝히기를 거부했다. 그는 서로 다른 많은 연인들이라고 말했고, 또 친구들에게는 마리솔과 마리솜브라라고 했다. 마리솔이 시골과 자연과 태양을 대변했다면, 마리솜브라는 잿빛 베레모의 여자를 대변했다. 우리는 마리솔은 테레사 바스케스이고 마리솜브라는 알베르티나 아소카르라는 것을 알고 있다. 그러나 네루다 자신이 밝혔듯이, 여섯 번째 시("너는 회색 베레모였다…")는 남부의 자연에 속한다. 네루다는 『스무 편의 사랑의 시와 하나의 절망의 노래』가 칠레 남부의 분위기(버려진 선창, 갈매기)와 더불어 대화와 성욕으로 점철된 격렬하고 보헤미안적인 산티아고의 밤에도 속한다고 거듭 밝혔다.

영국의 네루다 전문가인 로버트 프링밀 교수는 『스무 편의 사랑의 시와 하나의 절망의 노래』 두 번째 시가 라우라 아루에를 염두에 두고 쓰였다고 본다. 이 시는 알베르티나에게 바쳐졌다는 것이 통설이지만, 원고본에서 묘사된 소녀와 앨범의 다음 페이지에 실린 '밀랄라' 그림 사이에 유사성이 있기 때문이다. 라우라 앨범에 실린 첫 시는 『스무 편의 사랑의

시와 하나의 절망의 노래』 두 번째 시의 초판본 텍스트다.[36)]

『스무 편의 사랑의 시와 하나의 절망의 노래』가 지닌 덕목의 하나는 주제가 단조로운 가운데서도 시인이 한 남자와 한 여자의 사랑을 탐사하기 위한 수많은 방식을 발견하고 있다는 것이다. 시종일관 네루다 자신의 혼란스럽고, 절망적이고, 성취하지 못한 마음 상태가 나타나고 있지만, 그가 사랑하는 여자들 역시 마찬가지로 복잡하고, 마찬가지로 모순에 시달리는 것처럼 보인다. 여자들은 제각기 성적 쾌락의 대상, 도피처, 지배자와 피지배자, 우주적 힘과 생동감 넘치는 육체적 존재, 또는 시인의 품에 안겨 있지만 다시 한번 닿을 수 없는 여자 등으로 그려진다. 열네 번째 시에서, 네루다는 그의 연인이 아직 존재하기도 전에, 다시 말해 그녀가 단지 그녀에 대한 욕망에 의해 지지되는 일련의 이미지에 지나지 않을 때 벌써 그녀를 묘사하고 있다.

더 넓은 의미에서, 사랑하는 여자는 고립된 고독한 개인과 따뜻한 우주의 신비를 잇는 중재자다.

> 넌 별이 총총한, 고요한 밤 같다.
> 그토록 아득하고 소박한 너의 침묵은 별의 침묵.
> (「사랑의 시 15」)

---

36) Robert Pring-Mill, A *Poet for All Seasons*.

『스무 편의 사랑의 시와 하나의 절망의 노래』 마지막을 장식하는 「절망의 노래」는 그가 결코 사랑하는 사람에게 닿을 수 없음을 인정하는 탄식이다.

> 동틀 녘의 부두처럼 버림받은 사람.
> 떨리는 그림자만이 내 손아귀에서 몸부림친다.
>
> 아, 만사를 제쳐 두고. 아, 만사를 제쳐 두고.
>
> 떠나야 할 시간이다. 오 버림받은 사람아!

『스무 편의 사랑의 시와 하나의 절망의 노래』가 동시대의 많은 독자에게 얼마만큼 충격을 주었는지는 오늘날 가늠하기 어렵다. 네루다는 이전의 칠레 시에 전혀 나타난 적이 없는 에로틱한 경험과 여성의 이미지 그리고 성적 관계를 전달하고 있다.

이 시집에 실린 열여섯 번째 시가 또 다른 스캔들에 휩싸인다. 이 시는 이렇게 시작한다.

> 황혼이 깔린 내 하늘에서 너는 한 조각 구름 같고
> 네 색깔과 형상을 나는 사랑한다.
> 달콤한 입술의 여인아, 너는 나의 것, 너는 나의 것,
> 나의 무한한 꿈들이 네 삶 속에 살고 있다.

파블로 데 로카와 비센테 우이도브로를 위시한 네루다의 적들은 서둘러 이 시가 인도 시인 라빈드라나트 타고르의 표절이라고 주장했다. 타고르의 『정원사』 서른 번째 시는 실제로 이와 아주 흡사하게 시작한다. "너는 내 환상의 하늘을 떠도는 황혼에 물든 / 구름이다. 내 사랑은 네 색깔과 / 형상을 동경한다. 너는 나의 것, 너는 나의 것이고, 너는 나의 / 무한한 꿈속에 살아 있다." 두 편의 시는 다 같이 "내 노래의 추수꾼"과 "외로운 꿈들"을 언급하고 있다. 칠레 시인 비센테 우이도브로는 이러한 비난을 되풀이하며 여생을 보냈고, 어느 순간 네루다가 아주 격하게 대응하자 '문화 수호를 위한 세계 작가 협회'는 1937년 두 사람 앞으로 서한을 보내 반파시즘 투쟁을 위해 양자 간의 입장 차를 좁히고 화해할 것을 촉구했다. 그러나 그들은 결코 화해하지 않았다.

토마스 라고와 디에고 무뇨스 그리고 그들 다음으로 충실한 친구인 안토니오 로코 델 캄포가 나서서 네루다를 옹호하였지만, 『스무 편의 사랑의 시와 하나의 절망의 노래』 1937년 판에서 그는 "마지막 한마디. 열여섯 번째 시는 대체로 타고르의 『정원사』에 실린 한 시를 패러프레이즈 한 것이다. 이는 언제나 공공연하게 알려지고 널리 공표된 사실이었다. 내가 없는 사이에 이러한 상황을 역이용하려던 저 냉혹한 자들은 사춘기에 쓴 이 책의 불후의 생명력 앞에서 당연히 자신들이 무시당하고 있음을 알았다"라고 주석을 붙이지 않을 수 없었다.

『스무 편의 사랑의 시와 하나의 절망의 노래』에 대해 네루다 자신이 한 말에도 불구하고, 이 시집을 단지 감정에 대한 직접적인 호소, 그가 서랍에 처박아 둔 『열광적인 투석꾼』의 밀폐성에서 벗어나려는 시도로만 이해한다면 큰 착각이다. 이 시집에 실린 몇몇 시는 결코 쉽게 해석되지 않는다. 열세 번째 시를 보자.

> 입술과 목소리 사이에서 무언가 죽어 간다.
> 새의 날개를 가진 그 무엇, 고뇌와 망각의 어떤 것.

에르난 로욜라는 이렇게 썼다.

> 카프카, 프루스트, 조이스의 소설처럼, 『스무 편의 사랑의 시와 하나의 절망의 노래』는 존재에 대한 총체적 비전의 씨앗을 배태하기 위해 19세기의 심리학적 모델을 벗어던진다. 시인의 내면은 더 이상 세상과 대립하지 않으며 흐트러진 의식(그리고 잠재의식)의 흐름 속에서 세상을 감싸안는다.37)

로버트 프링밀이 지적한 대로, 이 책에는 판이한 두 개의

---

37) *Delal (Diccionario Enciclopédico de las Letras de América Latina)* (Monte Ávila Editores Latinoamericana, Caracas, 1993)의 'Pablo Neruda' 항목에 대한 에르난 로욜라의 설명.

시 형식－한편으로는 고도로 조직화된 4행시, 그리고 다른 한편으로는 자유시－이 존재하지만, "좀 더 면밀하게 살펴보면, 두 번째 부류의 시들조차 시적 힘의 주된 원천이 되는 조심스러운 반복의 패턴을 보여 준다."[38)]

『황혼 일기』와 『스무 편의 사랑의 시와 하나의 절망의 노래』를 통해 네루다는 빠르게 명성을 얻었다. 디에고 무뇨스가 묘사한 대로, "여전한 루벤 다리오의 명성에 버금가는, 칠레에서 일찍이 볼 수 없던 대단한 명성"[39)]이었다. 문학 비평가들은 새로운 명사의 인터뷰를 따내기 위해 서로 다투었고, 그의 시는 이제 라틴아메리카 전역의 젊은이들에 의해 암송되었다. 『스무 편의 사랑의 시와 하나의 절망의 노래』는 사람들의 입에 널리 오르내렸다.

> 거리나 공공 도로에서 젊은이들이 그 유명한 책－정사각형 판형 때문에 유명했다－을 들고 다니며 역력히 시를 암기하려고 애쓰면서 나지막이 읊조리는 모습이 종종 눈에 띄었다… 그들은 정상적인 여자라면 누구라도 자신들을 진정한 여인으로 탈바꿈시키는 그 시의 마법에서 자유롭지 못할 것이라고 여겼기 때문이다. 젊은이

38) Robert Pring-Mill, ed., *Pablo Neruda: A Basic Anthology* (Dolphin, Oxford, 1975), p.xviii.

39) Diego Muñoz, *Memorias*, pp.38-39.

들에게 그 시집은 사랑의 바이블이 되었다.[40)]

그렇다고 네루다가 새롭게 얻은 명성을 진지하게 받아들인 것은 아니었다. 아직은 아니었다.

파블로는 훗날의 삶에서와 마찬가지로 그 두 권의 책을 높이 평가하지 않았다. 우선, 그 시집들은 개인적인 내밀한 감정의 표현에 지나지 않았다… 우리들 중 몇몇은 대담하게도 『황혼 일기』와 『스무 편의 사랑의 시와 하나의 절망의 노래』가 장차 모든 언어로 번역될 것이고 상상을 초월한 판매 부수를 기록할 것임을 시사하기도 했다.

명성은 얼마간의 보상을 안겨 주었다. 훗날 멕시코시티에서 네루다와 3년간 집을 같이 쓴 루이스 엔리케 델라노는 1924년 9월의 어느 날 밤을 기억했다. 이날 파블로는 테아트로 에스메랄다 영화관으로 친구 열네 명을 초대해 "성서를 선정적이고 비현실적으로 재구성한" 세실 B. 드밀의 영화를 보여 주었다. 영화관 주인은 큰 무리의 젊은이들을 한번 훑어본 다음, 다시 황홀한 눈길로 네루다를 흘긋 쳐다보았다. 그리고는 그들 중 누구에게도 입장료 받기를 한사코 거절했다.

명성을 누렸음에도 네루다는 불만스러운 감정의 앙금을

40) ibid., p.40.

느꼈다. 알베르티나와의 갈등이 증폭되었고, 그건 아버지와도 마찬가지였다. 그래서 그는 폭음에 빠지게 되었다. 그러나 불행도 그가 글 쓰는 것을 가로막지는 못했다. 두 권의 시집은 차치하고라도, 그는 스물두 살의 나이에 ≪클라리다드≫에 108편의 글을 발표했다. 또 ≪지그재그≫, ≪아테네아≫, ≪후벤투드≫, ≪알리바바≫ 같은 잡지는 물론 일간지 ≪엘 메르쿠리오≫와 ≪라 나시온≫의 문학 섹션에도 기고했다.

네루다의 초기 문학 여정에서 매우 생산적인 해인 1926년에 세 권의 책이 출간되었다. 첫 번째 책은 1월에 산티아고의 나시멘토에서 출간된 『무한한 인간의 시도』로 앞서 펴낸 두 권의 시집과 성격이 전혀 달랐다. 전적으로 그런 것은 아니지만, 이 책은 그 진가를 제대로 인정받지 못했고 큰 호응을 얻지도 못했다. 그러나 네루다 자신은 여생 동안 이 책에 변함없이 자부심을 가졌다.

“작은 규모로, 그리고 최소한의 표현 안에서, 이 책은 다른 어떤 작품보다 내가 좇아야 할 길로 나를 이끌었습니다. 나는 언제나 『무한한 인간의 시도』를 내 시의 진정한 핵심의 하나로 간주했습니다.”[41]

이 책은 분명 네루다에게 일종의 실험을 의미했다. 구두점의 부재는 잠재의식적 이미지의 자유로운 흐름을 허락한

---

41) 네루다의 1964년 산티아고 국립 도서관 강연. Alberto Cousté, *Neruda: El autor y su obra* (Ediciones Barcanova, Barcelona. 1981), p.42에서 인용.

다. 비평가 알베르토 코우스테는 이 책 전체를 한 편의 시, 즉 밤에 시작해서 밤에 끝나는 여행으로 본다. 이 여행에서 네루다는 "당대의 다른 책들에서는 발견할 수 없는 기법의 도약(운율 조합, 여백과 자유시의 조합, 즉흥적 연상과 소리 연결의 도입)을 시험한다."[42]

『무한한 인간의 시도』는 새로운 난해시의 시작을 알렸다. 『열광적인 투석꾼』에 대한 사바트 에르카스티의 논평 이후에 더 단순한 시를 쓰겠다던 네루다의 다짐은 사라졌다. 직접적이고 낭만적인 감각에 대한 호소는 자취를 감추었다. 그러나 여전히 슬픔과 고독이 지배적인 어조를 이루고 있다. 그는 어디에선가 "내 마음은 슬프다"라는 말을 되뇌며 "오늘밤 내 마음을 사로잡는 이 외로움을 나는 누구에게서 샀는가?"라고 묻는다.

다음의 인상적인 시행에서처럼 기쁨의 순간도 존재한다.

> 내가 빵 굽는 사람의 흡족한 기쁨을 느끼는 사이
> 아련한 냄새 머금은 종소리와 함께
> 바이올린 색깔로 희미하게 먼동이 튼다

그리고 다시 한번 여인에 대한 사랑은 그에게 순수한 기쁨을 주는 유일한 요소로 나타난다.

---

42) Ibid.

출판업자가 『무한한 인간의 시도』에 대한 대가로 돈을 보내 주자, 네루다는 비로소 방에 책상과 쿠션 몇 개를 갖출 수 있었고, 심지어는 살아 있는 거북도 한 마리 들여놓았다. 그러나 사실 그는 산티아고에 뿌리를 내리고 싶은 생각이 없었다. 성공을 거둘수록 네루다는 점점 불안에 사로잡힌 것 같다. 친구들이 보기에, 그는 분명 칠레를 떠나고 싶어 했다. 친구들은 그가 파리 여행을 꿈꾼다고 생각했다. 파리는 대부분의 젊은 시인들이 동경하던 곳이었기 때문이다.

1925년 이후 네루다는 훗날 『지상의 거처』에 포함될 시들을 쓰기 시작한다. 많은 사람들은 이 책을 스페인어로 쓰인 가장 위대한 시집의 하나로 간주하게 된다. 바로 이 시집에 실린 첫 번째 시 「겨울 연가」는 1925년 여름방학을 맞아 푸에르토 사베드라를 찾았을 때 쓴 것으로 보인다.

네루다는 변함없이 알베르티나에게 편지를 쓰고 있었다. 1925년 3월, 그는 푸에르토 사베드라에서 사서로 일하던 친구 아우구스토 윈터에게 타자기가 있다는 데 생각이 미쳤다. 네루다는 같은 달에 쓴 타자한 편지에서 알베르티나에게 "네가 타자기로 식은 죽 먹듯이 거짓말을 할 수 있다는 걸 알아냈어"라고 득의양양하게 말했다. "펭귄이 어떤지 아니? 조심해. 물어뜯거든!" 그러고는 '바보바보바보바보바보바보'라는 서명으로 편지를 끝맺었다.

1925년 7월, 두 달 전에 외국 모험에서 돌아온 알베르티나의 동생 루벤이 네루다를 칠레 남부의 아름다운 섬 칠로에의 앙쿠드로 초대했다. 루벤은 그곳에서 스페인어 교사로 있었다. 네루다는 당장 초대에 응했다. 잠시 산티아고를 떠나 있고 싶었던 데다 가는 길에 테무코에 들러 부자지간의 불화를 무마하겠다는 생각도 있었다.

그러나 고향 방문은 만족스럽지 못했다. 파블로와 호세 델 카르멘은 서로 지지 않고 고함을 질러 대는 지경에 이르고 말았다. 아버지는 시인이 되겠다는 뜻을 꺾지 않고 옹고집으로 하찮은 일에 인생을 탕진한다며 아들을 나무랐다. 반면에 아들은 아들대로 소리를 지르며 대들었다. 틀림없이 네루다는 이젠 멀리 칠레 밖까지 알려진 자신의 시적 성취에 대해 아버지가 친구들처럼 자랑스러워하지 않는다는 사실에 분통이 터졌을 것이다.

그러나 산티아고에서 멀리 벗어나 총명한 재치꾼 친구 루벤과 신나게 어울리다 보니 다시 기운이 솟았다. 그들은 오랫동안 얘기를 나누었고, 네루다는 학생들의 숙제 채점을 거들어 주었다. 금상첨화로 기막힌 해산물 요리까지 있었다. 장차 음식은 네루다에게 평생의 열정이 되기에 이른다. 새로 제정된 마사(Maza) 법 덕분에 (루벤을 포함한) 교사의 봉급이 대폭 인상되었고, 그로 인해 네루다는 한껏 배를 채울 수 있었다. 산티아고에서는 언감생심 꿈도 꾸지 못할 일이었다.

이 여행을 통해 네루다의 마음 상태는 호전되었지만, 기이하게도 그가 음울한 중편 소설 『거주자와 그의 희망』을 쓴 곳은 바로 앙쿠드였다. 이 소설은 1926년에 나온 두 번째 책으로 재차 나시멘토가 펴냈다. 눈에 띄는 산문픽션의 첫 모험에서, 네루다는 폭력과 복수라는 가장 비열한 인간의 본능을 탐사한다. 비현실적인 꿈이 서정적 묘사와 어우러진다. 이 책은 산문으로 쓰였을 뿐, 어떤 의미에서 『무한한 인간의 시도』와 사촌지간으로 볼 수 있을 것이다. 이 중편 소설은 흉악범인 감방 동료 플로렌시오 리바스의 부인 이레네와 사랑에 빠진 말 도둑 이야기를 다루고 있다. 일단 감옥에서 풀려나자 말 도둑은 이레네를 찾아간다. 그러나 두 사람의 관계를 눈치챈 리바스가 이레네를 살해하고 도망친다. 이러한 줄거리는 몽환적인 서사의 특성을 제대로 드러내지 못한다. 실제로 대부분의 행동은 인물들의 마음속에서 일어난다.

이야기의 불안한 분위기는 셜록 홈스 이야기 『주홍색 연구』에서 모르몬교도들의 복수를 다룬 놀랄 만한 파트의 희미한 반향을 보여 준다. 네루다는 이 책을 익히 알고 있었다.

투숙하고 있던 앙쿠드의 닐손 호텔에서 산티아고로 돌아오라는 전보를 받았을 때, 파블로는 먼저 그곳의 한 재단사를 찾아가 "옥스퍼드 스타일의 바지"를 주문했다. 당황한 재단사가 그의 말을 이해하지 못하고 어깨를 으쓱하자, 네루다는 "당황하지 마세요. 내가 원하는 건 대충 이런 겁니다"라고 기분 좋게 말했다. 그러고는 신문지에 바지를 그렸다. 그는 비록 가난했지만 옷에 대한 댄디한 취향—그의 취향에 영향을 받아 검은 어깨 망토를 두른 학생들이 이른바 '네루다 패거리'를 이루면서 그의 뒤를 따라 산티아고 거리를 활보하기도 했다—은 평생 변함없이 유지되었다. 칠레의 비평가 페데리코 쇼프의 말에 따르면, 만나자마자 네루다가 그의 재킷에 대해 어찌나 침을 튀기며 찬사를 늘어놓았던지 꼭 자신에게 팔려는 줄 알았다고 했다.[43]

그가 선택한 길에 대한 아버지의 싸늘한 냉소와 폭넓은 갈채 사이의 대조를 극명하게 드러내기라도 하듯, 150명의 앙쿠드 유력 인사들이 산티아고로 돌아가는 칠레 최고의 저명 시인을 전송하는 작별 행사를 위해 네루다가 묵고 있던 호텔에 운집했다.

그러나 아직은 명성도 네루다에게 경제적 부를 가져다주지는 못했다. 1926년에 많은 작품을 쏟아냈지만, 그는 그해 하반기에도 여전히 빈한한 삶을 벗어나지 못하고 있었다. 이번에는 가르시아 레예스 거리 25번지에 있는 하숙방을 토마스 라고, 오를란도 오야르순과 함께 썼다. 오야르순은 이렇게 회상했다.

> 파블로가 칠로에섬에서 돌아왔을 때, 가진 게 별로 없던 우리 세 친구는 힘을 합쳐 방 한 칸을 빌리기로 했다. 우리는 도냐 에델미라의 과일 가게 2층에 방을 얻었다. 낮 동안에 그녀는 수박이나 호박, 상추 등속을 팔아야 했다. 그러나 밤이 되면 계단 쪽으로 난 문을 열었다. 우리 셋

---

43) Federico Schopf, in conversation with AF, Santiago, April 2000.

이 저지르는 모험적인 행동에 고개를 절레절레 흔들었지만, 그녀는 인정 많은 아줌마였다. 가구는 기본적인 것만 최소한으로 갖추고 있었다. 철제 침대 하나, 담요 몇 장, 촛대와 초가 놓인 협탁, 세면대, 물 주전자가 전부였다.[44]

네루다와 라고는 조지프 콘래드의 『나르시소스호의 흑인』을 스페인어로 번역하기 시작했다. 그러나 유감스럽게도 번역 작업은 끝을 맺지 못했다. 네루다는 라우리타에게 편지를 썼다. "부모님에게 전신으로 돈을 좀 보내 달라고 말해 줘. 난 하루에 한 끼밖에 못 먹고 지내."[45]

배고픔의 고통 속에서도 그는 계속해서 게걸스럽게 읽고 미친 듯이 글을 썼다. 그는 프랑스어 번역으로 읽은 적이 있는 위대한 독일 시인 라이너 마리아 릴케의 『말테의 수기』 일부를 스페인어로 재번역해 학생 잡지 ≪클라리다드≫ 10~11월 호에 실었다. 이 시기에 쇼펜하우어와 프루스트는 그에게 깊은 영향을 주었다. 그는 또한 피에르 로티의 소설 『나의 형제 이브』를 즐겨 읽었다. 알베르티나 아소카르에게 보낸 한 편지에서, 그는 하룻밤에 능히 두 권의 소설을 읽어 치울 수 있다고 썼다.

네루다와 토마스 라고는 또다시 공동 작업을 했는데, 이

44) Orlando Oyarzún, *Aurora*, Santiago, July-December, 1964.

45) Pablo Neruda, *Cartas a Laura*.

번에는 그런대로 성과가 있었다. 그들은 『반지』라는 짧은 서정적 산문시집을 썼으며, 이 책 역시 나시멘토에서 출간되었다. 엔리케 안데르손 임베르트에 따르면, 1926년에 나온 세 작품 중 마지막인 이 책에서 네루다는

> 인상주의에서 표현주의로 도약했다. 다시 말해, 수동적인 태도에만 머무르는 대신 변함없는 감각적 자극에 고무된 시인은 주도권을 쥐고 자신을 역동적으로 표현해 냈다. 대상들은 본래의 성질을 잃었고, 현실은 상상력, 감정, 욕망의 격렬한 폭발로 탈바꿈했다.[46]

1925년과 1927년 사이에, 네루다는 친구 알바로 이노호사를 보기 위해 산티아고 북서쪽에 위치한, 거칠고 거대한 만을 가진 미항 발파라이소를 몇 차례 여행했다. 네루다는 산티아고와 발파라이소를 오가면서 마음 상태와 원기를 회복할 수 있었다. 네루다는 훗날 이 도시를 깊이 사랑해 결국 집을 한 채 사들이게 된다.

알바로 이노호사의 누이 실비아 타예르는 1920년대 말에

---

46) Enrique Anderson-Imbert, 'La prosa vanguardista de Neruda', an address at the symposium devoted to Neruda at the University of South Carolina, 21-23 November 1974. 프로시딩은 *Simposio Pablo Neruda,* Lévy, Isaac Jack and Juan Loveluck, eds. (University of South Carolina Press, Columbia, SC, 1975), p.305에 게재됨.

있었던 네루다의 방문에 대해 "그는 몇 주, 심지어는 몇 달씩 머물곤 했다. 그는 바다를 바라보기 위해 집을 나서곤 했는데, 낮에는 시장과 부두 그리고 언덕을 거닐었고 밤에는 항구의 금지된 구역을 배회했다"[47]라고 기억했다.

라우리타에게 보낸 편지에서 간곡한 어조로 돈을 부탁하긴 했지만, 그렇다고 네루다가 넋 놓고 앉아서 뜻밖의 횡재를 기다린 것만은 아니었다. 그는 라틴아메리카에서는 시를 써서 부자가 될 수 없다는 것을 – 심지어 그의 시처럼 성공을 거둔 경우에도 – 절감하고 나서, 부자가 되기 위한 무모한 계획을 모색하기 시작했다. 그는 알바로 이노호사와 함께 파시오그라포–그들이 직접 디자인해서 찍어 낸 희극적인 엽서로 작은 쇠줄로 얼굴을 움직일 수 있게 고안된 아파치족의 모습을 담은 것도 있었다–세트를 만들었다. 그와 알바로는 이 엽서들을 몸에 걸치고 거리에 서 있거나 시가 전차, 기차, 레스토랑을 돌아다니며 구매자들의 흥미를 끌려고 했지만 허사였다.

소심한 성격의 네루다에게 이 굴욕적인 좌절은 분명 견디기 힘들었을 것이다. 그러나 그가 당시에 상영 중이던 '천의 얼굴을 가진 사나이' 론 채니 주연의 영화에 상당한 광고 효과가 있을 것이라며 산티아고의 한 영화관 주인을 설득해

47) Sylvia Thayer, 'Testimonio', *Aurora*, Santiago, Nos 3-4, July-December 1964, pp.24-42.

200장의 엽서를 파는 데 성공했다는 사실로 미루어 그 역시 마냥 어눌한 것만은 아니었다. 한동안 네루다는 산티아고에서 사업가로 성공할 수 있다는 환상에 사로잡혀 지냈다. 그러나 사업가로서의 꿈은 그리 오래가지 못했다. 그는 1927년 3월 9일 라우리타에게 보낸 편지에서, "사업은 번거롭기만 했지 돈이 안 돼. 먹고 살기도 빠듯해"라고 털어놓았다. 어쩌면 그는 씁쓸하게도 결국 아버지가 옳았다고 생각했을지도 모른다.

그 무렵 『스무 편의 사랑의 시와 하나의 절망의 노래』로 칠레를 비롯한 라틴아메리카 전역에서 선풍적인 인기를 끌고 있던 시인이 여전히 그렇게 불안정한 삶을 살았다는 것은 왠지 부당해 보인다. 그러나 그것이 그의 현실이었다. 오를란도 오야르순은 이렇게 썼다.

> 우리의 경제 사정은 나빠지고 있었다. 언젠가 새벽 이른 시간에 말없이 걸어서 하숙방으로 돌아가던 때가 생각난다. 아마도 1927년 초였을 것이다. 가난은 우리를 슬프게 했다. 느닷없이 파블로가 걸음을 멈추더니 밤의 침묵과 거리의 고독 속에서, 꽥꽥 소리를 질러 대며 자신의 불운에 저주를 퍼붓기 시작했다. 토마스 [라고]도 마찬가지로 소리를 지르며 합세했다. 그들의 기운을 북돋우는 건 내 몫이었다. 나는 그들에게 "이봐 친구들, 상황은 달라질 거야… 설마 늘 이러기야 하겠어"라고 말했다.[48]

오야르순의 말이 맞았다. 그러나 그가 예견했던 방식으로는 아니었다. 불안에 사로잡힌 네루다는 외국으로 도피할 기회만 엿보고 있었다.

> 1920년대에 우리 [라틴아메리카] 국가들의 문화적 삶은 전적으로 유럽에 의존하고 있었다… 우리의 모든 공화국에서는 코즈모폴리턴 엘리트들이 활개 치고 있었고, 과두 지배 계급에 속한 작가들은 파리에서 살았다… 내가 약간의 때 이른 명성을 얻게 되자, 거리에서 만나는 사람들은 곧 하나같이 "여기서 뭐 하고 있는 거야? 파리로 가야지"라고 말하기 시작했다.[49)]

어느 날 몇몇 친구에 고무되어 두근대는 가슴으로 키가 훤칠한 외무부 영사국장을 찾아간 네루다는 쭈뼛거리며 혹시 해외 공관에 공석 중인 영사 자리가 없는지 물었다. 영사국장은 네루다의 시에 찬사를 늘어놓으며 지금 당장은 자리가 없지만 빈자리가 나면 알려 주겠다고 했다. 그는 한동안 아무런 통보도 받지 못했고, 갈수록 수심은 깊어졌다. 그러나 운이 좋았던지, 미술가 빅토르의 형제로 외무 장관 친구인 마누엘 비안치와 우연히 마주쳤다. 파블로가 외국에 가기

---

48) Orlando Oyarzún, *Aurora,* Santiago, July-December 1964.

49) Pablo Neruda, *Memoirs,* p.64.

를 희망한다는 얘기를 들은 비안치는 곧 장관 면담을 주선했고, 장관은 시인에게 공석 중인 해외 공관 리스트를 건넸다. 그는 네루다에게 "한 곳을 고르시오"라고 말했다. 버마(오늘날의 미얀마)의 수도 이름인 랑군(오늘날의 양곤)은 그에게 아무런 의미가 없었다. 어쩌면 바로 그런 이유로 그곳을 택했는지도 모른다.

랑군은 그의 가장 고독한 시기의 삶이 펼쳐질 곳이자 평생 그에게 상흔을 남기게 될 로맨스의 무대가 될 것이다.

3.
아시아의 고독
1927~1932

네루다는 필사적으로 산티아고를 떠나려고 했지만, 긴 항해에 앞서 꼭 해결해야 할 중요한 과제가 남아 있었다. 몇몇 출처에 따르면,[1] 그는 랑군으로 떠나기에 앞서 라우라 아루에에게 청혼을 했다고 한다. 그는 틀림없이 그녀에게 스케치와 시와 편지를 보냈을 것이다. 또 『스무 편의 사랑의 시와 하나의 절망의 노래』를 보내면서 그녀가 시집에 영감을 준 주된 뮤즈였음을 밝혔을 것이다.

그는 알베르티나에게도 똑같은 말을 건네며 그녀의 사랑을 얻으려고 부단히 애썼다. 파블로는 진실로 동시에 두 여인과 사랑에 빠졌다. 그러나 불행히도 그 누구의 사랑도 차지하지 못했다.

---

1) 라우라 아루에는 회고록 『추억의 창(Ventana del recuerdo)』(Nascimento, Santiago, 1982)에서 네루다와 함께한 시절을 회상하고 있다. 그녀는 1986년 자신의 집에서 일어난 화재로 비극적으로 생을 마감했다.

그러나 1927년 조국에서 그를 몰아낸 것은 꼭 개인적인 불행만은 아니었다. 1927년 4월 7일, 내무 장관으로 재직 시 이미 독재 성향을 드러낸 바 있는 강성 군인 출신의 카를로스 이바녜스 델 캄포가 에밀리아노 피게로아 라라인으로부터 대통령직을 승계했다. 두 달 전, 이바녜스는 칠레에서 '아나키스트와 공산주의자'를 소탕하기 위해 중대한 정화 작업이 필요하다고 역설하면서 대대적인 검거령을 내린 바 있었다. 대통령직에 오르자 이바녜스는 5월 22일 즉각 선거를 소집했고, 그는 98%를 득표했다. 그가 단독 후보로 출마했으니 놀랄 일도 아니었다.

그동안 칠레 경제는 계속해서 진통을 겪었다. 북부의 초석 산업은 쇠퇴일로를 걸었고, 노동자들은 강한 불만 속에 속속 해고되었다. 바야흐로 400만의 칠레인들은 단일 수출 품목에 의존해 온 경제가 초래한 심각한 결과를 실감하고 있었다.

네루다는 1926년 말 라우리타에게 편지를 보내 1월 3일에 유럽으로 떠날 것임을 알린 바 있다. "이젠 아버지와 싸우는 것도 지긋지긋해. 머리가 얼마나 돌아 버릴 지경인지 보여 줄 수 있었으면 좋겠어. 지난 보름 동안 겨우 여비를 충당할 수 있을 정도의 돈밖에 없었어. 지로나에서는 뭘 먹지? 증기를 먹나? 나한테 얼마간 돈을 융통해 줄 수 있겠어?"[2)]

2) Pablo Neruda, *Cartas a Laura,* p.32.

파리가 젊은 네루다에게 가장 유력한 행선지였겠지만 계획했던 유럽 여행은 실현되지 않았다. 또 다른 칠레 시인 비센테 우이도브로는 파리에서 성공적인 유랑을 즐기고 있었다. 그러나 네루다는 관심이 없었다.

네루다의 전기 작가 볼로디아 테이텔보임은 "그는 다른 시인들과 예술가들이 모두 걸어간 한결같은 루트, 다시 말해 문화의 수도 파리를 선택하고 싶지 않다고 말했지요. 그는 그러길 원치 않았어요. 어쨌든, 당시 그에게 파리 주재 영사라는 일급 자리를 제공할 사람은 아무도 없었을 겁니다"[3]라고 말했다.

그래서 결국 그가 선택한 곳은 랑군이었다. 한 번도 그곳에 대해 들어 본 일도 없고, 고작 칠레 외무부에 있던 지구본의 움푹 파인 곳에서 발견한 게 전부였지만, 네루다는 랑군이 아시아에 있다는 것을 알 수 있었다. 그리고 어쨌든 랭보는 유럽 생활에서 벗어나 고국에서 수천 마일 떨어진 곳에서 살지 않았던가.

네루다 앞에는 적어도 두 달에 걸친 기나긴 항해가 놓여 있었다. 그는 잇달아 친구들과 작별 파티를 가졌다. 친구들은 너나없이 그가 그렇게 대단한 탈주를 하게 된 것을 부러워했다. 발파라이소에서 있었던 떠들썩한 모임에서, 그의

---

3) Volodia Teitelboim, in conversation with AF, Santiago, March 2000.

오랜 친구 알바로 이노호사가 놀라운 제안을 했다. 그의 제안인즉슨 파블로의 일등석 배표 한 장을 두 장의 3등석 표로 바꾸어 자신도 동행할 수 있게 해 달라는 것이었다. 어쨌거나 얼마 전 화가 파스친 부스타멘테와 알베르토 로하스가 아주 유사한 방식으로 부에노스아이레스를 여행한 적이 있었다. 네루다는 즉석에서 제안을 받아들였다. 워낙 알바로를 좋아한 데다, 예외가 없지 않았지만 그의 아이디어는 거의 대부분 좋은 성과를 거두었던 것이다. 그는 기지 넘치는 동행이 될 테고, 이는 위압적인 기나긴 항해를 앞두고 네루다가 절실히 필요로 하던 바로 그것이었다. 파블로와 달리, 알바로는 이미 얼마간 뉴욕에 체류한 경험이 있는 노련한 여행자였다.

디에고 무뇨스는 동료들이 먹고 마시며 버마와 랑군, "그곳의 기후, 주민들, 동양 의상을 입은 버마 여인들의 아름다움"에 대해 정보를 주고받던 때를 기억했다. "우리는 매우 이국적인 그림을 그렸고, 모두들 친구가 살게 될 그 아득한 나라를 동경했다."[4)]

모두가 파블로를 부러워했지만 그도 알바로도 수중에 돈이 한 푼도 없었다. 네루다의 출판사인 나시멘토가 예기치 않은 돈을 제공함으로써 구원의 손길을 내밀었다. 네루다는 알바로에게 자기는 여행 준비를 계속할 테니 대신 돈을 받아

4) Diego Muñoz, *Memorias*, pp.145-146.

오라고 부탁했다. 알바로는 돌아오는 길에 그 돈으로 도박을 할 요량이었다. 그는 네루다에게 허락을 구했고, 친구의 기분을 망치고 싶지 않았던 시인은 마지못해 그의 생각에 환호하는 척했다. 알바로는 힘들게 번 네루다의 돈을 들고 셉티엠브레 클럽으로 향했고, 처음에는 룰렛 테이블에서 돈을 땄다. 예나 지금이나 도박꾼들이 다 그렇듯, 그는 돈을 땄을 때 자리를 뜨지 못했다. 그가 파블로의 침실에 들어갔을 때, 시인은 독서 삼매경에 빠져 있었지만 무슨 일이 있었는지는 물을 필요조차 없었다. "잃은 거지? 그렇지?" "몽땅 다." 알바로의 애처로운 대답이 흘러나왔다. "네 돈 500페소는 물론이고 내가 땄던 200만 페소까지." 그러나 알바로가 겸연쩍은 표정으로 어렵사리 고개를 들어 네루다와 눈이 마주쳤을 때 두 사람은 갑자기 웃음을 터뜨렸다.[5)]

그들은 안데스산맥을 관통해 아르헨티나의 멘도사까지 가는 안데스 횡단 열차를 타기 위해 발파라이소를 출발했다. 갓 발급받은 외교관 여권은 몸에 지녔지만 수중에는 돈이 거의 없었다. 네루다가 라우리타에게 편지를 쓴 것은 6월 15일 멘도사에서였다. "코네히타, 티켓은 이미 예약했고 안데스 횡단 열차는 곧 떠날 참이어서 부득이 작별 인사를 드리지 못해 몹시 죄송하다고 아버지 어머니께 전해 드려… 난 뼛속 깊이 슬픔과 고뇌를 느꼈어. 하지만 이별은 길지 않을 거야."[6)]

---

5) Ibid., p.149

고단한 기차 여행은 네루다와 이노호사를 멘도사에서 부에노스아이레스까지 실어다 주었다. 부에노스아이레스에서 네루다는 아르헨티나 작가 호르헤 루이스 보르헤스와 처음이자 마지막으로 만났다. 네루다는 회고록에서 그들이 두 시간에 걸쳐 나눈 대화를 일절 언급하지 않고 있다. 그러나 보르헤스는 인터뷰에서 종종 그 이상야릇한 만남을 세세하게 회고했다. 그는 프랑스 일간지 ≪르 몽드≫와의 인터뷰에서 "우리는 두 시간 동안 서로를 압도하려고 애쓰며 유희했습니다. 그는 '스페인어로 글을 쓰는 것은 절대 불가능합니다'라고 말했어요. 나는 '당신 말이 옳아요. 그게 바로 이제껏 아무도 스페인어로 중요한 저작을 남기지 못한 이유지요'라고 대답했습니다. 그러자 그가 '영어나 프랑스어로 글을 쓰면 어때요?'라고 제안하더군요. '좋아요. 하지만 우리가 그 언어들로 글을 쓸 만한 가치가 있다고 어떻게 장담하지요?' 마침내 우리는 체념하고 스페인어로 글을 쓸 수밖에 없다고 결론을 내렸지요"[7]라고 말했다.

네루다와 이노호사는 6월 18일 포르투갈의 리스본으로 가는 증기선 바덴호에 승선했다. 대단한 배는 아니었다. "단일 등급의 객실만 있다고 알려진 독일 배였다. 굳이 단일 등

---

6) Pablo Neruda, *Cartas a Laura,* p.34.

7) From an interview with Jorge Luis Borges, *Le Monde Diplomatique,* Paris, August 2001, pp.24-25.

급이라고 한다면, 그것은 틀림없이 5등급이었을 것이다."[8] 네루다의 회고록에 따르면, 알바로 이노호사는 항해하는 동안 끊임없이 여자 승객들에게 추파를 던졌다. 이러한 행실은 적어도 한 여자가 마지못해 그의 구애에 굴복하는 순간까지 계속되었다. 산티아고에서 성적으로 성공을 거두었음에도, 당시 네루다는 겉으로 보기에 훨씬 덜 뻔뻔스러웠다. 실제로 그는 이성 앞에서 수줍음을 잘 타는 편이었고, 대개는 여자들이 그의 뒤를 쫓아다녔다. 한번은 바덴호 선상에서 '젊은 브라질 여자'에게 마음을 빼앗기게 되었다. "배가 리우데자네이루의 부두에 들렀을 때 부모와 함께 승선한 그녀는 한없이 브라질 여자다웠다." 그는 항해 중에 산티아고의 일간지 ≪라 나시온≫에 기고한 글에서 그들의 만남에 대해 이렇게 이야기했다.

> 그날 소녀와 부모로 이루어진 브라질인 가족이 승선했다. 소녀는 매우 아름다웠고, 커다란 눈이 얼굴의 많은 부분을 차지하고 있었다. 눈은 깊고 검었으며, 은근히 바라보면서도 눈부시게 반짝였다.[9]

---

8) Pablo Neruda, *Memoirs,* p.95.

9) Pablo Neruda, *Para nacer he nacido* (Planeta, Santiago, 1978), pp.27-28.

그들 사이에 육체적 접촉이 있었는지는 알 길이 없다. 볼로디아 테이텔보임은 "아마도 있었을 것"이라고 본다. "당시 배 여행은 길었고 — 산티아고에서 유럽까지 가는 데 장장 20일에서 25일 정도 걸렸다 — 그 시간이면 별의별 일이 다 일어날 수 있었죠!"[10] 소녀의 이름은 마리네시였는데, 네루다는 그녀가 갑판 의자에 앉아 그에게 얘기하기를 얼마나 좋아했는지에 대해 이렇게 기술했다. "그녀는 내 친구다. 그녀는 음악적인 포르투갈어로 말하고, 또 마치 장난감처럼 언어를 갖고 놀기를 즐긴다. 열다섯 명의 구혼자들이 그녀를 둘러싼다. 그녀는 도도하고 창백하며, 그들 중 누구에게도 특별한 호감을 보이지 않는다. 어둠이 드리워진 그녀의 표정은 그들의 유혹을 뿌리친다."[11]

1927년 7월 12일, 배가 포르투갈 해안 가까이 다가갔을 때, 네루다는 그의 스물세 번째 생일을 축하했다. 그러나 칠레를 떠나기 전 재단사에게 대금을 지불하지 않은 것이 못내 마음에 걸렸다. 그는 라우리타 앞으로 보낸 편지에서 아버지가 경제적 어려움에서 그를 구해 줄 수 있는지 알아봐 달라고 부탁했다. 그에게 돈은 계속해서 걱정거리였다.

---

10) Volodia Teitelboim, in conversation with AF, Santiago, March 2000.

11) Pablo Neruda, *Para nacer he nacido*, p.28.

엿새 후에 파리에 들렀다가 월말에 동양으로 떠날 참이야. 사실 파리에 도착하는 게 좀 두려워. 여기 배 위에서 그곳은 생활비가 엄청나게 비싸고 가장 싼 하숙집도 월세가 600페소나 된다는 얘기를 들었거든. 그리고 [재정적으로] 아주 안 좋은 상태에서 도착하게 될 거야. 게다가 사람들은 전염병과 학질을 비롯한 온갖 종류의 열병에 걸려 있어. 그런데 그곳에서 뭘 하지? 우린 우리를 보살펴 줄 사람이 아무도 없다는 일념으로 삶에 복종하는 동시에 맞서 싸워야 해. 아버지와 사랑하는 어머니께 포옹의 인사를 전하며.[12)]

그는 리스본에서 마드리드로 이동했고, 그곳에서 사흘간 머물렀다. 마드리드에 체류하는 동안 영향력 있는 비평가이자 격주간 문학지 ≪라 가세타 리테라리아≫의 간사인 기예르모 데 토레의 행방을 찾아내 훗날 『지상의 거처』에 실릴 시 가운데 아홉 편을 보여 주었다. 그러나 실망스럽게도 스페인 권위자의 반응은 부정적이었다.

그는 첫 시들을 읽고 나서, 끝내 시에서 아무것도 깨닫거나 이해하지 못했으며 내 의도가 무엇인지 가늠할 수조차 없었다고 아주 솔직하게 털어놓았다. 나는 마드리드

---

12) Pablo Neruda, *Cartas a Laura*, pp.53-54.

에 더 오래 머물 생각이었지만, 이 사람의 불침투성을 확인하고는 그것을 불길한 전조로 받아들여 프랑스로 출발했고, 얼마 후 마르세유에서 인도로 떠났다. 나는 얼마 전 스물세 살이 되었고, 당연히 스페인의 꺼져 가는 울트라이스모는 내가 있어야 할 자리가 아니었다… 알베르티와 가르시아 로르카 세대는 아직 알려지지 않고 있었다… 허풍을 떨지만 공허한 이런 분위기에서 오르테가 이 가세트의 『예술의 비인간화』가 나왔다.[13)]

1950년에 네루다의 이러한 비판적 논평이 발표되었을 때, 기예르모 데 토레는 '네루다에게 보내는 공개서한'의 형태로 ≪쿠아데르노스 아메리카노스≫에 답변을 실었다. 여기에서 스페인의 비평가는 1927년 마드리드에서 그를 잠깐 만났을 때의 개인적 인상을 피력했다.

정말 우리는 딱 한 번 만나 아주 잠깐 얘기를 나누었을 뿐입니다. 당신이 바로 다음 날 떠나기로 돼 있었으니까요… 당신은 시집들의 복사본을 내게 건넸지요. 어떤 것은 이미 내가 알고 있는 것이었어요. '이해력 부족'과 '불침투성'의 덤터기를 쓰긴 했지만, 나는 이미 칠레에 있는

---

13) Alfredo Cardona Peña, 'Pablo Neruda: Breve historia de sus libros', *Cuadernos Americanos,* Mexico, December 1950, p.273에서 인용.

친구들을 통해서나, 아니면 직접 [이 책들을] 입수하는 모순된 행위를 저질렀기 때문입니다. 그런데 지금으로서는 그 책들 가운데 『지상의 거처』가 있었다고는 도저히 믿어지지 않습니다… 한 가지 확실한 사실은 아마도 당신이 듣고 싶어 했을 '기발하다'란 말을 내가 내뱉지 않았다는 것뿐입니다.[14)]

파리에서 네루다는 만나기를 학수고대하던 프랑스 시인들을 찾아내지 못했다. 그러나 라틴아메리카의 가장 위대한 시인의 한 사람인 페루 시인 세사르 바예호와 매우 중요한 만남을 가졌다.

바예호는 네루다를 경외심으로 대했고, 루벤 다리오 말고는 스페인어권에서 그와 견줄 만한 시인이 없다고 치켜세웠다. 이 말은 분명 네루다의 귀에 감미로운 음악처럼 들렸겠지만, 그는 바예호가 너무 깍듯하게 예를 갖추고 형제적 포옹을 해 주지 않는다며 장난스레 그를 힐책했다.

파리에서 네루다는 알바로 이노호사와 함께 2주일간의 단기 체류가 제공할 수 있는 사교적 즐거움을 만끽했다. 그는 회고록에서, 부유한 칠레인 동료 알프레도 콘돈이 베풀어준 풍성하고 사치스러운 파티를 회상했다. 그는 작가이자 칠

14) Guillermo de Torre, 'Carta abierta a Pablo Neruda', *Cuadernos Americanos*, Mexico, No.3, May-June 1951, p.278.

레 최대의 선박 회사 소유주의 아들이었다. 파티 중에 콘돈이 의식을 잃고 쓰러지자, 순간 네루다는 극적으로 그 엄청난 부를 가지고도 재정적인 곤란을 당하지 말라는 법이 없다는 생각을 떠올렸다. 클럽 주인은 그 상황에서도 냉혹하게 당장 이브닝 파티 비용을 치르라고 다그쳤고, 아무도 나가지 못하게 출입문을 걸어 잠갔다. 그러나 손님 중 아무도 도움을 줄 수 없었다. "우리는 갓 만들어진 내 외교관 여권을 잡히고 나서야 비로소 감금 상태에서 빠져나올 수 있었다."[15)]

밖으로 나와 보니 한 나이트클럽 호스티스가 택시에서 그들을 기다리고 있었다. 그녀는 곤경에 처한 그들을 저버리지 않은 유일한 사람이었다. 날이 밝자, 파블로와 알바로는 그녀를 초대해 레알 상가에서 양파 수프를 함께 먹었고, 시장에서 그녀에게 꽃을 사 주었다.

> 우리가 묵고 있던 허름한 호텔로 그녀를 초대했다. 그녀는 아무 거리낌 없이 우리를 따라왔다. 그녀는 알바로와 함께 방으로 들어갔다. 나는 지쳐서 침대에 쓰러졌는데, 갑자기 누군가가 나를 거칠게 흔들어 깨우는 것을 느꼈다. 알바로였다. 그의 천진난만한 미치광이 얼굴은 어딘가 이상야릇해 보였다. 그가 "이봐. 저 여자는 특별한 데가 있어. 끝내줘. 말로는 설명하지 못하겠어. 당장 가서

---

15) Pablo Neruda, *Memoirs,* p.70.

> 그녀를 한번 안아 봐"라고 말했다. 몇 분 후 낯선 여자가 졸린 표정으로 다소곳이 내 침대로 들어왔다. 나는 정사를 나누면서 그녀의 신비한 능력을 확인할 수 있었다. 그것은 그녀의 깊은 곳에서 솟아오르는 형용할 수 없는 어떤 것, 바로 쾌락의 근원, 물결의 태동, 비너스의 생식의 비밀로 거슬러 올라가는 그 무엇이었다.[16)]

파블로와 알바로는 파리에서 마르세유로 가는 남행 열차에 몸을 실었다. 1927년 8월 1일, 두 사람은 그들을 동양으로 가는 긴 여정의 마지막 구간으로 데려다줄 배에 올랐다.

같은 날, 네루다가 모르는 사이에, 마드리드의 저널 ≪라 가세타 리테라리아≫에 칠레 현대시를 진단하는 기예르모 데 토레의 글이 실렸다. 데 토레는 네루다를 훌륭한 시인으로 인정했고, 『스무 편의 사랑의 시와 하나의 절망의 노래』에 대해 "완벽과 균형의 한 정점을 대표한다"라고 평했다. 그는 "그러나 만족하지 못한 시인은 더 좋은 시인이 되기 위해 힘썼고, 우이도브로 시의 한계를 넘어 추상적이고 적나라한 서정에 몸을 던졌다"[17)]라고 말을 이었다.

---

16) Ibid.

17) Guillermo de Torre, 'Poemas en mapa', *La Gaceta Literaria*, Madrid, 1 August 1927. Edmundo Olivares Briones, *Pablo Neruda: Los caminos de Oriente, Tras las huellas del poeta itinerante 1927-1933* (LOM Ediciones, Santiago, 2000), p.61에서 인용.

우리는 네루다가 ≪라 나시온≫에 정기적으로 기고한 글을 통해 항해의 마지막 여정에서 그가 가졌던 느낌에 대해 상당한 정보를 얻을 수 있다. 우리는 좁은 거리에 바가 즐비한 이집트의 포트사이드에 잠시 들렀을 때 그가 화려하게 묘사했던 것을 기억한다. 그곳에서는 "대기나 햇빛조차… 가격과 '어서 오세요'를 외친다". 지부티에서 랭보의 발자취를 쫓을 때는 이글거리는 한낮의 태양 아래서 "낙타의 혹조차 움츠러들고, 낙타의 작은 눈은 사막을 외면한다".[18] 볼로디아 테이텔보임은 이렇게 말한다. "지부티에서 아주 이상한 일이 일어났어요. 네루다는 사창가에서 창녀들과 춤을 추었지요. 그런데 그녀들은 아랍어 말고는 다른 어떤 언어로도 말할 수 없었습니다. 그래서 네루다는 그녀들이 다른 방식으로 '서로를 이해했다'는 것을 알게 되었지요."[19] 그의 글은 또한 싱가포르와 실론(오늘날의 스리랑카)의 콜롬보에 대한 첫인상을 전해 준다. 이 두 곳은 모두 훗날 네루다의 임지가 된다.

1927년 10월 싱가포르에 상륙하자 그들은 마침내 목적지에 도착했다고 생각했다. 그게 아니라는 말을 들었을 때 그들은 커다란 심리적 충격을 받았다. 알고 보니, "앞으로도 배로 여러 날을 더 가야만 했고, 설상가상으로 하나밖에 없는

---

18) 네루다가 1927년 9월 2일에 작성한 이 글은 같은 해 11월 20일 산티아고의 *La Nación*에 게재되었다.

19) Volodia Teitelboim, in conversation with AF, Santiago, March 2000.

정기선은 전날 랑군으로 떠난 뒤였다. 우리는 호텔비는커녕 뱃삯도 없었다. 새로운 자금은 랑군에서 우리를 기다리고 있었다."[20]

파블로와 알바로는 자포자기의 심정으로 만시야라는 싱가포르 주재 칠레 영사에게 도움을 청했다. 처음에 그는 두 칠레인이 필요로 하는 돈을 빌려주기를 거부했다. 그러나 네루다가 경비 마련을 위해 싱가포르에서 몇 차례 칠레에 관한 강연을 하겠다고 으름장을 놓자, 만시야는 순순히 돈을 내주었다. 네루다와 이노호사는 싱가포르에서 2, 3일 더 머문 후에 랑군을 향해 출발했다. 이번에는 상인들과 식민지의 공무원들이 함께 여행했다. 그들은 1927년 10월 25일경, 드디어 버마에 도착했다.

우리가 알기로 네루다가 랑군에서 쓴 첫 편지의 수신인은 테무코의 가족도, 알베르티나 아소카르도 아닌 아르헨티나 작가 엑토르 에안디였다. 네루다는 에안디가 그에게 『스무 편의 사랑의 시와 하나의 절망의 노래』를 격찬한 글과 함께 자신의 단편집 『유랑자들』의 복사본을 보내 준 이후 편지를 통해 우정을 나누었다. 그들이 주고받은 일련의 편지는 동양에서의 시인의 마음 상태와 그의 장래 계획을 살피는 데 대단히 중요하다.

1927년 10월 25일로 날짜가 적힌 첫 편지에서, 네루다는

---

20) Pablo Neruda, *Memoirs*, p.74.

에안디에게 회신이 늦은 것에 대해 용서를 구하면서 이를 "매일매일의 비참한 처지" 탓으로 돌렸다. 그는 에안디와의 서신 왕래가 계속되기를 바랐다. 물론 두 사람은 계속 편지를 주고받았고, 이는 네루다가 랑군에서 보낸 15개월의 고독한 삶에 생명선을 제공했다.

사흘 뒤에 네루다는 라우리타에게 편지를 보냈다. 편지에서 그는 "이곳 여자들은 피부가 검어. 걱정하지 마. 결혼은 하지 않을 테니까"[21]라고 쓰고 있다.

1927년 당시 버마는 아직 영국의 통치를 받는 인도의 행정 구역이었다. 그러나 온순해서 다스리기가 수월하던 버마인들은 자신들이 인도인들과 중국인들 그리고 영국을 비롯한 유럽의 장사꾼들에 의해 상업적으로 과도하게 착취당하고 있다는 사실에 분개하기 시작했다. 몇 년 후에 토마스 라고에게 말한 바에 따르면, 네루다는 이내 버마의 토착 문화에 매혹되었으며 동시에 그곳 영국인의 식민지 환경으로부터 소외되었다. "나는 영국인들과 동떨어진 삶을 살았네. 아주 드물게 그들의 파티에 참석했는데, 식민자들 중에는 흥미로운 사람이 아무도 없었기 때문이었지. 그들은 지루하고 심지어 무지하기까지 했다네."[22] 그러나 네루다의 정치적 통찰력은 그가 떠나고 나서 불과 몇 달 뒤에 버마에 도착한 조

21) Pablo Neruda, *Cartas a Laura,* p.35.

22) Tomás Lago, *Ojos y oídos,* p.60.

지 오웰에 훨씬 못 미쳤다.

네루다는 곧 자신이 숨 막히는 관료적 일상에 내던져져 있음을 깨달았다.

> 나는 석 달에 한 번씩 고형 파라핀과 거대한 차 상자를 싣고 캘커타(콜카타의 전 이름—옮긴이 주)를 떠나 칠레로 향하는 배가 입항할 때만 공식적인 업무를 수행했다. 나는 빠른 속도로 서류에 서명 날인을 해야 했다. 그러고는 다시 3개월 동안 일이 전혀 없었고, 나는 수도자처럼 시장과 사원을 바라보며 깊은 생각에 잠겼다. 내 시의 가장 고통스러운 시기였다.[23)]

멕시코 시인 옥타비오 파스가 극동에 근무하는 동안 자신이 발견한 신비한 동양의 종교에 매료되었던 것과 달리, 네루다는 동양의 종교에서 몹시 냉혹하고 배타적인 요소를 발견했다.

> 그곳 랑군에서 나는 가난한 사람들에게
> 신들은 하느님만큼이나
> 거대한 적임을 깨달았다.
> …

---

23) Pablo Neruda, *Memoirs*, p.86.

텅 빈 영겁의
칵테일파티에서 미소 짓는
벌거벗은 우아한 부처들[24]

그러나 적어도 거리의 삶은 활기에 넘쳤다.

거리는 나의 종교였다. 버마의 거리, 노천극장과 종이 용(龍), 휘황찬란한 등롱이 즐비한 중국인 거리. 그중에서도 가장 초라한 힌두인 거리에는 한 특정 카스트가 사업의 일환으로 운영하는 사원들이 있었고, 가난한 사람들은 사원 밖 진흙탕에 무릎을 꿇고 있었다. 시장에는 베틀후추 잎이 공작석의 산처럼 녹색 피라미드를 이루며 높이 쌓여 있었다. 야생 동물과 새를 파는 상점. 탄력 있는 몸매의 버마 여인들이 입에 긴 여송연을 물고 지나다니는 꼬불꼬불한 거리. 나는 이 모든 것들에 매료되어 점차 실생활의 마법 속으로 빠져들었다.[25]

갓 도착한 네루다와 그의 친구 알바로 이노호사에게 실생활은 당혹스러움 그 자체였다. 그들은 영사가 스스로 알아서

24) Pablo Neruda, 'Religión en el Este', *Memorial de Isla Negra,* p.107.

25) Pablo Neruda, *Memoirs,* p.86.

미리 숙소를 구해야 한다는 사실을 알고는 경악했다. 사정이 이렇다 보니, YMCA 유스호스텔(두 사람 다 기독교적 윤리는 믿지 않았지만 숙박비가 싸다는 이유로)이나 홍등가, 아니면 심지어 아편 상점 말고는 마땅히 지낼 만한 곳이 없었다. 외교관으로서는 생각하기 힘든 특이한 출발이었다.

네루다는 산티아고에서와 마찬가지로 랑군에서도 여전히 불안에 사로잡혀 지냈다. 그러나 (이노호사 말고는) 곁에서 그를 격려하고 흥을 돋우어 줄 가까운 친구도 없었다. 당시에 에콰도르에서 살고 있던 디에고 무뇨스는 네루다에게서 한 통의 편지를 받았다. 그는 이렇게 말했다. "그는 무척 외로움을 느꼈고 친구도 없었다. 스페인어로 대화를 나눌 수 있는 상대가 단 한 사람도 없었다. 상상해 보라! 그는 하루가 멀다고 함께 어울렸던 우리 모임을 떠올리며 나에게 종종 편지를 보내 달라고 부탁했다… 그에게 여러 번 편지를 썼지만, 더욱더 비통한 답장을 한 통 받았을 뿐이다."[26]

네루다는 또 자신이 사회적 게토에 살고 있음을 느꼈다. 토착민들에게는 영국인 거주 구역에 들어가는 것이 허용되지 않았기 때문이다. 그가 '개리(gharry)'라고 불리는 마차를 타고 가는 것을 목격한 영국인들은 이런 구역에 영사가 모습을 보여서는 안 된다고 경고했다. 마차는 보통 여자들과의 밀회를 위해 사용되었던 것이다. 그는 또 페르시아 레스토랑

---

26) Diego Muñoz, *Memorias*, p.163.

에 자주 드나들지 말라는 주의를 받기도 했는데, 그로서는 귀담아듣기 어려운 충고였다. 네루다가 작고 투명한 잔에 세상에서 가장 좋은 차를 즐겼다고 한 곳이 바로 이곳이었다. "이것이 마지막 경고였다. 그 후로 그들은 나에게 인사를 건네지 않았다. 이렇게 따돌림을 당하게 되어 기뻤다… 그 편협한 유럽인들은 재미도 없었고, 또 어쨌든 내가 동양에 온 것은 뜨내기 식민자들과 노닥거리기 위해서가 아니라 그 세계의 뿌리 깊은 혼, 불행한 그 거대한 인간 가족과 더불어 살기 위해서였던 것이다."[27)]

1927년 12월 7일, 독일의 함부르크에 사는 칠레인 친구 욜란도 피노 사베드라에게 쓴, 잘 알려지지 않은 한 편지에서 네루다는 그와 알바로가 랑군을 떠날 것을 심각하게 고려하고 있으며 독일을 다음 행선지로 생각하고 있다고 밝혔다. "우린 바삐 움직이는 사람들과 대도시에서 동떨어진 채 살아가는 폐쇄된 고립의 삶이 지겨워지기 시작했네. 이곳 여자들은… 피부색이 검은 데다 머리는 헤어스프레이로 고정해 높이 세우고 코걸이를 하고 다니지. 또 이곳 여자들이 풍기는 냄새는 달라. 첫 주에는 이 모든 게 매력적으로 보였네. 하지만 한 주 두 주 시간이 흐르니 달라지더군!"

이 편지는 또 『지상의 거처』 집필에 대해 언급하고 있다. "나는 시간이 지날수록 글을 쓰지 못하고 있네. 지난 2년 동

---

27) Pablo Neruda, *Memoirs,* p.86.

안 줄곧 대략 스무 가지 것들에 대해 쓴 한 권의 시집만을 생각해 왔지. 그게 나의 유일한 작품일세. 버마에서 이렇게 평온한 나날을 보내면서 집필을 끝마칠 수 있을지 모르겠네. '밤의 컬렉션'이라고 불리게 될 이 책이 정말로 나의 내면 감정을 여실히 드러냈으면 좋겠어."[28]

파블로와 알바로는 실제로 버마를 떠나긴 했지만 행선지는 독일이 아닌 중국과 일본이었다. 네루다는 몇 달 동안 랑군을 떠나 있어도 누가 그를 찾을 일도 없을 테고, 항해 여행이 랑군에서 지내는 것보다 비용이 더 많이 들지도 않는다는 것을 알고 있었다. 1928년 초, 그들은 중국의 상하이와 일본의 요코하마를 향해 출발했다. 그들의 첫 기항지는 시암(지금의 타이)의 방콕이었다. 그곳에서 네루다는 1928년 1월 20일 자로 라우리타에게 엽서를 보내 지금 일본을 향해 가고 있으며 2개월가량 버마를 떠나 있을 예정임을 알렸다. 그는 2월 7일, 상하이에서 그녀에게 또 한 장의 엽서를 보냈는데, 여기에서는 지독한 추위, "전에 한 번도 느껴 보지 못한, 눈과 비와 바람을 동반한 추위"에 대해 푸념하고 있다. 뒤이어 뜻밖의 깜짝 소식이 이어진다. "내 계획은 3월에 유럽으로 떠나 프랑스와 스페인에서 학업을 계속하는 거야. 동양에 오래 머문다는 건 있을 수 없는 일이야."[29]

---

28) Olivares Briones, *Pablo Neruda: Los caminos de Oriente*, p.93에서 인용.

네루다와 알바로는 상하이에서 나이트클럽을 찾아 구석구석 헤매고 다녔지만, 주중이라 닫혀 있거나 텅 비어 있어 낙담했다. 장대비가 퍼붓는 가운데 뒤뚱거리는 인력거를 타고 배로 돌아가던 중에, 그들은 인력거꾼이 분명히 엉뚱한 길로 접어들었음을 알아챘다. 그는 갑자기 인력거를 세우더니 돈을 요구했다. 이내 일고여덟 명의 다른 중국인들이 그들을 빙 둘러싸더니 마찬가지로 돈을 요구했다. 알바로가 바지 주머니에서 무기를 더듬는 듯한 제스처를 취하자 그들은 그와 네루다의 뒤통수를 사정없이 내리쳤다. 땅바닥에 나뒹군 채, 네루다는 그들이 '소매치기' 기술로 호주머니를 샅샅이 뒤지는 것을 느낄 수 있었다. 그들은 옷을 이 잡듯이 뒤져 마지막 땡전 한 닢까지 털어 갔다. 그러나 한 가지 특기할 만한 점은, 그들이 상하이 도적들의 전통에 따라 양심적으로 두 사람의 서류와 여권에는 전혀 손을 대지 않았다는 것이다.[30] 그들은 몇몇 친절한 중국인의 도움을 받아 배로 돌아갈 수 있었다.

요코하마에 간 두 사람은 당혹스럽게도 응당 영사관에서 찾을 줄 알았던 돈을 이용할 수 없다는 것을 알게 되었다. 그들은 일본의 도시에서 궁색하게 시간을 죽이며 며칠 밤을 보냈다. 사실은 칠레 영사가 내내 그 돈을 쥐고 있었으면서도

---

29) Pablo Neruda, *Cartas a Laura,* p.80.

30) Pablo Neruda, *Memoirs,* p.73.

제대로 상황을 파악하지 못했음을 나중에 알고는 화가 치밀었다.[31]

주머니에 돈이 생기자 기회를 놓치지 않고 즐거움에 탐닉했다. 네루다는 도쿄에서 라우리타에게 한 일본 여자 사진이 담긴 엽서를 보내면서, "[일본 여자들은] 아주 예쁘장하고 늘 생글거려. 난 언제나 그녀들을 기억할 거야. 그녀들은 세상에서 가장 여성적이고 가장 아름다워. 나는 일본어를 몇 마디 배웠어. 또 전형적인 일본 식당에서 식사를 했지. 내가 이 소녀들 중 한 명과 결혼할 가능성도 없지 않아. 장차 올케가 될지도 모르니 그녀를 잘 봐 둬"[32]라고 썼다.

요코하마에 머무는 동안, 네루다는 일본 연극 '노'를 관람했다. 네루다는 "나는 도통 이해할 수 없었다"라고 했지만, 정작 자신의 유일한 극작품 『호아킨 무리에타의 영광과 죽음』 머리말에서, 이 작품이 일찍이 일본 극장에서 보았던 연극의 장례식 장면에서 영향을 받았다고 밝히고 있다.

시인은 분명 랑군으로 돌아가기를 꺼리고 있었다. 배를 타고 랑군으로 돌아가던 중에 그는 상하이에서 라우리타에게 다음과 같은 내용으로 장문의 편지를 보냈다.

난 랑군이 아주 지긋지긋해. 이내 그곳을 떠날 생각이야.

---

31) Ibid.

32) Pablo Neruda, *Cartas a Laura*, p.75.

> 그곳의 더위는 도저히 말로 표현하지 못하겠어. 밤낮 찜통에 사는 것과 같다고 할까. 모두들 끝내 말라리아로 쓰러지고 말지. 그러나 요행히 내가 걸린 열병은 금방 사라졌어… 랑군에서 지내는 건 끔찍한 유형 생활이야. 난 그런 지옥 같은 곳에서 삶을 탕진하려고 태어나진 않았어. 그런데 유럽에선 뭘 먹고 살지? 돈이 아주 조금만 있으면 그곳에서 그럭저럭 지낼 수 있을 거야. 하지만 그 약간의 돈을 어디에서 구한다지? 만사가 힘들어. 난 지치고 병들었어.[33)]

네루다는 시를 쓰기엔 너무 지치고 병들었던 것 같다. 우리가 알기로, 이 시기에 있었던 네루다의 중국 및 일본 여행에서는 단 한 편의 시도 나오지 않았다. 물론 훗날의 시집들에서 이 여행을 회상하고 있기는 하다.

1928년 3월, 랑군의 찜통 속으로 돌아온 네루다는 아우구스토 윈터의 사망 소식을 접하게 된다. 그는 푸에르토 사베드라 출신의 사서이자 시인으로 어린 네프탈리에게 수많은 책을 빌려줌으로써 일찍이 네루다에게 지대한 문학적 영향을 끼친 인물이었다. 그의 시는 죽기 직전에야 비로소 출간되었다. 맥이 풀리고 슬픔에 잠긴 네루다는 랑군에서 ≪라나시온≫에 오랜 스승에게 바치는 감동적인 헌사를 보냈다.

---

33) Ibid., p.36.

"나는 그의 집, 그의 담배, 그의 신지학, 그의 가톨리시즘, 그의 무신론을 기억한다. 또 그가 예의 그 잠버릇과 함께 번민 속에 누워 잠자던 모습이 눈에 선하다."[34) 이 글은 장차 네루다가 죽은 벗들에 대한 경의의 표시로 쓰게 될 수많은 글과 시의 출발점이 된다.

밀리언 셀러가 된 유명한 1961년 판 『스무 편의 사랑의 시와 하나의 절망의 노래』에서 네루다는 독자들에게 윈터가 그를 도와 특수한 브라운페이퍼에 시집 전체를 타자했음을 밝혔다.[35)]

1928년 3월 11일, 네루다는 부에노스아이레스의 엑토르 에안디와 서신 교환을 재개했다. 그의 전망은 어두웠다. "나는 정말 비참한 마음 상태에서 벗어나고 싶네… 세월이 흐를수록, 나의 문학적 삶은 점점 힘들어지고 있다네."[36)]

산티아고와 극동에서 알베르티나 아소카르에게 쓴 불안정한 편지들, 즉 어딘가 자의식적인 현대적 고뇌가 묻어나는 진술 태도를 취함으로써 독자들을 감동시킬 수 있는 편지들과 대조적으로, 엑토르 에안디에게 보낸 것들은 네루다가 쓴

---

34) Pablo Neruda, *Para nacer he nacido,* pp.52-53.

35) Pablo Neruda, *Veinte poemas de amor y una canción desesperada* (Losada, Buenos Aires, 1961).

36) Pablo Neruda, *Pablo Neruda, Héctor Eandi. Correspondencia durante "Residencia en la tierra,"* edited by Margarita Aguirre (Sudamericana, Buenos Aires, 1980) p.32.

가장 솔직한 편지글에 속한다. 그는 일면식도 없는 사람에게 자신의 심경을 토로했다.

이 시기에 대해 볼로디아 테이텔보임은 이렇게 말했다.

> 네루다는 매우 폐쇄적인 문명 세계를 발견했습니다. 이 세계는 결코 그가 주변에서 발견한 종교성에 매혹되도록 허락하지 않았지요. 그는 삶의 즐거움, 삶에의 참여에 고취되었어요. 관조적 삶은 그에게 비참함을 의미했습니다. 그는 글쓰기와 여인의 사랑에서 가장 큰 위안을 얻었지요. 그는 매음굴이든 거리든, 도처에서 이런 사랑을 찾았습니다.[37]

네루다는 고독하고 공허했을지 모른다. 그러나 라틴아메리카로 그토록 씁쓸하고 절망적인 편지를 쓰는 동안에도 그는 자신의 삶을 영원히 바꾸어 놓게 될 놀라운 열정적 로맨스에 사로잡혀 있었다. 이 연애 사건은 그가 버마 상류 사회에서 더욱 고립되는 결과를 가져왔다. 그를 파블로 네루다가 아닌 리카르도 레예스로 알았고, 또 유명 시인이 아니라 먼 나라에서 온 외교관쯤으로 여기던 버마의 상류 사회는 원주민 여자를 공공연히 침실에 끌어들인다는 이유로 곧 그를 몰

---

37) Volodia Teitelboim, in conversation with AF, Santiago, March 2000.

인정하게 배척했다.

그녀의 이름은 조시 블리스였다. 더 정확히 말하자면, 그것은 그녀를 언급할 때 네루다가 사용한 유일한 이름이었다. 그녀는 검은 피부의 아름다운 버마 여자였으며, 영국인 거주자들이나 다른 뜨내기 유럽인들을 대할 때는 관례대로 더 단순한 가명을 썼다. 네루다는 회고록에서 집에 함께 있을 때는 그녀가 실명을 사용했다고 썼다. 그러나 그 이름이 무엇인지는 끝내 밝히지 않았다.

랑군의 한 사무실에서 일했고 한동안 네루다의 비서였던[38] 조시는 그의 '사랑의 테러리스트'가 되었다. 그녀는 거리에서는 영국식 복장을 했지만, 네루다와 함께 집 근방에 있을 때는 원주민 의상으로 갈아입었다. 그녀는 열정적이고 총명한 여자였다. 그들이 함께 지낸 7~8개월 동안(1928년 4월 또는 5월부터 그해 11월 초 네루다가 캘커타로 떠날 때까지), 그녀는 네루다를 성적으로 성숙하게 만들었다. 두 사람 사이의 정교(情交)는 참신하고도 당혹스러웠다. 그녀는 아주 이상한 버릇이 있었다. 네루다의 멕시코인 친구에 따르면, 시인이 말하길, 조시는 언제나 성관계 후에 같은 침대에서 잠들기를 거부하고 고집스럽게 가까운 방바닥에서 잠을 잤다고 한다.[39]

---

38) 네루다는 1944년 토마스 라고에게 이 사실을 밝혔다. Tomás Lago, *Ojos y oídos,* p.60 참조.

이 '버마 표범'은 누구이건 네루다에게 접근하는 여자가 있으면 몹시 질투하게 되었다. 그런데 그런 여자들이 부지기수였다. 더군다나 조시와 그의 스캔들을 알게 된 백인 거주자들은 그를 자신들의 클럽에 받아들여 주지 않았다. 그는 이에 개의치 않았던 것 같다. 네루다는 별수 없이 백인들의 무리를 피해야 했지만 이를 거의 희생으로 여기지 않았다. 그는 대체로 그들을 경멸했는데, 자신들이 거주하는 사회에서 의도적으로 스스로를 격리시키는 그들의 행동과 속물근성 때문이었다. 조시가 서구의 풍습을 익히지 않았다는 것은 이따금 네루다에게 매력의 원천이었다. 그는 다른 많은 방식으로 동양의 이국취미가 따분하다는 걸 발견했다.

조시 블리스는 어떤 사람이었을까? 절망스럽게도 네루다는 엑토르 에안디에게 보낸 편지에서 한 번도 그녀를 언급하지 않는다. 친구들과의 대화에서 잠깐 스치듯 얘기했을 뿐이다. 그러나 디에고 무뇨스의 부인 이네스 발렌수엘라에 따르면, 그녀에 대한 기억은 생이 끝나는 순간까지 네루다와 함께했다.[40]

그사이 네루다와 알바로 이노호사 사이의 갈등이 커져 갔다. 네루다는 회고록에서 "그는 끝내 내 삶을 도저히 견딜 수

---

39) Marco Antonio Millán, *La Crónica de Hoy*, Mexico City에서 인용.

40) Inés Valenzuela, in conversation with AF, Santiago, March 2000.

없게 만들었다"[41]고 회상했다. 그러나 그에 앞서 이노호사는 발표되지 않은 한 글에서 갈등이 불거진 것은 네루다의 비타협적인 태도 탓이었다고 주장한다. 알바로는 "우리 둘 모두와 관련된 문제에서 그는 내가 안중에도 없는 것처럼 행동했다"라고 썼다.

> 어느 날 밤, 나는 잡담이라도 나누고 싶을 만큼 들뜬 기분으로 귀가했다. 파블로는 책을 집어 들더니 대답을 하는 둥 마는 둥 나의 시시껄렁한 주사를 끝낼 궁리만 했다. 나는 그의 흥미를 돋우려고 이것저것 다양한 화제를 꺼내 보았다. 아무 소용이 없었다. 그 참에 나는 "내일 캘커타로 떠날 거야"라고 말했다. 이 계획을 내일 당장 실행에 옮길 의도는 추호도 없었고, 그저 강제로라도 그에게 말을 시킬 요량이었다. 그는 "미쳤군" 하고 한마디 내뱉었다. 그러고는 계속 책을 읽었다.[42]

네루다는 산티아고에서 시작한 시집 작업을 계속했다. 1928년 8월 6일, 친구 호세 산토스 곤살레스 베라에게 보낸 편지에서, 네루다는 처음으로 '지상의 거처'라는 제목을 언

---

41) Pablo Neruda, *Memoirs,* p.76.

42) Olivares Briones, *Pablo Neruda: Los caminos de Oriente,* p.152에서 인용.

급한다. "빈약한 최근작들은 1년 이상 시간이 흐르면서 상당한 정도로 완벽(혹은 불완전)에 이르렀지만, 어쨌든 나는 이 작품들에 야심이 있네… 새로운 시집은 '지상의 거처'로 이름 붙여질 것이고, 나는 이 40편의 운문시를 스페인에서 출간하고 싶네."[43)]

9월에 에안디에게 보낸 편지에서, 네루다는 이제 "삶에서 부딪히는 난관과 불가능"에 맞선 "투쟁으로부터 이득을 얻는 것"을 구체적인 목표로 명시하는, 보다 긍정적인 사고방식을 보여 준다. 그는 이 편지에 장차 『지상의 거처』에 포함될 세 편의 시(「우리 함께」, 「병사의 밤」, 「소나타와 파괴」)를 동봉했다.

1928년 말경, 네루다는 캘커타로 가기 위해 또다시 랑군 – 적어도 한 명의 비평가는[44)] 당시의 네루다 편지에서 '지옥'이 빈번하게 언급되고 있다는 사실을 들어 랭보의 『지옥에서 보낸 한 철』에 상응하는 것으로 본다 – 을 떠나기로 결심했다. 캘커타에서 네루다는 알바로 이노호사와 정겨운 재회를 만끽했고, 인도 국회의 회의에 참석했다.

12월 12일, 캘커타에서 집에 편지를 쓰면서 네루다는 몇 가지 중요한 소식을 전했다. "[칠레] 정부가 나를 인도의 남

---

43) Emir Rodríguez Monegal, *Neruda: El viajero inmóvil* (Losada, Buenos Aires, 1966), p.63에서 인용.

44) Olivares Briones, *Pablo Neruda: Los caminos de Oriente*, p.220.

쪽, 실론섬에 있는 콜롬보로 발령 냈다는 소식을 전한다. 급료는 랑군에서와 같을 거야. 그곳의 기후는 여기[랑군]와 비슷하거나 심지어 더 나쁠 수도 있겠지만, 이젠 그렇게 오랫동안 한곳에 머물러 있는 게 힘겹고 더 이상 견딜 수도 없어. 그래서 전근을 기꺼이 받아들였어."[45]

물론 네루다는 가족들에게 콜롬보로의 전근이 더욱더 필사적으로 소유욕을 드러내는 조시 블리스의 마수에서 벗어나기 위한 수단도 함께 제공할 것이라는 얘기는 하지 않았다.

> 감미롭던 조시 블리스는 점차 소유욕이 강해져 질투가 병적이 되기에 이르렀다. 그것만 아니었다면, 아마도 나는 무한정 그녀 곁에 머물렀을 것이다. 나는 그녀의 맨발과 그녀의 검은 머리에서 빛나던 하얀 꽃을 사랑했다. 그러나 그녀의 성마름은 포악한 발작으로 치달았다. 그녀는 내가 멀리 외국에서 받는 편지를 질투하고 혐오했다. 그녀는 내 앞으로 온 전보를 열어 보지도 않고 감추었다. 또 내가 숨 쉬는 공기까지도 앙심을 품고 노려보았다. 때로는 불빛 때문에 잠에서 깨어 보면, 모기장 뒤에서 유령이 움직이고 있었다. 그녀가 하얀 옷을 걸친 채 길고 날카로운 원주민 칼을 휘두르고 있었다. 그녀는 나를 죽이겠다는 결단을 내리지 못하고 몇 시간째 침대 주위를 서

45) Pablo Neruda, *Cartas a Laura*, p.40.

> 성이고 있었던 것이다. 그녀는 "당신이 죽으면 내 두려움도 끝날 거야"라고 말하곤 했다. 그런 다음 날이면, 그녀는 나를 자기에게 충실하게 만들기 위해 불가사의한 의식을 행했다. 그대로 있었다면 그녀는 끝내 나를 죽이고 말았을 것이다.46)

네루다는 몰래 집을 빠져나와 랑군에서 콜롬보로 가는 배를 탔다. 배가 벵골만에 들어서자, 그는 곧 자리에 앉아 『지상의 거처』의 핵심적인 시이자 그가 남긴 가장 진심 어린 시의 하나인 「홀아비의 탱고」를 썼다. 독자들은 30년 동안 시인이 이 시에서 언급하고 있는 사람의 정체를 알지 못했다. 네루다가 1962년 브라질 잡지 ≪오 크루제이루 인테르나시오나우≫에 기고한 자전적인 글에서 조시 블리스의 존재를 털어놓았을 때 비로소 진실이 밝혀졌다.

이 시에서 네루다는 조시 블리스를 '사악한 여인'으로 언급하고 있으며, 에르난 로욜라는 이 시를 일종의 살풀이로 본다. 나는 '사악한'이라는 형용사의 선택이 그렇게 많은 의미를 내포한다고는 보지 않는다. 어쨌든 1929년 4월 24일, 엑토르 에안디에게 보낸 편지에서, 그는 길 잃은 거리의 개를 '사악한 것들'로 저주하고 있다. 그러나 이 시는 같은 종류의 살풀이로 느껴지지 않는다. 그의 삶에서 조시를 지워 버

---

46) Pablo Neruda, *Memoirs*, p.87.

린다기보다는 그녀를 떠난 데 대한 죄의식을 드러낸 것으로 보인다. 이렇게 볼 때, 마치 자신이 버림받은 사람인 양 이 시에 '홀아비의 탱고'라는 제목을 붙인 이유가 비로소 설명된다.

오, 사악한 여인아, 이미 내가 남긴 편지를 발견하고 길길이 날뛰며 울부짖었겠지,
그리고 화냥년, 개년이라고 부르며
내 어머니의 기억을 모욕했겠지,
해 질 녘, 그대는 영영 주인 잃은 텅 빈 내 낡은 구두를
바라보며, 홀로, 쓸쓸히 차를 마셨겠지.
그리고 나의 병(病), 나의 밤 꿈, 나의 음식을 떠올릴 때마다
마치 아직도 내가 곁에 있는 것처럼 고래고래 욕설을 퍼붓겠지,
…
훗날 언젠가는 그대가 나를 죽일까 봐 무서워 코코야자
옆에 묻어 놓은 칼을 찾아내겠지,
그런데 지금 문득 그대 손의 무게와 그대의 반짝이는 발에
길들여진 부엌칼 냄새가 맡고 싶다,
…
그대의 거친 숨소리를 위해 이 거대한 바닷바람을 주

리라,

그리고 집의 안쪽, 어둠 속에서, 떨리는, 은빛의, 고집스러운, 가는

꿀을 쏟아붓는 듯한 그대의 오줌 소리를 듣기 위해

실론에 도착한 네루다는 콜롬보에서 지낼 곳을 찾았다. 그는 해변에 위치한 웰라와타 교외에 작은 방갈로를 구했다. 그는 자신이 얼마나 가까운 시일에 콜롬보 영사직을 잃게 될지 알지 못했다. 그곳은 칠레 외무부가 경비 절감을 위해 폐쇄를 고려하고 있던 50개 영사관 중 하나였다.

1929년 당시 실론은 버마나 인도와 똑같은 식민지 구조를 가지고 있었다.

영국인들은 자기들만의 구역과 자기들만의 클럽에 들어박힌 채 수많은 악사들, 도공들, 직공들, 대농장 노예들, 노란 승복을 입은 승려들 그리고 돌산에 새겨진 거대한 신들에 둘러싸여 있었다. 매일 밤 디너 재킷을 차려입는 영국인들과 그 도저한 광대함에 도달할 수 있으리라 기대할 수 없는 힌두인들 사이에서 내가 선택할 수 있는 것은 고독뿐이었고, 그래서 그 시절은 내 삶에서 가장 외로운 시기였다.[47)]

---

47) ibid., p.89.

그럼에도 실론 시절은 랑군에서보다 훨씬 평온했다. 네루다는 전보다 더 행복해 보였다. 도착 직후 의붓어머니 앞으로 보낸 편지에서, 그는 '마마드레'에게 웰라와타는 사랑하는 푸에르토 사베드라를 떠올려 준다고 썼다.

> 저는 아침 일찍 일어나 하루 중 유일하게 서늘한 시간을 이용해 수영복 차림으로 두 시간 동안 해변을 거닐어요. 그러고는 늘 따뜻한 물에 멱을 감고, 또 수영을 하기도 해요. 수영 솜씨가 날로 좋아지고 있답니다. 그러고 나서 집에 돌아오면, 하인들이 그들 말로 '주인님'을 위한 훌륭한(?) 점심 식사를 준비해 놓고 기다리지요. 식사 후에는 일을 합니다. 때로는 업무가 힘들기도 해요. 하지만 다른 때는 잠자는 것 말고는 할 일이 전혀 없어요.[48]

그의 거처에는 기본적인 것만 갖춰져 있었다. 그는 "군인이나 탐험가처럼" 야전 침대에서 잠을 잤다. 동무라고는 개 한 마리, 키리아라는 이름의 길들인 몽구스, 브람피라는 하인 소년이 전부였다. 소년은 말이 없었고, "말처럼 커다란 이빨을 드러내고 웃기만" 했다. 그러나 랑군에서와 마찬가지로, 네루다는 영국인 식민자들과 "광대한 아시아인의 세계" 사이에 존재하는 "지독한 괴리"에 놀라움을 금치 못했다. "…

---

48) Pablo Neruda, *Cartas a Laura,* p.44.

이것은 비인간적 고립, 아시아인들의 가치와 삶에 대한 철저한 무지를 의미했다."[49]

이러한 평온한 고독 속으로 조시 블리스라는 전혀 예기치 못한 폭풍이 들이닥쳤다. 랑군에서부터 그를 뒤쫓아 온 그녀는 흔적을 더듬어 그의 방갈로를 찾아낸 것이다. 그녀는 돗자리와 쌀자루 그리고 랑군에서 함께 지낼 때 네루다와 즐겨 들었던 폴 로브슨의 음반 몇 장을 짊어지고 도착했다. 네루다는 생의 말년에 "지금도 그녀가 걷잡을 수 없는 질투에 사로잡혀 내 집을 불살라 버리겠다고 협박하고 나를 찾아온 예쁘장한 유라시아 소녀를 긴 칼로 공격하던 모습이 눈에 선하다. 식민지 경찰은… 내가 그녀를 집에 들이지 않으면 그녀를 그 나라에서 추방하겠다고 경고했다… 나는 감히 그녀를 내 집에 들일 수 없었다. 그녀는 무슨 짓이라도 저지를 수 있는 사랑의 테러리스트였다"[50]라고 썼다.

조시는 며칠 동안 맞은편 이웃집에 사는 미스터 페르난도라고 불리는 실론 신사의 집에 머물도록 허락받았다. 네루다는 편지에서 이따금 그 사람을 언급했다. 놀랍게도, 미스터 페르난도는 실론에 머무는 것은 불가능하다고 조시를 설득해 냈다. 조시는 그를 통해 파블로가 부두까지 자신을 전송하도록 해 달라는 마지막 부탁을 했다.

---

49) Pablo Neruda, *Memoirs,* p.92.

50) Ibid., p.96.

네루다는 제안을 받아들였다. 배가 막 떠나려고 할 때, 조시가 갑자기 돌아섰다.

> 그녀는 슬픔과 사랑에 복받쳐 나에게 키스 세례를 퍼부었고, 내 얼굴을 눈물로 뒤덮었다. 그녀는 의식을 치르듯 내 팔과 내 옷에 입을 맞추었고, 말릴 틈도 없이 갑자기 내 구두 쪽으로 미끄러져 내려갔다. 그녀가 다시 몸을 일으켰을 때, 그녀의 얼굴은 내 백구두의 초크 가루로 뒤범벅이 되어 있었다. 나는 그녀에게 떠나지 말라고, 그녀를 영영 데려갈 배에서 함께 내리자고 청할 수 없었다. 이성이 그것을 가로막았지만, 내 가슴은 아직도 지워지지 않은 깊은 상처를 입었다. 그 억제되지 않은 슬픔, 초크 가루로 뒤범벅된 얼굴 위로 흘러내리던 그 격렬한 눈물은 아직도 내 기억 속에 생생하게 남아 있다.[51]

실론에서는 색다르고 더 유쾌한 뜻밖의 일들도 더러 있었다. 작가 버지니아 울프의 남편 레너드 울프를 만난 것이 그중 하나였다. 당시에 공무원이던 레너드는 네루다가 도착하고 얼마 지나지 않아 해임되어 영국행 배에 몸을 실었다. 영국에 돌아간 그는 네루다가 "동양에 관해 쓰인 최고의 책의 하나"[52]로 격찬한 바 있는 『정글 속의 마을』을 썼다. 우리가

---

51) Ibid.

알기로, 네루다는 실론에서 D. H. 로런스를 비롯한 많은 영어권 문학을 읽었는데, 이는 화가이자 사진작가이고, 비평가이자 영화감독이던 라이어널 웬트가 소유한 방대한 장서 덕분이었다. 그는 영국에서 발간되는 문학 신간을 빠짐없이 받아 보고 있었다.

네루다는 로런스를 "그들을 통틀어 가장 위대한 작가"로 격찬했는데, 이는 아직 그가 러시아 혁명을 지지하는 데 관심이 없었다는 것을 보여 준다. 그렇지 않았다면, 네루다는 로런스의 정치시, 특히 러시아 혁명이 19세기의 위대한 러시아 예술가들을 그린 방식에 대해 비난하고 있는 「급기야 일이 벌어졌다」에 대해 틀림없이 모종의 논평을 했을 것이다.

실론의 고독 속에서, 정치는 네루다의 마음에서 아주 멀어져 있었다. 에안디에게 보낸 1930년 2월 27일 자 편지에서 그는 "성의 문제는 비극적인 문제네… 아마도 그게 내 고통의 가장 주된 원인일 걸세"라고 말했다.

네루다가 회고록에서 밝힌 대로, 그가 결국 D. H. 로런스 글과의 열애를 끝내게 된 것도 바로 그 때문이었다. 네루다는 실론에서 초판본 『채털리 부인의 사랑』을 읽었다. "나는 곧 로런스가 천재성에도 불구하고 다른 많은 영국의 위대한 작가들처럼 독자를 계도하려는 열망 때문에 좌절했다는 것을 깨닫게 되었다. D. H. 로런스는 우리가 사랑과 삶으로부

52) Ibid., p.93.

터 자생적으로 배우는 것과는 거의 동떨어진 성교육 강좌를 개설한다."[53]

실론에서 네루다의 성생활은 그가 편지글에 쓴 것처럼 그렇게 초라하지는 않았던 것 같다. 심지어 조시 블리스와의 스캔들이 참담하게 막을 내린 뒤에도, 많은 여자들이 잠깐씩 네루다의 침실을 거쳐 가며 그의 권태와 죄의식을 달래 주었다.

네루다 자신의 말에 따르면, 그가 실론에서 본 가장 아름다운 여자는 매일 인분이 든 양철통을 비우는 것이 직업이던 타밀족 여성이었다.

> 그녀가 얼마나 눈부시게 아름다웠던지 천한 직업에도 아랑곳하지 않고 그녀를 마음에서 지울 수 없었다. 숫기 없는 정글 짐승처럼 그녀는 격리된 세계의 다른 존재에 속했다. 그녀를 불러 보았지만 아무런 반응이 없었다. 그 후에 나는 이따금 그녀가 지나가는 길목에 비단이나 과일 같은 선물을 놓아두었다. 그녀는 거들떠보지도 않고 지나쳤다… 어느 날 아침, 단단히 마음을 먹은 나는 그녀의 손목을 덥석 움켜쥐고 그녀의 눈을 뚫어지게 바라보았다. 그녀와 말할 수 있는 언어가 없었다. 그녀는 웃음기 없는 얼굴로 순순히 나에게 이끌렸고, 곧 내 침대에서 알몸이 되었다. 더없이 가냘픈 허리, 풍만한 엉덩

---

53) Ibid.

이, 터질 듯한 젖가슴은 영락없이 남인도의 수천 년 된 조각상을 연상시켰다. 그것은 한 남자와 한 조각상의 결합이었다. 그녀는 전혀 반응을 보이지 않고 내내 두 눈을 크게 뜨고 있었다. 그녀가 나를 경멸하길 잘했다. 그 경험은 두 번 다시 되풀이되지 않았다.[54]

그는 줄곧 "레예스 씨, 결혼하셨나요?"라는 질문을 받았다. 그런데 점차 네루다는 ― 라우리타에게 보낸 편지에서 아주 여러 달 동안 결혼이 마음에 두고 있는 궁극적인 목표임을 거듭 밝힌 뒤에 ― 가정의 행복을 갈망하게 되었다. 칠레 작가 에드문도 올리바레스 브리오네스는 그의 책의 한 흥미로운 장(章)에서, 랭보가 1883년 하라르에서 고향의 가족에게 보낸 편지와 네루다의 새로운 안정의 탐색을 비교하고 있다. 편지에서 랭보는 "만일 내가 몇 해 뒤에 마음에 드는 곳에 정착해서 가정을 꾸리고 적어도 여생 동안 키울 자식 하나 갖지 못한다면… 아, 이 모든 사건들, 낯선 인종들 사이에서 겪는 이 피로와 모험은 다 무엇을 위한 것인가?"라고 썼다. 네루다는 1929년 10월 5일, 엑토르 에안디에게 이렇게 썼다. "나는 나 자신의 삶과 다른 삶들에 대해 줄곧 무책임과 변화를 철칙으로 여겨 왔지만, 이제는 정착하여 안정된 환경에서 편히 살거나 편히 죽고 싶은 비통한 욕망을 느낀다네.

---

54) Ibid., p.100.

또 당장 내일이라도 결혼해서 대도시에서 살고 싶네. 이것이 나 자신의 한결같은 염원이지만, 아마도 결코 이루어지지 않을 걸세."[55]

그가 칠레로 보낸 많은 편지에 응답이 없었던 데서 비롯한 좌절도 결혼의 필요성을 부추기는 요인이 되었다. 잘 알려진 대로, 그는 자신과 결혼해 달라고 간청하는 편지를 알베르티나 아소카르에게만 보낸 것이 아니었다. 라우라 아루에에게도 똑같은 제안을 했다. 두 사람 다 응답이 없었지만, 그 이유는 전혀 달랐다.

1929년 무렵, 알베르티나는 더 이상 칠레에 있지 않았다. 그녀는 장학금을 받고 어린이 대상 프랑스어 교수를 위한 데크롤리 시청각 시스템을 공부하기 위해 브뤼셀로 유학을 떠났던 것이다. 그녀는 브뤼셀에서 콜롬보의 칠레 영사관으로 편지를 보냈고 마침내 네루다와 다시 연락이 닿았다. 네루다는 그녀에게 진로와 장학금과 공부를 비롯한 모든 것을 포기하고 실론에 와서 같이 살자고 간청하는 답장을 보냈다.

그들의 관계는 시종일관 짝사랑에 가까웠다. 알베르티나가 보낸 편지는 더 이상 존재하지 않지만, 우리는 그 편지가 새로운 희망을 되살리는 동시에 네루다가 실론의 웰라와타에서 느끼기 시작한 평온함을 온통 뒤흔들면서 모든 감정적 불안을 되돌려 놓았다는 것을 알고 있다.

---

55) Pablo Neruda, *Pablo Neruda, Héctor Eandi. Correspondencia,* p.56.

1928년 12월 10일, 네루다는 그녀에게 처량한 내용의 엽서를 보냈다.

너한테 답장이 오기를 손꼽아 기다리며 지내고 있어. 내 엽서를 전부 받았니? 그런데도 아직 아무런 답장도 하지 않은 거야? 왜 편지를 쓰지 않는 거야? 파리에서는 어디에 있었어? 현명하게 처신하고 어서 이리로 와 줘… 내 모든 사랑을 담아. 파블로.[56)]

알베르티나는 묵묵부답이었다.

나의 귀여운 네토차, 내가 전에 보낸 편지들에 네가 답장을 할 때까지는 편지를 쓰지 않을 작정이었어. 하지만 지금은 밤이고, 더워서 잠을 이룰 수가 없어… 난 점점 외로움에 지쳐 가고 있어. 만일 네가 오지 않으면 다른 여자와 결혼할지도 몰라.

다음은 그가 할 수 있는 가장 분명한 최후통첩이다.

이게 잔인하다고 생각되니? 아니야. 네가 오지 않는다면, 그건 얼마나 잔인하겠니? 너도 알다시피, 나는 '영사

56) 1982년 8월 1일 칠레 일간지 *La Tercera*에 게재된 엽서.

님[신분]'과 관련된 약간의 사회적 지위를 누리고 있고, 또 이것이 사모님들(때때로 매력적인 딸들을 가진) 사이에서 일종의 기대감을 불러일으킨다는 것을 쉽게 느낄 수 있어. 하지만 내 말 좀 들어 봐! 알베르티나, 난 너 말고는 어느 누구도 사랑한 적이 없어. 내가 보기에, 세상에 너와 견줄 만한 여자는 존재하지 않아. 마음이 흡족하니?[57]

바로 다음 날, 네루다는 브뤼셀에 있는 알베르티나에게 곧장 필사적으로 또 한 통의 편지를 썼다. 이번에는 기꺼이 추가 요금을 지불하며 항공 우편으로 보냈는데, 그의 열악한 재정 상태를 고려할 때 뜻밖의 일이었다.

사랑하는 알베르티나, 두 시간 전에 네 편지를 받고 대학 측과 문제가 있다는 걸 알게 됐어… 내가 유럽에 갈 수 있다고 생각하지 마. 그럴 만한 돈도 없고, 또 당장 자리를 비울 수도 없어… 내 생각은 이래. 네가 어떻게든 이리로 오는 거야… 우리가 결혼을 하고 나면 나는 몰리나[아직 알베르티나가 적을 두고 있던 콘셉시온 대학의 총장]나 다른 누구에게라도 편지를 쓸 거야. 그리고 너의 항공료와 소요 경비를 마지막 한 푼까지 전액 받아 낼 수

57) Pablo Neruda, *Para Albertina Rosa,* with an introduction, notes and epilogue by Francisco Cruchaga Azócar (Edited South Pacific Press, Santiago de Chile, 1992), pp.338-339.

있도록 힘쓸게… 난 혼자 사는 데 신물이 났어. 만일 이번마저 네가 사라진다면, 다시는 널 보지 않을 테야. 그건 믿어도 좋아… 넌 내 집이 무척 마음에 들 거야. 바닷가에 자리 잡은 작은 집엔 싱그러운 바다 냄새가 가득해. 내 사랑, 난 네가 마음이 이끌리는 대로 하길 원해. 너에게 수천 번 수만 번 입맞춤을 보내며. 너의 파블로… 내 편지는 받았니? 사진 속의 내가 나이 들고 추해 보이니?… 나를 사랑하니? 너를 맞을 애무를 느끼니? 네가 알몸으로 내 품에 안겨 있는 모습을 상상할 수 있니? 내 사랑! 우리가 다른 누구보다도 서로를 사랑하고 좋아하고 끔찍이 아꼈다는 건 사실이니? P.[58]

네루다는 앞서 우격다짐으로 두 통의 편지를 쓴 것에 대해, 특히 그 편지들이 담고 있는 최후통첩에 대해 후회한 것처럼 보인다. 그래서 그는 알베르티나에게 무리하게 결정하도록 밀어붙인다는 인상을 주지 않으려는 열망으로 12월 19일에 또 한 통의 편지를 보냈다.

난 추호도 나한테 와 달라고 강요하고 싶지 않아. 내가 네 입장이 될 수는 없잖아. 그리고 너의 유일한 편지를 수없이 읽고 나서 난 네가 어쩌면 칠레로 돌아가고 싶어

58) Ibid., pp.345-348.

할지도 모른다는 생각을 하게 됐어… 네가 원하는 대로 해. 파블로.[59]

그러면 라우라 아루에는 어떻게 된 일이었을까? 그녀는 왜 침묵했을까? 네루다는 여전히 그녀에게도 결혼해 달라고 간청하는 편지를 보내고 있었다. 그녀는 단 한 통의 편지도 받지 못했다. 이유는 간단했다. 파블로는 편지가 라우라 가족의 손에 들어가는 것을 피하기 위해 친구인 오메로 아르세를 통해 '밀랄라'에게 편지를 보냈다. 그러나 오메로는 파블로가 없는 사이에 라우라와 사랑에 빠졌고, 극동에서 오는 편지를 그녀가 읽지 못하게 감추었던 것이다.

사랑하는 두 여자에게서 아무런 소식도 받지 못한 채 1930년이 밝아 오자, 네루다는 속에서 절망과 화가 치밀어 오르는 것을 느꼈다. 1월 12일, 그는 알베르티나에게 또다시 편지를 썼다.

나의 알베르티나, 분노가 가라앉지 않아 도저히 침착하게 편지를 쓰지 못하겠어. 어제 네가 사는 유명한 주르댕 거리로부터 내가 보냈던 중요한 등기 편지가 '주소를 남기지 않고 떠났음'이라는 메시지와 함께 반송되어 왔어. 네가 무정하게도 책임감이 부족하다고 말하지 않을 수

59) Ibid., p.354.

> 없어. 그리고 사실 어떻게 받아들여야 할지 모르겠어… 난 너한테서 소식이 오기를 손꼽아 기다리고 있었어. 고대하던 소식이 왔다고 생각했는데, 내가 보낸 편지가 되돌아왔다는 걸 알게 되었지. 네가 이와 관련된 조처를 하지 않았기 때문이야. 어제는 내가 노여움과 실망과 슬픔 때문에 미쳤다는 생각이 들었어… 그러면 이 편지는 어디로 보내야 하지? 도대체 널 어떻게 믿을 수 있지? 물론, 한 달 만에 한 장의 작은 엽서를 보내오긴 했지. 5년간의 절대적 침묵이 흐른 뒤에 네가 나에게 할 말이 고작 엽서 한 장 분량밖에 안 되다니! 알베르티나, 말해 줘. 널 의심해야 하는 거야? 만일 내 편지를 한 통이라도 받게 되면, 내가 널 얼마나 사랑하는지 알게 될 거야. 난 부아가 치밀고 화가 났어. 너를 들볶을 얘기는 더 이상 하고 싶지 않아.[60]

네루다는 이 편지의 어조가 마음에 들지 않아 같은 날 알베르티나에게 불편한 심기를 드러낸 데 대해 용서를 비는 두 번째 편지를 보냈다. "이봐, 난 이곳에서 아주 외로운 생활을 하고 있어. 하인 말고는 몇 주 동안 내내 아무하고도 얘기를 나누지 못하는 경우가 다반사야… 네가 알다시피 내가 한 성질 하잖아."[61]

---

60) Ibid., pp.358-359.

알베르티나는 여전히 묵묵부답이었다.
훗날 그녀는 나름의 전말을 밝혔다.

난 파블로의 주소를 가지고 있었어요. 벨기에에 도착했을 때, 봉투에 사진 한 장을 넣어 한마디도 적지 않고 그에게 보냈습니다. 그는 즉각 연달아 편지를 보내오기 시작했고, 그에게로 와서 가능한 한 빨리 결혼해 달라고 간청하는 전보를 보냈어요… 비록 감정은 매우 깊어졌지만, 난 결코 그다지 정열적이지는 않았습니다. 파블로와 결혼하는 문제에 대해 심사숙고하고 나서 그럴 수 없다고 결론을 내렸습니다… 나는 아직도 부모님의 태도에 크게 좌우되고 있었지요. 그래서 그의 청혼을 받아들이지 않는 실수를 저질렀어요. 나는 또 대학에서 매달 나에게 보내 주는 돈에 보답하기 위해서라도 대학으로 돌아갈 의무가 있다고 생각했습니다… 그런 일이 있고 나서 런던의 한 친구 집에서 크리스마스를 보내게 됐어요. 같은 시기에, 파블로의 편지가 내가 살던 브뤼셀의 집에 도착했고, 편지는 '주소를 남기지 않고 떠났음'이라는 메시지와 함께 그에게 반송되었습니다. 그 가련한 사람은 격노했고, 나에게 편지를 보내 자기에게 무관심한 처사라며 따졌지요. 그러나 그는 여전히 칠레로 돌아가기 위한

---

61) Ibid., p.357.

티켓을 실론행 티켓으로 바꾸라고 졸랐어요. 나는 그 제안이 부적절하다고 생각해 거절했습니다.[62]

알베르티나에 따르면, 그녀는 끝내 대학 공부를 마치지 못했다. 학부장인 볼리비아인이 그녀 앞에서 파블로의 편지를 개봉했기 때문이었다. "나는 능욕을 당한 기분이었고, 결국 과정을 포기했지요… 매우 고통스러운 일이었습니다… 나는 대학에 대한 신의 때문에 내 인생의 사랑을 희생했어요. 나는 부질없이 사랑을 모두 잃고 말았지요. 가혹한 일이었습니다."[63]

그러나 1930년 2월 네루다의 인생에서 중요한 두 가지 사건이 있었다. 첫 번째 사건은 실론에서 멀리 떨어진 마드리드에서 일어났다. 라틴아메리카 문화를 특집으로 다룬 ≪볼리바르≫ 2호에 알프레도 콘돈(네루다와 알바로 이노호사가 파리에 잠깐 들렀을 때 파티에서 호스트 역할을 했지만 갑자기 취해 인사불성이 되는 바람에 그들을 곤경에 빠뜨렸던 장본인)이 쓴 짤막한 글이 실렸는데, 여기에서 그는 '지상의 거처'라는 제목의 시집이 곧 스페인에서 출간될 것임을 예고했다. 이 책은 "의심할 여지 없이 현대시에서 가장 중요한

62) Albertina Azócar, interviewed in *Revista Intramuros*, Santiago, No.9, 1978.

63) Ibid.

시집의 하나"로 평가되었다. 당시 마드리드 주재 칠레 대사관 서기관이었던 콘돈은 실제보다 한발 앞서 있었다. 책은 그 후로도 3년 동안 빛을 보지 못했던 것이다.

같은 달인 2월 11일 엑토르 에안디에게 보낸 편지에서 네루다는 이렇게 말한다.

> 아무래도 싱가포르로 발령이 날 것 같네… 총영사가 공석이 있는 공관에 내 이름을 천거했고, 나는 받아들일 생각이야. 실론과 무위도식하는 이 따분한 생활이 지긋지긋해. 싱가포르는 말레이반도의 매혹적인 군도, 아름다운 여인들, 아름다운 풍습으로 이름 높은 곳이라네. 난 이미 싱가포르와 발리에 두 차례나 다녀왔지. 그곳에서 아편을 여러 번 피워 보았는데 내가 그걸 좋아하는지는 모르겠네. 그러나 어쨌든('anyhow'라는 영어 단어를 쓰고 있다!) 그건 색다른 맛이 있어. 스페인에 책 원고를 보냈는데 어떻게 되었는지 아직 그 운명을 모르고 있네.[64]

그는 스페인 잡지에 콘돈의 글이 실린 사실을 모르고 있었다.

브뤼셀의 알베르티나 아소카르와 칠레의 라우라 아루에

64) Pablo Neruda, *Pablo Neruda, Héctor Eandi. Correspondencia*, p.76.

에게 비통한 편지를 보냈지만, 네루다는 버마에서와 마찬가지로 실론에서도 성적으로 만족했던 것으로 보인다. 그는 에안디에게 보낸 1930년 2월 27일 자 편지에서 그렇게 말했다. 그러나 그는 또한 이 편지에서 성적 성취는 감정적 성취와 별개임을 분명히 했다. 그는 이렇게 털어놓는다. "난 한 여자를 몹시 사랑했네(『스무 편의 사랑의 시와 하나의 절망의 노래』는 거의 대부분 그녀를 위해 썼지)… 난 이곳에 오는 것에 대해 [그녀와] 합의를 봤었고, 우린 결혼할 예정이었어. 난 한동안 온통 그녀의 도착에 대한 생각으로 머리가 꽉 차, 방갈로를 정리하고, 부엌에 대해, 그래, 모든 것에 대해 골똘히 생각하며 지냈다네. 하지만 그녀는 올 수 없었어. 적어도 당장은."[65]

같은 편지에서 네루다는 싱가포르와 자바로 전근될 가능성에 만족의 뜻을 표했다. 에안디에게 보낸 편지에서 그의 기분은 불안하게 흔들린다. 그가 알베르티나에게 쓴 숱한 편지에서처럼. "난 틀림없이 만족하고 있어. 저녁에는 불과 몇 권의 책과 위스키소다를 놓고 앉아 행복을 느낀다네. 그러나 그리운 친구여, 씁쓸한 걱정거리가 없는 건 아니네. 다행히, 4월 1일에 마침내 은행 빚(2000루피)을 청산하게 되었어. 쌀을 살 돈도 빠듯한데 빚을 갚느라 등골이 휘었거든."[66] 그는

65) Ibid., p.78.

66) Ibid.

이 편지에 몇 달 전 사망한 또 다른 위대한 칠레 친구 호아킨 시푸엔테스 세풀베다에게 바친 감동적인 시 「호아킨의 부재」를 동봉했다.

막상 짐을 꾸려 실론을 떠나 싱가포르로 가게 되었을 때, 네루다는 귀여운 긴꼬리 애완 몽구스를 어떻게 처분할 것인가의 문제에 봉착했다. 그는 20세기의 가장 위대한 한 시인이 걸작을 쓸 만큼 충분히 오래 살 수 있도록 하는 데 핵심적인 역할을 한 애완견 쿠타카와 작별해야 한다는 것을 알았다. 어느 날 밤, 네루다는 웰라와타의 집 근처에서 야간 산보를 하던 중에 굴러떨어져 접근해 오는 기차 앞 선로에 쓰러졌다. 기차가 제때 멈출 수 있도록 기관사에게 경고한 것은 오직 쿠타카가 요란하게 짖어 대던 소리뿐이었다. (목숨을 구해 준 개를 기려, 네루다는 훗날 칠레에서 자신이 기르던 애완견들을 같은 이름으로 불렀다.)

네루다가 회고록에서 회상한 대로, 싱가포르와 자바로 전근되면서 봉급이 다소 인상되었다. 그는 더 이상 야전 침대에서 잘 필요가 없었다. 틀림없이 그는 랑군보다는 실론을 떠나는 것이 더 섭섭했을 것이다. 그는 에안디에게 "섬에서의 마지막 나날들은 대체로 행복하다네. 이 생활이 끝나 가고 있다고 생각하며, 말레이시아에서는 갖지 못할 태양과 바다를 만끽하고 있네. 싱가포르는 소음과 먼지와 중국집이 넘쳐나는 아주 도회적인 곳이지. 자바에 대해서는 아는 게 거의 없지만 그곳을 보고 싶은 마음이 굴뚝같다네"[67]라고 말했다.

결국 네루다는 몽구스와도, 또 하인 브람피와도 헤어지는 걸 견딜 수 없었다. 네루다는 세관에서 곤란한 문제를 일으킬 줄 알면서도 1930년 6월, 그들을 데리고 싱가포르행 배에 올랐다. 이는 네루다가 그의 측근들, 그의 삶에서 정말로 중요한 사람들에게 평생 간직하게 될 신의를 보여 준다.

6월 12일, 네루다가 싱가포르에 도착했을 때, 최소한 유명한 래플스 호텔에 그를 기다리는 방이 있었다. 그런데 칠레 영사관은 어디에? 그는 영사관의 소재를 전혀 알지 못했다. 그래서 호텔 전화번호부를 뒤져 보았지만 어디에도 실려 있지 않았다. 여기저기 수소문한 끝에 싱가포르에 칠레 영사관 따위는 없다는 얘기를 듣고 충격을 받았다. 전임 영사인 만시야 — 전에 체류했을 때 그와 알바로 이노호사에게 돈을 빌려주었던 사람 — 에 대해 물어보았지만, 그런 사람을 알지 못한다는 답을 들었을 뿐이다.

새로운 임지에서 네루다의 첫 출발은 카프카의 작품에나 나올 법한 상황이었다.

> 나는 망연자실했다. 수중에 있는 돈으로는 하루치 호텔비와 세탁비를 치르기도 빠듯했다. 그때 불현듯 유령 영사관이 틀림없이 바타비아[지금의 자카르타]에 본부를 두고 있을 거라는 생각이 떠올랐다. 나는 타고 온 배로

67) Ibid., p.81.

되돌아가기로 결정했다. 바로 바타비아까지 항해할 그 배가 아직 항구에 머물러 있었던 것이다. 나는 옷을 담가 놓은 빨래통에서 옷을 꺼내게 했다. 브람피는 옷을 꺼내 젖은 꾸러미를 만들었고, 우리는 부둣가로 내달았다. 이미 배의 사다리를 들어 올리고 있었다. 나는 숨을 헐떡이며 계단을 올라갔다.[68]

숨을 헐떡이며 배로 돌아간 보람이 있었다. 그는 배 안에서 크루지라는 이름의 유대인 소녀를 만났다. 승객들의 작별 파티 후에 네루다는 이렇게 썼다. "우리는 내 선실에서 정답게 사랑을 나누며 마지막 밤을 보내기로 했다. 우리는 우리 운명이 단 한 번만 우연으로 맺어졌음을 알고 있었다. 그녀에게 나의 불운에 대해 이야기했다. 그녀는 부드럽게 나를 위로했고, 그녀의 쾌활한 다정함은 나를 감동시켰다. 이번에는 크루지가 바타비아에서 자기를 기다리고 있는 일의 실상에 대해 솔직하게 털어놓았다. 유럽 여자들을 권세 있는 아시아인들의 침실에 알선해 주는 다소 국제적인 성격의 조직이 있었다."[69]

그는 자바에서 커다란 진짜 칠레 영사관 건물을 찾았는데, 건물 정면에는 조국의 문장(紋章)까지 걸려 있었다. 그러

68) Pablo Neruda, *Memoirs,* p.102.

69) Ibid.

나 그는 또한 자기 자리에 이미 영사가 배치되어 있음을 알게 되었다. 공교롭게도 그 사람은 칠레인의 피라고는 한 방울도 섞이지 않은 성마른 네덜란드인이었다. 그 외교관은 "자바에는 두 명의 칠레 영사를 위한 방은 없소. 그리고 공인된 유일한 영사는 나요"라며 쏘아붙였다. 네루다는 결국 놀라운 사실을 알아냈다.

> 만시야는 결코 바타비아에서 영사로서의 직무를 수행하지 않았고, 오래전부터 파리에 살고 있었다. 그 네덜란드인이 대신 영사직을 수행하면서 매달 그에게 서류와 봉급을 파리로 보내 주기로 합의를 보았던 것이다. 만시야는 일을 대신해 주는 대가로 그에게 월급을 주기로 했지만, 결코 약속을 지키지 않았다. 그래서 이 토박이 네덜란드인은 분개했고, 그 분노가 지붕이 무너져 내리듯 내 머리 위에 떨어진 것이다.[70]

네루다는 호텔로 돌아가지 않을 수 없었다. 그나마 호텔은 고급이어서 세계적으로 유명한 호텔 데어 네덜란던이었다. 그는 지칠 대로 지친 상태였고, 벌어진 일의 전말은 알게 되었지만 네덜란드인에게 받은 숱한 모욕으로 여전히 기분이 엉망이었다. 그는 열로 온몸이 떨리고, 네덜란드어도 말

---

70) Ibid., pp.105-106.

레이어도 할 줄 모르는 상태에서 펜과 잉크를 구하려고 악전고투했다. 드디어 전보가 급히 칠레로 발송되었고, 네루다는 자바에서 영사직을 맡을 수 있었다. 그러나 관저가 정리될 때까지 당분간 호텔 데어 네덜란던에 머물러야 했다.

네루다는 이전의 근무지보다 자바에서 외로움을 덜 느꼈다. 또 그의 말에 따르면, 그가 지속적으로 서양 문화와 접촉할 수 있게 해 준, 셰익스피어의 소네트집 같은 책들을 구할 수 있었다. 야외 카페에 홀로 앉아 수로를 바라보며 맥주잔을 기울이는 그의 모습이 자주 눈에 띄었다. "나는 절망적일 만큼 평온한 삶을 다시 시작했다."[71]

그러나 오랜 적수인 칠레인 에르난 디아스 아리에타(알로네)와 사소한 문학 논쟁에 휘말리게 되었으니 별로 평온한 삶도 아니었다. 네루다는 ≪라 나시온≫ 1930년 5월 자를 받아 보았는데, 여기에서 알로네는 악의적으로 우루과이 시인 카를로스 사바트 에르카스티를 "파블로 네루다에게, 그리고 그를 통해 칠레의 젊은 작가들에게 끼친 영향 때문에 우리 사이에 알려진" 인물로 언급하고 있었다. 네루다는 아직 발간되지도 않은 그의 책 『열광적인 투석꾼』이 사바트의 영향을 받았음을 이미 아무 거리낌 없이 인정한 바 있다. 그러나 알로네의 주장에 극도로 화가 치민 네루다는 1930년 7월 15일에 격렬한 반박 글을 썼다.

---

71) Pablo Neruda, *Para nacer he nacido*, p.177.

> 사바트가 일정 시기 내 작품에 영향을 끼친 것은 틀림없는 사실이다. 그러나 사바트가 간접적으로 새로운 시인들에게 영향을 주었다고 말하는 것은 지나치다. 나 말고는 칠레의 어떤 시인도 그의 영향을 받지 않았다… 나는 칠레의 젊은 시인 중에서 에르카스티의 작품이나 그의 작품의 지적인 입장에 찬동하는 사람을 결코 본 적이 없다… 최근에 나의 문학 언어는 외무부의 법령과 보고서의 냄새를 풍기기 시작했다. 나는 당신에게 이 불길한 사실을 경고하고 싶다.[72)]

고독한 삶 속에서도 네루다에게는 논쟁을 벌일 여력이 있었다. 그는 언제나 그랬다.

그사이 네루다의 시련은 계속되었다. 사랑하는 몽구스 키리아가 영문도 모르게 달아났고, 당황한 시인은 키리아의 행방을 찾기 위해 지역 신문에 광고를 냈지만 영영 잃어버리고 말았다. 개인적으로 책임을 느낀 네루다의 하인 브람피는 심지어 주인 얼굴을 똑바로 쳐다보지도 못했다. 어느 날 그 역시 사라져 영영 돌아오지 않았다.

네루다는 하인과 애완동물 없이 프로볼링고 거리의 새 관저로 이사했다. 네루다는 차가 없었지만 집에는 차고가 있었다(그는 결코 운전을 배우지 않았다). 그에게 자바 출신의 요

---

72) 1930년 10월 19일 *La Nación*에 게재된 네루다의 편지.

리사("평등주의자인 매력적인 늙은 촌부")와 식사 시중을 들고 옷을 세탁할 소년이 제공되었다. 그리고 외교계에서는 아직 리카르도 레예스로 알려져 있던 시인은 난생처음 디너 재킷을 구입해야 했다.

1930년 6월과 10월 사이 어느 한 시기에, 네루다는 장차 첫 부인이 될 여자를 만났다. 서른 살의 마리아 안토니타 하헤나르 포헬장은 1900년 3월 5일 바타비아에서 인도네시아인 부모 — 리카르트 피테르 페도르 하헤나르와 안토니아 헬레나 포헬장 — 에게서 태어났다.[73] 네루다를 만났을 때 그녀는 바타비아샤 아프딜링스방크 직원이었다. 그녀의 네덜란드어 본명은 마리카였지만, 네루다는 그 이름이 마음에 들지 않아 마루카라는 스페인식 이름으로 바꾸어 불렀다. 그때 이후 네루다는 줄곧 그 이름을 사용했다.

회고록에서 네루다는 그녀를 "예술과 문학 세계에는 완전 문외한인, 키가 크고 온화한 여자"로 묘사했다. 당시의 그녀에 대한 객관적인 묘사는 거의 없지만, 나중에 네루다가 그녀와 함께 칠레로 돌아갔을 때 디에고 무뇨스는 "영어밖에는 할 줄 모르는, 기묘하고 수수께끼 같은 여자"[74]라고 썼다.

그들은 1930년 12월 6일, 바타비아에서 결혼했고, 결혼

---

73) 이전에 알려지지 않았던 마루카 관련 정보를 알게 된 것은 헤이그의 캐슬린 보트허버트와 바르셀로나의 아나벨 토레스 덕분이다.

74) Diego Muñoz, *Memorias,* p.182.

사진에는 '마루카 데 레예스'라는 제목이 붙여졌다.

훗날 네루다의 비서이자 전기 작가가 된 마르가리타 아기레에 따르면, "마루카는 영사 부인인 것을 매우 자랑스러워했으며 아메리카에 대해 상당히 낭만적인 생각을 가지고 있었다. 그녀는 스페인어를 못 하지만 막 배우기 시작했다. 그러나 그녀가 이해하지 못하는 게 비단 언어만은 아니라는 데는 의심의 여지가 없었다. 그렇지만 네루다에 대한 감정적 애착은 매우 강했고, 두 사람은 늘 함께 붙어 다녔다."[75)]

네루다는 훗날 잘 알려진 시에서 외로움 때문에 마루카와 결혼했음을 분명히 밝혔다.[76)] 그러나 그것은 테무코의 가족에게 보낸 서신의 내용과 사뭇 달랐다. 12월 15일에 아버지에게 보낸 편지에서 그는 가족에게 이렇게 알렸다.

> 제 처는 네덜란드 국적을 가졌고 여러 해 동안 자바에 뿌리내린 기품 있는 가문 출신입니다. 결혼하겠다는 결심을 알려 드린 후 승낙을 기다리려 했지만, 여러 가지 상황으로 인해 결혼식이 예정보다 훨씬 앞당겨졌습니다. 그렇지만 아버지께서 운이 좋아 지금의 제 처를 만났더라면 저와 마찬가지로 그녀를 자랑스러워하셨을 테고,

---

75) Margarita Aguirre, *Genio y figura de Pablo Neruda* (Editorial Universitaria de Buenos Aires, Buenos Aires, 1967), pp.119-120.

76) Pablo Neruda, 'Itinerarios', *Estravagario* (Losada, Buenos Aires, 1958).

> 또 저만큼이나 그녀를 사랑하시리라 믿습니다. 마루카 —당신의 새로운 딸의 이름입니다—가 스페인어를 배우는 대로 아버지께 자주 편지를 드릴 겁니다… 이제부터는 더 이상 아들이 멀리 떨어져 외롭게 살아갈까 봐 근심하실 필요 없습니다. 이젠 평생의 반려자를 얻었으니까요… 그녀는 개인 재산이 없습니다. 그녀의 아버지가 무분별한 투기를 한 끝에 파산했거든요. 우리는 가난하지만 행복합니다…[77]

이 시기에 찍은 사진은 흰색 슈트를 입은 네루다가 늘씬하고 매력적인 마루카에게 팔을 두른 모습을 보여 준다. 그는 삶에서 새로운 안정을 찾은 것에 진정으로 만족했던 것으로 보인다. 그러나 안정은 창조적 상상력을 살찌우는 재료의 부재를 의미했고, 이 시기에 그의 시작품은 고갈되었다. 이 무렵 그가 드물게 쓴 것 중의 하나가 '앙헬 크루차가의 시 해설'이라는 제목의 글이었다. 이 글은 1933년에 출간된 크루차가의 책 『가슴의 열망』에 서문으로 실리게 된다. 크루차가는 1930년 10월 네루다를 "스페인어권의 가장 위대한 생존 시인"으로 칭하며 알로네에 맞서 그의 편에 섰다.

그러나 인생이 언제까지고 순탄할 수만은 없었다. 3월에 마루카가 심하게 병을 앓았다. 1931년 3월 23일 네루다가 라

77) Pablo Neruda, *Cartas a Laura*, p.50.

우리타에게 쓴 편지에 따르면, 의사를 찾아갈 때마다 병원비가 100페소나 들었고, 설상가상으로 1929년 월스트리트 대폭락의 여파로 칠레 외무부가 단행한 전면적 예산 삭감의 일환으로 그의 봉급이 절반으로 줄었다는 나쁜 소식이 전해졌다.

새로 맞닥뜨린 이런 난관에도 불구하고, 신혼인 네루다의 신분은 신기하게도 미혼 영사 시절에는 그에게 굳게 닫혀 있던 사회에 문호를 개방했다. 그는 9월 5일 엑토르 에안디에게 보낸 편지에서 신혼 생활에 대해 많은 얘기를 들려주었다.

> 내 처는 네덜란드 여자이고, 우린 함께 아주 잘 지내고 있네. 손바닥만 한 집에서 무척 행복하다네. 나는 책을 읽고 그녀는 바느질을 하지. 영사의 생활, 외교상의 의전, 식사, 디너 재킷, 드레스 코트, 모닝코트, 관복, 댄스, 칵테일파티는 언제나 지옥이라네. 집이 도피처지만 약탈자들이 우리를 에워싸고 있어. 우리는 포위 공격을 뚫고 나가 보온병과 코냑과 책을 들고 산이나 해안으로 달아나지. 모래 위에 누워 검은 섬 수마트라와 수중 화산 크라카타우를 바라본다네. 우린 샌드위치를 먹고 나서 집으로 돌아오네. 난 통 글을 쓰지 못하고 있다네. 프루스트의 전 작품을 네 번째 독파했네. 그가 전보다 더 마음에 드네. 그리고 한 초현실주의 화가를 알게 되었지. 우린 그와 함께 외출해 중국 식당에서 식사를 하며 맥주를 마신다네.[78]

네루다는 에안디에게 어쩌면 결혼 생활이 이미 곤란에 처했을지도 모른다는 것을 직접적으로 말하지 않았다. 그는 편지에서 가정생활이 얼마나 행복한지에 대해 말하면서도, 동시에 알베르티나를 잃은 데서 오는 비애를 노래한 시 「느린 탄식」을 쓰고 있었다(그녀의 이름이 직접 언급되지는 않았지만 명백한 암시를 하고 있다).

그러나 아마도 문제는 그렇게 일찍 불거지지 않았을 것이다. 1931년 자바를 방문했던 칠레의 한 유명인은 파블로와 마루카의 결혼 생활을 한층 유쾌하게 묘사하고 있다. '록산'이라는 필명으로 더 잘 알려진 아동 문학가 엘비라 산타 크루스 오사는 ≪엘 메르쿠리오≫에 이렇게 썼다.

> 파블로 네루다는… 최근에 매력적인 네덜란드계 자바 여인과 결혼했다… 파블로 네루다의 집은 벨테브레던에 있다. 단지 두 개의 방만 닫혀 있으며, 이 방들마저도 새들이 둥지를 틀 수 있도록 벽에 작은 구멍들이 뚫려 있다. 칠레 영사의 자그마한 집은 사랑의 보금자리다… 마루카는 말을 배우는 아이처럼, 더듬거리는 매혹적인 스페인어로 대화를 장식한다. 이 아름다운 자바 여인은 폭넓은 교양을 갖추었고 시인의 비서처럼 행동한다.[79]

---

78) Pablo Neruda, *Pablo Neruda, Héctor Eandi. Correspondencia*, p.98.

만일 마루카가 정말로 네루다의 '비서' 역할을 했다면, 그녀는 분명 할 일이 별로 없었을 것이다. 네루다가 영사관에서 처리해야 할 상업 통신은 아주 드물었기 때문이다.

그 시기는 1932년 초 칠레 외무부가 싱가포르와 자바에서 영사직을 폐지했음을 알리는 전보가 도착하면서 갑자기 막을 내리게 되었다. 이제 그는 더 이상 사랑한다고 확신할 수 없는 여인과 칠레로, 불확실한 미래로 돌아갈 수밖에 없었다.

네루다는 훗날 기회가 있을 때마다 비평가들이 시사하는 것만큼 극동에서의 경험이 그의 시에 결정적인 영향을 미치지는 않았음을 애써 강조했다. 호르헤 에드워즈는 네루다가 동양에서 보낸 자발적 '망명'의 세월에 대해 이렇게 썼다.

> 시집 제목['지상의 거처']은 숨겨진 암시다. 지상의 거처는 실은 언어 안의 거처다… 그는 극동에서 보낸 편지들에서, 그 시절 그의 유일한 영토, 그의 유일한 확실성은 스페인어였음을 거듭 분명하게 밝혔다. 실제로 그의 스페인어는 자못 이상해졌다. 고독의 영향을 과도하게 받은 탓이었다. 그는 주로 영국 식민지에서 사용되는 영어를 들었고, 그의 동사 사용은 전적으로 칠레적이지도, 그

79) Elvira Santa Cruz Ossa (Roxane), 'La isla de Java, Batavia, 1931', *El Mercurio,* Santiago, 3 January 1932.

> 렇다고 전적으로 스페인적이지도 않다. 그것은 새로운 어떤 것이었고, 그는 이를 통해 스페인어에서 매우 창조적인 영역을 개척했다. 그에게 매우 창조적이었던 이 시기에 관한 그의 모든 진술은 고뇌와 불안, 고독 그리고 심각한 심리 상태를 보여 준다.[80]

사실 네루다가 아시아에서 보낸 편지에서 사용된 언어에는 이상한 점이 거의 없어 보인다. 그의 언어는 처량함과 쓸쓸함의 느낌을 직접적이고 진솔하게 표현하고 있다. 그러나 극동에서의 경험은 그곳에서 쓴 많은 난해시의 자양분이 되었으며, 훗날 이 시들은 로버트 프링밀이 "스페인어로 쓰인 최고의 초현실주의 시집"[81]으로 평가한 『지상의 거처』에 묶이게 된다.

---

80) Jorge Edwards, *Literature in Exile*, ed. John Glad (Duke University Press, Durham and London, 1990), pp.69-70에서 인용.

81) Robert Pring-Mill, ed., *Pablo Neruda: A Basic Anthology*, p.xxv. 네루다와 초현실주의의 관계는 매우 흥미롭다. 네루다는 프랑스의 대표적인 초현실주의 시인들인 폴 엘뤼아르와 루이 아라공을 만나 친구가 되기 전에 그의 가장 초현실주의적인 시를 썼다. 1930년대 후반, 칠레의 초현실주의 운동인 '라 만드라고라(La Mandragora)'는 네루다를 맹렬히 비난했다. 그 지도자인 브라울리오 아레나스는 심지어 산티아고 시 낭송회 도중에 무대에 뛰어올라 네루다 페이지를 찢어 버리기도 했다.

4.
귀향, 새로운 투쟁 그리고 부에노스아이레스
1932~1934

파블로 네루다가 망명과도 같았던 극동에서의 5년간의 외교관 생활을 마치고 칠레로 귀국했을 때, 그와 그의 아내 마루카를 기다리고 있던 것은 싸늘한 응대였다. 두 달간의 항해로 심신은 지칠 대로 지쳐 있었다. 부부는 먼저 1932년 2월 15일경에 네덜란드 선박 피터르 코르넬리스존 호픗호에 승선했고, 이 배는 그들을 바타비아에서 콜롬보까지 데려다주었다. 그들은 콜롬보에서 가장 뱃삯이 저렴한 영국 국적의 화물선 포라프릭호를 탔다. 이 배는 그들을 아프리카 해안 근처로 실어다 주었고, 부에노스아이레스에서 하루를 정박한 후에 마젤란 해협을 거쳐 칠레로 향했다. 파블로와 마루카는 1932년 4월 18일, 축축하게 젖은 칠레 남부의 푸에르토몬트에 내렸고, 거기에서 다시 테무코행 열차에 몸을 실었다. 비록 스페인어는 이해하지 못했지만, 마루카는 네루다가 배우자를 제멋대로 선택한 것도 모자라 직업도 모아 놓은 돈도 없이 돌아왔다는 사실에 그의 가족들이 분개하고 있음을 느낄 수 있었다.

네루다는 회고록에서 이 기나긴 여행에 단 두 문장만을 할애했지만, 그해 9월 26일 엑토르 에안디에게 보낸 편지에서 "나를 고향에 데려다주는 데 꼬박 75일이나 걸린 끔찍한 화물선으로 여행을 했다네. 내가 살았던 실론섬의 감옥을 다시 보았고, 그다음에 모잠비크와 대양을 보았네"[1]라고 적었다.

물론, 인도양과 대서양을 바라보며 신혼의 아내와 바다에서 보낸 75일의 시간은 간접적으로 많은 글에 자양분을 제공했다. 그는 더 이상 마루카를 사랑하지 않았고, 이는 많은 시, 특히 바다를 맹우(盟友)나 교사로 묘사하는 시편들을 쓰게 된 동기가 되었다. 더욱이 네루다는 화물선에서 『지상의 거처』 제1권에 실린 마지막 시편들 중 하나인 「화물선의 유령」을 썼다. 이는 네루다가 바다에 대해 쓴 가장 삭막하고, 동시에 가장 위대한 시에 속한다. 그는 대체로 바다를 생명을 고양하는 요소로 간주한다. 그러나 기나긴 귀국 여행에서 바다는 하나의 덫으로 여겨진다. 유령 – 대양을 응시하는 텅 빈 조개껍데기 – 은 가슴을 에는 듯한 삶의 공허로 가득 찬 네루다 자신을 가리킬 가능성이 크다.

선실에는 오직 시간만이 있을 뿐.

---

1) Pablo Neruda, *Pablo Neruda, Héctor Eandi. Correspondencia*, p.111.

처량하고 쓸쓸한 식당에서의 시간,

...

눈 없는 얼굴의 유령이 바다를 바라본다.

하루의 원을, 배의 기침을, 허공에

둥근 고독의 포물선을 그리는 새를,

그리고 죽은 시간과 목재 위로 쓰러지며

다시 배의 삶으로 내려간다

에르난 로욜라는 이 시가 매우 의미심장하다고 본다. 무엇보다 네루다가 성적 고립 혹은 갈등과 관련된 『지상의 거처』 세 번째 파트에 이 시를 배치했기 때문이다. 이 시는 그가 이미 부인과의 관계에서 느끼고 있던 성적 고독을 반영한다.[2)]

부부는 테무코에 오래 머무르지 않고 서둘러 수도 산티아고로 떠났다. 당시 칠레는 새로운 독재자 카를로스 다빌라 대통령 치하에 있었는데, 그는 우파 독재자였던 전임 대통령 카를로스 이바녜스 델 캄포가 남겨 놓은 정치적 혼란을 통제하기 위해 악전고투하고 있었다. (이바녜스는 1931년 7월 25일 '지식인 총파업'으로 대통령직에서 쫓겨나 아르헨티나로 망명했다.) 이바녜스 정권이 붕괴하자 좌파 군사 위원회는 즉각 이국적인 이름의 마르마두케 그로베를 수장으로 하는

2) Pablo Neruda, *Residencia en la tierra,* edited by Hernán Loyola (Cátedra, Madrid, 1994), note p.326.

칠레 사회주의 공화국을 천명하고 통제권을 장악했다. 그러나 그의 통치는 고작 12일간에 그쳤다. 탁월한 워싱턴 주재 칠레 대사였던 다빌라가 임시 대통령이 되었고, 그로베는 태평양상의 칠레 전초 기지인 이스터섬으로 유배되었다.

귀국하는 네루다를 맞은 것은 이러한 심각한 정치적 불안이었다. 그러나 보상도 없지 않았다. 파블로는 매우 기쁜 마음으로 옛 친구들과 재회했다. 그는 결코 멀리 떠난 적이 없는 사람처럼 행동했고, 홀몸인 것처럼 다시 오랜 보헤미안 생활에 열광적으로 몰입했다.

안타깝게도 마루카에 대한 친구들의 평은 가족들의 견해 못지않게 부정적이었다. 그때 벌써 법학 박사 학위를 가지고 있던 디에고 무뇨스는 이렇게 썼다.

> 그가 도착했다는 이야기를 듣고 우리는 부리나케 카테드랄 거리의 우네나 통로에 있는 그의 아파트를 찾아갔다. 그는 부인 마리아 안토니타 하헤나르와 그곳에 살고 있었다. 우리 친구들은 모여 앉아 그 상황에 대해 논평했다. 물론, 우리 중 그의 부인을 마음에 들어 하는 사람은 하나도 없었다. 그녀는 불친절했고 파블로의 옛 친구들을 만나는 데 통 관심이 없었다. 더군다나 영어밖에 할 줄 몰랐고, 스페인어는 단 한 마디도 배우지 않은 상태였다. 한편, 우리는 모두 파블로가 눈에 띄게 달라졌다는 것을 알아챘다. 그는 더 이상 침울하고 우울하며 넋 나간

젊은이가 아니었다. 이제 그는 제법 말수가 많았고, 아주 별스러운 이유에도 웃음을 터뜨렸다.[3)]

새벽 이른 시간에 파블로를 집에 바래다줄 때면,

3층 창문 발코니에 '그링가[이방인]'가 몸을 기대고 있었다. 그녀는 매일 밤 그렇게 그를 기다렸다. 나는 즉각 파블로가 몸서리치는 것을 느꼈다. 곧 갈등이 불거질 태세였다. 여느 때와 똑같은 갈등이었다. 그는 상황 설명을 해야 했고, 거짓으로 쾌활한 척하며 나에게 도움을 청하거나 웃음을 터뜨렸다. '그링가'는 여전히 이해하지 못하겠다는 표정이었고, 화가 난 게 분명했다. 느닷없이 그녀가 찬물을 쏟아내듯 영어를 마구 퍼부어 댔다… 그녀는 극히 형식적인 접대가 몸에 밴 식민지 세계에서 성장했다. 그곳 사람들은 필시 더위와 부채를 푸념하며 위스키를 마시고 영어로 얘기할 것이다. 그것이 문명화된 행동이었다. 그녀가 우리가 잘 다니는 바에 와서 함께 어울린 적이 있었나? 결코! 스페인어를 말하거나 스페인어를 배운 적이 있었나? 결코! '그링가'는 여전히 바타비아에 살고 있었고, 우리 나라에는 철저히 부재했다… 그 여자는 파블로를 모든 친구로부터 떼어놓기 위해서라면 물

3) Diego Muñoz, *Memorias*, p.180.

> 불을 가리지 않았다.[4)]

네루다의 첫 부인을 좀 더 살갑게 대한 이들도 있었다. 라비니아 (랄라) 안드라데 – 네루다의 친구 루벤 아소카르의 부인 – 는 비엔나 레스토랑에서 굴라시 요리를 먹는 자리에 파블로 부부와 합석해 자주 어울리곤 했다. "그녀는 키가 파블로보다 더 컸고 휘파람을 멋지게 불었지요. 나는 그것이 그녀의 아주 색다른 점이라고 생각했어요. 그녀는 새처럼 휘파람을 불 수 있었습니다. 그러나 보통은 내내 말이 없었지요. 그녀는 아주 소심하고 조용했습니다. 어쩌면 도도했거나… 다소 무관심했을지도 모르지요."[5)]

네루다의 친구 오메로 아르세는 이렇게 썼다.

> 그[파블로]가 당당하고 느긋한 모습으로 마루카 하헤나르의 팔짱을 끼고 도착했다… 그녀는 키가 매우 크고 매력적이었으며, 타고난 미인이었다. 그런데 그녀는 그와 영어로만 의사소통을 했다. 그들은 도착하고 나서 얼마 지나지 않아 아르마스 광장에서 두 블록 떨어진, 국회 의사당 맞은편, 카테드랄 거리의 하숙집으로 이사했다…

---

4) Ibid.

5) Olivares Briones, *Pablo Neruda: Los caminos de Oriente*, p.348에서 인용.

그는 좀 후줄근한 여행 가방에 친구들에게 줄 선물과 작은 단검 그리고 아시아의 가면을 담아 왔다. 마루카는 가방에 수십 켤레의 구두를 넣어 와 침실 바닥에 가지런히 길게 늘어놓았다.[6]

물론, 아르세는 파블로가 극동에 가 있는 사이에 그의 연인 라우라 아루에와 결혼한 사실에 대해서는 단 한 마디도 쓰지 않았다. 또한 네루다가 여전히 라우라를 사랑하고 있으며 각기 다른 상대와 결혼했으면서도 다시 그녀에게 사랑을 호소하기 시작했을지도 모른다는 사실 역시 언급하지 않았다. 마루카가 라우라에 대한 남편의 애정을 눈치챘는지는 확실치 않다.

마루카는 테무코에서 네루다의 아버지와 계모로부터 냉대를 받았음에도, 1932년 4월과 1932년 5월 사이에 그의 이복여동생 라우리타에게 적어도 네 통의 편지를 썼으며, 이 편지들을 통해 우리는 그의 친구들이 생각했거나 생각하고 싶어 했던 것보다 그녀가 스페인어를 잘 구사한다는 사실을 엿볼 수 있다.

그리고 혹자들은 마루카가 돈이 모자란다고 툴툴대며 시간을 허비했다고 기억하지만, 라우리타에게 보낸 편지는 한층 쾌활한 성격을 보여 준다. 그녀는 1932년 5월 2일 자 편지

6) Homero Arce, *Los libros y los viajes*, pp.45-46.

에서 라우리타에게 "산티아고가 무척 맘에 들어요. 얼마나 큰 도시인지! 날씨가 아주 좋아서 테무코처럼 춥지 않아요… 당신이 우리와 함께 지낼 수 없어 얼마나 섭섭한지요!"[7]라고 말했다.

친구들이 부지런히 설득한 덕분에, 칠레 외무부가 관내 도서관에 특별히 네루다를 위한 새로운 파트타임 일자리를 마련했지만, 그의 경제적 어려움은 여전했다. 그는 9월 26일 엑토르 에안디에게 보낸 편지에서 "주머니 사정이 최악"이라고 밝혔다.

> 오직 최근에 귀국했다는 기쁨만이 파산과 궁핍이 더 적은 나라를 찾아 황급히 떠나지 못하게 나를 가로막는다네. 오는 가을까지는 칠레를 떠날 수 있도록 애쓸 생각이네. 영사단에서 복무한 세월과 거기에서 나의 뼈를 갉아먹은 숱한 고난은 아무런 결실이 없었네. 난 땡전 한 푼 없이, 일자리도 없이, 그렇다고 해직된 것도 아닌 채로 칠레에 돌아왔다네. 최근에는 존재하지도 않는 도서관의 사서로 임명되었지. 급료 역시 거의 존재하지 않는다네.[8]

---

7) Rodolfo Reyes, *Neruda —retrato de familia,* p.118에서 인용.

8) Pablo Neruda, *Pablo Neruda, Héctor Eandi. Correspondencia,* p.113.

결혼에서 위안을 찾지 못하자 네루다는 다른 여자들을 찾아 나섰다. 라우라 아루에뿐만 아니라 그의 또 다른 위대한 사랑 알베르티나 로사 아소카르도 대상이었다. 그는 다 꺼져 가는 것처럼 보였던 알베르티나와의 관계를 다시 되살릴 필요성을 느꼈다. 결혼과 함께 이미 고갈된 열정을 갈망한 셈이다.

1932년 5월 15일 파블로는 알베르티나에게 편지를 썼다.

당신이 보고 싶어요. 내게 장문의 편지를 쓰고 싶지 않은가요? 이야기할 많은 것들과 추억할 많은 것들이 있습니다. 당신을 들볶고 싶진 않지만, 난 당신이 큰 실수를 했다고 생각해요. 나는 전보와 편지에서 당신이 콜롬보에 도착하는 즉시 결혼하겠다고 말했어요. 알베르티나, 난 이미 결혼 승낙을 받고 필요한 돈을 청구한 상태였지요. 당신이 알다시피, 당신에게 편지를 보낼 때마다 나는 참을성을 가지고 아주 상세하게 되풀이해서 말했습니다. 지금 내 누이 말이, 내가 당신에게 와서 결혼하지 말고 같이 살자고 했다더군요. 당신 입으로 그렇게 말했답니다. 결코! 왜 거짓말을 하지요? 내 마음을 헤아려 주지 않는 것도 모자라 나를 중상하기까지 하니 가슴이 미어집니다. 알베르티나, 당신이 알다시피, 난 당신을 무척 사랑했어요. 그런데 당신은 못되게 굴었습니다. 내가 당신을 가장 필요로 할 때 침묵을 지켰어요. 1926년 양키우에에서 보낸 편지에 단 한 번도 답장하지 않았을 때도 당신은 똑같이 침묵을 지켰지요. 당신이 벨기에를 떠날 때는 돌아올 걸 알면서도 내게 편지를 보내 상황을 알려 주지 않았어요. 왜 그랬나요? 당신은 그 이유를 알고 있어요. 내가 열 달 뒤에 받은, 콘셉시온에서 보낸 편지에서 당신은 마치 그러한 침묵을 전혀 해명할 수 없다는 듯이 이상한 이유를 둘러댔지요. 그러나 어쨌든, 서로에게 입힌 상처는 잊고 친하게 지내요. 희망을 가집시다… 내가 일하고 있는 외무부로 편지를 보내면 돼요. 내가 1930년 12월 이후로 결혼한 몸이라는 걸 알 테지요. 당신이 치유해 주길 원치 않았던 고독은 나에게 점점 더 참을 수 없는 것이 되었습니다. 그 숱한 유형의 세월을 헤아린다면 이해가 될 테지요. 당신의 이마에 가볍게 입 맞추고 싶은 마음 간절합니다. 내가 그토록 사랑한 당신의 손을 어루만지고 싶습니다. 여전히 당신을 위해 마음에 품고 있는 우정과 애정을 조금 당신에게 주고 싶어요. 이 편지를 아무에게도 보여 주지 말아요. 그리고 당신이 내게 편지를 쓴다는 걸 어느 누구도 알아서는 안 됩니다. 하루 일정으로 산티아고에 올 수 있나요? 당신의 옛 친구 파블로가 입맞춤을 보내며.[9)]

---

9) Sergio Fernández Larraín, *Cartas de amor de Pablo Neruda* (Rodas, Madrid, 1975), pp.372-373.

알베르티나에게서 아무 연락이 없자, 네루다는 거의 두 달 후인 7월 11일에 다시 새로운 책망을 담은 편지를 썼다.

> 언제나 똑같구려. 그러니 내 어찌 당신을 믿겠소? 루벤 말로는 당신이 그에게는 편지를 썼다고 하던데, 왜 나한테는 한 줄도 쓰지 않는단 말이오? 똑같구려, 정말 전과 똑같구려! 난 당신이 치얀에 갈 수 있다고 그에게 말했다는 걸 알고 있어요. 그러지 말아요, 제발. 산티아고로 와요. 이곳으로 옮겨 오는 건 아주 쉬워요. 언제 올래요? 9월에 올 수 있어요? 새삼 당신에게 편지를 쓰는 게 무척 힘들게 느껴집니다. 당신한테 들려줄 얘기가 너무나 많아요. 책망할 것도, 당신에게 해 줄 말도 너무 많아요. 매일매일 당신을 떠올립니다. 당신이 매일 한 통씩 편지를 보내 줄 거라고 믿었지만, 당신은 예나 지금이나 변함없이 배은망덕해요. 난 유럽에서 당신한테 무슨 일이 있었는지 여전히 이해할 수 없습니다. 당신이 왜 [내게로] 오지 않았는지 이해가 되지 않아요. 난생처음 나에게 이런저런 얘기를 담은 장문의 편지를 써 주지 않을래요?[10]

알베르티나는 결코 이 편지에 답하지 않았다. 이것은 파블로가 그녀에게 사랑을 고백한 마지막 편지였다. 파블로는

10) Ibid.

친구인 작가 앙헬 크루차가에게 그가 발행하는 저널 ≪지그재그≫에 자신과 마루카의 근사한 신혼 사진을 실어 달라고 부탁했다. 아마도 알베르티나에게 상처를 주기 위해서였을 것이다. 그녀는 답장하지 않았다. 그리고 5년 뒤에 크루차가와 결혼했다. 훗날 알베르티나를 만났을 때, 네루다는 우정으로 그녀를 대했지만 절친한 친구의 감정은 아니었다. 그러나 조시 블리스나 그의 삶의 다른 위대한 사랑과 마찬가지로, 그는 결코 그녀에 대한 예전의 깊은 감정을 잊지 못했다. 1964년에 나온 시집 『이슬라네그라의 추억』에 실려 있는, 그녀에게 바쳐진 아름다운 두 편의 시에서 이를 확인할 수 있다.

날로 높아 가던 시인으로서의 명성은 그의 개인적 분투를 보상해 주었다. 네루다의 이름은 산티아고에서 수많은 대중을 사로잡았다. 1932년 5월 11일 아미고스 델 아르테(예술의 친구들)를 위한 시 낭송회를 가졌을 때, 포사다 델 코레히도르 홀은 초만원을 이루었다. 청중은 그의 시 「시학」의 아름다움에 매료되었다.

> 어둠과 공간 사이, 장식과 처녀들 사이,
> 유별난 가슴에 불길한 꿈을 꾸면서,
> 갑자기 창백해져, 이마는 시들고,
> 일상의 삶에 분노하는 홀아비의 비통함으로,
> 아, 내가 꿈꾸듯 마시는 보이지 않는 물 한 모금 한 모금에 대해,

내가 몸을 떨며 맞아들이는 소리 하나하나에 대해,
나는 한결같이 부재의 갈증과 한열(寒熱)을 느낀다

그러나 칠레 시인 로베르토 메사 푸엔테스가 낭송회에서 네루다가 읽었다고 말하는 시의 목록은 더욱 흥미롭다. 목록에는 훗날 『지상의 거처』에 실릴 「느린 탄식」과 「동맹(소나타)」처럼 잘 알려진 시뿐만 아니라 「결혼 축가」와 「격정의 송가」라는 두 편의 수수께끼 같은 제목의 시도 포함되어 있다. '결혼 축가(Prothalamio)'라는 단어의 선택은 네루다가 고대 영시를 얼마나 잘 이해하고 있는가를 보여 준다. 에드먼드 스펜서는 네루다보다 300년 이상 앞선 1597년에 이 단어를 만들어 냈다. 애석하게도 이 시에 대한 기록은 남아 있지 않으며, 네루다가 이 시를 『지상의 거처』에서 제외한 이유도 오리무중이다.

「격정의 송가」는 1931년 자바에서 쓰였으며, 에드문도 올리바레스 브리오네스가 지적한 대로,[11] 압박적인 어조는 「젊은 군주」 같은 시들과 흡사하다. 그러나 네루다의 가장 위대한 작품의 하나인 『마추픽추 산정』을 예시하는 서사시적 성격 또한 존재한다. 아마도 이러한 이유로 네루다는 이 시가 개인적인 색채가 농후한 『지상의 거처』의 시들과 어울리지 않는다고 여겼을 것이다. 이 시는 단지 1935년 6월 ≪레

---

11) Olivares Briones, *Pablo Neruda: Los caminos de Oriente*, p.357.

비스타 델 파시피코≫라는 이름의 단명한 칠레 잡지에 등장했을 뿐이다.

네루다가 산티아고에서 시 낭송회를 가진 지 이틀 후에, 마루카는 라우리타에게 편지를 보냈다. 편지에서 그녀는 성공적인 시 낭송회에 대해 언급했고, 또 그들의 불안한 경제 상태에 대해 불평했다. "파블로는 400페소를 받고 외무부에서 일하고 있는데, 이 돈으로는 집세 내기도 빠듯해요. 쥐꼬리만 한 월급이라 와인이나 포도를 살 여유조차 없어요. 그런데 임시직이어서 더 나은 일자리를 기다리고 있답니다. 우린 값싼 작은 집이나 욕실 달린 플랫을 찾고 있어요. 이젠 하숙집이 마음에 들지 않거든요. 욕실이 너무 엉망이어서 우린 각자 4페소 40센타보를 내고 공중목욕탕에 가요."[12]

같은 달인 5월 29일 칠레의 많은 지도적 작가들이 동양에서 돌아온 위대한 동료를 위한 기념행사를 마련했다. 산티아고의 조비네차 레스토랑에서 열린 화려한 행사에 참석한 사람들의 면면을 보면, 충실한 벗들인 디에고 무뇨스, 토마스 라고, 루벤 아소카르, 앙헬 크루차가, 알베르토 로하스 히메네스는 물론 오랜 적수인 파블로 데 로카도 있었다. 네루다는 그들의 "바위처럼 굳은 우정"에 고마움을 표했다.[13]

그러나 그의 적들 중 한 명은 이미 문학의 칼을 예리하게

---

12) Rodolfo Reyes, *Neruda—retrato de familia,* p.119.

13) Pablo Neruda, *El Mercurio,* 30 May 1932에서 인용.

갈고 있었다. 불과 몇 주 뒤에 『스무 편의 사랑의 시와 하나의 절망의 노래』 제2판이 발행되었을 때, 에르난 디아스 아리에타(알로네)－네루다가 첫 시집 『황혼 일기』를 출간할 수 있도록 도움을 준 장본인－는 마침내 기회를 포착했다.

> 8년이 지난 시점에, 마치 신성화하기 위한 듯, 파블로 네루다의 『스무 편의 사랑의 시와 하나의 절망의 노래』가 보라색으로 멋지게 꾸며져 다시 나왔다⋯ 우리가 8년 뒤에 이 책을 집어 들고 그때 이 책이 주게 될 인상과 지금의 인상을 비교하게 된다면, 시인이 곧 명료함의 방향으로 진화할 것이라던 희망 말고는 응답을 바꿀 필요가 전혀 없을 것이다. 그렇다, 그는 틀림없이 진화했다. 그러나 그는 한층 불명료해졌다.[14]

알로네는 마지못해 네루다의 몇몇 시는 "방울방울 떨어지는 바닷물로 현혹하는 그런 아름다움과 대담함과 투명함을 지녔다"라고 인정했다. "당신은 이러한 빛을 감출 수 없다. 심각성과 비극성은 그의 시 전체가 움직이는 방향이다. 그의 시의 행로는 카오스에서 벗어나는 것이 아니라 카오스를 향한다⋯ 우리는 『지상의 거처』가 다다를 정확한 지점을

14) Hernán Díaz Arrieta (Alone), 'Crítica literaria: *Veinte poemas* por Pablo Neruda', *La Nación,* 18 September 1932.

알지 못한다. 그러나 그가 문학 센터에서 낭송한 시 몇 편을 통해 짐작할 수 있다. 그 시들은 끔찍해 보인다."[15)]

알로네의 마지막 논평에서 볼 수 있듯이, 네루다의 다음 시집인 『지상의 거처』 출간이 임박했다는 소문이 무성했다. 그러나 정작 시인 자신은 그 책이 어디서 어떻게 출판될 수 있을지 별로 확신이 없었다. 시집을 스페인에서 출간하려던 시도는 좌절되었지만, 그는 이에 아랑곳하지 않고 더더욱 칠레 밖에서 책을 펴내기를 열망했다. 그의 조국이 직면하고 있던 심각한 경제적 위기 때문이었다. 1932년 9월 5일 엑토르 에안디에게 보낸 편지에서, 그는 아르헨티나 소설가 엘비라 데 알베아르가 『지상의 거처』를 바르셀로나에서 펴낼 수 있을 것이라는 기대감을 나타냈다. 그러나 알베아르는 원고를 가지고 종적을 감추었다. 그 시점에 네루다는 엘비라가 최대한 나쁜 평판을 얻도록 수정본 한 부를 만들어 영향력 있는 맹우들의 편지와 함께 부에노스아이레스의 한 문학지에 보내겠다고 으름장을 놓았다. 극단적인 좌절에서 비롯된 분노의 표시였던 것으로 보인다. 결국, 네루다는 에안디에게 "결코 알베아르라는 여자에게 글을 쓸 기력이 생기지 않았네! 빌어먹을!"[16)]이라고 썼다. 그는 자신의 첫 출판사인

---

15) Ibid.

16) Pablo Neruda, *Pablo Neruda, Héctor Eandi. Correspondencia*, p.116.

칠레의 나시멘토로 되돌아갔다.

이 무렵 파블로와 마루카는 이미 욕실이 엉망이던 산토도밍고 거리의 하숙집에서 카테드랄 거리 1155번지의 작은 아파트로 이사한 뒤였다. 1932년 10월 8일, 마루카는 라우리타에게 다시 편지를 보내 새로 옮긴 아파트가 더 넓으니 "당신이 와서 함께 지낼 수 있으면" 좋겠다고 했다. 남편 친구들이 뭐라고 수군거리든 그녀는 남편의 생활 방식에 적응하기 위해 최선을 다하고 있었다.

그런데 그녀의 편지에서 다른 사람들이 포착하지 못한 유머 감각을 엿볼 수 있다. 비록 그녀의 편지가 엉성한 스페인어로 쓰이기는 했지만 생판 세상에 존재하지 않는 스페인어는 결코 아니었다.

> 우린 아주 잘 있어요. 난 더 날씬해졌고요. 몸무게가 8킬로나 줄었어요. 그래서 무척 기쁘답니다. 네프탈리는 살이 좀 붙었어요. 그래서 그이는 기분이 별로예요. 우리는 친구들이 많은데, 스페인 대사 리카르도 바에사 부부, 특히 작가인 대사와 절친한 사이랍니다. 그는 나프탈리에게 애정이 대단해요. 그의 부인은 아주 좋은 분이고, 난 그녀가 무척 마음에 들어요… 추신: 네프탈리의 한 친구가 테무코에 있는 당신을 위해 신판 『스무 편의 사랑의 시와 하나의 절망의 노래』 한 부를 가져왔어요. 그는 아주 훌륭한 시인이에요.[17)]

이것은 마루카가 남편의 시를 거론한 유일한 경우였다.

11월 10일, 네루다는 산티아고의 테아트로 미라플로레스에서 두 번째 시 낭송회를 가졌다. 칠레 일간지 ≪라 나시온≫의 목요일 정기 칼럼에서 호아킨 에드워즈 베요는 "보석공 같은 전문가가 존재하지 않는 칠레 같은 나라에서는 인조 루비가 진품으로 잘못 알려질 수 있다. 다행히 우리는 몇몇 문학 전문가를 보유하고 있으며, 그들 대다수는 한목소리로 네루다를 아메리카의 가장 위대한 청년 시인으로 선언한다"[18]라고 썼다.

시 낭송회는 갈채를 받았다. 그러나 바로 다음 날 − 네루다가 넌더리를 낼 만도 하게 − 파블로 데 로카는 칠레 신문 ≪라 오피니온≫에서 유독 악의적인 공격을 퍼부었다. 그는 『무한한 인간의 시도』를 제외하고는 네루다의 어떤 작품도 비평가들이 보낸 찬사를 받을 만한 가치가 없다고 말했다. 그는 『황혼 일기』에 대해 "극도로 시시하고 지독하게 진부하다"고 했고, 『스무 편의 사랑의 시와 하나의 절망의 노래』는 "매우 진부하다"고 평가했다. 데 로카에게 그것은 "대담함도, 스타일도, 탁월함도, 보편적 호소력도 없이 그저 초라한 리듬에 따라 움직이는 페달을 가진 털털거리는 낡은 자전

---

17) Rodolfo Reyes, *Neruda—retrato de familia*, p.120.

18) Joaquín Edwards Bello, *La Nación*, Santiago, 10 November 1932.

거"[19]였다.

2주일 후에, 데 로카는 같은 신문에서 한층 불쾌하게 네루다를 비판했다.

> 한 친구가 나에게 "네루다의 손은 도마뱀의 배처럼 부드럽고 끈적거리는, 차가운 손"이라고 말했다. 정말로 그렇다. 그의 존재, 그의 영혼, 그의 문학도 그렇다… 사실 네루다는 양서류나 연체동물에 속한다. 그는 온수 동물이다. 그는 뱀처럼 위가 하나뿐이고 입도, 생명도, 혀도 없는 동물이다. 미끄럽고 끈적거리고 미심쩍은 조롱박 피부로 어슴푸레 윤곽이 잡힌 허파와 아가미가 있다. 그의 시는 물고기의 시요, 문학적 악어로부터 시를 모욕하는 개탄스러운 시다.[20]

신판 『스무 편의 사랑의 시와 하나의 절망의 노래』가 대중적으로 성공을 거두었음에도 네루다는 문학계의 지독한 편견에 시달리고 있었다. ≪렉투라스≫로부터 칠레 문학 비평의 현황에 대해 논평을 부탁받았을 때, 그는 알로네를 "언제나 자신의 시대와 불화해 온, 케케묵은 문화가 낳은 비평

---

19) Pablo de Rokha, 'Pablo Neruda, poeta a la moda', *La Opinión*, Santiago, 11 November 1932.

20) Pablo de Rokha, *La Opinión*, 25 November 1932.

가"로 규정하면서 "이러한 불화의 산물은 불모의 작업이었다"[21]라고 반격했다. 그러나 몇 년 후에 「나 여기에 있네」라는 장시를 쓸 때까지 그는 데 로카와 알로네에 맞서 자신을 적극적으로 변호하지 않았다.

이 시기에 네루다는 정치 지향적이지 않았다. 러시아 혁명이 어느덧 열여섯 돌을 맞았지만, 그는 분명 러시아 공산주의와 러시아 민중을 찬양하는 태도를 취하지 않았다. 칠레에서의 일시적 유행과 시류도 그를 흔들기에는 충분치 않았다. 그를 확고하게 공산주의 진영으로 이끌기 위해서는 스페인 내전의 경험이 필요했을 것이다. 그리고 스페인 내전이 발발하기까지는 아직 몇 년의 세월을 기다려야 했다. 초기의 서신을 통틀어 가장 매혹적인 것의 하나는 파블로가 1933년 2월 17일 에안디에게 쓴 것이다. 여기에서 그는 자신의 정치적 입장을 과거보다 훨씬 구체적으로 언급하고 있으며, 소비에트 공산주의와 거리를 유지한다.

> 마르크스주의의 물결이 세계를 종횡무진 누비는 듯하네. 칠레 친구들[에게서] 받는 편지는 한결같이 나를 그러한 입장으로 밀어붙인다네. 사실 정치적으로 말하면, 자넨 오늘날 결코 공산주의자나 반공주의자일 리가 없지… 몇 해 전까지 나는 아나키스트였고 아나키스트 노조

21) Pablo Neruda, *Lecturas*, 22 December 1932.

> 기관지 ≪클라리다드≫ 편집자로 일하면서 거기에 처음으로 나의 사상 나부랭이를 발표했네. 그리고 아직도 국가의 형태와 불순한 정치에 대한 아나키스트적 불신에는 변함이 없네. 하지만 나의 이러한 낭만적 지식인의 관점이 중요하다고는 생각하지 않네. 진실한 것은 내가 프롤레타리아 · 프롤레타리아화 예술을 증오한다는 것이지. 어떤 시대에도 조직적인 예술은 단지 소수의 예술가만을 유혹할 걸세. 이곳에서는 모스크바, 탱크 따위에 바치는 송가가 난무하고 있네. 나는 계속해서 꿈에 대해 쓸 걸세.

같은 편지에서 네루다는 또한 알로네와 파블로 데 로카의 비판으로 자신이 얼마나 많은 상처를 입었는가를 밝히고 있다. "나는 동시에 지독한 모욕(물론 동료 작가들의)과 극단적인 찬사의 대상이 되었네. 외교관의 길로 돌아가려고 애썼지만, 나의 조국이 너무 가난한 탓에 뜻을 이룰 수 없었네."[22]

네루다의 의기소침한 기분은 11월 27일 라우리타에게 쓴 편지에도 스며들어 있다. "너한테 교재를 보낼 수 없단다. 그걸 구입해야 하지만 수중에 돈이 한 푼도 없으니 말이야. 산티아고 생활은 갈수록 비용이 더 많이 들고 있어."[23] 그는 또

---

22) Pablo Neruda, *Pablo Neruda, Héctor Eandi. Correspondencia,* pp.117-118.

23) Pablo Neruda, *Cartas a Laura,* p.58.

가족들에게 그들이 부탁했던 로돌포 형의 일자리를 산티아고에서 구하기가 어렵다고 알렸다. 그러나 적어도 네루다는 의붓어머니의 다리 수술 결과가 좋다는 얘기를 듣고 기뻐했다. 그리고 곧 좋은 정치 뉴스가 있었다. 아르투로 알레산드리 팔마가 10월 30일 칠레 대통령 선거에서 압도적 다수의 지지로 승리했다. 그의 승리 – 대통령으로서의 집권 2기 – 는 안정된 입헌 국가로의 회귀로서 대대적인 환영을 받았다.

1933년에도 네루다는 여전히 궁핍하게 한 해를 시작했다. 그는 1월 4일 라우리타에게 편지를 보내 마루카의 건강이 좋지 않은 때였지만 부부가 행복한 새해 이브를 보냈다고 말했다. 그는 또 마누엘 삼촌이 죽은 뒤로는 "자신이 너무 가난해서" 가족에게 경제적 도움을 줄 수 없다고 말했다. "내 봉급으로는 생계를 잇기도 빠듯하고, 산티아고 생활은 믿기지 않을 정도로 돈이 많이 들어… 마루카는 여전히 몸이 몹시 허약하고."[24)]

공교롭게도 『지상의 거처』는 뒤이어 출간된 네루다 시집이 아니었다. 1933년 1월 24일, 『열광적인 투석꾼』이 레트라스에서 나왔다. 이 책은 1926년 우루과이 시인 카를로스 사바트 에르카스티가 자신의 영향이 나타나 있다고 확인한 이후 네루다 자신도 그 영향이 '지나치다'고 생각해 테무코의

---

24) Rafael Aguayo, *Neruda, un hombre de la Araucanía* (Ediciones Literatura Americana Reunida, Concepción, 1987), pp.78-79에서 인용.

책상 서랍에 처박아 두고 있었다.

비평가들은 대체로 『열광적인 투석꾼』에 우호적이었으며, 칠레 일간지 ≪엘 메르쿠리오≫는 이렇게 썼다. "이 시들에서는 네루다가 『황혼 일기』에서 경지를 이룬 바로 그 형식이 그대로 유지되고 있다. 길고, 격렬하고, 장려한 시행들, 에로티시즘으로 뜨겁게 타오르는 어조…"[25)]

그러나 1933년 2월 16일, 마침내 네루다는 엑토르 에안디에게 편지를 보내 이렇게 말할 수 있었다. "바로 이 순간 『지상의 거처』가 나시멘토에 의해 100부 한정 호화판으로 인쇄되고 있다네. 굉장한 판본이 될 걸세. 자네도 한 부 받아 볼 수 있을 거라네. 내가 아르헨티나에 보낼 수 있는 유일한 한 부일세. 가격은 50페소로 매겨질 텐데, 난 이 책이 부에노스아이레스에서 판매될 거라고는 생각지 않네."[26)]

이 대형판에 이어 곧 『지상의 거처』 보급판을 내놓을 생각이었지만, 이 초판 출간은 네루다에게 대단히 중요했다. 그것은 대륙을 넘나들며 거의 5년 동안 끌어온 지난한 싸움의 완성 그 이상을 의미했다. "이 시들은 마침내 내가 나의 목소리를 찾았음을 보여 주었다. 나는 아주 차분하게, 논란의 여지 없는 나만의 영역을 가지게 되었음을 깨달았다."[27)]

---

25) *El Mercurio,* 5 February 1933.

26) Pablo Neruda, *Pablo Neruda, Héctor Eandi. Correspondencia,* pp.115-116.

호화판 『지상의 거처』는 각양각색의 반응을 불러일으켰다. 대다수의 사람들에게는 단순히 구입하기에 책값이 너무 비쌌다. 혹자는 서명본을 받지 못해 감정이 상하기도 했다. 출판사인 나시멘토는 책값이 너무 비싸 홍보본을 발송할 수 없다고 판단했다. 예상대로 가장 먼저 리뷰를 쓴 사람 중에 파블로 데 로카가 있었다. 글의 제목－「네루다의 비문(碑文)」－에서 알 수 있듯이, 데 로카는 여전히 인간으로서나 시인으로서나 네루다를 파괴하겠다는 생각이 단호했다. ≪라 오피니온≫에 실린 장문의 글에서, 그는 네루다가 사기꾼임을 시사했다. 그는 글의 주제를 '가면'으로 잡았고, 칠레 조각가 토틸라 알베르트가 몇 해 전에 만든 네루다의 석고 마스크 사진이 호화판 『지상의 거처』 4쪽에 큼직하게 실려 있다는 사실과 전 해에 네루다가 산티아고의 포사다 델 코레히도르와 테아트로 미라플로레스에서 시 낭송회를 할 때 사용했던 가면들을 걸고넘어졌다. "파블로 네루다. 그렇다. 정말로, 그는 가면이다. 네루다는 가면의 주인이자 희생자다. 『지상의 거처』를 시작하고 특징짓는 그 '시인의 가면'." 데 로카는 네루다의 "말들이 누더기처럼 걸려 있다"[28]고 주장했다.

---

27) 1950년 네루다가 멕시코 비평가 알폰소 카르도나 페냐에게 한 논평. Alfonso Cardona Peña, 'Pablo Neruda: Breve historia de sus libros', *Cuadernos Americanos* (Mexico City, No.6, December 1950), pp.257-289에서 인용.

28) Pablo de Rokha, 'Epitafio a Neruda', *La Opinión,* 22 May 1933.

다행히, 칠레 작가 노르베르토 피니야는 ≪라 나시온≫에 『지상의 거처』에 대해 한결 우호적인 리뷰를 썼다. "네루다의 작품은 칠레 문학에 대한 아름답고, 결정적이고, 보기 드문 기여다… 네루다는 아주 독특한 자신만의 시 언어를 가지고 있다. 말들은 순순히 시인의 영감대로 움직이고, 노래 주제에 맞춰 부드럽고 온순하게 성형된다… 네루다는 지적인 성숙에 도달했으며, 창작 기법에서 경지를 이루었다."[29)]

칠레 비평가들은 여전히 시인 파블로 네루다를 두고 의견이 갈렸다. 그의 절친한 친구 루이스 엔리케 델라노는 당시에 칠레 신문에 이런 내용의 글을 실었다.

> 분명 네루다의 시만큼 숱한 논쟁의 대상이 된 예는 별로 없다. 혹자들은 그를 맹목적으로 비난했고, 또 혹자들은 그를 새로운 신념으로 선언하면서 자신들의 깃발로 높이 세우고 그와 문학적 행로를 함께했다. 그러나 어느 누구도 파블로 네루다의 목소리가 칠레의 한 세대 전체에 영향을 끼쳤으며, 심지어 아메리카에서 멀리 떨어진 다른 사람들 가운데서도 울려 퍼졌다는 것을 인정하지 않을 수 없었을 것이다.[30)]

---

29) Olivares Briones, *Pablo Neruda: Los caminos de Oriente*, p.423에서 인용.

30) Luis Enrique Délano, 'Regreso de Pablo Neruda', *El Mercurio*, 15 March 1932.

『지상의 거처』를 세상에 펴내기 위해 엄청난 노력을 기울이고도 훗날 네루다 자신이 여기에 실린 많은 시에 대해 상반된 태도를 보였다는 것은 여러모로 아이러니하다. 1950년에 그는 멕시코인 친구인 작가이자 비평가 알프레도 카르도나 페냐에게 말하길, "이제 와 돌아보니, 『지상의 거처』의 시들이 해롭다는 생각이 드네. 이 시들은 우리 젊은이들에게 읽혀서는 안 되네. 그것들은 지독한 회의주의와 고뇌에 찌든 시들이라 살도록 돕는 것이 아니라 죽음으로 이끈다네"[31]라고 했다.

이 책에서 가장 잘 알려진 시에 속하며 제목이 영어로 되어 있고, 일부 비평가들에 의해 스페인어로 쓰인 가장 염세적인 시의 하나로 평가되는 「배회(Walking Around)」는 이렇게 시작한다.

그냥 인간으로 사는 게 지긋지긋하다.

네루다가 이 시집에서 시의 치명적인 힘을 자각하게 된, 비극적인 구체적 계기가 있었다. 1949년에 그는 한 젊은 학생이 나무 아래서 『지상의 거처』를 읽다가 자살했다는 얘기를 듣게 되었다. 발견 당시 책은 「어둠을 뜻한다」에 펼쳐져

31) Alfonso Cardona Peña, 'Pablo Neruda: Breve historia de sus libros'에서 인용.

있었다. 이 시는 이렇게 시작한다.

> 어떤 희망을 생각해야 하나, 어떤 순수한 징조를,
> 고립무원과 이지(理智)의 뿌리를 인정하며
> 어떤 결정적인 입맞춤을 가슴에 묻어야 하나?
> 한없이 혼탁한 물 위에서 부드럽고 안전하게.

네루다는 마르가리타 아기레에게 젊은 학생의 자살 소식은 그가 평생 받은 가장 큰 충격의 하나라고 말했다.[32)]

그렇지만 아르헨티나의 로사다 출판사가 1951년에 전집을 출간했을 때, 네루다는 세 권의 『지상의 거처』가 모두 포함되도록 허락했다. 그리고 이탈리아 비평가 주세페 벨리니가 1959년 그의 시선집을 준비하고 있을 때, 친히 벨리니에게 편지를 보내 『지상의 거처』에서 '상당수의 시'를 포함하도록 권고하기도 했다.[33)]

벨리니는 이 시집에서 철학적이고 풍자적인 황금 세기 시인 프란시스코 데 케베도의 영향을 간파한다. 특히 티끌만한 우주 속 인간 존재와 시간의 흐름에 대한 네루다의 우울한 매혹에서 그의 영향이 두드러진다고 본다. 네루다는 훗날

---

32) Margarita Aguirre, *Genio y figura de Pablo Neruda*, p.135.

33) Giuseppe Bellini, 'Viaje al corazón de Neruda', *Boletín de la Unidad de Investigación*, University of Alicante, Alicante, December 1999, pp.7-13.

스페인 시인에게 진 빚에 온전히 바쳐진 에세이를 썼다. 그리고 그는 스페인 비평가 아마도 알론소-그는 1940년에 네루다 작품에 대한 최초의 탁월한 비평 연구서를 썼다-에게 시 「동맹(소나타)」에 나오는 "낮과 그 황금빛 식솔을 앞서고 뒤따른다"는 시행은 케베도의 소네트 「반지에 간직한 리시의 초상」의 한 행에서 직접적인 영향을 받았다고 말했다.[34)]

1933년, 네루다의 의붓어머니가 수술 후유증으로 다시 몸져누웠고, 그의 아버지 또한 몸이 편치 않았다. 네루다는 부모의 건강이 염려되어 테무코를 두 차례 방문했다. 그는 마루카를 데려가지 않았다. 그들이 내세운 표면적인 이유는 경제적인 문제와 마루카의 허약한 건강 상태였다. 마루카는 1933년 4월 14일 라우리타에게 보낸 편지에서 "당신을 보러 테무코에 갈 수 없어 정말 서운해요. 내년 여름엔 만날 수 있기를 바라요… 테무코의 가을은 내게 너무 추운 데다 우리에겐 여비를 충당할 돈도 없어요"[35)]라고 말했다. 파블로와 마루카 모두 라우리타 말고는 가족 누구도 그녀를 환대하지 않을 테니 어느 모로 보나 그녀가 산티아고에 남는 편이 더 낫다고 생각한 것 같다.

---

34) Amado Alonso, *Poesía y estilo de Pablo Neruda* (Losada, Buenos Aires, 1940), p.228. 이 책은 분명히 네루다의 후기 작품을 누락하고 있지만, 네루다의 초기 시에 대한 상세한 비평적 분석을 추구하는 사람이라면 반드시 읽어야 할 책이다.

35) Rodolfo Reyes, *Neruda—retrato de familia*, p.124.

1933년 5월, 테무코를 방문하고 돌아오는 길에, 네루다는 고용부 산하 문화진흥국에서 그에게 보수가 더 좋은 일자리를 제공했다는 것을 알게 되었다. 문제는 곧 없어질 수도 있는 자리여서 전혀 경제적 보장이 되지 않는다는 것이었다. 불안은 계속되었다. 창작의 측면에서 볼 때, 1932년 4월부터 1933년 8월까지의 시기는 내내 빈약하기 짝이 없었다. 네루다는 고작 네 편의 시를 썼으며, 이 시들은 후에 『지상의 거처』 제2권 서두를 이루게 된다. 구체적으로 「하루가 돌출한다」, 「오직 죽음뿐」, 「바르카롤라」, 「대양의 남쪽」이 그것이다.

「하루가 돌출한다」는 덧없이 사라지는 시간에 대한 시인의 감정을 신랄하게 묘사하고 있다.

내 주위에서 밤이 울린다,
날이, 달이, 시간이,
젖은 종들이 담긴 자루처럼, 혹은
파삭거리는 소금의 섬뜩한 입처럼 울린다.

1933년 중반에 그는 훨씬 격이 높은 새로운 외교관직 – 부에노스아이레스 영사 – 을 제공받았다는 소식을 접하고 기뻐했다. 그는 아르투로 알레산드리 팔마 대통령 자신의 말대로 "진정한 국가적 대재난의 시기"를 통과하고 있던 칠레를 떠난다는 생각에 안도했다. 알레산드리 대통령의 집권 2기는 새로운 정부의 출범이 불러일으킨 기대에 부응하지 못했다. 그는 우파 쪽으로 돌아섰는데, 여기에는 강력한 재무 장관 구스타보 로스의 입김이 일부 작용했다. 그는 파업을 무자비하게 진압하고 좌파를 탄압했다.

마루카가 또다시 기꺼운 마음으로 이사를 했는지는 말하기 어렵다. 그녀는 정착하기 위해 무진 애를 쓰고 있었던 것으로 보인다. 그러니 거처를 바꾼다는 것이 그리 달가웠을 리 없다. 2월 16일 네루다는 에안디에게 이렇게 썼다. "아내는 칠레에 익숙해져 가고 점차 스페인어를 배우고 있네. 그녀는 언제나 자네에게 편지를 쓰라고 일깨워 주지만(그녀는 우리가 좋은 친구 사이라는 걸 알고 있네), 난 사무실에서 녹초가 되어 귀가하기 때문에 손가락 하나 까딱하고 싶지 않다네."[36]

1933년 8월 25일, 네루다는 아버지에게 편지를 보내 "부채를 정리하고 짐을 꾸릴 만한 충분한 시간적 여유도 주지 않은 채" 즉시 부에노스아이레스로 떠나라는 지시를 받았다고 알렸다. "저희는 일요일에 떠나야 해서 아버지께 작별 인사를 드릴 시간이 없어요. 마루카는 특히 죄송하게 생각해요. 저도 마찬가지고요. 역마살이 낀 제 생활 방식은 언제고 다시 떠나야 한다는 것을 의미하니까요."[37]

네루다는 내심 스페인으로 발령이 나기를 바랐을 것이

---

36) Pablo Neruda, *Pablo Neruda, Héctor Eandi. Correspondencia,* p.116.

37) Pablo Neruda, *Cartas a Laura,* p.61.

다. 그가 에안디에게 알린 대로, 부에노스아이레스로의 발령이 구체화되기 전에, 실제로 칠레 정부가 그를 유럽으로 발령 낼 계획이라는 소문이 무성했다.

1933년 8월 28일, 네루다와 마루카는 칠레를 떠나 부에노스아이레스로 향했다. 네루다가 편지에서 라우리타에게 알린 대로, 마루카는 몸이 아팠다. 그러나 네루다는 극동에서의 외교관 생활과는 전혀 딴판으로, 도착하자마자 그곳 생활에 금세 익숙해졌다. 그의 새로운 상관인 부에노스아이레스 주재 칠레 총영사 소크라테스 아기레는 특출난 사람이었다. 그는 자상한 데다 교양 있고 관대했다. 소크라테스의 어린 딸 마르가리타는 훗날 그의 비서이자 친구, 전기 작가가 될 운명이었다.

그녀는 네루다가 부에노스아이레스 영사였을 때 여섯 살에 불과했지만, 세월이 흐른 뒤에도 여전히 그 시절을 또렷이 기억했다. 그녀는 1933년 새해 이브에 카바이토에 있는 자신의 아파트에 왔던 빨간 실내복 차림의 네루다를 기억했다. 그는 뺨에 하얀 솜을 붙인 산타클로스 차림이었다. 마르가리타와 그녀의 동생은 한눈에 그를 알아보고 "아저씨는 파블로 네루다야!"라고 소리쳤다. 그는 아기레의 아이들에게 언제나 영어로 말했는데, 마르가리타 말로는, 아마도 시인을 "아주 친절한" 사람으로 알고 있는 나이 든 아일랜드인 가정교사 미스 마리아를 기쁘게 해 주기 위해서였을 것이다.[38)]

어린 마르가리타 역시 네루다를 친절한 사람으로 생각했

다. 그녀가 영사 사무실을 방문했을 때, 그는 아주 상냥하게 대해 주었다. 그는 그녀를 자기 쪽으로 불러 색연필이나 뱃사람 복장을 한 자신의 사진을 보여 주었으며, 또 그녀의 검은 머리를 쓰다듬어 주곤 했다. 그녀는 "그의 곁에 있으면 보호받고 있다는 느낌을 받았다. 평생 지속된 감정이었다".[39]

이번에 네루다는 금세 자신이 광범한 새 친구들 집단에 둘러싸여 있음을 깨달았다. 그중에서 가장 가까운 친구는 파블로 로하스 파스, 올리베리오 히론도 그리고 그의 부인 노라 랑헤였다. 그는 또 마침내 엑토르 에안디를 만났다. 정치적 차이에도 불구하고 그들은 변함없는 친구 사이로 남았다.

네루다와 마루카가 부에노스아이레스에 도착한 지 불과 며칠 만인 1933년 8월, 칠레 작가 마리아 루이사 봄발이 그들과 합류했다. 그녀는 공화국 민병대－칠레 대통령 아르투로 알레산드리의 후원을 받던 준군사 반공 조직－사령관인 유부남 에울로히오 산체스 에라수리스와의 비극적인 로맨스 후에 말 그대로 자포자기의 심정이었다. 봄발에게 남다른 애정을 갖고 있던 네루다는 그녀의 감정적 격변에 깊은 연민을 느껴 그녀를 초대했고, 그들은 부에노스아이레스의 20층짜리 초고층 빌딩의 쾌적한 아파트에서 함께 살게 되었다. 그는 봄발에게 '마담 메리메'라는 별명을 붙여 주었는데, 그 프

38) Margarita Aguirre, *Genio y figura de Pablo Neruda*, p.156.

39) Ibid., p.158.

랑스 시인이 그녀가 파리의 소르본 대학에서 취득한 박사 학위 논문의 주제였기 때문이었다. 그녀의 다른 애칭으로는 '몽구스'—파블로가 자바에서 키웠던 사랑스러운 애완동물을 기려—, '불벌', '마리아 피오호'('피오호'는 '이'를 뜻하며 칠레에서는 흔히 귀여운 아이들을 가리킨다) 등이 있었다.

종종 봄발을 짓궂게 놀리긴 했어도 네루다는 그녀의 의견을 존중했다. 네루다는 그녀를 오랜 학교 친구 후벤시오 바예에게 소개하면서, "우아하고 재기발랄한 공주요, 진지하게 문학에 대해 대화를 나눌 수 있는 유일한 여성"[40]이라고 치켜세웠다. 봄발은 몇 달 동안 부에노스아이레스의 네루다 아파트에 살면서 악화일로에 있던 시인과 그의 부인의 관계를 관찰할 기회를 갖게 되었다(물론 봄발은 마루카와 아주 사이좋게 지냈고, 대부분의 파블로 친구들보다 그녀를 훨씬 더 좋아했다). 사실, 봄발이 목격한 파블로와 마루카 사이의 "둘만의 고독"은 상당 부분 그녀의 뛰어난 소설 『마지막 안개』의 바탕이 되었다. 그녀는 부에노스아이레스의 네루다 아파트 부엌에서 이 소설을 썼다.

칠레 작가 마리아 플로라 야녜스가 부에노스아이레스를 방문했을 때, 네루다는 1933년 10월 3일 그녀를 위한 칵테일 파티를 마련했다. 그때 마루카와 봄발이 함께 안주인 역을

---

40) Virginia Vidal, 'Con tres sombreros puestos', *Cuadernos*, Fundación Pablo Neruda, Santiago, No.31, 1997에서 인용.

맡았을 만큼 두 사람 사이의 "우정은 각별했다". 한편, 파블로는 야녜스를 테라스로 데리고 가서 "마리아 플로르, 당신은 사랑스럽소. 진심으로 하는 말이오"라고 말했다. 야녜스가 훗날 회고한 바에 따르면, 만찬 후에 네루다는 손님들—그들 중에는 아르헨티나 작가 알폰시나 스토르니도 있었다—에게 부에노스아이레스의 작가 아지트인 시그노에서 그날의 파티를 마무리하자고 제안했다고 한다.

> 그때 마루카가 네루다에게 따라 들어오라고 손짓하며 침실로 사라졌다. 곧 우리는 말다툼하는 날카로운 소리를 들을 수 있었다. "아무래도 마루카가 시그노에 가지 않았으면 좋겠다고 하는 모양이야"라고 스토르니가 말했다. "그녀는 늦은 밤을 몹시 싫어하거든. 하지만 그녀가 틀렸어. 네루다처럼 탁월한 시인은 밤샘할 필요가 있으니까." 바로 그때, 네루다와 마루카가 침실에서 나타났다. 그는 전보다 한결 풀이 죽어 보였고, 그녀는 아직도 화가 나서 퉁퉁 부어 있었다. 파블로가 "자, 시그노로 갑시다"라고 말했고, 우리는 출발했다.[41)]

네루다와 마루카는 계속해서 공개 석상에 모습을 드러냈

---

41) Gonzalo Vial, 'Los 10 chilenos más importantes del siglo XX', *La Segunda*, Santiago, 17 September 1998에서 인용.

다. 그들이 부에노스아이레스 사교계에 뛰어들었을 때, 소크라테스 아기레는 아주 잘 어울리는 한 쌍이라고 생각했다.

봄발은 신앙심이 깊은 반면 네루다는 무신론자였고, 또 그들 사이에 엄연히 정치적 차이가 존재했음에도, 그는 마루카보다 봄발과 공통점이 훨씬 많았다. 한번은 인터뷰에서 죽음을 두려워하느냐는 질문을 받고 봄발은 "난 신자여서 죽음이 두렵지 않아요"라고 대답했다. 그러자 인터뷰 기자는 네루다를 특별히 언급했다. "참 이상한 일이군요. 한번은 네루다에게 같은 질문을 던진 적이 있는데 당신과 똑같이 대답했습니다. 그는 네 단어로 '죽음은 결코 존재하지 않습니다'라고 했어요."

봄발은 이렇게 말했다.

> 맞아요. 그 역시 그걸 깨달았어요. 그런데 그것은 마르크스주의자의 답변이 아닙니다. 내가 아는 네루다, 부인 마루카 하헤나르와 더불어 내가 아르헨티나에서 한동안 함께 살았던 네루다라면 그렇게 답했을 겁니다. 당시에 그는 좌파 이념을 가진 사람이었지만, 그게 전부였어요. 그는 당파적인 정치적 견해를 갖지 않았지요… 우리는 서로 사랑했어요. 젊은 시절 우리는 꼭 오누이 같았습니다… 그래요, 파블로는 내 삶의 결코 잊을 수 없는 부분을 생각나게 하는 사람입니다. 그는 나에게 무척 친절하고 아주 관대했어요.

봄발에게 당시의 네루다는 "시적인 견지에서 볼 때, 가장 가치 있는 『지상의 거처』의 파블로였다".

그는 나에게 많은 것을 가르쳐 주었다… 그는 영혼에서 흘러나오는 언어를 창조했다. 그 언어는 그의 작품에 정치가 개입하면서 타락하기 시작했다. 그는 완전한 언어를 만들어 냈다. 나는 『지상의 거처』에서 많은 것을 배웠다… 물론 감정을 표현하는 방식은 나와 전혀 달랐지만, 나는 『지상의 거처』에서 신비한 힘을 얻었다… 파블로는 이따금 문학 문제로 나와 다투었다. 그는 나에게 자신의 글을 읽어 주길 좋아했다. 그러면 나는 "그게 좋아요"라거나 "그건 맘에 들지 않아요"라고 말했다. 때때로 그는 한심하다는 듯이 혀를 차며 "넌 현대시를 이해하지 못해. 넌 말라르메에서 한 발짝도 더 나가지 못해"라고 말했다… 그러나 그는 늘 나에게 원고를 들고 와서 "이봐, 이것 좀 들어 봐"라고 말하며 읽어 주었다.

네루다가 읽어 준 시들 중에는 「배회」도 포함되어 있었는데, 봄발은 "난 정말로 분개했다"고 회고했다.

그는 "살수기로 수녀를 죽이는 건"이라는 소름 끼치는 구절을 덧붙였다… 나는 그에게 그 구절이 흉하다고 말했다. "그건 그로테스크해요. 당신답지 못해요. 단지 '부르주아를 놀래기' 위해 거기에 그 구절을 넣은 거라고요. 난 왜 그 구절을 삽입해야 하는지 이해가 안 돼요." 그는 몇 시간 뒤에 다시 와서 "이봐, 그럼 이제 이걸 들어 봐. 그 문장을 이렇게 바꿨어"라고 말했다. 그는 시를 다시 읽고 나서 "정말로 내가 화나는 건 말이지… 어떻게 너 같은 무지렁이가 항상 옳을 수 있는 거지?"라며 넋두리를 했다.[42]

시의 최종본에서 네루다는 치명적인 '살수기'를 초현실적인 '귀싸대기를 한 방 먹여'로 교체했다.

부에노스아이레스에서 네루다는 짧은 생애에 장차 가장 절친한 친구의 하나가 될 천재 작가를 만났다. 스페인 시인이자 극작가인 페데리코 가르시아 로르카는 그의 연극 〈피의 결혼〉의 아르헨티나 초연을 위해 1933년 10월 13일 부에노스아이레스에 도착했다. 바로 그날 밤, 네루다는 아르헨티나 작가 파블로 로하스 파스의 집에서 로르카를 소개받았다.

네루다는 29세였고 로르카는 35세였다. 두 사람 다 최근에 조국에서 멀리 떨어져서 시간을 보냈다. 두 사람 모두에게 문화 충격은 극적인 것이었다. 로르카의 뉴욕 여행은 특히 고통스러웠다. 두 사람 모두 아웃사이더 – 당시에 유행하던, 동료 시인들의 보헤미안적인 '아웃사이더 중의 아웃사이

---

42) María Luisa Bombal, *Obras completas,* ed. Lucía Guerra (Editorial Andrés Bello, Santiago, 1996), p.420에서 인용.

더'가 아니라 순수한 의미의 아웃사이더－의 고독을 너무나 절절하게 느꼈다. 두 사람 모두 아버지가 시인이 되겠다는 그들의 생각에 반대했지만, 마지못해 그들이 각자의 수도에서 공부할 수 있도록 학비를 대 주었다.

두 사람은 삶에 대한 왕성한 욕구를 공유했고, 서로 상대방 시의 진가를 인정했다. 로르카는 네루다에게 "정말 운 좋게도 내가 알고 사랑한 소수의 위대한 시인 중 한 사람인 친애하는 파블로에게"라는 말을 적어 자신의 시집 『집시 민요집』을 헌정했다. 실제로, 네루다가 시 낭송을 하기 시작하면, 로르카는 언제나 웃으며 손으로 귀를 막고 이렇게 말하곤 했다. "그만, 그만, 그것으로 충분해. 더 이상 읽지 마. 그러다 내가 영향을 받고 말겠어!" 비록 네루다는 아직 공개적으로 자신의 정치적 신념을 밝히지 않았지만, 두 사람 사이에는 정치의 영역에서도 명백한 유사성이 있었다. 로르카가 ≪크리티카≫ 기자에게 "자유를 사랑하고 향유하는 사람들은 좌파에 속합니다"라고 말했을 때, 네루다는 진심으로 동의를 표했을 것이다.

이 탁월한 두 시인 사이의 친밀함의 깊이를 무엇보다 잘 보여 준 것은 그들이 1933년 10월 28일 펜클럽 행사에서 위대한 니카라과 시인 루벤 다리오에게 바친 찬사였다. 부에노스아이레스의 플라자 호텔에서, 네루다와 가르시아 로르카가 나란히 일어나 '알 알리몬(al alimón)'－두 명의 투우사가 한 장의 카포테를 잡고 힘을 합쳐 소를 물리칠 때 사용하는 투우 용어—연설로 다리오의 시구를 교대로 낭송하자 청중은 깜짝 놀랐다.

두 시인은 그들이 함께 아르헨티나의 수도에 머물고 있던 1934년 3월에 또 다른 예술 프로젝트에서 기억할 만한 공동 작업을 이루어 냈다. 로르카는 짧은 일련의 시(『지상의 거처』의 「오직 죽음뿐」을 포함한)와 네루다의 글귀에 삽화를 넣기 위해 열 컷의 펜화를 그렸다. 그들은 단 한 권의 수제 작품집을 만들었다. 처참한 모습의 마지막 스케치는 초승달 아래 절단된 두 개의 머리가 피를 흘리며 테이블 위에 놓여 있는 모습을 보여 준다. 분명 하나는 로르카의 머리이고, 다른 하나는 네루다의 머리일 것이다.

부에노스아이레스에서 보낸 8개월 동안 네루다는 성적으로 열정적인 활동을 펼쳤지만 상대는 그의 부인이 아니었다. 칠레를 떠나기 전인 1933년, 일찍이 그는 마리아 루이사 봄발의 누이 로레토 봄발과 사랑에 빠졌다. 이 시기에 쓴 뛰어난 시편의 하나인 「탄식의 송가」는 아마도 그녀에게 바쳐졌을 것이다. 동시에, 이 시는 또한 과거의 사랑, 버마의 조시 블리스에 대한 짙은 향수를 담고 있다.

에르난 로욜라는 네루다가 아르헨티나에 체류했던 시기 전체를 에로틱한 기억의 힘이 지배하고 있다고 본다. 오히려 나는 이 시가 더 새롭고 더 긍정적인 기억들로 과거의 에로틱한 기억을 '중화하거나' 더 나아가 지우려고 애쓰는 네루다를 보여 준다고 생각한다. 다시 말해, 조시에게서 로레토로,

그리고 그의 삶을 거쳐 간 다른 여인들로 무게 중심이 옮겨 간 것이다. 과거의 기억은 죽음으로 이루어진다. 「탄식의 송가」에서 그는 파도를 등진 채 로레토에게 입 맞추는 모습을 상상한다.

> 슬픈 회반죽 무덤 위에 자라는 젖은 풀과 함께
> 어떤 강들에서 떠다니는 공동묘지를 거슬러 헤엄치며

그리고 조시가 "흐느낌으로 계속 나를 부르는" – 실론섬 항구에서 있었던 연인들의 그 눈물겨운 마지막 작별에 대한 명백한 암시 – 동안, 로레토는 탄식이나 비탄이 아닌 "건강, 양파, 꿀벌, / 불타는 알파벳 북" 때문에 눈물을 흘린다.

『스무 편의 사랑의 시와 하나의 절망의 노래』에서 네루다는 종종 현재의 사랑 때문에 괴로워한 반면, 여기에서는 지금의 사랑이 그를 고통에서 구해 준다. 이제 고통은 현재의 성적 체험 – 그에게 기쁨을 주는 – 에서 오는 것이 아니라 과거의 에로틱한 기억을 떨쳐 버리는 행위에서 온다.

그가 산티아고의 총각 시절과 똑같이 보헤미안적 삶에 탐닉해 긴긴밤을 지새우며 마루카와 소원해졌으니, 분명 에로틱한 탈선행위가 없지 않았을 것이다. 회고록에서 네루다는 그와 로르카가 연루되었던 기이한 사랑의 모험을 회상했다. 부에노스아이레스에 있는 백만장자 나탈리오 보타나의 집에서였다.

식탁에서 페데리코와 나는 집주인 양옆에 앉았다. 맞은 편에는 키가 크고 화사한 금발의 여성 시인이 앉았는데, 식사 중에 그녀의 초록색 눈은 페데리코보다 나에게 더 오래 머물러 있었다… 식사를 마쳤을 때, 나는 여성 시인, 그리고 모든 것에 즐거움과 웃음을 감추지 않는 페데리코와 함께 자리에서 일어났다… 우리는 천천히 탑의 꼭대기에 있는 전망대까지 올라갔다… 나는 키 큰 금발의 여인을 껴안았다. 그녀에게 키스하면서 육감적이고 풍만하며 모든 면에서 완벽한 여자라는 것을 알았다. 페데리코는 우리가 전망대 바닥에 드러눕는 것을 보고 놀랐다. 내가 그녀의 옷을 벗기기 시작했을 때, 나는 눈앞에서 벌어지는 광경이 도저히 믿기지 않는다는 듯이 페데리코가 커다란 눈으로 우리를 쳐다보고 있는 것을 느꼈다. "당장 꺼져! 가서 아무도 계단으로 올라오지 못하게 해." 나는 그에게 고함쳤다… 페데리코는 조력자와 파수꾼으로서의 임무를 수행하기 위해 즐거이 자리를 떴다. 급히 서두른 데다 지독히 운이 나빠 그만 탑의 어두운 계단에서 굴러떨어지고 말았다. 그 여인과 나는 낑낑대며 그를 일으켜 세워야 했다. 그는 그 후 보름 동안 다리를 절었다.[43]

43) Pablo Neruda, *Memoirs,* pp.115-116.

최근 이 에피소드의 전말과 관련하여, 판이한 또 다른 설명이 등장했다. 물론 그 진실성은 결코 입증되지 않았다. 새로운 설명은 에피소드에 등장하는 불가사의한 여성 시인에게서 나온 것으로 알려져 있다(네루다는 그녀의 이름을 밝히지 않았다). 우루과이 시인 블랑카 루스 브룸은 파란만장한 삶을 살았다. 그녀는 페루 시인 후안 파라 델 리에고에 의해 한 수녀원에서 납치되어 17세에 그와 결혼했지만 3년 후에 남편이 결핵으로 사망했다. 그녀는 일찍이 혁명적인 마르크스주의자였고, 진영을 바꿔 후안 도밍고 페론 – 그리고 더 나아가 아우구스토 피노체트! – 의 선전원으로 활동하기 전에는 멕시코의 벽화 화가 다비드 알파로 시케이로스의 연인이었다. 그녀는 1981년 칠레 시민이 되었고, 4년 후에 사망했다. 그녀가 죽고 나서 그녀의 많은 미공개 편지, 글 그리고 인터뷰가 우루과이 작가 우고 아추가르르에 의해 한 권의 책으로 묶였다. 아추가르르의 주장에 따르면, 여기에는 탑 에피소드에 대한 블랑카 루스 브룸의 설명이 들어 있는데, 네루다의 말과 전혀 다르다고 한다.

> 그때 나는 네루다에게 더 이상 관심이 없었고, 그가 나를 껴안으려고 했을 때 로르카에게 조력자 역할을 부탁한 것은 그가 아니었다. 구해 달라며 로르카를 부른 사람은 바로 나였다. 모든 회고록은 거짓이다. 네루다의 회고록도 마찬가지다… 우리를 떼어 놓으려고 안간힘을 쓰면

서 "여기서 꺼져! 가서 제발 더 이상 술을 마시지 마"라고 고함친 사람은 바로 로르카였다. 네루다는 그를 밀치려고 했다. 로르카는 민첩하게 몸을 피하며 나에게서 그를 떼어 놓으려고 애를 썼다. 긴장한 탓이었는지, 아니면 단순히 운이 나빴는지는 확실치 않지만, 네루다보다 키가 훨씬 작았던 그 가련한 시인은 그와 맞서려다 발을 헛디뎌 그만 정원 분수로 통하는 계단으로 굴러떨어졌다… 그 같은 남자에게 속박당한 가련한 델리아 델 카릴과 가련한 다른 모든 여자들.[44]

저널리스트 마우라 브레시아 데 발은 네루다에 대한 이러한 노골적인 견해에 심각한 의문을 제기했다. 블랑카 루스 브룸의 생의 말년에 그녀를 알고 지냈던 브레시아는 그녀에게서 직접 완성된 회고록 원본을 받았다고 주장한다. 그녀는 루스 브룸이 회고록에서 결코 네루다와 결부된 어떤 사건도 언급하지 않았다고 단언한다.

네루다의 회고록에서 언급된 몇몇 일화와 사건이 그렇듯, 그가 수십 년이 지나 글을 통해 회상하게 되었을 때 얼마만큼 이야기를 윤색했는지는 알 길이 없다. 짚 더미 위에서 익명의 불가사의한 여인과 하룻밤을 보내며 겪었던 성 경험에

44) Hugo Achugar, *Falsas memorias* (LOM Ediciones, Santiago, 2000), pp.87-88.

대한 회고록 앞부분의 회고는 『스완네 집 쪽으로』 도입부에서의 프루스트의 상상을 강하게 환기시킨다. 우리는 네루다가 1920년대 산티아고의 동료 보헤미안들처럼, 열렬한 프루스트의 독자였으며 그 시기에 칠레에서 번역되고 있던 『잃어버린 시간을 찾아서』의 발췌본을 탐독했다는 것을 알고 있다. 뒤에 쓰인 네루다의 많은 시는 시의 관능성, 세부 묘사에 대한 고려 그리고 기억과의 유희에서 프루스트의 영향을 명백히 보여 준다.

네루다가 부에노스아이레스 체류 시기에 최고의 시간을 보낸 곳은 탁월한 시인 올리베리오 히론도와 그의 부인 노라 랑헤의 집이었다. 노라의 신작 『45일과 30명의 선원』 출판 기념회에서 네루다를 포함한 거의 모든 참석자는 뱃사람으로 분장했다. 노라 랑헤 자신은 긴 물고기 꼬리가 달린 인어 복장을 했다.

격심한 성적·사회적 활동에도 불구하고 네루다는 계속 책을 읽고 글을 썼다. 그는 아르헨티나 시 잡지 ≪포에시아≫의 편집자인 페드로 후안 비냘레에게 "그 깊이에 대해 아직 대략적인 개념만을 가지고 있는 한 편의 장시를 구상하고 있다"고 말했다. 네루다가 그때 이미 방대한 걸작 『모두의 노래』에 대해 생각하고 있었을까? 비냘레는 그들이 나누었던 대화를 회고하며 분명 그렇게 생각했다. 이탈리아 비평가 다리오 푸치니 역시 그렇게 여겼다. 그러나 에르난 로욜라는 실제로 네루다가 염두에 두고 있었던 것은 일찍이 1933년 칠레에서 쓰기 시작한, 주제가 서로 연관된 소규모 연작시였다고 확신한다. 이 시들은 『지상의 거처』 제2권을 이루게 된다(로욜라는 조이스와 T. S. 엘리엇의 『황무지』가 이 시들에 영향을 끼쳤을 '가능성'이 있다고 본다).

에르난 로욜라는 「배회」를 네루다가 실론에서 이미 읽었던 제임스 조이스의 『율리시스』를 향한 문학적 '윙크'로 간주한다.[45] 시를 쓰는 한편, 그는 ≪포에시아≫ 1933년 10~11월 호에 조이스의 시집 『실내악』을 번역하여 발표했다. 네루다는 1933년 10월과 12월 사이에 부에노스아이레스에서 「배회」를 썼으며, 이 시와 「절망에 빠진 자」 — 그가 대략 같은 시기에 쓴 — 는 풍성한 우정과 성적 모험에도 불구하고 여전히 네루다에게는 영사로서 수행해야 하는, 정신을 마비시키는, 단조롭고 지루한 관료적 행정 잡무가 있었음을 환기시킨다. 실제로, 동양에서보다 문서 업무가 훨씬 많았다. 버마나 자바, 실론에서는 여러 달 동안 칠레인이 단 한 명도 방문하지 않는 경우가 허다했지만, 칠레와 아르헨티나는 외교적으로 교류가 활발했기 때문이었다. 「배회」는 이렇게 시작한다.

그냥 인간으로 사는 게 지긋지긋하다.
그냥 어깨를 축 늘어뜨리고, 무심하게, 양복점이나 영

---

45) Hernán Loyola, in the introduction to his edition of Pablo Neruda, *Residenda en la tierra* (Cátedra, Madrid, 1994), p.43.

화관에

들어간다. 시원(始原)과 재의 물 위를

떠다니는 펠트 백조처럼.

서로 얼굴을 맞대고 지내는 일은 아주 뜸했지만 1933년 말 혹은 1934년 초에 마루카는 파블로의 아이를 임신하게 되었다. 그리고 새로 발령을 받았다. 이번에는 스페인이 임지였다. 하필이면 부에노스아이레스에 막 정착하기 시작한 순간에 다시 이주해야 하는 상황에 처한 마루카의 낭패감은 엄마가 된다는 행복감으로 상쇄되었다. 그런 불확실한 관계에서 아버지가 된다는 것이 불안하긴 했지만, 네루다 자신도 아이를 원했다. 그는 또한 스페인을 사랑했고, 그곳에 사는 것이 오랜 염원이었다. 그러나 네루다는 스페인에서 그를 기다리고 있는 운명을 이미 예감했다.

마리아 루이사 봄발은 부에노스아이레스의 네루다 집에서 겪었던 놀라운 일을 회고했다.

한번은 파블로가 계시적인 이상야릇한 악몽을 꾸었다. 우리는 모두 한자리에 있었고 나는 그에게 스페인에 가지 말라고 고함치기 시작했다. 내가 얼마나 소리를 질러 댔던지 그는 나에게 진정하라고 말하고는 잠자러 가 버렸다. 그는 사방에서 엄청난 양의 물에 둘러싸여 있는 꿈을 꾸었다. 그리고 나서 잠이 깬 그는 침대가 자신을 휘감고 있는 엄청난 연기 구름에 둘러싸여 있다고 생각했다. 겁에 질려 잠자리에서 일어난 그는 집이 불타고 있다고 생각하고 무슨 일이 일어나고 있는지 확인하려고 부엌으로 향했다. 부엌에는 푸른빛이 감도는 흰 빛깔의 창유리가 있었다. 그는 창유리를 통해 키가 크고 어두운 그림자의 윤곽, 전혀 미동도 없는 검은 실루엣을 보았다. 그는 더 이상 견딜 수 없었던지 달려와 나를 깨웠다. 그는 나에게 "죽음을 봤어… 끔찍한 꿈을 꾸었다고. 밖에 나가 얘기 좀 해야겠어. 이러다가 심장마비로 죽겠어"라고 말했다. 그는 얼굴이 창백했고, 하얗게 질려 벌벌 떨고 있었다… 그때 마루카가 깨어났다. "제발 그를 데리고 나가 줘요." 그녀가 나에게 말했다. 우리는 집을 나와서 무니치 카페로 갔다. 새벽녘까지 이야기를 나누다가 그의 흥분이 가라앉았을 때 집에 들어갔다. 얼마 안 있어 그는 유럽으로 발령을 받았다. 그는 전쟁과 죽음과 스페인 내전의 예감을 느꼈던 것이다.[46)]

46) María Luisa Bombal, *Obras completas,* pp.418-421.

5.
스페인의 비극—터닝 포인트
1934~1937

1934년 5월 5일, 네루다와 임신한 마루카는 부에노스아이레스에서 바르셀로나행 배에 올랐다. 네루다가 브라질에서 가져온 새끼 원숭이가 죽은 걸 제외하고는 3주간의 항해는 별 사고 없이 평온했다. 원숭이가 죽었을 때, "마루카는 닭똥 같은 눈물을 뚝뚝 흘렸다".[1)]

바르셀로나에 도착하자마자 네루다는 오랜 친구이자 술벗인 알베르토 로하스 히메네스의 사망 소식을 들었다. 그는 네루다가 학생 신분으로 산티아고에 도착했을 때, 곧 진정한 보헤미안이 되는 법을 가르쳐 준 장본인이었다.

알베르토의 죽음으로 인한 슬픔은 「알베르토 로하스 히메네스가 날아서 온다」를 쓰게 했다. 그가 스페인에서 쓴 첫 번째 시로 비할 데 없이 감동적이다.

---

1) Pablo Neruda, *Pablo Neruda, Héctor Eandi. Correspondencia,* p. 133.

덩치 큰 여자들이 넓적한 손과
잃어버린 빗으로 땋은 머리를 푸는
지붕이 주저앉은 도시들 위로,
　　그대 날아서 온다.
…
씁쓸한 빛깔의 술병들 사이로,
아니스 반지들과 불운 사이로,
손을 올리고 울며,
　　그대 날아서 온다.
…
발파라이소의 검은 바람이
석탄과 물거품의 날개를 펼치고
그대가 지나가는 하늘을 휩쓸어 가고,
　　그대 날아서 온다.[2)]

평소에 사랑하던 바다가 가까이 있었지만, 네루다는 곧 바르셀로나에 사는 것이 그리 즐겁지 않다는 것을 알게 되었다. 그는 내륙의 마드리드로 옮겨 가고 싶어 했다. 스페인의 문화적 삶이 꽃피는 곳은 바로 수도라는 것을 알았기 때문이었다.

---

2) Pablo Neruda, 'Alberto Rojas Giménez viene volando', *Residencia en la tierra 1* (Ediciones del Árbol, Cruz y Raya, Madrid, 1935).

마드리드 주재 칠레 영사는 다름 아닌 시인 가브리엘라 미스트랄이었다. 그녀가 테무코에서 교장으로 있을 때 네루다는 너무 소심해서 자신의 초기 시를 보여 주지 못한 일이 있었다. 그러나 두 영사의 관계가 꼭 원만한 것만은 아니었다. 만일 스페인의 작가이자 비평가인 루이스 로살레스를 공정한 판관으로 신뢰할 수 있다면, 네루다는 손위뻘 동포 시인에 대해 어느 정도 존경심을 품었지만,

> 두 영사 중 누구도 상대방을 방문하지 않았다. 물론, 네루다는 가브리엘라 미스트랄을 방문하지 않았거나, 아니면 방문할 수 없었다. 가브리엘라는 지적이고, 꼿꼿하고, 관대하고, 완고했다… 두 영사의 관계는 멀리서 전화로 통화하는 극히 형식적인 것이었다. 전화를 거는 쪽은 언제나 가브리엘라였고, 전화를 받는 쪽은 늘 파블로 네루다였다… 물론 그들이 서로를 존중했다고 믿는다. 또 당연히 그들이 서로에게 감탄했다고 믿는다. 그러나 멀리서. 그리고 결정적으로, 그들이 서로를 시기했다고 믿는다. 그러나 멀리서.

네루다 시에 관한 연구서를 쓴 로살레스는 또한 두 사람 사이에 깊은 시적 차이가 있다고 생각했다. "절정기에 두 사람은 두 개의 서로 다른 시 유파를 대변했다. 즉 미스트랄과 네루다는 각각 포스모데르니스모와 초현실주의를 대표했

다. 그리고 더욱 중요한 사실은 서로 다른 두 시대를 대표했다는 것이다. 그들을 갈라놓은 15년 세월에 시도 엄청난 변화를 겪었지만, 사회적 삶은 더더욱 달라졌던 것이다."[3]

마침내, 네루다는 마루카를 바르셀로나에 남겨 두고, 오래 끌어온 마드리드 여행을 떠나기로 했다. 1934년 6월 1일, 마드리드에서 기차를 내렸을 때, 네루다는 페데리코 가르시아 로르카와 재회하게 되어 기뻤다. 그는 연인 라파엘 로드리게스 라푼 — 잘생긴 젊은 공학도로 열렬한 사회주의자이자 로르카의 마법에 걸린 대단한 오입쟁이였다 — 과 함께 마드리드의 노르테역에서 네루다를 맞았다.

당시 스페인 주재 칠레 대사였던 카를로스 모를라 린치는 알칼라 거리의 바레라 바에서 네루다와 로르카 일행을 만났고, 그들을 집으로 초대해 함께 만찬을 가졌다. 그는 일기에서 서른 번째 생일을 한 달 앞둔 파블로 네루다의 외양을 유쾌하고 생생하게 묘사하고 있다. 네루다는 "핏기 없이 극도로 창백했다. 검은 수정 아몬드처럼 크고 가는 눈은 연신 웃고 있다… 머리칼은 너무 새카만 데다 엉망이었다. 손은 회색빛이다. 우아함이라고는 찾아볼 수 없다. 주머니에는 서류와 신문이 그득하다. 우리의 마음을 사로잡은 것은 그의 목소리다. 마치 맥이 풀린 듯 느리고, 단조롭고, 향수 어린,

3) Luis Rosales, 'Distintos y admirables', *ABC*, on 23 September 1983(정확히 네루다 사망 10주기에 쓴 글이다).

그러나 은근하고 매력이 넘치는 목소리."[4]

이튿날은 정신없이 바쁜 일정이었다. 네루다는 대사관저를 재차 방문했다. 간밤의 축하연으로 시인의 몸 상태가 별로 좋지 않았기 때문에 모를라 린치는 그에게 침대를 내주었고 시인은 흔쾌히 받아들였다. 네루다가 휴식을 취하고 난 뒤에, 가브리엘라 미스트랄이 그를 만나러 왔다. 그리고 그날 밤, 대부분의 마드리드 유력 인사들이 저명 시인을 만나기 위해 칠레 대사관저를 찾은 것으로 보인다.

기억에 남을 만큼 떠들썩한 파티였다. 카를로스 모를라 린치는 일기에서 로르카가 카펫 위에서 춤을 추었고, 베베 비쿠냐(카를로스의 부인)는 기타를 치며 남편의 노래(가사는 로르카, 라파엘 알베르티, 루이스 세르누다, 마누엘 알톨라기레, 후안 라몬 히메네스의 시에 기초했다)를 불렀다고 회고했다. 네루다는 새벽 이른 시간이 되어서야 비로소 자리에서 일어나 『지상의 거처』의 시들을 읽었다. 네루다의 낭송은 "사실적인 성격의 현대적 정취를 지닌 심오한 진실의 시와 독특하고 고유한 품격의 재능"으로 청중을 사로잡았다.

스페인, 특히 마드리드는 네루다에게 뜻밖의 새로운 발견이었다. "불과 며칠 만에 나는 스페인 시인들과 하나가 되었다. 물론, 스페인 사람과 라틴아메리카 사람은 다르다. 그

---

4) Carlos Morla Lynch, *En España con Federico García Lorca* (Ediciones Aguilar, Madrid, 1957), p.386.

차이는 언제나 어느 한쪽의 자존심이나 과오에서 생겨난다. 내 세대의 스페인 사람들은 라틴아메리카의 내 동료들보다 더 형제적이고, 더 연대감이 강하며, 더 활기차다."[5)]

마루카는 마드리드에서 곧 파블로와 합류했다. 스페인의 공산주의자 시인 라파엘 알베르티는 한 남자가 헐레벌떡 그의 마드리드 집 계단을 올라와 "난 파블로 네루다라고 합니다… 인사차 왔어요. 아내가 아래층에 있는데, 덩치가 거의 산만 해도 겁먹지 말아요"라고 말했을 때 놀람과 기쁨이 뒤섞인 반응을 보였다. 네루다는 극동에서 알베르티에게 『지상의 거처』 초고를 보낸 적이 있었다. 알베르티는 그 시집을 스페인에서 출간하기 위해 애를 썼지만 노력은 수포로 돌아갔다.

알베르티는 마드리드 서부에 네루다와 마루카가 살 집을 구해 주었다. 집은 로드리게스 산 페드로 거리 한 블록의 5층에 있었고 과다라마산맥이 바라보였다. 창문턱에는 제라늄이 자라고 있었고, 아파트는 곧 '꽃들의 집(Casa de las Flores)'으로 알려지게 되었다. 네루다에게는 이상적으로 자리 잡은 집이었다. 가까이에 아르구에예스 시장이 있었고, 평생 시장을 사랑했던 시인은 들뜬 기분으로 과일과 채소(특히 그가 좋아한 고추) 가게를 누비곤 했다.

'꽃들의 집'은 이내 네루다의 여느 집들처럼 되었다. 술과

---

5) Pablo Neruda, *Memoirs*, p.116.

음식, 문학적(혹은 다른) 대화를 함께 나누고 싶어 하는 친구들에게 매일 24시간 개방되었고, 기분이 좋으면 손님들에게 잠자리를 제공하기도 했다(때로는 손님들이 다 들어갈 수 있게 바닥에 모로 눕기도 했다). 로르카는 거의 매일 찾아오던 방문객이었다. 그와 네루다는 실과 바늘 같은 사이였다. 함께 술을 마시거나 이야기를 나누지 않을 때면, 네루다는 로르카의 연극 리허설을 지켜보곤 했다. 또 그들은 종종 로르카의 연극이나 그의 극단 '라 바라카'에서 상연하고 있는 다른 작가들의 연극에 필요한 소품을 찾아 함께 마드리드 시내를 구석구석 누비고 다녔다.

1934년 12월 6일 마드리드에서 있었던 유명한 강연에서 로르카는 칠레 시인을 "철학보다 죽음에 더 가깝고, 지성보다 고통에 더 가까우며, 잉크보다 피에 더 가까운" 가장 위대한 라틴아메리카 시인의 한 사람으로 언급했다. 로르카는 네루다에 대해 "숱한 가짜 시인들이 가진 두 가지 요소인 증오와 아이러니가 없다"[6]라고 덧붙였다.

몇 달 후인 1935년 봄, 네루다는 탁월한 시 「페데리코 가르시아 로르카를 기리는 노래」에서 그에게서 받은 찬사를 고스란히 되돌려주었다. 이 시는 곧 닥쳐올 로르카의 죽음에 대한 기묘한 예고(스페인 시인 자신의 예고와 유사한)를 담

---

6) Pablo Neruda, *Residencia en la tierra,* ed. Hernán Loyola, p.52에서 인용.

고 있다. 그러나 에르난 로욜라는 놀랍게도 죽음과 피에 대한 언급에서 1934년 10월 스페인 북부 아스투리아스에서 잔혹하게 진압된 광부들의 반란에 대한 네루다의 응답을 읽어 낸다.

그대가 복숭아나무 차림으로 날 때,
그대가 폭풍우에 쓸린 벼 같은 웃음 웃을 때,
그대가 노래하기 위해 동맥과 이,
목젖과 손가락을 떨 때,
나는 한없이 온화한 그대를 위해 죽으리라,
나는 가을의 한가운데서 그대가
쓰러진 준마와 피투성이 신과 함께
살고 있는 붉은 호수를 위해 죽으리라[7]

임신 말기에 마루카는 몸이 아주 허약해졌지만, 네루다는 아랑곳하지 않고 미친 듯이 파티를 계속했다. 매일 오후, 그와 친구들은 세르베세리아 데 코레오스 바에서 만나 그날 저녁의 활동 계획을 세웠다. 네루다는 많은 양의 '친촌'을 즐기곤 했다. 그는 스페인의 이 아니스 술에 푹 빠졌었다. 그들은 악화일로를 걷고 있던 스페인의 정치 상황에 대해 대화를 나누었다. 독일에서는 전해에 히틀러가 권력을 장악했고 스

7) Pablo Neruda, 'Oda a Federico García Lorca', *Residencia en la tierra.*

페인은 거듭된 탄압(아스투리아스의 경우처럼)과 파시스트 악당들에 의해 자행된 잔악 행위로 타격을 입은 상황에서, 오직 좌파에 가담하는 것만이 명예로운 길로 보이던 시기였다.

알베르티는 마드리드에 도착한 직후 네루다가 그에게 "난 정치에 대해서는 무지해요. 좀 '무정부주의적'이지요… 무엇이든 내키는 것을 하고 싶어요"라고 말했다고 회고했다. 네루다가 여전히 ≪클라리다드≫에 기고하던 산티아고 학생 시절에 보여 준 아나키스트적이고 반부르주아적인 성향에 집착하고 있었다면, 그의 친구들은 대부분 좀 더 단호하게 자신들의 입장을 밝힐 각오가 되어 있었다. 라파엘 알베르티나 미겔 에르난데스 같은 몇몇 동료는 공산주의 실험을 직접 목격하고 체험해 볼 목적으로 이미 소련을 방문한 바 있었다. 네루다는 그렇지 않았다. 흥미롭게도, 이 친구들 중 하나인 아르헨티나 출신 공산주의 시인 라울 곤살레스 투논은 분명 아스투리아스 반란 이후 더욱 급진적이 되었으며, 적어도 한 사람의 비평가는 노동자들의 희망과 고통을 표현한 투논의 시집 『장갑한 장미』가 당시의 네루다에게 적지 않은 영향을 끼쳤다고 주장했다.[8)]

염소지기 농부였던 미겔 에르난데스는 금세 네루다의 절친한 친구가 되었다.

---

8) Roberto Salama, *Para una crítica a Pablo Neruda* (Editorial Cartago, Buenos Aires, 1957), p.77 참조.

> 미겔은 흙냄새가 물씬 풍기는 진짜 농부였다. 그는 뿌리에서 막 뽑아 올려 아직 땅속의 신선함이 배어 있는 감자나 흙덩이 같은 얼굴을 하고 있었다… 그는 밀림의 순결함과 넘치는 생명력을 지닌, 다듬어지지 않은 돌처럼 자연에서 생겨난 그런 작가였다. 그는 나에게 잠든 암염소의 배에 귀를 대고 그 소리를 듣는 것이 얼마나 감동적인지에 대해 말하곤 했다. 그렇게 하면 젖이 젖통으로 흘러드는 소리, 그 염소 시인 말고는 어느 누구도 들을 수 없는 그 비밀스러운 소리를 들을 수 있다는 것이다. 또 어떤 때는 나이팅게일의 노랫소리에 대해 말했다. 그의 출신 지역인 스페인 동부는 꽃이 만발한 오렌지 나무와 나이팅게일로 가득했다. 내 조국에는 빼어난 노래꾼인 나이팅게일이 살지 않았기 때문에, 미겔은 실성한 사람처럼 내 앞에서 그 새가 낼 수 있는 소리를 최대한 생생하게 되살리고 싶어 했다. 그는 가로수에 기어 올라가 가장 높은 가지에서 사랑하는 고향의 새들처럼 휘파람을 불며 지저귀었다.[9)]

네루다에게 에르난데스는 자신의 손으로 땀 흘려 일하는 사람이었다. (세월이 흐른 뒤에, 네루다는 자신의 손으로 보람 있는 일을 하나도 하지 못했다는 사실을 한탄했다. "왜 나

9) Pablo Neruda, *Memoirs,* p.117.

는 비질을 하지 않았나? / 나는 왜 손을 가지고 태어났나? / 내가 한 일이 고작 곡식의 소리를 듣는 것이었다면 / 내가 한 일이 고작 바람에 귀 기울이는 것이었다면 / 그 손들은 무슨 소용이 있었나?")[10]

비평가 마리아 데 그라시아는 미겔 에르난데스가 보기에 "네루다는 세상 사람들을 감동시킬 수 있는, 피와 진흙으로 빚어진 시인일뿐더러 인간의 지혜보다는 인간의 감정에 더 가까운, 이해심 많은 인자한 사람의 풍취를 지녔다"[11]라고 말했다.

에르난데스 자신은 네루다에게 「파블로 네루다를 기리는 피와 포도주가 뒤섞인 노래」라는 아주 색다른 제목의 장황한 시를 바쳤다. 이 시에서 에르난데스는 칠레 시인의 일상을 이루는 사회적 소용돌이를 포착하고 있다. "파블로여, 당신과 포도주 주위에선 / 녹초가 되어 갑자기 침묵이 찾아올 때까지 / 모두가 미친 듯이 비벼 대고 미친 듯이 / 목청껏 노래하는 매미, / 그다음엔 순수한 입맞춤, 가락지와 팔찌의 / 운명인 포옹을 이해하는 팔들."

1934년 8월 18일 마루카가 딸을 출산했다. 부부는 사랑하는 파블로의 '마마드레', 그가 좋아한 자줏빛 꽃 그리고 결

---

10) Pablo Neruda, 'El culpable', *Las manos del día* (Losada, Buenos Aires, 1968).

11) María de Gracia, 'Neruda and Miguel Hernández', *Ínsula*, Madrid, Vol.29, No.330, 1974.

코 잊지 못한 어린 시절의 바다 풍경을 기려 딸의 이름을 말바 마리나 트리니다드로 지었다. 네루다는 카드를 특별히 인쇄하여 세계 곳곳의 모든 친구에게 발송함으로써 경사스러운 일을 알렸다.

마드리드의 로르카는 친구가 맞은 경사에 뛸 듯이 기뻐했고, 「말바 마리나 네루다의 출생을 기리는 시」라는 탁월한 시를 썼다. 로르카가 자신에게 바쳐진 네루다의 1934년 시를 큰 기쁨으로 읽을 기회를 가졌던 것과 달리, 애석하게도 네루다는 갓 태어난 딸에게 바쳐진 로르카의 시를 알지 못했다. 이 시의 원고는 50년 뒤에 로르카 가족이 그의 유품을 정리하다가 발견하여 비로소 빛을 보게 되었으며, 스페인 일간지 ≪아베세≫ 1984년 7월 12일 자에 실렸다.

불행히도, 말바 마리나가 정상적으로 성장하고 있지 않다는 것이 곧 분명해졌다. 아이의 머리는 지나치게 비대했고, 몸의 다른 부위는 왜소했다. 여기에서 딸에 대한 네루다의 인상적인 묘사가 비롯되었다. 그는 1934년 9월 19일, 파블로 로하스 파스의 부인인 아르헨티나 친구 사라 토르누에게 보낸 편지에서 딸을 "일종의 세미콜론, 3킬로의 흡혈귀"로 묘사하고 있다.

말바 마리나가 출생한 직후에 네루다는 병약한 딸에게 바치는 나약하고 애처로운 헌시 「내 집의 병」을 썼다.

말 없는 한 톨의 밀알 같다. 그러나

누구에게 한 톨의 밀알을 위해 자비를 청하겠는가?
형편이 어떤가를 보라. 수많은 기차들,
깨진 무릎이 넘치는 수많은 병원들,
죽어 가는 사람들이 북적대는 수많은 상점들.
그런데, 어떻게? 언제?
누구에게 차가운 달의 색깔을 띤 두 눈을 위해,
흔들리는 밀알만 한 크기의 심장을 위해 빌겠는가?
…
나는 음지에서 썩어 가는 이슬의 물에 잠긴다,
그리고 자라지 않는 미소를 위해, 달콤한 입을 위해
…
그저 탄식에 지나지 않는 이 시를 쓴다,
그저 탄식에 지나지 않는.[12]

네루다는 이 시에서 그가 즐겨 사용하는 상징들의 의미를 전복시킨다. 예컨대, 일반적으로 생명력의 근원인 나무는 이제 딸의 피를 빨아들이고 그녀의 작은 손을 뿌리에 옭아매는 "흡혈귀 같은 특성"을 지닌다.

에르난 로욜라가 지적했듯이, 이 시에서 네루다는 또한 "거의 비이성적이고 신화적인 의미에서"[13] 자신을 아메리카

---

12) Pablo Neruda, 'Enfermedades en mi casa', *Residencia en la tierra.*

13) Hernán Loyola et al., 'Pablo Neruda, ¿poeta para el siglo XXI?'

인으로 온전히 인식하게 되며, 스페인에서 처음으로 테무코의 '정령들'에게 직접적이고 필사적으로 도움을 호소한다.

> 나를 도와다오, 남부의 나뭇잎과 비여.

네루다는 1934년 8월 25일, 딸이 태어난 지 일주일 만에 아버지(눈에 띄지 않지만 다정하게 "친애하는 아빠"로 부르면서)에게 편지를 썼다.

> 만사가 다 잘 풀리지는 않았습니다. 아이가 미숙아로 태어나 거의 죽다 살아나다시피 했으니까요. 아이는 줄곧 의사들이 보살펴야 했어요. 부지를 사용해 아이에게 억지로 먹여야 했고 혈청 주사를 놓아야 했으며, 또 모유로 키울 수 없어 숟가락으로 우유를 떠먹여야 했습니다. 몹시 위험한 순간도 있었어요. 그 조그만 아이는 죽어 가고 있었고 우린 어찌할 바를 몰랐지요. 아이는 밤에 잠도 못 자고 견뎌야 했고, 낮에도 아이에게 두 시간마다 먹을 것을 주어야 했어요. 하지만 의사 말로는 녀석이 많은 보살핌을 받아야 하겠지만 더 이상 위험은 없답니다. 저 역시 아이에게 지극정성을 쏟았으니, 우리가 아이를 키울 수

(Mesa redonda), *Boletín de la Unidad de Investigación,* University of Alicante, Alicante, December 1999, p.93.

있다고 생각해요. 20일 뒤면, 제가 예전에 그랬던 것처럼 아이에게 간유를 먹이기 시작할 겁니다. 그것이 구루병에 걸린 아이들을 위한 유일한 처방입니다. 아이는 아주 작아요. 태어났을 때 몸무게가 2.4킬로였지요. 그러나 할아버지처럼 파란 눈을 가졌고, 작은 인형처럼 아주 귀여운 아이랍니다. 아이는 마루카의 코(다행히도)와 저의 입을 닮았어요. 모두들 그녀가 무척 예쁘다고 생각해요. 곧 아이 사진을 보내 드릴게요. 물론, 아직 싸움은 끝나지 않았지만, 최악의 순간은 이미 지나갔고 이제 곧 아이가 포동포동 살이 찔 거예요.[14]

미겔 에르난데스는 즉시 어린 말바 마리나의 뒤를 보살폈다. 그는 아이를 품에 안아 주었고, 아이를 위해 작은 파티를 마련했다. 하루는 미겔이 어린 조카딸 엘비리타를 데려가 네루다의 딸과 같이 놀게 했다. 말바 마리나가 심각한 병을 가지고 태어난 게 분명해지자, 에르난데스는 자신이 할 수 있는 모든 것을 하려고 애썼다. 그는 도움을 줄 수 있는 의사를 찾아 마드리드 시내를 구석구석 누비고 다녔고, 그것도 아무 소용이 없자 말바 마리나를 부모와 함께 스페인 동부의 고향 마을 해변으로 데려갈 궁리를 했다. 그는 1934년에 안토니오 올리베르와 후안 게레로라는 알리칸테의 두 친구에게 준

14) Pablo Neruda, *Residencia en la tierra*, ed. Hernán Loyola, p.334.

비를 부탁하는 편지를 썼다. 그러나 꿈에 그리던 여행은 결코 실현되지 않았다.

처음에는 네루다의 낙관적 전망이 맞아 들어가는 것 같았다. 1934년 9월 19일, 사라 토르누에게 보낸 편지에서 그는 이렇게 썼다.

> 내가 얼마나 큰 고통을 겪었는지 당신은 상상도 못 할 거예요. 의사들은 아이가 죽어 가고 있다고, 그 어린 것이 태어날 때 생긴 뇌출혈로 끔찍한 고통을 겪고 있다고 했어요. 그러나 만사가 잘 풀리고 있으니 신경 쓰지 말아요, 아름다운 사라. 아이는 엄마 젖을 빨기 시작했고, 의사들의 방문은 전보다 뜸해졌어요. 아이는 하루가 다르게 살이 오르고 방실방실 웃는답니다.[15)]

네루다는 전과 다름없이 바쁘게 지내기로 굳게 마음먹었다. 그는 윌리엄 블레이크의 「앨비언 딸들의 환상」과 「정신 여행자」를 번역해 ≪크루스 이 라야≫에 발표했다. 또 프란시스코 데 케베도의 『죽음의 소네트』 열다섯 편 연작시를 펴냄으로써 자신이 스페인 황금 세기(스페인의 문학과 예술, 사상이 황금기를 구가하던 시기로, 대략 16세기 중반부터 17세기 후반까지를 일컬음－옮긴이 주)의 위대한 풍자 시인에

15) ibid., pp.48-49.

게 빚지고 있음을 분명히 했다. 로버트 프링밀이 지적한 대로, 아마도 케베도는 "환멸의 시대의 가장 환멸적인 작가"16) 였을 것이다.

네루다가 바로 이 시기에 케베도에게 그토록 심취했다는 사실(물론, 그는 훗날에도 여러 차례 케베도에게로 돌아간다)은 자신이 처한 삶의 상태와 스페인 정세에 그가 얼마나 환멸을 느끼고 있었는가를 보여 주는 표지라고 생각한다.

1935년 9월, 『지상의 거처』를 스페인에서 출간하겠다는 네루다의 오랜 꿈이 마침내 실현되었다. 크루스 이 라야 출판사는 이 시집을 두 권으로 펴냈다. 네루다의 친구들은 행복감을 나타내며 '신착서'를 축하했다. 미겔 에르난데스는 이 책에 "격렬한 찬사"를 보냈고, 집집이 찾아가거나 아름드리 소나무에 올라가 귀 기울이는 모든 청중에게 시인의 천재성을 소리쳐 알릴 용의가 있다고 소신을 밝혔다.

1934년 9월 19일 사라 토르누에게 보낸 편지에서, 네루다는 항구적으로 거처를 마드리드로 옮기려는 노력이 마침내 결실을 보게 되었다는 기쁜 소식을 전했다.

> 나는 바르셀로나에 계속 남을지 아니면 마드리드로 가게 될지 모르는 상태로 우왕좌왕하며 몇 주를 보냈습니다. 어쨌든 마드리드에 계속 머물러 있기는 했지만, 막막

---

16) Robert Pring-Mill, ed., *Pablo Neruda-A Basic Anthology*, p.xxiv.

한 불확실 속을 표류했지요… 내일 [가브리엘라 미스트랄이] 좋아서 펄쩍펄쩍 뛰며 바르셀로나로 출발하고 나는 지네처럼 기쁨의 비명을 지르며 마드리드 주재 영사로 계속 남을 것입니다. 간밤에 9월 18일의 중대한 국경일을 맞아 페루인들, 쿠바인들, 아르헨티나 사람 델리아 델 카릴, 멕시코인들이 우리 집에 와서 미친 듯이 술을 퍼마셨기 때문에 이런 이미지가 떠오르나 봅니다.

편지에서 언급된 리스트에는 이미 그가 깊이 사랑하던 한 여인의 이름이 숨겨져 있다. 항상 그런 것은 아니지만, 네루다는 종종 이렇게 신중함을 보여 주었다. 마루카가 병든 갓난아이 딸에게 네덜란드어로 다정하고 정성스레 자장가를 불러 주며 시간을 보내는 동안, 네루다는 남몰래 새로운 연인 델리아 델 카릴을 만나고 있었다. 50세로 그보다 20년 연상이던 그녀는 장차 20년 넘게 그의 두 번째 부인이자 동반자가 될 것이다.

동시에 네루다는 1935년 초에 쓴 시에서 아시아의 연인이었던 버마 표범 조시 블리스와 실론섬 항구에서 작별하던 눈물겨운 장면을 회상하고 있다. 그는 이 시의 제목에서 처음으로 그 여자의 이름을 밝혔다.

빛바랜 사진의 푸른색,
꽃잎과 함께 바다 산책 가는 푸른색,

시간 위로 추락하는 결정적인 이름이

강철같이 후려쳐 그 시간을 죽인다.

…

저기 있네, 저기 있네

슬픈 배 옆, 먼지에 쓸려 간 입맞춤.[17)]

델리아 델 카릴은 50번째 생일을 눈앞에 두고 있었지만 여전히 매력적이고 활기 넘치는 여자였으며, 또한 전투적인 공산주의자였다. 그녀는 아르헨티나의 살라디요에 있는 폴라베르다스 가족 사유지에서 태어났으며, 열세 명의 아이 중 막내로 가장 독립심이 강했다. 그녀의 아버지 빅토르는 정치가의 아들이었고, 열네 살에 결혼한 어머니 훌리아는 델리아에게 음악적 · 문학적 감수성을 물려준 교양 있는 여자였다. 역시 전투적인 공산주의자였던 라파엘 알베르티의 부인 마리아 테레사 레온은 회고록 『멜랑콜리의 기억』에서 "만일 아름다움과 위트의 화신을 찾고 있다면, 더도 말고 델리아를 보라"[18)]라고 썼다.

델리아가 고작 여섯 살이었을 때, 대가족 전체가 배를 타고 파리로 이주했다. 파리에서 한때 델리아는 몹시 싫어하던

17) Pablo Neruda, 'Josie Bliss', *Residencia en la tierra.*

18) María Teresa León, *Memoria de la melancolía* (Editorial Castalia, Madrid, 1998), p.221.

수녀원에서 시간을 보냈다. 그녀의 아버지는 곧 부에노스아이레스주의 부지사로 임명되었지만, 델리아는 계속 파리에 머물렀다. 이듬해에 그녀의 아버지가 자살하자 그녀의 어머니는 부에노스아이레스와 파리를 오가며 자녀들을 키우는 한편, 아르헨티나의 사유지를 돌보았다.

파리에서 델리아는 아르헨티나 시인 올리베리오 히론도 그리고 그의 형제 알베르토와 교우했다. 부에노스아이레스에서는 아르헨티나를 여행 중이던 스페인 철학자 호세 오르테가 이 가세트를 알게 되었고, 또 아르헨티나 잡지 ≪수르≫의 영향력 있는 창간인이자 편집장이던 빅토리아 오캄포와 친구가 되었다.

1916년, 서른둘의 나이에 델리아는 아르헨티나 작가이자 호텔 경영자 아단 디엘과 결혼했다. 그러나 결혼 생활은 파란만장했다. 디엘은 뻔질나게 바람을 피운 것으로 보이며, 결국에는 델리아가 그를 떠났다. 불행한 몇 년의 세월이 뒤따랐다. 델리아의 한 남동생이 사냥 여행 중에 사고사를 당했고, 다른 세 명의 친척처럼 언니 훌리아 역시 죽었다. 넋을 잃은 델리아는 아르헨티나를 떠나 파리로 돌아가기로 마음먹었다. 파리에서 화가 페르낭 레제를 만나면서 인생의 전기를 마련했다. 레제는 그녀에게 그림을 가르쳐 주었을 뿐만 아니라 프랑스 공산당원으로서 그녀의 정치 활동이 극적으로 좌경화되도록 이끌었다.

레제와 함께 델리아는 피카소, 르코르뷔지에 그리고 시

인들인 블레즈 상드라르, 루이 아라공, 폴 엘뤼아르를 만났다. 이들은 모두 열렬한 좌파 지식인들이었다. 델리아가 마르크스주의 사상에 몰입하자 부에노스아이레스의 가족들은 경악했다. 그녀는 스스로 화가로 자리 잡으면서 혁명작가·예술가협회의 활동적인 회원이 되었다.

자신의 경직된 정치적 입장에 대한 가족들의 적대감 때문에 부에노스아이레스로 돌아가는 것이 여의치 않다는 것을 깨닫고 나서, 그녀는 — 라파엘 알베르티와 그의 부인의 설득으로 — 스페인에 가기로 결정했다. 델리아는 1934년 겨울에 마드리드에 도착해 산 페르난도 아카데미에서 미술 공부를 시작했다.

델리아가 어디에서 네루다를 처음 만났는지는 여전히 불확실하다. 알칼라 거리의 세르베세리아 데 코레오스나 라파엘 알베르티의 집, 또는 카를로스 모를라 린치의 관저였을 가능성이 크다. 네루다의 친구이자 영사관 동료였던 루이스 엔리케 델라노의 부인 롤라 팔콘은 이렇게 회고했다.

> 언젠가 델리아가 나에게 "네루다라는 사람 알아요?"라고 물었다. 사실 당시 내가 그에 대해서 해 줄 수 있는 말은 별로 없었다. 우리는 영사관에서 이제 막 친구가 된 사이였다. 인도와 인도네시아[sic]에서 보낸 고독한 시기가 파블로를 특징짓는 것처럼 보였다. 그는 말수가 적었고, 자신의 역할을 수행하는 데 대단히 절도 있고 진지했

다… 나는 파블로와 델리아가 레스토랑에서 처음 만났다고 믿는다. 책의 출판이나 문학상 수상 혹은 작가 친구의 생일을 축하하기 위해 그들이 베푼 수많은 만찬 중의 어느 곳에서… 처음에 우리는 그저 문학적 우정이려니 생각했다.[19]

델리아의 전기 작가 페르난도 사에스처럼, 팔콘 역시 결국 네루다가 공산주의자가 된 것은 분명 델리아의 영향 때문이라고 생각했다. "그녀는 매우 명쾌한 견해를 가졌으며, 아주 명료하게 정의된 좌파적 입장에서 현실에 참여한 50세의 매력적인 여자였다. 나는 네루다의 정치적 변화에서 그녀가 매우 중요한 역할을 했다고 본다. 물론 공화제와 민주주의의 절멸이라는 스페인에서의 끔찍한 경험 역시 훗날 유럽에서 발발한 제2차 세계대전의 비극적 전주곡으로서 그의 변화에 결정적인 영향을 끼쳤지만 말이다."[20]

정작 네루다 자신은 점진적으로 공산주의의 대의에 동참하게 된 것을 결코 델리아의 공으로 돌리지 않았다. 그는 한 인터뷰 기자에게 이렇게 말했다.

---

19) Lola Falcón, 'Testimonios sobre Delia del Carril', *Boletín,* Fundación Pablo Neruda, Santiago, Spring 1991, pp.33-37.

20) Ibid.

> 나는 내전 중에 스페인에서 공산주의자가 되기 시작했습니다… 전 세계 많은 작가들의 경우와 마찬가지로, 그곳은 내 정치적 삶의 가장 중요한 시기가 펼쳐진 곳이었지요. 우리는 스페인 내전이라는 그 거대한 반파시즘 투쟁에 사로잡힌 느낌이었습니다. 그러나 나에게 이 경험은 그 이상의 어떤 것을 의미했지요. 스페인에서 전쟁이 발발하기 전에 작가들을 알고 지냈는데 한두 사람을 제외하고는 모두 공화파였습니다. 그리고 나에게 공화국은 스페인에서 문화, 문학, 예술의 부활을 의미했지요. 페데리코 가르시아 로르카는 여러 세기에 걸친 스페인 역사에서 가장 폭발적인 이 시(詩) 세대의 표현입니다. 따라서 이 모든 이들의 육체적 파괴는 나에게 한 편의 드라마였지요. 내 삶의 일부가 통째로 마드리드에서 끝났어요.[21]

파리에서부터 이미 델리아를 잘 알고 지내던 라파엘 알베르티는 그녀를 "돛대에 기어오르는 뱃소년처럼 민첩하다"라고 묘사했다. "그녀는 즉시 파블로를 흠모하게 되었다. 가냘픈 소프라노의 목소리로 – 그녀는 노래를 멋지게 불렀다 – 재담과 이야기와 연극 장면을 자유자재로 늘어놓으며 시인의 밤 서클을 파고들었다."[22]

---

21) Pablo Neruda, interviewed in *Marcha*, Montevideo, 17 September 1971.

델리아의 당시 사진은 총명하고 반짝이는 눈을 가진 매혹적인 여인의 모습을 보여 준다. 네루다는 곧 그녀의 정열과 지성, 그녀의 외모에 매료되었다. 처음부터 줄곧 델리아는 파블로를 엄마처럼 돌볼 수 있을 것이라는 기대감에 부풀었던 것으로 보인다. 분명 마루카는 중병에 걸린 딸에게 진짜 엄마 노릇을 하느라 너무 경황이 없어 남편에게 많은 관심을 기울이지 못했을 것이다. 델리아가 지적으로 그에게 필적하면서도 따뜻하고 다정한 사람이었다는 사실에 더하여, 엄마 역할을 자청했다는 사실은 즉시 그녀를 매혹적으로 보이게 했다.

델리아 자신은 훗날 "파블로는 어린애 같았다. 내가 보살피자 건강이 눈에 띄게 좋아졌다. 그는 자신을 낳고 사흘[sic] 만에 결핵으로 죽은 어머니에게서 태어났다. 그렇게 그 어린애는 아픈 엄마의 몸속에서 아홉 달을 보냈다"라고 말했다.

델리아는 '라 오르미가(개미)' 혹은 '라 오르미기타('작은 개미'라는 뜻의 애칭)'라는 별명을 얻었는데, 그 이름은 좀처럼 없어지지 않았다. 아마도 그녀가 충만한 정치적 열정으로 언제나 부산하게 움직였기 때문에 그런 별명이 붙여졌을 것이다. 델리아는 종종 파블로를 '정신 박약아(arriéré mental)'로 불렀는데, 이는 물건 수집광인 그의 어린애 같은 면모를

---

22) Rafael Alberti, Introduction to *Pablo Neruda: Antología poética* (Espasa-Calpe, Madrid, 1981).

시사한다.

델리아가 마드리드에 도착하고 그리 오래지 않은 1934년 말에 이미 네루다는 마루카와의 결혼 생활에 가망이 없다고 결론을 내린 것으로 보인다. 새해 이브 이후 그는 의식적으로 델리아와의 관계를 좀 더 공개적으로 유지하기로 마음먹었다.

마루카가 나날이 격렬해지는 남편과 델리아의 로맨스에 대해 얼마나 인지하고 있었는지는 분명치 않다. 그녀는 눈앞에서 벌어지고 있는 일을 애써 외면했을지도 모른다. 그러나 다른 사람들은 모든 것을 알고 있었다. 아르헨티나에서 델리아의 친구들이 모습을 나타냈다. 특히 그중에서도 또 다른 열렬한 공산주의자인 시인 라울 곤살레스 투뇬과 그의 부인 암파로 몸이 눈에 띈다. 네루다는 부에노스아이레스에 체류하는 동안 그들을 처음 만났다.

1926년의 인기 소설 『돈 세군도 솜브라』의 작가인 아르헨티나 사람 리카르도 구이랄데스와 결혼한 델리아의 동생 아델리나에게 보낸 편지에서, 네루다는 자신의 감정을 숨김없이 드러내 놓고 말했다. "나는 델리아를 흠모합니다. 그녀 없이는 살 수 없습니다." 그는 또한 델리아의 친구들이 짜증스럽다기보다는 사랑스럽다고 생각한 그녀의 특징적인 성격을 지적했다. 그녀는 매우 주목받는 공산주의자이자 열렬한 정치 활동가였지만 가사에는 통 관심이 없었다. 네루다는 그녀의 동생에게 "나는 종종 그녀에게 잔소리를 해야 합니다. 며칠 전에는 잠깐 그녀가 주방을 맡고 있었는데, 그만 성냥 수프를 내오지 않았겠어요. 가스에 불을 붙이고 나서 아무 생각 없이 성냥을 요리 냄비에 던져 넣었던 거지요. 그녀는 전차에 장갑을 두고 내리기 일쑤고, 모든 양말 장수를 친근하게 '미히토(내 아들)'라고 부릅니다. 또 열쇠나 단추로 버스 요금을 내려고 합니다"[23]라고 말했다.

스물세 살로 네루다보다 훨씬 어렸던 미겔 에르난데스도 파블로만큼 델리아에게 매혹되었다. 그러나 그는 네루다가 마루카와의 결혼 생활을 유지하는 쪽으로 애써 독려했다. 미겔은 「나의 친구 델리아에게 바치는 이야기」라는 제목의 아름다운 헌시를 썼다. 이 시에서 그는 오르미기타의 인간적인 따뜻함에 찬사를 보내면서 "델리아, 염소와 똑같은 몸짓과 우아함을 지닌 / 말 없는 눈의 여인… 당신의 다정함은 엉겅퀴조차 꼭 껴안을 수 있으리"라고 노래했다.

네루다가 델리아와 어울려 다니는 동안, 마루카는 딸의 건강이 호전되는 걸 보고 기뻐했다. 그녀는 라우리타와 시부모에게 편지를 보내 마드리드로 이사했음을 알렸다. 그리고 "마드리드는 파블로의 책을 위해 대단히 중요한 곳이기 때문에" 그들을 행복하게 한다고(여전히 그의 보수는 형편없었지만) 말했다.

---

23) Fernando Sáez, *Todo debe ser demasiado. Biografía de Delia del Carril, La Hormiga*, Sudamericana, Santiago, 1997, p.98.

마루카는 편지에서 이렇게 썼다.

> [말바 마리나는] 태어난 지 5개월 보름이 되었고 귀여워요. 그사이 아이는 훌쩍 키가 자랐고 체중도 많이 불었답니다. 태어났을 때는 키가 고작 47센티였는데 지금은 71센티나 돼요. 참 딱하게도 아이가 끝내 저처럼 멀대같이 키가 자랄까 봐 걱정이에요. 아이는 언제나 행복해한답니다. 결코 우는 법이 없고, 줄곧 웃기만 해요. 모두들 아이를 무척 귀여워하고, 또 아이가 아주 예쁘고 총명하다고 생각합니다… 아이는 뼈를 튼튼하게 하기 위해 자외선 치료를 받고 있는데, 그런대로 아이의 건강에 도움이 돼요.

그러나 1935년 1월이나 2월경 마루카의 어머니가 '꽃들의 집' 5층에 딸과 함께 머물며 처음으로 사위와 손녀를 만나게 되었을 때, 집안 분위기나 말바 마리나의 상태는 이미 악화해 있었다.

1936년 초에 어린 말바 마리나의 건강이 눈에 띄게 급격히 나빠졌다. 그녀의 부모는 여러 달 동안 자신들이나 주변 사람들에게 최악의 상태를 애써 숨기려 했던 것 같다. 마루카는 5월 2일에 네루다의 계모에게 보낸 편지에서 "우리 말비타에게 나쁜 소식이 좀 있어요. 태어난 지 겨우 몇 개월밖에 되지 않았을 때, 난산의 결과로(물론 저는 전혀 고통스럽지 않았지만) 아이의 작은 머리가 너무 빠른 속도로 자라고 있다는 걸 알게 되었어요. 마드리드와 파리의 가장 뛰어난 의사들도 치료할 수 없는 병이라고 하니 저희로서는 절망적입니다"[24]라고 말했다. 공식적인 진단은 뇌수종이었다.

이러한 개인적 불행의 와중에도 네루다는 그럭저럭 영사 업무(아직도 공식 문서에 '리카르도 레예스'로 서명하고 있었다)를 수행할 수 있었고, 동시에 문학계에서 여전히 활발한 활동을 전개했다. 그는 대단한 열정으로 잡지 창간 작업에 착수했다. 친구인 말라가 태생의 시인 마누엘 알톨라기레가 '꽃들의 집'에 나타나 심혈을 기울인 새로운 문화 잡지의 편집장을 맡아 달라고 요청했을 때, 그는 흔쾌히 받아들였다. 이리하여 ≪시를 위한 초록 말≫이 세상에 나오게 되었다. 이 잡지는 5호까지 발행되었다(6호는 1936년 7월 19일에 나올 예정이었으나 전날 프랑코의 반란이 일어나고 말았다). 네루다는 알톨라기레의 훌륭한 인쇄 기술을 십분 활용했다. [여러 해 뒤에 네루다는 "마놀리토(마놀리토는 마누엘의 축소사 형태로 애칭이다－옮긴이 주)는 그의 시와 부지런한 대천사의 손으로 시를 영예롭게 했다"[25]라고 회고했다].

라파엘 알베르티는 잡지 제목을 통 이해할 수 없었다. 그는 파블로에게 성을 내며 "왜 하필 초록 말이지? 붉은 말이라

---

24) Rodolfo Reyes, *Neruda—retrato de familia,* pp.126-127.

25) Pablo Neruda, 'Confesiones desde Isla Negra', *Ercilla,* Santiago, 24 April 1968.

고 했어야지"라고 따져 물었다고 한다. 몇몇 기록에 따르면, 새 잡지의 제목에 대해 알베르티가 얼마나 단단히 화가 났던지 네루다는 친구를 달랠 필요가 있다고 느껴 그에게 개 한 마리를 선물했다고 한다. 알베르티 자신의 설명은 좀 다르다. 그는 칠레 시인이 어느 가을날 그에게 전화를 걸어 이렇게 말했다고 회고했다. "이봐, 친구. 간밤에 짙은 안개 속에서 멋진 개 한 마리를 발견했어. 개는 한쪽 다리를 절어. 자기를 집으로 데리고 들어가거나 도와 달라는 듯이 애원하는 눈빛으로 집 문간까지 절뚝거리며 날 따라왔어. 그래서 지금 여기에 나와 같이 있네. 아주 덩치가 커. 여기서 키울 수가 없어. 집이 너무 작아서 말이야. 자네 집에는 큰 테라스가 있잖아. 그곳에 있다 보면 상처가 아물고 뛰어다닐 수 있을 거야. 그 전에 개를 수의사한테 데려가도록 하세." 알베르티는 그 자리에서 파블로의 제안을 받아들여 당장 개를 데려오라고 했다.[26]

네루다의 편집장 체제하에서 ≪시를 위한 초록 말≫은 초현실주의 텍스트와 가르시아 로르카, 에르난데스, 루이스 세르누다, 비센테 알레익산드레, 호르헤 기옌의 시를 펴냈고, 스페인 시인 후안 라몬 히메네스와의 논쟁에 휘말리게 되었다. 히메네스는 '순수시'를 신봉했고 네루다를 "형편없는 위

---

26) Rafael Alberti, Introduction to *Pablo Neruda: Antología poética*, p.22.

대한 시인"으로 불렀다. 이에 대한 응답으로, 네루다는 바로 1935년에 나온 ≪시를 위한 초록 말≫ 창간호 서문에서 자신의 시적 의제를 펼칠 기회를 포착했다. 「순수 없는 시에 대하여」로 이름 붙여진 글에서 그는 이렇게 쓰고 있다.

> 우리가 추구해야 할 시는 산(酸)에 닳아지듯 손의 노동에 닳아지고, 땀과 연기가 배어 있고, 법의 테두리 안팎에서 행해지는 다양한 일들로 얼룩진, 백합과 오줌 냄새를 풍기는 그런 시다. 음식 얼룩과 수치를 지닌, 주름살, 법의 준수, 꿈, 불면, 예언, 사랑과 증오의 고백, 어리석은 언동, 충격, 목가, 정치적 신념, 부정, 의혹, 긍정, 무거운 짐을 짊어진 몸뚱이처럼, 낡은 옷처럼 불순한 시.[27)]

그러나 네루다가 이 글이나 ≪시를 위한 초록 말≫의 다른 서문들에서 시가 정치적으로 참여적이어야 한다는 주장을 아직은 자제하고 있다는 점에 주목해야 할 것이다.

스페인 공산주의자 시인 가브리엘 셀라야는 네루다가 이미 시 언어의 사용에서 얼마나 성숙하고 섬세해졌는가를 간파한 또 다른 통찰을 보여 준다. 그는 1935년 마드리드에서 학생 신분으로 네루다와 페데리코 가르시아 로르카를 만났

---

27) Pablo Neruda, in his prologue to *Caballo Verde para la Poesía*, 1935. 'A Visit to Neruda', *Encounter*, London, September 1965, p.68에 알라스테어 레이드(Alastair Reid)가 영역하여 게재함.

다. 셀라야는 두 사람 모두에게 같은 시를 보여 주었다. 후에 그의 시집 『닫힌 고독』에 실릴 작품이었다. 로르카는 단지 시의 본질적 의도, 그리고 시의 구성과 구조에 대해 구두로 논평해 주었다.

> 이에 반해, 네루다는 그런 것에는 일절 관심을 두지 않았다. 나는 그가 시에 직접 손으로 메모해 놓은 것을 아직도 간직하고 있기 때문에 이 점을 전적으로 확신할 수 있다. 대체로 거의 노교수의 평가처럼 지나치리만큼 꼼꼼한 메모였지만, 언제나 – 그리고 이것이 메모의 가장 주된 특징으로 보인다 – 상세한 세부를 언급하고 있다. 그는 단어가 두 개의 'e'를 가지게 되므로 'nieve(눈)'를 시행 끝에 놓은 것이 마음에 들지 않았는지 "동류음!"이라는 메모와 함께 밑줄을 쳐 놓았다. "완벽한 다면체"에 대해서는 "특색 없고, 쓸모없는 형용사"라고 적었다. 또 "절정에 달하다"는 "나쁘다!"고 생각한 반면, "달이 흥분해서 정신을 잃는다"라는 표현은 "좋다!"고 했다. "추위에 매끄럽게 닦인"은 "매우 좋다!", "나는 부재를 느낀다"는 "나쁘다, 초보적이다", "풀 죽은 눈꺼풀"은 별로… 한마디로 말해, 네루다는 로르카와는 전혀 다르게, 자신의 시에서처럼 시의 형식이나 포괄적인 구조보다는 시의 최소 단위, 적절한 형용사, 닮지 않은 이미지, 기능적인 소리에 더 관심이 많다는 것을 명백히 보여 주었다. 마치

> 원시인처럼 그에게는 적확한 단어나 아름다운 세부 묘사의 축적이 전체적인 개념에 우선한다.[28)]

몸은 완전히 수도로 옮겨 갔지만, 네루다는 아직 공식적으로 마드리드 주재 영사에 임명되지 못하고 있었다. 그가 영사직 임명을 추인받게 된 것은 단지 하나의 불미스러운 사건 때문이었다. 1935년 10월 2일, 칠레의 ≪라 파밀리아≫가 마드리드 주재 칠레 영사인 가브리엘라 미스트랄이 친구 아르만도 도노소에게 보내는 사적인 편지를 게재했는데, 여기에서 그녀는 스페인과 스페인 사람들을 모욕하고 있는 것처럼 보였다. 경악하고 분노한 스페인 사람들은 1935년 11월에 당장 기차로 마드리드를 떠나 리스본으로 가도록 미스트랄에게 명령하라고 촉구했다. 네루다는 그녀를 대체하여 마드리드 주재 영사에 임명되었고, 영사보에는 그의 오랜 친구 루이스 엔리케 델라노가 임명되었다.

1936년 새해가 밝았을 때 스페인에서는 정치적 긴장이 고조되었지만, 네루다는 델리아를 더 자주 볼 수 있었다. 그녀가 델라노와 포르투갈 여행 중이던 그의 부인 롤라 팔콘이 소유한 카스카레스의 작은 집으로 옮겨 왔기 때문이었다. 또 네루다는 마루카에게 말바 마리나를 데리고 바르셀로나로

---

28) Gabriel Celaya, 'El Poeta del Tercer Día de la Creación', *Revista de Occidente,* Madrid, No.36, 1972.

돌아가는 편이 낫겠다고 설득했다. 바르셀로나에 있는 그의 영사관 상사인 툴리오 마케이라는 마드리드보다 바르셀로나에 있는 편이 고조되는 정치적 위험에서 더 안전할 것이라고 말했었다. 물론 진심으로 가족의 안전을 걱정했겠지만, 이는 네루다가 먼 훗날 취하게 될 또 다른 조치와 닮은꼴이다. 그때도 그는 유럽에 있던 델리아에게 라틴아메리카로 돌아가 그가 망명에서 순조롭게 귀환할 수 있도록 준비해 달라고 설득했다. 이를 통해 결과적으로 그는 장차 세 번째 부인이 될 마틸데 우루티아와 더 많은 시간을 보낼 수 있었다.

마드리드에서 네루다, 델리아 그리고 그들의 친구들은 1936년 7월 12일에 발생한 좌파 중위 호세 카스티요 암살에 대한 대응을 놓고 설전을 벌이고 있었다. 암살 다음 날 군주제주의자 리더인 호세 칼보 소텔로의 실종과 살해가 뒤따랐다. 델리아의 스탈린주의는 공고해지고 있었다. '라 오르미가'는 곧 '엘 오호 데 몰로토프(몰로토프의 눈)'라는 두 번째 별명을 얻었다(몰로토프는 스탈린의 외무 장관을 가리킨다). 그러나 네루다는 아직도 흔들리고 있었다. 칠레 대통령 아르투로 알레산드리 팔마가 프랑코를 지지했기 때문에, 네루다는 스페인 주재 주요 외교 사절의 한 사람으로서 최소한 중립을 지키지 않을 수 없었다. 물론 친구들은 공개적으로 공화파의 대의를 택하라고 계속 압력을 넣었다.

그러나 정세는 급변하고 있었다. 프랑코의 반란을 정확히 일주일 앞둔 7월 11일, 일단의 팔랑헤당원들이 라디오 발렌시아를 장악하고 파시스트 혁명이 임박했음을 선언했다. 바로 그날, 로르카는 네루다의 아파트에서 식사하던 중에 그라나다로 귀향하고 싶다는 의사를 밝혔다. 역시 네루다의 집에 함께 있던 한 사회당 하원 의원이 로르카에게 수도에 있는 편이 더 안전하니 마드리드를 떠나지 말라고 충고했다. 이틀 뒤, 페데리코는 모든 친구의 충고를 무시하고 고향 마을을 향해 – 그리고 자신의 죽음을 향해 – 떠났다.

네루다가 불가피하게 외교관직을 희생하는 일이 있더라도 공화파를 지지할 만한 가치가 있다고 결단을 내리게 된 결정적 계기는 1936년 8월 17일 또는 18일에 있었던 페데리코 가르시아 로르카의 암살이었다. 네루다는 7월 19일 한 레슬링 시합에서 로르카를 만날 예정이었다. 그들은 '가면 쓴 야만인', '아비시니아의 교살자', '사악한 오랑우탄' 같은 이름을 가진 사내들이 벌이는 한판 승부를 관람하기를 몹시 고대하고 있었다. 그러나 페데리코는 시합장에 결코 모습을 나타내지 않았다. 그 전날 일어난 프랑코의 반란이 스페인 정국을 발칵 뒤집어 놓았던 것이다.

네루다는 9월 9일 마드리드에 소식이 전해지기까지 절친한 친구의 사망 사실을 알지 못했다. 부에노스아이레스 일간지 ≪라 프렌사≫와의 인터뷰에서 프랑코 자신이 로르카의 사망 사실을 확인했다. 프랑코는 "이는 전쟁 중에 발생한 자연적 사고다"라고 말했다. 그러나 네루다는 로르카의 죽음이 사고가 아니라 잔혹한 처형이었음을 알고 있었다.

> 아 위대한 시인! 나는 그에게서처럼 기품과 재능, 날개 달린 가슴과 수정의 폭포가 함께 어우러진 것을 결코 보지 못했다. 페데리코 가르시아 로르카는 기발한 두엔데였고, 삶의 기쁨을 가슴에 그러모아 행성처럼 밝게 비춘 원심성의 기쁨이었다. 천진난만한 희극 배우, 광대무변한 시골뜨기, 독특한 음악가, 뛰어난 마임 배우요, 쉽게 놀라고 미신적이었으며, 눈부시고 온화했던 그는 민중적 융성을 이루었던 스페인의 모든 시대의 축도 같은 존재였다. 재스민 나무처럼 그 스페인의 무대 전체를 밝게 비추고 향기로 가득 채운 알안달루스의 소산이었다. 아아, 그런 그가 가 버렸다![29]

네루다는 스페인 내전의 희생자들에게 바친 위대한 찬가인 『가슴속의 스페인』을 쓰기 시작했다. 그가 이 열정적인 시집을 위해 쓴 첫 시는 「죽은 민병대원의 어머니들에게 바치는 노래」였다. 이것은 네루다가 사회적 · 정치적 정의에 대한 헌신을 분명하게 선언한 첫 번째 시였다.

이 시는 프랑코의 반란이 일어난 지 두 달 후이자 로르카가 죽은 지 불과 몇 주밖에 지나지 않은 1936년 9월 초에 쓰였다. 네루다의 친구이자 영사보인 루이스 엔리케 델라노는 이 시기에 관한 그의 회고록 『마드리드의 모든 것』에서 이

---

29) Pablo Neruda, 'Las vidas del poeta'.

시의 탄생에 대해 회고한다.

어느 날, 지금은 기억나지 않는 누군가가 네루다에게 "언제 ≪엘 모노 아술≫에 글을 좀 써 주지 않을 텐가?"라고 물었다. 파블로는 막연하게 답했다. 그러나 필시 머릿속으로는 이미 시에 대해 면밀한 구상을 하고 있었을 것이다. 어떻게 그러지 않을 수 있었겠는가? 네루다 같은 시인에게 전쟁의 충격은 너무나 강렬한 것이었다. 9월 어느 날, 내가 사무실에 도착했을 때, 파블로는 부분 부분 수정된, 타자한 종이 한 장을 내밀었다. 나는 놀라고 흥분한 상태로 다음 구절을 읽기 시작했다.

그들은 죽지 않았다! 그들은
화약 속에,
불타는 심지처럼 서 있다.
그들의 순수한 그림자는
강철 바람의 장막처럼
구릿빛 초원 위에서 하나로 합쳐졌다.

"이건 나의 첫 번째 프롤레타리아 시라네." 파블로가 나에게 말했다.[30)]

---

30) Luis Enrique Délano, *Sobre todo Madrid* (Editorial Universitaria,

델라노는 이 시를 깔끔하게 타자해서 직접 ≪엘 모노 아술(푸른 제복)≫ 사무실로 가져갔다. 지식인 동맹이 발간하던 이 잡지는 라파엘 알베르티가 편집을 맡고 있었다. (초현실주의적인 제목은 '모노'라는 단어의 두 가지 의미－노동자의 푸른 '작업복'과 '원숭이'－와 유희한다.) 델라노가 원고를 넘겨줬을 때는 분명 네루다의 이름이 적혀 있었지만, 그 시는 익명으로 발표되었다. "나는 이유를 설명해 준 사람이 라파엘 알베르티였다고 생각한다. 그들은 반동적인 칠레 정부가 아주 단호하게 공화파 지지를 표명한 영사직 공무원에게 보복할 수도 있다고 생각했다."[31]

이렇게 해서 1936년 9월 24일, ≪엘 모노 아술≫ 5호에『가슴속의 스페인』의 열정적인 첫 시가 서명 없이 실렸다. 얼마 후인 10월 12일, 네루다는 스페인 공화국의 대의에 대한 라틴아메리카 지식인들의 지지를 표명하기 위해 지식인 동맹과 이스파노아메리카(스페인어권 아메리카를 가리키는 용어－옮긴이 주) 대학생 연합이 쿠엥카에서 개최한 집회에서 이 시를 낭송했다. 이제 파블로 네루다가 스페인 내전에서 어느 편에 서 있는지 혼동할 사람은 아무도 없었다.

1936년 11월 7일, 프랑코 군대가 마드리드로 진격해 오자 네루다와 루이스 엔리케 델라노는 수도를 떠날 때가 되었다

Santiago, 1970), p.115.

31) Ibid.

고 결론을 내렸다. 델리아 델 카릴은 공화국 정부의 본부가 설치되어 있는 발렌시아로 간 반면, 네루다와 델라노 그리고 델라노의 부인 롤라는 바르셀로나를 향해 계속 북진했다.

이는 파블로가 마루카, 말바 마리나와 재결합한다는 것을 의미했다. 그러나 재회는 아주 짧았다. 네루다는 결혼 생활이 이미 끝났다는 것을 알고 있었다. 그즈음에 네루다는 벌써 델리아와 깊은 사랑에 빠졌고, 그녀와 공개적으로 교제할 필요를 느꼈다. 마루카는 이러한 상황을 받아들였거나, 아니면 적어도 막을 힘이 없다고 느꼈던 것 같다. 그녀와 말바 마리나는 파블로, 델라노, 롤라와 함께 바르셀로나를 떠나 파리를 향해 북쪽으로 가는 기차에 올랐다. 네루다는 먼저 마르세유에서 칠레행 배에 오르는 델라노와 롤라를 배웅한 다음, 마루카와 딸을 데리고 몬테카를로까지 여행을 계속했다. 그들은 그곳의 전문 병원에서 딸의 건강을 호전시킬 수 있기를 바랐다. 네루다는 첫 부인과 딸을 두 번 다시 보지 못하게 된다.

1936년 12월 10일, 그는 마르세유에서 델리아에게 편지를 보내 자신이 마루카를 영영 떠났음을 알렸다. 그는 그녀에게 마루카와 말바 마리나를 한 네덜란드 가문－판 트리힛 가문－이 소유한 몬테카를로의 작은 아파트에 머물게 할 계획이라고 말했다. 말바 마리나의 병원비와는 별도로 하루에 들어가는 비용이 25 프랑스 프랑이라고 했다. "다행히, 어린 딸의 건강이 회복되고 있고, 나는 아이가 평소 습관대로 노래하고 웃도록 내버려 두었어요. 이제 당면 문제는 마루카가 아무런 걱정을 하지 않도록 매달 충분한 돈을 보내 주기 위한 대책을 세워야 한다는 거예요."

네루다는 이미 마루카와 관계를 정리했는데도 자신과 합류하지 않는다며 델리아에게 투정을 부렸다.

> 그리운 오르미가, 난 당신이 왜 여러 달 동안 바르셀로나에 머물러 있으려 하는지 그 이유를 모르겠군요. 당신은 계획이 있었지요. 난 마루카를 떠났어요. 그녀가 떠남으로써 상황이 정리됐어요. 난 항구 근처의 아주 낡은 호텔에 머물고 있어요. 매일 아침 범선들을 바라봅니다. 함께 있으면 얼마나 좋을까! 진심으로 당신을 포옹하고, 매일매일 당신을 사랑합니다. 당신이 보고 싶어요. 내가 원하는 건 오직 그것뿐입니다.[32]

어린애처럼 막무가내로 졸라 대는 말투는 그가 극동에서 자기에게 와 달라고 간청하며 알베르티나 아소카르에게 썼던 편지를 떠올려 준다. 알베르티나처럼 델리아도 남자의 지시에 따라 움직이지 않고 굳건히 자기 방식대로 살아가는 강건한 여자였다. 네루다는 이런 여성의 힘에 매료된 동시에 그 힘에 좌절을 맛보았다. 그의 철부지 성격은 같은 편지에

32) Fernando Sáez, *Todo debe ser demasiado*, p.112에서 인용.

서 바르셀로나의 한 상점에서 보았던 모형 배를 사 달라고 델리아에게 부탁하고 있는 데서도 그대로 드러난다. 그러나 알베르티나와 달리, 델리아는 기꺼이 파블로의 변덕을 받아주었다. 그녀는 그 작은 모형 배를 그에게 '사 주었고', 계획을 변경해 스페인을 떠나 파리에서 네루다와 합류하는 데 동의했다.

델리아가 도착하기 전에 파블로의 정열은 또 다른 목표를 찾았다. 그는 큐나드 해운 회사 설립자의 증손녀인 낸시 큐나드와 함께 레앙빌에 있는 그녀의 집에서 또다시 새로운 잡지(선전지에 더 가까웠다)의 창간호를 발간했다. 잡지 ≪세계의 시인들은 스페인 민중을 옹호한다≫는 매 호(號) 스페인어는 물론 영어와 프랑스어로 된 시를 몇 편씩 실었으며, 운동자금을 마련하기 위해 런던과 파리에서 판매되었다. 네루다는 회고록에서 그때의 노력을 떠올리고 있다.

> 낸시는 프랑스 시골에 있는 자기 집에 작은 인쇄기를 가지고 있었다. 마을 이름은 기억나지 않지만 파리에서 멀리 떨어진 곳이었다… 나는 난생처음 활자를 짜기 시작했다. 나보다 더 엉터리 식자공은 결코 없었을 것이다. 'p' 자를 거꾸로 인쇄했고, 결국 'p' 자는 내 서투른 식자 탓에 'd' 자로 바뀌었다. '파르파도스(párpados, 눈꺼풀)'라는 단어가 두 번 나오는 시행은 결국 두 개의 '다르다포스(dárdapos)'가 되고 말았다. 낸시는 오랫동안 나를 그

렇게 부르면서 골렸다. 런던에서 보낸 그녀의 편지는 늘 "친애하는 나의 다르다포…"로 시작되기 일쑤였다. 그러나 결과적으로 대단히 품격 있는 출판물이 되었고, 우리는 예닐곱 호를 발행하기에 이르렀다.[33)]

잡지의 기고자 중에는 라파엘 알베르티와 라울 곤살레스 투뇬뿐만 아니라 미국의 흑인 시인 랭스턴 휴스와 영국 시인들인 W. H. 오든과 스티븐 스펜더도 있었다. 네루다는 "이 영국 신사들은 그들의 시를 식자하느라 나의 굼뜬 손가락이 얼마나 끔찍한 고통을 겪었는지 결코 알지 못할 것이다"[34)]라고 회고했다.

실제로, 큐나드의 광고 전단 시리즈에서 가장 유명한 시는 5호에 실린 W. H. 오든의 「스페인」 — 스페인 내전에 대해 영어로 쓰인 가장 영향력 있는 시 — 이었다. 큐나드는 오든을 파리에서 잠깐 만난 적이 있었는데, 그가 1937년 1월 의료팀과 함께 스페인을 방문하고 돌아가는 길에 쓴 "지극히 아름다운" 시를 보고 기뻐했다.

이러한 문화 선전지 작업을 하는 동안 큐나드는 또 다른 계획을 구상했다. 그녀가 생각할 수 있는 영어권의 모든 작가, 시인에게 스페인 문제에서 누구를 지지하는가를 묻고 그

---

33) Pablo Neruda, *Memoirs,* pp. 127-128.

34) Ibid., p. 128.

결과를 공표한다는 계획이었다. 조사 대상자 중 126명이 스페인 공화국을 지지했고 5명이 프랑코를 지지했으며 16명은 중립적인 입장을 취했다. 중립을 표명한 참가자로는 올더스 헉슬리, T. S. 엘리엇, 에즈라 파운드, H. G. 웰스, 비타 색빌 웨스트가 있었다. 프랑코 지지자들은 에드먼드 블런던, 아서 매컨, 제프리 모스, 엘리너 스미스, 에벌린 워였다. 가장 짧게 응답한 사람은 사뮈엘 베케트였는데, 그는 "공화국이여, 일어서라!"라고 간단히 답했다.

큐나드는 자신의 서명 외에도 네루다, 스티븐 스펜더, 트리스탕 차라, W. H. 오든, 루이 아라공을 비롯한 열한 명의 서명을 수집했다. ≪레프트 리뷰≫는 1937년 11월 별책으로 앙케트 결과를 발표했다.

연초에 델리아가 파블로와 합류했고 그들은 파리의 한 싸구려 호텔에 '가정'을 꾸렸다. 부에노스아이레스로부터 1937년 1월 델리아의 어머니 훌리아가 사망했다는 슬픈 소식이 전해지자 재회의 첫날들은 음울해졌다.

어머니의 죽음으로 인한 슬픔과는 전혀 상관없이, 델리아는, 파블로와 달리, 그녀의 눈에 비친 파리가 별로 마음에 들지 않았다. 그녀가 전에 살았을 때보다 모든 것이 훨씬 비싸졌고, 전보다 사정이 나빠졌다고 — 스페인보다 50년 뒤처졌다고! — 느꼈다. 프랑스에서는 사회주의자 레옹 블룸이 새로이 반파시즘 인민전선 내각의 수반이 되었지만, 스페인 내전에 개입하지 않기로 한 그의 결정은 좌파에게 심히 실망스러운 것이었다.

그사이 네루다는 새로운 거점에서 분주한 나날을 보내고 있었다. 1월 21일, 그는 매우 중요하고 감동적인 로르카 기념 강연을 했다. 강연에서 그는 페데리코에 대한 사랑을 극명하게 나타냈고, 정의와 노동자 계급에 대한 그의 절대적 헌신을 높이 찬양했다. 그러나 그는 여전히, 눈에 띄게, 적극적인 정치 활동과 거리를 유지하려고 애썼다.

> 어떻게 감히 광대한 고인들의 숲에서 하나의 이름을 골라 나머지 사람들로부터 부각하겠습니까! 살해당한 수많은 여자들과 학살된 어린아이들 각자는 물론, 기억보다 더 오래된 적들에게 살해된 안달루시아의 소박한 농부들, 아스투리아스에서 죽어 간 광부들, 목수들, 벽돌공들, 도시와 시골의 임금 노동자들. 이 불타는 그림자들 하나하나는 불행에 처한 위대한 나라에서 목격자로 여러분 앞에 나타날 권리가 있습니다. 그리고 각각의 그림자는 여러분의 가슴속에 존재할 것이라고 믿습니다. 만일 여러분이 불의와 악에서 자유롭다면… 그렇습니다. 우리가 어떻게 감히 침묵해 온 그 수많은 사람 중에서 하나의 이름, 단 하나의 이름만을 택할 수 있겠습니까? 내가 여러분에게 말하려고 하는 이름은 그 어두운 음절들 속에 심오한 윤리적 풍요로움을 품고 있고, 또 충만한 의미를 가득 담고 있습니다. 그래서 그 이름을 말하는 것은

> 바로 그의 시의 본질을 옹호하다 죽은 모든 이들의 이름을 말하는 것과 같습니다. 그는 스페인의 가슴의 당당한 지킴이였으니까요. 페데리코 가르시아 로르카! 그는 흥겹고도 구슬픈 기타처럼 민중의 일부였고, 어린아이처럼, 민중 자신처럼 심원하고 투명했습니다.

다음과 같이 말하면서 연설을 끝마쳤을 때, 네루다는 분명 파리의 강당을 가득 메운 청중을 깜짝 놀라게 했을 것이다. "나는 정치가도 아니고, 정치 투쟁에 참여해 본 적도 전혀 없습니다. 그러나 많은 사람이 중립적이기를 바랐을 나의 말은 열정으로 물들었습니다. 여러분은 반드시 이해해야만 합니다. 우리 이스파노아메리카 시인들과 스페인 시인들은 주지하다시피 우리 가운데서 가장 위대한 시인이요, 현 시기 우리 언어권의 정신적 사표인 로르카의 암살을 잊을 수도, 결코 용서할 수도 없다는 것을."[35]

델리아는 네루다를 파리의 많은 주도적 지식인들에게 소개했다. 이들은 후에 그의 절친한 벗이 되었는데, 그중에는 프랑스의 공산주의자 시인인 폴 엘뤼아르와 루이 아라공도 있었다. 아라공은 문화수호위원회 회장을 맡고 있었고, 파블로는 여기에서 매우 활발한 활동을 펼쳤다.

---

35) 반파시스트 잡지 *Hora de España,* Valencia, March 1937에 게재되었다.

그 시점에 칠레 정부—마침내 명백히 친공화파적인 네루다의 태도를 더 이상 참을 수 없게 된—는 프랑코 군의 스페인 수도 폭격을 공식적인 구실로 마드리드 영사관을 폐쇄함으로써 그의 수입원을 끊어 버리기로 결정했다.

이때부터 파블로와 델리아는 어떻게 살아갈 수 있었을까? 회고록에서 네루다는 "언제나 그녀가 돈 많은 지주라는 소문이 자자했지만, 사실 그녀는 나보다 더 가난했다"라고 말하며 주로 자신이 생계를 책임졌다고 주장한다. 델리아의 전기 작가인 페르난도 사에스는 이 말이 사실과 거리가 멀다고 본다. 그는 네루다 부부가 부에노스아이레스의 소유 자산에서 델리아에게 당도하는 수입—다만 늘 엄청난 지체 끝에 당도하긴 했지만—으로 살아갔다고 주장한다.

진실이 무엇이든 수중에는 돈이 아주 조금밖에 없었다. 네루다는 루이 아라공이 이끄는 문화수호위원회에서 겨우 400 구(舊)프랑을 받고 일한 게 분명하다. "몇 달 동안 우리는 거의 제대로 먹지 못했고, 그나마 음식은 형편없었다."[36] 네루다의 구두에는 구멍이 났다. 1937년 1월 31일, 교양 있는 영사관 상관인 툴리오 마케이라가 남프랑스의 바욘에서 편지를 보내 시인에게 신중하게 처신하라고 권고했다. "다시 한번, 자네의 파리 강연[로르카에게 바쳐진 강연]이 시의적절하지 못했음을 통탄하지 않을 수 없으며, 지금 내가 할

---

36) Pablo Neruda, *Memoirs*, p.130.

수 있는 일이라곤 고작 [칠레] 외무부가 일을 너무 나쁘게 처리하지 않도록 중재하기 위해 애쓰는 것뿐이라네."[37] 마케이라는 또 편지에서 미래 전망과 관련하여 그의 유일한 희망은 마르세유 주재 칠레 영사관을 맡는 것이라고 했다.

버림받은 네루다의 부인 마루카는 누구보다 고통이 컸다. 파블로는 아픈 딸의 병을 고치는 데 필요한 돈을 보내 줄 수 없었다. 마루카는 몬테카를로에서 아르투로 알레산드리 팔마 대통령에게 편지를 보내 최소한 파블로가 봉급을 받을 수 있도록 그를 스페인 주재 칠레 영사에 복직시켜 달라고 요청했다. 그러나 아마도 그녀는 파블로가 스페인 공화파 편을 든 것에 대한 알레산드리의 환멸이 얼마나 심각했는지 알지 못했을 것이다. 그녀는 아주 급히 필요한 데다 자기가 마땅히 받을 자격이 있는 돈을 그가 보내 줄 수 있기를 바랐을 것이다. 마루카는 만약 그게 가능하지 않다면 그녀와 말바 마리나가 칠레로 귀국할 수 있도록 해결해 줄 수 있는지 알레산드리에게 물었다.

알레산드리는 마루카의 필사적인 청원에 답을 하지 않은 것으로 보이며, 그녀는 결국 딸과 함께 네덜란드에 있는 가족의 집으로 돌아가기로 했다.

그사이에 프랑스와 좌파 지식인들은 프랑스 소설가 앙드레 지드의 『소련 기행』으로 인해 크게 술렁거렸다. 지드는

---

37) Octavio Paz, *Reforma*, Mexico City, 7 April 1944, pp.12-13.

공산주의 실험을 직접 눈으로 확인하기 위해 소련을 여행했지만 깊은 인상을 받지 못했다. 그는 혁명이 가난한 노동자 계급에 전혀 도움이 되지 않았다고 썼다. 지드는 기본적인 자유와 인간의 권리가 조직적으로 유린당하고 있으며 그들은 여전히 가난하다고 주장했다.

지드의 책은 하나의 폭탄과 같았다. 1936년 말에 책이 나오자마자 지드는 배신자로 낙인찍혀 맹렬한 공격을 받았다. 이는 파블로, 델리아, 라울 곤살레스 투뇬, 암파로 몸이 1937년 7월에 열기로 계획하고 있던 대규모 반파시즘 지식인 대회에 기름을 부었다. 원래 마드리드에서 대회를 열 계획이었으나 수도가 언제라도 프랑코 군에 함락될 위험에 처할 것이 분명해지자 공화국 임시 정부가 옮겨 가 있던 발렌시아로 개최지가 변경되었다.

갑자기 상당액의 돈이 네루다의 수중에 들어왔다. 회고록에서 그는 작가대회 비용을 충당하기 위해 스페인 정부로부터 은행 어음을 받았다고 썼다. 파블로는 그렇게 큰 액수의 자금을 소유하게 되어 어안이 벙벙했지만, 라파엘 알베르티는 칠레 시인의 너덜너덜한 구두를 내려다보며 그가 스페인을 옹호하다 영사직을 잃었다는 점을 상기시켰다. 그러고는 기본적으로 필요한 곳에 얼마간 돈을 사용하라고 권했다.

수많은 유명 시인들이 발렌시아 대회에 앞서 파리에 살고 있었거나 혹은 그 시기에 맞춰 파리로 몰려들었다. 네루다는 극동으로 가는 길에 처음 친구가 된 페루 시인 세사르 바예호와 함께 일하게 되었다. 네루다는 바예호와 함께 스페인 공화국 수호를 위한 이스파노아메리카위원회를 창설했다. 바예호는 죽음을 앞두고 이 마지막 1년 동안 스페인 내전의 희생자들에게 바친 가장 비통한 애도의 시를 썼다. 사후에 출간된 『스페인이여, 내게서 이 잔을 거두어 다오』가 그것이다. 거의 대면한 적이 없는 칠레 시인 비센테 우이도브로 또한 프랑스 수도에 도착하자 네루다는 그다지 기분이 좋지 않았다.

그러나 그는 대회를 위해 자신이 직접 스페인에 초대한 멕시코 시인 옥타비오 파스를 보고 기뻐했다. 파스는 훗날 마드리드에 처음 도착해 기차에서 내렸을 때를 회고하며, "한 키 큰 남자가 '옥타비오 파스, 옥타비오 파스!'라고 외치며 내 쪽으로 왔다. 네루다였다. 그는 나를 보자 이렇게 말했다. '그런데 참으로 젊군!' 우리는 곧 친구가 되었다"[38]라고 말했다. 그리 오래지 않아 산산조각이 날 우정이었지만 당시에는 둘도 없는 친구 사이였다. 두 사람은 비자를 발급받기 위해 스페인 영사관에서 만났다. 그들은 건물에서 나오다가 스페인 영화감독 루이스 부뉴엘과 마주쳤는데, 그 역시 그들과 함께 발렌시아행 기차에 올랐다. 동승자 중에는 앙드레 말로, 스티븐 스펜더(그는 라모스 라모스라는 이름으로 된 위조 여권을 소지하고 스페인 국경을 넘었다) 그리고 일리야 예렌부르크도 있었다. 기차가 발렌시아로, 그다음에 마드리

38) Pablo Neruda, *Memoirs,* p.132.

드로 출발했을 때, 네루다는 득의양양하게 "어떤 기차도 한꺼번에 그렇게 많은 작가를 싣고 파리를 떠난 적이 결코 없었다"[39]라고 적었다.

1937년 7월 4일에 시작되어 7월 6~7일에 마드리드에서 끝난 발렌시아 대회는 역사상 가장 주목할 만한 작가 모임으로 손꼽히며 오늘날까지도 여전히 그렇다. 30개국—알제리에서 페루, 아이슬란드에서 중국까지—에서 온 약 200명의 작가들이 회의에 참석했다는 사실은 공화국 정부에게 명백한 윤리적 승리로 간주되었다. 이는 전 세계의 가장 훌륭한 지식인들이 기꺼이 떨쳐 일어나 거의 붕괴 직전인 스페인 공화국에 지지를 표명했다는 반박할 수 없는 증거를 제공했기 때문이다. 실제로, 낸시 큐나드의 앙케트가 보여 준 것처럼, 프랑스와 스페인의 일부 작가들은 반대편에 서서 파시스트를 지지했다. 네루다는 스페인 시인들인 헤라르도 디에고와 다마소 알론소가 프랑코 세력을 지지했을 때 경악했으며, 나중에 『모두의 노래』의 몇몇 독설적인 시행에서 그들을 기억했다. "다마소들아, 헤라르도들아, 개자식들아, 암살자의 말없는 공범들아!"

그러나 순조로운 출발과 미증유의 참석자 수에도 불구하고, 대회는 결과적으로 네루다를 비롯한 많은 사람들에게 몹시 실망스러운 것이었다. 말다툼과 내분이 프랑코의 저항 세

39) Ibid.

력을 하나로 규합한다는 대회의 전반적인 취지를 무색하게 했다. 실질적으로 토론의 범위－사회에서의 작가의 역할, 휴머니즘, 국민의 지위와 문화, 스페인 공화파 작가들에 대한 지원－는 1935년 파리에서 열린 제1차 지식인 대회(아이러니하게도 앙드레 지드가 의장을 맡았다)의 의제와 동일했지만, 처음부터 일리야 예렌부르크, 알렉세이 톨스토이, 알렉세이 파데예프가 선봉에 서서 친소련 노선을 주창했던 것으로 보인다.

신임 스페인 총리 후안 네그린이 1937년 7월 4일에 개회사를 했다. 그의 연설에서는 스페인 내전에 대해 불간섭 원칙을 주창하는 사람들을 설득해 공화국 편으로 끌어들이려는 의도가 분명하게 드러났다. 네그린의 연설이 끝난 후에 대표자들은 모두 공화국의 대의에 아주 깊은 공감을 표했고 스페인 민중의 영웅적 투쟁에 무조건적 지지를 표명했다. 또한 존 콘퍼드나 랠프 폭스처럼 내전에서 전사한 작가들의 추모식이 장엄하게 거행되었다. 그러나 이 모든 것에도 불구하고 노골적인 친소련, 친스탈린 노선이 지배적이었다.

이미 스탈린이 공화파 측에 무기를 제공하기 시작한 터라 몇몇 회의장에서는 스페인의 정치 정세를 조작하기 위한 그의 점진적인 노력에 대한 우려의 목소리가 높았다.

한 작가가 진술한 것처럼,

소련은 이 대회를 앙드레 지드 재판으로 변질시키고 싶

어 했다. 우선 그의 『소련 기행』이 눈엣가시였고, 또 어떻게 해서든지 통합 마르크스주의노동자당(POUM)[반파시스트 전사들 중 트로츠키주의 분파]의 지도자 안드레우 닌의 암살로 촉발된 국제적 스캔들로부터 최대한 관심의 초점을 다른 곳으로 옮겨야 했기 때문이다. 안드레우 닌이 스페인에 있던 내무인민위원부(NKVD)[옛 소련의 비밀경찰] 대리인들에게 납치되어 살해되었음은 주지의 사실이었다. [발렌시아 대회에서는] 닌에 관한 얘기는 거의 없었고, 또 한 사람의 '히틀러적 파시스트'인 지드에 관한 얘기가 훨씬 많이 오갔다.[40]

발렌시아에서 의결된 주요 사항의 하나는 스페인에서의 파시스트 반란에 맞서 투쟁하기 위해 작가들의 국제 조직망을 구축한다는 것이었다. 네루다는 본능적으로 이 문학적 전쟁의 칠레 '지부' 창설을 책임지는 것이 자신의 역할임을 직감했다.

기차가 마드리드에 도착했을 때, 네루다는 그가 여러 달 동안 격정적인 삶을 살았던 집에 가 보기로 마음먹었다. 민병대원 복장을 한 미겔 에르난데스가 '꽃들의 집'까지 그를 동행했다. 미겔은 네루다가 거의 1년 전에 델라노와 함께 프

---

40) Jean Lacouture, *André Malraux- Une vie dans le siècle* (Editions Seuil, Paris, 1973), p.253.

랑스로 가기 위해 황급히 마드리드를 빠져나갈 때 어쩔 수 없이 두고 간 책을 비롯한 물품들을 운반할 소형 트럭을 가까스로 구할 수 있었다.

그러나 건물 5층에 다다랐을 때, 파블로와 미겔은 기관총 난사로 벽이 산산조각 나고 바닥에는 책과 파편이 어지럽게 널려 있는 것을 발견하고 소름이 끼쳤다. 무엇보다 비통했던 것은 침입자들이 네루다가 가장 아끼던 물건 일부—폴리네시아 탈, 극동에서 가져온 단검, 그가 영사관 연회에서 입었던 연미복—를 강탈해 갔다는 것이었다. 마치 고고학자가 발굴하듯 에르난데스가 여기저기 파헤쳐 원고 일부를 찾아냈지만 파블로는 고개를 저었다. "아무것도 가져가고 싶지 않네." 몹시 놀라기도 했고, 또 특수 차량을 구하기 위해 무진 애를 썼던 터라 마음이 좀 상한 미겔은 "단 한 권도요?"라고 대꾸했다. 두 시인은 텅 빈 트럭을 타고 영영 '꽃들의 집'을 떠났다.

1937년 10월, 네루다는 델리아와 나란히 발파라이소를 향해 출발했다. 5년 만에 처음으로 고국 땅에 발을 디디는 셈이었다. 그곳에는 더욱더 깊은 개인적 비극이 그를 기다리고 있었다.

6. 생명 구출의 임무

1937~1940

네루다는 1937년 10월 12일, 조국 칠레에 도착했다. 산티아고 보헤미안 시절의 옛 친구들 몇이 그를 기다리고 있었다. 한때 그들의 리더였던 알베르토 로하스 히메네스는 죽었지만, 파블로와 델리아가 기차에서 내렸을 때 산티아고의 마포초역에서 많은 친구들이 그들을 반겼다.

델리아는 우아한 하늘색 투피스 차림에 분홍색 모자 밖으로 금발 머리가 드러나 있었다. 분명 그녀는 전에 네루다가 마루카와 귀국했을 때보다 훨씬 좋은 첫인상을 주었을 것이다. 디에고 무뇨스는 회고록에서 "그는 '그링가'와 결별했다. 우리는 오르미기타에 대해 아주 좋은 얘기를 듣고 있었다. 그녀는 매력적이고 교양 있는 여자였다. 우리는 모두 금세 친구가 되었다"[1)]라고 적었다. 늘 그랬듯이, 바로 그날 밤 친구들은 오래도록 떠들썩한 재회 파티를 즐기기 위해 산티아

1) Diego Muñoz, *Memorias,* p.217.

고의 시티 호텔에 모였다. 마루카와 달리, 델리아는 흔쾌히 축하 모임에서 함께 어울렸다.

네루다 부부가 처음에 살았던 집은 포레스탈 공원 근처에 있는 메르세드 거리 6층 아파트였다. 그들은 라울 곤살레스 투논, 그의 부인 암파로 몸과 함께 그곳으로 이사했다. 그러나 플랫은 살기에 적합하지 않았다.

무뇨스는 "마드리드의 '꽃들의 집'과 비슷한 구석이 있어야 했다… 오랫동안 찾아 헤맨 끝에 우리는 페드로 데 발디비아 근처의 아베니다 이라라사발에서 네루다가 원하던 집을 찾았다"[2]라고 말했다. 밖에 있는 커다란 무화과나무로 유명한 널찍한 집이었다. 곧 그 집은 – 마드리드의 예전 집처럼 – 근처를 지나는 모든 친구에게 개방되었다. 분명 능히 할 수 있으면서도 안주인 역할에 무관심한 델리아였지만 파블로 못지않게 어울리는 것을 좋아했고 초대 손님이건 아니건 결코 그냥 돌려보내는 법이 없었기에 가능한 일이었다. 그녀는 언제나처럼 여전히 형편없는 요리사였지만 그들에게는 델리아의 절친한 친구 라비니아 안드라데라는 자발적인 도우미가 있었다. 그녀는 한 번에 80명이나 되는 손님의 식사를 거뜬히 준비할 수 있었다. 네루다는 아침 일찍 일어나 능성어를 비롯해 좋아하는 재료를 사기 위해 시장을 찾곤 했다.

---

2) Ibid.

델리아는 연약한 여자가 아니었고, 자신의 '아들'에게 엄한 엄마가 될 수 있었다. 만일 네루다의 행동 방식이 마음에 들지 않으면, 그녀는 단호하게 그러나 웃으면서 "그건 안 돼, 파블로. 당신은 정신 박약아야"라는 주문(呪文)과 함께 모습을 드러냈다. 방문객들은 부부가 서로에게 헌신적이고, 친밀하고, 매우 사랑이 깊다는 것을 알게 되었다.

거처를 정하고 나자, 네루다는 즉각 칠레지식인동맹 결성을 돕는 일에 착수했다. 이 단체는 채 한 달도 지나지 않은 1937년 11월 7일에 공식 출범했다. 네루다가 바로 협회의 초대 회장이었다. 11월 13일에는 칠레의 에르시야 출판사가 시집 『가슴속의 스페인』 초판을 발간했다. 이 판본은 네루다의 텍스트와 페드로 올모스가 작업한 열여섯 장의 사진 몽타주 ― 주제프 레나우의 유명한 스페인 내전 포스터를 상기시킨다 ― 를 결합하고 있는데, 로버트 프링밀은 이것을 "멀티 아트 선전 무기"라고 부른다. "이 판본에서 시각적 요소는 전체적인 효과에서 거의 시만큼이나 중요한 역할을 수행한다."[3)]

당시의 칠레 시인들은 호시절을 누리고 있었다. 디에고 무뇨스에 따르면, 작가들의 명성은 하늘을 찔렀다. "작가는 더 이상 떠돌이, 미치광이, 게으름뱅이로 여겨지지 않았다. 이제 우리는 도처에서 대단한 관심과 존경 속에 환대를 받았다. 왜냐하면 사람들은 일반 대중의 문화 수준을 끌어 올리

3) Robert Pring-Mill, in a note to AF.

는 것이 명백한 목표이던 당대 역사에서 우리 시인들이 유용하며 [심지어] 없어서는 안 될 존재라는 것을 깨달았기 때문이다."[4]

델리아는 재정 상태도 살피고 동생 아델리나도 만날 목적으로 아르헨티나를 여행했다. 아델리나는 인도에 장기간 체류하기 위해 막 출발하려던 참이었다. 그러나 무엇보다 중요한 것은 아단 디엘과의 결혼 관계를 분명히 정리하는 일이었다. 그가 파산한 것을 알았을 때, 델리아는 변호사에게 이혼 서류를 작성하라고 일렀다. 그사이에 네루다는 칠레를 부지런히 오르내리며 처음으로 지식인이 아닌 평범한 노동자들을 대상으로 시 낭송을 했으며, 또 스페인 공화국의 대의를 위한 기금 조성을 비롯해 다양한 지원 활동을 펼쳤다.

외국에서 강연한 경험은 있었지만, 동포들 앞에서 연설하게 되었을 때 그는 아직 타고난 강연자가 아니었던 것 같다. 그는 산티아고 중앙 시장의 짐꾼 노조원들에게 연설하기로 되어 있던 한 기금 마련 행사에서 "우락부락한 얼굴 생김새에 솥뚜껑 같은 손을 벤치에 두르고 있는" 노동자들을 내다보고는 겁에 질려 갑자기 얼어붙는 느낌이었다. 정치적으로 의미 있는 말이 떠오르지 않아 난감해진 그는 자신의 새로운 시집 『가슴속의 스페인』을 꺼내 들고 거기에 실린 거의 모든 시를 낭송했다.

---

4) Diego Muñoz, *Memorias*, pp.117-118.

그 자신의 말에 따르면, 짐꾼들은 칠레인 특유의 무표정한 침묵으로 그를 노려보았다. "우리의 민중을 한 번도 접해보지 못한 사람들은 칠레인의 침묵이 어떤 건지 알지 못한다. 그것은 완전한 침묵이며, 당신은 그것이 경의의 침묵인지, 아니면 절대적인 불만의 침묵인지 분간할 수 없다. 표정만으로는 아무것도 알 수 없다. 최소한의 단서라도 포착하려고 제아무리 안간힘을 써도 소용이 없을 것이다. 그것은 세상에서 가장 무거운 침묵이다."[5)]

그는 몸을 부들부들 떨며 산티아고에서의 낭송을 마쳤다. 그러나 걱정할 필요가 없었다. 그가 "나의 문학 이력에서 가장 중요한 사건"으로 묘사한 이 낭송에서, 일부 청중은 박수갈채를 보냈고, 또 다른 청중은 고개를 떨구었다. 이윽고 그들은 일제히 노조 지도자로 보이는 한 남자 쪽으로 시선을 돌렸다.

> 다른 사람들처럼 허리에 마대를 두르고 있던 이 남자는 큼지막한 손으로 의자를 짚고 자리에서 일어나 나를 쳐다보며 말했다. "파블로 동지, 우리는 철저히 잊힌 사람들입니다. 그런데 내가 당신에게 말할 수 있는 건 우리는 결코 이렇게 크게 감동한 적이 없다는 것입니다. 우리는

5) Pablo Neruda, 'Algo sobre mi poesía y mi vida', *Aurora*, Santiago, No.1, July 1954, pp.11-12.

당신에게 말하고 싶습니다." 그러고는 눈물을 흘리며 주저앉았다. 그는 어깨를 들썩이며 흐느꼈다. 그를 둘러싸고 있던 대다수의 사람들도 울고 있었다. 나는 무언가 뜨거운 것이 울컥 목구멍까지 올라오는 것을 느꼈다.[6)]

로버트 프링밀은 산티아고의 짐꾼 노조원들에게 연설한 그날 저녁의 일을 정확히 네루다의 형성적 경험으로 짚어 낸다. 이제부터는 지식인이 아닌 노동자가 그의 독자가 될 것이다. 모호함과 복잡성에 대한 일체의 욕망은 사라졌다. 앞으로 그는 보통 사람들에게 다가가 산티아고 시장에서처럼 그들에게 깊은 감동을 주고 싶어 했다. 그 이후로는 무엇이든 그들을 위해 썼다.

네루다는 정치적으로 칠레를 떠나기 전보다 이 시기가 훨씬 힘들었다. 아르투로 알레산드리 팔마('타라파카의 사자') 정부는 억압적인 친나치 노선을 취했고, 이제 공공연히 친공화파적 입장을 표명하게 된 네루다는 당국에 의해 요주의 인물로 낙인찍혔다. 시 낭송과 정치 집회와는 별개로, 그는 지식인동맹의 기관지로 1938년 8월에 첫선을 보인 새로운 잡지 ≪아우로라 데 칠레(칠레의 여명)≫ 편집자로 일했다. 내용은 대부분 나치에 대한 공격에 할애되었다.

네루다가 훗날 회고록에서 쓰고 있듯이,

---

6) Ibid.

라틴아메리카에는 셀린, 드리외라로셸 또는 에즈라 파운드처럼 반역자가 되어 파시즘에 복무한 눈에 띄는 작가들은 없었지만, 나치즘에 의해 – 자연적으로 혹은 재정적 지원하에 – 강력한 파시스트 운동이 발흥하고 있었다. 작은 단체들이 우후죽순처럼 생겨났는데, 돌격대원으로 위장한 단원들은 팔을 높이 치켜들고 히틀러식 경례를 했다. 그러나 그들은 결코 작은 집단이 아니었다. 대륙의 옛 봉건 과두 집단은 온갖 종류의 반공주의에 동조했고 지금도 여전히 그렇다… 더욱이 거대한 독일계 집단이 칠레, 브라질, 멕시코의 특정 지역에서 인구의 대다수를 차지하고 있다는 사실을 잊어서는 안 된다. 이 지역들은 히틀러의 혜성 같은 출현과 위대한 독일의 천년왕국 신화에 쉽게 현혹되었던 것이다. 히틀러가 승리를 구가하던 그 시절에, 나는 칠레 남부의 벽촌이나 도시에서 거리를 가로지르기 위해 수차례 나치 독일의 표장이 그려진 깃발들의 숲을 헤치고 나아가야 했다. 한번은 남부의 한 작은 마을에서, 마을에 한 대뿐인 전화를 사용하기 위해 어쩔 수 없이 총통에게 경례를 해야 했다. 독일인 가게 주인은 수화기를 들어 올리려면 손을 치켜들고 히틀러의 초상화에 경례를 하지 않을 수 없도록 전화기를 교묘하게 배치했다.[7)]

---

7) Pablo Neruda, *Memoirs*, p.138.

네루다는 살해 협박에 시달렸다. 나치 성향의 한 칠레 간행물은 네루다가 유대인이라고 주장했다. 도색적인 나치 선전지 ≪데어 스튀르므머(돌격대)≫가 네루다의 ≪아우로라 데 칠레≫ 사무실로 발송되었다.

그러나 정치적 사건들을 완전히 무색하게 만든 더 큰 비극이 닥쳤다. 1938년 5월 7일, 네루다의 아버지가 사망했다. 테무코에서 치러진 장례식에 참석하기 위해 엄숙한 검정 양복 차림으로 기차에 앉았을 때, 어린 시절 기관사인 아버지와 함께 칠레 남부의 숲 사이를 오갔던 그 짜릿한 여행의 기억이 주마등처럼 파블로의 머릿속을 스쳐 지나갔다.

그는 한동안 아버지의 시신 곁을 지켰다. 그리고 그 순간들에서 결코 서로를 이해하지 못했지만 그의 삶에 영원히 존재한 아버지에게 바쳐진 감동적인 시행들이 나왔다. 자신도 모르는 사이에 호세 델 카르멘은 아들의 운명을 그렸다. 그 기차 여행은 평생에 걸친 네루다의 자연 사랑뿐만 아니라 시를 쓰도록 이끈 감수성 또한 일깨웠다. 비록 자유롭게 시를 쓰기 위해 이름을 바꿔야 했지만, 네루다는 그의 문학이 기차 여행에 빚지고 있음을 인정했다.

그는 아버지 장례식 다음 날 「알마그로」라는 시를 썼는데, 적어도 한 사람의 비평가 - 우루과이 비평가 에미르 로드리게스 모네갈 - 는 이 작품을 네루다의 걸작 『모두의 노래』에 포함된 가장 빠른 시로 간주했다.[8] 『모두의 노래』의 '칠레의 발견자들' 편에 들어 있는 「알마그로」에는 시인의 아버지의 초상일 수 있는, 수염을 기른 한 남자에 대한 묘사가 들어 있다. (자갈을 실은 기차가 숲을 뚫고 나아갈 때, 그의 아버지는 일종의 '발견자'였고 이 시에서 디에고 데 알마그로는 "어느 날 장미 옆에 / 기름 옆에, 포도주 옆에 앉아 있는" 것으로 묘사되고 있다. 네루다가 친모인 로사와 포도주가 풍부한 그의 고향 파랄을 떠올린 것은 아니었을까?) 혹자들은 「마포초강을 기리는 겨울 노래」를 『모두의 노래』에서 가장 일찍 쓰인 시로 본다. 이 시는 1938년 8월 1일에 ≪아우로라 데 칠레≫에 처음 발표된 작품임이 틀림없다.

20년 후에 네루다는 다정하게 아버지를 회상했다.

> 어떻게 내가 사랑했던 것들과 내가 사랑하는
> 것들로부터 그토록 멀리 떨어져 살아갈 수 있는 걸까?
> 증기와 차가운 연기에 싸인 기차역으로부터?
> 아주 오래전에 돌아가셨지만,
> 아버지는 분명 아직도 그곳을 거닐고 계시리라
> 빗방울로 뒤덮인 어깨 망토를 걸치고
> 가죽 빛 턱수염을 기른 채.[9]

---

8) 에미르 로드리게스 모네갈의 책 『네루다: 움직이지 않는 여행자(Neruda: El viajero inmóvil)』는 과도한 정신 분석적 경향에도 불구하고 여전히 네루다의 시에 관한 최고의 연구 중 하나로 남아 있다.

9) Pablo Neruda, 'Carta para que me manden madera',

아버지가 사망한 지 정확히 석 달 열하루 만인 1938년 8월 18일, 또 다른 전보가 더욱더 큰 충격을 가져왔다. 네루다의 사랑하는 의붓어머니, 그의 '마마드레'가 사망한 것이다. 그는 무거운 마음으로 재차 테무코를 찾았다. '마마드레'가 호세 델 카르멘과 나란히 누울 수 있도록 로돌포 형, 아버지의 옛 동료 철도원 몇 사람과 함께 그의 관이 들어 있는 밀봉된 콘크리트 지하 안치소를 파헤쳐 열었다. 오싹하게도 이미 곰팡이로 뒤덮인 아버지의 관은 여기저기 구멍이 뚫린 채 흐물거렸다. 파블로는 아버지의 시신이 유체가 되어 관에서 흘러나오고 있다고 생각했지만, 실제로는 더 살풍경했다. 테무코의 비가 끝없이 지하 안치소에 스며들어 관을 흠뻑 적신 것이다. 그것은 앞으로 오랜 세월 네루다의 머리를 떠나지 않을 광경이었다.

네루다는 여생 동안 계속 의붓어머니에게 시를 바쳤다.

오, 달콤한 마마드레
―저는 결코 당신을 새어머니라고
부를 수 없었습니다―
지금
당신을 정의하려니 입술이 떨립니다.
제가 나이 들어 세상을 이해할 수 있게 되자

Estravagario.

곧 검은 누더기를 걸친 선량함을 보았고,
또 가장 유용한, 물과 밀가루의
거룩함을 보았기 때문입니다.
당신은 그런 분이셨습니다.
삶이 당신을 빵으로 만들었고
우린 삶 속에서 당신을 남김없이 먹어 치웠지요,
…
오 어머니, 제가 어찌 단 한 순간이라도
당신을 기억하지 않고
살아갈 수 있었겠습니까?[10)]

아버지와 '마마드레'의 죽음이 가져온 엄청난 충격으로도 모자랐던지, 산티아고에서 ≪아우로라 데 칠레≫ 창간호를 발간한 1938년 8월 1일, 네루다는 세사르 바예호가 파리에서 사망했다는 소식을 접하게 된다. 불과 1년 전 발렌시아 대회에서 네루다와 함께 일했던 위대한 페루 시인은 지병으로 쓰러졌다. 네루다는 ≪아우로라 데 칠레≫ 창간호에서 그의 친구를 회상했다.

죽은 이들 가운데서 잊을 수 없는 또 한 사람의 친구 위로 유럽의 봄이 움트고 있습니다. 우리가 무척 숭배하고

10) Pablo Neruda, 'La Mamadre', *Memorial de Isla Negra.*

> 사랑했던 세사르 바예호… 스페인의 비극은 당신의 영혼을 갉아먹고 있었습니다… 바예호여, 당신은 위대한 사람이었습니다. 당신은 광대한 광물의 침묵과 풍부한 시간과 물질의 본질을 지닌 장려한 땅속 돌의 궁전처럼 내밀하고 위대했습니다. 가슴 깊은 곳에서 타오르는 당신의 영혼과 숯과 재의 걷잡을 수 없는 불길.[11]

네루다는 이런 절망적인 상황에서도 삶은 계속되어야 함을 깨달았다. 이제 그는 칠레 문화의 중심에 우뚝 서 있었다. 더욱이 차기 대통령 선거에서 인민전선 후보 페드로 아기레 세르다의 홍보 책임자로 활동하게 될 것이었다.

당시 칠레는 주목할 만한 시기였다. 1938년 9월 5일, 호르헤 곤살레스 본 마라에스가 이끄는 소위 나치당이 쿠데타를 시도했다. 그의 지지자들이 모네다궁(산티아고의 대통령궁) 밖에서 경찰에게 총을 발사했다. 집무실 창문으로 저격 장면을 목격한 알레산드리 팔마 대통령은 거리로 뛰쳐나와 죽어 가는 경찰관을 직접 출입구 안쪽으로 끌고 들어갔다. 그는 이어 고함을 질러 군에 명령을 내렸다. 나치당원들이 국가안보국 본부에 숨었지만 알레산드리 정부는 군인들에게 건물을 습격하라고 명령했다. 안에 있던 나치당원들은 모

11) Pablo Neruda, 'César Vallejo ha muerto', *Aurora,* Santiago, 1 August 1938.

두 사살되었다. 곤살레스 본 마라에스와 칠레에서 그의 주된 정치적 동맹자인 카를로스 이바녜스 델 캄포—1931년 대통령에서 물러난 독재자로 1938년 선거에서도 대통령 후보로 나설 계획이었다—는 투옥되었다.

현직 대통령 알레산드리 정부는 1932년 집권 이후 우경화되었다. 혹자들은 재무 장관 구스타보 로스의 막강한 권력을 비난했다. 파업은 무자비하게 진압되었고 좌파 활동은 짓밟혔다. 1938년 10월 25일 선거에서 무엇보다 우파 후보인 로스에 맞서기 위해 인민전선—강력한 급진당과 사회당, 공산당의 연합—이 결성되었을 때, 네루다는 당연히 지원 요청을 받았다. 그는 요청을 뿌리칠 수 없다는 것을 알고 있었다.

개인적인 차원에서 네루다가 아기레 세르다와 일하는 것을 기꺼워한 이유를 이해하기는 어렵지 않다. 대통령 후보의 아버지는 가진 재산이 별로 없는 농부 출신이었다. 페드로 자신은 미겔 에르난데스처럼 흙과 가난한 사람들을 가까이 느끼며 자랐다. 또 1920년대에 그는 칠레포도주생산자협회 회장을 지내기도 했는데, 분명 네루다는 이 직책 때문에 그에게 호감을 가졌을 것이다. 그 밖에도 아기레 세르다와 네루다 사이에는 또 다른 공통점이 있었다. 두 사람 모두 자신들보다 훨씬 열렬한 좌파 활동가 부인(혹은 동지)을 두고 있었다. 아기레 세르다는 원만한 관계를 유지하기가 용이한 사람이었다. 그는 붙임성이 있는 데다 겸손하고 쾌활했으며 작가들을 좋아했다. 그는 미국의 저널리스트 존 건서에게 자기 조국을 가장 잘 묘사한 학생을 수상자로 선정하는 에세이 경연 대회가 세계 각국에서 열리는 걸 보고 싶다고 말했다. 이 에세이들을 서로 교환해 저렴하게 소책자로 인쇄한 다음 세계 곳곳의 노동자와 학생에게 배포하는 것이 그의 소망이었다.[12)]

그러나 아기레 세르다에게는 적이 있었다. 극좌파에서는 그를 '부르주아'라고 비난했고, 우파는 그를 볼셰비키로 몰아붙였다. 시의적절하게 아기레 세르다는 자신이 대통령 선거에서 승리하면 칠레는 제1차 세계대전과 마찬가지로 제2차 세계대전에서도 중립을 지킬 것이라고 선언했다.

인민전선의 승리 가능성을 점치는 사람은 아무도 없었다. 모두가 로스의 압도적인 승리를 예상했다. 네루다는 선거 결과를 듣기 위해 산티아고 간선 도로의 하나인 알라메다에 모여든 군중과 합류했다. 선거는 아주 박빙의 승부였지만, 결국 4111표의 근소한 차이로 아기레 세르다가 승리했다. 혹자들은 놀랍게도 나치당 지도자인 곤살레스 본 마라에스와 카를로스 이바녜스 델 캄포가 옥중에서 영향력을 행사해 인민전선을 지지했기 때문에 그가 승리할 수 있었다고 주장한다. 진실이 무엇이든 간에, 네루다는 너무 기쁜 나머지 아베니다 이라라사발에 있는 집 근처로 친구들을 불러 밤이 깊도록 승리를 축하했다.

---

12) John Gunther, *Inside Latin America* (Hamish Hamilton, London, 1942), p.193.

페드로 아기레 세르다는 1938년 크리스마스이브에 공식적으로 정권을 넘겨받았다. 그가 취한 첫 번째 조치의 하나는 네루다를 불러 다시 유럽으로 파견할 것임을 통보한 것이었다. 그는 파리에서 스페인 이민자를 위한 특별 영사직을 수행하게 된다.

50만 명이 넘는 스페인 공화파 사람들이 직면한 참상에 대한 보도는 칠레를 비롯한 라틴아메리카의 여러 지역에서 상당한 우려를 불러일으켰다. 그들은 프랑코의 맹공을 피해 프랑스로 들어가기 위해 대부분 걸어서 피레네산맥을 넘었다. 난민들은 자신들이 무사히 피신할 것으로 믿었지만, 갑작스러운 이민자 쇄도 문제를 해결하는 데 혈안이 된 프랑스 정부는 프랑코에게 안도라와 포르보 사이의 스페인 국경에 중립 지대를 설치할 것을 요구했다. 난민들은 피난처를 제공할 의향이 있는 제3국이 나타날 때까지 중립 지대에 머물 수 있었다. 프랑코는 프랑스의 요구를 거부했다. 1939년 1월 28일, 프랑스 내무 장관 알베르 사로는 여자와 아이들은 국경을 넘어 프랑스로 들어오게 하고 남자들은 스페인으로 돌려보내라는 지시를 내렸다. 2월 5일이 되어서야 비로소 흥분을 가라앉힌 프랑스 총리 에두아르 달라디에가 국경 지대에서 무기를 인도한다는 조건으로 스페인 공화파 군인들의 프랑스 입국을 허용하기로 합의했다. 군인들은 가장 기본적인 위생 시설이나 의료 시설조차 없는 황폐한 포로수용소가 프랑스에서 그들을 기다리고 있다는 것을 전혀 알지 못했다. 그들은 철조망에 둘러싸인 채 전쟁 포로 취급을 받았고, 매서운 겨울 추위를 막아 줄 지붕조차 없는 천막에서 철저한 감시를 받으며 지냈다. 먹을거리라고는 빵과 물이 고작이었다. 알제리와 모로코에도 유사한 수용소가 설치되었다. 칠레에서 신문 보도를 접한 네루다는 전율했다.

이 시기는 네루다의 문학적 삶에서 격정적인 날들이었다. 1938년 7월, 스페인에 바친 찬가인 『가슴속의 스페인』 프랑스어 번역본이 그의 공산주의자 친구 루이 아라공의 서문과 함께 출간되었다. 네루다는 곧이어 그 시집이 스페인에서도 – 격렬한 내전의 와중이라는 놀랄 만한 상황에서 – 출간되었다는 소식에 크게 기뻐했다.

스페인에서 『가슴속의 스페인』이 출간된 과정은 하나의 전설에 속한다. 모든 전설이 으레 그렇듯, 적어도 진실의 일부는 왜곡되었다. 내전 동안 제네랄리타트(카탈루냐 자치 정부)는 몬세라트 수도원의 운영권을 공화파 의원인 카를레스 게르하르트에게 양도했던 것으로 알려져 있다. 수도원 한편에는 450년도 더 된 1499년에 세워진 인쇄소가 있었는데, 오늘날까지도 여전히 작동하고 있다. 내전 중에 인쇄소는 ≪시를 위한 초록 말≫ 시절부터 네루다의 친구이던 시인 마누엘 알톨라기레에 의해 운영되었다. 전쟁이 한창일 때 인쇄소는 그의 통솔 아래 세 권의 시집을 찍어 냈다. 네루다의 『가슴속의 스페인』, 세사르 바예호의 『스페인이여, 내게서 이 잔을 거두어 다오』, 스페인 시인 에밀리오 프라도스의 『전사들을 위한 작은 가요집』이 그것이다.

『가슴속의 스페인』 스페인어판 초판은 1938년 11월 7일에 나왔다. 이 시집은 발행 부수가 매우 한정적이었고, 공화국 당국, 경찰관, 병사 등에게 배포되었다. 1939년 1월에 시작된 중판은 끝내 제본 단계에 이르지 못했다. 2월 초에 프랑코 군대가 수도원에 난입해 거의 모든 인쇄물을 파괴했고, 그곳에서 발견된 다른 공화파 책들도 모조리 가져가 버렸기 때문이다.

한 편지에서 알톨라기레는 중판 인쇄용지가 "제작소에서 일하던 병사들에 의해 만들어졌다"고 주장했다. "병사들은 병참부가 공급하는 원재료(솜과 천 조각)를 사용했을 뿐만 아니라 합성물에 의복, 붕대, 전리품 그리고 한 무어인 포로의 셔츠까지 보탰다." 그러나 그렇게 만들어진 종이는 놀랄 만큼 질이 뛰어났다.

네루다는 회고록에서 시집 출판에 얽힌 이 놀라운 일화를 되풀이하고 있다. 그러나 유감스럽게도, 『가슴속의 스페인』 중판본을 한 부 소장하고 있는 바르셀로나 자치대학 도서관에 근무하는 조르디 토라는 이렇게 말한다. "종이 제작 방식과 그 구성물에 대한 알톨라기레의 진술에서는 왠지 신화적인 냄새가 풍깁니다… 우리가 전 지역을 샅샅이 찾아보았지만, 어디에도 종이를 제작할 만한 인쇄소를 가진 마을의 흔적이 보이지 않았습니다."[13)]

그러나 궁극적으로 무엇보다 중요한 것은 시 그 자체다.

핵심적인 시 「그 이유를 말해 주지」에서 네루다는 자신이 일체의 낭만적 · 초탈적 서정 및 과거의 내향적인 자아와 결별했으며, 지금은 진실을 이야기하는 사람, 세상의 불의 — 여기서는 특히 프랑코 세력이 자행한 만행 — 를 폭로하는 사람으로서의 새로운 역할에 매진하고 있다고 밝힌다. 그러나 그의 새로운 시는 물론 나름의 인상적인 서정성을 지니고 있다.

너희들은 묻겠지. 라일락은 어디에 있는가?
양귀비로 뒤덮인 형이상학은?
또 종종 낱말들을
두들겨 대며 구멍과 새를
한가득 만들어 놓던 빗줄기는?
…
너희들은 묻겠지. 왜 당신의 시는
꿈과 나뭇잎과 조국의 거대한
화산들을 노래하지 않는가?

와서 거리의 피를 보라.
와서 보라,
거리의 피를.

---

13) Jordi Torra, interviewed by the Chilean Neruda specialist, Julio Gálvez Barraza, *El Siglo,* Santiago, 13 July 2000.

와서 보라, 피를,

거리에 뿌려진!

많은 비평가들은 이 시집을 네루다가 고뇌에 찬 강박에서 사회 참여로 돌아서는 극적인 전환을 가져온 출발점으로 간주한다. 스페인의 아마도 알론소는 1940년에 처음으로 이 점을 지적한 학자였다.[14] 우루과이 비평가 에미르 로드리게스 모네갈에 따르면, 『가슴속의 스페인』은 전쟁으로 파괴된 스페인에서 겪은 끔찍한 경험을 거쳐 네루다가 『지상의 거처』의 열광적인 개인주의에서 이러한 경험을 더 넓은 연대의 일부로 이해하는 개념으로 전환했음을 보여 준다. 모네갈은 이 시집과 비교할 때 과거의 네루다의 모든 시는 불분명하고 일정한 형태가 없다고 본다.[15]

칠레의 네루다 전문가인 하이메 콘차는 이 점과 관련하여 생각이 좀 다르다. 그는 『가슴속의 스페인』이 불투명한 시와의 결정적인 결별이라기보다는 오히려 분위기의 변화를 특징짓는다고 본다. 콘차에 따르면, 역설적으로 『지상의 거처』에는 20세기 스페인어권 시에서 가장 염세적인 시행들이 일부 담겨 있는 반면, 내전을 노래한 네루다의 시는 절망의

14) Amado Alonso, *Poesía y estilo de Pablo Neruda,* p.359.

15) Emir Rodríguez Monegal, *Neruda: El viajero inmóvil,* pp.304 and 307.

한가운데서도 실은 희망으로 가득 차 있다(가령, 같은 시기에 쓰인, 고뇌로 점철된 세사르 바예호의 『스페인이여, 내게서 이 잔을 거두어 다오』와 대조를 이룬다). 콘차가 올바르게 지적한 대로, 네루다는 종종 희망—품위와 인간다움에 대한 희망과 존중—을 표현한다.[16)]

사실 『지상의 거처』의 일부 시에서도 이미 이러한 변화의 징후가 발견되는데, 파시스트 반란이 일어나기 훨씬 전인 스페인 체류 초기 몇 달 동안에 쓰인 시들이 그렇다. 또 에르난 로욜라가 지적한 대로, 알론소의 논리는 이 시기에 네루다가 직접적으로 정치적 의미가 없는 시도 썼다는 사실을 제대로 설명하지 못한다. 또 몇몇 기법에서는 여전히 이전과 유사하다. 『가슴속의 스페인』에서 네루다는 그리스 합창과 아주 흡사하게 강조를 위해 구절을 반복하고 있는데("와서 거리의 피를 보라"), 이는 『지상의 거처』와 마찬가지다.

그러나 세계와 그 안에서의 시인의 역할에 대한 그의 관점은 달라졌다. 새로운 것은 그의 강한 배반감이다. 좌절된 로맨스에 대한 비참한 개인적 환멸이 아니라 흉악무도한 세력(프랑코와 그의 파시스트 군대)에 의해 더 광대한 정의로운 인간 사회(이제 그는 이 사회에서 소외되었다기보다는 그 일부임을 느낀다)가 유린당했다는 배반의 느낌이다. 네루다

---

16) Jaime Concha, *Tres ensayos sobre Pablo Neruda* (University of South Carolina Press, Columbia, SC, 1974), p.85.

는 냉혹한 배반자들을 비난했다. '도적 떼'는 "하늘에서 내려와 아이들을 죽였고 / 거리에는 아이들의 피가 / 그저, 아이들의 피처럼 흘렀다."

『가슴속의 스페인』에는 분명 그 자신 이외의 다른 어떤 것에 대한 열정이 배어 있다. 멕시코 시인 옥타비오 파스가 당시에 감탄하여 쓴 것처럼, 이 시집은 "일화적인 것을 넘어서며 여러 세기를 통해 목소리들이 무시무시하게 울려 퍼지는 가슴속에서 우리를, 스스로를 상처 입힌다".[17)]

칠레를 떠나 유럽으로 가기에 앞서, 네루다는 유럽에서 임무를 마치고 돌아왔을 때 산티아고에서 델리아와 평온하게 지낼 수 있는 장소를 물색하기 시작했다. 그는 우연히 아베니다 린치에서 포도나무로 뒤덮인 오래된 작은 건물을 발견하고는 그것을 매입했다. 주로 공무원 · 언론인연금기금의 넉넉한 대출 덕분에 가능했다. 델리아는 그들이 구출하고자 하는 스페인 공화파 난민들에게 나눠 줄 비품과 의류를 마련하느라 분주했다. 파리로 떠나기 직전에 네루다는 사고로 다리를 심하게 다쳐 수술을 받아야 했다. 그는 다리에 깁스를 한 채 발파라이소에서 라캄파나호에 승선했지만, 그의 귓전에는 신임 칠레 대통령의 말이 울리고 있었다. "수많은 스페인 사람들을 내게 데려오시오. 우리에겐 그들 모두를 위

17) Octavio Paz, 'Neruda en el corazón', *Ruta,* Mexico City, No.4, 1938, p.241.

한 일자리가 있습니다. 내게 어부를 데려오시오. 내게 바스크 인들과 카스티야인들, 에스트레마두라인들을 데려오시오."

1939년 4월 말 파리에 도착했을 때, 네루다와 델리아는 친구인 라파엘 알베르티와 그의 부인 마리아 테레사 레온을 다시 만나게 되어 몹시 기뻤다. 두 부부는 케 드 로를로주에 있는 센 강변의 한 아파트를 같이 썼다.

1939년 5월 19일 스페인에서 프랑코가 승리하자, 네루다는 분초를 다투는 위급한 상황임을 깨달았다. 그는 프랑스 친구들과 후안 네그린이 통솔하는 스페인 망명 정부의 도움을 받았다. 대양을 횡단해 2000명의 스페인 난민을 칠레로 수송할 배를 구해 준 사람은 바로 네그린이었다.

네루다는 바쁜 와중에도 여전히 즐거운 일이 필요했다. 당시 네루다의 충실한 벗이던 라파엘 알베르티는 그가 풍요로움을 되찾았다고 회고했다.

> 네루다는 여전히 예전의 네루다였다. 변덕스럽고 위험한 앙팡 테리블('무서운 아이'란 뜻으로 여기서는 남을 고려하지 않는 무책임한 사람을 가리킨다—옮긴이 주)… 그는 막무가내였다. 기분 내키는 대로 술을 마시게 했다. 달랑 한 병만 마시는 건 불가능했다. 그가 한 병 한 병 마실 때마다 보조를 맞추어야 했다. 말할 것도 없이 위스키는 이루 헤아릴 수 없이 마셨다.[18)]

네루다는 또한 진귀한 물건에 대한 어린애 같은 열정을 전혀 잃지 않았다. 어느 날 네루다가 알베르티와 파리의 샤키 페슈 거리를 걷고 있을 때, 커다란 철제 열쇠가 구둣방 문간 위에 못으로 고정되어 있는 게 눈에 들어왔다. 알베르티는 "파블로가 즉각 황홀경에 빠졌다"고 회상했다. "오, 친구. 저 멋진 열쇠가 보이나? 컬렉션을 위해 칠레로 가져가고 싶네."

알베르티는 파블로가 그런 무의미한 일을 하지 못하게 필사적으로 말렸다. 그러나 네루다는 고집을 꺾으려고 하지 않았다. 가게 주인이 열쇠를 내놓을 생각을 하지 않자, 네루다는 프랑스 공산당 당원인 벽돌공과 함께 다시 나타났고, 그가 벽을 깨뜨려 열쇠를 떼어냈다. 파블로는 득의양양한 미소를 지으며 열쇠를 건네받았고, 가게 주인에게 대가로 500프랑을 지불했다. 가게 주인은 그가 제시한 가격을 흔쾌히 받아들였다.

위대한 칠레 시인이 구출 임무를 띠고 유럽에 돌아왔다는 소문이 삽시간에 프랑스에 퍼져 나갔다. 알베르티의 회고에 따르면, 프랑스 포로수용소의 피수용자들이 네루다 앞으로 수많은 편지를 보냈다고 한다. 혹자는 시인의 배에 자리를 확보하려고 속이 빤히 들여다보이는 아첨을 하기도 했다. 병사가 보낸 한 편지에는 "위대한 시인 파블로 네루다여. 저는 당신 부인이 작은 새, 아침마다 노래하는 작은 나이팅게일

18) Rafael Alberti, ed., *Pablo Neruda: Antología poética*, p.24.

같다는 걸 알고 있습니다"라고 씌어 있었다. 네루다는 순진함과 교활함이 뒤섞인 편지글에 넋이 나갔고, 실제로 편지를 쓴 사람을 구출자 명단에 넣었다.

마르세유 주재 칠레 영사관에 작은 사무실을 제공받은 네루다는 열정적으로 일을 시작했다. 그러나 그의 일은 방해를 받았다.

> 조국의 정부와 정치 상황은 전과 달라졌지만, 파리 주재 대사관은 여전했다. 스페인 사람들을 칠레로 보낼 수도 있다는 가능성은 말쑥한 우리의 외교관들을 화나게 했다. 그들은 나에게 주방 옆 사무실을 내주었고, 가능한 모든 방법을 동원해 나를 괴롭혔다. 심지어는 쓸 종이를 내주지 않기까지 했다. 달갑지 않은 사람들의 물결은 이미 대사관 건물 출입구에 다다르기 시작하고 있었다. 부상병, 법률가와 작가, 진료소를 잃은 전문의, 온갖 부류의 숙련 노동자. 그들은 내 사무실까지 오기 위해 숱한 고초를 겪어야 했다. 더구나 내 사무실은 4층에 있었기 때문에 대사관 직원들은 사악한 짓을 생각해 냈고, 결국 승강기 운행을 중단했다. 대다수의 스페인 사람들은 전쟁에서 부상당한 상태였고, 아프리카 포로수용소에서 살아남은 사람들이었다. 그들이 죽자 사자 힘겹게 4층까지 올라오는 걸 보고 있자니 가슴이 미어졌다. 그사이 무자비한 직원들은 내가 곤혹스러워하는 모습을 고소하다

는 듯이 바라보았다.[19]

칠레 외무 장관은 네루다에게 대리 공사 아레야노 마린을 파견함으로써 그의 비서관 지원 요청을 들어주었다. 그는 영리했고 보기에 따라 아주 매력적일 수도 있는 인물이었다. 그러나 사치스러운 차와 고급 임대 주택에 대한 집착 그리고 꼭 붙어 다니던 멋쟁이 금발 여자가 네루다를 당혹스럽게 했다. 잠깐 브뤼셀을 여행했을 때, 네루다는 마린에게 사치스러운 행실이 부적절하다고 타이르려고 애썼다. 그러나 소귀에 경 읽기였다. 네루다는 몇 년 뒤 멕시코에서 놀라운 사실을 알게 되었다. 브뤼셀에 머무르는 동안, 마린이 두 명의 스페인 사람에게 네루다가 그들을 위험한 공산주의자로 몰아 게슈타포에게 넘길 준비를 하고 있다고 귀띔해 주었다는 것이다. 게다가 마린은 두 사람을 설득해 안전하게 보관해 주겠다며 트렁크를 맡기도록 했다. 가방 안에는 9만 달러가 들어 있었는데, 불운했던 두 스페인 사람은 두 번 다시 그 돈을 구경하지 못했다. (네루다가 나중에 안 사실이지만, 마린과 붙어 다니던 매력적인 금발 여자는 실제로는 소르본 대학 출신의 금발 머리 남학생이었다.)

네루다가 구출 임무를 위한 막바지 준비에 여념이 없던 바로 그때, 칠레에서 놀라운 소식이 날아들었다. 그사이 페

---

19) Pablo Neruda, *Memoirs,* p.141.

드로 아기레 세르다 대통령의 생각이 바뀌어 배가 프랑스를 떠나 칠레로 향하기를 원치 않았다. 네루다는 사색이 되었다. 몇몇 출처에 따르면, 그는 배가 스페인 난민을 싣고 칠레로 떠날 수 없다면 차라리 자살하겠다고 으름장을 놓기까지 했다고 한다. 그러나 아마도 외무 장관 아브라암 오르테가가 사퇴하겠다고 협박한 것이 아기레 세르다의 입장 철회에 더 결정적인 영향을 미쳤을 것이다.

위니펙호로 구출된 사람 중 한 명인 스페인 민간 기술자 빅토르 페이는 나에게 이렇게 말했다.

> 나는 오르테가의 절친한 친구였습니다. 그는 급진당원이었어요. 제2차 세계대전이 발발하자, 아기레 세르다는 정말로 오르테가에게 위니펙호의 입항을 중지시키라는 지시를 내렸지요. 네루다가 어떻게 대응했는지에 대해서는 의견이 분분해요. 분명한 사실은 오르테가가 사퇴하겠다고 협박했고 바로 그 협박 때문에 아기레 세르다가 시행 중지 명령을 백지화하게 되었다는 것입니다. 물론 네루다 역시 분명 압박을 가했을 겁니다. 그러나 오르테가의 급진당은 인민전선 정부의 핵심 구성원이었고, 그는 대통령에게 막강한 영향력을 행사했지요.[20]

---

20) Víctor Pey, in conversation with AF, Santiago, March 2000.

그렇게 해서 구출 계획은 살아남았고 난민들은 속속 보르도로 모여들기 시작했다.

네루다는 발 빠르게 후안 네그린－스페인 공화국 임시정부 총리－을 설득해 스페인 난민후송국(SERE)을 설치하게 했다. 훗날 쓴 글에서 네루다는 또 다른 의외의 기관에서도 원조의 손길을 내밀었다고 밝혔다.

> 스페인 난민후송국은 연대 기구로 창설되었다. 한편으로는, 공화국 정부의 마지막 남은 가용 기금에서 지원이 이루어졌고, 다른 한편으로는, 아직도 내게 미스터리로 남아 있는 단체인 퀘이커 재단에서 도움의 손길을 내밀었다. 나는 종교에 관한 한 철저히 무지하다는 걸 인정한다. 종교가 매달리는 문제인 죄악과의 투쟁은 어린 시절 나를 일체의 신조에서 멀어지게 했고, 이러한 피상적 태도－무관심의 태도－는 평생에 걸쳐 지속되었다. 그러나 실은 항구에 그 굉장한 종파 신도들이 나타나 무신론자와 신자, 죄인(pecadores)과 어부(pescadores)의 차별 없이, 자유를 찾아 떠나는 모든 스페인 사람들의 [배]표 절반에 해당하는 삯을 치렀다. 그때 이후, 나는 어디서든 '퀘이커'라는 단어를 접할 때마다 마음속으로 경의를 표한다.[21]

21) Pablo Neruda, *Para nacer he nacido*, p.294.

네그린과 스페인 난민후송국 덕분에 2000명의 난민을 칠레로 싣고 갈 위니펙호를 빌릴 수 있었다. 난민 수송을 하기에 적당한 배는 아니었다. 고작 열일곱 명의 승무원을 태우고 마르세유와 아프리카 해안을 오가기 위해 사용되던 낡은 선박으로 고약한 생선 냄새를 풍겼다. 그러나 그 배는 제1차 세계대전 중에 군대를 수송하면서 군사 목적으로 널리 사용되었다. 인부들이 신속히 위니펙호 내부를 개조해 6층의 저장실을 3층의 2단 목제 침대로 바꾸기 시작했다.

불행히도, 칠레에서는 아직도 구출 임무에 걸림돌이 남아 있었다. 야당 신문－특히 ≪엘 디아리오 일루스트라도≫－은 칠레는 국내에 그렇게 많은 난민을 받아들일 여력이 없다고 주장했다. 이에 대응하여 정부 일간지 ≪프렌테 포풀라르(인민전선)≫는 “스페인 난민은 분명 포로수용소와 세계의 여러 지역에서 참으로 지독한 궁핍의 생활을 견뎌야 했을 것이다. 이제 칠레－아메리카의 민주주의의 희망－에 그들을 도울 기회가 주어졌다. 그와 동시에 국가는 이제껏 받아들인 적이 없는 최상의 이민자들로 수혜를 입게 될 것이다”라고 주장했다. 칠레 의회 역시 곧 논쟁의 회오리에 휩싸였는데, 하원에서는 “정직하고 근면한 사람들”을 들여온다며 위니펙호 임무를 지지하는 세력과 이 계획의 시행이 “나라를 부랑자로 가득 채우게” 될 것이라고 주장하는 반대 세력 간에 격론이 벌어졌다.

몸은 수천 마일 떨어진 파리에 있었지만, 네루다는 조국에서 벌어지고 있는 논쟁을 잘 알고 있었다. 그러나 그로서는 임무 수행을 위한 자금이 바닥나고 있다는 게 더 큰 걱정이었다. 포로수용소의 피수용자들이 피로와 배고픔과 갈증으로 쇠약해진 채 3등 열차로 보르도에 도착했다. 이렇게 차츰 위니펙호의 출항이 임박해 오던 막바지에는 모든 게 정신없이 돌아갔다. 그들은 보르도에서 푸야크로 이송되었다. 트롱프루프 부두에서 배에 오르기 전 최종적으로 서류 점검을 받기 위해서였다.

현재 칠레의 손꼽히는 화가의 한 사람인 로세르 브루는 네루다에 의해 어머니와 함께 위니펙호에 승선하도록 선택된 승객 중 한 명이었다.

> 내가 그들에 대해 가지고 있는 첫 이미지는 훗날 절친한 친구가 된 '오르미기타' 델리아의 모습이었다. 그녀는 하얀 옷을 입고 있었다. 나는 고작 열여섯 살밖에 안 된 새파란 젊은이였는데, 그들은 어찌나 나이 들어 보였던지! 그들은 작은 레스토랑에 있었다. 나의 아버지는 파리로 떠나 버렸다. 네루다는 '지식인들'을 원치 않았다. 그는 자신의 손으로 일하는 농부들을 원했다.[22]

네루다는 긴 탁자에 앉아 탑승자 리스트를 작성하고 있었

---

22) Roser Bru, in conversation with AF, Santiago, March 2000.

다. 빅토르 페이에 따르면, 네루다가 무사히 배에 오를 탑승자 2000명 전원을 선발한 것은 아니었다. 대부분은 스페인 난민후송국이 선정하였고, 네루다는 단지 수백 명만을 직접 골랐을 뿐이다.[23] 파블로가 문서 업무와 인터뷰로 부산하게 움직이는 동안, 델리아는 난민들에게 드레스와 구두와 셔츠를 나누어 주었다. 어떤 사람들은 그녀가 건네는 화려한 옷가지와 구두를 정중하게 거절했다.

작고한 칠레 작가이자 미술가인 레오폴도 카스테도는 회고록에서 자신이 활동적인 당원이 아니라는 사실이 드러났을 때 네루다와의 관계가 불편해졌다고 주장했다. 그러나 페이는 이 말을 단호하게 부인했다. 그는 위니펙호에 승선하도록 허락받은 사람 중 절대다수는 결코 공산주의자가 아니었다고 지적했다. 페이는 또 트로츠키주의자라는 이유로 승선 대상에서 제외되었다는, 작고한 갈리시아 화가 에우헤니오 그라넬의 다소 악의적인 주장을 "전혀 사실무근"이라고 일축했다. 그라넬은 스탈린을 지지한 알베르티나 피카소 같은 스페인 작가들과 화가들에게 특히 적대적이었다.

언젠가는 한 스페인 노인이 나타나자 네루다가 그에게 "당신의 특기는 뭡니까?"라고 물었다. "그러니까, 나무에서 벗겨지는 순간부터 병마개로 사용될 준비가 끝나 넘겨질 때까지 코르크를 가공하는 일을 합니다. 칠레에서 아주 쓸모가

23) Víctor Pey, in conversation with AF, Santiago, April 2000.

많을 겁니다. 왜냐하면…" 네루다가 노인의 말을 가로막고 "참 딱한 일이오! 칠레에서는 코르크가 생산되지 않습니다. 코르크나무가 없어요"라고 말했다. "네루다 동지, 무슨 말씀이신지? 칠레에 코르크나무가 없다고요? 좋아요, 내게 맡겨만 주시오. 있다는 걸 꼭 입증하겠소이다." 네루다는 이 노인이 바로 칠레가 필요로 하는 부류의 사람이라는 확신으로 탑승자 명단에 포함했다.

위니펙호는 1939년 8월 4일, 보르도의 푸야크항을 출발했다. 네루다는 흰 모자를 쓰고 델리아와 나란히 부두에 서서 배를 향해 손을 흔들었다. 한 달간의 항해 중에는 하나에서 열까지 모든 것이 아주 질서정연하게 돌아갔다. 여자들과 아이들은 갑판 아래 선실을, 남자들은 갑판 위 선실을 사용했다. 청소 당번은 물론이고 아침 식사, 점심 식사, 차 그리고 저녁 식사 당번까지 정해져 있었다. 심지어 좌담이나 체스 게임도 열렸고, 바스크인 승객들로 구성된 합창단도 만들어졌다. 또 항해 중에 사내아이와 계집아이들이 태어났다.

로세르 브루는 나에게 배 안은 숨이 막힐 듯이 무더웠고, 특히 갑판 아래가 심했다고 말했다. "수많은 사람이 의자에 처박혀 꼬박 한 달을 지냈다고 생각해 봐요. 말 그대로 찜통더위였지요. 선상의 분위기는 끔찍했어요. 우리는 각자 공간을 차지하고는 놓치지 않으려고 안간힘을 썼습니다. 어머니는 절대 갑판 아래서 자지 말라고 하셨지요. 질식할 지경이었으니까요."[24)]

브루처럼 칠레의 가장 뛰어난 현대 화가의 한 사람인 또 다른 탑승객 호세 발메스는 나에게 여행에서 잊히지 않는 기억은 배 안의 "썩은 생선과 토사물"이 풍기던 악취라고 말했다.

먹을거리는 충분했을까? 빅토르 페이는 이렇게 회상했다. "이봐요, 사실 우린 음식도, 세탁 시설도, 아무것도 없는 포로수용소에서 막 빠져나온 터라, 위니펙호는 그야말로 호화판으로 보였지요! 우린 매일 훌륭하고 위생적인 세 끼의 식사를 제공받았어요. 그리고 자유라는 더없이 소중한 가치를 누리고 있었지요."[25]

그들은 자유를 만끽했지만 지루함도 없지 않았다. 배 안에는 책이 전혀 없었지만 승객들은 이내 벽보 신문을 만들었다.

> 우리는 벽에 스페인 내전에 관한 기록을 적어 놓곤 했습니다. 매일 숱한 논쟁이 벌어졌지요. 그러나 이따금 보도된 것과 달리, 논쟁이 아무리 격렬해도 서로 치고받는 일은 결코 없었어요. 결코. 우리는 프랑스 사회당 정권이 스페인 공화파를 지원하기 위해 무기를 보내겠다고 사전에 동의해 놓고도 거부한 것을 두고 격론을 벌였습니다. 또 내전의 와중에도 스위스에서 열린 학술 대회에 참석한 생화학 박사이자 유럽주의자인 스페인 공화국 총

---

24) Roser Bru, in conversation with AF, Santiago, March 2000.

25) Víctor Pey, in conversaton with AF, Santiago, April 2000.

리 후안 네그린의 태도에 대해서도 논쟁을 벌였지요.[26)]

혹자들은 당시의 사정을 다르게 기억한다. 그들에 따르면, 물리적 충돌도 있었는데, 1939년 8월 23일에 독소 불가침 조약이 체결되었다는 소식이 전해진 뒤에 특히 그랬다. 이 소식으로 배에 타고 있던 공산주의자들은 엄청난 심리적 타격을 받았다. 자신의 별명의 원천이 된 인물-소련 외무 장관 뱌체슬라프 몰로토프-이 독일 외무 장관 요아힘 폰 리벤트로프와 불가침 조약에 서명했다는 사실을 알게 되었을 때, 특히 그가 일체의 반파시즘, 반나치 슬로건을 맹렬히 공격하면서 소비에트 최고 회의에 대해 몹시 놀라운 논평을 발표했을 때, 프랑스에 있던 델리아 델 카릴의 심경은 어땠을까? 몰로토프는 이 슬로건들을 이제 "현실에 적용될 수 없고 시대에 뒤떨어진" 것으로 간주했으며, 심지어 "민주주의 수호를 구실 삼아 나치즘을 파괴할 목적으로 반파시즘 전쟁을 벌인다면 그것은 몰상식한 행위일 뿐만 아니라 죄악이다"라고 말하기까지 했다.

배 안에는 선장이 선수를 돌려 프랑스로 귀환하라는 지시를 받았다는 소문이 돌았다. 또 배는 운하 통행료를 지불하지 못해 파나마에서 며칠 동안 발이 묶이기도 했다.

위니펙호는 1939년 9월 3일, 마침내 발파라이소에 도착

26) Ibid.

했다. 그 누구도 잊을 수 없는 날이었다. 바로 그날 제2차 세계대전이 발발한 것이다. 칠레인들은 입항하는 배를 바라보며 난민들의 도착을 환영했다. 그들은 하얀 손수건을 흔들며 환영가를 불렀다. 몇몇 자료에 따르면, 부두에서 기다리던 사람 중에는 칠레 보건 장관이자 미래의 대통령인 살바도르 아옌데도 있었다고 한다.

난민들은 스페인에서의 출신 지역에 따라 나뉘었으며, 일부는 발파라이소에 남았고 나머지는 산티아고행 열차에 올랐다. 그들은 칠레의 수도에 도착해 또 한 번 환영을 받았다. 호세 발메스는 "나는 단지 열두 살에 불과했고, 피레네산맥을 넘어 스페인에서 프랑스로 들어갈 때 눈이 발목까지 빠지던 느낌을 그때까지도 또렷이 기억할 수 있었다. 이곳[칠레]에서 사람들은 곧 우리를 좋아하게 되었다"[27]라고 말했다.

네루다는 회고록에서 이때의 일을 자랑스럽게 쓰고 있다. "비평가들에게 나의 시 전부를 지워 버리라고 해 보라. 그러나 아무도 위니펙호의 시를 지우지는 못할 것이다." 그것은 "내 삶에서 가장 중요한 임무"[28]였다고 그는 말했다.

임무를 완수하고 나서도 그와 델리아는 두 달 동안 파리에 더 머물러 있었다. 세계는 전쟁 중이었고, 그들은 마드리드가 파시스트들에 의해 함락된 것과 똑같은 방식으로 파리

27) José Balmes, in conversation with AF, Santiago, April 2000.

28) Pablo Neruda, *Memoirs,* p.148.

가 나치에게 무너질 것인가를 눈으로 확인하기 위해 기다렸다. "나는 파리에서 창문을 통해 앵발리드 군사 박물관을 바라보았고 첫 파견대가 떠나는 것을 보았다. 아직 군복 입는 법도 채 배우지 못한 젊은이들은 입을 벌리고 있는 죽음의 문을 향해 곧장 행진해 갔다."[29)]

칠레는 제1차 세계대전 때와 마찬가지로 제2차 세계대전 중에도 공식적으로 중립을 지켰다. 네루다의 공산주의자 친구인 시인 루이 아라공은 친나치 세력으로부터 도망쳐 파리 주재 칠레 대사관으로 몸을 피했다. 네루다에 따르면, 아라공은 이곳에서 소설『승합차 위의 여행자들』집필을 끝마쳤다고 한다. 닷새 뒤에 아라공은 대사관을 떠나 대독 항전에 참전했다.

마드리드 주재 칠레 대사관은 안전한 탈출을 모색하던 난민들에게 피난처가 되었다. 칠레 대사 카를로스 모를라 린치의 역할은 여전히 모호하지만 그가 칠레 대사관에 미겔 에르난데스의 피신처를 제공하길 거부했다는 얘기는 사실무근인 것으로 보인다. 에르난데스 자신은 피난을 탈주 행위로 간주해 단호하게 거부했다. 파리에 떨어져 있던 네루다는 친구가 스페인을 무사히 빠져나갈 수 있게 하려고 동분서주했다. 그러나 프랑코 정권은 요지부동이었다. 에르난데스는 체포되어 토리호스 감옥에 수감되었다. 네루다는 마드리드

---

29) Ibid.

주재 칠레 대사관 담당관인 헤르만 베르가라를 통해 미겔과 그의 부인에게 매달 지원금을 보내도록 조치했지만, 친구의 상태는 여전히 위험했다. 네루다는 스페인과 프랑스의 많은 동료들과 함께 프랑코의 친구인 알프레드 보드리야르 추기경에게 미겔의 석방을 탄원해 줄 것을 호소했다. 거의 철저히 맹목적이던 추기경은 에르난데스의 시 일부를 들려주자 감탄하며 귀담아들었고, 일은 계획대로 잘 진척되어 갔다. 프랑코 정권은 1939년 중반에 노여움을 풀고 에르난데스를 풀어주었다.

파리에서의 네루다의 중재는 뜻을 이룬 것처럼 보였다. 미겔은 자유롭게 스페인을 떠날 수 있었다. 그러나 상황을 잘못 인식한 그는 둘째 아이의 출산이 임박했기 때문에 스페인을 떠나지 않기로 했다. 정부는 이 기회를 놓치지 않고 그를 다시 투옥했다. 이번에는 살아서 나오지 못하게 된다. 네루다는 위니펙호 작전 수행을 가장 뛰어난 성취의 하나로 꼽은 반면, 미겔 에르난데스의 생명을 구하지 못한 것을 항상 최대의 실패로 간주했다.

네루다는 유럽에 다시 발을 디딘 뒤로 한 줄의 시도 제대로 쓰지 못했다. 그의 손은 위니펙호 임무와 관련된 문서 업무에서 세부 항목을 작성하고 필요한 사항을 채워 넣는 데 사용되었다. 이제 그는 문학 작업을 다시 시작할 필요를 느꼈다.

네루다와 델리아는 1940년 1월 칠레로 돌아갔다. 네루다는 글을 쓸 수 있는 한적한 곳이 필요했다. 여러 책에서 들어

오는 인세는 이제 더 큰 수입을 가져다주기 시작했다. 칠레의 미개척 지역에 있는 발파라이소주 경계의 태평양 해안에 수수한 돌집을 구입하도록 그를 부추기기에 충분한 액수였다. 집주인은 스페인 사람 엘라디오 소브리노 – 델리아에 따르면, 기타를 연주하는, 배를 잃어버린 선장 – 였는데, 그는 나름대로 스페인 내전 중에 보여 준 네루다의 활동을 높이 평가했다.[30] 이 집은 장차 '이슬라네그라(검은 섬)' – 섬이어서가 아니라 바다에 떠 있는 거대한 검은 바위를 마주 보고 있어서 이런 이름이 붙여졌다 – 로 불리는, 라틴아메리카에서 가장 아름다운 곳에 위치한 집의 하나가 될 것이었다.

집은 문제가 있었다. 조명이라고는 희미한 파라핀 램프가 전부였고, 건물의 물은 겨우 미지근한 정도였다. 그러나 부부는 침실 창문에서 바라보이는 태평양의 경관과 평온함을 사랑했다. 그들은 종종 해변을 거닐곤 했다. 네루다의 모든 집들이 그렇듯, 이 집도 예고 없이 찾아오는 친구들로 북적이는 아지트가 되었다. 델리아 역시 깊은 우정을 쌓았다. 그녀가 교우한 사람 중에는 네루다의 이복여동생 라우리타와 파블로의 옛 연인으로 지금은 앙헬 크루차가와 결혼한 알베르티나 아소카르도 있었다.

네루다가 델리아와 더불어 바닷가에서의 새로운 삶에 익

30) Delia del Carril, interviewed by Isabel Lipthay, *Hoy*, November 1979.

숙해져 가고, 비록 고르지는 않지만 의심할 여지 없는 걸작 『모두의 노래』를 구성하게 될 첫 시들을 쓰기 시작하던 바로 그때, 칠레 외무부는, 이제 그에게 한결 우호적인 태도를 보이며, 그를 다시 불러들였다. 이번에 그의 임지는 멕시코시티였다.

7.
멕시코의 매혹, 결혼 그리고 비극적 전보
1940~1943

네루다와 델리아는 일본 선박 라쿠요 마루호(불과 몇 달 후 제2차 세계대전에서 어뢰에 맞아 침몰한다)를 타고 발파라이소를 떠났다.

1940년 7월 29일, 델리아는 선상에서 쿠바 작가 후안 마리네요에게 쓴 편지에서, 파블로가 쿠바를 꼭 한 번 방문하고 싶어 한다고 말했다.[1] 그녀는 마리네요에게 네루다가 "『모두의 노래』를 상당히 진척했으며", 칠레로 많은 서신을 발송해야 하는 "성가시고 달갑잖은" 일로 너무 경황이 없어 친히 편지를 쓰지 못하고 있다고 전했다. 그럼에도 네루다는 친필로 "쿠바를 간절히 방문하고 싶습니다"라는 추신을 덧붙였다. 또 추신에서 그는 마리네요에게 아바나의 동료들—그 영감탱이 후안 라몬 히메네스만 빼고—에게 안부를 전해 달

---

1) 잘 알려지지 않은 이 흥미로운 편지는 아바나의 호세 마르티 국립도서관에서 찾을 수 있다. 필자의 관심을 끈 것은 2003년 10월 5일 쿠바 저널 ≪후벤투드 레벨데≫에 실린 기사였다.

라고 부탁했다. (히메네스는 1936년부터 1939년까지 아바나에 체류하는 동안 네루다를 "형편없는 위대한 시인"으로 공격하는 유명한 글을 쓴 바 있다.) 두 사람은 히메네스가 1942년 「파블로 네루다에게 보내는 공개서한」을 통해 그의 "열정적인, 진정한 라틴아메리카 시"에 찬사를 보내면서 비로소 화해했다.[2)]

1940년 8월 16일, 파블로와 델리아는 루이스 엔리케 델라노, 그의 부인 롤라 팔콘, 그들의 여섯 살배기 아들 폴리와 함께 멕시코의 만사니요항에 도착했다.

유럽이 전쟁의 불길에 휩싸여 있을 때 멕시코는 라사로 카르데나스 전임 대통령 통치하에 정치적 · 경제적 안정을 구가했다. 처음에 네루다는 멕시코시티에서 가급적 공개적으로 모습을 드러내지 않으려고 노력했다. 네루다 부부는 잠시 파세오 델 라 레포르마에 있는 몬테호 호텔에 머물렀다. 그러나 도착한 지 여드레 후에 파블로는 더 이상 참지 못하고 멕시코 일간지 ≪엘 나시오날≫과 장난기 섞인 모호한 인터뷰를 가졌다. 여기에서 그는 멕시코 시인들에게 찬사를 보냈다. "나는 칠레에도 이곳에서와 같은 시인들이 있었으면 합니다. 이곳 시인들의 특색은 형식에 있지요… 줄곧 형식을 없애려고 애쓴 사람으로서 내가 할 말은 아니지만…"[3)] 사실

2) 'Open Letter to Pablo Neruda'. Juan Ramón Jiménez, *Guerra en España 1936-1953* (Seix Barral, Barcelona, 1985), p.255에 수록되었다.

멕시코 시인들 입장에서는 빈정대는 듯한 찬사였다. 다행히 멕시코 문학계는 이를 눈치채지 못했다. 그렇지 않았다면 네루다는 도착하자마자 한바탕 소동을 불러일으켰을 것이다.

네루다는 멕시코의 일부 인텔리겐치아는 도저히 용납할 수 없다고 생각했다. 그러나 분명한 것은 멕시코가 그에게 제공한 거의 모든 것을 마음에 들어 했다는 사실이다. 그는 또한 프랑코의 탄압에 희생된 스페인 공화파 사람들을 위해 멕시코 정부가 기울인 노력을 무척 고마워했다. 멕시코는 여느 라틴아메리카 국가들과 달리, 파시즘을 피해 도망친 난민들에게 문을 활짝 열어 놓았었다. 단지 스페인 난민만 있었던 것은 아니었다. 네루다의 위니펙호는 '세르파 핀투'라는 자매 배를 가지고 있었는데, 이 포르투갈 선박은 독일 나치 정권 반대자들을 싣고 유럽을 떠나 멕시코로 향한 마지막 배였다.

몬테호 호텔에서 잠시 머문 후에, 네루다와 델리아는 먼저 레비야히헤도 거리의 한 아파트로 이사했고, 이어 라 킨타 로사 마리아 거리에 있는 훨씬 더 큰 집으로 옮겼다. 또다시 네루다의 집은 파시즘을 피해 유럽에서 도피한 예술가와 작가는 물론, 멕시코의 지도적인 문학계 인사들의 회합 장소가 되었다.

---

3) Pablo Neruda, interviewed in *El Nacional,* Mexico City, 24 August 1940.

스페인에서 온 사람들로는 레온 펠리페, 호세 베르가민 그리고 당시에 마르크스의 저작을 스페인어로 옮겨 명성이 자자했던 웬세슬라오 로세스가 있었다. 멕시코인 방문자 중에는 옥타비오 파스와 카를로스 페이세르가 있었다. 또 독일 소설가 아나 제거스와 체코의 위대한 저널리스트 에곤 에르빈 키슈(조지 스타이너에 의해 "이제껏 마르크스주의의 대의에 복무한 가장 재능 있는 저널리스트"[4]로 평가받았다)도 있었다. 그런데 이 체코인은 어떻게 해서 네루다라는 가명을 취하게 되었는지 설명해 달라고 끝없이 졸라 댔다.

이번에 델리아는 음식 준비와 관련된 대부분의 일을 롤라 팔콘에게 위임했다. 늘 그랬듯이, 음식을 준비해야 할 경우가 너무 잦았다. 그들의 친구인 멕시코 소설가 안드레스 에네스트로사의 딸 시벨레스의 세례식을 축하하기 위해 400명의 손님이 초대되었고, 그들은 춤추고 노래하고 나무를 기어오르며 이틀을 보냈다. 파티가 얼마나 요란했던지 건물 주인이 파블로와 델리아에게 이사할 것을 요구했을 정도였다.

델리아는 부엌에서는 별 도움이 되지 못했지만, 네루다의 시 창작에서는 중요한 역할을 했다. 그는 매번 초록색 잉크로 쓴 원고를 그녀에게 보여 주었고, 그녀의 의견을 전적으로 존중했다. 만약 그녀가 괜찮다고 인정하지 않거나 손질

---

4) George Steiner, *Language and Silence* (Pelican Books, London, 1969), p.310.

할 필요가 있다고 생각하는 시행이 있으면 언제나 군소리 없이 뜯어고쳤다.

또 델리아는 자신의 창작 활동도 게을리하지 않았다. 롤라 팔콘은 이렇게 회고했다. "우리가 스탈린그라드의 레지스탕스, 독일의 점령에 대항하여 파리에서 마키 대원들이 벌인 [지하] 비밀 투쟁 그리고 유럽이 황폐화해 가는 와중에서 제3제국의 진군을 걱정스럽게 주시하고 있을 때, 나는 바로 그곳[멕시코]에서 델리아가 그림을 그리는 것을 보았어요. 그녀는 자신이 아마추어일 뿐이라고 말했지만, 우리는 그녀의 작품이 역동적인 힘과 아름다운 색채 감각을 지니고 있다고 생각했습니다."[5)]

멕시코 작가 윌베르토 칸톤은 1940년대 초에 멕시코에서 만난 파블로 네루다를 이렇게 회고했다. "…그가 즉흥적으로 마련된 연회를 주재하였는데, 사랑 얘기는 없고 온통 문학 얘기뿐이었어요. 그의 아파트를 점령한 조개껍데기에 둘러싸여 환하게 웃던 그의 모습이 생각나는군요."[6)]

조개껍데기를 비롯해 바다를 떠올려 주는 물건이면 무엇이든 닥치는 대로 수집하는 네루다의 평생 습관이 이미 시작되었다. 또 다른 작가 마누엘 레린은 파블로가 "마치 고향의

---

5) Lola Falcón, 'Testimonios sobre Delia del Carril'에서 인용.

6) Wilberto Cantón, 'Pablo Neruda en México (1940-1943)', *Anales de la Universidad de Chile*, Santiago, Nos 157-160, January-December 1971, pp.263-269.

해안선을 그리워하듯, 그의 집 거실에서 바다의 사물과 모티프에 둘러싸여 있던" 모습을 회상했다.

파블로는 시장을 무척 좋아했다.

> 멕시코의 참모습은 시장에서 발견할 수 있다. 그것은 영화에 나오는 걸걸한 목소리의 노래나 콧수염에 권총을 차고 솜브레로를 쓴 멕시코인의 가짜 이미지에서 발견되지 않는다. 멕시코는 인광을 발하는 진홍색 터키옥으로 장식된 숄의 땅이다. 멕시코는 질그릇 사발과 물 주전자 그리고 곤충 떼에게 열려 있는 과일의 나라다. 멕시코는 노란 가시를 가진 강청색 용설란이 끝없이 펼쳐진 벌판이다. 세상에서 가장 아름다운 시장은 이 모든 것을 제공한다. 과일과 모직물, 점토와 베틀은 멕시코 사람들이 시간을 초월한 기름진 손가락의 놀라운 기술을 가졌다는 증거다… 멕시코는 그 연륜과 역사, 음악과 지리로 인해 마지막 남은 마법의 나라다.[7]

네루다가 자주 탐닉했던 또 다른 습관은 스스로 변장하고 손님들의 동참을 부추기는 것이었다. 때때로 그는 소방수, 육군 대장 또는 검표원 차림으로 손님들을 맞으러 나타나곤 했다. 안드레스 에네스트로사는 다소 무정하게 네루다가 이

---

7) Pablo Neruda, *Memoirs,* p. 150.

처럼 변장하기를 좋아한 것은 자신의 못생긴 외모에 대한 자의식의 반영일지도 모른다고 말했다.

어떤 면에서, 이런 유희는 영사의 직무라는 관료적 부담에서 벗어나려는 몸부림이었다. 칠레 외무부는 달갑지 않게 오점을 남기지 않았다면 우스꽝스러울 수도 있었던 직무를 그에게 할당했다. 한때 그는 칠레 비자를 취득하고자 하는 사람들의 인종적 혈통을 조사하라는 지시를 받았던 것이다.

아이러니하게도 네루다는 멕시코의 가장 뛰어난 화가의 한 사람으로 누구보다 논쟁의 소지가 많은 인물에게 일방적으로 칠레 비자를 발급해 주었고—외무부에 보고도 하지 않고—, 이로 인해 두 달간 외교관직을 정직당하게 된다. 그것은 징계로 볼 수도 있었지만, 사실은 바로 그가 필요로 했던 잠깐의 달콤한 휴식이었다.

석유 산업의 국유화로 미국과 몇몇 유럽 국가로부터 공격을 받는 동시에 민족주의 정책으로 러시아 공산주의의 꼭두각시라는 비난을 듣고 있던 당시의 멕시코 대통령 라사로 카르데나스는 1937년, 스탈린 정권으로부터의 독립을 입증하기 위해 러시아 혁명가 레온 트로츠키에게 정치적 망명을 허가했다.

트로츠키를 암살하려는 첫 번째 시도는 멕시코 벽화미술가의 한 사람인 다비드 알파로 시케이로스에 의해 계획되었다. 그는 1940년 5월 24일 밤, 경찰 복장을 한 한 무리의 사람들을 이끌고 코요아칸에 있는 트로츠키의 집을 습격했다. 시케이로스 자신은 멕시코 육군 소령 복장으로 군사 행동에 가담했다. 습격 가담자들은 모두 멕시코 공산당원이거나 당의 통제를 받는 조직과 연계된 자들이었다. 그들은 트로츠키의 집에 난입하여 침실에 300발의 총탄을 퍼부었다. 트로츠키와 그의 부인 나타샤는 침대 밑으로 몸을 피해 기적적으로 목숨을 건졌다. 그들의 어린 손자는 피습으로 부상을 입었는데, 그의 아버지는 그 직전에 파리에서 NKVD(후에 KGB로 알려진 소련 비밀경찰)에 의해 살해되었다.

시케이로스와 다른 여덟 명의 멕시코 공산당 전사들은 암살 시도가 수포로 돌아간 뒤에 체포되었다. 그러나 소련과 멕시코에 있던 NKVD 조직원들의 압력 덕분에 가벼운 판결이 내려졌다. 네루다는 칠레 외무부와 상의도 하지 않고 감옥에 있는 시케이로스를 만났고, 그가 칠레 비자를 발급받을 수 있도록 조치했다. 시케이로스는 감사의 표시로 칠레 남부의 치얀에 거대한 벽화를 그리게 된다.[8)]

---

8) 시케이로스 자신은 완성된 치얀의 벽화를 싫어했다. 칠레의 벽화가 훌리오 에스카메스에 따르면, "그는 완성하자마자 그것을 파괴하고 싶어 했습니다. 벽화에 칼을 던져 아무도 알아채지 못한 흠집을 남겼어요. 그는 [벽화] 개장식에 참석하기를 원치 않았지요. 하지만 그에게 드문 일이 아니었습니다. 작품을 완성했을 때 그가 만족하는 일은 거의 없었으니까요. 그것은 그가 나중에 그 작품에 대해 자랑하는 것을 막지는 못했습니다". Julio Escámez, interviewed in *Cuadernos,* Vol.10, No.39, Fundación Pablo Neruda, Santiago, 1999.

네루다가 멕시코에 도착한 지 나흘째 되던 1940년 8월 20일 늦은 오후, 트로츠키는 코요아칸에 있는 그의 집에서 등산용 피켈에 찍혀 살해되었다. 당시 자크 모르나르라는 가명을 쓰고 있던 암살범 라몬 메르카데르는 NKVD의 첩자였다. 그는 직접 스탈린의 사주를 받았고, 제3인터내셔널 — 코민테른 — 고위 관리들의 협조와 멕시코 공산당의 병참적 · 물질적 지원을 받아 임무를 수행했다. 스탈린은 트로츠키 암살 명령으로 공산주의 내에서 코민테른과 소련의 지도력에 도전하는 저항 운동의 출현 가능성을 철저히 차단할 수 있기를 희망했다.

이후 몇 년 동안, 네루다와 정치적 · 개인적으로 적대 관계에 있던 자들은 그가 시케이로스의 트로츠키 암살 시도의 공범자이며, 더 나아가 실제 암살에도 어떤 형태로든 연루되어 있을 것이라고 비난했다. 주지하다시피 네루다는 8월 16일이 되어서야 비로소 영사직 수행을 위해 멕시코시티에 도착했으며, 그날은 암살이 일어나기 나흘 전인 데다 앞서의 암살 시도가 있은 지 3개월이 지난 시점이었다. 네루다는 자신에게 쏟아지는 비난 때문에 화가 치밀었지만 1971년 우루과이의 ≪마르차≫와 인터뷰를 갖기까지는 어떤 해명이나 자기방어도 거부했다.

> 유럽에서는 정치적 · 문학적 이유로 나를 트로츠키의 죽음과 연관시키려고 안간힘을 썼습니다. 하지만 나는 가

까이서든 멀리서든, 또 살아 있을 때나 죽었을 때나 결코 그 사람을 본 적이 없어요. 좀 이상했던 점을 하나 얘기하지요. 총영사직을 수행하기 위해 멕시코에 막 도착했을 때, 칠레 주재 멕시코 대사 옥타비오 레예스 에스핀돌라가 나를 찾아왔습니다… 그는 멕시코 공화국의 [신임] 대통령 마누엘 아빌라 카마초 장군이 나에게 비밀 임무를 맡겼다고 일러 주었습니다. 그는 다짜고짜 내게 개인 자격으로 최대한 빨리 화가 다비드 알파로 시케이로스에게 칠레 입국을 정식으로 허가하는 비자를 발급해 주라고 요청했습니다. 사실 나는 그의 요구에 깜짝 놀랐습니다. 시케이로스가 감옥에 있다고 생각했으니까요. 그리고 실제로 그는 감옥에 있었어요. 그는 레온 트로츠키의 집을 기총 소사한 혐의로 고발된 상태였습니다. 그래서 나는 레예스 에스핀돌라 대사에게 물었지요. "그 사람이 감옥에 갇혀 있는데 어떻게 비자를 내줄 수 있습니까?" 그러자 대사가 대답했습니다. "그 문제라면 걱정 마시오. 우리가 그를 석방할 겁니다." 나는 그[시케이로스]를 만나러 가자고 제안했고, 우리는 다음 날 그를 찾아갔습니다. 교도소장인 페레스 룰포 대위의 사무실로 갔는데, 그는 우리를 아주 따뜻하게 맞아 주었습니다. 그는 내가 한 번도 본 적이 없는 시케이로스를 불러냈고, 우리 세 사람은 시내의 카페에서 한잔하기 위해 자리를 떴습니다. 멕시코 대통령의 요구였기 때문에 비록 나는 아무것도 요청할 권리가 없었지만, 비자를 내주는 조건으로 시케이로스에게 멕시코 정부를 대표하여 칠레에 예술 작품을 기증해 줄 것을 요구했습니다. 그리하여 시케이로스는 1년 넘게 치얀에 머물며 그의 가장 큰 규모의[당시까지] 프레스코 벽화를 그리게 되었던 거지요. 그것이 이 악의적인 루머에 대한 진실이며, 나는 지금껏 결코 이 사실을 밝힌 적이 없습니다.[9]

유감스럽게도 네루다의 해명에도 불구하고 비난은 그치지 않았다. 심지어 세계적으로 가장 널리 알려진 매체도 예외는 아니었다. 1988년 1월 24일, ≪뉴욕 타임스 북 리뷰≫는 「지식인들과 암살자들 — 스탈린 첩자의 기록」이라는 제목의 특집 기사를 내보내면서 네루다와 시케이로스의 사진을 함께 실었고, 이 두 사람이 NKVD 암살단과 연계되어 있음을 시사하기 위해 미국 국방정보국의 조사를 언급했다. 미국의 비평가 존 바트 제럴드는 편집자에게 편지를 보내 ≪뉴욕 타임스 북 리뷰≫ 기사에 이의를 제기하려고 애썼다. 그는 "우리에게 베트남 전쟁을 초래한 군사 당국은 이제 선전 효과를 위해 한 시인을 파멸시키고 있으며, 나는 발표가 허용된, 미국 작가들의 다른 어떤 문제 제기도 알지 못한다"[10]

---

9) Pablo Neruda, interviewed in *Marcha,* Montevideo, 17 September 1971, p.3.

라고 지적했다. 그러나 그의 편지는 공개되지 않았다.

네루다가 트로츠키 암살과 관련되었다는 증거는 전혀 없다. 그러나 분명한 것은 러시아인들이 네루다에게 관심이 있었다는 사실이다. NKVD는 네루다가 멕시코에 영사로 있는 동안 그를 당원으로 영입하지 못해 안달이었다. 나는 NKVD 파일에서 이러한 취지가 담긴 1944년 5월(즉, 네루다가 멕시코를 떠난 '뒤'인)의 비망록을 본 적이 있다.[11] 네루다가 어떻게 대응했는지는 거의 알려지지 않았다. NKVD는 수도에 소련 대사관을 개설한 1943년 이래 멕시코에 확고한 발판을 마련하고 있었다.

어쨌든 네루다는 강제로 관료주의에서 벗어났던 두 달의 정직 기간을 십분 활용해 멕시코에 이어 과테말라를 두루 여행했다. 멕시코 국경을 넘어 과테말라로 들어갈 때, 네루다는 리아나(열대산 칡의 일종－옮긴이 주)와 거대한 잎사귀 그리고 과테말라의 "사치스러운 신이 잊어버린 눈[目]처럼 잔잔한 호수들"[12]에 입이 벌어졌다. 과테말라 여행에서 가장 기뻤던 일의 하나는 소설가 미겔 앙헬 아스투리아스(훗날

10) John Bart Gerald, in his book review of Pablo Neruda's *Winter Garden,* translated by William O'Daly (Copper Canyon Press, Port Townsend, 1986), *New York Times Book Review,* 20 July 1990.

11) 미 육군 신호 정보 기관이 감청해서 '베노나(Venona) 프로젝트'의 일환으로 번역한 메시지를 말한다.

12) Pablo Neruda, 'Las vidas del poeta'.

노벨 문학상을 수상하게 되지만 당시에는 거의 무명에 가까운 작가였다)를 만난 것이다. 두 사람은 금세 의좋게 지냈다. 그들은 외모가 닮았을뿐더러(그 덕분에 훗날 네루다는 목숨을 구할 수 있었다) 삶에 대한 열정도 공유했다. 특히 두 사람의 남다른 음식 사랑은 1967년 헝가리 요리법에 관한 책을 공동 저술할 때 큰 도움이 되었다.

과테말라는 철권으로 나라를 휘어잡은 호르헤 우비코 이 카스타녜다라는 난폭한 독재자에 의해 통치되고 있었는데, 그는 감히 자신에게 반대하는 자는 누구든지 가차 없이 처형했다. 네루다는 훗날 이렇게 회상했다. "과테말라 사람들은 자유롭게 말할 수 없었다. 어느 누구도 다른 사람 앞에서 정치에 대해 말하지 않았다. 벽에도 귀가 있었다. 때때로 우리는 담소를 나누기 위해 산허리 정상에 차를 세우곤 했는데, 나무 뒤에 아무도 없다는 걸 분명히 확인하고 나서야 비로소 허겁지겁 정세를 논했다."[13] 그런데도 과테말라 정부는 네루다가 용케 우비코의 비서와 몇 마디 대화를 나누었다는 사실을 알아냈고, 그 불쌍한 남자는 매질을 당했다.

그러나 우비코는 네루다에게 시 낭송회 개최를 허용했고, 그는 자신의 시가 "그 방대한 감옥의 창문을 열어젖히는 것 같았으므로 기꺼이" 낭송했다. 네루다는 빽빽이 들어찬 객석 앞줄에 경찰청장이 앉아 있다는 것을 한눈에 알아챘다.

---

13) Ibid.

> 나중에야 나는 기관총 네 정이 나와 청중을 겨누고 있었으며, 만약 경찰청장이 낭송회 도중에 자리를 뜨는 일이 있었다면 기관총이 발사되었을 것이라는 사실을 알게 되었다. 그러나 그가 내 시에 귀를 기울이며 끝까지 자리를 지켰기 때문에 아무 일도 일어나지 않았다. 그때 그의 수하들은 나폴레옹처럼 광분한 독재자에게 나를 소개하고 싶어 했다. 그는 이마 위로 머리채를 늘어뜨렸으며, 종종 보나파르트의 자세로 초상화를 그리게 했다. 그를 만나라는 제안을 거절하면 위험하다는 경고를 받았지만, 나는 그와 악수하고 싶지 않아 최대한 서둘러 멕시코로 돌아갔다.[14]

네루다는 또한 파나마, 콜롬비아, 페루, 미국을 여행했다. 당시에 그가 '칠레의 모두의 노래'로 명명했던 시집은 그 자신의 라틴아메리카 경험이 깊어지면서 점차 지리적 · 정신적으로 확장되어 가고 있었다. 그것은 그의 조국만이 아니라 대륙 전체에 바쳐진 노래가 되고 있었다.

그는 장차 『모두의 노래』에서 「아메리카여, 네 이름을 헛되이 부르지 않으리」로 이름 붙여진 파트를 구성할 시들을 쓰기 시작했는데, 여기에서 처음으로 라틴아메리카의 다양성의 본질을 포착하려고 노력했다. 네루다는 대륙의 풍경,

---

14) Ibid.

창조물, 도시들, 독재자들에 대한 그의 인상을 스케치한다.

> 나는, 나는
> 인동덩굴과 황무지, 자칼과 번갯불,
> 매혹적인 라일락 향기에 둘러싸여 있네.
> 나는, 나는
> 오직 나만 알고 있는 날들, 달들, 물,
> 오직 나만 만드는 손톱, 물고기, 달들에 둘러싸여 있네.
> 나는, 나는
> 종소리 가득한 해안의
> 투쟁하는 가냘픈 물거품에 둘러싸여 있네.
> 화산과 인디오의 진홍색 셔츠,
> …
> 가을 같은 검은 피가
> 땅 위로 쏟아져 내렸네.[15]

멕시코로 돌아온 네루다는 두 명의 또 다른 위대한 멕시코 벽화 화가인 디에고 리베라, 호세 클레멘테 오로스코와 가까이 지내면서 교우 범위를 넓혔다.

리베라는 네루다를 매혹했다. 그러나 그들의 관계는 그

---

15) Pablo Neruda, 'América', *Canto general*, translated by Jack Schmitt (University of California Press, Berkeley, CA, 1991).

리 원만하지 못했는데, 이는 부분적으로 리베라가 트로츠키주의자였기 때문이었다(물론 트로츠키가 그의 부인 프리다 칼로와 1년 동안 불륜 관계를 맺었다는 것을 알고 난 후에 리베라는 그 소련 반체제주의자와 사이가 틀어졌다). 리베라는 터무니없는 거짓말을 꾸며 내길 좋아하는 창의력이 풍부한 만담가였다. 그의 캐릭터는 일리야 예렌부르크의 경탄할 만한 소설『훌리오 후레니토의 편력』의 바탕이 되었다. 네루다는 이런 유형의 사람에게 쉽게 매료되었다. 리베라는 심지어 네루다에게 자기가 나치 '사막의 여우' 에르빈 로멜의 아버지였다고 말하기까지 했다.

네루다는 외팔의 오로스코에 대해 '멕시코의 고야'로 부르며 크게 감탄했다. 그러나 스페인의 고야와 달리 오로스코는 결코 자신의 작품으로 돈을 벌지 않았으며 구전(口錢)을 단호하게 거절했다.

네루다는 새로운 친구들을 사귀는 것과 동시에 다른 친구들과는 사이가 틀어졌다. 비록 옥타비오 파스는 네루다 못지않은 열렬한 반파시스트였지만, 1937년 발렌시아 작가대회 이후 네루다와의 불화가 표면화되기 시작했다. 후에 1939년의 독소 불가침 조약에 깊은 환멸을 느낀 파스는 스탈린을 찬양하고 싶은 마음이 없었다. 파스는 언젠가 "네루다는 점점 더 골수 스탈린주의자가 되어 갔고, 반면에 나는 차츰 스탈린의 미몽에서 깨어나게 되었다"라고 회고했다. "끝내 우리는 거의 몸싸움까지 하기에 이르렀고 서로 말도 하지 않았다. 그는 역겨운 시 한 편을 비롯해 나에 대해 그리 유쾌하지 못한 글을 썼고, 나는 나대로 그에 대해 지독하게 악의적인 글을 썼다."[16]

파스와 네루다의 불화가 폭발한 것은 단지 두 사람의 정치적 차이 때문만은 아니었다. 파스 전문 학자인 엔리코 마리오 산티는 파스가 1941년에 호세 베르가민, 하비에르 비야우루티아, 에밀리오 프라도스와 함께 준비하고 있던 ≪라우렐(월계수)≫의 스페인 현대시 특집호가 불화의 직접적인 원인이었다고 생각한다. 산티의 주장에 따르면, 네루다도 함께 일하자는 요청을 받았으나 거절했다고 한다. 산티는 파스에 관한 책의 서문에서 "그는 베르가민과 절교했는데 그들 중 누구도 결코 그 이유를 명백하게 밝히지 않았다…『모두의 노래』에 나오는, 이 문제에 관한 유일한 언급은 앤솔로지에서 미겔 에르난데스가 제외되었기 때문임을 암시한다"라고 썼다. 구체적으로 「스페인 감옥에서 죽어 간 미겔 에르난데스에게」라는 제목의 시를 가리키는데, 여기에서 네루다는 "그대에게 썩어 빠진 ≪라우렐≫의 지면을 내주길 거부했던 자들"[17]이라고 쓰고 있다.

산티에 따르면, 레온 펠리페에 이어 네루다 역시 ≪라우

---

16) Octavio Paz, *Reforma*, Mexico City, 7 April 1994, pp.12-13에서 인용.

17) Enrico Mario Santí, in his Introduction to Octavio Paz, *Primeras letras 1931-1943* (Vuelta, Mexico City, 1988), p.44.

렐≫ 특집에 참여하기를 거부하자 옥타비오 파스는 불같이 화를 냈다고 한다. 파스는 언제나 특집호가 그의 사적인 일이라고 힘주어 말했다. 곧 멕시코시티 문학계는 극적으로 네루다주의자와 반네루다주의자(즉 파스 지지자)의 양대 그룹으로 갈라졌다.

그러나 네루다와의 불화에 대한 파스 자신의 견해는 좀 다르다. 그에 따르면, 네루다는 1939년 11월 그의 ≪타예르(작업장)≫에 아주 흔쾌히 기고했다고 한다. 구체적으로 네루다는 17세기 시인들의 간략한 앤솔로지에 붙이는 일종의 서문으로 「리라 이야기」라는 시를 파스에게 건넸다. 1940년에 네루다는 파스에게 또 다른 글을 건넸다. 네루다가 지나치리만큼 찬사를 아끼지 않았던 무명 시인 사라 이바녜스에 관한 짤막한 소개 글이었다. 동시에 네루다는 스페인 작가 후안 라몬 히메네스와의 오랜 반목이 되살아나는 것을 피할 수 없었다. 이는 파스를 곤경에 빠뜨렸는데, 그 이유는 히메네스가 ≪타예르≫의 또 다른 기고자였기 때문이었다. 잡지 편집부에서는 파스에게 네루다의 글을 실을 수 없다고 했지만, 그는 일을 진행시켜 결국 네루다의 글을 게재했다. 그러나 유감스럽게도 표지에 네루다의 이름이 누락되었다(후에 파스가 인정한 대로 "용서할 수 없는 실수로 인해").

"파블로는 몹시 황당해했고 나의 해명을 일부만 수긍했다. 그가 옳았지만 그 역시 부분적으로만 옳았다. 불행히도 이 자그마한 사건은 그가 베르가민과 다툰 일과 동시에 일어났고 나는 자신도 모르게 이 일에 말려들었다는 것을 알게 되었다."

파스는 한동안 파블로와 서로 만나지 않았다고 주장했다. "나는 네루다에 대해 몇 가지 것들을 좋아하지 않았다. 그의 불타는 질투, 그의 질책… 미학적 토론은 실질적으로는 내심 정치적이었다. 파블로는 스탈린주의라는 병을 앓고 있었다. 그에게 동조하지 않으면 누구든지 반동주의자로 낙인찍혔다. 이 모든 것들이 우리 사이에 폭발을 불러일으켰다."[18]

그러나 두 사람은 잠깐 우정을 되찾은 적이 있다. 그들의 마지막 격투는 2년 뒤에 일어나게 되는데, 네루다가 멕시코를 떠나기 얼마 전이었다.

네루다는 스페인에서와 마찬가지로 - 그는 스페인 잡지 산업의 상황을 못마땅해했었다 - 멕시코에서도 신속히 새로운 잡지의 창간에 착수했다. 분명 ≪타예르≫와 ≪라우렐≫의 경험 때문에 그는 역내에서 발간되는 잡지들을 불만스럽게 여겼을 것이다. 그의 새로운 기획은 기세 좋게 첫발을 내디뎠다.

그는 회고록에서 "나는 잡지에 '아라우카니아'라는 제목을 붙였고, 표지에 이를 전부 드러내고 웃고 있는 아름다운 아라우칸족 여인의 사진을 실었다"[19]라고 회상했다.

---

18) Octavio Paz, *Laurel*, Seneca, Mexico, 1941.

네루다는 그것을 즐겼을지 모르지만 칠레 당국은 그렇지 못했다. 외무부는 마푸체족 원주민 여성의 이미지를 지나치게 부각했다는 점에서 잡지 표지를 칠레의 권위에 대한 모독으로 간주한다고 밝혔다. 그러나 네루다가 지적한 대로, 당시의 칠레 대통령 페드로 아기레 세르다의 얼굴은

> 우리 혼혈 인종의 모든 요소를 보여 주는 유쾌하고 고귀한 얼굴이었다… 아라우칸족이 궤멸되어 끝내 잊혔거나 정복되었다는 것은 주지의 사실이다. 더욱이 역사는 정복자나 승리의 전리품을 획득한 자들에 의해 쓰인다. 아라우칸족보다 더 가치 있는 종족은 거의 남아 있지 않다. 언젠가 우리는 아라우칸 대학들과 아라우칸 말로 인쇄된 책들을 보게 될 것이며, 그들의 명쾌함과 순수함 그리고 그들의 활화산 같은 에너지를 우리가 얼마나 많이 잃어버렸는지 깨닫게 될 것이다.[20]

1941년 봄, 네루다는 멕시코시티의 볼리바르 극장에서 열광적인 박수갈채 속에 그의 시 「볼리바르에게 바치는 노래」를 낭송했다. 그러나 객석에 있던 한 무리의 파시스트들이 프랑코를 연호하고 "스페인 공화국에 죽음을!"이라고 외

---

19) Pablo Neruda, *Memoirs,* pp.162-163.

20) Ibid.

치며 떠들썩한 반대 시위를 시작했다. 이 사건은 틀림없이 네루다를 불쾌하게 만들고 그의 간담을 서늘하게 했을 것이다. 멕시코 작가 윌베르토 칸톤은 그 장면의 목격자였다. "총장, 대사들 그리고 그 밖의 당국자들은 서둘러 자리를 떠난 반면, 나머지 청중은 폭도들에게 달려들었고 그곳은 순식간에 아수라장이 되었다."[21] 멕시코 국립자치대학(UNAM)은 사과의 표시로 훌리오 프리에토가 삽화를 그린 호화판 돋을새김으로 「볼리바르에게 바치는 노래」를 펴냈다.

멕시코에서 네루다의 반파시스트적 견해와 활동은 익히 알려져 있었다. 1941년 나치가 레닌그라드를 포위 공격하고 소련 영토로 진격하자 네루다는 공개적으로 전시(戰時)러시아지원위원회 회원이 되었으며, 뒤이어 서방의 적군에 맞서 싸우는 소련 군대의 용기를 찬양한 「스탈린그라드에 바치는 사랑 노래」를 썼다. 그는 1941년 9월 30일, 멕시코 전기기사 노조(SME) 극장에서 열린 행사에서 이 시를 낭송했다. 이 시는 그 후에 인쇄되어 멕시코시티 전역의 벽에 나붙었다.

예상대로, 이 시의 열렬한 친소 입장은 두말할 것도 없이 도시를 강타하며 열광적인 지지와 반대를 동시에 불러일으켰다. 신문들은 악의적인 공격성 기사를 내보냈다. 네루다는 동요하지 않고 1941년 11월 초에 「스탈린그라드에 바치는 새로운 사랑 노래」로 맞섰다. 그의 러시아어 번역가 일리

---

21) Wilberto Cantón, 'Pablo Neruda en México', pp.263-269.

야 예렌부르크는 11월 29일 모스크바로부터 그의 지지에 감사하는 편지를 보냈다. 그러나 멕시코에서 네루다의 정적들은 더한층 기세를 올리며 전의를 불태우고 있었다.

1941년 12월 29일 일요일에 네루다와 델리아는 루이스 엔리케 델라노, 롤라 팔콘, 폴리와 점심을 같이하려고 쿠에르나바카에 있는 아미틀란 공원에 갔다. 현재 칠레에서 가장 저명한 산문 작가의 한 사람인 폴리 델라노는 당시 아직 어린 소년이었지만 쿠에르나바카에서 일어난 일을 생생하게 기억하고 있었다.

> 우리는 벽에 아치가 있는 일종의 차폐 파티오에서 식사를 하고 있었다. 태양은 쨍쨍 내리쬐고 "상춘(常春)의 도시[쿠에르나바카]"의 무성한 나뭇잎들은 햇살에 반짝이고 있었다. 느닷없이 대혼란이 엄습했다. 비명 소리… 그리고 주먹질. 나는 전에 한 번도 그런 광경을 본 적이 없었다… 아버지는 나를 식탁 밑으로 밀어 넣었고, 나는 거기서 목격한 몇몇 장면을 잊지 못했다. 어머니 롤라와 '오르미기타'는 남편들 옆에서 습격자들에 맞서 서로 치고받고 싸웠는데, 지금 돌이켜 생각해 보면, 그자들이 훨씬 준비가 잘돼 있었던 것 같다. 나는 어머니가 한 남자의 머리 위로 불붙은 커다란 성냥갑을 내던지는 것을 보았다. 아버지가 자신을 방어하는 모습을 보았고, 또 네루다의 머리가 터져 피가 흐르는 것을 보았다. 결코 그 모

습을 잊지 못할 것이다. 그 작은 아수라장이 얼마나 계속되었는지 모른다. 갑자기 사위가 쥐 죽은 듯 다시 조용해졌고 습격자들은 연기처럼 사라졌다. 우리는 네루다의 차로 그와 함께 그곳을 떠나 진료소로 향했다. 그다음에 그에게 새 셔츠를 사 주러 갔다. 그가 입고 있던 셔츠가 피범벅이 되었던 것이다.[22)]

어떻게 해서 네루다의 머리가 터지게 되었는지는 여전히 분명치 않다. 총탄에 맞았다는 둥 리볼버의 개머리판에 맞았다는 둥 원인에 대한 설명은 제각각이었다. 그러나 우리는 공격자들이 점심 식사 중에 네루다의 테이블에서 나온 연합국 옹호 발언에 격분한 일단의 독일 나치였다는 것을 안다.

폭력은 나치도, 인간도 아닌 또 다른 것에서도 닥쳤다. 크리스마스이브에 폴리 델라노는 하트 모양의 재떨이를 성탄 선물로 주려고 파블로와 델리아의 집을 방문했다. 델리아의 방에 들어갔을 때(그녀는 아직 자고 있었다), 폴리는 난폭한 공격을 받았다. 이번 공격자는 네루다가 '엘니뇨'라고 부르던 애완 오소리였다. 이 동물은 델리아의 침대 밑에서 나와 운 나쁜 폴리의 왼쪽 다리를 사정없이 물어뜯기 시작했다. 그는 다리를 꿰매느라 병원에서 성탄절을 보내야 했다. 그의

22) Poli Délano, 'Nerudeando con nostalgia', *Cuadernos*, Fundación Pablo Neruda, Santiago, Vol.10, No.39, 1999, p.27.

다리에는 지금도 흉터가 남아 있다. 오소리가 또다시 가정부 비르히니아의 목을 물자 네루다와 델리아는 더 이상 기를 수 없다는 것을 깨달았고, 결국 어쩔 수 없이 '엘니뇨'를 차풀테펙에 있는 동물원에 넘겼다.

하루는 뜻밖에 일곱 명의 일본인 무리가 네루다의 영사 사무실에 모습을 드러냈다. 미국에서 막 도착한 그들은 수심이 가득한 얼굴로 네루다에게 당장 칠레 비자를 내 달라고 요구했다. 네루다는 왜 그토록 멕시코발 첫 비행기를 타지 못해 안달인지 물었다. 그들은 칠레 북부의 토코피야항에서 일본으로 가는 배를 타기를 원한다고 말했다. 네루다는 이렇게 기억했다.

> 나는 바로 그 일본 노선의 배가 그들이 시간을 아껴 걸어서도 닿을 수 있는 만사니요항에 들르므로 굳이 대륙의 다른 쪽 끝에 있는 칠레까지 이동할 필요가 없다고 맞섰다. 그들은 어리둥절한 눈짓과 미소를 주고받더니 자기들끼리 그들만의 언어로 얘기했다. 그들은 같이 있던 일본 대사관 서기관에게 의견을 물었다. 그는 솔직히 털어놓기로 마음먹었는지 나에게 "어이, 이보시오. 이 배는 공교롭게도 항로가 바뀌어 더 이상 만사니요항에 들르지 않을 겁니다. 그래서 이 뛰어난 전문가분들은 칠레 항구에서 배를 타야만 합니다"라고 말했다. 불현듯 이건 뭔가 매우 중대한 일이라는 막연한 직감이 뇌리를 스쳤

> 다. 나는 그들에게 여권과 사진 그리고 미국에서 하고 있는 일에 대한 세부 사항 등등을 요구하며 다음 날 다시 오라고 했다. 그들은 이의를 제기했다. 그들은 당장 비자를 받아야 했고 돈은 얼마든지 지불할 용의가 있었다.[23]

결국, 방문자들은 다음 날 다시 오기로 했다. 그동안 네루다는 왜 그 배가 30년 만에 처음으로 평상시의 항로를 바꾸려고 하는지 의아하게 생각했다.

> 그제야 나는 이해가 되기 시작했다. 물론 그들은 정보에 밝은 중요한 그룹으로 어떤 중대한 일이 막 일어나기 직전이므로 미국에서 황급히 퇴각하는 일본인 첩자들이었다. 그것은 다름 아닌 일본의 전쟁 도발이었다. 내 이야기 속의 일본인들은 정체가 밝혀졌다.[24]

네루다는 다시 이틀 동안 미적거리며 일본인 무리에게 비자를 내주기를 거부했지만, 그들은 외교관 여권을 취득하는 방법을 알아냈다. 일주일 후 일본인들은 진주만을 폭격했다.

네루다가 멕시코에 근무하면서 겪은 가장 가슴 아픈 일로는 수도에서 세상을 떠난 사랑하는 두 친구와 작별을 고한

23) Pablo Neruda, *Memoirs,* pp.159-160.

24) Ibid.

것을 들 수 있다. 첫 번째 친구인 실베스트레 레부엘타스는 네루다가 형제처럼 여긴 매혹적인 멕시코 작곡가였다. 그의 주요 작품은 멕시코적 주제를 다룬 교향시였다. 비록 네루다는 음악은 몰랐지만 음악가들을 좋아하고 동경했다. 언제부턴가 레부엘타스는 네루다의 집에 살다시피 했고, 이듬해인 1940년 가을에 세상을 떠났다.

네루다가 떠나보낸 또 다른 친구는 이탈리아 사진작가이자 공산주의 활동가인 티나 모도티였다. 20세기의 가장 주목할 만한 여성의 한 사람인 그녀는 이탈리아의 전설적인 게릴라 사령관 비토리오 비달의 부인이었으며, 남편과 나란히 스페인 내전에 참전한 바 있다. 모도티는 1942년 1월 5일, 불가사의한 상황에서 멕시코시티의 택시 안에서 죽었다. 소화 불량으로 인한 관상 동맥 부전을 앓고 있던 그녀는 약물 치료 전에 죽었거나, 아니면 독살되었을 가능성도 있었다.

네루다는 그녀에게 바치는 감동적인 헌시를 썼다.

> 티나 모도티 누이여, 당신은 잠들지 않았어, 아니야,
> 당신은 잠들지 않았어.
> 아마도 당신의 가슴은 어제의 장미,
> 어제의
> 마지막 장미, 새로운 장미가
> 자라는 소리를 듣겠지.
> 고이 잠드소서, 누이여.

1942년에 네루다는 처음으로 쿠바를 방문했다. 그는 그곳에서 가톨릭교도 작가인 호세 마리아 차콘 이 칼보의 초대를 받았는데, 그는 당시 쿠바의 교육부 문화국장이었다. 섬나라 쿠바는 정치적으로 흥미로운 시기를 맞고 있었다. 1940년 헌법은 개인적·사회적 권리를 보호했고 완전 고용과 최저 임금을 지지했다. 쿠바의 14대 대통령에 선출된 풀헨시오 바티스타 장군은 곧 공산당을 합법화하게 된다. 네루다는 델리아와 쿠바의 해안선을 걸으며 긴 시간을 보냈고, 또 다채색 바다 조개인 '폴리미타'에 매료되었다. 그는 마치 몇 년 전 파리의 구둣방에 걸려 있던 커다란 열쇠를 두고 그랬던 것처럼, 컬렉션을 위해 '폴리미타'를 가지고 돌아가겠다고 고집을 부렸다. 그는 델리아의 여행 가방 두 개의 내용물을 모두 비운 다음 조개로 가득 채웠다. 그들은 옷가지를 넣은 두 개의 플라스틱 봉지를 들고 멕시코시티 공항에 도착했다.

네루다는 멕시코시티에서 1942년 3월 28일 미겔 에르난데스가 32세를 일기로 옥사했다는 소식을 들었다. 폐결핵과 급성 출혈, 극심한 기침 발작으로 만신창이가 된 처참한 죽음이었다. 그는 감방 침대 위 벽에 몇 줄의 시를 휘갈겨 놓았다. "형제들아, 동지들아, 친구들아, 안녕 / 태양과 들판에 작별을 고하게 해 다오."

큰 충격과 비통에도 불구하고 네루다는 장차 『모두의 노래』를 구성하게 될 시들을 계속 매만지며 바쁜 나날을 보냈다. 또 여전히 델리아를 깊이 사랑하면서도 다른 여자들에게 끊임없이 눈길을 보냈다. 이것이 항상 육체적인 관심이었는지는 분명치 않다. 미모의 멕시코 시인으로 성 편력자인 피타 아모르는 ≪보그≫와의 인터뷰에서 "그가 꼭 시인으로서만 비상한 재능을 지녔던 것은 아니라는 얘기밖에는 달리 할 말이 없네요"라고 말했다.

1942년은 또한 네루다가 옥타비오 파스와 결정적으로 결별한 해이기도 하다. 네루다는 한 번도 이 특정한 사건을 입에 올린 적이 없지만 파스는 사건의 전말을 소상히 기억하고 있었다.

> 나는 [멕시코시티의] 스페인 공화국 문화원에 호세 루이스 마르티네스, 엔리케 곤살레스 마르티네스, 호세 클레멘테 오로스코와 함께 있었다. 파블로 네루다도 그 자리에 있었다. 1942년이었다. 나는 마르크스주의와 결별한 상태였다. 그 결별과 나의 비판은 네루다와 라파엘 알베르티에게 깊은 상처를 주었다. 그들은 나에 대한 신임이 두터웠었다. 네루다는 특히 더 그랬다. 그런데 그날 밤, 파블로가 자리에서 일어나더니 나의 흰 셔츠 깃을 바라보며 술에 취한 목소리로 말했다. "옥타비오, 자네 양심도 그렇게 깨끗했었지. 한때는 그랬지. 지금 자넨 더러운 개자식일 뿐이야." 그는 더 심한 말도 내뱉었다. 그는 나의 어머니를 모욕했고, 나는 한 방 먹일 듯이 그를 위협했다. 그는 몹시 취해 있었다. 그는 나에게 손가락질

하며 "저… 나쁜 놈의 흰 깃 좀 봐"라고 고함쳤다. 그러고는 깃을 어찌나 세게 잡아당겼던지 한쪽이 터졌다. 그때쯤 네루다는 만취한 상태였으며, 계속해서 나에게 욕설을 퍼부었다. 그래서 나도 지지 않고 똑같이 응수했다. 그때까지도 나는 그를 무척 좋아했다. 그러나 그의 모욕을 참을 수 없었다… 우리가 막 주먹다짐을 하려는 찰나에 호세 루이스 마르티네스와 엔리케 곤살레스 마르티네스가 우리를 떼어놓았다. 우리는 스페인 공화국 문화원을 떠났다. 공화파 사람들은 — 당연하게도 — 네루다 편을 들었다. 호세 루이스 마르티네스가 우리를 억지로 일류 나이트클럽에 데리고 가더니 샴페인을 주문했다. 어찌나 비싸던지! 우리는 그 일을 잊기 위해 다 함께 건배했다.[25]

그러나 파스와 네루다는 다시 25년 동안 서로 말을 나누지 않았다.

1943년 초 『모두의 노래』의 첫 단편(斷片)들이 『칠레의 모두의 노래』라는 제목으로 멕시코에서 발간되었다. 비영리 프라이빗 에디션이었다. 라틴아메리카 다른 지역에서도 그의 책이 출간되었는데, 페루판 앤솔로지 『파블로 네루다의 노래』와 콜롬비아판 『네루다의 대표시』가 그것이다.

---

25) Octavio Paz, *Excélsior,* 7 December 1990에서 인용.

2월에 네루다는 '보스 데 라스 아메리카스(아메리카의 소리)'가 주최한 문화 회의 참석차 잠시 뉴욕을 다녀왔다. 멕시코로 돌아온 그는 델리아와 결혼할 수 있도록 서둘러 마루카와의 법적 이혼 절차를 밟기로 마음먹었다. 그는 멕시코 모렐로스주의 테테칼라 법원에 제출한 이혼 청구서에서, 자신이 "부당하게 가정을 저버렸고 결혼 생활에 따르는 고유한 의무를 소홀히 했으며 부부간에 성격 차가 있다"라고 주장했다. 며칠 후인 1943년 2월 8일, 이혼이 승인되었다. 마루카가 법정에 출두해 이혼 청구에 이의를 제기하지 않았기 때문이다. 그러나 당시 칠레에서는 이혼이 법으로 금지되어 있어서 공인받지는 못했다.

1943년 3월 첫 주에(다른 모든 자료에서 말하는 대로 1942년이 아닌) 네루다는 딸 말바 마리나가 3월 2일 나치 점령하의 네덜란드에서 여덟 살의 나이로 죽었다는 우울한 소식을 접했다. 3월 8일 토요일 오후 2시 하우다에서 장례식이 열렸다. 바로 그날 한 네덜란드 신문에 다음과 같은 내용의 부고—마루카와 그녀의 부모가 게재한 게 분명한—가 실렸다.

> 우리는 사랑스러운 딸이자 손녀인 말바 마리나가 죽은 뒤에 많은 분들이 보내 주신 진심 어린 애도의 표시에 심심한 감사를 표합니다.

부고의 서명자는 다음과 같다. "멕시코: 리카르도 레예스.

헤이그: 마루카 레예스 하헤나르. 네덜란드 해외 영토(N. O. I.): A. H. 하헤나르 포헬장(마루카의 부모는 아직도 자바에 살고 있었다).”[26]

마루카는 병든 딸을 혼자 힘으로 돌볼 마음이 없었거나, 혹은 자신에게 그럴 능력이 없다고 생각했던 것 같다. 1939년 10월 6일, 그녀는 말바 마리나를 네덜란드 하우다 시의 노트호번 판 호르스트라트 4번지에 있는 어느 집에 수양 자식으로 맡겼다. 그 작은 건물은 분명 사람들로 북적거렸을 것이다. 전기 기사인 헨드릭 라베르투스 율싱, 그의 아내 제르디나 시어크스, 그들의 세 아이와 두 명의 하인 그리고 1939년부터는 말바 마리나까지 그 집에서 살았다. 한편, 마루카는 헤이그의 흐로트헤르토히네란 209번지에서 살았다. 이 집은 전혀 달랐다. 눈에 띄는 널찍한 계단식 4층 집으로 주위 환경이 아주 좋았다. 그러나 이 집은 하숙집이었을 것으로 보인다. 따라서 그곳 역시 어수선했을 것이다.

딸의 사망 소식이 네루다의 마음 상태에 정확히 어떤 영향을 끼쳤는지는 헤아리기 힘들다. 그는 ─ 딸이 센강에서 익사한 뒤에 빅토르 위고가 그랬던 것처럼 ─ 1년 내내 절필하지는 않았다. 그러나 말바 마리나에게 바치는 시는 더 이

26) 1936년 몬테카를로에서 네루다와 헤어진 후 마루카에게 무슨 일이 있었는지 아무도 이전에 밝힌 적이 없다. 나에게 이 놀랍도록 상세한 정보를 알려 준 데 대해 헤이그의 캐슬린 보트허버트와 바르셀로나의 아나벨 토레스에게 심심한 사의를 표한다.

상 쓰지 않았다.

끔찍했던 수개월 사이에 몇몇 가까운 친구—미겔 에르난데스가 죽었고, 그 뒤에 라울 곤살레스 투논과 사이가 틀어진 그의 부인 암파로 몸이 암으로 쓰러졌다—와 딸을 잃었지만, 네루다는 곧 기운을 차리고 될 수 있는 대로 충만한 삶을 계속 영위하려고 애썼다.

그는 또다시 새로운 잡지를 시작하고 싶어 좀이 쑤셨다. 그러나 이번에도 사업은 단명했다. 새로운 출판물에는 '라 상그레 이 라 레트라(피와 문학)'라는 이름이 붙여졌고, 네루다가 편집자이자 발행인 그리고 자금 조달자의 역할을 맡게 되었다. 그는 창간호 발행을 위해 그럭저럭 1000페소를 모을 수 있었다. 그는 돈이 익명의 후원자들에게서 나왔다고 했지만, 잡지사 동료들은 네루다 자신이 유일한 후원자일 것으로 믿었다. 네루다는 그 페소 지폐를 자신의 선반에 있는 월트 휘트먼의 호화판 『풀잎』 책장 사이에 끼워 두었다고 했다. 그러나 팀원들에게 자금을 보여 주기 위해 책을 펼쳤을 때, 그는 돈이 없어진 것을 보고 경악했다. 대신, 누군가가 책의 여백에 마치 문학 인용문처럼 "베르날 디아스 델 카스티요를 참조하시오"라고 적어 놓았다. 그래서 네루다와 편집 팀원들은 그 작가의 책들을 찾아보았지만, 또 다른 메모에 미워시를 참조하라고 적혀 있었다. 그다음에 바예호, 단테, 릴케, 플라톤, 타고르, 괴테, 도스토옙스키…

잡지의 간사로 일한 것으로 추측되는 윌베르토 칸톤의 회고에 따르면, "그것은 세계 문학 기행이었다. 여행은 한스 크리스티안 안데르센의 『동화』 213쪽에서 끝났다. 그 책이 바로 우리가 보물을 발견한 곳이다. 우리는 결코 그 장난꾸러기의 정체를 밝혀내지 못했다… 어쨌든 그 잡지는 끝내 발간되지 못했다. 네루다는 그 직후 문학적 대변동의 와중에서 멕시코를 떠났다."[27)]

1943년 중반 무렵, 네루다는 멕시코를 사랑한 것만큼이나 외교관 업무에 매우 지쳐 가고 있었다. 그는 형식에 얽매이는 분위기 속에서 자신이 고지식해지고 경직되고 있음을 느꼈다. (몇 년 후 시집 『에스트라바가리오』에 수록된 경탄할 만한 시에서, 그는 초조하게 다음 대사관에서의 직무를 기다리며 "내 손으로 무엇을 하게 될까?" 궁금해한다.) 그래서인지 1943년 6월, 새로운 분쟁에 휩쓸리게 되었을 때, 분명 멕시코 영사직의 앞날을 위협할 만한 일인데도 그다지 개의치 않았던 것 같다. 그 소동은 리우데자네이루에 수감되어 있는 브라질 혁명 지도자 루이스 카를루스 프레스치스의 어머니 장례식이 계기가 되어 일어났다. 네루다는 프레스치스가 감옥에서 나와 장례식에 참석할 수 있도록 허가해 달라고 브라질 독재자 제툴리우 바르가스를 설득하기 위해 동분서주했다. 바르가스가 청원을 거절하자 네루다는 풍자시를 한 편 썼다. "옹졸한 폭군은 자신의 싸늘한 작은 박쥐 날개 밑에

---

27) Wilberto Cantón, 'Pablo Neruda en México'.

불을 감추고 싶어 하네. 그는 밤중에 궁전 회랑에서 도둑질하는 / 쥐의 불안한 침묵에 휩싸여 있네…"

멕시코 주재 브라질 대사는 격분했다. 그는 프레스치스가 정치범이 아니라 일반범으로 유죄 선고를 받았다고 역설했다. 브라질 정부는 네루다의 영사직을 박탈할 것을 요구했다. 네루다 자신은 이렇게 응수했다.

> 칠레 총영사로서(외교 대표자로서가 아닌) 나의 임무는 멕시코와 내 조국 간의 교역 관계 증진을 위해 일하는 것이다. 그러나 작가로서의 나의 임무는 시민 사회의 인간적 조건의 절대 규범인 자유를 수호하는 것이며, 어떠한 불평이나 사건도 나의 행동이나 나의 시를 바꾸지 못할 것이다… 나는 행동을 철회하는 데 익숙지 않은 사람이며, 하물며 그것이 자유인으로서의 나의 의무를 수행하는 문제라면 더더욱 그렇다.[28)]

네루다 같은 유명 인사를 외교단에서 해임하고 싶지 않았던 칠레 정부로서는 곤혹스러운 일이었지만, 시인 자신이 6개월의 휴가를 신청함으로써 문제는 쉽게 일단락되었다. 그 기간 동안 그는 칠레로 돌아갈 채비를 했다.

---

28) 네루다의 발언은 *Excélsior*, Mexico City, 1 June 1943에 게재되었다.

서른아홉 살의 네루다는 1943년 7월 2일 오후 1시에 테테칼라에서 델리아와 결혼했다. 델리아는 그보다 20년 연상이었지만 훨씬 젊어 보였다. 매우 뜨거운 날이었고, 결혼식에는 증인들 – 네루다 측 증인인 멕시코 주재 칠레 대사 오스카르 슈나케 베르가라와 루이스 엔리케 델라노 그리고 델리아 측 증인인 웬세슬라오 로세스와 엔리케 데 로스 리오스 – 말고도 불청객이 있었으니 바로 하객들을 괴롭힌 엄청난 모기떼였다. 그러나 야외 점심 식사는 유쾌한 대화와 노래 그리고 시가 어우러진 즐거운 시간이었다. 파블로가 '오르미기타'에게 준 결혼 선물은 오아하카에서 만들어진 우아한 은 목걸이였다.

멕시코 일대를 두루 여행하며 보낸 3년의 세월은 네루다가 시인으로서 그리고 한 인간으로서 성숙하는 데 매우 중요한 역할을 했다. 네루다는 점차 지리적 · 역사적으로 시야를 넓히는 법을 터득해 가고 있었다.

정치적으로는 한층 좌파 쪽으로 기울고 있었다. 스페인 및 멕시코 공산주의자들과의 접촉이 그를 꼼짝없이 공산당 입당 쪽으로 몰아가고 있었다. 그러나 공식적인 공산당 입당에 이르려면 아직도 2년의 세월을 기다려야 했다.

칠레 화가 훌리오 에스카메스가 말했듯이,

> 그 시절은 그의 작품과 그의 사고를 풍요롭게 한 시간이었다. 그곳[멕시코]에서 그는 『모두의 노래』의 상당 부분

을 썼으며, 제2차 세계대전의 최악의 시기를 보냈다. 그는 자신이 따라야 했던 형식적인 외교 절차에 구애받지 않고 소련이 히틀러를 패퇴시킬 수 있도록 협력하는 제2전선 구축을 위한 국제 캠페인에 헌신했다. 그는 스탈린그라드에 바치는 잊을 수 없는 사랑의 노래를 쓰기도 했다… 나는 이 시기가 이후의 그의 모든 시에 나타나는 심오한 아메리카적 본질의 뿌리를 발견하는 데 도움을 주었다고 생각한다. 무엇보다 『모두의 노래』에서 멕시코의 현혹적인 민중 문화, 당당하고 생기 넘치는 토착적 삶, 자연에 대한 위대한 도전, 문화적 식민화는 그를 서사시적이고 우주적인 시인으로 탈바꿈시켰다… 그가 멕시코에 살면서 배운 것들을 고려하지 않고는 『가슴속의 스페인』 이후의 네루다에 대해 말할 수 없다.[29)]

네루다는 투덜거리면서 멕시코를 떠나지는 않겠다고 다짐했다. 1943년 8월, 그는 멕시코 잡지 ≪오이(오늘)≫와 인터뷰를 가졌는데, 여기에서 스페인 저널리스트 알라르도 프라츠가 보기에 도발적인 의도가 다분한 다수의 논평을 했다.

그는 이렇게 말했다. "내 생각에 멕시코에서 최고는 농업 경제학자들과 화가들입니다… 나는 [멕시코] 시에는 실로 인

29) Julio Escámez, *Cuadernos,* Vol.10, No.39, Fundación Pablo Neruda, Santiago, 1999.

상적이게도 방향성과 시민 윤리가 결여되어 있다고 봅니다… 멕시코 소설은 방향성과 시민 윤리의 가장 탁월한 표본이지요. 후안 델 라 카바다, 에밀리오 아브레우 고메스, 호세 레부엘타스, 안드레스 에네스트로사는 성공적으로 새로운 고전주의를 표현했습니다… [멕시코에서] 평론은 빈혈에 걸린 세대에 의해 변질되었어요…"[30]

파스는 이내 네루다의 위압적인 공격에 응수했다. 불과 며칠 뒤인 8월 15일, 스물아홉 살의 멕시코 시인은 ≪레트라스 데 메히코(멕시코 문학)≫에서 자신보다 10년 연상인 네루다에게 '작별'을 고했다.

> 그와 우리를 갈라놓는 것은 정치적 신념이 아니라 단순히 허영심과 돈이다… 허영심은 도리 없이 그로 하여금 6개월마다 그 스스로 시민 윤리가 결여되었다고 비난하는 바로 그 사람들로부터 연회와 오마주를 받아들이게 하며, 봉급은 신랄한 그의 앞에서 아첨하는 사냥개 무리에게 잠자리와 식사를 제공할 수 있게 해 준다.[31]

제이슨 윌슨이 지적한 대로, 파스는 정치시의 부조리를

---

30) Pablo Neruda, interviewed in *Hoy*, Mexico City, August 1943.

31) Octavio Paz, 'Respuesta a un cónsul', *Letras de México*, Mexico City, 15 August 1943.

깨달았다. 그는 시가 정치적 변화를 가져올 수 없다고 생각했다. 예컨대 마야콥스키나 네루다의 형편없는 시보다 레닌의 텍스트가 더 낫다고 본 것이다.[32] 세월이 흐른 뒤에도 파스는 여전히 정치가 "시를 풍요롭게 하기보다는 오히려 피폐하게 만든다"[33]고 믿었다.

이러한 서로 간의 이전투구는 분명 두 사람 모두에게 상처를 주었을 것이다. 1967년 런던에서 어정쩡한 화해를 한 뒤에 파스는 뒤숭숭했던 이 시기를 돌아보며 이렇게 말했다.

> 언쟁—그를 축하하기 위해 마련된 아스투리아스 문화원에서의 슬픈 만찬에서 시작된—이 있기 전까지 네루다와 나는 친밀하다고는 할 수 없겠지만 분명 가까운 우정을 나누었다. 우리는 계속해서 서로의 집을 오가곤 했다. 미초아칸에 있던 저택에서의 일요일 점심 식사가 기억나는데, 이유는 모르겠지만 파블로는 한때 그 집이 로페스 벨라르데 소유였다고 우겼다. 그는 사람들에 둘러싸여 지내기를 좋아했고 그의 파티는 흥겹고 떠들썩했다. 네 명의 '기식자(parasites)'—어원적으로, 부자들을 재미있게 해 음식을 얻어먹는 것이 직업인 사람들—중에서 세 명은 꼭 끼어 있었다. 그의 '기식자'들은 전문적인 재

32) Jason Wilson, *Octavio Paz* (Twayne, Boston, MA, 1986), p.23.

33) Octavio Paz, 'A Fondo', RTVE, 1977.

주꾼들이었으며, 델리아 델 카릴(오르미기타)을 도와 수많은 손님의 시중을 들었다. 또 더욱더 별나고 무시무시한 손님인 오소리도 한 마리 있었는데, 그놈은 적포도주를 마시고 돌아다니며 여자들의 스타킹을 찢어 놓았다. 파블로는 관대했지만 동시에 포악했다. 그는 친구들에게 매우 충실했지만, 그들이 지나치게 독자적인 것은 좋아하지 않았다.[34]

네루다의 한결같은 멕시코 사랑－모든 멕시코인을 사랑한 것은 아니지만－과 특히 멕시코의 미초아칸주(그는 훗날 산티아고에 있는 자신의 집에 이 이름을 붙였다)에 대한 애착은 모렐리아의 산 니콜라스 데 이달고 대학에서 행한 뛰어난 연설에서 환하게 빛을 발했다. 그는 1943년 8월 17일 이 대학에서 명예박사 학위를 받았다.

어쩌면 이 땅의 아름다움과 흩뿌려진 그 초록빛 그늘은 호수와 하늘, 화산과 침묵을 가진 칠레 남부 지방의 흡사한 경치를, 나의 유년기와 사춘기의 경치를 마음속 깊이 떠올려 줄지도 모릅니다. 아마도 부유하는 내 가슴은 달아나는 동시에 지속되는 빛과 어둠의 실루엣, 젖은 잎사

34) Octavio Paz, *Convergencias* (Seix Barral, Barcelona, 1991), pp.129-130.

귀의 언어, 순수한 시골의 고매한 표본을 다시 발견했을 것입니다.[35)]

그러나 시인이자 자연의 연인이요, 광적으로 삶을 사랑했던 네루다는 정치적으로도 점차 헌신적이 되어 갔다. 쿠에르나바카에서 죽을 뻔한 경험은 나치에 대한 그의 강한 혐오를 공고히 했을 뿐이다. 사실, 그는 모렐리아 연설에서 라틴아메리카가 히틀러의 다음 희생자가 될 가능성이 있다고 보았다.

나치-파시스트 정복자들(conquistadores)[아주 흥미롭게도, 네루다는 여기서 일부러 '정복자'라는 단어를 사용하고 있는데, 물론 이 단어는 보통 콜럼버스 이전 라틴아메리카 문명 시기의 스페인 기독교도 정복자들과 개종자들을 일컫는다]의 가공할 위협은 다른 누구보다도 우리 아메리카인들에게 더 심각했습니다. 다른 나라들이 그들의 위협으로 힘과 광채를 잃게 된다면, 우리는 모든 것을 잃게 될 처지였습니다. 우리는 위대한 신(新)독일을 위한 신종 노예나 반(半)인간이 될 운명이었던 겁니다. 인종적인 멸시 속에… 우리는 나치가 준비하고 있던 거대한 신흥 노예 시장에서 생산자나 값싼 고깃덩이로

35) Raúl Arreola Cortés, *Pablo Neruda en Morelia* (Ediciones Casa de San Nicolás, Morelia, Michoacán, 1972).

날개 돋친 듯이 팔려 나가며 근대의 끔찍한 테러리스트들이 꿈꾸던 진짜 희생자가 되었을 것입니다.[36]

네루다가 얼마나 유명 인사가 되었는지는 바로 그의 멕시코 출국에 즈음해서 열린 송별식에서 확인할 수 있었다. 네루다에게 경의를 표한 이 행사는 1943년 8월 27일 프론톤 데 메히코에서 개최되었는데, 약 3000명이 참석하는 대성황을 이루었다. 그러나 멕시코에 대한 네루다의 양면적 감정은 마지막 순간까지 사라지지 않았다.

멕시코는 아메리카의 시금석이다. 고대 아메리카의 태양력, 계몽의 중심, 지혜, 신비가 그곳에 새겨진 것은 우연이 아니었다. 거기에서는 무슨 일이든 일어날 수 있었고, 실제로 모든 일이 일어났다. 하나뿐인 야당 신문은 정부에 매수되었다. 그것은 누구도 상상할 수 없는 가장 독재적인 민주주의였다… 멕시코의 드라마는 너무나 그림처럼 생생해서 본질적인 삶의 고통, 피로 물든 해골과는 점점 더 멀어지는 모든 우화에 깜짝 놀라게 된다.[37]

---

36) Ibid.

37) Pablo Neruda, *Memoirs*, p.163.

8.
풍요로운 마추픽추 산정에서 흙먼지 이는 지상의 가난으로
1943~1948

네루다와 델리아는 멕시코에서 곧장 칠레로 돌아가지 않았다. 네루다는 영원히 호기심 많은 상습적 여행자가 되어 있었다. 1943년 9월 3일 파나마—그곳에서 그는 사회에서 중요한 역할을 수행해야 하는 작가의 임무를 강조하는 두 차례의 연설을 했다—에서 환대를 받은 후, 네루다 부부는 자유당 대통령 알폰소 로페스 푸마레호의 초대를 받아 9월 9일에 먼저 콜롬비아로 날아갔다. 로페스는 네루다와 비슷한 정치적 견해를 가진 인물이었다. 집권 1기 동안, 그는 노동자 보상과 초등학생 무료 급식을 도입하는 법안을 통과시킨 바 있다. 그는 또한 헌법을 개정했으며, 적어도 한 세대 동안 다른 어떤 콜롬비아인보다 교육을 위해 많은 일을 했다. 그럼에도 미국이 특히 유나이티드 프루트 컴퍼니를 통해 콜롬비아와의 교역에 관여하면서 적잖은 정치적 긴장감이 감돌고 있었다. 네루다가 도착하기 직전 바랑키야 시당국은 공익 사업체를 운영하는 미국 회사를 몰수하는 결의안을 통과시켰다. 수도 보고타 시당국도 같은 조치를 취할 태세였다. 콜롬비아에 체류하는 동안 라틴아메리카에서의 미국의 경제적 침탈—『모두의 노래』에서 그려질—에 대한 네루다의 신랄한 비판의 씨앗이 충분히 뿌려졌을지도 모른다.

보고타 공항에 영접 나온 사람들은 그를 보자마자 "400명의 시인이 당신을 환영하려고 기다리고 있습니다"라고 전했다. 그는 소스라치게 놀라며 물었다. "대체 그 많은 시인들 앞에서 내가 어떻게 해야 하죠?" 그러나 콜롬비아 땅에서 그를 기다린 건 친구들만이 아니었다. 콜롬비아의 극우파 지도자 라우레아노 고메스 박사는 시인의 가장 지독한 적의 한 사람이었다. 고메스는 극히 종교적인 데다 열렬한 교권주의자였으며, 광적인 친독일파였다. 성마른 민족주의자인 그는 미국이 콜롬비아를 '속여' 파나마 운하를 강탈했다고 확신하고 있었다.

1936년 ≪엘 시글로≫(같은 이름의 칠레 공산당 기관지와 혼동하지 말 것)를 창간한 고메스는 이 신문을 자신의 광신주의를 대변하는 도구로 이용했다. 네루다 방문에 즈음하여 고메스의 ≪엘 시글로≫는 동시에 산문과 시로 시인에게 일련의 악의적인 공격을 가했다. 「서정적인 딱정벌레」라는 제목의 심히 불쾌한 시는 이렇게 시작한다.

당신은 집시의 북소리에 맞춰,

성난 풍자가의 악다구니로
아메리카 세계를 괴롭히고 돌아다니며
빌어먹는 삼류 방랑 시인.

또 다른 시는 한층 불쾌하게 그를 비난했다.

믿지 마라, 믿지 마라, 계속해서 당신이 시인이라고 믿지 마라.
당신의 스타일은 지독한 빈민가에서
만들어진 토마토소스

당신 안에는 헐값으로조차 남아 있는 것이 아무것도 없네.
다시는 이곳에 얼굴을 보이지 마라, 더러운 사기꾼아.
왜냐하면 당신은 추악하고 무엇보다 배은망덕하니까.[1)]

네루다는 이에 응수하여 콜롬비아 정치인을 "옹졸한 반기독교적 반(反)예수"라고 칭한 시를 발표했다.

바로 당신처럼, 손에 채찍을 든 채,
암살자 프랑코는 스페인에서 벌벌 떨고 있고,

---

1) *Zig-Zag*, Santiago de Chile, 29 October 1943에 게재됨.

> 독일에서는 피에 굶주린 당신 형제가
> 눈[雪] 위에 써진 자신의 운명을 읽는다.[2)]

콜롬비아 방문이 그리 유쾌하지는 않았지만, 다른 곳에서와 마찬가지로 그곳에서도 그의 명성으로 인해 시 낭송회에 숭배자들이 몰려들었다. 그는 시 낭송회를 유럽의 압제자들에 희생된 작가들의 운명을 한탄하는 기회로 삼았다.

> 그들은 어디에 있습니까? 로맹 롤랑, 아라공, 말로는 어디에 있습니까? 안토니오 마차도, 페데리코 가르시아 로르카 그리고 미겔 에르난데스는 어디에 있습니까? 그들은 어디에 있나요? 마지막 세 시인이 땅속에 묻힌 지도 제법 오래되었습니다. 그들은 자신들의 시로 인간의 삶에 빛을 밝히기 위해 목숨을 바쳤습니다. 그 밖의 다른 사람들, 프랑스인, 독일인, 이탈리아인, 노르웨이인 그리고 체코의 프라하, 루마니아의 시인들은 거리낌 없이 말하고 압제자의 이름을 들먹이며 도전했다는 이유로 피비린내 나는 감옥살이나 오랜 망명으로 그 대가를 치렀습니다.[3)]

---

2) *Zig-Zag*에 게재된 네루다의 반응.

3) 1943년 9월 23일 콜롬비아 보고타 국립대학 법학부에서 행한 네루다의 연설.

그러나 그는 거리낌 없이 말했다는 이유로 혹독한 대가를 치른 소련의 작가들에 대해서는 침묵했다. 네루다와 델리아는 10월 22일 콜롬비아에서 페루행 비행기에 올랐다. 그는 1941년 멕시코에서 두 달간 영사직 정직 처분을 받았을 때 잠시 페루를 방문한 적이 있지만, 이번에는 안데스 산지에 우뚝 솟아 있는 경이로운 잉카의 요새 도시 마추픽추를 방문할 계획이었다.

많은 이들은 1943년 10월에 있었던 고대 문명과의 이 만남이 네루다의 시야를 영원히 바꿔 놓았다고 지적했다. 논란의 여지가 없지 않지만, 그 이전의 여행들, 특히 과테말라 여행에서 이미 이런 변화가 시작되었다고 할 수 있다. 그러나 마추픽추 방문은 그 정점이었다. 로버트 프링밀이 말한 대로, "네루다가 마추픽추에 이르렀을 때, 그 정상은 자신의 대륙을 비롯한 모든 것이 서로 소통하는 장소가 된다".[4)]

네루다는 페루 작가 호세 우리엘 가르시아와 델리아를 동행하고 – 그들은 마누엘 프라도 대통령의 페루 정부로부터 여행에 필요한 노새와 식량을 제공받았다 – 안데스의 요새까지 올랐던 긴 여정을 이렇게 회상했다.

당시에는 간선 도로가 없어 노새를 탔다. 정상에서 초록

---

4) Robert Pring-Mill, in his Introduction to Pablo Neruda, *The Heights of Macchu Picchu,* translated by Nathaniel Tarn (Jonathan Cape, London, 1966), p.xi.

의 안데스 산지의 높은 봉우리들에 에워싸인 고대의 석조물을 보았다. 수 세기에 걸친 시간의 흐름 속에서 부식되고 풍화된 요새로부터 급류가 맹렬하게 내달렸다. 빌카마유강에서 흰 안개가 뭉게뭉게 피어오르고 있었다. 어쨌든 나도 그 일부를 이루는 바위들의 한복판, 도도하게 치솟은 황량한 세계의 중심에서 한없이 작아지는 느낌이었다. 마치 나 자신의 손이 아득한 어느 때에 그곳에서 밭을 갈고 바위를 다듬으며 일했던 것만 같았다. 나는 내가 칠레인이요, 페루인이요, 아메리카인임을 느꼈다. 그 험준한 산정에서, 산재해 있는 그 찬란한 유적 사이에서, 나는 계속해서 시를 쓰는 데 필요한 믿음의 원리를 발견했다.[5)]

몇몇 출처에 따르면, 네루다는 "바비큐를 해 먹기에 안성맞춤인 곳이군"[6)]이라고 촌평했다고 한다. 정말로 그가 이런 경박한 말을 했다면, 그것은 아마도 무한한 감동의 깊이를 숨기려는 의도였을 것이다. 네루다는 거의 2년에 걸친 묵상 끝에 그의 가장 유명한 시의 하나인 「마추픽추 산정」을 썼다. 그는 '마추(Machu)'의 첫음절에 'c'를 덧붙여 '막추(Macchu')로 적었는데, 이는 아마도 초자연적인 유적에 자

5) Pablo Neruda, *Memoirs,* pp.165-166.

6) Margarita Aguirre, *Genio y figura de Pablo Neruda,* p.156에서 인용.

신의 흔적을 남기고 콜럼버스 이전 문명과 자신의 존재 사이에서 발견한 오랜 유대를 공고히 하기 위해서였을 것이다.

몇 년 후에 네루다는 이렇게 썼다.

> 마추픽추의 유적을 보고 나니 그 믿기지 않는 고대 문화는 마분지와 혼응지로 만들어진 것만 같았다. 저 버려진 잉카 요새의 도도한 장엄함에 비하면, 인도(印度)조차도 왜소하고, 조잡하고, 진부하고, 통속적인 신의 잔치로 보였다. 나는 더 이상 그 건축물에서 나 자신을 분리할 수 없었다. 만약 우리가 조상 대대로 살아온 바로 그 똑같은 땅을 밟고 있다면, 아메리카 공동체의 그 우뚝 솟은 역작이 우리와 모종의 관계가 있다면, 우리는 그들을 모른 체할 수 없고 우리의 무지와 침묵은 범죄일뿐더러 패배의 연속임을 깨달았다. 귀족적 세계주의는 우리로 하여금 아주 동떨어진 사람들의 과거는 숭배하면서도 정작 우리 자신의 보물을 찾는 일에는 눈을 감게 했다⋯ 고대 아메리카인에 대해 생각했다. 나는 먼 옛날의 그의 투쟁이 오늘날의 투쟁과 맞물려 있음을 깨달았다. 바로 거기에서 아메리카의 『모두의 노래』에 대한 착상의 씨앗이 일종의 연대기로 싹트기 시작했다⋯ 이제 나는 마추픽추 정상에서 아메리카 전체를 보았다. 그것은 새로운 개념으로 쓰인 첫 번째 시의 제목이었다.7)

1945년 9월 이슬라네그라에서 쓰기 시작한 시에서, 네루다는 『가슴속의 스페인』에서 프랑코의 잔학 행위를 세상에 폭로해야 한다는 사명감을 느꼈던 것과 마찬가지로 선조들의 위대함을 밝혀야 한다는 책무를 느꼈다. 그러나 『마추픽추 산정』은 개인적 투쟁과 공공의 연대기의 새로운 종합으로 특징지어진다. 그는 광대무변한 우주를 감싸안으려는 노력 속에서 진정 자신 너머로 손을 뻗치고 있었다.

오랜 세월이 흐른 뒤, 네루다는 『이슬라네그라의 추억』(1964)에 실려 있는 「첫 여행」이라는 매우 아름다운 시에서, 청년 시절 초기에 그는 자기 강박에 사로잡힌 반(半)맹인 상태였다고 썼다. "나는 세상을 읽을 줄 몰랐고 오직 나 자신만을 읽었을 뿐이다." 『마추픽추 산정』에서 네루다는 『지상의 거처』의 내면적 고뇌를 떨쳐 버린다. 『지상의 거처』에 쓸쓸함이 가득 배어 있다면, 『마추픽추 산정』에는 부활과 질서에 대한 본질적으로 낙관적인 욕망이 담겨 있다. 로버트 프링밀은 이러한 욕망을 정확히 네루다의 "개인적 우주론"으로 부른다.[8)]

그러나 『무한한 인간의 시도』를 연상시키는 젊은 시절의 멜랑콜리도 발견된다. 에르난 로욜라는 네루다의 작품 전체에서 가장 수수께끼 같은 시구로 "누군가 바이올린 사이에서

---

7) Pablo Neruda, *Aurora,* Santiago, No.1, July 1954, pp.10-12.

8) Robert Pring-Mill, ed., *Pablo Neruda:* A *Basic Anthology,* p.xii.

나를 기다렸다"를 들었다. 네루다는 로욜라에게 이 시구가 "연애 경험"과 관련이 있다고 분명히 밝혔다. 로욜라는 시인의 새로운 전집판 주석에서 보다 구체적으로 "이 연애 경험은… 오직 막 시작된 마틸데 우루티아와의 관계일 수밖에 없다"[9]라고 말한다. 로욜라의 주장은 네루다가 1946년이 아닌 1945년 말 – 그가 아직 『마추픽추 산정』을 쓰고 있던 때인 – 산티아고의 포레스탈 공원에서 열린 야외 음악회에서 날씨 때문에 마틸데를 만났을 것이라는 그의 가정을 받아들일 때만 설득력을 지닌다. 그러나 두 사람이 만난 시점은 통상 1946년으로 추정되며, 마틸데 자신도 스페인 일간지 ≪엘 파이스≫ 1983년 5월 23일 자에서 그렇게 말했다.[10]

『마추픽추 산정』에서는 또한 네루다와 케베도 간의 정서적 유대, 특히 시간의 광대함에 대비되는 인간 조건의 무상함에 대한 케베도의 강박관념과의 유대가 재현된다.

네루다와 델리아는 리마에서 아르헨티나의 ≪수르≫ 창간자 빅토리아 오캄포를 만나게 되어 깜짝 놀랐다. 파블로는 파시즘에 동조했다는 이유로 ≪수르≫의 몇몇 기고자–특히 프랑스 작가 드리외라로셸–를 비판한 바 있었다. 그러나 네루다에게는 늘 우정이 정치적 차이보다 우선했다. 오캄포가 같은 리마 호텔에 묵고 있다는 얘기를 듣자 네루다 부

---

9) Pablo Neruda, *Obras completas,* Vol.1, p.1214.

10) Ibid.

부는 곧 시간을 내서 그녀를 만났을 뿐만 아니라 선물까지 건네주었다.

마추픽추 방문이 당연히 관심을 끌었던 것과는 달리, 네루다의 페루 방문과 관련해 라틴아메리카 지역에서의 미국의 상업적 투자에 대한 그의 인식—이미 콜롬비아에서 눈뜬—이 눈에 띄게 강화되었다는 사실은 어디에서도 특별히 언급되지 않았다. 미국은 국제 석유 회사를 통해 페루 석유 생산량의 80%를 지배했고, 페루 광물 생산량의 거의 전부를 장악하고 있었다.

그러나 그에게 가장 강렬한 인상을 준 것은 페루의 안데스에 있는 콜럼버스 이전의 요새 도시였다. 아직 페루에 체류하고 있던 1943년에 쓴 글에서, 네루다는 "잉카인들은 작은 불의 왕관과 순교 그리고 놀란 역사의 손 그 이상의 것을 남겼다. 그들은 소리에서 멜랑콜리와 경외를 우려내고 영원토록 지속될 거대한 돌들을 들어 올릴 수 있는 손과 더없이 섬세한 손가락으로 새긴 광대하고 광막한 풍광을 남겼다"11) 라고 말했다.

이 문맥에서 '멜랑콜리'라는 단어는 무척 흥미롭다. 시간의 무한함과 콜럼버스 이전 그의 뿌리의 재발견을 통해서조차 그는 자신의 기억, 다시 말해 극동의 고독한 외교관의 멜랑콜리를 회상하고 있는 듯하다. 그는 『마추픽추 산정』의

11) Pablo Neruda, *Passions and Impressions*, p.196.

시구에서 그 쓸쓸함을 언급하고 있을지도 모른다.

도시의 겨울 거리에서, 버스에서
혹은 황혼 녘의 뱃전에서, 혹은 어둠 소리와
종소리 아래 펼쳐지는 축제의 밤 그 한없이 짙은
고독 속에서, 바로 그 인간적 쾌락의 동굴에서,
나 얼마나 수없이 걸음을 멈추고 영원한 광맥을 찾아
헤맸던가,
한때는 돌이나 입맞춤의 섬광 속에서 만졌던 깊이를
알 수 없는 그 광맥을.[12)]

아마도 그는 또한 자유분방했던 산티아고의 학창 시절, 시끌벅적한 술판을 벌이던 심야 모임이 근본적으로 공허했음을 인정하고 있는 듯하다. 그의 대부분의 시에서처럼 – 그리고 이것은 그 시들에 놀랄 만한 깊이와 풍요로움을 준다 – 네루다는 동시에 직접적인 감각적 경험과 이전의 느낌에 대한 기억 위에서 작업한다. 나는 이것이 마르셀 프루스트의 영향을 반영한다고 본다. 프루스트는 네루다가 어린 시절 탐독한 작가의 한 사람으로, 그의 작품도 마찬가지로 세부 묘사와 관능적인 기억의 사용에 대한 세심한 고려를 보여 준다.

---

12) Pablo Neruda, *The Heights of Macchu Picchu,* translated by Nathaniel Tarn.

파블로와 델리아는 페루를 떠나 도중에 우루과이와 아르헨티나에 잠시 들렀다가 1943년 11월 3일 산티아고에 도착했다. 이제 네루다는 거의 불혹의 나이였고, 3년 전 칠레를 떠나 멕시코로 갔을 때보다 훨씬 성숙해져 있었다. 아베니다 린치 164번지의 집 – 이제 네루다는 멕시코 시절을 기념하여 미초아칸이라는 이름을 붙였다 – 에서는 여전히 공사가 진행 중이었다. 그래서 처음 며칠 동안 부부는 수도에 있는 카레라 호텔에 묵었고, 그다음에 아베니다 비쿠냐 마케나 40번지에 있는 실비아 타예르의 아파트로 이사했다. 실비아는 파블로가 1927년 극동으로 가기 위해 긴 항해를 했을 때 그와 동행한 알바로 이노호사의 누이였다.

당시 칠레 대학의 젊은 아르헨티나 학생이던 안토니아 라모스는 파블로, 델리아와 함께한 삶에 대한 귀중한 통찰을 제공한다.

> 파블로는 벌써 통통하게 살이 오른 데다 대머리나 다름없었어요. 그녀[델리아]는 가냘프고 기품 있는 몸가짐의 매우 고상한 여자였지요. 손과 목을 경이롭게 움직이고 목소리를 자유자재로 바꾸었어요… 그녀는 외모에 무척 신경을 썼지만 다른 누군가가 자신의 외모를 돌봐 주기를 바랐습니다. 미용사가 와서 반백이 되어 가는 그녀의 금발 머리를 염색해 주었지요. 나도 여러 차례 그녀를 도와 머리에 웨이브를 주거나 빗질을 해 주었어요… 그들

> 은 새벽 2시에 귀가해 모든 사람을 깨워 놓고는 새벽 너덧 시까지 계속 얘기를 나누기 일쑤였습니다. 그 집은 스페인 난민과 멕시코에서 온 사람들로 우글거리는 개미집으로 탈바꿈했어요… 그녀는 침착한 사람이었고, 그들과의 세속적인 공동생활을 대단히 품위 있고 참을성 있게 꾸려 나갔어요. 그녀는 고상한 여자였고 그는 앙팡 테리블이었지요.[13]

델리아는 여전히 네루다에게 절대적인 영향을 끼쳤으며 가장 든든한 후원자였다. 문학 비평가로서의 역할을 보자면, 그녀는 계속해서 그가 쓰는 글 대부분을 일일이 검토한 후에 그가 마음에 두고 받아들일 만한 매우 유익한 비평을 해 주었다. 디에고 무뇨스의 부인 이네스 발렌수엘라는 이렇게 회고했다. "한번은 우리가 차를 타고 산티아고 주재 체코 대사관으로 점심을 먹으러 가는 중이었던 걸로 기억합니다. 파블로는 『모두의 노래』 델리아 편을 읽고 있었는데 델리아가 '아니, 아니, 파블로. 그건 정말 형편없어요. 그렇게 말해선 안 돼요'라고 말했지요. 그러자 파블로는 즉시 그녀의 조언을 진지하게 받아들이더군요."[14]

---

13) Fernando Sáez, *Todo debe ser demasiado*, pp.141-142에서 인용.

14) Inés Valenzuela, in conversation with AF, Santiago, March 2000.

델리아는 파블로에게 감정을 내비치는 편이었지만, 그들이 여전히 성관계를 갖고 있었는지는 분명치 않다. 그들의 친구 아이다 피게로아는 이 무렵 한번은 델리아에게 파블로가 여전히 강한 육체적 충동을 느낀다고 생각하는지 물은 적이 있다고 했다. 그런데 델리아는 그렇지 않다고 대답했다고 한다. '오르미가'는 완전히 헛짚고 있었다. 네루다의 눈은 끝없이 두리번거리고 있었던 것이다.

그러나 두 사람의 애정은 변함없이 강렬했다. 또 델리아의 보살핌은 한결같았다. 그녀는 너무 살이 찌는 파블로를 걱정했다. 얼마나 걱정이 되었던지 그녀는 소형 바벨 세트를 사 들고 왔고, 네루다의 식사량을 조절하려고 애를 쓰기도 했다. 그러나 그토록 열렬한 미식가를 다루기는 녹록지 않았다. 식사 시간이면 단백질, 비타민, 지방에 대해서는 전문가가 된 델리아는 그에게 고기는 60회 이상 천천히 씹어 먹고 단호박도 한 숟가락 이상은 삼갈 것을 권하곤 했다. 파블로는 다소 감정이 상해 "오르미가, 호박을 모두 먹어 치워 내가 호박으로 변하고 말겠어!"라고 응수하곤 했다.

델리아는 공평하게 자신의 건강에도 신경을 많이 썼다. 그녀는 이제 막 예순의 나이를 앞두고 있었다. 담배를 끊을 생각으로 산티아고의 산타마리아 병원에 손수 예약하기도 했다. 담배가 그녀의 목소리를 허스키하게 만들고 있었던 것이다.

더욱 중요한 것은 델리아가 칠레 공산당 입당 같은 중대한 결정에서 네루다를 후원했다는 사실이다. 그는 유일하게 공산주의만이 효과적인 반파시즘 투쟁의 길임을 가르쳐 준 것은 스페인이라고 말했다. 물론 이 방향으로 그를 유도하는 데 결정적인 역할을 한 사람은 델리아였다. 그리고 마침내 분명한 입장을 밝히도록 그를 뒷받침하고 그의 연설 준비를 도와준 장본인 역시 그녀였다.

그러나 네루다 부부는 먼저 그들이 떠나 있던 3년 동안 몰라보게 달라진 칠레의 새로운 정치 지도를 익혀야만 했다. 안정적인 칠레의 다당제 정치 체제는 라틴아메리카 모델보다는 서유럽 모델과 유사점이 더 많았다. 칠레인들은 그들의 대의 민주주의에 자부심이 대단했다. 보수당과 자유당은 점차 우파 연합 세력으로 결속되었으며, 이제는 전통적인 반교권 진영의 적들보다 사회주의를 더 두려워하게 되었다. 급진당은 확장일로의 공산당과 사회당 때문에 좌파에서 설 자리를 잃게 되자 자연스럽게 자유당을 대신하여 중도파를 지향하게 되었다.

칠레의 공산주의자들은 자신들이 1928년부터 1934년까지 주창했던 프롤레타리아 혁명에서 후퇴했다. 이는 1935년에 채택된 코민테른(공산주의 인터내셔널을 말하며 국제 부르주아지 타도 및 국제 소비에트 공화국 수립을 위해 투쟁할 목적으로 1919년 3월 소련 공산주의 지도자들에 의해 창설되었다)의 새로운 정책과 궤를 같이한다. 이제 1940년대 초에 이르자, 그들은 반파시즘의 이름으로 광범위한 개혁주의 선거 연합을 조장하고 나섰다.

페드로 아기레 세르다 대통령의 인민전선 정부는 중도파인 급진당 주도로 사회당과 공산당을 제도권 정치 안으로 동화시킴으로써 잠재적인 혁명 세력을 상대적으로 온건한 합법적 제도의 참여자로 변화시켰다. 라틴아메리카의 여타 나라들에서와 마찬가지로 대공황과 뒤이어 발발한 제2차 세계대전은 소비재 공산품의 국내 생산을 가속화하고 국가의 역할을 확대하였으며, 미국에 대한 칠레의 경제적 종속을 심화했다. 그러나 사회당과 공산당은 끝없는 내분에 휩싸이기 시작했는데, 특히 공산당이 1939년의 독소 불가침 조약을 지지한 것이 불화의 결정적인 도화선이 되었다.

1941년 초 사회당은 더 이상 공산당과 공생할 수 없다고 결론을 내리고 인민전선연합에서 탈퇴했다. 페드로 아기레 세르다 대통령은 우파를 달래기 위해 농업노동조합을 탄압했다.

그러나 대통령은 1941년 11월 집무실에서 갑자기 사망했다. 그의 정권하에서 성공을 거둔 칠레 지식인들을 비롯한 많은 국민들이 그의 죽음을 애도했다. 그때 두 명의 급진당원 – 가브리엘 곤살레스 비델라와 후안 안토니오 리오스 모랄레스 – 이 페드로 아기레 세르다를 대신할 대통령 후보로 입후보했다. 리오스가 우세했다. 사회당은 오스카르 슈나케를 천거했다. 우파는 카를로스 이바녜스 델 캄포를 대표로 내세웠다. 이바녜스의 승리 가능성에 직면하자 사회당은 자신들의 후보인 슈나케를 물러나게 하고 대신 리오스를 지지했다. 전임 대통령 아르투로 알레산드리 팔마가 주도하는 자유당 역시 마찬가지였다. 이러한 상황은 1942년 4월 2일 리오스가 56%의 득표율로 승리를 거두는 데 일조했다.

그의 대통령 당선에 기여한 폭넓은 지지 세력을 생각할 때, 리오스 정부가 사회당에서 자유당에 이르기까지 광범위한 스펙트럼을 지녔다는 것은 당연한 결과였다. 미국의 압력하에서 그리고 취약한 칠레의 태평양 해안에 대한 미국의 보호 필요성 때문에, 리오스 정부는 1943년 추축국인 독일, 이탈리아, 일본과의 관계를 단절했다. 리오스 정부는 동시에 소련과 외교 관계를 수립했으며, 이 조처로 우파로부터 격렬한 비판을 받았다. 1943년 4월 13일, 칠레는 두 차례의 세계대전을 통해 고수해 온 중립 정책을 포기하고 일본에 선전포고를 했다.[15)]

네루다는 공식적으로 공산당에 입당하기도 전인 1944년에 메마른 칠레 북부의 타라파카주와 안토파가스타주를 대표하는 상원 의원 후보로 출마하게 되었다. 그곳은 지구상에서 가장 건조한 지역으로 간혹 몇 년 동안 한 번도 비가 내리지 않는 아타카마 사막에 위치하고 있다. 유세 요청에 대한

---

15) 추축국과의 관계를 끊은 후에도 칠레는 미국으로부터 받은 원조와 군사 장비의 양에 결코 만족하지 못했다. 반면 미국은 칠레가 추축국 회사 및 요원들에게 신속하게 조치를 취하지 않는 데 대해 불만을 품었다.

네루다의 첫 반응은 두려움이었다. 그는 자신이 정치 연사로서 재능이 없다는 것을 잘 알고 있었다. 그러나 당에서 시 낭송이 대중에게 가장 효과적인 정치적 메시지가 될 것이라고 하자 안심이 되었다.

네루다는 북부에서 당시의 공산당 대표 엘리아스 라페르테와 함께 유세 활동을 펼쳤는데, 그는 과거에 초석 광산 노동자이자 배우로 활동한 바 있는 대단히 뛰어난 연설가였다. 유세 과정에서 네루다는 처음으로 칠레를 통틀어 가장 가난하고 가장 절망적인 사람들을 만났다.

> 세상에서 삶이 그토록 가혹하고 그토록 먹고살 것이 나지 않는 곳은 찾아보기 힘들다. 물을 운반하거나, 아주 초라한 꽃이라도 피우는 식물을 기르거나, 개, 토끼, 돼지를 키우려면 이루 헤아릴 수 없는 희생이 따른다. 나는 칠레의 맞은편 끝에서 왔다. 나는 수목이 울창하게 우거진 숲이 있는 초록의 마을에서 태어나 비와 눈으로 가득한 어린 시절을 보냈다. 그저 달의 사막을 마주하는 행위만으로도 내 삶의 전환점이 되었다.[16]

파블로 네루다는 조지 오웰이 광부들의 삶을 기억할 때 보여 준 앵글로·색슨족 특유의 냉담한 초연함과는 달랐다.

---

16) Pablo Neruda, *Memoirs,* p.167.

오웰이 석탄 광부들과 그들의 일상의 고충을 '다른 세계'로 본 데 반해,17) 네루다는 그들의 삶을 자신의 삶의 일부로 보았다. 험버스톤과 마포초의 초석 광산 지대에서 파업이 돌발했고 네루다는 광부들의 생생한 생활상을 목격했다.

> 나의 심장은 아직도 그 임시 숙소의 가난에 대한 기억으로 떨리고 있다… 이곳 판데아수카르에서 숙소는 쓰레기장 위에 지어졌다. 어느 집에 들어갔더니, 팜파스의 여인이 방바닥 아래에서 별안간 죽은 쥐나 낡은 구두창이 튀어나온다고 말해 준다. 그것은 [마루청 아래로부터] 표면으로 떠올라 오는 쓰레기 더미다. 그녀의 집에 들어갔더니 하나는 땅바닥에 놓인, 삐걱대는 낡아 빠진 침대들과 그 밖의 세간, 선반으로 만든 탁자 한 개, 집 안 전체에 하나뿐인 의자를 보여 준다. 부엌은 없었다. 평지와 같은 높이로 설치한, 주름진 철판과 금속 고리로 만든 난로가 오븐을 대신했다. 그녀는 "음식이 새카맣게 돼서 나와요"라고 말했다.18)

산티아고로 돌아온 네루다는 그가 소유한 두 채의 집, 특

---

17) George Orwell, 'Down the Mine', *The Road to Wigan Pier* (Victor Gollancz, London, 1937).

18) Pablo Neruda, 'Viaje al norte de Chile', *Viajes* (Nascimento, Santiago, 1955).

히 이슬라네그라에 있는 태평양 해안의 새집에서 벌어진 또 다른 난장판을 감독하기 위해 악전고투했다.

이슬라네그라에는 큰 문제가 있었고, 이로 인해 파블로와 델리아 간에 알력이 불거졌다. 이슬라네그라를 찾은 손님들은 집 바깥에 서 있는 거대한 둥근 돌들과 마주쳤고, 흔히 도처에서 건설 공사가 계속되고 있는 데서 오는 불편을 감수해야 했다. 파블로는 스페인 건축가 헤르만 로드리게스 아리아스에게 메인 룸과 돌탑의 건축을 의뢰했었다. 이따금 파블로는 친구들을 남겨 둔 채 자리에서 일어나 공사 과정을 면밀하게 살피곤 했으며, '오르미가'가 공사의 진척 과정에 자기만큼 관심을 보이지 않을 때는 화를 내기도 했다.

네루다의 친구 토마스 라고가 1944년 2월 21일 이슬라네그라를 찾았을 때, 그는 그들이 분명히 다투고 있었다는 것을 눈치챘다.

> 그들은 서로 말을 하지 않았고, 델리아만 내 질문에 대답했다. 잠시 후에 나는 구시렁거리는 몇 마디 말에서 네루다가 집 주변의 대혼잡 때문에 잔소리를 했다는 이유로 델리아가 그에게 발끈했음을 알 수 있었다. 파블로는 파블로대로 "어떻게 당신은 정말 마지막 순간까지 기다렸다가 하녀를 보내 우유를 구해 오게 할 생각을 할 수 있지?"라며 투덜거렸다. 부엌은 청소를 하지 않은 탓에 부패물 더미가 들어찬 채로 여러 날 동안 잠겨 있기 일쑤였

다. 또 화장실은 더러웠고(이슬라네그라의 물이 다 그렇듯) 흐르는 물이 없었다.[19]

또 다른 친구 아니타 라가리게가 델리아에게 "뭐야, 그러니까 파블로에게 아침을 해 주지 않은 모양이지?"라고 농담을 던지며 분위기를 바꾸려고 애를 쓰자, 델리아는 "그가 '나한테' 아침을 해 주면 어디가 덧나나?"[20]라고 날카롭게 쏘아붙였다.

이슬라네그라에서 산티아고로 돌아오는 길에 네루다는 화낸 것에 대해 가책을 느꼈고, 간밤에 잠을 설쳤다며 용서를 빌었다. 라고는 "파블로는 정말 마음이 선하다… 성을 낼 때도 있지만 이따금 아주 잠깐 그럴 뿐이고 나중에 깊이 뉘우친다"[21]라고 말했다.

1945년 3월 4일, 네루다는 아직 당원이 아니었지만 안토파가스타와 타라파카를 대표하는 공산당 상원 의원에 선출되었다. 그는 회고록에서 이렇게 말했다.

나는 칠레의 가장 거친 지역, 광대한 구리 · 초석 광산 지역에서 수많은 칠레인이 나에게 표를 던졌다는 사실을

19) Tomás Lago, *Ojos y oídos*, pp.45-46.

20) Ibid., p.46.

21) Ibid.

> 언제나 자랑스럽게 여길 것이다. 팜파스를 걸어 다니는 것은 힘겹고 험난했다. 그 지역에서는 반세기 동안 비가 내리지 않았고 사막은 광부들의 얼굴에 흔적을 남겼다. 그들은 햇빛에 검게 그을린 얼굴이었고, 그들의 새카만 눈에는 온통 고독과 자포자기의 표정이 서려 있었다… 그러나 나의 시는 소통을 위한 길을 열었다. 나는 시로 인해 그들에 둘러싸여 걸을 수 있었고, 또 그토록 고된 삶을 살아가는 동포들에게 평생의 형제로 받아들여질 수 있었다.[22)]

"라페르테와 네프탈리스(Neftalis) 레예스(파블로 네루다)에게 한 표를…"이라고 철자가 잘못 적힌 네루다의 상원의원 선거 운동 문구가 아직도 사막의 바위에 새겨져 있다.

그사이에 세계의 정치 지형은 변화하고 있었다. 제2차 세계대전은 끝났다. 나치는 패배했고 붉은 군대가 보무도 당당히 베를린에 입성함으로써 좌파는 호시절을 맞았다.

1945년 5월은 네루다에게도 기분 좋은 달이었다. 그가 칠레 국가 문학상을 수상했는데, 그때까지 쓰인 그의 전 작품에 대해 수여된 데다 시인으로서는 처음으로 그 상을 수상했으니 상당한 자부심을 가질 만했다. 더군다나 공식적으로 입당하지는 않았지만 이제 공공연히 공산당원임을 표명한 터

---

22) Pablo Neruda, *Memoirs,* pp.166-167.

라, 그는 이 상이 또한 자신의 정치적 태도가 어느 정도 인정받았음을 의미한다고 보았다. 심사 위원회에는 지식인들뿐만 아니라 정부 대표자들도 포함되어 있었기 때문이다.

그는 자신이 저명 작가이자 상원 의원으로서 이중의 사명을 띠고 있음을 느꼈다. 1945년 5월 30일, 상원 의원으로서의 첫 연설에서 그는 "나의 경우에는 우리들 모두, 아니 우리들 거의 모두가 느끼고 있는 이데올로기적 · 윤리적 · 법적 책임감이 훨씬 무겁습니다"라고 언명했다.

네루다는 열렬한 정치 연설을 하지 못할 것이라는 우려가 무색하게 히틀러의 죽음과 나치에 대한 연합국의 승리 그리고 좌파, 특히 공산주의의 승리를 축하했다.

> 며칠 전까지만 해도 반공의 기치 아래 인류와 도시들과 논밭과 마을들과 사람들과 문화를 학살하고, 파괴하고, 더럽히고, 모독하고, 침략하고, 살해한 미치광이가 존재했습니다. 이 인간은 엄청난 세력을 규합하고 이끌어 인류 역사상 가장 거대한 증오와 폭력의 격류를 만들어 냈습니다. 오늘 그는 파멸한 나라의 폐허 옆에서 자신이 무덤으로 끌고 간 수백만의 죽은 자들에 둘러싸여, 불에 타서 바싹 마른 고깃덩이처럼 뒤틀린 채 개인 요새의 잔해 아래 이름 없이 묻혀 있습니다. 지금 그 요새 위에는 별과 망치와 낫이 그려진 영광스러운 붉은 깃발이 나부끼고 있습니다. 그리고 그 깃발은 승리를 상징하는 다른 것

들과 더불어 평화와 모욕당한 우리의 인간적 존엄성의 재건을 의미합니다.

그는 나치의 위협에 군사적으로 대항한 용기 외에도 문화를 꽃피웠다는 이유로 소련을 찬양했다. 그는 상원 의원들을 향해 이렇게 말했다. "나는 막 공식 통계에서 작가인 나의 가슴을 억누를 수 없는 충만한 기쁨으로 가득 채우는 사실을 확인했습니다. 그 내용은 '전쟁 중에 소련에서 1000권의 책이 서로 다른 100개의 언어로 10억 부가 발행되었다'는 것이었습니다."[23] 네루다는 전시(戰時)의 짧은 긴장 완화 뒤에 공식적인 공산주의 노선을 따르기를 거부했다는 이유로 작가들이 다시 소비에트 정권에 의해 박해받고 있다는 사실을 아직 듣지도 읽지도 못한 상태였다. 어쩌면 애써 눈과 귀를 막았는지도 모른다.

네루다는 상원 의원의 직무에 전념했다. 그는 거리에서 서민들과 만나는 것을 좋아했다. 그러나 일부 문서 업무는 영사 시절의 고되고 단조로운 관료적 업무를 떠올려 주었다.

한편, 그의 적들은 여전히 그를 공격할 만반의 준비가 되어 있었다. 1945년 6월 24일, 펜클럽은 산티아고의 칠레작가협회 본부에서 네루다의 국가 문학상 수상 축하 행사를 열고 있었다. 그런데 그가 연설하는 동안 여러 목소리가 끊임없이

23) Pablo Neruda, *Obras completas*, Vol.4, pp.613-630.

그의 말을 가로막았다. 누군가가 격앙된 목소리로 이렇게 말했다.

> 당신은 시와 시인들을, 인간주의적이고 공평무사한 시의 체계 전체를 배반했소. 당신은 신비한 발견을 저버렸어. 당신은 우리에게 마법이나 앙드레 브르통에 대해 말하지 않아. 당신은… 선전원에 지나지 않지. 당신은 지나치게 이해하기 쉽고 지나치게 명료해. 신화는 어디로 가 버렸지? 마법은 어디에 있냐고? 나는 카프카, 아폴리네르, 마르키 드 사드, 피카소, 폴 엘뤼아르를 읽었는데, 그들은 모두 숭고하더군.

네루다는 이에 아랑곳하지 않고 야유꾼의 공격을 맞받아쳤다.

> 나는 인간의 문화에 심오하게 기여한 모든 것이 숭고하다고 봅니다. 나는 초서, 비용, 베르세오, 알리기에리와 더불어 눈부시게 탄생한 위대한 시 언어에서 롱사르의 멋진 피아노 연주, 셰익스피어의 분노와 보석, 바흐나 톨스토이의 목재 강도(强度)를 거쳐, 스트라빈스키와 쇼스타코비치 그리고 또한 피카소와 폴 엘뤼아르에 이르기까지 토템 부족의 신비한 음악적 비밀을 숭배합니다. 마법과 기교는 예술의 영원한 양 날개이지만, 나는 모닥불

위에서 불타고 있는 문화를 구하는 대신(비록 그것이 자신의 손을 태운다는 것을 의미한다고 해도) 모닥불에서 멀찍이 떨어져 있는 시의 배반자는 바로 그들이라고 생각합니다.

강연장에서 또 다른 목소리가 터져 나왔는데, 이번에는 네루다가 너무 모호하게 시를 쓴다고 비난했다.

당신은 선동 정치가요, 게다가 당신은 아무도 이해할 수 없는 모호한 시인이오. 즐겨 읽는 신문에서 그걸 막 읽었소. 당신은 판독하기 어려운 기호로 글을 쓴다지… 당신은 스페인의 빨갱이들을 우리에게 데려왔소. 당신은 조국과 가족과 가정을 거역했소. 당신은 모스크바의 지령을 따르고 있어. 당신은 질서의 적이고 이곳은 도둑놈들의 나라이니 당신이 소유한 두 채의 집도 분명히 훔쳤을 것이오. 그리고 당신은 나치에 대해 대체 무슨 말을 하는 거요? 포로수용소를 보여 주는 영화는 죄다 순전한 선전 영화지. 독일은 위대한 나라요. 그 나라는 존중되어야 하오. 베토벤의 나라란 말이오.

네루다는 이 비판에 차분하게 응수했다.

당신은 매일 조국을 좀먹고 파괴하는 숱한 다른 애국지

사들, 편협한 불모의 이기주의자들처럼 말하는군요… 나는 집이 두 채 있습니다. 그중 한 채는 내가 쓴 시의 대가로 출판사가 직접 소유자에게 지불했고, 다른 한 채는 공무원연금기금으로 대금을 치렀습니다. 그 두 채의 아름다운 집은 나의 자랑거리이자 매일 나에게 의무를 일깨워 줍니다.24)

1945년 7월 8일, 네루다는 산티아고의 카우폴리칸 경기장에서 열린 집회에서 공식적으로 칠레 공산당에 입당했다. 『모두의 노래』에 실려 있는 그의 시 「나의 당에게」는 바로 이 순간이 그에게 얼마나 많은 것을 의미했는가를 더없이 명확하게 표현하고 있다.

그대는 낯선 사람들에 대한 형제애를 주었네.
그대는 살아 있는 모든 이들의 힘을 모아 주었네.
그대는 새로운 탄생처럼 조국을 돌려주었네.
그대는 외로운 사람들이 갖지 못한 자유를 주었네.
그대는 친절이 불길처럼 타오르게 하는 법을 가르쳐 주었네.

---

24) Ibid., pp.549-555. 이 네루다 전집 판본이 출간된 이후, 편집자인 에르난 로욜라는 필자에게 연락하여 1945년 연설 도중 중단된 장면은 네루다 자신이 연설에 활기를 불어넣으려고 장난스럽게 꾸며냈거나 '연출'했을 가능성이 있다고 말했다.

그대는 나무에게 필요한 올곧음을 주었네.

그대는 사람들의 일치와 차이를 깨닫도록 가르쳐 주었네.

그대는 한 존재의 고통이 어떻게 모두의 승리 안에서 사라졌는가를 보여 주었네.

그대는 형제들의 딱딱한 침대에서 잠자는 법을 가르쳐 주었네.

그대는 반석 위인 듯 현실 위에 집 짓게 했네.

그대는 나를 악당들의 적이요 광분한 자들의 벽으로 만들었네.

그대는 세상의 투명함과 환희의 가능성을 보여 주었네.

그대와 함께라면 나 혼자로 끝나지 않으니 나를 불멸의 존재로 만들었네.[25)]

칠레 공산당 입당은 네루다가 결정적으로 젊은 시절의 해묵은 정체성과 고통스러운 결별을 할 수 있게 해 주었다. 이제부터는 네루다도 그의 시도 "혼자로 끝나지" 않을 것이다.

3주 후에 그는 처음으로 브라질을 방문하기 위해 리우데자네이루행 비행기에 올랐다. 즐거운 시간이었다. 루이스

25) Robert Pring-Mill, 'Both in Sorrow and in Anger: Spanish-American Protest Poetry', *Cambridge Review*, Vol.91, No.2195, 20 February 1970, pp.112-122.

카를루스 프레스치스는 10년이 넘는 수감 생활 끝에 석방되어 있었다. 7월 31일 네루다는 청중이 빽빽이 들어찬 리우 스타디움에서 시를 낭송했다. 그는 브라질이 경이롭게 삶을 고양한다는 것을 발견했다. 훗날 그가 한 친구에게 말했듯이, 브라질 회화와 조각에는 상대적으로 아르헨티나를 "낡고 초라해" 보이게 하는 문화적 에너지가 있었다.[26)]

1945년 9월 『마추픽추 산정』을 집필하기 시작했을 때, 그는 새로운 관점에서 작업을 진행했다. 이제 그는 공산당원이었고 공산당은 그를 따뜻하게 감싸 주는 자궁 같은 존재였다. 제이슨 윌슨이 지적했듯이, 더욱더 중요한 것은 네루다가 이제 착취당하는 노동자들, 안데스 고지대에 잉카의 요새 도시를 건설한 콜럼버스 이전 선조들과 더 긴밀하게 친밀감을 느꼈다는 사실이다. 윌슨이 적고 있듯이, 이 시는 "스탈린주의의 강철"로 주조되었다. 네루다의 "감정적인 공산당 부활이 시의 중심을 이루며", 시의 제목은 "시가 실제보다 더 이국적으로 라틴아메리카의 분위기를 자아내게 한다".[27)]

『마추픽추 산정』은 수없이 다양한 방식으로 읽힐 수 있다. 그리고 그때마다 매번 시에서 새로운 의미를 발견할 수 있다. 어떤 의미에서, 네루다는 고대 선조들의 대변자 역할

---

26) Tomás Lago, *Ojos y oídos*, p.66.

27) Jason Wilson, 'In the Translator's Workshop', *Poetry London*, Summer 2002, pp.30-32.

을 하고 있다. 『가슴속의 스페인』에서 프랑코의 억압에 희생된 사람들을 대변했던 것처럼, 이제 그 선조들을 대변하고 있는 것이다. 그러나 『마추픽추 산정』은 또한 죽음을 통한 삶의 개념에 강박적으로 천착하고 있다. 케베도의 영향은 또 한 번 그에게 자양분을 제공한다. 스페인 황금 세기의 극히 염세적인 종교적 시인이 공산주의에 심취한 20세기의 시인에게 그토록 심오한 영향력을 행사할 수 있었다는 것은 의아하게 생각될 것이다. 그러나 네루다는 1939년의 중요한 강연 '케베도 가슴으로의 여행'에서 이를 명쾌하게 해명했다.

> 만약 우리가 태어나자마자 죽기 시작하고, 그래서 하루하루가 우리를 고정된 종착점에 더 가까이 데려간다면, 만약 삶 자체가 죽음을 향해 가는 비통한 단계라면… 우린 죽음을 우리의 일상생활에 통합하는 것이 아닐까요. 우린 영원한 죽음의 일부가 아닐까요. 우린 죽음에서 온 가장 대담한 부분이 아니겠습니까? 그것이 바로 불분명한 수많은 영역에서 케베도가 나에게 명료한 생물학적 교훈을 준 이유입니다… 만약 우리가 이미 죽었다면, 만약 우리가 심각한 위기에서 벗어난다면, 우리는 죽음에 대한 두려움을 잃게 될 것입니다. 만약 죽음으로부터의 가장 큰 발걸음이 탄생이라면, 삶으로부터의 가장 작은 발걸음은 죽음일 것입니다. 내가 경험했듯이, 그것이 바로 케베도의 학설에서 삶이 자라는 이유입니다. 왜냐하

면 케베도는 나에게 하나의 읽을거리가 아니라 살아낸 경험이었기 때문입니다.[28)]

그래서 우리는 『마추픽추 산정』에서 네루다의 이런 구절을 발견하게 된다.

> 강력한 죽음이 몇 번이고 나를 초대했다.
> 그것은 파도 속 보이지 않는 소금 같았고[29)]

의미심장하게도 그는 여기서 대체로 그가 긍정적인 의미로 사용하는 모티프인 소금과 바다를 죽음과 관련짓고 있다. 마치 고대 선조들의 원기를 빨아들인 듯, 네루다가 다시 태어났다고 느낀 것은 바로 마추픽추에 다다랐을 때였다. 그리고 이들은, 결정적으로, 그의 위대한 스페인 농부 친구 미겔 에르난데스처럼, 자신들의 손으로 땅을 경작하는 노동자 선조들이자 장인들이었다.

다시 한번 그는 오늘의 감정이 과거의 감정과 격렬하게 뒤섞이며 즉각적이고, 직접적이며, 감각적으로 세차게 밀려드는 느낌을 받는다. 다만 이번에는 개인적인 향수나 기억이

---

28) Pablo Neruda, 'Viaje al corazón de Quevedo', *Viajes*.

29) Pablo Neruda, *The Heights of Macchu Picchu*, translated by Nathaniel Tarn.

아니라 더욱 근본적인 새로운 유대다.

> 이윽고 대기가 오렌지꽃 같은 손가락을 펼치고
> 모든 잠든 이들 위로 들어왔다.
> 천년의 대기가, 몇 달, 몇 주의 대기가,
> 푸른 바람이, 강철 산맥이

순간의 감정은 영속적인 감정의 위안, 다시 말해 산정의 이 경이를 빚어내기 위해 노예처럼 고되게 일했던 — 아직도 그가 바위에서 솟아나는 그 힘을 느낄 수 있을 만큼 대단한 정력과 원기를 요하는 일이었다 — 실제 인간 존재, 그의 대륙의 아득한 역사와의 새로운 형제적 결합에 대한 인식을 만난다.

> 그러나 영겁의 돌과 말[言].
> 도시가 하나의 컵처럼 모든 이들의 손 위에 우뚝
> 세워졌다, 산 자와 죽은 자, 침묵하는 자, 그 숱한
> 죽음을 이겨낸 자, 하나의 성벽, 생명 넘치는
> 돌 꽃잎들의 봉기. 영겁의 장미, 주거지.
> 얼어붙은 부락들이 펼쳐진 여기 안데스의 암초.

장미에 대한 언급은 네루다의 시에서 빈번하게 등장하는 모티프다. 칠레의 심리학자 루이스 루빌라르 솔리스는 여기

서 장미는 고대의 선조들과 마찬가지로 그에게 알려지지 않은 누군가에 대한 네루다의 갈망과 관련이 있다고 시사한다. 그가 죽음을 통한 부활을 말할 때, 어쩌면 자신을 낳고 이내 죽은 어머니 로사 바소알토를 떠올린 것은 아니었을까? 훗날 그는 「장미를 기리는 노래」에서 "장미여, 그건 사실이 아니에요. 난 당신을 사랑해요. 장미여, 당신은 나의 것입니다"라고 노래한다.

어느 모로 보나 『마추픽추 산정』은 『스무 편의 사랑의 시와 하나의 절망의 노래』의 어느 시 못지않게 정열적인 위대한 사랑의 시다. 아마도 그는 "죽은 왕국은 아직도 살아 있다"는 생각을 즐기며, 자신을 살아남게 할 무언가를 향해 손을 뻗었을 것이다. 그의 아픈 딸은 그렇지 못했기 때문이었다. 만약 그가 어머니를 회상하고 있는 것이 아니라면, 그는 그를 통해 그리고 그를 초월해 존속할 익명의 선조들에 대한 자식으로서의 애정 어린 탄원을 통한 구원의 형식을 마음에 그리고 있었을지도 모른다.

그러나 『마추픽추 산정』에서 가장 분명하게 나타난 관계는 형제애다. "나와 함께 오르자, 아메리카의 사랑이여." 시인은 이제 마추픽추를 방문한 지 2년이 지나 시를 쓰면서 정치적 임무를 띠게 되었다. 그는 공산당 상원 의원이다. 그는 사회적 약자들, 굶주린 사람들, 가난한 사람들, 메마른 칠레 북부의 사람들을 대변한다. 그리고 현재의 절박한 책임감은 마추픽추를 건설하기 위해 피땀 흘려 일했던 고대의 형제들에게로 확장된다.

형제의 고통에 대한 네루다의 진심 어린 연민이 분명히 드러나 있다.

> 돌 위에 돌, 사람아, 너는 어디에 있었느냐?
> 대기 위에 대기, 사람아, 너는 어디에 있었느냐?
> 시간 속에 시간, 사람아, 너는 어디에 있었느냐?
> …
> 네가 땅에 묻은 노예를 내게 돌려다오!
> 땅을 흔들어 가엾은 사람의 딱딱한
> 빵을 다오…

상원 의원으로서의 역할 안에서 이제 네루다는 가뭄으로 고통받는 칠레 북부 농부들의 탄식에 귀 기울이는 것과 마찬가지로 방대한 규모의 잉카 도시 한복판에서 그 고대 사람들을 구석구석 작은 세부까지 알고 싶어 한다. "살아 있을 때 그가 어떻게 잠을 잤는지 내게 말해 다오 / 코를 골았는지, / 검은 흉터처럼 입을 딱 벌렸는지." 마치 시인 자신이 그들의 삶의 세부를 살고 있는 듯하다. 마침내 그는 이 노예들이 다시 태어나기를 기원한다. "형제여, 나와 함께 태어나기 위해 오르자." 또 그는 그들의 도움으로 새로워질 것이고 그들의 동료 의식을 먹고 자랄 것이다.

내게 침묵을 다오, 물을 다오, 희망을 다오.
내게 투쟁을 다오, 강철을 다오, 화산을 다오.
그대들의 몸뚱이를 자석처럼 내 몸에 붙여 다오.
나의 핏줄로 나의 입으로 달려와 다오.
나의 말과 나의 피로 말해 다오.

이 시와 함께 네루다는 긴긴 청년기에 탐닉했던, 사회로부터의 우울한 소외라는 거짓 기쁨과의 연결고리를 단호하게 끊어 버렸다. 이제 그는 과거와 현재의 문명과의 교감 속에서 무한한 기쁨을 느낀다.

『마추픽추 산정』을 탈고한 지 2개월이 지난 1945년 11월, 네루다는 가브리엘라 미스트랄이 라틴아메리카에서 최초로 노벨 문학상을 수상했다는 소식을 듣고 몹시 기뻐했다. 네루다의 상원 연설에서는 시종일관 동료 시인이 거둔 성공에 대한 긍지가 묻어난다. 연설에서 그는 "결코 저항이나 교의가 되는 지점에 다다르지 않지만 자선적 연민의 한계를 뛰어넘는 본질적인 동정심이 속속들이 배어 있다"며 미스트랄의 시에 찬사를 보냈다. 위대한 러시아 작가 막심 고리키가 "애정에 토대한 인간적 질서와 정의로운 세계"를 확립한 것과 마찬가지로, "우리의 지리와 우리의 집단적 삶의 위대한 애호자"인 미스트랄은 정작 친자식은 하나도 두지 않았지만 모든 칠레인에게 어머니로 여겨졌다.30)

그러고 나서 그는 원래의 자리로 돌아갔다. 이슬라네그

라는 물론이고 산티아고의 미초아칸에서도 생활은 여전히 어수선했다. 토마스 라고가 11월 17일 예고 없이 점심을 먹으러 미초아칸에 나타났을 때, 파블로는 라파엘 알베르티, 마리아 테레사 레온과 함께 아페리티프를 즐기고 있었다. 네루다의 이복여동생 라우리타도 그 자리에 있었다. 그러나 델리아의 모습은 어디에도 보이지 않았다. 그녀는 그림을 그리기 위해 설치한 작은 작업실에 있었다. "식탁에는 의자도, 접시도, 식탁용 날붙이도 없었다. 파블로는 어쩔 줄 몰라 했다."[31] 그러나 이런 상황에 익숙해진 손님들은 당황하지 않고 라우리타를 따라가서 의자를 가져왔다. 델리아가 마침내 모습을 나타내자 파블로는 손님들을 소홀히 대한다며 잔소리를 늘어놓았다.

> [델리아는] 주부의 역할을 할 준비가 되어 있지 않았다. 내 생각에 그녀는 남자도 완벽하게 처리할 수 있는 이러한 가사를 꼭 여자가 도맡을 하등의 이유를 발견하지 못

---

30) 네루다의 친구인 토마스 라고에 따르면, 네루다는 미스트랄을 비하하는 말을 한 적이 있으며, 특히 라틴아메리카의 정치적 사건에 대한 인식 부족을 비판했다고 한다(Tomás Lago, *Ojos y oídos,* p.66). 라고의 딸 빅토리아 라고는 필자와의 인터뷰에서 한 걸음 더 나아가 "파블로는 미스트랄이 자신보다 먼저 노벨상을 받은 것에 화가 났다"고 주장했다(Victoria Lago, in conversation with AF, Santiago, April 2000).

31) Tomás Lago, *Ojos y oídos,* p.68.

> 하는 것 같았다(그녀에게는 남녀가 평등하게 분담해야 할 일이었을 뿐이다). 그러나 파블로는 늘 칠레 중산 계급의 훈육에 따르면 그의 생각은 다르다고 고집한다. 그것은 그들 둘 사이의 풀리지 않는 문제였다.[32]

1946년 초에 네루다는 멕시코 정부로부터 아스테카 독수리 훈장을 받고 몹시 기뻐했다. 네루다는 다른 라틴아메리카 국가들이 문을 닫아건 상황에서 유럽의 파시즘을 피해 달아난 수많은 난민을 환영해 준 멕시코 정부의 관대함에 여전히 고마움을 느끼고 있었다.

멕시코 정부로부터 훈장을 받은 기쁨은 오래가지 못했다. 1946년 1월 28일, 쥐꼬리만 한 급료에 형편없이 생활하는 험버스톤과 마포초 초석 광산 노동자들과의 연대를 표명하기 위해 시위자들이 산티아고의 모네다궁 앞 광장에 집결했다. 전적으로 평화적인 항의 시위였지만 인내심을 잃은 당국은 사전 경고도 없이 시위 군중에게 기관총을 발사했다. 최소한 다섯 명의 시위자가 사망했다. 격노한 네루다는 「광장의 죽은 사람들」이라는 시를 썼는데, 여기에서 그는 살상 자체뿐만 아니라 당국의 사건 은폐 공작에 대해서도 강하게 비난했다.

---

32) Ibid.

마치 아무도 죽지 않은 것처럼, 아무 일도 없었다.
마치 그들이 땅 위에 떨어지는
돌멩이나 물 위에 떨어지는 물인 것처럼.

그리고 그는 시위자들이 살해당한 바로 그 광장에서 책임자들을 공판에 회부할 것을 요구했다.

1946년 리오스는 전임 대통령과 마찬가지로 집무실에서 사망했다. 네루다는 느닷없이 의외의 호출을 받게 된다. 급진당 대통령 후보인 가브리엘 곤살레스 비델라가 네루다에게 정보 책임자로 일해 줄 것을 요청했다. 다시 말해, 다가오는 선거 운동에서 그의 선전본부장을 맡아 달라는 것이었다.

당시 곤살레스 비델라는 많은 좌파 사람들에게 칠레 최고의 희망으로 여겨졌다. 그는 주로 급진당과 공산당으로 구성된 좌파 연합의 지지를 받았다. 볼로디아 테이텔보임은 "그는 우리가 가진 가장 좌파적인 정치인이었습니다. 그가 교육을 받지 못했고 거칠다는 건 알았지만 달리 어쩔 도리가 없었지요. 우리는 그를 대단히 과단성 있는 정치인으로 생각했습니다. 그러나 그는 우리 모두를 기만했어요"[33]라고 말했다.

네루다는 정력적으로 일했다. 칠레 방방곡곡을 누비며 곤살레스 비델라를 찬양했다. 실제로 그는 최대한 밝고 경쾌

33) Volodia Teitelboim, in conversation with AF, Santiago, March 2000.

한 대통령 후보 찬가를 작곡하기 위해 테무코 친구인 소프라노 블랑카 하우저(칠레 심포니 오케스트라 지휘자인 그녀의 남편 아르만도 카르바할은 파블로와 같은 날 공산당에 입당했다)에게 도움을 청했다. 네루다가 이 계획을 의논하기 위해 산티아고에 있는 블랑카의 아파트에 들렀을 때, 그는 웃음이 헤픈 매력적인 젊은 여가수를 만났다. 네루다는 그녀가 칠레를 떠나 멕시코로 가기 전까지 그녀와 아주 짧은 로맨스에 빠졌다. 파블로는 3년 후 그녀를 다시 만나게 되는데, 그때는 그들의 재회가 한층 뜻깊을 것이었다.

1946년 9월 4일, 가브리엘 곤살레스 비델라는 새로운 대통령 선거에서 외과 교수인 에두아르도 크루스 코케 박사와 맞붙었다. 곤살레스 비델라는 19만2000표를 획득해 14만2000표를 얻은 상대를 눌러 이겼다. 그러나 절대다수를 확보하지 못한 탓에 자유당과 곤살레스 비델라 간의 협상이 시작되었다. 협상에서 그는 자유당에 자신을 지지해 줄 것을 요구했다. 10월 4일에 소집된 국회에서 크루스 코케는 46표를 얻는 데 그친 반면, 곤살레스 비델라는 138표를 획득해 승리했다.

승리를 거둔 곤살레스 비델라 대통령의 첫 내각은 자유당, 공산당 그리고 급진당의 부자연스러운 연정(聯政)이었다. 세계가 냉전에 돌입한 당시의 상황을 고려할 때 아주 보기 드문 경우였다. 그러나 특이한 형태의 연정은 오래지 않아 분열의 징후를 드러냈다. 우파가 공산당의 친모스크바 성향을 비난하자 공산당의 통제하에 있던 각료들 – 농업 장관, 공공사업 장관, 국토 장관 – 은 이에 대응하여 항의 파업을 요구했다. 그런데 이것은 결과적으로 칠레반공행동(ACHA)[34] – 사회당을 비롯한 칠레의 모든 정당이 가담한 불온한 준군사 집단 – 의 창설을 가져왔다. 비델라는 이미 그가 집권할 수 있도록 밀어준 공산당을 적대하는 징후를 보이고 있었다. 그러나 그는 한동안 공산당에 반하는 직접적인 행동을 취하지 않았다.

환멸을 느낀 네루다는 다시 칠레를 탈출하고 싶어졌다. 국내에서는 정치적 긴장이 고조되었지만 그의 문학적 명성은 널리 확산하고 있었다. 『지상의 거처』가 덴마크어로 번역되었고, 또 미국에서는 영어로 번역되었다. 『스무 편의 사랑의 시와 하나의 절망의 노래』 포르투갈어판은 브라질에서 칠레 못지않은 대대적인 성공을 거두고 있었다. 또 장차 여러 해 동안 시인에 대해 아주 많은 것을 알게 될 동유럽에서는 이제 독자들이 체코어로 『가슴속의 스페인』을 접할 수 있게 되었다. 이 모든 판본은 네루다에게 저작권료 수입을 가져다주었고, 수입의 대부분은 사치스러운 파티와 책과 바다 조개 수집에 쓰였다.

1946년 12월 28일, 네루다는 마침내 그가 가지고 태어난 이름과 법적으로 작별을 고했다. 이제 그는 어디에서도 더

34) 스페인어 단어 *hacha*는 '도끼'를 뜻한다.

이상 리카르도 레예스로 알려지지 않을 것이다. 그는 독자나 친구들에게 공식적으로 파블로 네루다였다. 사후에 출간된 유쾌한 시집 『질문의 책』에서, 그는 장난스럽게 "세상에 파블로 네루다로 불리는 것보다 / 더 멍청한 게 있을까?"라고 썼다. 그러나 마추픽추에서 바비큐 피크닉에 대한 경솔한 말 한마디가 깊은 감정적 감화를 숨겼던 것과 마찬가지로, 아버지를 두려워했고 고뇌에 찼던 과거의 내향적 자아와의 결정적 단절은 그에게 칠레 공산당 가입 못지않게 중요했다.

미초아칸은 계속해서 미겔 앙헬 아스투리아스, 라파엘 알베르티, 프랑스 시인 폴 발레리, 쿠바 시인 니콜라스 기옌 같은 세계의 가장 위대한 작가들을 끌어당기는 자석이었다. 곧 파블로의 옛 학교 친구 디에고 무뇨스가 첫 부인과 갈라선 뒤에 새 애인 이네스 발렌수엘라를 동반하고 그들과 함께 살러 왔다. 이네스는 나에게 당시의 생활에 대해 들려주었다.

> 나이 차는 있었지만 파블로는 델리아를 사랑했어요. 그는 그녀 없이는 살 수 없었지요. 아베니다 린치에서 파블로는 아침 일찍 일어나 과일과 채소를 사러 근처 시장에 가곤 했어요. 델리아는 더 늦게 일어나기 일쑤였지요. 장을 보고 집에 돌아오면, 그는 맨 먼저 "오르미가 있어? 없어?"라고 물었어요. 그러면 그녀는 그제야 모습을 나타냈지요. 파블로는 델리아에게 아주 다정다감했어요. 그 반대가 아니었죠. 그녀가 그렇지 않았다는 얘기는 아

니지만, 주도권은 언제나 파블로가 쥐고 있었어요.[35]

많은 방문객 중에는 스페인 내전 중에 파블로가 마드리드에 살고 있을 때 그의 고단하고 긴장된 삶에 활기를 불어넣어 주었던 칠레의 괴짜 작곡가 아카리오 코타포스도 있었다. 델리아의 가장 가까운 친구의 한 사람인 라비니아 안드라데는 이렇게 회고했다. "아카리오는 우리에게 굶어 죽기 위한 최선의 방법은 델리아의 요리법을 감수하는 것이라고 말했어요. 그런데 사실 손님이 있을 것으로 예상될 때 델리아는 무엇을 어떻게 요리해야 할지 전혀 개념이 없었지요. 그러나 그녀는 넘치는 온정의 자질을 지니고 있었습니다. 그녀는 결코 따분함을 내비치는 법이 없었고, 마주치는 모든 사람과의 만남을 즐기는 것 같았어요. 또 그녀는 그들이 오랜 시간을 함께했음에도 하루하루가 파블로와 함께 보내는 첫날이라는 인상을 주었지요. 그들은 공적인 모임과 친구들의 파티에 빠짐없이 참석했습니다. 그녀는 사람들을 사로잡았지요. 마치 신기한 자력을 소유한 것 같았어요."[36]

롤라 팔콘은 네루다가 "파블로를 돕는 일이라면 어떤 희생도 마다하지 않은 델리아에게 의지할 수 있었다"라고 말했다.

35) Inés Valenzuela, in conversation with AF, Santiago, March 2000.

36) 'Testimonios sobre Delia del Carril'에서 인용.

델리아는 방문객을 살갑게 대했지만 집 안을 관리하는 데는 그다지 능숙하지 못했다고 생각합니다. 어느 날 나는 정원에서 [부엌용] 포크를 발견했어요. 그녀는 내게 "어디 갔나 했더니 바로 여기에 있었네"라고 말했지요. 그러고는 굳이 성가시게 몸을 구부려 포크를 주울 생각도 하지 않았어요! 그런 종류의 지엽적인 일은 그녀의 관심사가 아니었습니다. 그러나 친구들이 가사를 떠맡았고, 어느 누구도 미초아칸에서 받은 접대나 온정에 대해 도저히 불평할 수 없었지요… 델리아가 그런 식으로 행동한 것은 그녀의 관대한 마음, 그녀의 우정, 형제애, 타인에 대한 사랑 때문이었습니다. 네루다의 시에 대한 그녀의 감탄은 배타적이지 않았습니다. 그녀는 가르시아 로르카, 세사르 바예호, 알베르티, 마차도 역시 좋아했어요. 그리고 무엇보다 그녀는 행복, 정의 그리고 인류를 위한 자유를 사랑했습니다.[37]

1946년에 부부의 재정적 어려움을 덜어 줄 몇 가지 희소식이 델리아에게 전해졌다. 마침내 아르헨티나에 있던 그녀의 토지를 팔 수 있었고, 다달이 상당한 수입을 기대할 수 있게 되었다. 델리아는 250만 페소의 비용으로 미초아칸－그녀는 생의 마지막까지 이곳에서 살게 된다－의 완전한 소유

37) Ibid.

권을 양도받을 수 있었다. 또 집의 초기 계약금을 마련하기 위해 파블로가 공무원 · 언론인연금기금에 졌던 부채를 전부 청산할 수 있었다. 델리아가 아르헨티나의 자산에서 벌어들이던 돈의 나머지 절반은 현명하게 투자해 주겠다고 나섰던 파블로의 한 친구가 파산하고 나서 차량 충돌로 사망한 후에 불가사의한 블랙홀로 사라졌다. 그러나 델리아의 전기작가 페르난도 사에스에 따르면, 네루다는 그가 델리아 돈으로 생계를 유지한다는 것을 암시하는 말에 화를 냈다고 한다.[38] 네루다가 이따금 가정에서의 무능함에 대해 아무 생각 없이 대놓고 델리아를 타박했던 것도 어쩌면 그가 아직도 ㅡ 그의 문학적 명성에도 불구하고 ㅡ 얼마간 그녀의 돈에 기대고 있다는 자의식 때문이었을 것이다. 1947년 5월 10일 토마스 라고가 찾아갔을 때, 네루다는 그가 만난 한 미혼 남자의 집이 아주 꼼꼼하게 정리돼 있어 얼마나 감탄했는지 모른다며 얘기를 꺼냈다.

> 그는 이런저런 이유로 딱 한 번 그의 집에 간 적이 있는데 가구가 완벽하게 정돈되어 있었다고 했다. 여기에는 셔츠, 여기에는 양말, 저기에는 수건 하는 식으로 서랍마다 각기 다른 물건을 넣어 두게 되어 있었다. 또 그 남자가 칸막이를 열자, 아주 놀랍게도, 모직, 실크, 빨강, 파

---

38) Fernando Sáez, *Todo debe ser demasiado*, p.148.

랑 등의 순서로 완벽하게 진열해 놓은 넥타이 세트가 나타났다고 했다… 우리는 대화 중에 일제히 델리아를 쳐다보았다. 그녀가 표적이었기 때문이다. 남자들은 결혼하기 무섭게 본래의 질서를 잃어버린다[네루다는 이렇게 암시하고 있었다]. 그다음에 파블로는 인도[극동]에서의 생활을 회상했다. 그때는 그 역시 미혼이었다. 그는 자신을 위해 모든 것을 정돈해 주는, 브람피라는 스물두 살 먹은 '보이'를 데리고 있었다. 매일 아침 욕실에서 나가면, 그를 위해 준비한 깨끗한 와이셔츠(그 위에는 커프스단추가 놓여 있었다)와 그가 발만 끼우면 되게 주름을 잡아 펼쳐 놓은 바지가 있었다. 양말은 새것처럼 최상이었고 넥타이도 마찬가지였다. 침대 위에 놓인 팬츠는 흠잡을 데가 없었다.[39]

그러나 이따금 돌출하던 가정 불만의 고통보다 훨씬 심각한 대소동이 네루다를 기다리고 있었다. 1946년 10월 21일, 대통령은 당시 공산당 대표단을 지휘하던 내각 수반 집무실에 파견된 칠레 공산당 밀사였던 볼로디아 테이텔보임과 회동한 자리에서 공산당 소속 정부 각료들에게 사직할 것을 지시했다. 볼로디아가 대통령에게 그들이 지시에 불응할 것이라고 하자, 곤살레스 비델라는 "무슨 일이 있어도 그들을 파

39) Tomás Lago, *Ojos y oídos*, pp.84-85.

면하고 말겠소"라며 격노했다. 그는 실제로 그렇게 했고 네루다는 몹시 격분했다.[40)]

일단 정부 바깥으로 내몰리자 공산당의 항의가 격렬해졌다. 1947년 4월의 지방 자치 선거에서 공산당이 성공을 거두자, 그들을 제거하고 말겠다는 곤살레스 비델라의 단호한 결심은 더욱 굳어졌다. 10월에 광산 노동자들이 로타에서 또 다른 파업을 시작했다. 곤살레스 비델라는 이 행동을 칠레 경제를 무력화하기 위해 계획된 혁명적 수순이자 민주주의 정부를 전복하고 공산당 독재를 구축하기 위한 첫 단계라며 규탄했다.

로타에서의 파업은 전적으로 합법적이었으며, 칠레 공산당이 모스크바로부터 지령을 받고 있다는 의혹은 터무니없는 것이었다. 사실, 1935년의 코민테른 제7차 대회 이래 실제로 칠레 공산당은 사회당과 달리 부르주아 민주주의 혁명을 실현하기 위해 진보적인 정치 · 경제 부문과의 동맹 전략을 취하고 있었다.

공산당원으로 광부인 다미안 우리베 카르데나스는 국회의원에 선출되는 1941년까지 강력한 로타 광부 노조의 간사로 활동했다. 그 후 그는 보수당과 자유당 정치인들에 맞서 정치 투쟁을 하기 위해 기꺼이 더러운 광부의 작업복을 넥타이로 바꾸었다. 분명 곤살레스 비델라가 정권에 대한 가장

---

40) Volodia Teitelboim, *Neruda*, p.288.

중대한 위협으로 간주한 것은 사회 참여자와 정치 참여자, 농촌 세력과 도시 세력 간의 이러한 동맹이었을 것이다. 그가 파블로 네루다의 상원 의원으로서의 사회적 지위를 별로 탐탁하게 여기지 않은 이유도 바로 그것이었다. 곤살레스 비델라가 자신의 헤게모니가 도전받았다고 생각한 바로 그 시점에, 냉전은 좌파에 대해 단호한 조치를 취할 수 있는 시의적절한 국제적 차원의 구실을 제공했다. 브라질에서는 막 공산당이 불법화되었다. 그는 분명 회심의 미소를 지으며 이 사실을 예의 주시했을 것이다.

공산당을 위시한 곤살레스 비델라 비판자들은 그가 지배적 초강대국과 한층 밀접한 경제적 · 군사적 유대를 맺고자 하는 욕구 때문에 미국의 압력하에서 행동하고 있다고 주장했다. 미국이 직접적으로 곤살레스 비델라에게 행동을 강요했다는 결정적 증거는 아직 드러나지 않았지만, 분명 미국은 칠레 공산당에 대한 탄압을 독려했으며, 양국은 곤살레스 비델라의 대통령 재임 기간에 군사 원조 협정을 체결했다. 곤살레스 비델라는 또한 공산당을 적대시함으로써 그의 정부에 비판적이던 우파－특히, 그가 소작농의 노조 조직화에 대한 계속적인 유예를 보장해 준 토지 소유자들－의 눈에 들 수 있기를 희망했다.

앞서 선거 과정에서 공산당 및 노동 계급과의 연합 유세가 절정에 달했을 때, 곤살레스 비델라는 로타를 수없이 방문해 그곳 사람들에게 그의 지지와 공감을 확신시켰다. 그랬던 그가 그토록 난폭하게 그들을 적대시했을 때 그들이 얼마나 비통해했을지 충분히 가늠할 수 있다.

대통령은 칠레 국회가 부여한 새로운 '비상권'을 발동해 로타와 주변 지역에 군대를 파견했다. 광부들은 체포되어 해군 군함으로 산타마리아섬과 키리키나섬의 군사 감옥으로 보내졌다. 포로들을 끌어모으는 역할을 맡은 책임자 중에는 아우구스토 피노체트 우가르테도 있었다. 대다수는 나중에 북부 사막에 위치한 항구 도시 피사과에 세워진 포로수용소로 이송되었다. 이곳에서는 석탄 광부들에 이어 전국에서 체포된 수백 명의 다른 포로들이 합류했다. (1948년 1월 피노체트는 피사과 수용소 소장에 임명되었고, 2월 말에는 로타의 석탄 광산 지역에 파견되어 1년간 비상 지역 군사대표단 단장으로 복무했다.)

몇몇 출처에 따르면, 곤살레스 비델라 자신도 파업의 막바지 진압 과정을 살피기 위해 현장에 있었다고 한다. 또 다른 출처는 피노체트가 파업 파괴 작전의 책임자였다고 주장한다. 마지막 남은 광부들이, 그들을 제거하기 위해 로타의 슈웨거에 파견된 50명가량의 군인들의 공격에 저항하자 펌프로 환기 장치에 최루 가스를 넣은 것으로 보인다. 콜록거리고 비틀대며 나타난 광부 중에서 200명 이상이 체포되었다.

놀랍게도 사회당은 광부들의 파업을 파괴하기 위한 곤살레스 비델라의 부당한 조치에 대해 일관되게 지지 입장을 견지했다. 사회당은 광부들의 업무 복귀를 법률적으로 강제하기는 했지만 갱 내부에서 일하는 광부들에게는 기본급 40% 인상, 갱 밖에서 일하는 광부들에게는 기본급 30% 인상을 규정한 법령 977조와 978조를 지지했다. 사회당은 이 법령들이 파업을 통해 얻을 수 있는 그 어떤 성과보다 노동자들의 요구를 충족한다고 생각했다. 곤살레스 비델라 자신의 주장과 마찬가지로, 그들은 계속되는 파업을 다름 아닌 칠레의 '민주주의'를 위태롭게 하는 (공산당 주도의) 정치 공작으로 간주했다.

사회당이 독재 정권을 지지했다는 것이 지금으로선 도저히 믿기지 않는다. 독재 정권은 작업 거부를 빌미로 광부들을 군법 회의에 회부했고 노동자들의 집에 식량 공급을 중단했으며, 노동자들이 바다에서 잡은 물고기로 생계를 유지한다는 걸 알고는 어획을 금지했다.

대소동이 있었던 그해 8월에 『제3의 거처』로 이름 붙여진 네루다 시집이 부에노스아이레스의 로사다 출판사에서 발간되었다. 시의 분위기는 극적으로 달라진다. 나머지 파트보다 훨씬 일찍 쓰였고 원래 별책으로도 나왔던 긴 두 번째 파트 「분노와 고통」은 섹스에 대한 가슴 아픈 태도에서 『지상의 거처』를 상기시킨다.

나는 막연히 발견한 한 여자와 함께
우연으로 실려 간 남자였다,
죽기 위해 혹은 헤엄치기 위해 혹은 늙어 가기 위해서

이듯

우리는 옷을 벗었고
그리고 서로의 몸속으로 파고들었다,
그녀는 구멍처럼 나를 둘러싸고,
나는 종 치는
사람처럼 그녀를 부서뜨리며

그러나 『제3의 거처』에 함께 수록된 다른 시들—특히, 스페인 내전 시기의 시들을 묶어 놓은 네루다의 첫 '참여 시집' 『가슴속의 스페인』—은 '민중적' 대의와의 동일시를 반영한다.

1947년에 칠레 정치가 취하고 있던 방향에 비애를 느낀 네루다는 또다시 타국의 신선함을 동경하게 되었다. 그를 로마 주재 대사로 임명하라는 요청이 있었다. 처음에 곤살레스 비델라는 이 의견을 극좌파에서 가장 잘 알려진 인물의 한 사람을 제거할 수 있는 절호의 기회라고 생각했다. 그러나 비델라 역시 개인적 경험을 통해 대사의 생활이 얼마나 안락할 수 있는지 익히 알고 있었고(그는 1939년 11월 칠레 대사로 취임하기 위해 파리에 도착했었다), 안락함은 그가 네루다를 위해 염두에 두고 있던 것이 아니었을 것이다. 이즈음 곤살레스 비델라는 이미 공산당을 완전히 불법화할 것을 고려하고 있었다. 그는 이 사안에 대해 트루먼 미 대통령의 밀사인 윌리엄 레이히 제독과 은밀하게 타협했다.

그것으로 끝이었다. 정치 상황이 점점 절망적으로 변해

감에 따라 네루다는 강제적으로 칠레에 남아 있어야 했다. 토마스 라고는 네루다가 체중이 줄고 잠도 제대로 자지 못했다고 회고했다. 만일 그가 상원 의원의 지위를 잃기라도 한다면 어떻게 될까? "파블로는 그가 언제라도 체포되어 국외로 추방되거나 수감될 것임을 알고 있었다. 그러나 그는 은신에 들어가기를 한사코 거부했다. 그는 다른 모든 사람과 고통을 함께해야 한다고 말했다."[41]

라고에 따르면, 델리아는 자신이 피사과 포로수용소로 추방된다면 단단히 준비하고 싶다고 힘주어 말하면서 채비를 위해 미용실에서 오후 한나절을 보냈다고 한다.

1947년 11월 27일, 네루다는 더 이상 자제할 수가 없었다. 칠레에서는 광범하게 언론 검열이 이루어졌으므로 그는 국외로 눈을 돌려 베네수엘라 일간지 ≪엘 나시오날≫에 "칠레 민주주의의 위기는 우리 대륙에 대한 극적인 경고다"라는 제목으로 폭탄 기사를 발표했다.

이 글에서 그는 칠레의 지배권을 미국에 넘겨준 데 대해 곤살레스 비델라를 맹렬하게 공격했다. 네루다는 곤살레스 비델라가 1947년 6월 18일 런던의 일간지 ≪뉴스 크로니클≫ 특파원에게 자신은 미러 전쟁이 임박한 것으로 – 대략 수개월 내로 – 본다고 말했으며, 이러한 확신을 통해 "개인적으로는 거부감이 없는" 칠레 공산주의자들에게 자신의 입

---

41) Tomás Lago, *Ojos y oídos*, p.90.

장을 분명하게 전달했다고 지적했다. 곤살레스 비델라는 영국 신문과의 인터뷰에서, "칠레는 강력한 이웃인 미국과 협력해야 하며, 전쟁이 시작되면 러시아에 맞서 미국을 지지할 것"이라고 말했다.

네루다는 한때 그가 선전본부장으로서 충실하게 섬겼던 비델라를 맹렬히 비난했다.

> 곤살레스 비델라 씨의 삶의 목표는 '나는 대통령이 되고 싶다'라는 한 구절로 요약될 수 있다. 우리 아메리카의 다른 지역에서는 이런 유형의 천박하고 변덕스러운 정치가들이 권력을 잡기 위해 음모를 꾸미고 쿠데타를 일으킨다. 칠레에서는 그런 일이 가능하지 않다. 나의 조국은 민주주의의 토대가 공고하기 때문에 곤살레스 비델라 씨는 자신의 목표를 이루기 위해 부득이 대중 선동가의 옷을 입어야 했다… 현직 대통령은 대통령의 이력을 위해 공산주의자들과의 우정을 이용했다… [그러나] 정부와 미국 독점 기업의 요구로 공산당 각료들이 해임되면서 곤살레스 비델라가 맹세했던 민중 기반의 법령 제정은 결정적으로 포기되었다.

이어 네루다는 로타에서 일어난 석탄 광부들의 파업을 언급했다. 곤살레스 비델라는 "이 파업에서 결정적 배반의 명분과 광범한 국제적 반향을 불러일으키면서 칠레에서 사상

유례없는 대대적인 노동자 탄압에 착수할 구실을 찾았다".

시인은 광부들의 열악한 작업 환경을 강조했다.

> [광부들은] 주기적으로 — 그들의 작업 속도보다 훨씬 빠르게 — 그들을 죽음으로 내모는 폭발성 메탄가스의 위험에 끊임없이 노출되어 걸핏하면 몸을 웅크리게 된다. 노동자들이 작업장에 도착하려면 네 시간이 걸리는데, 이 시간은 임금에서 제외된다. 수천 명의 노동자들이 열두 시간의 노동에 대해 50센트에도 못 미치는 임금을 받고 있으며, 하루에 2달러 정도를 버는 노동자들은 극소수에 지나지 않는다. 또 갱에서 나오면 주거와 식량 문제라는 새로운 비극과 맞닥뜨린다. 공식적인 통계는 침대 한 개당 여섯 명의 노동자라는 충격적인 수치를 보여 준다. 푸초코 로하스라고 불리는 곳에서는 '보온 침대' 시스템을 운영하고 있다. 칠레인들의 끔찍한 비극을 드러내는 이 시스템은 침대 한 개를 규칙적으로 돌아가며 사용하는 것인데, 그 결과 수년 동안 내내 침대가 결코 식지 않게 되는 것이다. 아주 형편없는 급료도 문제지만 식량도 일반 수준에 훨씬 못 미치고 있다. 미국의 전문가 블룸필드 씨에 따르면, 생존을 위해 요구되는 일일 사용 열량보다 적은 2000칼로리를 소비한다고 한다. 사고와 풍토성 결핵으로 인한 사망에 더해, 끔찍한 질병인 애니클로미아시스는 높은 치사율을 보인다.

이러한 열악한 조건이 노동자들의 강력한 저항 운동을 불러일으킨 것은 지극히 당연하며, 노동 운동은 열악한 조건을 미미하게나마 호전시키는 데 성공했다. 그러나 바로 이 노동자들—적어도 언젠가는 누군가가 지옥에서 들려오는 그들의 목소리를 들어주리라 희망했던—에 의해 선출된 대통령은, 이제 처음으로, 파업은 탄광 지역의 열악한 환경 때문이 아니라 국제적인 음모에 의한 것이라고 공개적으로 선포했다. 그는 이런 허위적인 사실을 근거로 나치의 구속·탄압 방식에서나 찾아볼 수 있는 잔인하고 야만적인 방법으로 파업자들을 다루었다…

그들은 부모가 숨어 있는 곳을 대라며 아이들의 가슴에 총부리를 겨누었고, 열차—나치 사형수의 열차와 같은—는 그 지역에서 40년 동안 살았던 가족·노동자들로 가득 채워졌다. 종종 열차는 여러 날 동안 감옥의 기능을 했고, 식량도 없이 고립된 희생자들은 그 누구의 도움도 받을 수 없었다. 아이들과 어른들은 이런 취급을 받으며 죽어 갔다. 일단의 광부들이 언덕에 모습을 나타냈지만, 어느 누구도 그 지역에 진입하는 것이 용납되지 않았기 때문에 현장 조사가 불가능했다. 유엔이 대량 학살 범죄에 대해 토론을 벌이고 칠레 대표가 그 문제에 대해 다소 감동적인 연설을 하는 동안 동포에게 저지른 바로 그 범죄에 대해 곤살레스 비델라 씨는 책임을 져야 한다.

네루다는 대륙 전체에 이렇게 경고했다.

> 이런 범죄를 일으킨 자들이 칠레의 자유뿐만 아니라 고독한 우리 라틴아메리카의 질서와 보전을 위협하고 있다. 다른 정부들도 이런 무력한 배반 행위를 되풀이할 것이다. 오늘도 우리의 어느 형제 국가에서는 무자비하고 잔혹한 독재자들이 자국민의 목에 올가미를 죄면서 더욱 단호하게 굳은 결의를 다지고 있을 것이다…

네루다는 정치적 임무에서 벗어나 글 쓰는 데 전념할 수 있도록 자신에게 시간을 허락해 준 공산당의 관대함에 감사를 표하며 ≪엘 나시오날≫의 글을 끝맺었다. 그는 바야흐로 "내 시의 리듬과 소리를 다시 엮을" 준비가 이루어질 찰나에, 그리고 "내가 다시 조국의 심연, 그 가장 비밀스러운 뿌리에 몰입하기 위해 노래할 준비를 하고 있을" 때, 날벼락처럼 곤살레스 비델라 대통령의 배반 행위가 벌어져 어쩔 수 없이 정치 싸움에 다시 투신할 수밖에 없었다고 말했다. 그는 "존엄과 교양과 자유를 위한 이 투쟁에서 겪은 일체의 개인적 위험에 자부심을 느낀다"[42]라고 말했다. 그러나 개인적 위험은 엄청난 것이었다. 네루다는 상원 의원 면책 특권이 아니었다면 자신이 체포되어 투옥되었을 것이고, 어쩌면 피사

42) Pablo Neruda, *Passions and Impressions,* p.266.

과에 수용되었을지도 모른다는 것을 알고 있었다.

≪엘 나시오날≫에 네루다의 글이 발표된 다음 날, 격노한 곤살레스 비델라는 법원에 시인의 '권리 박탈(desafuero)' ―상원 의원 지위 박탈―을 요구했다. 법원은 대통령의 요구를 받아들였지만 네루다는 판결에 불복하여 즉각 상고했다.

새해가 밝았지만 악의적인 탄압이 수그러들 기미는 별로 보이지 않았다. 재판이 계류 중인 상황에서도 네루다는 압제자를 궁지에서 벗어나게 해 줄 마음이 전혀 없었다. 1948년 1월 6일, 파블로 네루다는 의회 석상에서 칠레 정치사상 가장 용감하고 놀라운 연설을 했다. 이 연설은 50년 전 프랑스 정부가 유대계 장교 알프레드 드레퓌스를 탄압한 데 대한 졸라의 고발을 좇아 「나는 고발한다」로 알려지게 되었다. "공화국 대통령은 대법원에 나의 탄핵을 요구하는 소송을 청구함으로써 오늘의 슬픈 역사에서 악명을 떨치게 해 줄 강력한 정치 탄압을 향해 한 걸음 더 내디뎠습니다…"

그러나 심문 절차나 죄목에 대한 통보도 없이 피사과 난민 수용소에 감금된 남녀 628명의 이름을 큰 소리로 읽었을 때, 파블로 네루다는 자신의 영웅 스탈린이 러시아에서 곤살레스 비델라와 똑같이 비열하고 잔인한 방법으로 언론을 검열하고 정적들을 침묵시키고 있다는 사실을 모르고 있는 것 같았다. 사람들은 네루다가 소련에서 무슨 일이 일어나고 있는지 알았다 해도 감정적으로 그런 비교를 할 수 있었을지 의아해한다.

네루다는 중대한 위험에 처한 상황에서도 특유의 장난기를 섞어 가며 대통령이 지난날 행했던 숱한 친공산주의 활동을 그의 면전에서 매우 날카롭게 되짚었다.

> 나는 비상권과 언론 검열로 통치하는 가브리엘 곤살레스 비델라 각하의 지휘하에 칠레에서 일어나고 있는 일을 폭로했다는 이유로 고발당했습니다. 그들은 바로 이 고귀하신 지도자께서 내린 결정에 동의하지 않았으니 내가 조국에 반대한 것이라며 비난했습니다. 이 주장은 실로 딱하기 그지없습니다. 정녕 곤살레스 비델라 각하와 의견이 다른 게 조국을 거역하는 것입니까? 스페인난민지원위원회 위원장으로서 국외로 추방된 스페인 사람들이 망명 상태에서 프랑코 정부를 공격할 권리를 지지하고 옹호했던 그가 지금은 바로 그 프랑코 정부와 그토록 우호적인 관계를 맺고 있다는 것을 생각하면 어찌 말문이 막히지 않을 수 있겠습니까? 그는 스페인 사람들에게 자유를 인정해 주었으면서도 정작 지금은 탄핵 결의를 통해 공화국 상원 의원이자 지난 대통령 선거에서 자신의 선전본부장을 지낸 바 있는 나에게서 자유를 앗아가려 하지 않습니까? …
>
> 나는 그의 탄압이 내 어깨 위에 떨어진 것을 자랑스럽게 여깁니다. 나는 자랑스럽습니다. 고통 속에서도 견디는 사람들은 우리 중 누가 변함없이 공적 의무에 충실했고,

또 누가 그들을 배반했는가를 확인할 기회를 갖게 될지 도 모르기 때문입니다.

이어서 네루다는 구체적으로 대통령이 유엔 칠레 대표에게 프랑코와의 외교 관계 단절에 반대표를 던지라고 지시한 것, 같은 유엔 대표에게 "유대 국가를 세우는 문제에 대해 칠레의 목소리"를 내지 말고 "침묵하라고" 지시한 것, 칠레 노동자들을 진압하기 위해 무장 군인을 파견하고 의사 표현의 자유를 억압하려고 한 것 등에 대해 비난했다.[43)]

나는 탄압받은 사람이며, 또 탄압받아 마땅합니다. 전제 정치의 초기 단계에서는 자유를 수호하는 사람들을 탄압해야 합니다… 그러나 탄압은 결코 성공을 거두지 못할 것입니다. 공산당이 바로 지금 이 순간에도 역사를 만들어 가고 있기 때문입니다. 우리는 분명 고립될 것입니다. 그러나 사방에서 보이지 않는 실처럼 민중과 자유인들의 형제애와 연대가 솟아날 것입니다. 그들은 침묵하지 않을 것입니다.[44)]

그날 이후 네루다는 지명 수배자가 되었다. 그는 투옥이

---

43) Pablo Neruda, 'Yo acuso', *Obras completas,* Vol.4, pp.704-729.

44) Ibid., pp.730-731.

나 더 나쁜 상황을 모면하려면 당장 칠레를 벗어나야 한다는 것을 알고 있었다. ≪엘 임파르시알≫에는 시인의 뒤를 쫓는 300명의 첩자 중 실제로 그를 체포하는 사람이 나타나면 현상금을 지급하겠다는 광고가 실렸다. 그는 어떤 방법으로 도망칠 것인가? 이 위험천만한 때에 누가 그에게 도움의 손길을 내밀 것인가?

9. ‘눈먼 쥐들의 해’—네루다의 도피 생활 1948~1949

신원을 알 수 없는 자들이 산티아고 린치 거리의 네루다 집에 방화를 시도한 일이 있고 나서 며칠이 지난 1948년 1월 27일, 네루다는 멕시코 대사관으로 피신했다.

외교관 업무가 처음이었던 페드로 데 알바 대사는 네루다를 몹시 흠모하고 있었다. 칠레 공산당 지도자들이 매일 체포, 투옥되고 있다는 사실을 알고 있던 그는 시인의 신변을 염려하여 파블로와 델리아에게 자기 차를 내주었다. 대사관 무관 다빌라 대령이 동승한 차는 두 사람을 태우고 동쪽으로 가 국경에서 아르헨티나로 넘어가려고 했다. 그러나 엘 크리스토 레덴토르에 있는 국경 초소에서는 — 아직 네루다 체포령이 내려진 상태는 아니었으나 — 그의 신분 증서에 문제가 있다는 이유로 그들을 되돌려 보냈다. 여권에는 새로운 이름 파블로 네루다가 기재되어 있는데, 다른 신원 서류에는 여전히 네프탈리 레예스로 적혀 있었던 것이다. 부부는 조심스럽게 산티아고로 되돌아가 다시 멕시코 대사관에 외교적 피신을 했다.

네루다의 은신처를 알게 된 칠레 외무부는 곧바로 페드로 데 알바에게 항의했다. 대사는 시인을 개인적으로 도와주고 있을 뿐이라며 강하게 버티었다. 갑자기 외교적 소동이 일게 되자 위급하다고 판단한 네루다는 대사관에 정식으로 정치적 망명을 요청하기로 했다. 그러나 멕시코 외무 장관 하이메 토레스 보데는 데 알바에게 전화를 걸어 외교적 분쟁을 유발할 수 있으니 네루다의 요청을 받아들이지 말라고 경고했다. 데 알바가 더 이상 곤욕을 치르는 것을 원치 않았던 네루다는 망명 요청을 철회하고 대사관을 떠났다.

어떤 이들은 멕시코 정부의 요구에 데 알바가 너무 성급하게 몸을 굽힌 것이 아니냐고 비판하기도 한다. 네루다 자신은 친구이자 나중에 비서가 된 마르가리타 아기레에게 그런 비판이 공정치 못하다며, "돈 페드로가 내게 준 도움은 참으로 컸다"[45)]라고 말했다. 아기레가 보기에, 신참으로 외교 게임에 경험이 전무한 데 알바로서는 멕시코시티에서 훈령이 오면 즉각 따르지 않을 수 없었으리라는 것이 진실에 가깝다.

제2차 세계대전 중에 나치즘과 파시즘을 피해 온 수천 명의 망명객을 열린 마음으로 따뜻하게 맞아 준 멕시코에 대해 네루다는 늘 칭찬하곤 했다. 하지만 외무 장관 하이메 토레스 보데를 통해 가장 도움이 절실하던 시기에 등을 돌린 멕

---

1) Margarita Aguirre, *Genio y figura de Pablo Neruda*, p.189.

시코 당국의 태도만은 절대로 용서하지 않았다. 아직 피신 중이던 시절, 이중의 배신에 쓰린 가슴으로 쓴 『모두의 노래』 한 대목에 이 시기가 생생하게 묘사되어 있다.

그러자 그들은 나를 범죄자라고
비난했지. 아첨꾼들, 고용된
깡패 패거리 주제에 말이야.
'정부 장관'이라는 작자들과
경찰이 더러운 욕설 퍼부으며
나에게 검은 역청을 칠했지
…
그들은 칠레 산악 국경을 폐쇄하여
내가 떠나 여기서 무슨 일이 벌어지고 있는지
폭로하지 못하게 했어.
멕시코가 문을 열고
나를 맞아 보호해 주려 하자
한심한 시인 토레스 보데는
나를 분기탱천한 간수들에게
넘겨 버리라고 했지.

그러나 나의 말은 살아 있고
나의 자유로운 심장은 고발한다.[2)]

거리낌 없는 분노로 칠레와 멕시코 정부를 비난하면서도 네루다는 자신이 처한 위험을 분명히 깨닫고 있었다. 그는 알고 있었던 것이다. 이 "눈먼 쥐들이 몰려다니는 참혹한 시절"에 언제든지 자신이 체포되어 피사과 수용소에 또 한 명의 공산주의자 죄수로 갇힐 수 있으며, 정의를 요구하는 그의 목소리도 영원히 사라질 수 있다는 사실을.

갈 수 있는 곳이 정말 어디일까? 경찰에 발각되는 날에는 바로 체포될 처지였다. 네루다는 택시를 잡아타고서, 자기 차에 오른 이 유명 인사를 향해 눈길 한 번 돌리지 않는 기사에게 저명한 민속 전문가 카르멘 쿠에바스의 집 주소를 주었다. 택시비를 내려는 순간 여전히 그에게 눈길을 주지 않고 있던 기사가 이렇게 말했다. "한 푼도 안 내셔도 됩니다, 파블로 선생. 행운을 빌어요."

일단 카르멘 쿠에바스의 집에 들어가자 네루다는 어두운 색안경을 부탁한 뒤에 산티아고의 야경 속으로 걸어 들어갔다. 일주일 동안은 그럭저럭 경찰을 피해 다닐 수 있었다. 그러나 1948년 2월 5일 오후, 네루다의 친구 셋 – 안드레스 로드리게스, 오메로 아르세, 아우구스토 카르모나 – 이 이슬라 네그라에 있는 집으로 그를 찾아와서 극적인 소식을 전했다. 즉시 피신하지 않으면 안 된다는 것이었다. 이틀 전 법원에

---

2) Pablo Neruda, 'Acuso', *Canto general,* 1950. Translation by Jack Schmitt from Pablo Neruda, *Canto general,* fiftieth anniversary edition (University of California Press, Berkeley, CA, 2000), p.198.

서 네루다가 더 이상 상원 의원이 아니라고 확인했으며, 그를 즉각 체포할 수 있게 영장을 발부했다는 것이다.

이리하여 은신처를 전전하는 네루다와 델리아의 기막힌 모험이 시작된다. 때때로 경찰이 냄새를 맡은 것 같다는 긴급 제보가 들어오면, 한밤중에라도 다른 곳으로 이동하곤 했다.

흔히 네루다 피신 작전에서 칠레 공산당이 중심 역할을 했다고 알려져 있지만, 이는 사실과 다르다. 당에서 차량을 제공하고 또 여러 가지 도움을 준 것은 사실이다. 그러나 그 중심인물은 '이그나시오'라는 가명으로 알려진 24세의 역사학과 학생 알바로 하라 한트케였다. 그는 공산주의 청년회에 소속된 적이 있긴 했지만, 당시에는 공산당원이 아니었다. 그가 볼로디아 테이텔보임을 당국의 손에서 멋지게 벗어나게 한 일이 있어서, 공산당이 그에게 네루다와 델리아의 피신 작전을 부탁했던 것이다. 하라는 몇 년 뒤 로버트 프링밀에게, 당시 공산당은 거의 와해 상태에 놓여 있어서, 곤살레스 비델라가 네루다 체포 작전을 폈을 때는 모두가 "마치 토끼들처럼 튀어 달아나던"[3] 상태였다고 말한 적이 있다.

하라는 군사 작전을 방불케 하는 치밀함으로 일을 꾸며 나갔다. 네루다의 취향에는 지나칠 정도로 군사적이고 엄격했다. 자기보다 스무 살이나 아래인 청년에게 휘둘리는 것을

3) Robert Pring-Mill, Notes on the section of *Canto general* written underground. 프링밀은 친절하게도 필자에게 이 노트를 빌려주었다.

네루다는 별로 내켜 하지 않았고, 하라 역시 네루다를 그다지 탐탁하게 생각하지 않았던 것 같다. "잘 알려진 것처럼 파블로는 덩치 큰 아이 같았다. 고집이 센 데다 자기 하자는 대로 고분고분 따르는 사람들에 익숙해져 있었다. 더군다나 도피 생활은 매일 어울려 지내던 드넓은 사교계와의 갑작스러운 단절을 의미했다." 반면에 하라는 '개미' 델리아에 대해서는 긍정적인 기억만 가지고 있었다. "델리아는 무척 매력적이고 용감할 뿐만 아니라 세련된 여성이었다. 그 시절 내내 [파블로와] 동행하면서 단 한 번도 자기들의 집시 같은 생활, 예측 불허인 데다 때때로 불편한 — 그리고 항상 위험이 도사리고 있는 — 생활을 불평한 적이 없었다."4)

하라가 정확히 지적한 대로 이 강요된 지하 생활은 네루다의 시적 생산성을 증대했다. 사람들과 어울려 지내는 생활과 동떨어져 있다 보니 생각하고 쓸 수 있는 시간이 무척 많아진 것이다.

> 1948년은 『모두의 노래』의 해였다고까지 말할 수 있다… 나도 여러 차례 목격했지만, 시인은 나와 델리아와 함께 이야기하는 도중에, 갑자기 벌떡 일어나서, 마치 단어들이 그에게서 도망가고 있거나 혹은 떨어져 나가고

---

4) Álvaro Jara, 'Neruda 1948: El poeta inalcanzable', an address to the International Symposium on Pablo Neruda at the Universities of Oxford and Warwick, 12-16 November 1993.

있기라도 한 것처럼, 아무런 설명도 없이, 급한 걸음으로 옆방에 가서 자리를 잡곤 했다. 곧이어 아주 급히 그리고 사정없이 내리치듯 두드리는 타자기 자판 소리를 들을 수 있었다. 어떤 때는 두드리는 소리가 한참 계속되기도 했고 또 어떤 때는 금방 그치기도 했다. 델리아는 잠깐 말없이 있다가 미소를 지으며 설명했다. "파블로가 지금 시를 쓰는 중이에요."[5)]

네루다가 '민중 저항시선'이라는 이름으로 지하 전단을 만든 것도 이 무렵이다. 사실 그것은 여러 시인의 작품을 골라 모은 것이 아니라 대부분 네루다 자신이 여러 가명으로 쓴 시들이었다. 그중 상당수는 가브리엘 곤살레스 비델라 대통령의 배신행위를 공격하는 내용이었는데, 알바로 하라의 회상에 따르면, 이 시들을 타이핑하면서 네루다는 소리 내어 껄껄 웃어 댔다고 한다. 그는 또, 네루다가 이 작업을 하는 과정에서 1948년경에도 여전히 유행하고 있던 프랑스 레지스탕스 시 창작의 영향을 많이 받았다고 말한다.[6)] 로버트 프링밀이 올바로 지적했듯이, 이 전단의 정신에는 자기 시와 칠레 '민중시'[7)]의 접목을 바라던 네루다의 열망이 반영되어 있다.

---

5) Ibid.

6) Ibid.

7) Robert Pring-Mill, A *Poet for All Seasons*, p.43.

이 지하 '시선'을 분석한 바 있는 프링밀은, 여기에 실린 두 편의 시—쿠바 시인 니콜라스 기옌이 썼다고 하는 「그는 자신의 등불을 가지게 되리」와 훌리오 몬카다의 작품으로 이야기되는 「아메리카의 시간」—는 실제 이 작가들이 썼을 것으로 생각하고 있다. (몬카다는 이 시기 유명 시인이었고 칠레 공산당원이기도 했다.)[8)]

네루다의 위니펙호 작전 덕분에 목숨을 건졌던 빅토르 페이는 얼마 안 있어 네루다와 델리아에게 피신처를 제공함으로써 은혜를 갚게 되는데, 그는 앞으로 시인이 겪게 될 도피 생활이 얼마나 험난할지 아무도 짐작하지 못했다고 말하고 있다.

> 네루다 검거가 시작되었지만, 대비책을 세워 둔 사람이 아무도 없었다. 네루다를 어디로 데려가야 할지 아무런 계획도 없었다. 누구도 이 점에 대해 공개적으로 이야기하지 않았다. 네루다가 나중에 내게 해 준 이야기에 의하면, 자신이 직접 몇몇 이름을 언급했다고 한다. 그중 하나가 개인 회사 기사로 있는 내 가까운 친구 호세 사이투아 페데몬테였는데, 학생 시절부터 적극적으로 공산당 운동을 하던 그는 별로 이름이 알려진 사람이 아니었다.

---

8) *Antología popular de la resistencia*에 관한 자신의 1996년 메모를 나와 공유해 준 로버트 프링밀에게 고마움을 전한다.

> 사람들이 어떻게 사이투아의 이름을 생각해 냈냐고 네루다에게 물었더니 스페인 공화파 망명객인 글로리아 니스탈과 결혼한 사람이 바로 사이투아라고 대답했다.[9]

그리하여 산티아고의 로스 레오네스 광장 근처에 있는 사이투아와 니스탈의 아파트가 네루다와 델리아의 첫 번째 기착지가 되었다. 두 사람은 비델라 대통령이 파블로 체포령을 내린 지 사흘 뒤인 2월 6일 새벽 3시에 그곳에 도착했다. 집에는 "아이 셋과 가정부가 한 사람이 있었다. 충실한 당원이었던 사이투아는 당의 지시대로 네루다와 델리아를 집으로 맞았다. 그러나 경찰이 네루다를 쫓고 있었기 때문에 자기 아이들에게 이 낯선 부부가 누구인지 말해 줄 수가 없었다. 얼마 안 있어 두 사람이 머물기에는 그곳이 너무 위험하다는 것이 분명해졌다."[10]

파블로와 델리아는 빅토르 페이가 사는 비쿠냐 마케나 거리의 작은 아파트로 옮겼다. 페이는 부인인 마르타 하라와 떨어져 혼자 지내고 있었다.

> 은신처를 제공해 줄 수 있는 수많은 사람의 명단에서 네루다는 내 집을 택했다. 내가 사는 곳은 달랑 간이식 부

---

9) Víctor Pey, in conversation with AF, Santiago, March 2000.

10) Ibid.

억 하나만 딸린 작은 아파트였다. 당 관계자들 누구도 내게 전화하지 못하도록 이야기해 둔 점은 충실하게 지켜졌다. 침실이 하나뿐이어서, 네루다 부부와 내가 셋이서 지내기에는 너무 비좁았다. 그래서 나는 아파트를 나왔다. 그때는 모든 것을 내가 알아서 조직했다… 나는 아무 일 없는 것처럼 평소대로 생활을 계속했다. 경비원은 아무것도 눈치채지 못했다. 나는 이따금 음식을 사다 올려 주었고, 경비원은 내가 여전히 그곳에 살고 있다고 생각했다. 내 집에 머무는 동안 네루다는 정부를 공격하는 시를 여러 편 써냈다. 나더러 특별한 재질의 종이를 사다 달라고 했다. 나는 그가 쓴 글을 한 스무 장 혹은 서른 장씩 복사해서 기자들에게 보냈다. 곤살레스 비델라를 공격하는 멋진 시들이었는데, 어떤 것들은 몹시 상스러울 정도였다.[11)]

네루다에게 탐정 소설과 위스키를 사 나르던 페이의 말에 의하면, 네루다는 타자기가 있었지만, 손 글씨로 직접 쓰는 것을 더 좋아했다고 한다. 페이에게도 작은 휴대용 타자기가 있어서, 이따금 네루다가 불러 주는 시를 그가 타자하기도 했다. "시 쓰는 것, 그것이 그가 하루 종일 하는 일이었다."

그에 의하면 또 네루다와 델리아는 나이 차가 너무 커서,

---

11) Ibid.

그들이 정상적인 남녀 사이의 육체관계를 갖는다는 것은 상상하기 어려웠다. 그녀는 얼굴에 화장 크림을 덕지덕지 발랐다. 아침에 일어나 있는 모습은 그야말로 목불인견이었다. 근처 아시아계 식당에서 음식을 사다 주어도, 그녀는 설거지할 생각을 하지 않았다. 그러니 내가 직접 할 수밖에 없었는데, 자기 피부가 상한다는 것이었다. 나더러 비닐장갑을 사 오라고 시키기도 했는데, 그런 점에서는 상당히 매력 없는 여자였다. 당시 네루다는 줄곧 『모두의 노래』를 쓰고 있었다. 그 안의 「도망자」에는 기술자가 등장하여(내 신분을 감추어 주기 위해서였다), 마르타 하라와 이 기술자가 자기를 기다리는 것으로 되어 있다. 내가 혼자 살고 있었으니 사실과는 다른 셈이다. 그러나 그가 아파트에 머무는 동안 내가 마르타를 데려와 인사시킨 적이 있어서, 두 사람은 그렇게 알게 되었다.[12)]

하마터면 파블로의 정체가 드러날 뻔한 아찔한 순간도 있었다. 페이의 작은 아파트에서 2주쯤 갇혀 지내던 네루다는 극도의 폐쇄 공포증 같은 것을 느끼는 듯했다.

어느 날 나는 네루다에게 옥상 테라스로 올라가 볼 생각이 있는지 물었다. 그곳에 올라가는 사람은 아무도 없었

12) Ibid.

다. 그래서 (델리아는 밑에 남겨둔 채) 밤 10시쯤 둘이 위로 올라갔다. 그런데 바로 그때 아파트 관리 기사가 위에서 무엇인가를 수리하고 있었던 것이다. 네루다는 하얗게 질렸다. 어쨌든 그의 얼굴을 모르는 사람은 없을 것이기 때문이다. 다행히 그 기사는 나이가 예순 혹은 일흔이 다 되어서 네루다가 누구인지 모르는 것 같았다. 하지만 네루다 자신은 얼이 빠진 상태였다. 그는 겁이 많고 소심했다.[13)]

페이는 그 관리 기사에게 자기 층에 다른 사람은 아무도 없다는 것을 보여 주려고 계책을 꾸몄다. 목욕실 문고리에 문제가 생긴 것 같다며 그를 불러들인 것이다. 그것을 고치려고 내려와 있는 동안, 네루다와 델리아는 삼십 분 정도 하나뿐인 옷장 안에서 페이의 옷가지 사이에 몸을 숨기고 있었다. 대단한 소극이었던 셈이다.

어쨌든 한 장소에 몇 주 이상 계속 머무는 것은 너무 위험했다. 그래서 1948년 4월 말 혹은 5월 초에 알바로 하라가 일을 떠맡았다. 파블로와 델리아는 페이의 아파트를 떠나 훌리오 베가의 농지로 차를 타고 갔다. 베가는 공산당과는 전혀 무관한 사람이어서 별다른 의심을 받지 않으리라 여겼기 때문이다. 그는 조그만 회사의 회계원으로 근무하고 있었다.

---

13) Ibid.

네루다는 『모두의 노래』에서, 자기와 마찬가지로 자연을 사랑하던 그를 다정하게 회상하고 있다.

페이의 아파트에서 농지로 옮겨 가던 길에 심장이 멎을 것 같은 사건이 있었다. 하라의 회상에 의하면, 로스 세리요스의 옛 공항 근처를 지나던 중에 갑자기 어둠 속에서 경찰 복장을 한 사람이 나타나 정지 신호를 보낸 것이다. 네루다와 델리아는 잠이 든 것처럼 몸을 기대고 뒷좌석에 앉아 있었다. "움직이지 말라고 주의를 주고 차를 세웠지요. 다행히도 그 경비병은 비번 날이었는지, 혹시 발파라이소 쪽으로 가는 길이면 자기를 태워 줄 수 있겠냐고 묻는 거예요. 나는 안도의 한숨을 쉬고서, 미안하지만 거기까지 가는 차가 아니라고 대답했지요. 진짜 위급한 상황이 아니었던 것은 행운이었어요. 하지만 앞으로는 인도건 차도건 길로 가는 여행은 되도록 피해야 한다는 것을 배웠지요."[14)]

농지에 도착하니 훌리오 베가가 네루다를 더없이 따뜻하고 정중하게 맞아 주었다. 시인은 그곳에 고도마르 데 체나라는 이름을 붙였다. 체나 지방에 있는 마이푸라는 소박한 마을을 장난스레 거창하게 부른 것이다. 하지만 이름을 바꾼 것은 당국의 손아귀에서 베가를 보호하려는 의도이기도 했다. 비록 고도마르는 훌리오의 별명 중 하나이기는 했지만 말이다.

---

14) Álvaro Jara, 'Neruda 1948'.

여기서는 네루다를 '돈 페드로'로, 델리아는 하라의 아내 이름인 '사라'로 불렀다. 알바로 자신은 신혼여행 기간 중이었음에도 네루다를 피신시키기 위해 신부로부터 2주 동안 '휴가'를 얻은 상태였다. 하지만 로버트 프링밀에 의하면, 옮겨 다니는 문제를 놓고 파블로가 안달복달하자 곧바로 자기 자리로 돌아가 버렸다고 한다. 하라의 아내는 남편을 따라 파블로와 델리아가 있는 훌리오 베가의 농지를 찾을 때까지, 자기 남편이 '이그나시오'라는 이름으로 무슨 일을 하고 있는지 전혀 모르고 있었다. 그녀는 칠레의 가장 위대한 시인이자 가장 유명한 도망자를 만난 사실 때문에, 그리고 또 한편으로는 신랑이 관여하고 있는 일이 무엇인지를 알고 어안이 벙벙해졌다.[15]

1948년 6월 초, 파블로와 델리아는 이스마엘 발데스 베르가라 거리에 있는 세르히오 인순사와 그의 아내 아이다 피게로아의 3층짜리 아파트로 옮겨 갔다. 부부는 두 사람 다 변호사이자 공산당원이었지만 특별히 까다롭게 이것저것 따지지는 않았다. 둘 다 탄압을 피해 다니는 사람들을 숨겨 주는데 익숙해져 있었고, 특히 로타에서의 박해를 피해 다니는 광부 지도자들을 보호해 주기도 했다. 그런 탓에 친척 아주머니 댁에서 점심을 먹고 있을 때 불쑥 하라가 찾아와 이름

15) Robert Pring-Mill, Notes on the section of *Canto general* written underground.

도 밝히지 않고 두 사람을 더 숨겨 달라고 해도 그들은 별로 놀라지 않았다. 그들이 정작 놀란 것은 다음 날 아침 10시, 자기 집 문 앞에서 기다리고 있는 네루다와 델리아를 발견했을 때였다, 세르히오 인순사는 이미 네루다와 어느 정도 안면이 있는 사이였다. 아주 젊은 나이였지만 상원 의원직을 박탈당한 네루다의 법정 투쟁을 도왔던 적이 있기 때문이었다.

파블로와 델리아는 금세 새로운 은신처를 좋아하게 되었다. 포레스탈 공원이 내려다보여 전망이 좋은 데다 그해 겨울 산티아고에는 몇 년 만에 눈이 내려 한층 아름다웠다. 거실에는 커다란 그랜드 피아노가 있었는데 피아노를 조금 칠 줄 알았던 델리아는 탄성을 질렀다. "여기서는 정말 행복하게 지내겠어. 우리가 너무 운이 좋네!" 아이다가 커다란 침실을 내주고 자기네는 한 살배기 딸의 방으로 옮기겠다고 했지만 두 사람은 사양했다. "우리 때문에 그렇게 하시면 안 됩니다. 우린 그냥 여기 이 좁은 침대에서 찻숟가락 두 개처럼 붙어 자면 돼요."[16]

델리아가 줄곧 머리를 염색하고 화장을 하는 동안 파블로는 휴대용 타자기 앞에 앉아 나중에 『모두의 노래』의 첫 부분이 될 「지상의 등불」을 써 나갔다. 산티아고의 아파트에 숨어, 말하자면 자기 나라 수도에서 도망자 신세로 지내는

---

16) Luis Alberto Mansilla, 'Vivir con Neruda: Conversación con Aída Figueroa y Sergio Insunza', *Araucaria*, Santiago, No.26, 1984, pp.89-105에서 인용.

동안, 그는 자기에게 새로운 사명, 즉 고금의 아메리카, 고금의 인간의 신비를 해독하는 일이 주어졌다고 느낀 것 같다. 나날의 투쟁은 그에게 시민으로서의 의무를 감당하고자 하는 욕구와 그것을 떠맡을 만한 힘을 가져다주었다. 1940년 멕시코시티에 도착한 직후 가진 기자 회견에서, 그는 멕시코 시인들에게 이 시민 의식이 결여되어 있다고 비판한 바 있다.

나 여기 이야기하러 왔노라.
들소의 평화에서
남극의 빛 가득 고인 대지의 끝,
거기 다져진 모래톱에 이르기까지.
그늘진 베네수엘라의 평화
곤두박질하는 갱도를 지나
나의 아버지여 나 당신을 찾고 있었노라.
어둠과 구리를 캐는 젊은 전사여
혹은 곧추선 머리칼, 혼례의 식물인 당신
어머니 악어여 금속의 비둘기여
흙으로 빚어진 잉카의 백성인 나,
돌을 만지며 이렇게 말했노라.
나를 기다리고 있는 이
누구인가?
텅 빈 부싯돌 한 줌
내 손으로 거머쥐었네.

사포테카 꽃 사이로 길을 걸을 때
빛은 사슴처럼 순하고
그늘은 초록의 눈꺼풀이었네.
이름 없는 나의 땅이여

네루다의 생활은 규칙적이었다. 그는 매일 아침 6시 반에 눈을 뜨고 욕조에 몸을 푹 담그는 것을 좋아했다. 아침을 먹는 동안, 신문을 읽고 라디오 뉴스에 귀를 기울이면, 이따금 그의 이름이 나오기도 했다. 그러고 나서 오후 1시 무렵까지 시를 쓰고, 언제나처럼 그것을 델리아에게 보여 주었다. 그녀는 문법적으로 틀린 곳이나 역사적으로 부정확한 날짜 따위를 고쳐 주었고 '뿌리들' 같은 단어가 반복적으로 사용된 것을 지적하기도 했다.

오후에 낮잠을 길게 자고 나면 그는 다시 새로운 힘으로 충전되었다. 저녁에는 낮에 쓴 시를 읊거나 늦은 시간까지 스페인이나 칠레에서의 경험을 이야기하곤 했다. 아이다의 회상에 의하면, "자정이 지나면 쏟아지는 졸음을 도저히 감출 수 없었다"고 한다. "때로는 네루다가 「지상의 등불」 파트의 시들을 낭송하는 중에 꾸벅꾸벅 졸다 잠이 들기도 했다. 『모두의 노래』를 들은 최초의 청중은 우리 잠꾸러기들이었던 셈이다."[17]

---

17) Ibid.

1948년 어느 날 라디오를 듣던 네루다는 뉴스 진행자의 이야기에 기분이 좋아졌다. 경찰은 네루다의 종적을 더 이상 찾을 수 없게 되었으며, 칠레 남부 어딘가에 은신해 있거나 완전히 칠레를 벗어난 것 같다고 밝혔다는 것이다. 놀라운 일이었다. 세르히오 인순사와 아이다 피게로아의 집은 실상 산티아고 한복판에 있었던 셈이니 말이다. 그러자 피신 중임에도 아주 가까운 친구들을 모아 한바탕 떠들썩하게 놀고 싶다는 생각이 네루다의 뇌리를 스쳤다. 몇 차례 있었던 이런 모임이 얼마나 시끄러웠던지 공산당에서 다음부터는 더 조용히 하라는 경고를 보냈을 정도였다. 그의 행방이 드러날 수도 있었기 때문이다. 그렇다고 해서 시인의 충천한 사기가 수그러드는 것 같지는 않았다.

누가 생각해도 이제 네루다는 지상에서 사라지고 없었다. 하지만 그 경우, 상원 의원 지위를 유지하려는 네루다의 투쟁이 복잡해지게 된다. 허가 없이 칠레를 떠났다는 사실이 입증될 경우, 그의 상원 의원직은 영원히 상실된다. 그래서 알바로 하라는 또 다른 기상천외한 만남을 주선하게 된다. 바로 상원 의장인 아르투로 알레산드리 팔마와 네루다가 직접 만남을 가짐으로써, 네루다가 칠레 영토에 머무르고 있다는 사실을 상원 의장이 확증하게 하는 것이었다.

하라는 수염을 길게 길러서 거의 아무도 알아볼 수 없게 된 네루다를 차에 태우고 약속 시간에 맞추어 중앙역 부근의 산티아고 서민 구역으로 데려갔다.

돈 아르투로는 대형 검정 세단을 타고 약속된 시간에 정확히 맞춰 운전사와 함께 도착했다. 즉시 문이 열리고 그가 집으로 들어갔다. 그다음에 파블로 역시 집 안으로 들어갔고, 나는 그동안 운전대를 잡고 기다렸다… 통행이 많은 곳이어서 쉽게 사람들 눈에 띌 수 있었고 우물쭈물 머뭇거리는 것은 위험했다. 사람들의 눈길을 끄는 일은 피해야 했다. 몇 분이 지나자 돈 아르투로가 밖으로 나오고 일 분쯤 뒤에 파블로가 나왔다. 그는 기분이 좋아 환한 얼굴이었다.[18]

하라와 마찬가지로 아이다 피게로아 역시 네루다의 가장 광대한 시 『모두의 노래』가 탄생하는 데는 꼼짝 못 하고 숨어 지내야 했던 시간이 큰 몫을 했다고 생각한다.

아마도 네루다가 숨어 지낸 기간이 없었다면 『모두의 노래』는 태어나지 못했을 것이다. 그 시를 통해 네루다는 아메리카 대륙의 역사를 보는 방식을 새롭게 쓰고 있다. 지리적으로, 인류학적으로 또 역사적으로 그는 아메리카를 바꿔 놓고 있다. 그런데 그 거대한 작업은 극도로 제약된 조건에서 이루어진 것이다… 거리로 나가 걸어 다닐 수조차 없었다… 이러한 구속에 대한 반란이 『모두

18) Álvaro Jara, 'Neruda 1948'.

의 노래』를 태어나게 한 것이다.[19]

네루다를 버티게 한 힘은 무엇보다도 배신에 대한 분노, 거기에서 태어난 에너지였다.

그리고 이 모든 재앙의 꼭대기에는
미소 짓는 독재자가 있어
배신당한 광부들의 희망 위에
침을 뱉는다.
어느 나라나 제 나름의 고통이 있다
어떤 투쟁이나 저마다의 아픔이 있다
그러나 이리 와서 내게 말해 다오
피에 주린 자들 중에,
증오의 왕관을 쓰고
초록 채찍의 왕홀을 가진
고삐 풀린 압제자 중에,
칠레의 그자만 한 이 또 있는가?[20]

네루다가 훗날 회고록에 쓰고 있는 것처럼, "남아 있는 유

---

19) Aída Figueroa, in conversation with AF, Santiago, March 2000.

20) Pablo Neruda, 'El traidor', *Canto general,* translated by Jack Schmitt, p.197.

일한 길은 자신의 시대와 결별하고, 민주주의의 회복을 위해 지하로 내려가 투쟁하는 것뿐이었다… 칠레는 충격으로 인한 현기증과 단말마의 고통 사이를 오가는 불안을 겪고 있었다. 우리가 대통령으로 뽑았던 자가 미국의 보호를 받으며 피에 굶주린 비열한 흡혈귀로 변해 버린 것이다".[21]

아이다 피게로아에 의하면, 네루다와 델리아는 여러 달 그의 집에 머물렀다. 그러나 한 번에 몇 주 이상 계속 머문 것은 아니고, 그곳에 왔다가 나가곤 했다. 로버트 프링밀이 알베르티나 아소카르에게 들은 이야기로는 1948년 3월과 6월 사이 한 주 정도를 두 사람이 그녀와 앙헬 크루차가와 함께 지냈는데, 이 기간에 네루다는 5월에 완성된 『모두의 노래』에서 가장 유명한 파트의 하나인 「나무꾼이여 깨어나라」를 마지막으로 다듬고 있었다고 한다. 이 파트는 미국인을 향한 사랑 노래이면서 동시에 소비에트의 용기에 대한 찬가이자 미국의 정책에 대한 분노에 찬 공격이었다.

> 너는 아름답고 광활하다, 북아메리카여.
> 너는 강가에서 빨래하는 새하얀 여인처럼
> 비루한 가문 출신.
> 아무도 모르는 곳에 지어진
> 너의 벌집의 평화는 너의 달콤함.

---

21) Pablo Neruda, *Memoirs*, pp.172-173.

우리는 사랑한다, 오리건의 진흙으로
손이 붉은 너의 사람,
상아의 땅에서 태어난 음악을
네게 가져다준 검은 아이.
우리는 사랑한다, 너의 도시, 너의 실체,
너의 빛, 너의 기계, 서부의
활력, 두메산골 양봉장의
평화로운 꿀,
트랙터를 모는 덩치 큰 젊은이,
…
흔들거리는, 늙은
문어처럼 거대하고 닥치는 대로
휘감아 버리는 손님 하나 난데없이
너의 집을 차지해 버렸구나, 어린 병사여.
언론은 베를린에서 배양된 오래된 독을 증류한다.
신문(≪타임스≫, ≪뉴스위크≫ 등등)은 황색 고발장
으로
변질되었다. 나치에 사랑 노래를 불렀던
허스트는 미소를 머금고 손톱을
갈면서, 너의 집을 차지한
이 손님을 위해 다시 한번
암초나 광활한 황무지로 나가 싸우라 한다.
…

월트 휘트먼 그대여, 풀잎 수염을 쳐들고
나와 함께 숲으로부터, 이 향기로운
웅대함으로부터 바라보자.
월트 휘트먼이여, 거기서는 무엇이 보이는가?
웅숭깊은 내 형제가 대답하길, 내 눈에는,
죽은 이들이 기억하는 도시에서,
순결한 수도에서,
찬란한 스탈린그라드에서
발전소가 돌아가는 모습이 보인다네.[22)]

이 부분에는 스탈린에 대한 찬가도 들어 있는데, 네루다가 스탈린 평화상을 받게 된 것이 그 때문이기도 하지만, 정적들뿐만 아니라 신파조의 선전이 되는 순간 그의 시가 빈곤해진다고 생각한 친구들의 공격을 피할 수 없게 된 것도 그 때문이었다.

유서 깊은 크렘린궁의 방 세 개에는
이오시프 스탈린이라는 사내가 살고 있다.
그의 침실 등불 늦게야 꺼지는데,
세계와 그의 조국이 쉴 틈을 주지 않기 때문.

---

22) Pablo Neruda, 'Que despierte el leñador', *Canto general*, translated by Jack Schmitt, p. 257.

자기 조국을 탄생시킨 영웅들이 있었지만,
그 역시 조국을
기획하고 건설하며
수호하는 일을 도왔다.[23]

아이다와 세르히오는 (네루다를 숨겨 주고 있던 몇몇 사람과는 달리) 자기 집 한복판에 도망 중인 시인이 살고 있다는 사실을 전혀 거북해하지 않았다. 인순사의 이야기에 따르면, 그는 네루다가 자기들과 머무르는 것을 "멈추지 않는 축제"처럼 기억하고 있었다.

우리는 파블로처럼 사는 법을 배웠다. 예를 들어, 지극히 사소한 것들을 귀하게 여기도록 가르쳐 준 데 대해 그에게 감사한다. 공원의 나무들, 바다에 있는 바위들, 낡은 책들, 옷감들, 냄새, 맛… 그는 완벽한 단순성의 소유자다. 그 어떤 현학적 태도도 그를 지루하게 만들었다. 학술적인 용어로 그와 어떤 이론을 따져 보려고 해 봐야 소용없는 일이었다. 그는 요리법이나 옛날 영화를 놓고 이야기하기를 더 좋아했다. 그에게는 지치지 않는 유머 감각과 온화하면서도 강렬한 아이러니가 있었다. 그는 문학 전공생들이 자기 시에 대해 쓰고 있는 논문을 이해하지

23) Ibid., p.267.

> 못했다… 그는 무슨 일이건 최신 소식을 알고 있어서, 타블로이드 신문 머리기사의 범죄까지 훤히 꿰고 있었다.[24]

인순사가 재미있게 생각한 것은 네루다가 자기 시를 단 하나도 외우지 못한다는 사실이었다. 심지어는 『황혼 일기』의 「작별」 같은 시나 『스무 편의 사랑의 시와 하나의 절망의 노래』 스무 번째 시도 마찬가지였다. 그런데 랭보의 시는 문제없이 프랑스어 원문 그대로 상당 부분을 암송할 수 있었다고 한다.

1948년 6월과 7월, 네루다와 델리아는 산티아고를 빠져나와 발파라이소를 향해 북서쪽으로 갔다. 그곳에서 세르반테스 거리 81번지의 방 두 개짜리 아파트에 머무르면서 바다를 통해 국외로 탈출할 준비를 했다. 이곳에서는 네루다가 안토니오 루이스 라포테게로 불렸고 델리아는 마리아로 불렸다.

> 나는 방 한쪽, 창문 한 귀퉁이에 바짝 붙어야 겨우 항구의 삶을 볼 수 있었다. 그 초라한 전망대에서 내 눈에 들어오는 것은 길거리의 한 자락뿐이었다. 밤이면 사람들이 왁자지껄 떠들며 지나는 것을 볼 수 있었다. 가난한 동네인 데다, 내 창에서 한 100미터 아래에 있는 좁은 거

24) Luis Alberto Mansilla, 'Vivir con Neruda'에서 인용.

> 리는 주위의 모든 불빛을 다 빨아들이고 있는 듯 그곳만 환했다. 보잘것없는 작은 상점과 잡동사니 가게들이 그곳에 들어서 있었다. 덫에 걸린 듯 꼼짝 못 하고 구석에 잡혀 있는 나의 호기심은 끝 간 데를 몰랐다… 예를 들어, 왜 사람들이 무심하게 혹은 급한 걸음으로 가다가 한 가게 앞에서는 예외 없이 걸음을 멈추는가? 그곳 진열장에는 무슨 기막힌 물건이 놓여 있어 그러는 걸까? 아이들을 목말을 태운 채 일가족이 오랫동안 그 앞에 서 있기도 했다. 그 마법의 진열창을 들여다보고 있는 동안 그들의 얼굴에 나타났을 황홀한 표정은 볼 수 없었지만, 그러나 나는 상상할 수 있었다. 여섯 달 뒤에 나는 그곳이 그저 신발 가게였다는 것을 알게 되었다. 나는 결론지었다. 신발이야말로 인간이 가장 깊은 관심을 가진 물건이라고.[25]

네루다가 숨어 있던 발파라이소의 집에는 선원들 가족이 살고 있었고, 알바로 하라와 공산당은 그중 한 명의 선실에 네루다를 태워 배가 에콰도르의 과야킬에 도착하면 바나나와 함께 바닷가에 내려놓을 계획을 짜고 있었다. 네루다는 회고록에서 여행 계획에 대해 이렇게 기억하고 있다.

---

25) Pablo Neruda, *Memoirs,* pp.173-174.

> 선원의 설명에 의하면, 배가 (과야킬에서) 닻을 내리면, 나는 잘 차려입은 승객인 양 한 번도 제대로 피워 본 적 없는 시가를 물고 갑판에 갑자기 나타나게 되어 있었다. 출발이 임박하자 그 집 가족들은 내가 제대로 된 – 우아하고 열대 지방에 맞는 – 양복을 정식으로 맞춰 입어야 한다고 결정했다. 옷은 금방 완성되었다. 그것을 받아 들었을 때보다 더 재미난 적도 없다. 그 집 여자들은 당시 유명했던 미국 영화 〈바람과 함께 사라지다〉에 나오는 주인공의 양복 스타일을 생각했다. 한편 형제 아이들은 우아함이라면 당연히, 할렘의 댄스홀이나 카리브해 지방 술집 아니면 싸구려 댄스 클럽에서 보고 들은 바로 그것이라고 생각했다. 벨트가 달린 더블 브레스티드 재킷은 무릎까지 내려왔다. 그리고 바지는 복사뼈에 바짝 달라붙었다.[26)]

네루다가 오묘한 옷차림을 하고 기다렸건만, 바다로 탈출하는 일은 성사되지 못했다. 부두를 도면으로 그려 보던 하라는 "보트를 타러 나가는 것만 해도 기적"이라는 결론을 내렸다. 행여 파블로가 칠레 해역에서 체포되기라도 하면 그 즉시 당국에 넘겨질 형편이었다. 지나치게 위험하다는 데 두 사람 다 동의한 뒤에, 알바로는 "자칫 폭발할 위험이 있는 귀

26) Ibid., p.174.

중한 화물"[27]을 싣고 산티아고로 돌아갔다.

1948년 7월 12일, 하라는 네루다의 마흔네 번째 생일을 기념하기 위해 발파라이소의 은신처에서 위험을 무릅쓰고 파티를 열었는데, 파블로의 가명을 따서 '산 안토니오 축제' 라고 이름 붙였다.

발파라이소에서 40일을 지내는 동안 그는 『모두의 노래』의 「도망자」와 「대양」 파트 대부분을 — 전부는 아니더라도 — 썼다.

> 밤의 적막을 가로질러, 내 온 생애를 지나며
> 눈물에서 종이로, 옷에서 옷으로,
> 나 그 시련의 날들 지났네.
> 나는 경찰을 피해 도망치는 자.
> 수정의 시간, 고독한 별들의
> 단단함 속에서
> 한 사람의 문에서 다른 사람의 문으로,
> 한 존재의 손에서 다른 존재, 그리고 또 다른 존재의
> 손으로 건네지며
> 나 도시들 숲들을
> 작은 농가들 항구들을 거쳐 갔네.[28]

---

27) Álvaro Jara, 'Neruda 1948'.

28) 'El fugitivo', *Canto general,* translated by Jack Schmitt, p. 273.

그는 자신이 발파라이소에서 숨어 지내던 시간을 아름답게 그리고 있다.

나는 창가로 갔다. 발파라이소는 천 개의 눈꺼풀을
파르르 떨고, 밤바다
바람이 내 입으로 들어온다.
언덕 위의 등불들, 수면 위에서
흔들리는 바다의 달,
초록의 다이아몬드 그 눈부신
왕국 같은 어둠,
삶이 내게 주었던
그 모든 휴식.[29)]

은신처에 꼼짝 못 하고 갇힌 채 네루다는 발파라이소 항구와 사랑에 빠진 것이다.

사랑하노라, 발파라이소여, 네가 품고 있는 모든 것을,
대양의 각시여, 말 없는 너의 구름 저 너머까지
네가 빛나게 하는 모든 것을.
밤바다 위 홀로 서 있는 뱃사람,
그를 향해 비추는 너의 연보랏빛 등불 나 사랑하노라.

---

29) Ibid., p.278.

오렌지빛 장미여,
너 눈부셔라 벌거벗은 몸, 불길이며 안개여.
…
이 세상 모든 해안의 여왕이여.
…
내 사랑 네게 선언하노니, 발파라이소여,
너와 나 다시 한번
자유로울 때, 나 여기 살리라.
너의 바다와 바람의 왕좌가
물기 머금은 내 철학자의 땅과 교차하는 이곳에서.
우리는 바다와 눈보라 사이에서
자유가 솟구치는 것을 보게 되리라.[30)]

나중에 네루다는 정말 자신의 말 대로 발파라이소의 라 세바스티아나라고 불리는 언덕 위에 집을 한 채 사들인다. 해안이 굽어보이는 기막힌 전망을 가진 곳이었다.

1948년 7월 셋째 주에 네루다와 델리아는 산티아고 안토니오 바라스 거리에 있는 시몬 페렐만의 집에 숨어 있었다. 네루다는 이곳에서 고목 아래에 앉아 『모두의 노래』의 「정복자들」과 「해방자들」 파트를 완성했는데, 델리아는 언제나처럼 네루다 시의 비평가이자 교정자로서 핵심적인 역할

---

30) Ibid.

을 수행했다.

두 사람은 또 한 번 정체를 바꿔야 했다. 페렐만의 아이들과 아내 엘리사에게는 네루다가 페드로 아저씨로, 델리아는 사리타 아줌마로 알려져 있었다. 뭔가 비밀스러운 일이 진행되고 있다는 것을 눈치챘을 법한 아이들도 이 비밀을 존중했다. 어느 날 엘리사의 여동생이 집에 들렀다가 두 사람이 숨어 있던 아래층 방에 굳이 내려가 보겠다고 했다. 그런데 네 살배기 후안 카를로스가 엄마는 위층에 있다면서 아래층 방을 보려는 이모를 한사코 막아섰다. 이 일로 후안 카를로스는 '꼬마 공범'이라는 별명을 얻었다.[31)]

알바로 하라가 페렐만의 집으로 뜻밖의 손님을 데려왔다. 부에노스아이레스에 있는 네루다의 책의 발행인 곤살로 로사다였다. 파블로는 어른들을 모두 앉혀 놓고 당시 초고 상태였던 『모두의 노래』 전문을 낭송했다. 당시에 이미 ―「마추픽추 산정」을 포함하여 ― 최소한 6부로 이루어졌던 이 장시를 다 읽는 데 족히 네 시간은 필요했을 것이다. 페렐만이 로버트 프링밀에게 이야기한 바로는, 워낙 위스키를 좋아하는 파블로를 위해 로사다가 가져온 술 두 병은 낭송이 진행되면서 거의 바닥날 지경이었고, 페렐만과 로사다는 졸지 않으려고 몸부림을 치다시피 했다고 한다.

---

31) Robert Pring-Mill, Notes on the section of *Canto general* written underground.

1948년 7월 27일에서 8월 17일 사이, 은신처에서 「해방자들」 파트를 쓰고 있던 네루다는 한 신문 기자와 서면 인터뷰를 가졌다. 이 인터뷰가 주목할 만한 것은 조금의 자기 연민도 들어 있지 않고, 『모두의 노래』에 가득 배어 있던 쓰라린 기분도 없기 때문이다. 사실 네루다는 자신의 곤경에 대해서는 아주 간략하게 언급하고 있을 뿐이다. 그의 답변 대부분은 칠레 정부의 정치적 · 경제적 실패에 대한 것이지만, 흥미롭게도 이런 내용도 있다. "다음 해(1949년) 1월까지는 다른 어떤 인터뷰에도 응하지 않을 생각이다. 도피 중인 지금 내 행방을, 여러 가지 믿을 만한 이유에서, 알리고 싶지 않기 때문이다. 무엇보다도 미국 연방수사국이 아메리카 대륙 전역에서 활동 중이다. 또 한 가지, 금년 12월까지는 출판사에 넘겨야 할 방대한 분량의 원고를 완성하고 싶기 때문이다." 실제로는 어떤 출판사와도 계약을 맺은 적이 없지만, 이것은 『모두의 노래』를 언급한 것이었다.[32)]

그는 기자에게 이런 이야기를 한 적도 있다. "나는 하루하루 나 자신이 어떤 의무를 수행하고 있다는 절박한 느낌을 가지고 있다. 나는 공허한 밤, 벽에 붙은 채 내 존재의 일부를 소진하던 야행성 작가였다. 지금 나는 행복하다. 우리는 다가오는 삶과 정면으로 대면하고 길 한복판으로 걸어 내려가

---

32) 네루다와의 이 비밀 인터뷰는 1948년 10월 19일 부에노스아이레스의 *La Hora*에 게재되었다.

야 한다." 친구들과 함께 술을 마시며 보낸 공허한 밤에 대한 언급은 자유분방한 태도에 빠져 무의미하게 보내 버린 귀중한 시간에 대한 회한을 강조하고 있는데, 「마추픽추 산정」에서 이 느낌이 간접적으로 암시되고 있다.

네루다는 은신처에서 이렇게 말하기도 했다. "비정치적 작가라는 것은 근대 자본주의가 만들어 내고 장려한 신화다. 단테 알리기에리 시대에는 이런 종류의 작가가 존재한 적이 없다."

1948년 9월 3일, 곤살레스 비델라 대통령은 '민주주의의 영구 수호를 위한 법률'이라는, 익살스러울 정도로 엉뚱한 이름의 법안을 제출했다. 이 법안의 반대자들은 곧 '빌어먹을 법'이라는 이름을 붙였다. 새로운 법 체제 아래서 칠레 공산당이 불법화됐을 뿐만 아니라, 수천 명의 사람들이 선거인 명부에서 제외되어 자동적으로 기본적 시민권을 박탈당한 상태였다. 전국적으로 2만6650명이 투표권과, 어떤 식으로든 정치에 참여하거나 노동조합에 가입할 권리를 상실했다.

곤살레스 비델라는 회고록의 '나의 역사적 변명'이라는 장에서 이렇게 쓰고 있다. "운명 덕에 내가 누리게 된 가장 만족스러운 일의 하나는… 지도자로서의 통찰력을 통해 내가 사태를 파악하고 우리 조국에서 공산주의를 멈춰 세운 것이다… 1947년 내가 냉혹하게 개입하지 않았다면, 준군사 조직을 동원하여 군대에 감히 맞서려고 했던 공산주의자들의 정신 나간 생각 때문에 칠레는 자칫 피바다를 경험할 수도 있었다."[33]

곤살레스 비델라는 회고록에서 또, 자신이 줄곧 네루다의 은신처를 알고 있었으며, 언제든 그를 체포할 수도 있었지만, "그에게 영웅이 되는 기쁨을 주고 싶지 않았다"[34]라고 적고 있다. 칠레에서 내가 이야기해 본 사람들은 누구나 이 말이 어처구니없다고 생각한다. 만약 당국에서 네루다의 은신처를 알았다면, 그들은 주저 없이 그를 체포했으리라는 것이 모든 이들의 생각이었다.

네루다 자신도 회고록에서 "내가 매일 밤 어디서 자고 어디서 밥을 먹을지를 언제나 알고 있던 유일한 사람은 빛나는 나의 젊은 지도자", 칠레 공산당 서기 리카르도 폰세카뿐이었다고 밝히고 있다.

네루다가 여전히 피신 중이던 시기와 관련하여 곤살레스 비델라는 적어도 한 가지 사실만은 제대로 말하고 있다. 소련과 미국이 칠레 국내 문제에 개입을 시도하면서 칠레가 급속히 냉전 체제 속으로 빨려 들어가고 있었다는 점 말이다. 칠레 사회주의자들은 공산당에 결정적으로 등을 돌리고 미국노동연맹-산별조직회의(AFL-CIO)와 제휴했다. 어떤 사회주의자들은 '빌어먹을 법안'이 광부들에게서 투표권을 박

---

33) Gabriel González Videla, *Memorias* (Editorial Gabriela Mistral, Santiago, 1975).

34) Ibid.

탈하는데도 그 법안을 지지하기도 했다.

네루다는 1948년 9월 태반을 훌리오 베가의 자택에서 보냈다. 그달 중순 무렵 파블로는 친구인 마누엘 솔리마노에게 연락을 취해, 자신과 델리아가 18일에 그의 집에 머물러도 되겠느냐고 물었다. 솔리마노의 집은 네루다를 쫓는 경찰이 이미 급습한 적이 있는 데다 여전히 감시당하고 있었다. 솔리마노는 네루다에게 이렇게 말했다. "파블로, 자네가 오는 것은 쌍수를 들어 환영하네. 만약 그렇게 된다면 내가 기대할 수 있는 최고의 9월 18일이 되겠지. 그런데 경고해 두네만, 우리 집은 감시 중일 뿐만 아니라 이미 수색을 당하기도 했다네." 네루다는 이렇게 답했다. "칠레에서 그렇게 오래 살고도 아직 칠레를 모른단 말인가, 이 사람아. 9월 18일에는 아무도 누굴 잡으러 돌아다니지 않는 법이라네." 이탈리아 사람이었던 솔리마노는 그날이 칠레 국경일이라는 사실을 잊고 있었다. 1810년 스페인으로부터 독립한 날이 바로 그날이었던 것이다. 솔리마노의 회상이다. "파블로 친구 중에서 올 수 있는 사람은 모두 불렀다. 그러다 보니 국수 사는 데 적잖은 돈이 들었다."[35]

9월 말이나 10월 초쯤, 파블로와 델리아는 훌리오 베가의 자택으로 돌아갔고 네루다는 그곳에서 『모두의 노래』의 「사

---

35) Robert Pring-Mill, interview with Manuel Solimano, 27 June 1985.

형 집행인들」 파트를 완성했다. 집 안에는 여러 권으로 된 두꺼운 백과사전이 있었는데, 네루다는 『모두의 노래』에 등장하는 지리학적 · 식물학적 사실을 확인하기 위해 자주 그 사전을 참조했다. 그는 또 바로스 아라나가 쓴 두 권짜리 칠레 표준 역사책도 샅샅이 뒤적였다.

네루다 부부는 아이다 피게로아와 세르히오 인순사의 집으로 되돌아갔을 수도 있다. 두 달 동안 한 층 전체가 한 가구인 그들의 아파트를 여러 차례 다녀가곤 했다. 그러나 로버트 프링밀은 산티아고의 보헤미안 대학생 시절에 사귄 토마스 라고의 집에 피신해 있었을지 모른다고 보고 있다. 당시 쓰고 있던 「배반당한 모래」 초고를 '토마스'에게 헌정하고 있기 때문이다.[36)]

그들은 1948년 10월에서 11월 사이 최소한 한 달을, 전 국립 광산 회사 사장 프란시스코 쿠에바스 마케나가 이슬라네그라 바로 너머에 있는 로스 빌로스 마을에 소유하고 있던 별장에서 보냈다. 네루다는 이곳에서 유독 차분한 모습을 잃었다. 하루는 알바로 하라에게 파블로가 전화를 했다. 매우 위급한 상황에서만 쓰기로 한 암호 메시지가 들어 있었다. 최악의 상황을 염려한 그는 한 친구를 설득하여 급히 로스 빌로스로 차를 몰게 했다. 도착해 보니 집은 어둠에 싸여 있

36) Robert Pring-Mill, Notes on the section of *Canto general* written underground.

었다. 알바로가 조심스레 창문을 두드리자 델리아가 졸린 얼굴로 힐끗 내다보았다. 얼마 안 있어 파블로가 너무 무료한 나머지 누군가가 곁에 있었으면 해서 벌인 일이라는 사실이 드러나자, 알바로는 짜증을 낼 수밖에 없었다.[37]

또 한번은 알바로가 공산당원 친구 한 사람을 데리고 네루다를 만나러 로스 빌로스에 갈 채비를 하고 있었는데, 어이없게도 이 친구가 몰래 혼자 그 집에 간 것이었다. 그뿐만이 아니었다. 그는 파블로와 델리아를 꾀어 산티아고로 데리고 나가 유쾌한 저녁을 보내고 있던 참이었다. 잔뜩 화가 난 하라는 산티아고에서 그들을 추적하여 찾아낸 뒤 '정확히 10분의 여유'를 주면서 새집으로 옮길 준비를 하게 했다. 이런 일들을 겪은 탓에 훗날 네루다는 — 농반진반으로 — 자신이 '옛날에' 알바로 하라의 '포로'였다고 이야기했다.

그들이 옮겨 간 곳은 프란시스코의 누이 훌리타 마케나가 산 후안 데 피르케에 가지고 있던 집이다. 그들은 이곳에서 11월과 12월을 지낸 것으로 보인다. 어떤 자료에 의하면, 파블로와 델리아가 곧장 가게 된 곳은 산티아고의 아나 루이사 프라츠 거리에 있는 롤라 팔콘의 작은 집이라고도 한다. 롤라는 남편 루이스 엔리케 델라노가 칠레 주재 영사로 있던 뉴욕에서 아들 폴리를 데리고 산티아고로 온 지 얼마 되지 않았었다.

---

37) Ibid.

부엌에는 네루다의 눈길을 사로잡은 물건이 하나 있었는데, 미국에서 만들어진 거대한 필코 냉장고였다. 그는 냉장고 앞에 멈춰서더니 넋을 잃고 바라보았다. 이윽고 여러 각도에서 냉장고를 살펴보던 그는 무슨 장치인지 보려고 뒤쪽으로 다가가려 했다. 그러나 벽에 너무 가까이 붙어 있어서 그럴 수 없었다. 그는 마침내 냉장고 앞에서 허리를 굽혀 경배하더니 그것을 '하얀 코끼리'라는 이름으로 불렀다. 그 뒤로 냉장고를 지날 때마다 찬양의 기도를 올렸다.

라디오 뉴스는 계속 칠레의 가장 위대한 시인을 경찰이 대대적으로 추적하고 있다는 최근 소식을 전하고 있었다. 이제나저제나 남편이 미국에서 돌아오기를 기다리면서 자기 집에 도망자들을 숨겨 주고 있던 롤라로서는 조마조마한 순간이었다. 하루가 멀다 하고 사람들이 아파트에 찾아오고 있었다. 공산당 지도자들이나 파블로의 친구들을 위해 어떤 때는 여러 사람분의 식사를 준비해야 할 때도 있었다.

언제라도 체포될 수 있는 상황이었지만, 파블로는 자신이 평소 완강하게 고집하는 입맛을 조금도 고치려 들지 않았다. 그는 자기가 좋아하는 몇 가지 요리를 집요하게 요구하였는데, 발렌시아식 쌀 요리, 마늘 양념 뱀장어, 캉식 내장 요리, 바닷가재 요리 혹은 베아르네즈 소스의 소고기 요리 따위가 그것이다. 칠레 작가이자 언론인인 호세 미겔 바라스의 이야기에 따르면, 파블로는 롤라에게 인도식 카레 요리를 해 보지 않겠냐고 제안하기도 했다.[38]

하지만 롤라 팔콘과 함께하는 크리스마스 식사는 별로 요란하지 않았다. 파블로는 집주인에게 맛있는 후식으로 체리 브랜디에 절인 배를 준비해 보라고 설득하긴 했지만, 특별한 크리스마스 요리를 요구하지는 않았다. 대신 그날을 위해 특별한 주문을 했다. 자기 친구들, 그것도 모든 친구를 다 보겠다는 것이었다. 그러자면 음식과 술을 잔뜩 준비해서 파티를 열어야 했다. 알바로 하라는 마지못해 그러자고 했다. 그는 인순사와 피게로아의 산티아고 아파트를 선택했다. 하라가 회고한 대로 그것은 고도의 보안을 요하는 작전이었다.

> 파블로, 델리아와 함께 도착했을 때는 이미 어두워지고 있었다. 마치 참호 뒤에 숨어 있는 양 자신을 은폐하기 위해 네루다는 어마어마한 꽃다발을 만들어 그 뒤에 자기 얼굴과 뚱뚱한 몸을 숨겼다. 거대한 꽃바구니의 보호를 받으며 우리는 곧장 승강기로 갔다. 파블로는 자기 꾀에 행복해져서 몸을 흔들며 껄껄 웃었다. 일단 안전하게 안으로 들어가자 나는 (아이다에게) 문을 잠가 달라고 부탁하고 그곳을 지켰다. 우리가 그 자리를 떠나기 전에는 아무도 나가서는 안 되었다. 몇 사람이 항의하기는 했지만 나는 절대로 양보하지 않았다. 사실 손님들은 누구나 이것이 초대 조건이라는 통고를 미리 받았다.[39]

---

38) José Miguel Varas, *Nerudario* (Planeta, Santiago, 1999), p.104.

아이다 피게로아는 지금도 자기 집에서 열렸던 파블로의 크리스마스 파티를 기분 좋게 회상하고 있다. 그 자리에 후벤시오 바예, 루벤 아소카르, 볼로디아 테이텔보임, 디에고 무뇨스, 루이스 엔리케 델라노, 카를로스 바사요, 마누엘 솔리마노 같은 사람들이 슬금슬금 모여들었다. 파티가 끝나고 네루다 부부는 롤라 팔콘의 집으로 되돌아갔다.

다음 해 1월은 질식할 듯 더운 날씨였다. 이 무렵 파블로는 롤라에게 델리아가 치과에 가 있는 동안 어떤 여자가 (그는 이름을 말하지 않았다) 자기를 찾아올 것이니 메시지를 전해 달라고 부탁했다. 롤라는 단호하게 그런 부탁은 못 들어주겠다고 거절했다. 누구였는지는 알 수 없으나 그 여자는 두 번 다시 언급된 적이 없었다.

폴리 델라노의 기억에 의하면, 이 시기에 네루다는 태평했다고 한다. 폴리는 내게 이렇게 말했다. "내가 보기에 그는 무척 평온했다. 반바지에 셔츠 차림으로 돌아다녔는데, 변장이라고 할 만한 것은 무성하게 자란 턱수염뿐이었다." 폴리의 어머니 롤라는 네루다가 턱없는 소리를 하면 대놓고 거부했다. "어머니는 파블로에게 전혀 사근사근하지 않았다. 파블로는 자기를 따르는 신하와 추종자가 필요한 사람인데, 한번은 뱀장어를 먹고 싶다는 파블로에게 어머니가 이렇게 말했다. '글쎄, 우리가 돈이 없대도 그러네.'"40)

---

39) Álvaro Jara, 'Neruda 1948'.

다시 롤라의 집에 머물게 된 지 며칠 지나지 않아 파블로의 친구 루벤 아소카르르가 다급한 표정으로 집에 들어왔다. 경찰이 바로 근처에서 그를 찾고 있다는 것이었다. 하라가 새벽 2시에 그의 아내와 함께 나타나, 네루다를 깨워 급히 (그리고 언짢은 기색을 감추지 않고) 옷을 입게 하고 가져온 가방과 델리아의 시트 천 하나로 아무렇게나 만든 자루에 소지품을 전부 욱여넣었다. 델리아는 잠시 빅토르 페이의 아파트로 돌아가고, 파블로는 친구 그라시엘라 마테의 딸인 나나 벨이 프로비덴시아에 소유하고 있던 아파트로 옮겼다. 나나 벨은 네루다가 『모두의 노래』를 타자해서 알바로 하라에게 넘겨주면 적어도 한 사람을 통해 (어떤 점에서 보면 이 역할을 수행한 것은 토마스 라고였을 수 있다) 원고를 받아 재차 깨끗이 타자로 정리해 오던 중이었다. 알바로가 나나 벨이 정리한 원고를 가져오면 네루다는 다시 그 위에 퇴고를 했다. 시인이 완전히 만족할 때까지 다시 원고가 건네지고 되돌아오는 과정이 반복되었다.

이 시기에 용기 있게 네루다를 돕고 있던 사람들은 각자 나름대로 가위눌리는 듯한 삶을 이어 가고 있었다. 롤라 팔콘이 언젠가 나나 벨의 집에서 나와 자기 아파트로 돌아가는 길이었는데, 안경 쓴 삐쩍 마른 남자가 뒤를 밟고 있다는 것을 알아채게 되었다. 혹시 그녀의 부주의로 네루다의 은신처

40) Poli Délano, in conversation with AF, Santiago, March 2000.

가 발각된 것은 아닐까? 운 좋게 지금껏 잡히지 않았던 시인의 행운이 마침내 끝나게 되는 것일까? 그러나 그녀를 쫓아오고 있던 남자는 얼마 안 가 치근덕거리려는 의도를 너무 분명하게 드러냈다. 그녀는 걸음을 재촉하여 순찰 중이던 경찰 두 사람에게 달려가 도움을 청했고 겨우 치한의 손에서 벗어날 수 있었다.

1949년 1월에서 2월 사이 네루다 부부는 훌리오 베가의 집으로 세 번째이자 마지막으로 몸을 피했다. 이곳에서 알바로 하라는 마침내 네루다에 대한 인내심을 잃고 보호자 노릇을 더는 못 하겠다고 선언했다. 네루다가 산티아고에서 장을 봐 올 열여덟 가지 물건의 목록을 알바로에게 건네주었는데 그 안에는 델리아의 화장품도 있었다. 그런데 장 보러 가는 길에 타이어가 터져 시간이 지체되는 바람에 목록에 있는 물건 중 겨우 열다섯 개만 사 올 수 있었다. 집에 돌아와 네루다에게 세 개는 사지 못했다고 말하는 순간, 시인은 잔뜩 화가 나서 마치 일 제대로 못하는 사환 아이 다루듯 그를 꾸짖었다. 알바로도 화를 참지 못하고 더 이상 당신 일은 내 알 바 아니라고 응수했다. 얼마 안 있어 공산당 서기장이 될 갈로 곤살레스가 직접 찾아와 토라져 있는 시인을 달래고 알바로와 서로 악수로 화해하게 만들어야 했다.[41]

---

41) Robert Pring-Mill, Notes on the section of *Canto general* written underground.

세르히오 인순사나 아이다 피게로아는 피신 중인 네루다의 모습을 삶을 고양하는 도망자로 묘사했지만, 이 이야기를 듣다 보면 그것과는 동떨어진 또 다른 모습이 보인다. 물론 그가 지하 생활을 시작한 지 근 1년이 되어 가고 있기는 했지만, 시인이 버릇없는 아이처럼 굴기 시작하고 있다는 느낌이 드는 것이다.

그럼에도 바로 이곳, 훌리오 베가의 집에서 파블로는 『모두의 노래』의 절창인 마지막 파트 「나는」을 썼다. 칠레 보안군이 그를 체포하려고 혈안이 되어 온 나라를 이 잡듯이 뒤지는 동안, 네루다는 처음으로 시를 통해 44년 생애를 되돌아보고, 그리운 향기며 빛깔, 아련한 감각과 친구들을 회상하고 있다.

나의 어린 시절은 젖은 신발, 숲속에 떨어져 내려
넝쿨들 딱정벌레들 쏠아 먹은 부서진 나뭇가지들,
귀리밭에서 뛰놀던 달콤한 나날들,
장엄한 철길을 향해 떠나는 아버지의
황금빛 수염.
…
어두운 시골 새벽, 기적 소리 울부짖는 기차에 실려
나의 아버지 스르르 떠나시던 곳
그 이름 모를 섬들은 어드메쯤?
훗날, 연기 속에 피어나는 떡갈나무 향, 나 사랑하였네

석유며 한 치도 틀림없이 돌아가는 열차 바퀴 축이며,
대지 위에 펼쳐진 겨울의 세계를
오만한 탱크처럼 가로질러 가던 장엄한 기차를
나 사랑하였네.
갑자기 문짝이 흔들리고
귀가하는 아버지.
…
그 뒤 어슴푸레 안개와 비에 젖어
나 수도에 도착했네. 그 거리들은 어드메쯤?
1921년의 옷에 스멀거리던
가스와 커피와 벽돌의 진한 냄새.
학우들과 어울려 돌아다녔네, 어리둥절,
벽과 벽 내 안에 빨아들이고, 매일 저녁
내 가난한 시 속에서,
이제는 사라진 나뭇가지, 빗방울,
달을 찾으며.

사랑과 우정은 성년이 된 자에게 처음 찾아드는 마음의 동요를 부추겼다.

아, 그대, 달콤함보다 더 달콤하고,
더 끝없는, 그림자들뿐인 세상에
육체인 사랑이여

…

격정의 밤,

질주하는 포도주 같은

밤, 녹슨 자줏빛 밤으로부터,

나는 상처 입은 탑처럼

그대에게 무너졌네,

가난한 이부자리 속 당신의 별은

하늘을 불태우며 내 몸 위로 맥박 쳤네.

…

나는 여인을 깨물었네, 나의 힘 저 심연으로부터

가물거리는 세계로 빠져들며, 포도송이 하나하나 마음에 새기면서

그리고 떠났네, 입맞춤에서 입맞춤으로 걸음 옮기며,

애무에 묶인 채, 차가운 머리칼의 동굴에 매인 채,

입술이 매만져 놓은 다리에 붙들린 채.

대지의 입술 사이에서 굶주린 채로,

삼켜진 입술로 삼켜 버릴 듯.

극동 시절의 쓸쓸함이, 그리고 스페인과 이 시절 그의 진정한 동반자이던 델리아에게서 느낀 고뇌와 쾌락을 통해 길었던 사춘기에서 벗어나는 모습이 거기 있었다. 과거와 연결된 끈을 유지하려는 욕구에도 불구하고 어떤 이들은 기억에서 지워 버리기도 했다. 그는 델리아를 사랑스럽게 묘사하면

서도 첫 아내인 마루카에 대해서는 전혀 언급하지 않는다.

스페인이여, 여러 선물과 함께 그대 내게 변치 않는 사랑을 주었네.
내가 기다리던 사랑 나를 찾아와
내 입술에 가장 깊은 입맞춤 가져다준 이
나와 함께 가네.
…
나의 임 그대,
환영처럼 내 곁에 서서
별자리의 온갖 운세와 맞서 싸우네.
…
나의 신부, 그대의 엷은 그림자는
내가 쓰는 페이지마다 드리워지고.
…
그대가 언제부터 있었는지도 이제 알 수 없으니
그대는 사랑보다 먼저 있었네

3년 동안의 멕시코 체류를 통해 그는 동시대의 형제들뿐만 아니라 아메리카 대륙의 오랜 뿌리에도 더 가까이 다가갈 수 있게 되었다. 그리고 문학계의 역겨운 적대 관계도 깊이 느끼게 되었다. 그는 칠레로 돌아온 일, 상원 의원으로 건조한 북부 지방을 돌아본 일들을 회상하고 있다.

나는 돌아왔네… 칠레는 사막의 노란 얼굴로
나를 맞아 주네.
모래 분화구의 메마른 달
나 고통스러워하며 편력하였으니
지구 위 불모의 땅들,
덩굴손도 없이 밋밋한 빛이며 텅 빈 수직과 마주쳤네.
텅 비었다니? 초목도 독수리 발톱도
퇴비도 없는 땅은 내게 벌거벗은 차원을 드러냈네.[42]

『모두의 노래』 마지막 부분이 될 이 파트는 죽음에 대한 사색과 함께 마무리되고 있다. 훌리오 베가의 집에 숨어 시를 쓰며 앉아 있던 순간, 금방이라도 보안군이 들이닥쳐 그를 체포해 살해할지 모른다는 두려움을 가지고 있었던 것일까? 아니면 자신에게도 언젠가 자연스레 다가올 최후를 저 멀리 응시하고 있었던 것일까? 그는 시의 짤막한 한 부분에 '나는 살아가리라'(1949)라는 힘찬 제목을 달고 이렇게 선언한다. "나는 죽지 않으리라. / 폭발할 듯한 기운 가득한 오늘 / 나 떠나가노라 / 민중을 향해, 삶을 향해." 그가 이 구절을 쓴 것은 그를 칠레에서 탈출시켜 안전한 곳으로 데려가려는 계획을 알고 나서였을까? 아니면 일반적인 의미로 반항을 선

42) Pablo Neruda, 'Yo soy', *Canto general,* translated by Jack Schmitt, pp.373-387.

언한 것일까?

'유언'이라는 제목을 가진 부분에서는 이슬라네그라의 바닷가 자기 집을 유산으로 남기겠다고 말하고 있다.

> 구리, 석탄, 초석 광산
> 노동자 조합에 맡기노니,
> 내 조국 칠레의
> 학대받는 아이들 그곳에 와 쉬게 하라

그가 묻히고 싶어 한 곳도 그곳이었다. 자기가 체포되어 죽을 가능성이나, 칠레에서 탈출하다 죽을 가능성에 그가 대비하고 있었건 아니건 간에, 그는 다음과 같은 사실을 분명히 하고 싶었다.

> 나는 민중을 위해 쓴다, 설령 그들의
> 투박한 눈이 나의 시를 읽을 수 없을지라도.
> 언젠가 내 시의 한 구절이, 내 삶을 휘저었던 대기가
> 그들의 귓가에 닿을 날이 오리라.
> 그러면 농부들은 눈을 들 것이다,
> 광부는 웃음 띤 얼굴로 바위를 깨고,
> 제동수는 이마의 땀을 훔치고,
> 어부는 파닥거리며 그의 손을 불태우는 물고기의
> 반짝거림을 더욱 선명하게 보게 될 테고,

갓 씻은 깨끗한 몸에 비누 향기 가득한
기계공은 나의 시를 바라볼 것이다.
그리고 아마도 그들은 말할 것이다. '그는 우리네 동지였구나.'[43]

1949년 2월, 파블로와 델리아는 프로비덴시아에 있는 그라시엘라 마테의 아파트를 마지막 은신처로 삼게 된다. 이 무렵, 안데스산맥을 넘어 칠레에서 아르헨티나로 네루다를 탈출시키려는 위험천만한 기상천외의 작전을 펼칠 만반의 준비가 거의 끝나 가고 있었다. 이 작전의 중심인물은 빅토르 페이와 호르헤 벨레였다. 네루다는 자서전에서 벨레가 "전직 조종사로 경험이 풍부한 실무가와 탐험가가 합쳐진 인물"이라고 언급하고 있다. 당시 벨레는 칠레 남부 아르헨티나 국경 근처인 우에이나우에에서 제재소를 운영하고 있었다.

페이는 네루다가 언제까지고 숨어 다니기는 불가능하다는 것을 이미 알고 있었다.

네루다의 상황이 너무 위험해지고 있었다. 나는 호르헤 벨레와 막역한 사이였다. 그에게 남쪽 지방은 사정이 어떤지, 국경 초소의 경비 상태는 어떤지 물었다. 그는 내 질문에 놀라는 기색이 없었다. 나는 공산당 서기장 리카

43) Pablo Neruda, 'La gran alegría', ibid., p.393.

르도 폰세카에게 전화를 한 뒤, 호르헤 벨레에게 말했다. "자네가 외국으로 빼내지 않으면 안 될 공산당 소속 동지 두 사람이 있어." 우리는 어떻게 일을 해낼지를 이야기했다. 그리고 준비가 다 되자, 채비가 끝났다는 것을 알리기 위해 폰세카에게 전화를 했다.

볼로디아[테이텔보임]가 자기 책에 쓴 이야기는 사정을 잘못 안 것이다. 그는 탈출 작전 전 과정을 공산당에서 지휘했다고 하는데, 자동차를 준비하고 연락을 맡았다는 점에서 그들이 관련된 것은 사실이다. 하지만 계획의 틀을 짠 것은 나고, 그것을 실행한 것은 벨레다. 물론 이 전 과정을 당에서 알고 있었다. 내가 이 이야기를 하는 것은 나 좀 알아 달라는 허영 때문이 아니다. 나는 계획을 최종적으로 마무리하기 위해 한밤중에 차 안에서 폰세카와 벨레를 만났다. 벨레는 정말 충실하고 기막히게 용감한 사람이었다. 그는 제재소로 되돌아갔다.[44]

여기부터는 호르헤 벨레의 이야기를 따라가 본다. 벨레가 일하던 제재소의 주인은 호세 로드리게스 구티에레스라는 이름을 가진 사업가였는데, 다른 곳에 살고 있었다. 벨레는 이 제재소야말로 안데스를 넘기 전 네루다가 마지막으로 숨어 지내기에 안성맞춤인 곳이라고 생각했다. 주인인 로드

44) Víctor Pey, in conversation with AF, Santiago, April 2000.

리게스는 곤살레스 비델라 대통령 정부와 가까운 사이였고 그러니 누구도 의심하지 않을 터였다.

어느 화요일 벨레에게 전화가 걸려 왔다. 바로 그날 밤 11시에 산티아고의 포레스탈 공원 북동쪽 모퉁이로 차를 몰고 오라는 것이었다. 그가 도착해 보니 차가 또 한 대 있었는데, 그 안에는 서기장 폰세카와 또 다른 공산당 지도자인 갈로 곤살레스가 앉아 있었다.

> 그들은 자기들이 직접 네루다를 발디비아까지 데려가겠다는 계획을 말해 주었다. 간단히 말해, 버스 한 대에 열다섯에서 스무 명쯤 되는 사람들이 함께 타고 갈 예정인데, 전원 무장을 하고 어떤 사태에도 맞설 채비가 된 사람들이며, 랑코 호숫가의 [안데스산맥 발치에 있는] 작은 마을 푸트로노에서 내게 파블로를 넘겨주겠다는 것이었다. 나는 그들에게 별로 좋은 계획이 아닌 것 같다고 말해 주었다. 그 많은 사람이 한꺼번에 움직이는 것은 무리라고 말이다. 그것보다는, 확실하게 정비한, 아주 성능 좋은 차를 한 대 구해 줄 것, 혹시 펑크가 나는 경우를 대비해 예비 부품도 빠짐없이 챙겨 줄 것, 그리고 가능하면 마지막 순간까지 자기 임무가 무엇인지 모르는 정비 기사 겸 운전사를 확보해 줄 것을 요구했다. 나는 시골 마을이건 도회지건 우리가 통과하지 않으면 안 될 곳에 사는 확실하고 연조가 오래된 [공산당] 활동가들의 주소도

요구했다. 가는 길에 차가 고장을 일으키거나 다른 장애가 생기면 파블로를 잠시 맡겨 두었다가 다시 데리러 올 수 있는 집들이 필요했던 것이다.[45)]

페이는 내게 이런 이야기를 해 주었다. "당에서는 접촉할 대상을 한 사람 더 소개해 주었다. 마누엘 솔리마노라는 이름을 가진 자동차 판매상이었는데 그는 산티아고의 알라메다에 사무실을 가지고 있었다."

솔리마노의 회상에 따르면, 파블로의 친구인 페르난도 실바가 어느 날 그의 집에 와서, 네루다가 칠레를 뜰 수 있는 기회가 왔는데, 좋은 차가 한 대 필요하다고 했다는 것이다. "시보레 1946년형을 한 대 사서 그에게 건네주었다. 그가 몰고 간 차는, 두 달 반 뒤에 다시 모습을 드러냈다."[46)]

솔리마노는 이 두 달 반 사이에 일어난 어마어마한 일을 상상도 할 수 없었을 것이다. 빅토르 페이의 말이다. "계획보다 일이 지체되고 있었다. 예정 기간 내에 일을 처리할 수 없었던 것은 남부 지방에 엄청난 태풍이 몰아쳤기 때문이었다."

45) Jorge Bellet, 'Cruzando la cordillera con el poeta', *Araucaria,* Santiago, Nos 47-48, 1990, pp.186-202.

46) Robert Pring-Mill, interview with Manuel Solimano.

몇 주가 지나도 아무 일이 없고, 벨레에게서도 전혀 연락이 없어서, 나는 차를 몰아 그를 찾아 나섰다. 당시 네루다가 어디에 숨어 있는지는 알 수 없었다. 남쪽으로 방향을 틀어 발디비아의 슈스터 호텔에서 벨레를 만났다. 그의 말이 지독한 날씨 때문에 통행이 불가하다고 했다. 나는 그를 따라 남쪽으로 가서 직접 사정을 살펴보았다. 그런 뒤 벨레와 함께 산티아고로 와서 폰세카를 만나 아무도 네루다를 내팽개친 사람은 없으며, 비가 너무 많이 온 탓에 날짜를 다시 잡는 수밖에 없다고 일러 주었다. 솔리마노가 다른 차를 내주었다. 당에서는 우리에게 빼어난 정비사 겸 운전사를 보내 주었다.[47)]

이 무렵 하마터면 일을 망칠 뻔한 아찔한 순간이 있었다. 페이의 회고다. "운전사가 오더니 나를 데리고 가게로 가서 이것저것 펑크 날 경우를 대비해 부품들을 사려고 했지요. 그런데 가게에 온 사람들이 그 운전사를 알아보더군요. 그때 이 사람이 무심결에 이렇게 말하는 거예요. '예비 부품을 사려고 왔는데, 나 굉장히 중요한 여행을 가거든. 아주 위험한 여행이야!' 우리 둘 다 그 자리에서 체포되는 게 아닌가 생각했어요. 다행히 아무 일도 일어나지 않았지요. 운이 좋았다고 할 수밖에요."[48)]

---

47) Víctor Pey, in conversation with AF, Santiago, April 2000.

그사이 호르헤 벨레는 가장 빼어난 목부 친구 몇을 모아 놓고는 네루다의 이름은 언급하지 않은 채, 안데스를 넘어 아르헨티나의 산마르틴 데 로스 안데스까지 갈 수 있는 가능성을 놓고 이야기를 나누었다. 벨레는 그곳에서 목재를 채취할 수 있는지 알아보기 위해서라고 둘러댔다. 목부들은 반대했다. 비용이 지나치게 많이 들뿐더러 그곳은 목재 채취에 적합한 장소도 아니라는 것이 그들의 생각이었다. "나는 계속 고집을 부리며, 그 지역을 한번 둘러보러 가자고 제안했다. 그들 말로는 길이 험하기는 하지만, 불가능한 정도는 아니라고 했다. 릴펠라 산길에서 라카르흐호 서안(西岸)을 따라 산맥을 가로지르는, 소도둑들이 다니는 좁은 길을 타야 한다고 했다…" 그들은 늦어도 3월 중순 이전에는 작전을 실행에 옮겨야 했다. "시간이 별로 없었다. 시인을 말 타는 사람으로 바꿔 놓아야 했는데, 그것도 밀수꾼들이 사용하는 길을 따라 안데스를 넘어갈 수 있는 사람으로 만들어야 했다."[49]

2월 초순의 어느 날 어스름해질 무렵, 네루다는 산티아고에서 델리아에게 작별의 키스를 하고, 수염이 텁수룩하고 검은 안경을 쓴 모습으로 친구 라울 불네스가 운전하는 차에 올랐다. 파블로 네루다라는 인물은 더 이상 존재하지 않았다. 그가 아르헨티나 대사관에서 받은 신분증명서에는 45

---

48) Ibid.

49) Jorge Bellet, 'Cruzando la cordillera con el poeta'.

세, 산티아고 출생, 학사, 직업－조류학자, 이름－안토니오 루이스 라고레타로 되어 있었다. 네루다는 이 증명서가 마음에 들었다. 사실 그는 새에 관해 해박한 지식을 가지고 있었다(그는 1966년 『새의 기술』이라는 책을 쓰게 된다).

네루다/루이스가 산티아고 근교에서 차를 바꿔 탄 뒤, 호르헤 벨레가 운전대를 잡았다. 두 사람은 산티아고로 되돌아가 차를 반납해 줄 또 다른 동지 한 명과 밤을 달려 남쪽으로 향했다. 벨레는 극히 사소한 것에 이르기까지 네루다가 자연에 대해 유별난 사랑을 가졌던 덕에 자기가 운전대 앞에서 졸지 않을 수 있었다고 했다. "그 사람은 방금 차 앞 유리에 부딪혀 죽은 곤충의 이름까지 알고 있었다. 길가에 서 있는 아름다운 나무가 언제 어떻게 칠레 땅에 오게 되었는지도… 돈 안토니오라는 이 놀라운 양반은 모르는 것이 없었다. 그리고 그 모든 것을 말할 수 없이 깊은 애정을 가지고 이야기했다."[50]

벨레는 또 네루다가 숨어 다니는 동안 자신이 어떻게 예전의 '삶의 기쁨'을 상당 부분 잃어버리게 되었는지 설명해 준 일도 기억했다. 자동차 여행을 하는 동안 네루다는 또다시 삶으로 되돌아온 듯 보였다. 다음날 정오경 차가 테무코를 지나면서 그가 유년 시절을 보낸 거리를 통과하게 되었다. 네루다는 잠시라도 정차하고 싶었을 것이다. 그러나 너

50) Robert Pring-Mill, interview with Manuel Solimano.

무나 위험한 일이었다. 시인을 찾느라 경찰이 이미 네루다 친척 여러 명의 집을 수색했던 것이다.

네루다의 이복형 로돌포의 손자인 후안 카를로스 레예스는 수색당한 경험을 이렇게 기억하고 있다.

> 귀퉁이에 있는 우리 집을 수색하러 온 군인들은 아버지의 빵 가게를 조사하려 했다. 화덕 꼭대기가 의심스러운 모양이었다. 꼭대기에는 오래된 벽돌 화덕의 열을 가두어 두기 위해 모래가 두껍게 깔려 있었다. 우리가 몰래 담배를 처음 피운 곳도 그곳이었다. 화덕에는 불이 들어와 있었는데 – 거의 1년 내내 그런 셈이지만 – 군인들은 으레 그렇듯 아무 생각이 없었다. '이 화덕은 덩치가 큰가?'라고 그들이 물었다. 아버지는 터져 나오는 웃음을 참느라 애쓰고 있었다. 그들이 '좋아, 안을 들여다봐야겠소'라고 말했다. 그래서 아버지는 그들을 친절하게 아래로 데리고 내려가 스토브 문을 열었다. 갑자기 쏟아져 나오는 뜨거운 열기 때문에 그들은 바보 같은 수색 작업을 단념할 수밖에 없었을 것이다. 우리 집을 이 잡듯이 뒤지고 나서도 아무 소득이 없자 그들은 맥없이 돌아갔다.[51)]

---

51) Juan Carlos Reyes, in conversation with AF, Temuco, April 2000.

차 뒤에서 담요를 둘러쓰고 있던 네루다는 테무코를 뒤에 두고 떠나는 기분을 이렇게 회고했다.

> 시가지에서 한참 떨어진 곳에 이르러서야 우리는 차를 멈추고 잠시 요기를 하러 바위 위로 올라갔다. 비탈길 저 아래 시냇물이 흐르고 졸졸거리는 물소리가 들려왔다. 나의 유년기가 내게 안녕 하며 작별하는 소리였다. 나는 이 소읍에서 자랐다. 그곳 언덕과 강물 사이에서 나의 시가 태어나 빗소리를 제 음성으로 삼고 강물처럼 숲 사이를 적시며 흘러갔다. 그리고 이제 자유를 향해 가는 길에서 나는 테무코 옆에 잠시 머물러 내게 노래하는 법을 가르쳐 주었던 물소리를 들을 수 있게 된 것이다.[52)]

몇 마일 더 달리다가 남부로 가는 길에 딱 한 번 긴장된 순간을 맞았다. 경찰이 차를 세우라는 신호를 보낸 것이다. 그는 그 길을 따라 200~300킬로를 태워 줄 수 있느냐고 물었다. 다행히 그 경찰은 앞에 있는 조수석에 앉았고 뒤쪽에 담요로 둘둘 말아 놓은 것에 전혀 신경 쓰지 않았다.

그 일 말고는 아무 문제 없이 차는 예정지에 도착했다. 미아우에 호숫가, 물에 둘러싸인 목재 단지는 나무에 가려져 있었다. 네루다는 칠레에서 목재를 개발하려는 실험적 사업

---

52) Pablo Neruda, *Memoirs*, p.177.

을 위해 벨레의 행정 팀에 조언자로 참여하고 있는 조류학자 안토니오 루이스로 소개되었다. 사실상 파블로는 말 등에 올라탄 채 이동하는 위험하기 짝이 없는 여행을 그것도 빠른 시간 내에 준비하지 않으면 안 되었다. 어릴 때 말 등에 앉아 푸에르토 사베드라의 모래사장을 돌아다녀 본 이래 한 번도 말을 탄 적이 없는 그가 말이다.

그는 기분이 무척 좋아져 있었다. 하지만 며칠이 지난 어느 토요일, 벨레는 발디비아에서 자기를 기다리고 있는 전보를 받게 되는데, 그 안에 담긴 내용은 골치 아픈 것이었다. 땅 주인인 호세(페페) 로드리게스 구티에레스가 자기 아버지와 친구 세 사람을 데리고 사업이 어찌 돌아가는지 살펴볼 겸 곧 방문하겠다는 내용이었다. 그곳의 소유자가 곤살레스 비델라 지지자라는 사실은 경찰의 눈길을 따돌리는 데는 유리했지만, 주인이 그 자리에 나타난다는 것은 네루다가 자리를 떠야 한다는 것을 의미했다. 그러나 어디로 간단 말인가?

파블로와 벨레는 이 문제를 놓고 장시간 열띤 토론을 벌였는데, 비밀 엄수라는 당의 요구를 저버려서는 안 된다고 네루다가 초장에 반대했음에도 그들은 깜짝 놀랄 만한 결론에 이르렀다. "[페페 로드리게스의] 문화적 배경과 그의 인간성을 따져 본 뒤 우리는 네루다가 당신 소유지에 숨어 있다고 그에게 알리는 것이 최상의 방책이라고 결론을 내린 것이다. 최악의 시나리오를 따르더라도, 페페 로드리게스가 다시 떠나고 난 뒤, 그가 설사 곧바로 고발한다고 해도 [그렇게

면 곳까지] 경찰이 오는 동안 [파블로는] 나흘 정도의 여유가 있었다."[53]

그것은 도박이었다. 네루다는 그동안 임시변통으로 만든 방에서 평정을 유지하려고 애를 쓰면서, 그래도 얼마간 불안한 마음을 떨치지 못한 채 그곳 주인에게 자기 정체를 밝히게 될 순간을 기다렸다. 주인이 오자마자 벨레는 제재소를 보여 주기 전에 우선 자리를 잡고 그와 점심을 함께했다. 지금이 아니면 기회는 없었다. "시인 파블로 네루다가 이곳에 숨어 있습니다" 하고 로드리게스에게 불쑥 말을 해 버린 그는 숨을 죽이고 반응을 기다렸다. 그 말을 들은 로드리게스는 깜짝 놀랐다. "정말인가? 어디에 있는데? 가서 지금 즉시 얼굴을 보자고." 벨레는 최악의 사태가 일어날까 두려웠다.

> 우리는 자리에서 일어났다. 불과 2분도 안 되어 네루다가 있는 곳에 도착했다. 차를 세웠다. 엔진 소리를 들은 네루다가 다시 한번 진짜 네루다로서 오두막 문간에서 나왔다. 페페 로드리게스는 두 팔을 활짝 벌린 채 그에게 다가가며 이렇게 말했다. "당신이 파블로 네루다군요. 예전부터 꼭 한 번 만나고 싶었는데, 당신을 정말로 존경합니다. 당신 시를 지독히도 많이 읽었고요." 우리는 첫 장애물을 넘은 것이다. 그러고 나니 모든 것이 쉬워졌다.

53) Jorge Bellet, 'Cruzando la cordillera con el poeta'.

그들은 쉴 새 없이 대화를 나누었다. 페페는 자기가 외우고 있는 네루다 시를 낭송했고, 파블로는 원고지를 꺼내어 최근에 쓴 시들을 읽었다. 시간 가는 줄 모르는 사이, 어느덧 밤이 되었다. 우리는 새벽 2시가 되어서야 헤어졌다.[54]

제재소 쪽으로 돌아가는 길에 페페 로드리게스가 벨레에게 말했다. "오늘은 내 인생에서 가장 아름다운 밤 중의 하날세. 우리는 세계 최고의 시인을 방금 만나고 오는 길 아닌가. 그 사람이 공산주의자인들 내게 무슨 상관이야! 그 사람을 숨겨 주다니 참 잘했어. 이리 데려오기 전에 미리 나하고 상의를 안 했다는 것도 개의치 않겠소. 아버지에게 이 사실을 말씀드릴 수 없다는 것이 얼마나 유감인지 모르겠구려. 그분에게 필요한 게 있으면 뭐든 챙겨 주게나."

다음 날 주인과 도망자는 다시 만났다. 그리고 얼마 안 되어 그들은 최고의 친구 사이가 되었다. 산티아고로 떠나기 전날, 로드리게스는 네루다에게 당국에서는 이 일을 전혀 모를 테니 염려 말라고 진심으로 약속했다. "파블로, 내가 이곳 내 소유지에서 당신을 직접 만났다는 사실을 사람들에게 자랑하고 싶은 마음이야 굴뚝같지만, 명예를 걸고 비밀을 지킬 테니 날 믿으세요. 나는 자본가입니다. 자본가의 온갖 결점

54) Ibid.

을 다 지닌 사람이지만, 내 친구들에게 친구가 되는 법은 알고 있습니다. 그리고 나는 당신을 친구로 갖게 되어 자랑스러워요."

실제로 네루다의 회고록에는 로드리게스가 자기 사람들을 시인 주위에 불러 모아 놓고 이렇게 지시했다고 쓰여 있다. "다음 주 중에 행여 어떤 문제가 생겨 라고레타 선생이 밀수꾼들의 길을 통해 아르헨티나로 넘어갈 수 없게 된다면, 다른 길을 열어서라도 국경을 넘을 수 있게 도우시오. 목재일을 모두 중단하고 길을 만들어요. 내 지시 사항은 그게 전부요."[55]

호세 로드리게스는 심각한 밀수 행위를 주도했다는 혐의로 박해를 받고 파산한 끝에 2년 뒤 사망했다.

안데스 횡단을 시도하기 전에 좀 더 심각한 장애가 하나 더 있었다. 제재소에서 일하고 있던 마푸체족 인디오 한 사람이 사고로 총에 맞아 쓰러졌다. 발디비아의 인디오 법정에서는 배상을 요구했고 책임자인 벨레가 기소되었다. 다음 날 그에게 인디오 법정 대표를 만나라는 전보가 도착했다. 풀이 죽은 벨레는 우에이나우에의 사유지로 돌아가 곧장 네루다에게 갔다. 그는 탈출 계획이 자칫 더 연기될 수도 있고, 아니면 완전히 취소될 수도 있다고 얘기하기가 몹시 곤혹스러웠다.

파블로는 벨레의 얼굴에 수심이 가득한 것을 금방 알아보

---

55) Pablo Neruda, *Memoirs*, p.180.

고 그에게 물었다. "또 다른 페페 로드리게스를 데려오기라도 하는 건가?" 벨레는 "그래요" 하고 대답했다. 그리고 혹시 빅토르 비안치 군디안이라는 이름을 가진 인디오 법정 대표를 아는지 물었다. 그러자 파블로의 얼굴이 환해졌다. "물론 알지. 알다뿐인가. 그 사람 제일 친한 친구 중 하나라네. 빅토르는 멋진 친구지. 쾌활하고 따뜻한 데다 탁 트인 사람이야. 멋진 친구일세."[56]

다음 날인 3월 1일, 벨레와 네루다는 랑코호와 이펜을 연결하는 배를 타고 비안치를 만나러 갔다. 놀랍게도 빅토르는 수염이 텁수룩한 네루다를 금방 알아보았다. 그러나 벨레가 네루다의 정체를 아는지 모르는지 알 수 없던 그는 네루다에게 인사를 할 엄두도 내지 못하고 있었다. 프랑스식 익살극이 또 한 차례 펼쳐지는 순간이었다. 가련한 비안치는 얼굴이 창백해져 아무 말도 못 하고 있었다. 그러나 네루다가 그를 따뜻이 포옹함으로써 그는 얼떨떨한 상태에서 벗어났다. 벨레도 똑같이 따라 할 수밖에 없었다.

마푸체족 인디오 일이 만족스럽게 해결되었을 뿐만 아니라, 비안치 역시 안데스를 넘는 탈출 작전에 가담했다. 경험 많은 탐험가인 그는 위협적인 자연환경에 익숙해 큰 도움이 되었다. 네루다는 회고록에서 비안치가 칠레 최고봉인 아콩카과산에 올라갔다 살아 돌아온 몇 안 되는 사람 중 하나라

---

56) Jorge Bellet, 'Cruzando la cordillera con el poeta'.

고 쓰고 있다.

비안치는 일기에서 여러 가지 것들을 밝히고 있는데, 자기가 네루다에게 일종의 심문을 했다고 쓰고 있다.

> 몇 시간 동안이나 말을 탈 수 있는가? 마지막으로 말을 탄 게 언제인가? 길을 답사해 둔 사람은 누구인가? 누가 우리 가이드 역할을 할 건가? 네루다의 답은 한결같았다. 아무도, 아무것에 대해서도 모르고 있다는 것. 말 타는 일로 얘기하자면 그 곤충학자[네루다]는 말이 몇 필 필요할 거라는 막연하기 짝이 없는 생각이 전부였다. 3월 2일 나는 이 만만한 친구를 데리고 나가 꼼짝없이 말 위에 올라 세 시간을 타게 했다.[57]

상황이 순조롭지 않았다. 3월 5일 태풍이 불어 사용하려던 보트가 쓸모없게 되었다. 이틀 뒤에는 배를 대는 선교(船橋) 자체가 통째로 날아가 버렸다. 발디비아에서 오기로 한 호르헤 벨레는 약속한 날이 되어도 오지 않고 있었다. 비안치의 일기에 의하면, 네루다는 "말 타는 것을 포기하고 위스키만 마시고 있었다".

그러다 마침내 모든 것이 제자리를 잡았다. 3월 7일, 안데

---

57) Víctor Bianchi, *Cuadernos,* Fundación Pablo Neruda, Santiago, No.51, 2002, pp.9-17에서 인용.

스 횡단 작전을 시작하기 전날인 달빛 교교한 밤, 네루다는 고별 파티를 마련했다. 다음 날 그들은 유람용 보트를 타고 호수 왼쪽 끝을 출발하여 쿠링게에 도착했다. 그리고 그곳에서 더없이 믿음직한 세 사람의 목부와 만났다. 네루다는 그들을 줄곧 세 마리 말과 로스 트레스 후아네스(세 사람의 후안 — 그는 이들의 진짜 이름을 숨기고 있었다)라고 부르고 있다. (그중 두 사람은 아직도 생존해 있다. 탈출 작전 50주년을 기념하기 위한 1999년의 푸트로노 모임에서 88세의 고령에도 여전히 목부로 일하고 있는 후베날 플로레스는 자기가 누구를 돕고 있는지도 모른 채 산맥을 넘었다고 말했다. 벨레가 그에게 말해 준 것이라고는 자기들이 모시고 가는 손님이 유력한 목재 구매인이라는 것뿐이었으며, 혼신의 힘을 다해 그를 보살피지 않으면 목숨을 부지하지 못할 줄 알라고 짐짓 을러댔다고 한다.)

비안치는 일기에 이렇게 적고 있다. "말안장에 앉아 있는 시인-조류학자는 차라리 수염이 무성한 감자 자루 같았다… 그리고 내 짐작에 그를 태우고 가던 말도 비슷한 생각이었을 것이다."[58]

처음 부딪친 무거운 과제는 쿠링게강을 건너는 일이었다. 네루다가 탄 말은 등에 값진 짐을 싣고 있었다. 라틴아메리카에서 가장 유명한 시인과 위스키병, 그리고 그 작가만큼

58) Ibid.

이나 잔뜩 위장해 놓은 『모두의 노래』 타자 원고가 그것이다. 그 원고 위에는 가짜 표지에 가짜 제목이 달려 있었다. '웃음과 눈물'(베니그노 에스피노사 지음)이 그 제목이었다. 파블로는 자기 타자기도 직접 가져가겠다고 고집했다.

이 위험한 여행의 첫 국면에서 네루다는 하마터면 죽을 뻔했다. 1971년 노벨 문학상을 수상하는 자리에서 네루다는 그 경험을 이렇게 이야기했다.

> 우리는 강을 건너지 않으면 안 되었습니다. 안데스산맥 정상에서 태어난 작은 물줄기들은 아래쪽으로 흘러가면서 그 아찔하고 압도적인 힘을 쏟아 내며 폭포를 이루고, 유명한 산봉우리들로부터 실어 나른 기운과 속도로 흙과 바위를 뒤흔들어 놓습니다. 그런데 마침 우리 앞에 수면이 거울처럼 잔잔한 연못이 나타났어요. 얼마든지 그 위를 걸어서 지나갈 수 있을 것 같았습니다. 말들이 첨벙 뛰어들었지만 발 디딜 곳을 찾지 못하고 다른 쪽 가장자리를 향해 헤엄치기 시작했지요. 내가 탄 말은 얼마 못 가 물속에 거의 잠기다시피 하여, 의지할 것이 없는 나는 두 발을 디뎌 보려 애를 쓸 뿐 물속에서 오르락내리락하기 시작하고, 말은 머리를 물 위에 내놓으려고 사력을 다하고 있었어요. 그러다 겨우 그곳을 건널 수 있었습니다. 건너편에 도착하자마자 우리를 안내하던 목부들은 미소를 지으며 이렇게 물었지요. "겁이 많이 났어요?" "그럼

요. 최후의 시간이 왔다고 생각했다니까요"라고 내가 말했어요. 그들은 "우린 당신 뒤에서 올가미 밧줄을 꺼내 놓고 준비하고 있었지요"라고 말하는 것이었습니다.[59]

또 한번은 네루다가 탄 말이 비틀거리다 넘어져 크게 다치게 되었다. 비안치의 일기에는 이렇게 적혀 있다. "다친 말을 본 네루다는 연민의 정을 누를 수가 없었다. 조금 뒤, 탈출 과정에서 가장 가슴 뭉클한 장면이 예기치 않게 숲속에서 펼쳐졌다. 파블로가 다친 말을 어루만지면서 한없는 위로의 말로 달래 주는 것이었다. 남은 길을 가는 동안 네 등에 올라타지 않고 그냥 걸으마 약속하면서 말이다."[60]

사람들이 그를 겨우 설득하여 다시 여행길이 계속되었다. 그런데 얼마 가지 않아 심한 바람에 쓰러진 거대한 나무들이 길을 막고 있었다. 정글 칼로 오랜 시간 나무를 쳐내고 나서야 겨우 길을 찾을 수 있었다. 그곳을 지나고 나니 갑자기 불빛이 보였다. 사람이 살고 있다는 확실한 신호였다. 햇볕에 말려 만든 어도비 벽돌(진흙과 모래, 식물 섬유 등을 섞어서 이긴 다음 햇볕에 말린 벽돌로 일찍이 안데스 문명 지대에서 건축재로 사용했다—옮긴이 주)을 쌓고 진흙과 짚으

---

59) Pablo Neruda, *Obras completas,* Vol.5, pp.333-334.

60) Víctor Bianchi, *Cuadernos,* Fundación Pablo Neruda, Santiago, No.51, 2002, pp.9-17에서 인용.

로 지붕을 이은 다음 나뭇가지를 엮어 문을 매단 치우이오 노천탕이었다. 그곳에 도착했을 때는 그다지 어둡지 않아서, 그들은 온천에서 "기분 좋게 첨벙거리며 몸을 씻으면서 긴 여행의 무거운 피로를 벗겨 냈다. 상쾌한 느낌에 다시 태어난 듯한, 마치 세례를 받은 듯한 기분이었다".[61]

네루다/루이스와 벨레, 빅토르 비안치 그리고 세 명의 후안은 화톳불 옆에 앉아 포도주를 곁들여 고기와 치즈를 먹었다. 네루다가 어린 시절의 추억을 이야기하기 시작하자 그곳에 있던 다른 낯선 사람들도 주위에 모여들어 얼없이 듣고 있었다. 이야기하고 있는 사람이 얼마나 유명한 인물인지도 모른 채 말이다.

다음 날은 네루다가 줄곧 머릿속에서 그려 오던 안데스 횡단 여행 중 가장 커다란 난관이 기다리고 있었다. 소위 밀수꾼들의 길을 따라 산맥을 건너는 일이었다. 안데스산맥 발치에 서서 네루다가 미소 띤 얼굴로 벨레를 돌아보더니 이렇게 물었다. "이곳 이름이 뭐라고 했지?" 벨레가 '릴펠라 산길'이라고 대답했다. 네루다는 그에게 곁에 있는 나무 둥치에 칼로 시를 한 편 새겨 달라고 했다. 이 시는 흥을 돋우는 해학적인 내용의 대중적인 사행시(cuarteta) 형식으로 되어 있었다.

릴펠라 산길의 대기는

61) Pablo Neruda, *Memoirs*, p.184.

신선하기도 해라
반역자 곤살레스 비델라의 뒷구멍에서
나온 물건이 아직 여기까지 도착하지 않은 탓이지[62]

말들이 안데스산맥을 조심조심 걸어가던 중 네루다는 두 번째로 죽음이 스쳐 가는 경험을 하게 된다.

계속 길을 가던 우리는 지금은 사라진 어떤 물길 드센 강이 만들어 놓았거나, 아니면 산맥을 이런 모습으로 만든 지진이 이 깊은 오지에 수로를 파고 우리가 지금 들어서는 화강암을 떼어내어 장려한 바위들 사이에 열어 놓았을, 천연의 터널로 접어들게 되었다. 조금 더 나아가니 바위가 움푹한 곳에 발을 디디려다 말들이 미끄러지기 시작하고 다리가 뒤틀리며 말굽에서 불꽃이 튀었다. 나는 여러 차례 말 등에서 튕겨 나와 바위 위를 굴렀다. 내가 탄 말이 코와 다리에서 피를 흘리기 시작했지만, 그래도 우리는 그 거대하고 장려한 우리의 고된 길을 고집스레 계속 나아갔다.[63]

나무를 베어 낸 개간지에 들어선 그들은 뜻밖에 황소 두

---

62) Jorge Bellet, 'Cruzando la cordillera con el poeta'.

63) Pablo Neruda, *Memoirs,* pp. 182-183.

개골을 만나게 된다. 목부들이 말에서 내리더니 눈구멍에 동전을 몇 개 넣었다. 그러고는 해골 주위에 빙 둘러서서 이상한 춤을 추며 잊지 못할 예식을 올렸다.

얼마 안 있어 그들은 아르헨티나 쪽에 도착했다.[64] 마침내 해낸 것이다. 그러나 어려움은 아직 남아 있었다. 마누엘 솔리마노가 나중에 들은 이야기에 의하면, 국경을 넘어 아르헨티나로 간 파블로가 모험을 함께한 동료들과 야우야우의 한 호텔에 벌목업자라며 투숙하려 하자, 그들을 힐끗 본 호텔 주인이 안 된다고 거절했다. 말 등에서만 나흘을 보낸 터라 그들은 때에 전 데다 제대로 수염도 깎지 않아 악취를 풍기고 있었다. 운 좋게도 그 지역 경찰서장이 칠레를 좋아하는 사람이어서 호텔 주인의 마음이 누그러지게 설득했다. 서장은 나중에 네루다를 못 알아본 것을 애석해했다고 한다. "나는 네루다 찬양자인데, 내가 가진 그 사람 책에 서명해 달라고 했으면 얼마나 좋았을까."[65]

하지만 조직과 관련된 문제가 아직 계속되고 있었다. "아

---

64) 네루다가 말을 타고 안데스산맥을 넘어 탈출한 것이 시인이 가장 좋아하는 셜록 홈스 시리즈의 하나인 『주홍색 연구』에서 존 페리어와 그의 딸 루시가 모르몬교 사람들로부터 탈출한 것과 놀라울 정도로 비슷하다는 것을 네루다가 떠올려 본 적이 있을지 궁금해하면 너무 공상적인 걸까?

65) 로버트 프링밀의 컬렉션에 들어 있는 진술문 사본 텍스트에서 인용.

르헨티나 공산당이 그쪽에서 네루다를 만나 부에노스아이레스로 데려가기로 되어 있었다. 일을 맡은 아르헨티나 측 인사를 만나러 벨레가 호텔로 갔으나 그쪽에서는 사람이 오지 않았다."[66] 그러다 마침내 아르헨티나 측 접촉 상대인 멘도사 지역 공산당 대표 베니토 마리아네티가 벨레를 찾아냈다. 그는 다른 호텔에서 줄곧 벨레를 기다리고 있었던 것이다.

무모할 정도로 대담무쌍한 탈출 작전이 성공적으로 끝난 것을 축하하기 위해 네루다 일행은 산마르틴 데 로스 안데스의 한 술집에서 파티를 열었다. 넘치는 포도주와 풍성한 요리, 이야기꽃이 만발한 가운데 펼쳐진 이 흥겨운 자리에서 자기 시는 전혀 외우지 못하는 네루다가 새로이 즉흥시를 하나 지었다. 이 발라드는 각 행 끝의 운과 리듬을 맞추기 위해 강세를 장난스레 제멋대로 배치하여 사람들을 즐겁게 해 주었다.

파블로 네루다는 칠레 경찰의 손아귀를 벗어났다. 이제 세상은 몇 주 뒤, 그가 그해 처음으로 대중 앞에 얼굴을 드러낸 파리 세계평화회의 석상에서 비로소 그의 소식을 알게 될 것이다. 파블로 피카소가 그를 이끌고 나와, 여기 네루다가 살아서 도착했다고 세상에 알렸다.

66) Víctor Pey, in conversation with AF, Santiago, April 2000.

10.
델리아와 마틸데 – 동유럽의 곡예
1949~1952

안데스를 횡단하여 탈출에 성공한 네루다가 부에노스아이레스에서는 이제 안전하다고 생각했다면 그것은 오산이었다. 시인의 행적을 찾지 못해 오리무중에 빠진 칠레 당국은 아르헨티나 경찰에 통보하여 그가 국경을 넘어오면 체포해 달라고 요청해 놓은 상태였다. 파블로는 계속 숨어 지내야 했다.

그 와중에 대단한 행운이 그에게 찾아왔다. 오랜 친구인 과테말라 소설가 미겔 앙헬 아스투리아스가 우연히 부에노스아이레스에 있었던 것이다. 1947년 과테말라 대사관 문화 담당관으로 임명된 그는 그곳에서 행정직을 수행하게 되었다. 두 사람은 생김새가 아주 비슷했다. 네루다가 회고록에 쓰고 있듯이, "우리는 서로 합의하에 우리 자신을 '촘피페(chompipe)'로 분류해 놓았다. 이것은 과테말라와 일부 멕시코 지방에서 칠면조를 부를 때 쓰는 말인데, 우리 두 사람은 코가 길고 얼굴과 몸이 펑퍼짐해서 그 재미있는 새와 닮

은 구석이 많았던 것이다".[1)]

부에노스아이레스의 은신처로 찾아온 아스투리아스에게 네루다는 여권을 빌려 달라고 부탁했다. "내가 미겔 앙헬 아스투리아스로 유럽에 도착하는 기쁨을 맛보게 해 주지 않겠나?" 아스투리아스는 조금도 망설이지 않았다. 며칠 뒤 네루다는 라플라타강을 거쳐 우루과이에 '미겔 앙헬 아스투리아스'로 입국했다. 당국에서는 전혀 의심하지 않았다.

네루다는 프랑스 입국 시에는 똑같은 방식을 사용할 수 없다는 것을 깨달았다. 파블로 네루다의 신분으로 돌아가지 않으면 안 될 듯싶었고, 그렇게 되면 갖가지 어려움을 겪을 수밖에 없었다. 국제적으로 명성이 자자한 공산주의자였던 그는 냉전이 최고조에 이르렀던 시기에 여러 나라에서 '기피 인물'이었던 것이다.

그때 뜻밖의 구세주가 나타났으니 바로 화가 피카소였다. 바로 몇 달 전 피카소는 대담한 결정을 내렸다. 1948년 8월 폴란드 브로츠와프에서 열린 제1차 평화를 위한 세계 지식인 대회에서, 자신의 최초이자 유일한 대중 연설을 도피 중인 작가 파블로 네루다를 옹호하는 열정적 호소에 바치기로 한 것이다. "나는 마땅히 이 자리에 우리와 함께 있어야 할 친구를 한 사람 가지고 있습니다"라고 그가 말했다. "내가 가진 최고의 벗인 그는 자신의 조국 칠레의 가장 탁월한 시인

---

1) Pablo Neruda, *Memoirs*, p.186.

일 뿐만 아니라 스페인어권 최고의 시인이자 세계 최대 시인 중 한 사람, 바로 파블로 네루다입니다." 피카소가 네루다를 처음 만난 것은 아마도 1937년 1월 21일, 파리에서 네루다가 가르시아 로르카에게 바치는 그 유명한 헌사를 발표할 무렵이었을 것이다.

네루다가 파리의 조르지 5세 호텔에 투숙하자마자 피카소는 갖가지 관청 관계 일을 몸소 처리했다. "그는 직접 당국에 이야기를 했고, 수많은 사람에게 전화를 걸었다. 그가 나 때문에 그리지 못한 걸작들이 얼마나 많을지 모르겠다. 그가 그토록 소중한 시간을 나 때문에 잃고 있다는 생각에 마음이 몹시 불편했다."[2)]

유사한 모임인 제1차 평화 세력 세계대회가 마침 네루다가 도착할 무렵 파리에서 열리고 있었는데, 과학자들과 예술가들이 평화의 이름으로 모인 이 자리에는 근대 핵물리학의 아버지 중 하나인 프레데리크 졸리오퀴리가 피카소, 폴 엘뤼아르, 루이 아라공과 자리를 함께하고 있었다. 네루다는 랑군에 있을 때 애인 조시 블리스와 함께 미국 흑인 공산주의자 폴 로브슨의 음반을 듣곤 했는데, 그 역시 1949년 4월 20일 이 대회에서 연설하고 대의원들 앞에서 노래를 불렀다. 그러나 네루다가 플레옐 홀에 나타나 어안이 벙벙한 청중에게 소개된 것은 4월 25일 마지막 회의 때였다. 사람들은 대부

---

2) Ibid., p.187.

분 네루다가 사망했다고 믿고 있었다. 그는 짤막한 연설을 하는 도중에 "회의에 약간 늦은 데 대해" 사과했다. "넘어야 할 수많은 난관에 가로막혀서 늦었습니다." 네루다는 새로운 전쟁의 가능성을 경고하고 자신의 시가 평화를 위해 쓰이도록 할 것을 다짐했다. 그러고 나서 자신의 시 「볼리바르에게 바치는 노래」를 낭송했고 대의원들의 열렬한 박수갈채와 포옹을 받았다.

다음 날 그는 프랑스 통신사 아에프페(AFP) 기자와 인터뷰를 하는 도중, 칠레 정부는 네루다가 당국의 손을 벗어나 파리에 안전하게 도착했다는 사실을 완강히 부인하고 있는데 이를 반박하기 위해 자신이 어떻게 기사를 쓰면 좋겠냐고 기자가 묻자, 마크 트웨인이 셰익스피어를 놓고 했던 유명한 말을 원용하여, "내가 파블로 네루다가 아니라고 하시오. 어떤 또 다른 칠레 사람이 시를 쓰는데, 자유를 위하여 투쟁하는 그 사람도 이름이 파블로 네루다라고 하세요"[3)]라고 말했다.

피카소와 다른 두 사람의 위대한 공산주의 시인 폴 엘뤼아르와 루이 아라공의 노력에도 불구하고 파블로는 파리에서 계속 숨어 지내야 했다. 그는 자신의 안전이 보장받았다고 확신할 수 없었다. 사실 그가 나중에 주장한 바에 따르면,

---

3) "실제로 그 희곡들을 쓴 사람은 윌리엄 셰익스피어가 아니라, 그와 같은 날, 같은 시각에 태어나 같은 날 죽은 다른 사람이었고, 그 우연을 더욱 확장하자면, 그 사람 이름도 윌리엄 셰익스피어였습니다"(Ibid., p.187).

프랑스 내무부에는 그에 관해 우스꽝스러운 내용이 기록된 서류철이 있었다고 한다.

그래서 칠레에서와 똑같이 파리에서도 네루다는 이 집 저 집으로 비밀리에 옮겨 다니는 처지가 되었다. 그중 한 장소는 작가 콜레트의 옆집 아파트였다. 그 집에는 큐비즘 이전 시기에 피카소가 그린 거대한 작품이 하나 걸려 있었는데, 탁자에 기다란 빵이 한 덩이 놓여 있는 그림이었다. 어느 날 피카소가 그를 방문하자 네루다는 그를 이끌고 그 그림 앞으로 갔다.

> 피카소는 그 그림을 까맣게 잊고 있었다. 아주 진지한 눈길로 꼼꼼히 그림을 바라보기 시작하던 그는 예외적이고 조금은 서글픈 듯한 상념에 젖어 들었는데, 그런 일은 그에게서 좀처럼 보기 힘든 경우였다. 그는 그 잊힌 그림 가까이 걸어갔다 다시 되돌아서기를 반복하면서 아무 말 없이 십여 분을 그렇게 있었다. 그가 상념에서 빠져나온 순간 나는 이렇게 말했다. "난 언제 봐도 이 그림이 마음에 들어요. 칠레 국립 미술관에 이 그림을 구입하라고 제안할 생각입니다."… 피카소는 고개를 돌려 재차 그림을 보더니 꿰뚫어 보는 듯한 눈빛으로 이렇게 말했다… "꽤 괜찮은 그림이군."[4]

---

4) Ibid., p.188.

일리야 예렌부르크가 파리에 살고 있다는 것을 알게 된 네루다가 마침내 그를 만나고 싶어 했다. 어려운 일이 아니었던 것이, 사람들 말에 의하면, 그 러시아 문인은 작가들이 드나드는 유명한 레스토랑인 라 쿠폴에서 매일 늦은 점심을 한다는 것이었다.

네루다는 예렌부르크의 식탁으로 가서 앉으며 이렇게 말했다. "저는 칠레에서 온 시인 파블로 네루다입니다. 경찰에 의하면 당신과 내가 가까운 친구라는군요. 내가 사는 건물이 바로 당신이 사는 곳이라네요. 당신 때문에 그들이 나를 프랑스에서 쫓아내려고 하니, 하다못해 당신을 만나 손이라도 잡아 보고 싶었습니다." 예렌부르크는 숱이 무성한 텁수룩한 머리카락 아래로 눈을 치뜨며 이렇게 대답했다. "나도 당신이 보고 싶었소, 네루다. 당신 시를 좋아해요. 그건 그렇고 애피타이저로 이 알자스식 슈크루트 좀 드셔 보시지요."[5]

네루다가 나중에 이야기한 바로는, 바로 그날부터 예렌부르크가 네루다의 스페인 찬가인 『가슴속의 스페인』을 러시아어로 옮기기 시작한 것 같다고 한다. "프랑스 경찰은 내가 가져 본 가장 만족스러운 친구 중 한 사람을 내게 무심코 데려다준 셈이며, 나의 러시아 번역자 중에 가장 탁월한 사람을 내게 소개해 준 셈이다."[6]

---

5) Ibid., p.189.

6) Ibid., p.190.

예렌부르크는 네루다 면전에서 그의 시를 비판할 준비가 되어 있었다. "당신 시에는 뿌리가 너무 많아요. 여기도 저기도 그저 뿌리라니까!" 그 러시아 작가는 얼굴에 미소를 띤 채 자주 이의를 제기했다. 네루다는 그 지적을 받아들였다. "맞아요. 변경 지방의 뿌리들이 내 시 속에 뻗어 와 있지요. 그리고 이 뿌리들은 절대 자기 힘으로 스스로를 걷어 낼 수 없었습니다. 내 인생은 줄곧 저 자신에게로 돌아가는 긴 순례 여행이지요. 남부의 삼림으로, 이제는 잃어버린 그 숲으로 끊임없이 돌아가고 있답니다."[7]

예렌부르크와 처음 만난 지 얼마 되지 않아 네루다는 경찰서장의 소환을 받고 경찰서에 출두하게 됐는데, 별로 좋지 않은 소식을 들었다. "칠레 대사관으로부터 당신 여권을 압수해 달라는 요청을 받았습니다. 대사 말로는 당신이 외교관 여권을 쓰고 있는데 불법이라는 겁니다. 이 정보가 맞는지요?" 네루다는 외교관 여권이 없다고 대답했다. 칠레 상원 의원 자격으로 가지고 있는 공식 여권이 있기는 하지만, 그것은 사적 소유물로서 아무도 빼앗을 권리가 없다고 말했다. 네루다 시를 흠모하던 경찰서장은 여권을 검토해 보더니 칠레 대사에게 전화를 걸어 시인의 신분증을 압수하는 것은 거절한다고 말했다. 수화기를 내려놓은 서장은 파블로에게 와서 이렇게 말했다. "원하는 만큼 프랑스에 머무르도록 하세

---

7) Ibid., p.191.

요." 또 한 번 네루다는 생각지도 못한 뜻밖의 친구를 갖게 되었다. 네루다의 시는 일반적으로는 그의 정치적 · 개인적 적수로 간주될 수 있는 사람들마저도 무장 해제시켜 버리는 것 같았다.

그 순간부터 네루다는 프랑스에서 공개적인 자리에 나설 수 있게 되었다. 피카소는 자신이 대부분의 시간을 보내는 리비에라의 작은 마을 발로히로 그를 초대했다. 두 명의 파블로는 그곳에서 변치 않을 우정을 맺게 되었다. 두 사람은 정치적 견해가 일치했고, 어린애 같은 짓궂은 장난기가 있었다. 어느 날 발로히에서 저녁을 먹던 중에, 그들은 사인해 달라는 사람들이 많아 점점 짜증이 났다. 그러자 네루다가 피카소에게 둘이 서로 사인을 바꿔서 하자고 제안했다. 그들은 정말 사인을 바꿔서 했고 사람들은 아무도 눈치채지 못했다. 한번은 둘이서만 식당에 앉아 있었는데, 웨이터가 통닭을 가져오고 있던 바로 그 순간 어디선가 갑자기 사진사가 나타나더니, 찰칵 사진을 찍고 나타날 때와 똑같이 잽싸게 사라져 버렸다. 피카소가 화가 나서 벌떡 일어섰으나 네루다는 "도로 앉으시게. 그 친구 그저 통닭을 촬영하려고 한 것뿐이야!"라고 말하며 그를 달랬다.[8)]

1949년 6월 네루다는 초청을 받아 처음으로 소련을 방문

---

8) 폴 엘뤼아르가 네루다의 세 번째 부인 마틸데 우루티아에게 들려준 일화로, 그녀의 회고록 *Mi vida junto a Pablo Neruda* (Seix Barral, Barcelona, 1986), p.159에 수록됨.

하게 되었다. 볼셰비키 혁명의 성과를 직접 보기 위해 대부분의 다른 공산당 동지들이 다녀온 지 한참 지난 뒤늦은 여행이었다. 네루다가 깊이 흠모하고 있던, 소련 최대의 문인 중 한 사람인 알렉산드르 푸시킨 탄생 150주년 기념행사들이 6월에 시작되고 있었다. 6월 8일 레닌그라드에 도착한 네루다는 겨울 궁전을 방문하여 그 안에 있는 열일곱 개 방으로 된 국립 푸시킨 박물관을 찾아갔다.[9]

어떤 사람들은 모스크바 체류 중 네루다가 이오시프를 직접 만났다고 말한다. 이들의 설명에 의하면, 스탈린은 델리아를 위해 붉은 실크로 안을 댄 멋진 아스트라한 외투를 선물했고, 네루다는 스탈린에게 자기 책 한 권을 기증했다고 한다. 하지만 네루다는 이상하게도 이 만남에 대해 회고록에서 (그리고 친구들에게도) 별다른 언급을 하지 않고 있다. 어쩌면 그런 일이 없었기 때문이 아닐까. 네루다 말로는, 스탈린 평화상을 타기 전 해에 전화로 전해 들은 이야기가 그와 스탈린 사이에 있었던 일의 전부다. 이듬해 수상 후보자 명단을 본 스탈린이 "왜 네루다는 명단에 없는가?"라고 물었다는 것이다. 네루다와 가장 가까운 러시아 친구의 한 사람으로 그의 작품을 러시아어로 번역한 베라 쿠테이시코바 – 그

9) 이 첫 번째 러시아 방문 및 이후의 동유럽 여행과 관련된 세부 사항 중 일부는 칠레의 위대한 학자 호르헤 산우에사(Jorge Sanhueza)가 1967년 사망 당시 집필 중이던, 슬프게도 미완성 · 미출간된 네루다 전기의 한 장에서 가져왔다.

녀는 바로 한 달 전 네루다 시에 관한 가장 초기의 연구 업적 중 하나인 『파블로 네루다의 운명』이라는 책을 쓴 비평가다 —는 내가 모스크바에서 이 일에 대해 물어보자, 네루다가 스탈린을 직접 만난 적은 한 번도 없다며 강하게 부인했다.[10]

네루다는 푸시킨이 『보리스 고두노프』를 쓴 미하일롭스코예 마을의 하얀 집에 들어서는 순간 기쁨으로 전율했다. 그는 푸시킨이 바라보았을 바로 그 풍경, "고요한 강들이 서로 엇갈리는 초록의 골짜기"를 내다보았다. 푸시킨이 즐겨 읽었던 많은 책이 자신과 일치한다는 사실도 그를 기쁘게 했다. 그는 "옛 러시아 소설들 속에서 곧장 걸어 나온 듯한 파토스와 몽유(夢遊)의 장소이자, 오랜 꿈들의 거리인 넵스키 구역을 따라 흐르는 느릿한 강물 위로 표트르 대제 제국의 장엄한 기억이 살아나는 곳, 아름다운 도시 레닌그라드"[11]를 방문했다.

베라 쿠테이시코바는 당시 모스크바에서 그를 얼마나 기대하고 있었는지를 이렇게 회상한다.

---

10) Vera Kuteishikova, in conversation with AF, Moscow, September 2003.

11) 1950년 과테말라시티에서 네루다가 낭독한 연설문에서 발췌. 이 텍스트는 원래 1955년 산티아고의 *Viajes*에 '대지의 광채(El esplendor de la tierra)'라는 제목으로 게재되었다.

진실을 말하자면 당시 우리는 네루다의 경이로운 시보다는 그의 삶의 놀라운 변전(變轉)을 더 가까이 알고 있었다. 그의 시는 거의 알려지지 않은 상태였다… 그날 공항에서 그를 기다리던 때를 결코 잊을 수 없을 것이다. 트랩을 내려오는 사람들 중에 그가 보였다. 마흔 살 남짓해 보이는 뚱뚱한 사람이었다… 그사이에 [모스크바의] 볼쇼이 극장에서는 이미 행사가 시작되고 있었고, 우리는 아직도 공항에 붙들린 채 엄격한 입국 절차를 밟고 있었다. 더군다나 호텔도 들러야 했다. 당연히 우리는 행사에 늦게 도착했고, 그들은 옆쪽으로 해서 우리를 무대 위로 안내했다. 연단에는 폴 로브슨이 앉아 있었다. 중간 휴식 시간에 그들은 처음으로 포옹을 했다. 마침내![12]

네루다와 가까웠던 또 다른 친구는 레프 오스포밧이었다. 그는 1949년 6월 27일 모스크바 예술원 대강당에서 이 칠레인을 위해 열린 대규모 행사에서 처음으로 네루다를 만났다.

문화계 인사들과 평범한 독자들은 물론 모스크바 언론 기관의 대표 모두가 그 자리에 참석했다… 그의 모습은 어땠던가? 처음 본 그는 훤칠한 키에 몸집이 단단하고 마

12) Ibid.

치 움직이지 않는 듯 보였는데 — 예렌부르크가 그를 부처에 비유했다는 사실을 기억하라 — 눈을 반쯤 감고 앉아 있는 모습이 졸고 있는 듯한 느낌을 주었다. 내 기억으로는 파데예프가 개회를 했고 예렌부르크는 이렇게 선언했다. "판에 박힌 표현을 허락한다면 이렇게 말하고 싶다. '세상에는 수많은 시구가 있지만, 시인은 몇 사람뿐이다'라고." 나중에 두 사람이 함께 어울리는 것을 자주 볼 수 있었다. 예렌부르크가 감상적이기는커녕, 혀끝에 칼을 달고 다니는 신랄한 사람이라는 것을 나는 너무 잘 알고 있었다. 그런데 파블로는 예렌부르크가 진심으로 감동하고 깊이 경탄하게 된 몇 안 되는 사람들 중 하나였다.[13]

바로 그해에 스탈린에 의해 박해를 당한 시인들에 대해 네루다는 철저히 침묵한다. 소련 방문 1년 뒤인 1950년 과테말라시티에서 행한 연설에서 그는 자신이 '소문'이라고 부르는 것에 대해 간접적으로 언급했다. "소련에서는 작가나 음악인, 학자 들이 몇몇 지도자가 주문하는 대로 작품을 만들어야 한다고들 합니다. 이것은 국제 반동 세력의 또 다른 모략입니다."[14]

---

13) Ibid.

14) Ibid.

이것이 네루다의 희망 사항이었을 뿐이라는 것은 의심할 여지가 없다. 더욱 놀라운 것은 25년 뒤, 그의 사후에 간행된 회고록에서도 1949년 동료 작가들이 소련 체제에 억압당하고 있었다는 사실을 언급하지 않고 있다는 점이다. 그는 이렇게 말하고 있다.

> 모스크바에서는 작가들이 쉼 없이 생동하고 서로 끝없이 생각을 주고받는다. 험담 찾기에 바쁜 서방 세계에서 그것을 발견하기 훨씬 전에 나는 파스테르나크와 마야콥스키가 최고의 소련 시인이며 마야콥스키는 청동의 얼굴에 우레 같은 목소리를 가진 만인의 시인이라는 것을 알게 되었다… 파스테르나크는 저녁의 그림자와 형이상학적 내면성을 가진 위대한 시인이었으며, 정치적으로는 정직한 반동으로서, 자기 조국의 변화에서 개화된 집사 정도 이외에 다른 것을 볼 수 없었던 사람이다. 하지만 파스테르나크의 정적(靜的) 정치관을 가장 격렬하게 비판하는 사람들도 내게 가끔 그의 시를 암송해 주곤 했다.[15)]

그러나 베라 쿠테이시코바가 내게 알려 준 바로는, 1949년 러시아를 처음 방문했을 때, "네루다는 많은 사람들로부

---

15) Pablo Neruda, *Memoirs*, pp.194-195.

터 파스테르나크가 반동적 인물이라는 이야기를 들었으며, 순진한 사람인 데다 당시로서는 파스테르나크를 이름만 알고 있던 터라 그 이야기를 믿었다"[16]고 한다.

예술적으로 볼 때 네루다는 안드레이 즈다노프가 채택했던 사회주의 리얼리즘으로부터 자신의 독립성을 유지해 갔다. 즈다노프는 1934년 제1차 소련 작가 동맹 회의에서 작가들에게 '프롤레타리아에게 미치는 부르주아적 영향력의 잔재를 퇴치하라'고 요청했던 것이다. 네루다는 문학 유파나 교리를 불편해했다. 그럼에도 그보다 13년이나 먼저 소련 체제의 심각한 결함을 분별해 냈던 앙드레 지드와 달리, 네루다는 그 체제의 긍정적인 측면만을 보고 있었다. 지드가 소련을 방문한 뒤 행한 비판은 1937년 발렌시아 작가대회에 한없이 무거운 그늘을 드리웠다. 베라 쿠테이시코바가 쓴 대로, 처음 만난 순간부터 "네루다는 항상 조국 칠레에서의 경험이 러시아에서 되풀이되는 것을 보고 싶은 강렬한 욕구를 내비쳤다. 미하일롭스코예를 방문하는 동안 만난 비는 칠레의 비를 생각나게 했고, 펼쳐지는 풍경 역시 마찬가지였다".[17]

그사이 칠레로 돌아온 델리아는 — 그녀는 그동안 빅토르 페이 어머니가 산티아고에 가지고 있던 아파트에 숨어 있

---

16) Vera Kuteishikova, in conversation with AF, Moscow, September 2003.

17) Ibid.

었다 — 마침내 유럽으로 가서 남편을 만날 채비를 하고 있었다. 그녀는 네루다와 여섯 달 동안이나 떨어진 채 연락도 없이 조마조마한 생활을 이어 갔는데, 그 무게가 그녀를 누르고 있었다.

토마스 라고의 회상이다. "네루다가 떠난 뒤 그녀의 상황은 지옥이었지요. 생면부지의 낯선 사람들 집을 이리저리 옮겨 다니며 숨어 살던 그녀는 행여 무슨 소란이라도 일으킬까 봐 금세 겁을 먹곤 했어요… 그녀처럼 남편에게 애착을 지닌 사람에겐, 더군다나 갱년기였던 터라, 살아도 사는 게 아니었지요."[18]

1949년 7월 그녀는 폴란드에서 네루다와 재회하게 된다. 그달 초부터 네루다가 그곳에 머물고 있었다. 생일인 7월 12일, 45세가 되던 그날 네루다는 카토비체에 있는 석탄 광산을 찾아가 35만 광부들의 작업 조건을 직접 보려고 갱도로 내려갔다. 다른 폴란드 도시들도 찾았으며 나치의 폭격으로 잿더미가 되었던 바르샤바가 다시 일어선 모습에 찬탄하기도 했다. 지칠 줄 모르는 정력의 소유자인 폴란드 출판인 예지 보레이사가 발트해 연안에 있는 호수 지방으로 네루다를 데려갔다.

재회하게 된 파블로와 델리아는 7월 23일 폴란드에서 헝가리로 여행을 떠났다. 바로 이 무렵 헝가리 번역가들이 네

---

18) Tomás Lago, *Ojos y oídos,* p.124.

루다 선집을 준비하고 있었는데, 어떤 시들이 포함되기를 원하는지 묻자 네루다는 『지상의 거처』가 담고 있는 우수(憂愁)를 포기하기로 결심한다. 그는 평범한 사람들을 향해 삶의 기쁨을 전하는 외향적 시인이 되어 있었다. 이 사실을 너무나 강렬하게 느끼고 있었기 때문에 그는 그 뒤 오랫동안 누구에게도 『지상의 거처』 판권을 내주지 않았다. 여러 해 뒤에 공개된 회견에서 설명하고 있는 것처럼, "그 시집은 너무나 현실적인 절망에서 비롯되었음에도 그 음조는 의도적으로 음울하게 채색되었다… 그러나 기쁨은 그 누구도 죽이지 않는다."[19]

소위 자유세계의 손에 너무 많은 고통을 받았던 네루다는 자연히 소비에트 러시아가 인간의 승리라고 믿고 싶어 했다. 그는 또 시인의 책무에 대한 소련의 공식 견해를 지지했다. 부다페스트에서 열린 시인들의 모임에서는 보리스 파스테르나크 문제가 거론되었다. 그 자리에 참석한 몇몇 사람은 그가 좀 더 적극적인 정치적 역할을 수행하지 않는다며 그를 단죄했다. 시인 중 한 사람이 이렇게 항변했다. "파스테르나크를 공격하지 마시오. 그는 훌륭한 시인이오." 네루다의 입장은 분명했다. 이제 시인은 아름다운 시를 쓰는 것만으로는 충분치 않다. 여자건 남자건 시인이라면 구체적인 정치적 입장을 취해야 한다.

---

19) Rita Guibert, *Seven Voices*, pp.3-78.

> 최근 살해된 가르시아 로르카와 미겔 에르난데스의 죽음은 말할 것도 없고, 고통스러운 포, 베를렌, 다리오 같은 우리의 순교자들의 명단은 얼마나 긴가? 오늘날 새로운 세상이 건설되고 있다. 이 새로운 인간 세상에서는 시인이 자기 조국의 한복판에서, 그 깃발 아래서, 추수의 현장 한가운데서, 역사상 최초로 진정한 시의 역할을 떠맡아 관찰하고 노래하고 투쟁하고 옹호하고 있다.[20]

루마니아로 건너간 뒤에, 이제 65세가 되어 어느 때보다도 파블로와 자신 사이에 놓인 20년의 나이 차를 의식하고 있던 델리아는 막무가내로 아나 아슬란 박사가 제안한 진흙 목욕과 비타민 요법에 몰두했다. 그녀는 부쿠레슈티 국립 노인병 치료연구소 창설자이자 학술 책임자였는데, 평생을 세포 노화 연구에 바쳐 온 사람으로서 노화 과정을 늦추는 방법을 발견했다고 주장했다. 그녀는 그것을 아슬란 특별 치료법으로 불렀다. 이 치료법의 덕을 본 사람이 찰리 채플린, 살바도르 달리, 마를렌 디트리히, 파블로 피카소, J. F. 케네디 등이라고 주장하기도 했다.

파블로와 델리아는 1949년 8월 16일 부다페스트에서 프라하로 갔다가 며칠 동안 파리를 들르게 된다. 칠레에서 비극적인 소식이 날아왔다. 산티아고에서 칠레 경찰이 대학생

20) Pablo Neruda, 'El esplendor de la tierra'.

시위대에 발포하여 일곱 명이 사망했다는 것이었다. 사실상 공산당은 금지되고 많은 당 지도자들이 피사과 강제 수용소에 갇혀 있는데도 비델라 대통령은 공산당이 체제를 전복하려 한다고 비난했다.

네루다와 델리아는 8월에 유럽을 떠나 남미로 향했다. 대서양을 건너 그들이 도착한 곳은 멕시코였는데, 네루다는 새로 구성된 세계 평화 위원회를 대표하여 9월의 아메리카 평화회의에 참석해 달라는 초대를 받았다. 배에 함께 오른 사람은 최근에 상처한 폴 엘뤼아르와 그의 새 동반자 도미니크, 그리고 프랑스 작가이자 철학자인 로제 가로디였다.

그들은 8월 28일 멕시코시티에 도착했다. 비록 멕시코 당국이 도피 중인 그를 내팽개치긴 했지만, 그는 자신이 칠레 영사로 3년이나 일한 적이 있는 나라로 돌아가는 것이 기뻤다. 일주일 뒤 1949년 회의가 멕시코 시인이자 물리학자인 엔리케 곤살레스 마르티네스의 개회로 시작되었다. 그것은 놀랄 만한 모임이었다. 채플린은 평화 세력 세계대회 파리 개최와 멕시코 회의를 둘 다 축하하는 공식 성명서를 보내왔다. 네루다는 멕시코시티에서 대다수 사람들의 환영을 받았으며, 베네수엘라 언론인 미겔 오테로 실바와 쿠바 작가 후안 마리네요를 포함한 여러 친구를 새로 사귀게 되었다.

네루다는 폐막 연설을 통해 — 많은 참석자들이 이 연설을 멕시코시티 회의의 정점이라고 생각했는데, 그만큼 시인으로서 또 파시즘의 억압을 견디고 있는 망명객으로서 그의 명성이 높았다 — 작가는 전쟁의 위협 앞에서 수동적으로 기다리고 있을 여유가 없다는 사실을 강조했다. 또한 그의 표현에 따르면, 미국 광산업의 이익을 위해 일하는 '비굴한' 칠레 독재자 가브리엘 곤살레스 비델라를 비난했다.

> 조국 칠레에 돌아갈 수 있었다면, 나는 다른 경험들, 다른 진실들, 다른 이야기들을 가져갔을 것입니다. 나는 푸시킨의 진실을 가져갔을 것입니다. 푸시킨의 노래, 그의 깃발, 노시인의 깃발 말입니다. 다른 나라라면 벌써 잊었을 러시아 민족의 으뜸 시인을 소련은 잊기는커녕 광대한 국토 전역에 깃발로 들어 올린 것입니다.

그는 계속해서 시의 역할에 관한 자신의 생각을 개진하면서 이 생각이 자신과 함께 '성장해 왔다'고 했다.

> 바로 얼마 전, 소련과 폴란드를 여행하고 난 뒤 나는 부다페스트에서 나의 시 전체를 대상으로 헝가리어판 출판 계약에 서명하였습니다. 계약서에 서명하고 나서 번역가들, 출판인들과 만난 자리에서 어떤 시가 포함되기를 원하는지 한 장 한 장 넘겨 가며 지적해 달라는 요청을 받았지요… 옛날에 쓴 시들을 읽지 않은 지 아주 오래인 터에, 작업에 착수하기 위해 나의 주문을 기다리고 있는 번역가들 앞에서, 그 숱한 노력과 정성을 쏟았던 책장

을 일별하며 넘기던 순간, 나는 갑자기 그것들이 쓸모없다는 것을 깨달았습니다. 이미 늙었고, 죽어 버린 시대의 비통함을 주름살로 간직하고 있다는 것을 말입니다. 나는 그것들을 물리쳤습니다. 지난날의 고통이 새 생명의 기운을 꺾게 되는 것이 싫었던 거지요… 그래서 나는 그 시들 중 단 한 편도 인민 민주주의 세상에서 발행되는 것을 허락하지 않았습니다. 아메리카로 돌아가는 오늘도 나는 내가 부른 예전의 노래들이 이곳에서 다시 발간되는 것을 원치 않는다는 사실을 고백합니다… 우리가 이 땅에 남기는 자취가 왜 교수형 당한 자가 절망으로 몸부림치며 젖은 진흙 위에 남긴 자취 같아야 한단 말입니까?

그는 온갖 독약을 섞어놓은 '씁쓸한 술잔'을 들이키는 함정에 빠지기는 너무나 쉽다고 말했다. 자신의 초기 시만 부정한 것이 아니었다.

브로츠와프에서 행한 연설에서, 파데예프는 하이에나들이 펜이나 타자기를 사용한다면 T. S. 엘리엇이나 소설가 사르트르처럼 글을 쓸 것이라고 단언했는데, 나는 그것이 동물의 왕국에 대한 모독이라고 생각합니다. 동물들이 지성과 표현력을 지니게 된다 해도, 소위 서구 문명의 두 '거장'들이 해 놓은 것처럼, 멸절과 사악한 악덕을 추잡한 종교로 만들지는 않을 것이기 때문입니다.[21]

네루다는 멕시코시티 연설에서 멕시코 작가 호세 레부엘타스(실베스트레의 형제)와 달갑지 않은 논쟁을 벌였다. 레부엘타스는 그즈음 『지상의 날들』이라는 소설을 출간한 바 있는데, 부분적으로는 소설에서 보인 명백한 반공산주의적 태도 때문에, 그리고 주로는 레부엘타스가 멕시코 공산당의 교조주의라고 여긴 문제를 놓고 13년간 유지해 온 공산당 당적을 포기한다고 선언한 사실 때문에, 네루다는 그에게 몹시 실망했다고 말했다. 레부엘타스의 딸 안드레아에 의하면, '친형'처럼 여기던 네루다로부터 공개적으로 공격을 받은 그는 감정 마비 상태에 빠지고 말았다. 칠레 시인의 이름을 들을 때마다, "그가 할 수 있는 일이라고는 고통스럽게 신음하는 것뿐이었다". 그 뒤로 두 사람은 다시 만나지 못했다. 그러나 멀리서나마 서로 화해하게 되었는데, 1968년 틀라텔롤코에서 멕시코 학생들이 학살당하고 레부엘타스가 체포된 일이 있었다. 네루다는 당시 대통령이던 구스타보 디아스 오르다스에게 매우 감동적인 편지를 써서, 레부엘타스의 무죄를 보증하면서, "그는 레부엘타스(가문)의 천재성을 가지고 있으므로, 그리고 우리가 그를 몹시 사랑하므로" 그를 석방해 달라고 요청하였던 것이다. 깊은 감동을 받은 레부엘타스

---

21) 파블로 네루다가 1949년 9월 멕시코시티에서 열린 라틴아메리카 평화 지지자 대회에서 행한 연설. 이 텍스트는 원래 1949년 산티아고에서 칠레 공산당이 비밀리에 발행한 팸플릿에 실렸으며, Pablo Neruda, *Obras completas,* Vol.4, pp.761-769에 재수록되었다.

는 네루다에게 자신의 책 『감방』을 헌정했고, 네루다가 타계한 뒤 청중에게 이렇게 말했다. "파블로 네루다여, 우리는 당신을 위해 웁니다. 당신에게 간청하노니, 제발 평안히 잠들어 있지 마시라!"[22]

1949년 네루다는 멕시코 청중에게 아주 중요한 인물이 그 자리에 참석하지 못했다고 밝혔는데, 바로 사흘 전 타계하여 그가 직접 장례식에 참석하였던 벽화 화가 호세 클레멘테 오로스코를 두고 한 말이었다. 그런데 네루다 자신도 정맥염을 앓게 되어, 그 며칠 뒤 한쪽 다리에 석고 붕대를 감고 꼼짝없이 침대에 누워 있게 되었다. 병상에 누운 덕에 머지않아 새로운 사랑이 그의 삶 속으로 들어오리라는 것을 아직 알아채지 못하고 있었다.

그러나 그 무엇도 그가 일을 계속하는 것을 멈출 수는 없었다. 『라틴아메리카의 라발, 곤살레스 비델라』라는 멕시코 책에 서문을 써 달라는 부탁을 받은 네루다는 당장 그 기회를 틈타 "이 우스꽝스러운 꼭두각시, 이 피비린내 나는 피라미 독재자"에 대한 공격을 재개했다.

1949년 10월 13일, 멕시코시티에서 라우리타에게 보낸 편지에서 델리아는 이렇게 적고 있다.

---

22) Marco Antonio Campos, 'Los días terrenales de Revueltas', *La Jornada Semanal*, Mexico City, 11 June 2000.

> 우리는 쉴 새 없이 분주했어요. 열이 올라 침대에 누워 있어야 하는데도, 당신 오빠는 괘념치 않고 일을 계속하고 기막히게 성공적으로 이것저것 꾸려 냅니다. 평화회의에서 그가 한 일도 정말 대단했지만, 세계 어디서나 사람들이 그를 얼마나 깊이 사랑하고 존경하는지 아는 것만으로도 정말 감격스러워요. 여기서도 사람들이 따뜻하게 그를 살펴 주었지요. 우리 집은 거의 하루 24시간 내내, 무슨 큰 축제를 치르고 있는 것 같아요. 대통령궁에서는 그의 건강을 확인하려고 매일 사람을 보내지요. 내가 보기에 오늘은 그가 마침내 건강을 다 회복한 듯싶네요. 어젯밤, 한 달 반 만에 비로소 처음으로 정상적으로 잠들 수 있었어요. 네 시간마다 일어나 술파제를 복용하는 것 빼고는요… 파블로의 문제는 모두 다 편도선에서 오는 것 같은데, 두고 봐야지요.[23]

델리아가 편지에 적고 있는 대로, 멕시코시티 레포르마에 있던 네루다의 아파트는 정말 친구들을 끌어모으는 자석 같았다. 칠레 국경일인 9월 18일, 손님 300명이 아파트를 찾아왔다. 아파트가 비좁기도 하고 파블로는 아직 병상에 누워 있어야 하는데도 말이다.

얼마 안 있어 같은 칠레인이 두 사람의 아파트에 들어오

---

23) Rodolfo Reyes, *Neruda—retrato de familia*, p.142.

게 되었다. 화가이자 조각가인 네메시오 안투네스가 부인 이네스 피게로아와 한 살배기 아들을 데리고 뉴욕에서 막 도착한 것이었다. 하지만 그는 이전에 멕시코에서 분쟁에 휘말린 일이 있었다. 멕시코 당국에서는 비자 갱신을 거부했다. "와서 우리 집에서 함께 지냅시다" 하고 파블로가 말했다. 그 말을 들은 델리아가 바로 "아니, 파블로, 그 사람을 어디서 재우려고요? 우리 아파트는 벌써 너무 비좁은데"라고 소리쳤다. 네루다가 말했다. "옷장에서 자면 되지." 그는 아마 자기들이 빅토르 페이의 산티아고 집에서 옷장에 숨어 지내던 일을 떠올렸던 모양이다. 그들은 옷장에서 옷과 가방을 꺼내고 대신 네메시오를 위해 침대 시트를 깔았다. 그사이 이네스는 아이를 데리고 뉴욕으로 되돌아갔다.

이네스의 말이다. "그것은 마치 첫눈에 반한 사랑 같은 것이었다. 두 사람은 서로 깊이 사랑했고 그것도 평생을 갔다. 매일 아침 비좁은 옷장에서 눈을 뜨면 네메시오는 침대 시트 위에서 (한껏) 팔다리를 뻗어 본 뒤 이렇게 외쳤다. '옷장의 화가가 시인의 집으로 나가도 될까요?' 그러면 네루다가 델리아와 침대에 누운 채 이렇게 대답했다. '어서 나오시게! 시인이 화가에게 녹색 신호를 주노라.'"[24]

이 무렵 간호사 한 명이 정맥염을 앓고 있는 네루다를 돕기 위해 도착했다. 그런데 그 여자의 얼굴이 막연히 눈에 익

---

24) José Miguel Varas, *Nerudario*, p.208에서 인용.

은 듯했다. 이 아름다운 여자를 내가 어디서 봤더라? 검은 머리가 짙고 미소가 눈부신 이 여인은 베를렌의 아내 이름을 가졌는데?

마틸데 우루티아는 네루다를 또렷이 기억하고 있었다. 칠레 가수인 이 여인은 1946년 블랑카 하우저의 산티아고 아파트에서 그를 만난 뒤로 짧은 관계를 맺었었다. 그 일은 네루다와 달리 마틸데에게는 가볍지 않았다. "나는 옆 눈길로 파블로를 바라보았다. 그 같은 눈은 본 적이 없었다. 나는 옆에 있는 사람이 누구냐고 블랑카에게 물었다. 그랬더니, '무식한 것 같으니! 파블로 네루다도 몰라!' 하는 것이었다. 나는 더 가까이서 그를 보았다. 이상한 눈길도 있지! 그의 눈은 안을 향하고 있는 것 같았다! 그 두 눈이 나를 바라보기를 원했다. 바로 그 순간, 그가 얼굴을 돌려 나를 바라보았고 나도 그를 바라보았다. 조금 있다가 그가 블랑카에게 무슨 말을 하자, 블랑카가 내게 낮은 목소리로 말했다. '파블로가 네가 누구냐고 물어보는구나.' 나는 너무 행복했다. 그가 나에 관해 물었던 것이다. 나는 그의 시를 외우고 있었다. 공원에서의 공연이 끝나고 나서 블랑카가 차 마시러 가자며 우리 두 사람을 자기 집에 초대했다."[25]

멕시코시티에서 델리아를 바로 코앞에 두고 두 사람은 다시 관계를 시작했다. 마드리드에서 마루카와 갓 태어난 딸을

---

25) Matilde Urrutia, *Mi vida junto a Pablo Neruda*, pp.127-128.

앞에 두고 네루다가 델리아와 가까워지기 시작한 것처럼. 델리아는 건성이어서 무슨 일이 일어나고 있는지 전혀 눈치채지 못한 게 분명했다. 어쨌건 그녀는 분명 네루다가 더 이상 육체적 관계를 필요로 하지 않는다고 완전히 헛짚었다. 그녀는 칠레에서 아이다 피게로아에게 적어도 그렇게 말했다.[26)]다른 친구들 역시 두 사람 사이에 깊은 우정은 남았지만, 성적 관계는 얼마 전에 식었다고 믿고 있었다.

멕시코시티에서 만나 네루다의 삶 속에 영원히 들어오게 되는 마틸데 우루티아는 1912년생으로 당시 37세였다. 그녀가 태어난 칠레 남부의 소도시 치얀은 몇 차례의 지진으로 황폐화된 곳으로 네루다의 출생지인 파랄에서 그리 멀지 않았다. 가난한 부모를 둔 마틸데는 아무리 봐도 천성이 델리아만큼이나 독립적이었던 데다, 어머니의 격려를 받으며 가수의 길을 걸음으로써 이 가난에서 벗어나고자 했다. 그녀는 고향을 떠나 산티아고로 가서 음악을 공부했다. 그녀의 스승이 블랑카 하우저였는데, 바로 그녀의 집에서 1946년 네루다와 짧은 관계를 맺는다. 그러나 그녀는 라틴아메리카 순회공연도 자주 가졌다. 바로 그해인 1946년 7월 5일, 페루에서 촬영한 영화 〈라 루나레하〉가 개봉되었는데, 페루 영화 평론가인 리카르도 베도야에 의하면, 그 영화에서 마틸데가 〈사랑의 아픔〉이라는 노래를 (콘트랄토로) 불렀다고 한다. 파

26) Aída Figueroa, in conversation with AF, Santiago, March 2000.

블로의 학우인 디에고 무뇨스의 미망인 이네스 발렌수엘라가 내게 해 준 얘기에 의하면, 마틸데는 아직 신출내기 스타였던 시절 잠시 오손 웰스의 연인이었다고 한다.

열렬한 마르크스주의자였던 델리아와 달리 마틸데는 공개적으로 전혀 정치적이지 않았다. 그녀는 가난하지만 보수적인 집안 출신이었다. 그러나 호르헤 에드워즈에 의하면, "칠레에 존재하는 공산주의 전통, 그 안에서는 프라우다나 엘 시글로, 레닌, 스탈린 같은 이름만큼이나 기독교식 이름도 우스꽝스러운 전통"과 어울리는 집안이었다.[27)]

그러나 마틸데는 칠레 공산당에 대해 증오까지는 아니더라도 반감을 느낄 만한 충분한 이유가 있었다. 그녀가 에드워즈에게 밝힌 바로는, 남자 형제 중 하나가 오랫동안 열성적인 공산당원으로 활동하다가 내부 투쟁 때문에 당에서 축출되었는데, 방탕과 알코올 중독자로 몰려 그렇게 되었다는 것이다. 넋이 나간 그는 결국 자살했다. 마틸데는 자기 형제를 비난했던 자들을 결코 잊을 수 없었고, 이따금 그를 죽음으로 몰아갔다는 이유로 공산당 지도자들을 격렬히 비난하곤 했다.[28)]

마틸데는 교양이 풍부한 사람은 아니었지만, 델리아와 정반대로 집안일에 능숙했다. 멋진 요리 솜씨에 옷을 세심하

---

27) Jorge Edwards, *Adiós, Poeta* (Tusquets, Barcelona, 1990), p.69.

28) Ibid.

게 다루었으며, 돈 문제 따위의 일들을 꼼꼼하게 처리했다. 네루다는 델리아가 집안일에 완전 젬병이라는 사실을 점점 못 견뎌 했다. 그가 마틸데에게 느끼는 강한 성적 매력 말고도, 집안일을 척척 해 내는 그녀의 능력은 강한 매력이었다.

1950년 1월 28일, 네루다가 합법적으로 칠레 밖에 머물러 있어도 되는 — 산티아고에서 그 기이한 비밀 회동이 있고 나서 상원 의장 아르투로 알레산드리 팔마가 허락한 — 기간이 끝났다. 이제 네루다의 망명 생활은 분명해졌다. 체포나 기소가 면제되는 상원 의원 신분을 더 이상 유지할 수 없으므로, 만약 칠레로 돌아간다면 곧바로 체포될 수밖에 없는 처지가 된 것이다. 예상했던 일이긴 했지만, 그 소식은 마치 머리를 세게 한 대 얻어맞는 듯한 느낌을 주었다. 언젠가 사랑하는 조국으로 귀환할 날이 오기는 올 것인가? 다행히 마틸데와의 새로운 사랑이 그의 망명 생활을 지탱해 주었다. 시인으로서의 명성과 성공이 점점 전 세계적으로 커져 가는 것도 큰 도움이 되었다. 이 무렵 그의 시는 이미 한국어, 베트남어, 일본어, 아랍어, 튀르키예어, 우크라이나어, 우즈베크어, 포르투갈어, 슬로바키아어, 히브리어, 이디시어, 그루지야어(오늘날의 조지아어—옮긴이 주), 아르메니아어 등 여러 언어로 출간되었다.

멕시코의 병상에서 그는 『모두의 노래』를 발간하는 중요한 작업을 진행 중이었다. 그가 안데스를 넘어올 때 말 등에 실어 몰래 가져온 타이프 원고를 토대로 여럿이 이 일에 관여하고 있었다. 디에고 리베라와 다비드 알파로 시케이로스는 화려한 한정본 341부를 위한 삽화를 그렸다. 1950년 3월에 출간된 이 책은 예약자들에게만 배포되었다. 이 책을 간행하기 위한 편집 '위원회'에는 『자본』을 번역한 스페인 사람 웬세슬라오 로세스와 멋진 편집 디자인을 책임지게 될 미겔 프리에토, 세사르 고도이 우루티아라는 칠레 공산당 소속 교사가 들어 있었다. 마틸데의 사촌인 고도이는 그녀가 네루다와 사랑에 빠지기 전에 관계를 맺고 있었기 때문에 그 사실을 네루다가 알았다면 위원회 명단에 이름이 오르지 못했을 것이다.

이네스 피게로아는 이 작업에 깊숙이 관여하고 있었다.

> 나는 1949년, 미래의 예약자들에게 그 책은 미리 대금을 받고 제작 · 발송한다는 사실을 알리는 일을 도와주었다. 15달러였다. 우리는 멕시코에서 친구들에게 이 사실을 광고했다. 인기가 대단해 미국 작곡가 에런 코플런드가 한 부를 부탁한다는 편지를 보내오기도 했다! 대단한 크기의 책이었다. 공산당과 연관된 내용 때문에 인쇄하는 데는 상당한 문제들이 놓여 있었다. 그러나 전체적인 작업 진행은 마술처럼 이루어졌다. 사람들은 책이 나오는 것을 보고 싶어 안달이었다. 파블로가 특히 곤살레스 비델라나 유나이티드 프루트 컴퍼니를 논쟁적으로 공격하려 하는 등, 조금씩 수정을 가하고 싶어 했음에도 1950

년 초 마침내 책이 나왔다.[29)]

호세 벤투렐리의 판화가 실리게 될 진짜 비밀 판본이 칠레 내에서도 동시에 준비 중이었다. 『모두의 노래』 초판의 탄생지는 멕시코다. 현존하는 멕시코의 가장 위대한 두 벽화 화가가 삽화를 그렸기 때문에, 많은 멕시코 비평가들이 두 화가의 영향이 막중하였음을 내세워 이 책이 멕시코 것이라고 주장하는 것도 놀랄 일은 아니다.

이들 비평가 중 한 사람인 우고 멘데스 라미레스는, 전적으로 수긍하기는 어렵지만 꽤나 매력적인 책에서, "『모두의 노래』를 벽화의 조명 아래, 벽화와 함께, 나아가 그 자체가 벽화라고 보고 읽어야 한다"[30)]는 주장을 펴기까지 한다. 네루다의 사회적 의제가 칠레 영사로 3년 동안 멕시코에 머무는 동안 크게 확장되었다는 지적은 맞다. 시인은 사실 이 시기에 멕시코 혁명의 철학과 목적, 결과에 깊은 영향을 받았으며, 멕시코의 '벽화 운동'이나 그 주창자들과 교우하였다. 『모두의 노래』 앞부분을 보면, 리베라를 연상시키는 고대 아스테카의 종교 의식과 신화, 아스테카 사회 제도에 내재해 있던 노예 제도에 대한 언급이 나온다. 그리고 리베라처럼,

---

29) Inés Figueroa, in conversation with AF, Santiago, 2000.

30) Hugo Méndez-Ramírez, *Neruda's Ekphrastic Experience: Mural Art and Canto general* (Bucknell University Press, Lewisburg, NJ, 1999).

네루다 책의 많은 부분이 '해방자들' – 과거나 현재 역사에서 남아메리카를 제국주의 억압자들로부터 해방한 이들 – 을 찬양하고 있다. 로베르토 곤살레스 에체바리아가 지적한 것처럼, 네루다의 시 역시 멕시코 벽화 화가들의 작품처럼 "광대한 역사를 망라하고, 가난한 대중뿐만 아니라 초월적 인물들과 그들의 행적에도 초점을 맞춘다는 의미에서 웅장하다. 리베라의 대형 벽화를 보고 있으면 자신이 대중 속에 섞여 있다는 느낌을 받는다. 그 규모나 역사적 인물들의 초월성 앞에서 자아는 난쟁이처럼 작아진다. 구경꾼이나 희생자(때로는 그 둘 다)의 무리에 섞인 한 존재로 철저히 축소되는 것이다. 네루다의 시를 읽을 때도 마찬가지 느낌을 갖게 된다".[31)]

하지만 멘데스 라미레스나 다른 이들은 네루다의 개인적 전기(傳記)가 갖는 중요성을 지나치게 축소하고 있다. 도망자, 망명객으로서의 처지나 실제로 『모두의 노래』를 집필하던 당시의 구체적 조건 – 갇힌 방에서, 발각될지 모른다는 공포 속에 작업했다는 – 같은 것 말이다.

『모두의 노래』 멕시코판이 출간되기 바로 며칠 전, 네루다는 친구였던 멕시코 비평가 알프레도 카르도나 페냐에게 이런 말을 했다.

---

31) Roberto González Echevarría, in his introduction to Schmitt's translation of *Canto general*, p.7.

나는 이 책에 담으려 한 리얼리즘과 어긋나지 않는 혁명적 낭만주의를 통해, 우리 아메리카 대륙의 투쟁이 지닌 의미를 그리고 싶었다. 역사적 중요성이 별로 없는 이름들을 읽다 보면 이상할 것이다… 그 이름들 위에 상징적 각인이 남도록 일부러 그랬다. 이렇게 하는 것이 다소 거칠고, 적지 않은 독자들에게 충격과 당혹감을 느끼게 하리라는 것을 안다. 그러나 우리 시대의 현실을 구체화하는 것이 내게 얼마나 고통스러운 일이었는가를 그들이 기억해 주면 좋겠다. 나는 그 안에 얼마간 감돌고 있는 슬픔에도 불구하고, 내 책이 처음부터 쾌활하고 건강하고 낙관적이라고 믿는다. 한 해 내내 작업하는 동안, 나는 넋이 나가는 듯한 기쁨을 느꼈다. 내가 삶의 밑바닥에 내려가 있다고들 생각하는 바로 그 순간에, 삶은 내게 민중의 적들을 패퇴시킬 기회를 주었기 때문이다.[32]

칠레에서 비밀리에 준비하고 있던 『모두의 노래』는 1950년 4월 3일, 멕시코판이 나온 직후 마찬가지로 극적인 과정을 거쳐 출간되었다. 더구나 이번에는 출판 과정을 이끌어갈 저자도 곁에 없는 상태였다. 칠레판은 멕시코판과 텍스트가 다르다. 네루다는 상당수 시들을 멕시코판에 추가해 넣었

---

32) Alfredo Cardona Peña, *Pablo Neruda y otros ensayos* (Editorial de Andrea, Mexico City, 1955), pp.37-38.

을 뿐만 아니라 (이미 조판이 끝난 상태여서 칠레판에는 이 시들을 같은 위치에 넣을 수가 없었다), 자신이 칠레에 있는 동안 '지하에서' 썼던 원고의 타자본에 적지 않은 수정을 가했기 때문이다.

칠레판 텍스트는 네루다가 안데스를 넘어 탈출하기 전, 칠레에 남겨 두었던 타자 원고를 저본으로 한 것이다. 벤투렐리는 당시 칠레 공산당 선전 책임자였던 루이스 코르발란에게서 원고를 넘겨받았다. 그는 편집과 삽화를 기획한 뒤, 놀랍게도 아무렇지 않게 직접 개인 조판소를 찾아가 삽화의 제판을 주문했다. 네루다 자신은 칠레에서 멀리 떨어져 있어 그것을 볼 기회가 전혀 없었다. 인쇄는 마누엘 레카바렌이 맡아서 활판으로 작업했다. 제본은 (기계 제본을 하려 했다면 소리가 너무 커서 책을 압수당했을 것이다) 벤투렐리 집 지하실에서 손으로 직접 했다.

이 작업에 참여했던 아메리코 소리야는 공산당 기관지 ≪엘 시글로≫ 경영 책임자였는데, 당에서 소집한 모임에 나가서 이 일에 관해 알게 되었다고 한다. "비밀 출판이어야 한다는 것과 크고 두꺼운 데다 표지에 굵은 활자들이 들어가는 책 사이에는 얼핏 보아 어리둥절할 만큼 모순이 있지요. 비밀리에 만드는 책이라면 일반적으로 크기를 최소화하려고 애쓸 테니까요. 이 경우는 여러 정치적 · 실제적 이유에서, 이 대담한 판형이 결과적으로는 성공을 거두게 되었죠."[33]

소리야에 의하면, 멕시코 출간본의 경우와 마찬가지로

칠레에서도 커다란 난관과 마주쳐야 했는데, 그중 많은 부분은 공산당이 여전히 불법화되어 있었기 때문이었다고 한다. 당으로서는 지하 선전물을 만드는 데는 익숙했지만, 이 경우는 사정이 전혀 달랐다. "대형 판형(27 x 19cm)에 468쪽이나 되는 책을 5000부 찍어 내야 했다. 종이가 대략 4톤 정도 필요했다… 독재자의 경찰들이 책을 어디서 만드는지 알지 못해야 했으므로, 어떤 종이를 쓸 것인가를 놓고 우리가 취할 수 있는 선택의 폭은 극히 제한적일 수밖에 없었다." 결국 3000부의 '보급'판 용으로는 누르스름한 거친 종이를 쓰고, 나머지 2000부는 값을 올려서 고급 '플루마' 용지로 책을 만들었다.[34)]

『모두의 노래』는 과거와 현재 그리고 미래의 아메리카를 향한 네루다의 광대한 정서적 반응이자 대륙에 대한 찬가다. 쿠바 비평가인 엔리코 마리오 산티는 이 책이 수많은 성서적 암시로 가득한 예언적 성격을 지니고 있다고 생각한다. 그는 시인의 정치적 전망이 기독교의 역사관을 통해 전달되고 있다는 증거를 나름대로 제시하고 있다.[35)]

---

33) Américo Zorrilla, interviewed in *Aurora de Chile,* Santiago, No.8, 1979.

34) 팩시밀리 복제판은 2000년 칠레판 출간 50주년을 기념하여 제작되었다.

35) Enrico Mario Santí, *Pablo Neruda: The Poetics of Prophesy* (Cornell University Press, Ithaca, NY, 1982).

나에게는 하이메 알라스라키가 다른 맥락에서 표명했던 견해, 즉 네루다는 "상투어에 새로운 강렬한 울림을 담음으로써"[36] 전통적인 종교 언어를 세속화했다는 견해가 더 적절해 보인다. 네루다가 예언자라면 세속의 예언자이며, 바로 그런 맥락에서 그는 가끔 자신을 '사제'라고 언급하는 것이다. 주디 맥기니스가 지적한 대로, 네루다가 회고록 제목을 기독교 용어에서 택한 것은 (『나는 살아왔음을 고백한다』) 장난스럽고 심지어 냉소적인 의도를 담은 것이다. 그러나 네루다가 "그리스도 역할을 떠맡았으며", "지상의 마르크스주의 유토피아 안에서 그리스도의 약속을 이루고자 했던 것"이라고 생각한다면 너무 멀리 나간 것이다.[37]

네루다는 이 책 안의 여러 시들이 하나의 작품으로 서로 결합하도록 조화를 이루고 있다고 믿었다. 이 말에는 동의하기가 어렵다. 서사시와 개인적인 요소들이 늘 매끄럽게 어우러지는 것은 아니다. 둘 다 나름대로 숨이 막힐 듯 아름다운 시들을 포함하고 있다. 그리고 작품 전체에 배반의 주제－라틴아메리카와 네루다 자신을 향한－가 흐르고 있는 것도 사실이다. 그러나 아르헨티나 비평가 사울 유르키에비치가

---

36) Jaime Alazraki, 'Observaciones sobre la estructura de la oda elemental', *Mester* (UCLA), IV, No.2, April 1974, pp.94-102.

37) Judy McGinnis, in a text prepared for the 1997 meeting of the Latin American Studies Association in Guadalajara, Mexico, 17-19 April 1997.

지적한 것처럼, 『모두의 노래』에는 두 개의 언어가 사용되고 있다. 하나는 비이성적이고 신비적인 언어로서 『지상의 거처』에서 물려받은 것인데, 이 언어는 시인 자신의 무의식 세계와 자연계에 대한 비전을 담고 있다. 다른 하나는 합리적인 언어로서 구체적인 정치사에 뿌리를 두고 있으며 미래를 겨냥한다. 유르키에비치는 이 두 개의 언어 — 그리고 그것이 풀어놓는 '이야기들' — 가 『모두의 노래』 안에서 본질적으로 갈등하고 있다고 믿는다.[38]

그러나 그것이 문제적일 수 있을까? 이 갈등에 의해 작품에는 창조적 긴장이 흐른다. 네루다가 만약 전체적 통합성을 성취해 냈다면, 이 긴장은 사라지고 말았을 것이다.

1950년 3월 『모두의 노래』 멕시코 출간본을 살펴본 뒤에, 파블로와 델리아는 멕시코시티를 떠나 잠깐 과테말라를 방문했다. 그런데 네루다로서는 기분 좋게도 마틸데가 간호사 자격으로 그들과 동행하게 되었다. 이 무렵까지도 델리아는 남편과 마틸데 사이에 무슨 부적절한 관계가 있는지 모르고 있었다.

실제로 델리아는 누군가가 곁에서 네루다의 건강을 살펴준다는 것을 다행으로 여기고 있었다. 그녀는 남편의 건강을 애처로울 만큼 염려하고 있었다. 델리아의 말에 따르면, 이

---

38) Saúl Yurkiévich, 'Mito e historia: Dos generadores del *Canto general*', *Revista Iberoamericana*, Pittsburgh, PA, 39, Nos 82-83 (1973), pp.111-135.

무렵 네루다는 어릴 때부터 자신을 괴롭히던 이를 빼고 나서 식이 요법을 시행 중이었다. (1950년 4월 라우리타에게 쓴 답장을 보면, 그녀는 흥분하여 "그 사람 아주 근사해 보인다"라고 적고 있다.)[39]

유럽에서 다시 손짓을 했다. 네루다는 여전히 도망자 신분이었지만, 유럽의 공산당들과 작가 동맹에서는 그에게 안전한 피신처를 제공해 주었다. 마틸데를 떠나는 것이 내키지 않았지만, 그는 가능할 때 곧 다시 만나기로 약속하고 1950년 7월 델리아와 함께 배를 타고 리스본으로 향했다. 7월 8일 선상에서 라우리타에게 쓴 흥미로운 편지에서 네루다는 테무코에 있는 가족이 곤살레스 비델라 독재 치하에서 어떻게 하루하루를 살아가고 있는지 궁금해했다. "가족 이야기를 내게 해 주면 좋겠어. 아저씨들, 아주머니들, 조카들은 다 어떻게 지내는지? 레예스 집안사람들이 배반자 G. V.가 펼치는 온갖 공작 속에서 어찌 지냈는지?"

파리에서는 노트르담 대성당이 바라보이는 센 강변의 아파트에 거처를 정했다. "모래 운반용 바지선, 예인선, 짐을 잔뜩 실은 호송선들이 민물 고래처럼 천천히 창밖으로 지나간다. 대성당은 끌로 깎은 돌 첨탑을 돛대인 양 높이 치켜든 거대한 선박이다. 매일 아침 나는 그 성당 배가 강가 제자리에 아직 남아 있는지, 아니면 세상에 어둠이 내리는 밤사이

39) Rodolfo Reyes, *Neruda—retrato de familia,* p.150.

에, 오래된 화강암 위에 조각된 선원들이 닻을 올리고 바다를 가로질러 출항하라는 명령을 내렸는지 확인하려고 밖을 내다본다. 나는 그 배와 함께 떠나고 싶다."40)

그들은 1950년 6월 프라하를 방문했다. 체코슬로바키아 작가동맹에서 원하면 언제든지 쓸 수 있도록 도브리스성 안에 방을 제공해 주었다. "체코슬로바키아에서 가장 아름다운 이 성은 프라하 부근에 있는데, 근사한 숲들이 있는 호숫가의 작은 베르사유 궁전이다. 도브리스성은 국가에 의해 작가들의 거주지 겸 휴양처로 지정되어 있었다. 나는 작가들과 함께 일주일을 보냈다."41)

이상하게도 1951년 6월 28일 델리아가 산티아고의 라우리타에게 보낸 편지는 "프라하, 에스플러네이드 호텔에서" 썼다고 되어 있다. 당시 이미 별거 중이었던 것일까? '개미' 델리아에 의하면, 네루다는 다리 때문에 계속 힘들어하고 있었다. "오빠의 건강은 좋아요. 하지만 다리가 여전히 부풀어 오르고 혈액 순환도 완전히 규칙적이진 않아요. 오빠는 아주 만족하고 있어요. 세상에서 가장 고귀하고 위대한 나라에서 사람들이 얼마나 큰 애정으로 그를 대하는지 이루 형언할 수 없기 때문이에요. 그래도 조국을 보고 싶은 마음이야 한없이 간절하답니다."42)

---

40) Pablo Neruda, *Pro Arte*, Santiago, No.117, 30 November 1950.

41) Pablo Neruda, 'El esplendor de la tierra'.

네루다는 체코슬로바키아 수도에서의 체류 기간을 즐겁게 보냈다. 기뻤던 것은 자기 필명의 주인 얀 네루다가 살았던 지방을 돌아보도록 초대받은 것이었다.

그해 8월 파블로와 델리아는 파리로 돌아왔다. 그러나 시인은 곧 혼자서 몇 차례 여행을 떠나게 된다. 세계 평화 평의회 총장을 맡고 있던 프랑스 핵물리학자 졸리오퀴리가 네루다에게 중요한 임무를 맡긴다. 인도로 가서 그곳의 평화 운동을 증진하는 일이었다. 졸리오퀴리는 그에게 두 통의 편지를 맡겼는데, 한 장은 봄베이(뭄바이의 전 이름-옮긴이 주)에 있는 과학자에게, 또 한 장은 인도 총리인 자와할랄 네루에게 보내는 것이었다.

결과적으로는 유쾌하지 못한 여행이었다. 델리아 없이 혼자 여행하게 된 그는 우선 로마로 가서 며칠을 보내다 인도행 비행기를 탔다. 그가 봄베이 공항에 도착하자 관리들이 와서 그의 짐을 철저히 수색했다.

> 로마에 있던 나는 호텔 방에서 눈에 띄는 신문을 구겨 신발을 쌌다. 옷을 더럽히지 않기 위해서였다. ≪로세르바토레 로마노≫였던 것 같다. 그들은 신문을 탁자에 펼쳐놓더니 등불에 비춰 보고, 마치 무슨 비밀 문건이라도 되는 듯 조심스럽게 접었다. 그러고는 내 서류 일부와 함께

---

42) Rodolfo Reyes, *Neruda—retrato de familia*, p.155.

옆으로 치워 놓았다. 내 신발 역시, 마치 무슨 굉장한 화석의 유일한 샘플이라도 되는 것처럼, 안팎을 샅샅이 탐색하는 것이었다.[43)]

나중에 안 사실이지만, 경찰은 네루다의 수첩에 나오는 사람들을 모두 심문했으며, 그중에는 봄베이에 사는 델리아의 올케도 포함되어 있었다.

두 시간 동안 수색을 당하면서 느꼈던 네루다의 분노는 같은 날, 네루의 누이와 점심을 함께하면서 조금 누그러졌다. "그 여자는 대단히 아름다웠는데, 이국적인 여배우처럼 화장을 하고 옷을 차려입었었다. 갖가지 색깔과 금, 진주가 번쩍거리던 사리는 휘황한 느낌을 더해 주었다. 나는 금방 그 여자가 좋아졌다. 그렇게 세련된 여인이 보석을 낀 긴 손가락을 카레 소스와 쌀밥에 쑤셔 넣으면서 손으로 식사하는 모습은 정말 대조적인 느낌을 주었다."[44)]

하지만 네루를 만나기 위해 뉴델리에 도착한 지 얼마 안 되어, 칠레 대사 후안 마린 박사가 그에게 전화를 했다. 네루다가 가급적 빨리 인도를 떠나기를 경찰 당국이 학수고대하고 있다는 얘기와 함께 인도 정부가 그의 활동에 대해 우려하고 있다는 말도 전했다. 네루다는 "인도가 내세우는 대의

---

43) Pablo Neruda, *Memoirs,* p.199.

44) Ibid., p.201.

에 내가 공감한다는 것은 입증된 사실인데도, 아무런 이유 없이 나를 이렇게 푸대접하는 나라를" 자기도 어서 빨리 떠나고 싶다고 대꾸했다.[45]

네루다는 30년 전 인도를 마지막으로 방문했을 때, 인도 독립을 요구하는 한 집회에서 네루의 아버지 판디트 모틸랄을 만난 적이 있었다. 그가 네루에게 이 사실을 이야기했지만, "그의 표정에는 아무런 변화가 없었다. 그는 미동도 없는 차가운 눈길로 나를 뚫어지게 바라보면서 내가 하는 모든 이야기에 단음절로 답할 뿐이었다. 명령을 내리는 데는 익숙하지만 지도자로서의 역량은 결여된 듯, 무언가 완고하고 거만한 기운이 그의 주위에 감돌고 있었다".

네루다는 그에게 평화 서한을 전달했다. 그러나 네루는 여전히 말이 없었다. 네루다는 자기가 인도를 방문한 목적에 대해 말해야 할 필요성을 느꼈다. 그는 냉전이 언제든지 '뜨거운 열전'으로 바뀔 수 있다는 우려를 전달했다. 네루의 대답은 한마디뿐이었다. "사실은 양 진영 모두 평화 운운하면서 서로를 공격해 대지요."[46]

네루다는 회고록에서 인도를 떠나기 전 마지막 요청을 하나 해 두었다고 적고 있다. 타지마할을 보는 것이었는데, 허가 통지가 그에게 왔을 때쯤 그는 인도에 완전히 질린 상태

45) Ibid., p.202.

46) Ibid.

여서 가능한 첫 비행기 편으로 파리로 돌아가 버렸다.

하지만 5년 뒤, 모스크바에서 레닌 평화상 심사 위원으로 활동하던 그는 인도 측 대의원이 네루의 이름을 후보로 내놓자 미소를 짓지 않을 수 없었다. 그는 네루가 자신에게 한 대접에 대해 아무런 앙심도 없이 표를 주었고, 네루는 어렵지 않게 수상자가 되었다.

파리에서 파블로와 델리아－그곳에서는 '드 카릴 부인'으로 알려져 있었다－는 15구에 있는 피에르밀 거리 12번지의 멋진 3층짜리 샬레 1층으로 옮겨 갔다. 이곳은 노동자 구역으로 네루다가 무척 좋아하던 곳이었다. 그가 즐겨 다니던 장터며, 불을 삼키는 곡예사들이 있는 서커스단, 그리고 한 잔 술을 마시며 쉴 수 있는 선술집들이 넘쳐났다. 그것 말고도 2층에 칠레 화가인 네메시오 안투네스와 이네스 피게로아가 어린 아들 파블로와 함께 살게 되어 두 사람은 더욱 기분이 좋았다. 델리아는 행여나 원치 않는 방문객들이나 낯선 사람들, 심지어 경찰 끄나풀들이 이사 올까 싶어 아예 3층까지 세를 냈다.

네루다는 자료 조사를 위해 자주 외국 여행을 해야만 했다. 그러나 프랑스 정부는 냉전 분위기 때문에 제한된 여행 비자만 내주곤 했다.

집에서는 언제나처럼 밤늦게까지 사람들과 흥겹게 어울리는 일이 적지 않았다. 폴 엘뤼아르와 함께 다니던 미래의 그의 부인 도미니크가 요리를 도왔다. 루이 아라공 역시 자주 찾아오곤 했는데, 그는 가끔 칠레 포도주를 고집하는 네루다를 놀려 대곤 했다. 그의 부인 엘자 트리올레는 마야콥스키가 그토록 사랑하던 여자 릴랴 브리크의 여동생이었는데, 러시아 태생의 이 여인도 남편을 따라 그곳에 함께 오곤 했다.

11월, 네루다와 델리아는 폴란드를 다시 찾아 바르샤바에서 열린 제2차 세계평화회의에 참석했다. 이 회의는 원래 런던에서 열리기로 했다가 다시 영국 북부의 셰필드로 장소가 옮겨졌는데, 영국의 클레멘트 애틀리 정부는 이 회의가 거의 공산주의자들의 전위 모임에 가깝다고 여기고 있었고, 냉전 초기의 분위기 속에서 '수상쩍은' 수많은 외국 대표들에 대한 비자나 입국 허가를 거부하여 회의는 혼란에 빠지게 되었다. 결국 조직 책임자인 세계 평화 평의회는 개최지를 바르샤바로 황급히 변경해야 했다. 네루다 역시 영국 내무부가 블랙리스트에 올려놓은 이름 중 하나였다.

3년 뒤, 네루다는 영국을 경찰국가로 바꿔 놓은 정부 당국을 비난하면서 「런던」이란 시를 썼다.

> 그들은 매장해 버리고
> 싶어 한다
> 이 '평화'란 단어를.
> …
> 그것을 어둠에,

경찰의
안개에 싸서,
그것을 묶어서 가두어 놓은 뒤,
흠씬 두들겨 패서,
순교자의 피를 그 위에 뿌린 뒤,
심문하고,
음절 하나하나에
돌덩이를 매달아,
깊은 바다에 던져 넣는다[47]

바르샤바에서 네루다는 『모두의 노래』에 나오는 「나무꾼이여 깨어나라」라는 시를 낭송했다. 칠레 언론인이자 비평가인 호세 미겔이 지적한 것처럼, 사람들은 당시 그중 한 구절을 잘못 이해했다.[48]

오직 로사리오라는 단어만 쓰고 싶어 하는 나의 오른
손에 평화 있으라

공산주의자 시인에게서 이런 식의 종교적 이미지가 나타

---

47) Pablo Neruda, 'Londres', *Las uvas y el viento* (Nascimento, Santiago, 1954).

48) José Miguel Varas, *Nerudario,* p.118.

나는 것을 보고 당황하는 많은 사람들의 생각과 달리, 이것은 묵주 기도를 가리키는 것이 아니다. 로사리오는 네루다가 새 연인 마틸데를 부르는 비밀스러운 애칭이었다. 그는 멕시코에서 서로 가까워진 이래 그녀를 다시 만나고 싶은 욕망에 불타고 있었던 것이다. 아주 가까운 몇몇 친구 말고는 이 관계를 알고 있는 사람이 거의 없었고, 그 애칭을 알고 있는 사람도 드물 수밖에 없었다.

이 바르샤바 회의에서 폴 로브슨이 노래를 했고, 네루다는 그를 "위대한 예술가이자 위대한 양심이며… 미국에서 가장 뛰어난 인간이다"라고 찬양했다. "바로 그 때문에 미국은 그의 출국을 막으려 하며, 같은 이유로 쇼스타코비치의 입국을 막으려 하는 것이다."[49] 파블로 피카소는 그 유명한 평화의 비둘기를 소개했으며, 1950년 11월 22일 폐막식에서 두 명의 파블로는, 튀르키예 감옥에서 몸이 쇠약해져 가고 있어 그 자리에 참석하지 못한 공산주의 시인 나짐 히크메트와 함께 세계 평화상을 수상했다.

1949년 파리에서 열린 평화회의 당시, 피카소와 로브슨, 장 폴 사르트르를 포함하는 국제 위원회가 결성되어 히크메트 석방 운동을 시작하고 있었다. 튀르키예 공산당은 불법화되었고, 히크메트는 1920년대와 1940년대 대부분을 갖가지

49) 이것은 바르샤바에서 열린 제2차 세계평화회의에서 행한 연설로, 1950년 11월 30일 산티아고의 ≪프로 아르테≫ 117호에 게재되었다.

날조된 죄명으로 투옥 상태에 있었다. 그런 상태에서도 그는 1929년에서 1936년 사이에 아홉 권이나 되는 책을 펴낼 수 있었고, 두 번째 부인과 두 아이, 홀로 된 어머니를 포함하여 늘어난 식구를 부양하기 위해 투옥 중이 아닐 때는 제본이나 교정 일을 하거나 기자, 번역가, 시나리오 작가로 일했다. 그러나 1938년 1월, 히크메트는 튀르키예 군대의 반란을 선동했다는 죄목으로 다시 체포되어 28년 형을 선고받았다. 군대의 사관후보생들이 그의 시, 특히 「셰이크 베드레딘의 서사시」를 읽고 있다는 것이 그 이유였다. 1950년, 히크메트는 얼마 전 심장 발작이 있었음에도 18일간의 단식 투쟁을 시작했다.[50)]

네루다는 바르샤바 연설에서 미국 작가들을 통렬하게 비난했다. 이제 막 시작된 한국 전쟁을 비롯하여 그의 눈에는

---

50) 1950년 5월 총선 이후 튀르키예 최초의 민주적으로 선출된 정부가 집권했을 때, 히크메트는 일반 사면의 일환으로 풀려났지만 박해는 계속되었다. 히크메트는 폭풍우가 몰아치는 밤에 소형 모터보트를 타고 보스포루스 해협을 가로질러 탈출했다. 거의 실신한 상태로 화물선을 불러 세워 올라탔는데, 선실 벽에는 '나짐 히크메트를 구하라'라는 문구가 적힌 그의 거대한 사진이 붙어 있었다. 그는 모스크바로 이송되어 도시 외곽의 작가 거주지인 페레델키노에 집을 배정받았다. 튀르키예 정부는 부인과 아이가 그와 합류하는 것을 허락하지 않았다. 그는 1952년 두 번째로 심장마비를 겪었지만, 망명 기간 동안 동유럽뿐만 아니라 로마와 파리도 방문하는 등 널리 여행했다. 네루다는 1951년 동베를린에서 그를 처음 만났다.

정치적 간학 행위로 보이는 것에 대해 그들이 침묵하고 있었기 때문이다.

> 헤밍웨이여, 당신은 누구도 흉내 낼 수 없는 문체로 수많은 악한들의 삶을 그렸다. 이제, 우리가 사랑하는 한국 땅에 악당의 무리가 밀려 들어가 만들어 놓은 재앙으로부터 당신은 충분한 영감을 받을 수 없다는 것인가? 맥아더는 당신이 당신 책들 속에 그려 놓고, 조각칼로 새겨 놓은 저 악한들의 초상과 닮지 않았나? 왜 당신은 평화를 이야기하지 않는 것인가? 당신은 전쟁을 원하는가? 스타인벡이여, 위대한 책들의 저자인 위대한 스타인벡이여! 당신은 우리에게 하워드 페스트에 대해 무슨 이야기를 해 줄 수 있는가? 제퍼슨의 나라에 태어난 위대한 작가가 감옥에 앉아 소설을 쓰고 있다는 사실을 묵인하는 것인가? 스타인벡이여, 당신은 당신의 형제를 위해 무슨 일을 했는가?[51)]

그러나 이런 질문도 가능할 것이다. 네루다는 소련에서 희생되고 있던 '형제들'을 위해 무엇을 하고 있었던가? 공산당에 대한 사랑에 너무 눈먼 나머지 그는 자신의 이중적인

---

51) 공산주의 동조 혐의로 미국에서 블랙리스트에 오른 소설가 하워드 페스트는 네루다와 같은 해인 1953년 스탈린 평화상을 수상했다.

잣대를 인정하거나 혹은 깨닫지 못하고 있었던 것 같다.

바르샤바 회의가 끝날 즈음, 피카소가 안절부절 어쩔 줄 몰라 하며 네루다 쪽으로 몸을 돌리더니, 귀에 대고 "돈, 돈은 어딨어?" 하고 속삭였다. 사실 그들은 당시 프랑스 화폐로 500만 프랑이나 되는 거액의 상금을 아직 받지 못한 상태였다. 그 돈은 다음 해에야 파리에서 받을 수 있었다. 피카소가 상금 중 상당액을 소득세로 프랑스 당국에 바쳐야 했다는 것을 안 네루다는 자기가 받을 상금은 반드시 현금으로 — 커다란 옛날 지폐로 — 달라고 요구했다. 그 때문에 네루다가 전혀 예상하지 못한 문제가 발생했다. 그에게는 돈을 집어넣을 트렁크나 그 비슷한 것이 없었다. 자신이 직접 가서 돈을 받아 올 생각이 없었던 네루다는 델리아와 네메시오 안투네스를 보냈는데, 혹자들의 이야기에 의하면 — 다른 사람들은 내게 사실이 아니라고 부정했다 — 찌는 듯한 무더운 날씨였음에도 커다란 외투를 걸치고 가서 주머니마다 현금 다발이 잔뜩 든 모습으로 돌아왔다는 것이다. 당시 파블로의 재정 문제는 대부분 — 당시 유럽 전역과 다른 대륙에서까지 출간되고 있던 시집의 많은 판본 인세를 포함하여 — 이네스 피게로아가 맡고 있었다. 피에르밀 거리의 샬레로 상금이 처음 도착하던 날, 그녀는 불안하지 않을 수 없었다. 그녀는 파블로에게 상금을 넣어 둘 안전 금고를 개설하게 했다. 훗날 러시아에서 상을 받게 되었을 때, 결코 국외로 상금을 가져갈 수 없자, 그는 굳이 캐비아로 지불해 달라고 고집하여 돌아오는 즉시 친구들에게 넉넉하게 나눠 주었다.

그동안 네루다의 문학적 명성은 세계 전역으로 계속 퍼져 나가고 있었다. 그가 없는 상태에서 칠레 작가협회와 작가동맹이 1951년 1월 14일 산티아고에서 그를 위한 기념행사를 조직하고 있었고, 그사이에 그의 시선집이 미국, 중국, 체코슬로바키아, 폴란드, 소련, 스웨덴, 루마니아, 이탈리아, 심지어는 중동의 이스라엘, 시리아에서도 출간되었다.

산티아고에서 그를 위한 행사가 진행되던 날, 네루다는 이탈리아 토리노의 문화연맹에서 마찬가지의 따뜻한 갈채 속에서 자신의 시를 낭송하고 있었다. 토리노에 체류하는 동안 그는 공산당 기관지 ≪루니타≫ 사무실을 방문했다. 이틀 뒤인 1월 16일 베네치아를 향해 떠난 그는 팔라초 두칼레에서 영접을 받았다. 이곳에서 네루다는 자신의 처지가 아직도 얼마나 미묘한 상태로 남아 있는지를 다시금 상기하게 된다. 경찰이 그에게 정치적 주제로 토론하는 것을 금지했던 것이다. 자칫 추방될 수도 있다는 것을 알고 있던 그는 그 요구를 순순히 받아들였다. 시만 붙들고 늘어진 그는 평소 아주 좋아하던 도시 베네치아에 한 달 넘게 머물렀다. 2월 20일 제노바로 간 그는 팔라초 투르소에서, 시장으로 있던 젤라시오 아다몰리 교수의 영접을 받았다. 제노바에서 가브리엘라 미스트랄과 재회한 그는 기뻤다. 하지만 베네치아로 다시 돌아온 그에게 나쁜 소식 — 한 번도 멀리 떠나 있었던 적이 없는 — 이 도착했다. 냉전 분위기에 편승한 이탈리아 정부는 파블로가 이탈리아 땅에 있는 것이 못마땅했다. 밤낮으로 파블로의 호텔 문 앞을 지키고 있던 경찰은 즉각 이탈리아를 떠나라고 요구했다. 네루다는 조금도 기가 죽지 않고 그 뒤로도 이틀을 더 머무르면서, 2월 23일 밤에는 팔라초 두칼레에서 또 한 번 시를 낭송했다. 나중에 네루다는 자기를 쫓아다니던 이탈리아 경찰의 모습을 — 베네치아 운하에서 곤돌라로 추적한 일까지 있었다 — "어릿광대들의 익살극"으로 묘사했다.[52)]

이탈리아의 음식과 아름다움과 사람들에 대해 네루다는 본능적으로 반응하였지만, 그곳을 떠날 때는 인도를 떠날 때와 마찬가지로 입안에 쓴 물이 고여 있었다. 새로운 사랑 마틸데를 만나는 일보다 그의 마음을 더 사로잡고 있는 것은 없었다. 그는 그녀를 곧 다시 만날 계획을 세우고 있었다.

8월 초순, 파블로는 프랑스에서 추방될 수도 있다는 경고를 받았다. 1951년 8월 5일, 그는 파리에서 프라하로 날아가 제6회 카를로비바리 영화제에 참석했다. 바로 그곳에서 네루다는 그의 생애에서 가장 기꺼운 선물 중의 하나를 받게 되었다. 비밀리에 출판된 『모두의 노래』 칠레판 삽화가인 호세 벤투렐리가 그에게 직접 칠레에서 가져온 책 한 부를 건네준 것이다.[53)]

---

52) Pablo Neruda, *Memoirs*, pp.211-212.

53) 비밀리에 출판된 『모두의 노래』 칠레판에 대한 이러한 세부 사항

영화제에서 파블로 네루다를 본다는 것은 역설적이었다. 그는 시나리오 작업을 하기도 했던 많은 친구—그중에는 라파엘 알베르티나 마누엘 알톨라기레 같은 이들이 있다—와는 달리, 영화에 대해 기껏해야 양가적인 관계를 가지고 있을 뿐이었다. 사실 그는 영화가 자본주의 사회에서 갖게 되었다고 생각하는 모습에 흔히 경멸적인 태도를 취했다. 그가 보기에 영화는 문학에 비해 훨씬 열등한 예술 형식으로서, 제작자에게 가능한 한 많은 돈을 안겨 줄 목적으로 기획되는 것이었다.

하지만 청년 시절 그는 산티아고에서 영화관을 즐겨 찾았다. 카를로비바리 영화제에서 그가 청중에게 전해 주고 싶었던 것이 바로 이 열의였다. 그는 청중을 향해 이런 말로 이야기를 시작했다. "나는 언제 어디서건 매혹을 찾으며 어두운 영화관을 들어서던 그런 사람이었습니다… 영화는 다른 어떤 예술보다도 더 완벽하고 마비에 가까운 주의력을 요구합니다. 우리는 음악을 끄고, 책을 덮고, 위대한 작품을 소장한 미술관 관람에 피곤해질 수 있지요. 그러나 영화가 아무리 우리를 우울하게 만들고 화나게 한다 해도, 그 영화가 끝나기 전에 자리에서 일어서는 사람은 거의 없습니다."[54]

및 다른 세부 사항들을 제공해 준 로버트 프링밀에게 무한한 감사를 표한다. 그 세부 사항 중 많은 부분은 그가 1986년에 호세 벤투렐리와 나눈 두 번의 주목할 만한 대화에서 얻은 것이다.

54) 이 연설은 *Democracia,* Santiago, 5 August 1951에 게재되었다.

다음 날인 1951년 8월 6일 네루다는 델리아와 함께 프라하에서 동베를린으로 가는 기차를 탔다. 성년을 축하하는 청년 축제에서 강연이 잡혀 있었다. 바로 이곳에서 그는 마침내 마틸데를 만나게 된다. (유럽에 도착한 그녀가 파리 아파트로 여러 차례 전화를 걸었으나, 당시 그곳에 머무르고 있던 호세 벤투렐리가 대신 전화를 받았다. 전화상으로는 두 사람 목소리가 비슷했기 때문에 마틸데는 처음에 애인과 통화하고 있다고 생각했다.)[55]

마틸데가 비자 허가를 받을 수 있게 파블로가 남몰래 동독 당국을 설득한 끝에 그녀는 성악가로 청년 축제에 참가하게 되었다.

마틸데는 "나는 축제가 시작되고 난 뒤에야 도착했다"며 회고록에서 이렇게 말하고 있다.

> 파블로는 내게 몇 차례 전보를 보냈는데, 그중 하나의 덕으로 거부당하고 있던 비자를 받을 수 있었다. 나는 정치를 하는 여자가 아니었고, 그런 것에 대해서는 아는 바가 전혀 없었다. 나는 딴 세상에서 온 셈이었다. 조금이라도 싸움의 기미가 있는 것이라면 나는 결코 좋아한 적이 없었다… 베를린에 도착하니 나를 기다리고 있던 친구들이 파블로가 극장에 가 있을 테니 곧장 그리로 가라고

55) José Venturelli, in conversation with Robert Pring-Mill in 1986.

했다. 나는 마음이 환해졌다. 극장에 도착해 보니 그가 있었다. 나를 보는 순간 그의 얼굴이 환해졌다. 우리는 서로 껴안았다. 그가 말했다. "마침내! 다시는 당신하고 헤어지고 싶지 않아." 나는 그 말을 평생 잊을 수 없었다.[56]

베를린에는 법망을 피해 온 파블로의 동료 공산당원인 튀르키예 시인 나짐 히크메트도 와 있었다. 감옥에서 풀려난 몸이었지만 그는 야음을 틈타 보스포루스 해협을 건너 튀르키예를 벗어나야 했다. 두 사람은 처음 만난 사이였다. 그러나 서로 마음이 맞는 사람임을 알아보고 따뜻하게 포옹했으며 금세 가장 가까운 친구 사이가 되었다.

마틸데는 히크메트가 "훤칠한 키에 살결이 희고 아주 잘 생겼으며, 반짝이는 눈과 항상 웃음이 터지려는 듯한 입을 가진" 매혹적인 사람이라고 기억한다. "그는 나를 한동안 바라보더니 이렇게 말했다. '마음에 듭니다. 아주 마음에 들어요. 당신은 칠레의 아라우칸족 여인이군요. 난 당신이 참 좋습니다.' 그는 그 큰 두 손으로 나를 자기 얼굴까지 번쩍 들어 올리더니 내 볼에 입을 맞췄다."[57]

그날 밤, 네루다는 마틸데에게 호텔 방에 가 보면 선물이 기다리고 있을 것이라고 했다. 그녀가 방문을 열었더니 그

56) Matilde Urrutia, *Mi vida junto a Pablo Neruda*, pp.46-47.

57) Ibid., p.47.

안에서 나짐 히크메트와 파블로 네루다가 장난꾸러기 학생들처럼 깔깔 웃고 있었다. 나짐이 "부인, 당신께 드리는 선물입니다"라며 파블로를 마틸데에게 넘겨주더니, 연인들을 두고 방을 나갔다.

마틸데는 회고록에 이렇게 쓰고 있다. "파블로는 호텔에 들러 종업원들에게 (공산)당 모임이 급히 열리게 되어 새벽까지 들어오지 못한다는 말을 델리아에게 전하라고 했다는 것이다. 그러니 우리는 밤새도록 함께 있을 수 있었다… 나는 그의 가슴에 얼굴을 기대고 평안한 마음으로 눈을 감은 채 이렇게 말했던 것 같다. '당신한테서 부드러운 사랑 냄새가 나네요.' 그가 말했다. '조심해. 그건 시야. 설마 내게 문학을 들이대려는 것은 아니겠지.'"[58]

이리하여 놀라운 이중생활, 네루다가 두 여인 사이에서 이끌어 간 곡예가 유럽 대륙 곳곳을 횡단하며 진행되기 시작한다.

델리아의 의심을 조금도 사지 않으면서, 때로는 정말 마키아벨리적인 작전을 네루다는 어떻게 펴 나갈 수 있었을까? 그가 동유럽 공산당 관리들과 가까운 관계를 맺었고, 기꺼이 그의 공범자가 되고자 했던 세계 전역의 충실한 친구들에게 많은 도움을 받은 것은 분명하다. (칠레로 돌아가고 나서야 그는 자신이 델리아를 대하는 방식에 대해 많은 친구들이 얼

58) Ibid.

마나 강하게 비난하고 있는지 알게 되었고, 그 때문에 몹시 고통스러워했다.)

이튿날 마틸데는 예정대로 축제에서 칠레 무용수들과 함께 노래했고 주최 측으로부터 호평을 받았다. 두 사람은 잠시라도 빈 시간이 있으면 함께 있으려고 애를 썼다. 하지만 가까운 친구들을 제외한 나머지 세상 사람들은 파블로와 델리아가 여전히 행복한 결혼 생활을 꾸려 가고 있다고 알고 있었다.

베를린 청년 축제가 끝나면서 파블로는 마틸데와 단둘이 있고 싶었다. 그러나 델리아가 있어서 불가능했다. 그는 자기 부부와 쿠바 시인 니콜라스 기옌 그리고 마틸데, 네 사람이 함께 루마니아로 휴일 여행을 떠나자고 제안했다. 호세 벤투렐리에 의하면, 1951년 8월 하순, 부쿠레슈티로 가는 기차 여행 중에 기옌이 마틸데에게 수작을 걸려고 했던 모양인데, 이 때문에 두 사람은 평생 적대적 관계가 되었다.[59]

1951년 8월 28일, 네 사람은 루마니아 수도에 있는 커다란 집에 여장을 풀었다. 바로 그날 네루다는 팽팽하게 힘이 차 있고 극도로 에로틱한 분위기의 시들 중 첫 편을 쓰기 시작한다. 마틸데에게 바치는 이 알기 어려운 시집 – 『대장의 노래』 – 은 이듬해에 나폴리에서 익명으로 간행된다. 난해한 문제의 시 「탕녀」는 두 연인의 삶에서 의미심장한 작품이

---

59) José Venturelli, in conversation with Robert Pring-Mill in 1986.

다. 마틸데는 그 시가 자신의 첫 유산(流産)을 언급하고 있다고 주장한다. 이는 과거로 거슬러 올라가 1949년 멕시코에서 있었던 일이라는 것이다.

나는 모든 여인들 가운데 너를 택하여
지상에서
메아리 울리라고 하였네
밀밭에서 춤추는 내 심장
필요하다면 죽기 살기로 싸우는 내 심장의 메아리를.

네게 묻노니, 내 아이는 어디에?

그 아이는 네 몸 안에서 나를 기다리고 있지 않았나,
나를 알아보고
내게 이렇게 말하며. "대지 위로 나를 불러내 줘요
당신의 투쟁 당신의 노래를 계속할 수 있도록."

내 아이를 내게 돌려다오![60]

네루다는 한이 맺힌 듯 비통해 보인다. 마틸데는 회고록에서 자신이 건강을 충분히 돌보지 않아서 유산했다며 네루

---

60) Pablo Neruda, 'La pródiga', *Los versos del Capitán.*

다가 자기를 탓했다는 이야기를 넌지시 적고 있다. 하지만 네루다는 출산 때까지 그녀 곁에서 아이를 돌보지 못했다는 사실에 대해서도 자신에게 화를 내고 있다. 다시는 헤어지지 않겠다고 네루다가 약속했지만, 그래도 두 사람이 공개적으로 함께 다닐 수는 없었다. 유럽 전역을 돌아다니는 동안, 그는 아내가 옆에 앉아 있을 때조차 새 애인에게 드러내 놓고 에로틱한 연애시를 써 보내곤 했다. 「사랑」의 일부는 1951년 9월 10일과 11일, 델리아와 함께 우랄산맥을 넘어 몽골로 가는 시베리아 횡단 열차 안에서 쓴 것이다.

그 기차 여행에는 러시아 친구이자 네루다 시를 번역하고 있던 일리야 에렌부르크가 동행하여, 적군(赤軍)에서 복무하던 시절의 이야기로 일주일 거리의 지루한 여행길을 달래주었다.

"빗질 한 번 안 한 머리며, 깊게 파인 주름살, 니코틴에 전 치아와 차가운 회색 눈 그리고 우울한 미소를 지닌 에렌부르크는 늙은 회의주의자이자 미망에서 깨어난 위대한 각성자였다"라고 네루다는 말년에 회고록에 쓰고 있다. 그는 계속해서 이렇게 의미심장한 말을 하고 있다. "나는 그 얼마 전에야 위대한 혁명에 눈뜬 상태였고, 암울한 세부 사항에 대해서는 아직 눈먼 상태였다. 전반적으로 조잡한 당시의 몰취미나 금은으로 도금해 놓은 (그들이 멈추는 역마다 세워져 있던 스탈린의) 동상의 세계에서 나는 따질 것이 별로 없었다. 시간은 내가 틀렸다는 것을 증명하게 될 것이었다. 그러나 예렌부르크마저도 그 비극의 광대함을 온전히 깨닫지는 못했다고 생각한다. 20차 전당대회[1956년, 흐루쇼프는 이 대회에서 스탈린의 광범한 죄악상을 폭로한다]에 가서야 그 비극의 어마어마함이 우리 모두에게 알려졌던 것이다."[61]

네루다가 예렌부르크에 대해 말한 것은 틀렸다. 그는 소련에서 무슨 일이 벌어지고 있는지 알고 있었다. 그러나 가장 가까운 친구들에게조차 위험을 무릅쓰고 이야기해야 할 만한 그런 일이 아니었을 뿐이다.

그 긴 기차 여행을 하는 동안 예렌부르크는 대화를 나누는 시간 말고는, 소설 『제9의 파도』를 완성하고 있었다. 델리아가 옆에 있는데도 네루다는 『대장의 노래』에 수록될 연애시 중 가장 열정적인 몇 편을 마틸데를 향해 쓰고 있었다. 그 무렵 네루다는 예전과는 달리, 무엇이든 쓰고 나면 델리아에게 보인 뒤 그녀의 의견을 묻던 평소의 습관을 확실히 버린 것으로 보인다.

그들은 이르쿠츠크에서 기차를 내려 몽골로 가는 비행기를 탔다. 불모의 풍경을 바라보는 네루다는 상원 의원으로 일하던 시절의 칠레 북부가 머리에 떠올랐다. 그는 화려한 은잔에 담긴 몽골식 쌀 위스키를 맛보았다. 발효시킨 낙타 젖으로 만든 것이었다. "그 맛을 떠올리면 아직도 등골이 오싹해지곤 한다."[62] 그는 몽골에서 중국으로 건너간다. 베이

---

61) Pablo Neruda, *Memoirs,* pp.205-206.

징에 가서 1951년 스탈린 평화상을 쑨원의 미망인 쑹칭링 여사에게 수여해 달라는 부탁을 받았던 것이다.

베이징 공항에서 네루다 부부와 예렌부르크를 기다리고 있던 사람 중에는 훗날 문화 혁명의 희생양이 된 시인 아이칭도 있었다. 굳이 양말 한 켤레를 사고 싶다는 네루다의 욕구 때문에 생긴 곤란한 일 말고는 중국 방문은 별 탈 없이 진행되었다. "가게에 도착하니 우리 중국인 친구들이 뛰어나와 가게 안의 다른 손님들을 모두 밖으로 내보냈다. 그러고는 교통을 통제하고 몸으로 장벽을 만들었다. 고개를 숙인 채 그들이 만든 인간 통로를 지나서 가게에 들어갔다가 15분 뒤에 다시 고개를 숙인 모습으로 같은 통로로 빠져나온 예렌부르크와 나는 양손에 각자 작은 꾸러미를 들고 있었다. 다시는 중국에서 양말을 사지 않으리라 단단히 마음먹은 채 말이다."[63]

그것 말고도 거북한 일이 또 있었다. 중국 요리를 맛보는 것이 '거의 불가능하다'는 말을 듣고, 네루다는 예렌부르크를 향해 돌아서서 이렇게 선언하듯 말했다. "이보게, 나는 당장 파리로 돌아갈 테니 서류를 빨리 준비해 주게. 중국에서 중국 요리를 맛볼 수 없다니, 파리의 라틴 구역에 가서 먹을 수밖에. 거기에선 아무 문제 없이 먹을 수 있거든." 네루다가

62) Ibid., p.207.

63) Ibid., p.210.

화를 내자 즉각 효과가 나타났다. 두 사람은 사람들의 호위를 받으며 마침 호텔 바로 옆에 있던 유명한 중국 식당으로 갔다. 그들이 맛본, 껍질이 반들거리는 오리 요리는 "잊을 수 없는, 기막힌" 경험이었다.

1951년 10월, 네루다와 델리아는 유럽으로 돌아와 프라하에 머물고 있었다. 체코슬로바키아작가동맹은 그를 위해 또다시 도브리스성 안에 방을 마련해 주었다. 1949년 파리에서 세계평화회의 평의원으로 선출된 네루다는 니콜라스 기옌, 일리야 예렌부르크 그리고 브라질 소설가인 조르지 아마두를 만나 이듬해 빈에서 열릴 평화회의를 함께 준비했다. 11월, 빈을 잠시 찾았던 네루다와 델리아는 스위스 제네바 근교의 그랑-사코네에 정착했다. 이곳에 머무는 동안 네루다는 잠시 몸을 빼내어 11월 말, 마틸데와 단둘이 니옹이라는 아름다운 스위스 마을에 일주일간 체류했다.

델리아를 유럽에 둔 채 어떻게 두 사람이 이런 식으로 함께 지낼 수 있었을까? 이네스 피게로아의 말로는, 델리아가 자주 파리로 혼자 여행을 가곤 했는데, 그 틈을 타서 두 사람이 만난 것 같다고 한다. (네루다의 여행 비자는 기간이 제한되어 있어서, 그는 어쩔 수 없이 프랑스 밖에서 상당 기간 머물러 있어야 했다.) 하지만 니옹에서 함께 지낸 것은 델리아가 라틴아메리카로 돌아가고 난 다음이었을 가능성이 있다.[64]

64) Inés Figueroa, in conversation with AF, October 2002.

네루다 자서전에서는 이 예외적으로 행복했던 스위스에서의 막간극이 어떤 식으로도 언급되지 않고 있다. 그러나 마틸데는 이 일을 길게, 애정을 담아 이야기하고 있다.

> 우리는 니옹으로 갔다. 우리가 함께 생활한 것은 이번이 처음이다. 니옹은 레만호의 푸른 하늘로 열린 작은 마을이다… 파블로는 여전히 정치적 망명객이었고, 니옹은 완벽한 피신처였다. 나는 마치 안전지대에 들어선 느낌이었다. 그곳에서 우리는 자유를 호흡했고 삶은 안온했다. 스위스는 모든 점에서 우리에게 깨끗하다는 느낌, 믿을 수 있다는 느낌을 주었다. 호텔에서도 우리에게 서류를 요구하지 않았다. 아무도 우리가 부부 사이라는 것을 의심하지 않았다. 아무도 우리를 몰랐고, 누구도 우리를 별다른 존재로 여기지 않았다… 만일 내게 한순간이라도 환생의 기회가 주어진다면, 조금도 주저하지 않고 이 곳을 택하리라.[65]

65) Matilde Urrutia, *Mi vida junto a Pablo Neruda,* pp.65-66. 휴 토머스는 니옹이 스페인 내전에서 역사적인 역할을 수행했다고 지적한다. 1937년 9월 10일, 영국과 프랑스가 스페인을 제외한, 독일, 러시아 등 모든 지중해 접경 국가를 파시스트의 스페인 연안 공격을 막기 위한 회의에 초대한 곳이 바로 이곳이었다. Hugh Thomas, *The Spanish Civil War* (3rd ed., Pelican Books, Harmondsworth, 1977), pp.605-607.

그곳에 도착한 첫날 밤, 그들은 식당을 찾아 밖으로 나섰다. 그러나 스위스인들은 라틴아메리카 사람들보다 훨씬 일찍 저녁을 먹는다는 사실을 뒤늦게 확인했을 뿐이다. 그 시각까지 문을 연 곳은 아무 데도 없었다. 그래도 유쾌한 기분으로 뒤 라크 호텔로 돌아와 보니, 호텔 식당도 문을 닫은 후였다. 결국 두 사람을 가엾게 여긴 지배인이 찬 음식 한 접시와 포도주 한 병을 내주었다.

"그곳 니옹에서 우리는 몸뚱이뿐만 아니라 영혼까지 발가벗었다"라고 마틸데는 쓰고 있다. 파블로가 자신의 어린 시절 이야기를 길게 해 주었다. 그는 마틸데에게 약골인 데다 내성적이고 말이 없던 자신이 어떻게 아버지 눈에 시원찮은 아들로 비치게 되었는지를 이야기했다. 그러나 그는 아버지와 함께 기차를 타고 숲으로 여행을 가곤 했던 일을 따뜻하게 기억하고 있었다. 어린 시절, 책을 읽다가 울음이 터지는데도 눈물을 같이 나눌 사람이 아무도 없었고, 성인이 되어서도 시인으로서 자신의 감수성이 이해받지 못했던 사실에 대해 한탄하기도 했다. 그는 난생처음 바다를 본 것이 청년 시절 중 가장 기억할 만한 일이었다고 회상했다. 마틸데 역시 파블로에게 치얀에서의 찢어지게 가난했던 유년 시절을 이야기했다. 그녀도 네루다처럼 신발을 구멍이 날 때까지 신고 다녔다.

그는 자신의 로사리오와 더없이 행복한 사랑을 느끼며, 호텔 방에서 『대장의 노래』를 계속 써 나갔다. 어떤 원고에는 이렇게 썼다. "니옹, 12월 2일, 레만호를 바라보며, 로사리오를 앞에 두고, 캄파리 두 병과 함께. 새벽 12시 4분." 그가 쓰고 있던 시는 질투로 팽팽한, 빼어난 시 「네가 나를 잊는다면」이었다. 파블로는 마틸데와 헤어져 있을 때마다 — 어쩌면 회고록 안에서 마틸데 혼자 하는 주장일지도 모르지만 — 더욱더 질투를 느끼게 되었다. 그녀 말로는 파블로는 자기만이 그녀의 사랑임을 확실히 하기 위해 언제나 그녀 곁에 있지 않으면 안 되었다. 그리고 마틸데 자신도 파블로가 그렇게 느낄 만한 구체적인 이유가 있다고 인정한다. "내게는 그가 알지 못하는 과거가 있었고, 그는 참기 어려운 질투와 분노가 가능한 사람이다. 그것은 마치 그의 영혼과 나의 영혼을 휩쓸어 가는 폭풍을 닮았다. 하지만 그것은 결코 우리 둘을 묶어 놓은 사슬을 부술 힘은 갖지 못했다."

마틸데는 파블로가 그녀에 대해 느끼는 불안감이 『대장의 노래』를 쓰게 한 원동력이라고 믿고 있었다. "그로 하여금 이 책을 쓰도록 몰아간 힘은, 나에 대해 결코 완전히 자신할 수는 없다는 생각이었다. 나의 독립성은 그를 몹시 당혹스럽게 만들었다. 우리가 이따금 끔찍하게 싸운 것은 그 때문이었다… 나와 함께 있을 때면 그는 결코 폭력을 쓸 줄 몰랐다. 그가 끔찍한 일들을 상상해 내는 것은 내가 곁에 없을 때였다… 내가 노래하고 웃고 밖에 나다니는 것을 좋아했기 때문에, 그는 한 번도 나에 대해 완전한 자신감을 가질 수 없었다."[66)]

마틸데의 주장으로는, 『대장의 노래』에 나오는 「탈선」이라는 시의 잔인한 구절들 배후에 바로 그 질투가 있다는 것이다.

너의 발길 다시 빗나가면,
잘라 버릴 거야.

너의 손이 너를
다른 길로 이끌면
썩어 끊어지고 말 거야.

네가 나를 네 삶에서 떼어내면
살아 있는 동안마저
너는 죽은 목숨일 거야.

너는 죽어 있든가 아니면 그림자가 되어
나 없이 지상을 떠돌 거야.[67]

반면, 마틸데 자신은 한 번도 네루다의 부인 델리아를 질

---

66) Matilde Urrutia, interviewed in *La Tercera*, Santiago, 1982. 2002년 7월 13일 같은 신문에 다시 게재되었다.

67) Pablo Neruda, 'El desvío', *Los versos del Capitán*.

투해 본 적이 없다고 말한다. "파블로는 한 번도 그녀와 헤어질 생각을 한 적이 없다. 우리는 온전히 행복한 한 쌍이었다. 결혼은 우리에게 전혀 중요하지 않았다… 나는 그녀 곁에 있는 순간에 오히려 파블로가 더 분명히 내게 속해 있다는 것을 알고 있었다. 그것이 두 사람의 나이 차 때문이라고는 생각하지 않는다. 그것은 처음부터 금방 느껴졌던, 우리의 견고한 관계에 대한 의식 때문이었다. 우리는 그 누구도 파괴할 수 없는 한 쌍이었다. 나는 결혼을 원치 않았다. 파블로의 연인이라는 사실만으로도 너무나 행복했다."[68)]

하지만 스위스에서 펼쳐졌던 두 연인의 열정적인 전원생활은 곧 끝나게 된다. 델리아가 유럽에 있었기 때문에 둘이서만 오래 지내기는 불가능했다. 하지만 마틸데는 파리로 돌아가고 네루다는 로마로 길을 재촉하는 동안, 두 사람은 떨어져 사는 것이 더 이상 견딜 수 없다는 사실을 깨닫게 된다. 마틸데는 네루다를 만나기 위해 로마로 가겠다고 결심했다. 그곳에는 성악을 공부하기 위해 유학 중인 멕시코 친구들도 있으니, 그들의 하숙집에서 함께 지내면 될 일이었다.

니옹에서 마지막 밤을 보내면서 네루다는 불현듯 책상으로 달려가 「길에서 쓴 편지」를 쓴다. 그는 『대장의 노래』 마지막 부분을 이루게 될 이 시를 봉투에 넣어 마틸데에게 건네주면서 다음 날 파리로 떠나는 길 위에 있기 전에는 절대

68) Matilde Urrutia, interviewed in *La Tercera,* 1982.

뜯어 보지 않겠다는 다짐을 받는다.

안녕, 하지만 그대
나와 함께 있으리. 안에서는
내 핏줄 흐르는 한 방울 피가 되어
혹은 밖에서 내 얼굴 타오르게 하는 입맞춤 되어
내 허리 휘감는 불의 띠가 되어.
…
폭풍이 지난 후
그대를 보았네.
대기는 빗줄기에 맑게 씻기고
물속에는
물고기처럼 반짝이는 그대의 고운 두 발.

사랑하는 이여, 나 이제 싸움터로 떠나네.

땅을 파헤쳐 그대 거처 마련해 놓으리.
거기서 그대의 대장
침대에 꽃을 깔고 그대를 기다리리.

네루다는 서로 헤어진 뒤로도 약속한 대로 계속 연애시를 쓰게 되는데, 이것이 나중에 『대장의 노래』로 묶이게 된다. 그는 어디서나 시를 썼다. 어떤 시의 초고를 보면, 바젤에서 프라하, 르비우에서 프라하로 가는 비행기에서도 쓰고 스위스와 이탈리아 사이의 기차에서도 썼다는 것을 알 수 있다.

『대장의 노래』가 쓰인 세세한 과정을 놀라운 연대기로 보여 주고 있는 로버트 프링밀은 네루다가 원고 여백에 남긴 집필 일자나 장소에 이따금 오류가 있다는 것을 지적한다. 녹색이라기보다는 자주색으로 쓰인 이 메모들은 네루다에게서 보기 드물게 흘려 쓴 글씨체로 되어 있는데, 그중 몇몇은 완전히 잘못된 것도 있다(예를 들어 부쿠레슈티와 부다페스트를 혼동하고 있다).[69]

1950년 12월 12일, 네루다는 로마에 있게 된다. 그해 마지막 날 밤 로마를 떠나 나폴리로 가야 했던 그는 이틀 뒤 다시 로마로 돌아왔다가 1951년 1월 9일 피렌체로 떠나 팔라초 베키오에서 시장의 영접을 받는다. 11일에는 팔라초 델라르테 델라 라나에서, 다음 날은 팔라초 디 파르테 구엘파에서 시를 낭송했다.

피로에 지칠 지경이었던 시 낭송 여행 중에도 네루다는 시간을 내어, 또 하나의 연작시를 써 갔다. 1950년에 쓰기 시

69) 네루다는 'El jabón y la aguja'라는 시의 여백에 "1951년 12월 20일 오후 2시에서 3시"라고 썼고, 이어서 감질나게 "M … Krem … n"이라고 적었다. 로버트 프링밀은 이것이 다른 어디에도 기록되지 않은 그 날짜들에 모스크바를 방문한 것을 가리킨다고 믿는다. Robert Pring-Mill, Notes on the composition of *Los versos del Capitán.*

작한 『포도와 바람』은 『대장의 노래』와는 결이 다른 책이다. 네루다 자신은 가장 아끼는 작품으로 이 시집을 빼놓지 않지만, 위대한 시인이 쓴 것 치고는 가장 고르지 못한 작품의 하나이며, 그중 몇몇 시는 몹시 어설프기까지 하다. 『포도와 바람』이 묘사하고 있는 것은 냉전의 절정기에 동유럽을 여행하고 있는 공산주의자 시인의 개인적 여행담 같은 것이다. 거기에는 새로운 '인민 민주주의' 체제에서 운영되고 있는 (그리고 그의 관점에서는 잘 돌아가는) 사회주의에 대한 애정과, 살아 있거나 혹은 죽은 친구들에 대한 애정이 녹아 있다.

1964년 자신의 작품을 돌아본 네루다는 우선 '연대기 작가'로서 그것을 썼다고 말했다. "지리적 · 정치적 내용이 담긴 시로 쓰려고 했다. 더러 나 자신의 시 속에서 찾고자 하는 강렬하고도 확장적인 음조를 성취한 경우도 있지만, 그러나 어느 정도는 실패로 끝난 시도였다."[70]

『포도와 바람』은 사실 당시에 네루다가 지녔던 두 가지 열정의 연대기다. 제2차 세계대전의 폐허에서 소비에트 진영 국가를 재건하는 것과 마틸데에 대한 사랑이 바로 그것인데, 6부에 나오는 「인어가 돌아왔다」에서 시인은 이 두 열정을 명백하게 그리고 회화적으로 뒤섞고 있다.

---

70) Pablo Neruda, 'Algunas reflexiones improvisadas sobre mis trabajos', *Mapocho,* Santiago, No.3, 1964.

사랑하는 이여, 어느 날 문득
네가 죽기라도 할 것처럼,
나는 밤낮으로
파고
또 팠네
너의 무덤을.
그러고는 나 너를 다시 지었네.
먼지 속에서 너의 가슴 세우고,
잿더미 속에서 사랑했던 너의 입술 일으켜 놓았네.
다시 지어 놓았네
너의 팔 너의 다리 너의 두 눈,
출렁이는 금속의 너의 머릿결
나 너에게 생명을 주었네
…
사랑이여, 바로 그렇게
그들은 바르샤바를 다시 일으켰으니.
…
이제 너는 알 수 있으리
어떻게 사랑이 가로수 거리를 만들고,
정원에서 달빛이 노래하게 만드는지를.[71)]

71) Pablo Neruda, 'Regresó la sirena', *Las uvas y el viento.*

로버트 프링밀은 7부 「포도송이의 나라」가 『대장의 노래』에 필적하는 작품을 포함하고 있으며 사실상 그 연장이라고 지적한 바 있다. 그리고 그 밖의 많은 부분은, '송가' 시기의 네 시집 전체를 지배하게 될 극히 단순한 기법의 초기 단계를 보여 주고 있다. 『포도와 바람』의 이 부분들은 그가 소비에트 진영에 체류하고 있을 때 실험 중이었던 것으로 보이는 '사회주의 리얼리즘'의 결과를 보여 주고 있는 것 같다.[72)]

하지만 『포도와 바람』에 실린 많은 시들은 유럽의 동지들에 대한 정치적 연대감을 그리려고 너무 애쓰는 바람에 무미건조하고 서투른 표현에 머무르고 말았다.

「스페인이 되살아온다」라는 시를 보자. 이 시에서 네루다는 스페인 체험이 자신에게 아직도 얼마나 깊은 영향을 미치고 있는지를 그리려고 한다.

> 십자가형에 처해진 너의 횃불이 없었다면 나는 무엇인가?
>
> 너의 바위에서 샘솟는 물이 없었다면 나는 어디에 있을까?
>
> 네가 내게 피를 주지 않았다면 너는 누구인가?

여기서 사용된 종교적 상징들은 같은 시집의 「남자 홀로」

---

72) Robert Pring-Mill, in conversation with AF, November 2003.

에서 도끼로 나무를 찍어 넘어뜨리는 자신의 이야기를 하는 장면과 마찬가지로 진정한 울림이 결여되어 있다.

사회주의 유럽에서 돌아가는 근대적 기계를 찬양하는 시들은 더 좋지 않다. 거기에는 에밀 졸라가 보여 준 기술 문명과 진보에 대한 낭만적 애착 같은 것도 없다. 나치의 파괴 행위에서 당당하게 회복되고 있는 폴란드를 묘사한 「평화의 건설」에서 한 구절을 보자.

> 그단스크에서 나는 생명이
> 다시 생명을 낳는 것을 보았네.
> 엔진은 그 강철 입술로
> 내게 입 맞추었네.

때로는 정말 아름다운 시구들이 빛나는 경우도 있다. 「여기 나짐 히크메트가 온다」를 보자.

> 나짐이 웃을 때,
> 나짐 히크메트가 웃을 때,
> 그건 당신이 웃는 것과 다르다.
> 그의 웃음은 더 하얗다.
> 그의 안에서는 달이 웃고 있다,
> 별이,
> 포도주가,

죽지 않는 대지가

네루다가 동유럽에서 시선을 돌려 조국 칠레를 절절한 그리움으로 돌아볼 때면, 거기에는 폐부를 찌르는 힘이 있다. 「그 어느 때 칠레를」에서 그는 이렇게 쓰고 있다.

오 칠레여, 바다와
포도주와 흰 눈의 긴긴 꽃잎이여,
아 언제나
아 언제나 언제나
아 언제나
나 너를 다시 보리

하지만 『포도와 바람』에서 이런 순간을 발견하는 경우는 극히 드물다. 이 시집이 실제 출판된 것은 1954년, 그러니까 『대장의 노래』가 출간되고 2년이 지난 뒤였다.

1951년 후반 델리아와 네루다의 관계는 긴장 상태에 있었다. 그러나 그해 11월 25일 델리아가 라우리타에게 쓴 편지를 보면 — 이때는 아마 네루다가 마틸데와 니옹에 가 있을 무렵이었을 것이다 — 델리아의 넓은 포용력은 여전하다는 것을 느낄 수 있다. 그녀는 오히려 아직 젊은 나이였던 남편 라몬의 죽음으로 인해 여전히 슬픔에 빠져 있는 라우리타의 상태를 염려하고 있다.

오, 라우리타, 너무 낙담하거나 상심하지 마요. 우리도 모든 것이 불투명한 상황 속에 있답니다. 여기서 우리 일을 매듭지어야 하기 때문에요. 하지만 당신 오빠가 이런 이야기를 했어요. 우리 관계를 어디서 끝내건, 당신이 거기에 함께 있을 것이라고. 그곳이 어디가 될지는 아직 모르겠어요. 그러나 파리는 아닐 거예요. 이탈리아일지? 혹은 에콰도르나 그 부근일지? 그냥 담담히 기다리세요.[73]

그러나 델리아는 네루다와 함께 유럽에서 또 한 번 뜻밖의 일을 경험하게 된다. 1952년 1월 11일, 나폴리 경찰이 호텔로 찾아와 그날로 이탈리아를 떠나야 한다고 조용히 통고했다. 공산당 일간지 ≪우니타≫에서는 분노에 찬 어조로 이 소식을 보도했다. "작가나 그와 같이 있는 부인의 서류는 아무 이상이 없었다. 그런데도 경찰은 오늘 아침 5시 30분, 사실상 한밤중에 네루다가 머물고 있는 호텔로 들이닥쳤다. 경찰은 시인과 부인에게 경찰서로 동행할 것을 명령했고, 시인은 그곳에서 오랜 시간 취조를 당했다."

네루다의 추방이 임박했다는 소식이 퍼지자마자 수많은 이탈리아 지식인들이 경악과 분노를 표출했다. 나폴리에서는 성명서가 발표되었다. "저명한 시인이자 애국자이며 이탈리아의 위대한 친구인 파블로 네루다가 3개월간의 합법적

---

73) Rodolfo Reyes, *Neruda —retrato de familia,* p.157.

체류 허가를 소지하고 있음에도 즉각 이탈리아를 떠나라는 명령을 받은 데 대해 우리 나폴리 지식인들과 예술가들은 격렬하게 항의하는 바이다…"

오후 5시, 친구들과 지지자들이 네루다 부부를 배웅하기 위해 나폴리역에 모여들었다. 두 사람은 경찰이 둘러싼 가운데 로마로 향했다. 그곳에서 국경으로 가는 열차로 갈아탈 참이었다. 그러나 기차가 로마역에 들어서자 놀라운 광경이 그들을 맞았다. 역 승강장은 "파블로, 파블로"를 외치며 기차를 향해 꽃을 집어 던지는 군중으로 꽉 차 있었다. 네루다가 기차 발판 사다리를 내려오자 이름 모를 수많은 사람의 팔이 그를 호송 경찰들의 손에서 끌어냈다. 경찰은 그 많은 군중 앞에서 속수무책이었다. 네루다는 군중 속에서 문득 아는 얼굴을 몇 보았다. 이탈리아 소설가 알베르토 모라비아와 그의 아내 엘사 모란테, 화가인 레나토 구투소가 보였다. 『그리스도는 에볼리에 머물렀다』를 쓴 카를로 레비가 장미꽃 한 다발을 그에게 내밀었다. 그리고 어딘가 군중 속에 몰래 숨어 마틸데가 그를 지켜보고 있었다. 어떤 식으로든 로마에 머물고 있던 그녀는 한달음에 역으로 달려왔던 것이다. 난장판이 계속되는 가운데 사람들은 경찰들을 구타하기 시작했고 어느 순간 엘사 모란테가 경찰 한 명을 우산으로 후려갈겼다. 그동안 내내 군중은 구호를 외치고 있었다. "네루다를 로마에!" "시인을 지켜라!" 경찰 고위 간부가 현장에 도착하여 3개월 여행자 비자 기간이 끝날 때까지 네루다의 이탈리아 체류를 보장한다고 약속하고서야 비로소 로마 내 수백 명의 네루다 지지자들의 흥분이 가라앉았다.

마틸데는 네루다에게 공개적으로 접근할 수가 없었다. 네루다는 우선 로마의 딩길테라 호텔로 갔다. 마틸데를 알고 있던 구투소가 그녀를 찾아 파블로가 어디에 있는지 알려 주었다. 네루다는 호텔에서 직접 그녀에게 전화를 걸어, 그곳에 남아 있는 게 너무 위험하다고 생각되어 (친구들은 "밤에 그자들이 덮쳐서 자네를 국경으로 데려가 버리면 우리는 속수무책"이라는 이야기를 했었다) 이탈리아 사회당 상원 의원의 집으로 옮길 참이었다는 말을 해 주면서 다음 날 그곳으로 찾아오라고 했다.

이튿날 네루다가 이탈리아에 체류할 수 있다는 사실이 공식 발표되었다. 다시 한번 델리아의 눈을 피해 로마 시내로 나온 두 연인은 그 소식을 자축했다. 길을 지나던 그들은 애완견 가게 앞에서 작은 개 한 마리가 졸린 눈으로 그들을 돌아보는 것을 보고 가게로 들어갔다. 두 사람은 그 개를 사서 꿈같은 시간을 함께 보냈던 스위스 마을의 이름을 따서 니옹이라는 이름을 지어 주었다.

며칠 뒤 네루다는 생존해 있는 이탈리아 최고의 역사가 에드윈 체리오의 전보를 받게 된다. 그는 이탈리아 당국의 태도에 혐오감을 표하고서, 네루다 부부에게 자신의 카프리 별장에 머무르면 어떠냐고 제안했다. 체리오의 제안은 사실상 이탈리아 공산당 상원 의원인 마리오 알리카타가 1952년

1월 8일 그에게 쓴 편지에 대한 화답인 셈이었는데, 알리카타는 "이탈리아에 대한 책을 쓰기 위해 석 달 동안 카프리에 머물" 기회를 찾고 있는 네루다를 도와 달라고 했던 것이다.[74] 1월 11일, 알리카타가 체리오에게 두 번째 편지를 보내면서, 이탈리아 특유의, '손님을 따뜻하게 맞이하고 관대하게 대하는 고귀한 전통'을 언급한 것이 주효했던 것 같다.

네루다는 체리오의 제안을 즉각 흔쾌히 받아들이게 되지만, 아직 마무리해야 할 일이 있었다. 그는 더는 마틸데 없이 살 수 없다는 것을 알고 있었고, 델리아를 속이지 않으면 안 되는 상황도 견디기 어려웠다. 하지만 사실대로 털어놓아 델리아에게 상처를 주는 것 역시 여전히 불가능하다고 생각되었다. 그는 자신이 망명 생활을 끝내고 당당히 승리자로서 칠레에 귀국하는 일을 준비하기 위해 그녀가 먼저 라틴아메리카로 돌아가 있는 게 좋겠다고 델리아를 조심스레 설득했다. 그 무렵 칠레에서는 좌파가 다시 살아나고 있었다. 1951년 11월 25일, 살바도르 아옌데는 칠레 사회당 후보로 1952년 대통령 선거에 출마하겠다고 공식 선언했다. 아옌데는 선언문에서 곤살레스 비델라 정권의 제국주의적 행보를 공개적으로 단죄하고 칠레 주요 자원의 국유화를 요구했다. 네루다의 요구에 대한 델리아의 반응은 처음에는 부정적이었다.

---

74) Teresa Cirillo Sirri, *Capri: Una tappa poetica di Neruda* (L'Orientale Editrice, Napoli, 2000) 참조.

그녀는 아직도 네루다를 깊이 사랑하고 있었고, 그렇게 다급하게 헤어져야 할 이유를 납득할 수 없었다. 3년 전 멕시코시티에서 남편의 정맥염 치료를 위해 자신이 직접 고용했던 여자를 남편이 자기 몰래 만나고 있으리라고는 꿈에도 생각하지 못했다.

하지만 1952년 1월 하순에 그녀는 마침내 네루다의 요청을 받아들인다. 그녀는 1월 30일 스웨덴의 예테보리항에서 아르헨티나로 떠났다. 파블로는 스위스 취리히의 생고타르 호텔에서 산티아고에 있는 누이동생 라우리타에게 다소 냉랭한 분위기의 편지를 쓰면서 자기를 만나러 오는 것을 당분간 더 늦출 수밖에 없다고 알린다.

> 사랑하는 동생에게. 너의 희망을 조금 꺾게 되어 미안하구나. 그런데 실은 네 올케언니[델리아]가 이런저런 이유로 덴마크 배인 비오비오호를 타고 아르헨티나로 돌아가는 중이다… 어쩔 수 없이 네가 유럽에 오는 것을 다음 기회로 미룰 수밖에 없구나.[75]

델리아가 이탈리아를 떠나 스웨덴으로 간 지 얼마 안 되어 네루다는 마틸데와 함께 카프리에 있는 체리오의 별장 카세타 아르투로로 옮겨 갔다. 나중에 그는 이렇게 쓴다.

---

75) Rodolfo Reyes, *Neruda —retrato de familia*, p.159.

> 우리가 그 경이로운 섬에 도착한 것은 어느 겨울밤이었다. 어둠 속으로 멀리 희끄무레한 빛의, 길고, 낯선 그리고 고요한 해변이 어렴풋이 모습을 드러냈다… 우리가 한집에 살게 된 것은 이번이 처음이었다. 아찔할 정도로 아름다운 그곳에서 우리의 사랑은 점점 커져 갔고, 이제 다시는 헤어져 살 수 없게 되었다. 그곳에서 나는 열정적이면서도 고통에 찬 사랑을 노래한 『대장의 노래』를 완성했다. 이 시집은 나중에 나폴리에서 익명으로 간행되었다.[76]

그런데 금세 위기가 닥쳐왔다. 체리오가 네루다에게 요구한 유일한 조건은 섬에 있는 동안은 어떤 정치 활동에도 관여하지 않는다는 것이었다. 하지만 1월 28일, 체리오는 프랑스어로 네루다에게 편지를 써서 그가 이 조건을 어겼다고 항의했다. 체리오는 날카롭게 지적했다. "(당신은 절대 용납할 수 없으리라 믿지만) 나는 모든 유의 정치를 혐오하는 결점을 가지고 있소. 하지만 그것이 인간을 사랑하는 내 나름의 방식이오."[77] 무언가 오해가 있었던 모양이었다. 체리오는 나폴리에 사는 어떤 칠레인으로부터 네루다와 통화하고 싶다는 전화를 받은 참이었다. 그는 즉시 네루다가 사실상

---

76) Pablo Neruda, *Memoirs,* p.214.

77) Teresa Cirillo Sirri, *Capri: Una tappa poetica di Neruda*에서 인용.

정치에 관여하고 있다고 생각하고 깜짝 놀란 것이다. 다음 날인 29일 네루다는 급히 답장을 보내 전화를 건 사람은 막역한 칠레인 친구 호세 벤투렐리가 이탈리아에 와 있다는 것을 알리려는 것뿐이었음을 설명했다. 그 문제는 거기서 일단락되었다.

에드윈 체리오의 아내 클라레타는 이 시기 네루다와 마틸데의 모습에 관해 빼어난 기록을 남겼다.

> 내가 본 것은 키가 훤칠하고 풍채 좋은 남자였다. 올리브색 피부에 모든 것을 유심히 바라보는 검은 두 눈, 그리고 훌렁 벗어진 머리… 마흔넷보다는 더 나이 들어 보였다. 아니 어쩌면, 더 늙어 보인다기보다는 나이를 알 수 없는 얼굴이라고 해야 할까. 마치 콜럼버스 이전 시대의 조각상 얼굴에서 받는 인상처럼.

반면, 마틸데는

> 부드럽고 다정한 여성으로서, 대단히 주의 깊으면서도 조심스러우며 항상 남들에게 양보하는 사람이었다. 거의 말이 없고 거동이 차분했던 그녀는 무대에 서는 사람들에게서 보이는 변덕스러운 기질 같은 것이 전혀 없었다.[78]

---

78) Claretta Cerio, *Ex libris: Incontri a Capri con uomini e libri*

『대장의 노래』는 1952년 7월 8일, 이탈리아 화가 파올로 리치의 후원으로 나폴리의 인쇄소에서 44부 한정판으로 출간되었다. 리치가 직접 그린 삽화와 함께 수작업으로 만든 상아색 종이에 인쇄체 활자로 찍혀 나온 이 시집의 표지에는 마틸데의 모습이 역력한 메두사 머리가 그려져 있다. 이탈리아 공산당에서 '망명 중인 동지이자 시인'에 대한 경의의 표시로 출판 비용 일체를 부담했다. 마지막 페이지에는 책의 출간에 도움을 준 유명 인사들의 이름이 일일이 열거되어 있었다. 루키노 비스콘티, 줄리오 에이나우디, 카를로 레비, 레나토 구토소, 시인 살바토레 콰시모도, 엘사 모란테, 조르지 아마두 같은 이름이 포함되어 있었다.

책에는 편지 형식의 머리말이 실려 있는데, 1951년 10월 3일 자로 쿠바 아바나에 있는 어느 이름 모를 개인에게 보내는 이 편지는 로사리오 델 라 세르다라는 이름으로 서명되어 있다. (델 라 세르다는 마틸데의 두 번째 성이다.) "나는 이 시들의 원문을 전부 가지고 있다"라고 쓰고 있는 이 가짜 편지의 내용은 다음과 같다.

> 이 시들은 기차, 비행기, 카페 등등 온갖 장소에서, 그것도 원고지가 아닌 작은 종이쪽지들 위에 쓰였으며, 첨삭된 부분이 거의 보이지 않는다. 마지막으로 보낸 편지 중

(Edizoni La Conchiglia, Capri, 1999).

하나에 「길에서 쓴 편지」가 적혀 있었다. 종이쪽지 대부분이 형편없이 구겨지거나 잘려 나가 알아보기가 어렵지만, 나는 그래도 어렵사리 해독해 냈다고 믿는다. 내가 누구인지는 중요하지 않지만, 나는 이 책의 주인공이며, 그 때문에 스스로가 자랑스럽고 내 삶이 만족스럽다.[79]

로사리오/마틸데는 계속해서 자신의 사랑이 언제 어디서 어떻게 시작되었는지 이야기를 만들어 가고 있는데, 이것은 명백히 저자가 누구인지를 알 수 없게 하려는 의도 때문이었다. 몇 년 뒤 마틸데는 로버트 프링밀에게 로사리오 델 라 세르다의 편지는 네루다가 아니라 자기가 직접 썼다고 말했다. 두 사람이 함께 이야기를 꾸민 것은 사실이지만, 파블로가 마틸데에게 직접 편지를 쓰라고 했다는 것이다. '당신이 써야 제대로 분위기가 살아날 것'이라는 게 네루다의 생각이었다. 두 사람 모두 그 결과에 크게 만족해했다.[80]

네루다는 이렇게 쓰고 있다. "오랫동안 그것은 비밀로 남아 있었다. 오랫동안 그 표지에는 내 이름이 나타나지 않았다. 마치 내가 그 저자임을 부인하기라도 하듯이, 그 책 자신이 자기 아버지를 모르기라도 하듯이 말이다."[81]

---

79) *Los versos del Capitán* (Imprenta L'Arte Tipografica, *Naples,* 1952) 초판 서문.

80) Robert Pring-Mill, in a note to AF.

이 책이 저자 서명 없이 나온 것에 대해 어떤 정치적 동기가 있을 것이라고 생각하는 비평가들도 있었다. 그들은 "당에서 그것을 반대하고 인정하지 않았기 때문이다"라고 이야기했다. 하지만 그것은 사실이 아니다. 다행히도 내가 속한 당은 갖가지 미의 표현에 반대하지 않는다. 진짜 이유는 이 시들이 행여 델리아에게 상처를 주지나 않을까 해서였다. 당시 나는 델리아를 떠나가고 있었다. 더없이 사랑스러운 반려자이고 나의 시 대부분이 쓰인 기간 동안 나와 맺어져 있던 강철과 꿀의 실, 델리아 델 카릴은 18년 동안 나의 완벽한 동반자였다. 갑자기 나타나 불처럼 타오르는 사랑으로 채워진 이 책은 온유한 그녀에게 던져진 바위처럼 그녀를 다치게 했을 것이다. 그것이, 오직 그것만이, 내가 익명성을 유지하려 했던 저 밑바닥의, 개인적인 그리고 존중받아야 할 이유였다.[82)]

파블로와 마틸데는 꽃과 해물, 카프리 포도주를 식탁에 차려 놓고 이 불가사의한 책의 출판을 축하했다. 그녀에게 헌정된 여러 시 중에서도 마틸데는 「여왕」이라는 시를 특히 좋아했다.

---

81) Pablo Neruda, *Memoirs,* p.215.

82) Ibid., pp.215-216.

나는 그대를 여왕이라 불렀노라.

당신보다 더 키가 큰 여인들이 있지, 정말로 키가 큰.

당신보다 더 순결한 여인들이 있지, 참으로 순결한.

당신보다 더 아름다운 여인들이 있지, 아무렴 훨씬 더 아름다운.

그러나 바로 그대, 그대가 여왕이지.

벌써 3년째 보지 못한 조국 칠레에 대한 향수가 짙어져 가긴 했지만, 카프리섬에서 누리는 낙원의 삶은 계속되었다. 마틸데의 회상이다. "우리가 마리나 피콜라에 도착했을 때, 이슬라네그라가 그리웠던지 파블로가 이렇게 말했다. '이곳에서도 성난 파도의 아우성을 들을 수 있다면 좋으련만. 물결이 잔잔한 데다 모래사장에 도달할 때쯤엔 거의 아무런 소리도 없으니. 그런 데다 우리 칠레의 해변에서 맡을 수 있는 냄새도 안 느껴져.'"[83)]

하지만 그곳 하얀 방갈로의 창문을 열면, 늘 작은 테라스와 숲이 보였다. 칠레에서 보낸 1년 동안의 지하 생활 그리고 델리아에게 마틸데와의 사랑을 감춰야 했던 시간들을 지나, 이제 마침내 자유의 몸이 되어 한낮의 햇빛 속으로 걸어 들어간다는 것이 네루다에게 얼마나 기운 나는 일이었겠는가. 카프리섬의 아름다운 자연은 네루다의 재탄생을 위한 완벽

---

83) Matilde Urrutia, *Mi vida junto a Pablo Neruda*. p.105.

한 배경이었다. 여러 해 뒤 어느 인터뷰에서 그는 이렇게 말했다. "바다와 물고기, 새들은 내게 실제적 존재감을 갖습니다. 나는 햇빛에 기대어 사는 것과 마찬가지로, 그것들에 기대서 삽니다."84)

그사이 델리아는 아르헨티나에서 산티아고로 돌아왔다. 그동안 네루다가 카프리에서 보낸 사랑의 편지가 가득 쌓여 그녀를 기다리고 있었다. "나의 개미여, 당신의 야생 매미는 여기 카프리의 차가운 태양 아래 홀로 있다오", "당신의 파블로가, 천 번의 입맞춤을 보내며". 하지만 그가 혼자 있다는 말만은 사실과 거리가 멀었다.

섬에는 이제 두 연인만 있는 것이 아니라 새로운 제3자가 도착할 것 같았다. 마틸데는 두 번째로 파블로의 아이를 갖게 되었다는 확신이 들었다. 이번에는 어떤 일이 있어도 몸을 잘 돌봐서 아이를 지킬 작정이었다. 그녀는 나폴리에 임신 테스트를 의뢰해 놓았고, 우체국에 간 네루다가 결과 통지서를 받아 올 동안 안절부절못하고 카페에 앉아 있었다. "그가 돌아오는 모습이 보였다. 환한 얼굴로. 나는 일어나서 그에게 어찌 됐냐고 물으려 했다. 그러나 한마디도 말할 기회가 없었다. 긴긴 입맞춤이 내 입을 꽉 막아 버린 것이다. 우리는 깔깔거리며 웃고 노래했다. 광장에 있던 사람들이 우리를 돌아보았다. 우리는 우리가 가진 비밀이 너무나 행복하기

---

84) Rita Guibert, *Seven Voices*, pp.42-43.

만 했다."[85]

별장에 돌아와 보니 두 사람 다 열쇠가 없었다. 문가에서 니옹이가 짖는 소리가 들렸다. 추운 밤이어서 호텔을 찾을 수밖에 다른 방법이 없었다. 결국 차디찬 호텔 방 하나를 구할 수 있었다. 문이 잠긴 별장 안에는 따뜻한 화롯불이 타고 있다는 사실도 그들에게 별달리 언짢은 일이 못 되었다. 바야흐로 부모가 된다는 사실이 너무나 행복했다. 마틸데는 이렇게 기억하고 있다.

> 어느 날, 파블로가 내게 이렇게 말했다. "며칠 뒤 보름달이 뜨는 날, 우리가 결혼했으면 해요. 이제 아이가 생길 테니 말이오. 잔치를 여는 거야. 달이 주례를 서게 하고. 당신이 앞으로 평생 끼게 될 반지를 오늘 맞출 거요." 카프리에는 나이 든 보석 세공인이 있었는데, 그가 우리에게 반지를 만들어 주었다. 거기에는 '1952년 5월 3일, 카프리, 당신의 대장이'라고 새겨져 있다.[86]

파티를 열기로 한 날이 되자 그들은 친구 사라 알리카타를 나폴리에서 건너오도록 초대하고, 가정부로 일하던 아멜리아에게는 그날 하루 휴가를 주었다. 마틸데는 오렌지를 결

---

85) Matilde Urrutia, *Mi vida junto a Pablo Neruda,* p.108.

86) Ibid.

들여 오리를 노릇하게 구워 내고 갖가지 양념을 한 다양한 생선 요리를 차려 놓았다. 벽은 꽃으로 덮이고 화사한 색종이에 네루다가 "마틸데, 당신을 사랑해"라고 써 놓은 것이 보인다. 테라스에서 네루다가 달을 향해 두 사람을 결혼시켜 달라고 청한다. 그는 달에게, 자기들은 지상에서는 결혼할 수 없는 사람들이니 만약 달이 결혼시켜 준다면, 그것을 성스러운 혼례와 똑같이 여기고 존중하겠다고 말한다. 마틸데의 손가락에 반지를 끼워 주면서 파블로는 달의 입술이 움직이면서 자기들을 축복하는 것을 보았다고 맹세한다.

> 그 누가 그렇게 깊은 사랑을 할 수 있겠는가? 그 얼마나 즐거운 식사였는가! 그날 내내 그는 이렇게 말했다. "당신은 요리의 여왕이야. 나는 얼마나 행복한 결혼을 했는지 몰라."[87]

그런데 반지에 새겨진 날짜는 무엇을 의미하는 것일까? 1952년 5월에 보름달이 뜬 것은 9일이지 3일이 아니다. 파블로가 3일을 새겨 넣은 것은 마틸데의 임신을 확인한 날이기 때문일지 모르겠다.

이탈리아인들은 마틸데의 구불거리는 굵은 머릿결 때문에 그녀를 '메두사'라고 부른 반면, 파블로는 늘 그녀를 '나의

---

87) Ibid., p.110.

파토하'라고 불렀다. 애칭치고는 이상한 이름이다. 호세 미겔 바라스가 지적했듯이, 파토하는 칠레에서 흔한 이름이 아니다. 특히 사랑하는 이를 부르는 다정한 이름은 더더욱 아니다. "우리 칠레인들이 듣기에는 깔보는 어조가 느껴진다. 그것은 다리가 짧은 키 작은 사람을 가리킬 때 쓰는 말 같기 때문이다. 스페인 왕립 학술원의 정의에 따르면, 스페인에서는 더 부정적인 의미를 갖는다. '다리나 발이 구부러지거나 균형이 안 맞아서 걸을 때면 마치 오리처럼 몸을 뒤뚱거리며 걷는 사람'을 가리키기 때문이다."[88]

바라스가 지적한 대로, 마틸데는 몸에 그런 특징도 없고 걸을 때 뒤뚱거리지도 않았다. 그런데 파블로가 그렇게 불러도 마틸데는 전혀 개의치 않았다. 이것은 필경, 두 사람 다 혹은 둘 중 한 사람이라도 멕시코에 있을 때, 이 말의 남성형인 파토호(patojo)가 이웃 과테말라에서 쓰이고 있던 의미를 알게 되어서였을 것이다. 과테말라에서는 이 말이 정감 어린 '애, 녀석' 따위를 의미하고, 사내아이가 여자 친구를 가리키면서 애정을 담아 보살펴 주는 듯한 어조로 부를 때면 '나의 파토하'라고 하기 때문이다.[89]

그러던 어느 날, 슬픔이 그들의 기쁨을 덮어 버렸다. 네루다가 벌써 '네루다 우루티아'라고 이름까지 지어 놓았던 아이

88) José Miguel Varas, *Nerudario,* p.206.

89) Ibid.

를 잃어버리게 된 것이다. "어두운 그림자가 우리 주위를 덮더니 우리를 슬픔과 고통 속으로 밀어 넣으려 했다."[90]

파블로는 그녀에게 이렇게 말했다. "당신에게 아이를 주겠소. 방금 태어난 아이요. 그 이름은 『포도와 바람』이라오."[91]

하지만 네루다가 1950년에 쓰기 시작한 이 책은 1954년에야 출간되었다.

그 이후로 마틸데는 자신이 파블로에 대해 '아늑한 의존심'을 느끼게 되었다고 말하고 있다. 그 전에는 그 누구에게도 의지하려는 마음을 가진 적이 없었다. "매일매일, 파블로는 나의 빛이었고, 나의 기쁨이었다."[92]

그해 6월 5일 두 연인은 베네치아를 여행했다. 네루다는 이미 그곳을 잘 알고 있었지만, 마틸데는 초행이어서 눈이 부실 지경이었다. 카프리의 트라가라 거리에 있는 체리오의 별장으로 돌아오니 니옹이가 그들을 몹시 기다린 기색이 역력했다. 그런데 관광객들이 점차 두 사람만의 편안한 산보를 방해하기 시작하는 것이 느껴졌다. 카프리의 글리 캄피 거리 7번지에 있는, 더 작지만 아름다운 집으로 옮겨 간 뒤에도 사정은 마찬가지였다.

---

90) Matilde Urrutia, *Mi vida junto a Pablo Neruda,* p.129.

91) Ibid.

92) Ibid., p.130.

새로 옮긴 집에서 네루다가 책상에 앉아 작업을 하려고 보니, 경악스럽게도 『포도와 바람』의 최근 원고가 통째 사라져 버리고 없었다. 그는 실의에 빠졌다. 몹시 긴 부분이라 기억을 되살리기가 불가능하다는 것을 그는 알고 있었다. 마틸데가 말했다. "상심 마세요. 시 몇 편과 전체적 구성은 내가 기억해 낼 수 있어요. 시가 어떻게 되어 있었는지를 내가 이야기해 주면 당신이 써 나가는 거예요." 그렇게 해서 그 부분 전체가 다시 써졌다. 그러나 네루다는 처음 쓴 것만 못하다는 생각을 떨칠 수 없었다.

마침내 관광객들이 밀려들기 시작하면서 연인들의 생활은 너무 불편해지고 말았다. 이제 카프리를 떠날 때가 된 것이다. 두 사람은 전혀 훼손되지 않은 이스키아섬의 작은 어촌 마을 산탄젤로에 피신처를 찾았다. 그들이 머물게 된 호텔에서는 바다가 굽어보였고, 어부들과 그 아이들이 고기를 잡고 아낙네들이 양동이로 고기를 나르는 모습을 볼 수 있었다.

1952년 6월 바로 이곳에서 네루다에게 기쁜 소식이 전해진다. 곤살레스 비델라 독재 정권이 몰락해 가고 있는 가운데, 4년 전 칠레 당국이 내린 체포령의 효력이 끝난 것이다. (하지만 칠레에는 여전히 네루다의 적들이 많았다. 7월 10일에는 보수당 상원 의원인 세르히오 페르난데스가 연설을 통해 네루다에 대한 사면 제의를 반대하면서, 시인의 숨결 하나하나가 모스크바의 지령에 의해 이루어지는 것이라고 공격했다.)

네루다는 7월, 베를린 작가대회에 초대된다. 그는 당연히 마틸데를 데려가려 하였으나, 그들이 해변에 나가 있는 동안 경찰이 산탄젤로 호텔로 그들을 찾으러 왔었다는 사실을 알게 되었다. 파블로에게 뭔가를 가르칠 수 있다는 게 기뻤던 마틸데가 그에게 수영을 가르치겠다고 바닷가에 나가 있는 동안, 경찰은 먹잇감을 놓치고 돌아간 것이다.

내키진 않았지만, 네루다는 자료 정리를 위해 마틸데를 이탈리아에 남겨 두고 갈 수밖에 없었다. 두 사람은 제네바에서 만나기로 약속했다. 마틸데가 파블로의 친구이자 동료 시인인 가브리엘라 미스트랄을 찾아갈 수 있었던 것은 행운이었다. 그녀는 마침 로마 주재 칠레 영사로 있었고, 마틸데가 비자를 갱신할 수 있도록 해 주었다. 게다가 또 다른 서류를 만들어 그들이 니옹을 이탈리아에서 칠레로 데려갈 수 있도록 개에게도 비자를 발급해 주었다.

베를린 대회에서 네루다는 전에 없이 자신만만한 태도를 보여 주었는데, 그가 오만해졌다고 여긴 몇몇 사람은 그를 멀리했다. 파블로는 동독 작가 슈테판 하임을 만나게 되었다. 미국에 살고 있던 그는 눈에 띄는 스위스제 에르메스 타자기를 들고 베를린에 나타난 참이었다. 네루다는 그 타자기에 정신이 쏙 빠졌다. 그래서 자기 것과 바꾸자고 하였다. 하임이 거절하자, 화가 치민 네루다는 그에게 자기가 누구인지 아느냐고 물었다. "물론 압니다"라고 대답한 하임이 이만 실례하겠다며 그 보물단지 같은 타자기를 가지고 자기 방으로

돌아가 버리자, 파블로는 넋을 놓고 한참을 서 있을 수밖에 없었다.[93]

그사이 칠레에서는 네루다의 귀국이 임박했다는 소문이 퍼지고 있었다. 유럽 각지로 전화가 계속되었지만 시인이 정확히 어디에 있는지 확인되지 않았다. 실은 스페인 작가인 네루다의 친구 호세 에레라 페테레가 그를 비밀리에 제네바 외곽에 있는 자기 집으로 초대했고, 베제나라고 불리는 이 작고 예쁜 마을로 마틸데가 오게 돼 있었던 것이다.

델리아는 우여곡절 끝에 페테레와 연락을 취할 수 있었다. 그러나 그는 파블로가 아무 말도 없이 '차를 타고' 떠나 버렸다고 거짓말을 했다.

곤살레스 비델라 독재 정권은 갖가지 부패 스캔들로 붕괴되면서 마지막 숨을 몰아쉬고 있었다. 칠레 사회당은 1952년 9월 대통령 선거에 살바도르 아옌데를 후보로 내세울 채비를 하고 있었다. 가장 유명한 좌익 문인으로 전 세계의 전설적 인물이 된 시인이 칠레로 돌아와 아옌데를 지지해 주는 문제에 대해 그들은 깊은 관심을 가지고 있었다.

베제나에서 약속대로 마틸데를 기다리고 있던 네루다는 칠레 상황에 무심한 듯했다. 그들이 함께 보낸 2주일은 또 한 번의 짧은 목가 생활이었다. 가브리엘라 미스트랄이 도움을 주었다는 이야기를 들은 네루다는 웃음을 멈출 수가 없었다.

---

93) Stefan Heym, *Nachruf* (Bertelsmann, Munich, 1988), p.524.

"세상에, 개한테 비자를 내주다니! 그렇다면 여권은 왜 안 만들어 줬나?"

파블로는 사실상 귀국을 준비하고 있었다. 그러나 칠레에 있는 누구에게도 자기가 언제 어떻게 돌아간다는 얘기를 하지 않았다. 산티아고에서 사람들이 예상한 것과는 달리 그는 비행기가 아니라 배로 돌아갈 계획이었다. 줄리오 체사레호가 칸에서 칠레로 떠나기까지는 아직 2주일이 남아 있었다.

칸에 있던 네루다는 마틸데에게 피카소가 사는 발로히로 가서 식사하자고 제안했다. 두 사람은 다음 날 칸으로 돌아와 배표를 받으려고 선박 회사에 들렀다. 그런데 놀랍게도 폴 엘뤼아르가 두 사람 쪽으로 다가오더니 피카소와 함께 점심을 하자고 초대했다. 늘 사람들과 어울리기 좋아하는 네루다가 이번만은 프랑스에서의 마지막 시간을 오직 마틸데와 둘이서만 보내려고 했다는 것이 아이러니하긴 했다. 파블로는 계속 칠레로 가고 마틸데는 우루과이에서 내리도록 계획을 짰다.

피카소와 엘뤼아르는 마틸데의 존재를 알고 있었지만, 그녀는 점심 자리에 함께할 수 없었다. 더욱이 마틸데에게는 아직 우루과이 비자가 없었다. 칸 주재 우루과이 영사는 티셔츠에 반바지를 입은 아주 젊은 친구였는데, '직업: 성악가'라고 적힌 마틸데의 여권을 힐끗 보더니 이렇게 말했다. "나도 성악가인데 오페라를 하지요. 며칠 뒤면 〈나비 부인〉에서 핑커튼 역을 하게 돼 있어요." 그러더니 그는 마틸데에게 프랑스에 자기와 함께 머물면 어떻겠냐고 설득하려 들었다.

그 친구를 설득하여 비자를 받아 내기 위해 마틸데는 결국 200불을 지불해야 했다.

점심은 기쁨과 슬픔이 뒤섞인 것이었다. 식탁 둘레에는 피카소와 그의 애인 프랑수아즈 질로, 엘뤼아르와 그의 부인 도미니크, 네메시오 안투네스와 이네스 피게로아, 이네스의 누이인 카르멘과 남편인 과학자 필립 마이어가 앉아 있었다. 해변에 자리 잡은 경관이 빼어난 레스토랑이었다. 모래사장에서는 피카소의 아이들인 팔로마와 클로드가 놀고 있었다. 이네스 피게로아에 의하면, 네루다는 왠지 "안절부절 초조한 기색"이었다고 한다.[94]

식사 도중에 피카소가 일어나서 셔츠 단추를 풀고 미노타우로스 펜던트를 꺼내더니 다정한 모습으로 네루다의 목에 걸어 주었다. 작별의 선물이었다. 파블로는 감사의 뜻을 표했다. 그러나 자기가 왜 좌불안석인지를 설명할 수가 없었다. 마틸데가 행여 비자를 못 받게 되는 것은 아닌지 불안했던 것이다.

식사 자리를 함께한 사람들이 부두까지 나가 그를 배웅하려 하였으나, 결국은 따로 헤어져 각자의 행선지로 향했다. 그것이 파블로가 엘뤼아르를 마지막으로 만난 자리였다. 그해 11월 18일 이 프랑스 시인은 세상을 뜨게 된다.

두 연인은 여전히 안전한 상태가 아니었다. 승객들을 배

94) Inés Figueroa, in conversation with AF, October 2002.

로 나르는 작은 증기선에 막 오르려던 참인데, 확성기에서 갑자기 큰 소리가 들렸다. "파블로 네루다 씨 계시면 인터폴로 나와 주시길 바랍니다." 이 말을 들은 어떤 여자가 이렇게 외치는 소리도 들렸다. "저 사람 공산당이에요, 선동가라고요. 내가 잘 알지요. 난 칠레 사람이니까요." 또 다른 여자의 목소리가 그보다 더 크게 들렸다. "칠레 사람이면서도 저 위대한 스페인어권 시인을 공격하다니, 당신 뭘 한참 모르는구먼. 난 우루과이 사람인데, 당신 말대로 선동가라는 저 사람을 제발 우리 나라가 데려갔으면 좋겠소."

마틸데는 마지막 순간에 혹 자신들의 여행을 망치는 것은 아닌지 불안했다. 마침내 어린아이 하나가 오더니 네루다라는 사람이 전하라고 했다면서, 배에 타고 있으면 그가 곧 올 것이라고 했다. 의심을 떨칠 수 없었던 마틸데는 파블로를 만나 직접 이야기를 해 보기 전에는 어디로도 움직이지 않겠다며 거절했다. 갑자기 다른 증기선 한 척이 바다에 나타났다. 그리고 그 안에서 누군가가 하얀 손수건을 흔들었다. 경찰이 따로 그를 여객선으로 데려가는 중이었다.

다시 만난 두 사람은 안도하며 서로를 끌어안았다. 그러나 파블로의 얼굴에는 새로운 슬픔이 어려 있는 것이 보였다. "오늘 아주 슬픈 일이 있었다오" 하고 그가 말했다. "나를 프랑스에서 추방한다는구려. 그 사실을 통보하려고 나를 부른 것이오." 그런 뒤 관리들은 그에게 친필 사인을 부탁했다고 한다.

그것은 깊은 정서적 충격이었다. 여객선이 프랑스 해안을 미끄러져 나오는 동안 그는 마틸데에게 말했다. "프랑스는 내가 정말 사랑하는 거의 모든 것을 가지고 있는 나라요. 자연 과학 관련 상점에 있는 조개껍데기는 종류가 헤아릴 수 없이 많아서 그것을 보고 있노라면 마치 거대한 바다 같아요. 고서적상으로 말하면 세계 최상급이고… 그 나라는 문명국가의 모범 같은 곳이오. 그런데 내가 마치 그들의 적이라도 되는 양 나를 추방하다니. 어린 시절부터 프랑스 작가들을 읽으며 프랑스어를 배웠는데 말이오."[95)]

두 사람은 선실이 달랐지만, 그래도 샴페인을 한 병 주문해 놓고 그 호색적인 우루과이 영사를 위해, 그리고 어쩔 수 없이 마지못해 파블로를 프랑스에서 추방해야 했던, 시인을 사랑하는 프랑스 관리들을 위해 건배했다.

마틸데가 파블로와 함께 자신의 작은 2등 선실로 가 보니, 함께 지내게 될 사람은 안토니아라는 이름을 가진 선량한 얼굴의 여자였다. 시인을 보자마자 그 여자가 소리쳤다. "아니! 네루다가 여기에 나타나다니!" 그러고는 그의 볼에 열렬하게 입을 맞추었다. 알고 보니 그녀는 1939년 네루다 덕으로 위니펙호에 승선하여 목숨을 건진 스페인 난민 중 한 사람이었다. "우선 들어와요. 어떻게 방 문제를 조정해 봅시다." 선실은 금방 마크스 브라더스의 영화 〈오페라의 밤〉에

---

95) Matilde Urrutia, *Mi vida junto a Pablo Neruda,* p.165.

나오는 여객 전용실 같은 꼴이 되었지만, 파블로와 마틸데는 구석에 자리를 잡았고, 시인을 위해 대충 꼴만 갖춘 책상 비슷한 것을 하나 차려 놓을 공간도 마련했다.

1952년 7월 26일 일요일, 칠레 공산당 기관지 ≪데모크라시아≫는 1면에 커다란 붉은색 활자로 '네루다 금일 도착'이라는 제목을 뽑아 내보냈다. 몇 시간 뒤, 거대한 군중이 산티아고의 로스 세리요스 공항에 운집했고, 볼로디아 테이텔보임이 환영 파티를 준비했다. 비행기가 착륙했다. 그러나 트랩을 내려오는 승객 중에 네루다의 모습은 보이지 않았다. 귀환하는 영웅의 자취는 어디에도 없었다.

호르헤 힐레스와 알레한드로 페레스를 포함한 일군의 법률가들이 항공기 안으로 들어갔지만, 몇 분 뒤 낙담한 표정으로 고개를 저으며 내려왔다. 테이텔보임은 한 기자에게 이렇게 말했다. "그가 내게 이런 식으로 한 것이 이번이 처음이 아니오. 그러나 내가 그를 마중 나와 기다리는 일은 이번이 마지막일 것이오."[96]

별별 소문이 다 떠돌기 시작했다. 친구인 마리아 말루엔다와 함께 공항에서 기다리던 델리아는 긴장과 초조로 흐느끼고 있었다. 남편을 다시 만난다는 설렘에 그녀는 며칠째 거의 잠을 이루지 못한 상태였다. 그런데 그는 도대체 어디 있는 것일까?

---

96) José Miguel Varas, *Nerudario,* p.143.

11.
승리한 영웅 돌아오다
1952~1959

귀환하는 영웅을 맞이하기 위해 산티아고 시민 절반 정도가 공항에 모여든 그날 네루다가 어디 있었는지는 그 뒤로도 여러 해 동안 비밀로 남아 있었다. 그러나 지금은 1952년 7월 26일 일요일에 그가 어디에 있었는지 밝혀졌다.

칸에서 오는 증기 여객선 줄리오 체사레호에 파블로, 마틸데 커플과 함께 승선했던 우루과이 건축가이자 영화 제작자 알베르토 만타라스 로제와 그의 부인 올가가 우루과이에서 내려 대서양 연안에 있는 자기네 호화 별장에서 며칠 지내다 가라고 초대한 것이다. 유럽에서 오는 긴 항해 동안 두 커플은 서로 무척 좋아하게 된 터라, 마틸데가 다시 부에노스아이레스로 여정을 계속해야 함에도 네루다로서는 그들의 청을 거절할 수가 없었다.

네루다는 2주일 뒤인 8월 12일 오후 1시 22분에 칠레로 돌아왔다. 그가 칠레 땅을 다시 밟은 것은 3년 반 만이었다. 공항에는 부인인 델리아와 많은 가까운 친구들 그리고 네루다를 좋아하는 사람들이 모여 있었다. 마침내 모습을 보인 그는 친구인 기자 렌카 프라눌리치와의 짧은 라디오 인터뷰를 마치고 뚜벅뚜벅 걸어가 활주로 위에서 델리아와 친구들을 기쁘게 껴안았다. 운집한 군중은 "네루다, 네루다!"를 연호했다. 토마스 라고는 이렇게 적고 있다. "그는 내 생각보다 더 몸이 불어 있었다. 아마 배를 타고 오느라 그런 것이겠지만, 그래도 아주 건강해 보였다. 간편한 양복을 위아래로 갖춰 입고 좁은 띠가 둘러진 작은 녹색 모자를 쓴 모습은 마치 아르헨티나 탐정 같아 보였다."[1)]

파블로와 그의 친구들은 산티아고의 로스 긴도스에 있는 집, 미초아칸으로 향했다. 네루다가 기운을 차리기 위해 혼자 쉬는 동안, 친구들이 점심을 준비했다. 그런데 집에 사람들이 너무 많았다. 오를란도 오야르순(그는 산티아고의 비좁은 하숙방에서 네루다, 토마스 라고와 함께 학창 시절을 보낸 인물이다)이 토마스에게 다가가 거기 있는 사람들이 모두 다 점심을 먹을 수는 없지 않겠냐고 말했다. 문제는 그 집에 떼 지어 밀려든 사람들 대부분이 네루다의 절친한 친구라는 것이었다. 그러니 누구는 가라 누구는 남아라 할 수는 없는 노릇이었다. 라고는 극히 예외적인 해결책을 찾아냈다. 파블로의 가장 가까운 친구들이 집을 떠나는 것!

같은 날, 약 5000명의 사람들이 산티아고 불네스 광장에

---

1) Tomás Lago, *Ojos y oídos,* p.160.

모여들어, 1948년 몸을 피해 은신한 뒤로 처음 모습을 드러내는 시인을 보기 위해 기다렸다. 토마스 라고는 그 광경을 기억하고 있었다. 사람들이 모여 춤을 추기 시작한 지 얼마 안 되어 네루다가 모습을 드러내자 군중 사이에 거대한 동요가 일어나더니, 계속해서 열광적인 환호가 이어졌다. "네루다, 네루다, 네루다!" 그들은 줄곧 외치고 있었다. 손수건과 두 손, 모자를 하늘로 들어 올린 채 그들은 계속 외쳤다. "네루다, 네루다!" 이제… 그의 얼굴은 조금 긴장되었다가 복받쳐 오르는 감정을 누르는 듯, 반쯤 미소를 띠더니 이윽고 눈물이 두 볼을 타고 흘러내렸다…2)

라고가 대중을 향해 연설을 시작했고 이어 클로타리오 블레스트, 이네스 모레노, 올가 포블레테, 호세 미겔 바라스가 뒤를 이었다. 마침내 네루다가 자리에서 일어나 연단으로 올라가 그를 기리는 청중을 향해 이야기를 시작했다.

> 나는 몇 방울의 광기와 지혜를 산티아고에 빚지고 있습니다. 나는 또한 가장 소중한 것을 이 도시에 빚지고 있기도 합니다. 나의 당, 칠레 공산당을 발견한 곳은 바로 이곳 산티아고였습니다. 나는 내가 공산주의자인 것에 대한 자부심을 이곳 산티아고에 빚지고 있습니다. 내가 칠레로 돌아온 것은 바로 그 때문입니다. 칠레 전체에,

2) Ibid., p.162.

> 칠레 전체 민중에게 진 빚을 갚기 위해서 말입니다. 나는 여러분에게 고마움을 표하기 위해 돌아왔습니다. 내가 귀국할 수 있도록 여러분이 얼마나 힘들게 노력하였는지 알기 때문입니다… 지난 몇 해 동안, 그저 평범한 수많은 민중이 나보다 훨씬 많은 고통을 겪었습니다… (칠레는) 이 세상에서 가장 부유한 나라 중 하나입니다. 우리 민중은 이 세상에서 가장 가난한 사람들 중 하나입니다. 우리는 이 지상의 어떤 나라보다도 더 많은 구리를 가지고 있습니다. 그러나 우리 아이들은 신발 하나 제대로 신지 못하고 있습니다… 그 대신, 뉴욕에는 50층짜리 빌딩들이 하늘 높은 줄 모르고 솟아 있습니다.

그가 단죄하고 있는 것은 미국의 경제적 제국주의, 수많은 외국 기업들을 좌지우지하는 그들의 횡포다. "우리가 쓰는 전화가 외국의 수중에 있기를 멈춘다면, 우리가 전화로 서로 대화하는 것이 중단되는 일은 없을 것입니다. 전기가 외국인의 수중에 있기를 멈추게 되는 날, 우리는 어둠 속에 살기를 멈추게 될 것입니다. 그 반대로 우리는 더 많은 전기를 갖게 될 것이고, 그것은 우리 모두에게 넉넉한 양이 될 것임을 나는 믿습니다."[3]

---

3) 네루다가 산티아고의 불네스 광장에서 행한 연설로 다음 날인 1952년 8월 13일 산티아고의 *Democracia*에 게재되었다.

비델라 정부는 죽어 가고 있었지만 칠레 공산당은 여전히 불법화된 상태였고, 네루다의 말은 우익 정권이 수도 한복판의 광장에서 울려 퍼지기를 바라는 종류의 메시지가 아니었다. 하지만 워낙 많은 수의 인파가 몰려 있어 그들은 속수무책이었다.

네루다는 미초아칸에서 델리아와 재회했다. 그는 '구불구불한 집'으로의 귀환을 충분히 음미하면서 다시 그곳에 살게 된 것을 기뻐했다. "그 집에는 그 오랜 부재 끝에 내가 잠시 나를 잃어버리고 싶은 귀퉁이들이 여기저기 있었다…" 서재의 냄새는 네루다가 마음속 깊은 곳에서 가장 그리워하던 것 중의 하나였다. "거의 살아 있는 듯 코끝으로 바로 전해오는 저 책들의 냄새". 그는 "우리 집에서 가장 고요한 거주자들"인 바다 조개를 가득 수집하여 돌아왔다.[4)]

그런데 갑자기 전혀 예기치 못한, 대단히 불쾌한 사태가 벌어졌다. 비델라 대통령 측에서 또 한 번 배신과 정치적 보복 행위를 자행한 것이다. 대통령은 네덜란드에 있던 네루다의 첫 부인 마루카와 접촉하여 그녀가 칠레로 건너오는 데 드는 비용을 직접 지불했다. 네루다를 상대로 그녀가 법적 소송에 나서게 하려는 것이었다. 자기에게는 파블로와의 이혼에 이의를 제기할 기회가 주어지지 않았으므로 여전히 합법적 혼인 상태에 있으며, 따라서 네루다가 델리아 델 카릴

---

4) Pablo Neruda, *Vistazo*, Santiago, No.12, 11 November 1952.

과 두 번째로 결혼한 것은 중혼죄를 범한 것이라는 것이 그녀의 주장이었다. 네루다와 델리아는 1943년 멕시코에서 결혼했는데, 칠레에서는 이혼이 허용되지 않으므로 이 결혼은 인정될 수 없다는 것이었다.

파블로의 친구이자 변호사인 세르히오 인순사에 따르면, "곤살레스 비델라는 파블로를 감옥에 집어넣고 싶어 했다"고 한다. "이 일을 담당한 변호사는 카를로스 비쿠냐와 카를로스 바사요였는데, 문제가 순조롭게 처리되지 못했다. 마루카가 사무실로 몇 차례 나를 찾아왔는데, 분위기가 험악했다. 스페인어로 파블로의 처신을 격하게 비난했다. 또 자기에게는 땡전 한 푼 남지 않았다고 항변했다. 몹시 무뚝뚝한 여자였다."[5]

이 불쾌한 소송건의 정황을 어렴풋이나마 짐작해 볼 수 있게 하는 것은 토마스 라고의 이야기다. 델리아가 라고에게 전화를 걸어[6] 파블로 측 변호사는 그가 네루다를 위해 직접 증언을 해 주면 좋겠다고 한다는 것이었다. 라고가 변호사 사무실에 도착해 보니 마루카가 서류를 작성하고 있었다.

> 그 여자의 옷차림은 마치 불행한 여자 같았다… 몹쓸 남자의 희생자랄까. 다른 사람 것처럼 보이는 낡은 모피 코

5) Sergio Insunza, in conversation with AF, Santiago, April 2000.

6) Tomás Lago, *Ojos y oídos,* pp.175-176.

트에 우중충한 색 바랜 원피스를 입고 있었다… (변호사의) 질문은 파블로의 재산에 관한 것이었다. 나는 네루다에게 정기적 수입이 없고, 그 여자에게 더 이상의 돈을 줄 만한 재산도 없다는 사실을 증언해 달라고 부탁받은 터였다. 그들은 내게 그가 바닷가에 가지고 있는 집을 아는지, 그가 언제 그것을 샀는지, 그 집이 파블로의 것인지 아니면 델리아의 것인지, 그가 수집하는 바다 조개가 값이 나가는지, 금액으로 치면 얼마나 되는지, 그가 차를 소유하고 있는지, 외국 여행 경비를 스스로 조달하는지 아니면 초청받아 가는 것인지, 인세 수입은 얼마나 되는지, 그가 소장하고 있는 미술품들은 얼마나 되는지.[7]

결국 소송건은 법정까지는 가지 않게 되었다. 마루카에게는 다시는 법적 주장이나 항소를 하지 않는다는 조건으로 30만 페소가 지불되었다는데, 그녀가 요구한 액수는 100만 페소였다.

그 뒤 마루카에게 무슨 일이 있었는지는 알 수 없다. 장차 네루다의 비서로 일하고 그의 전기를 쓰게 될 마르가리타 아기레가 떠올리는 작은 일화는, 네루다가 자기를 인색하게 취급한다는 생각에 고통스러워하면서도 마루카가 그에 대해 여전히 일말의 충실성을 지니고 있었음을 보여 주는 것 같

7) Ibid.

다. 칠레에서 만난 아기레는 내게 이렇게 말했다. "그녀는 아주 좋은 사람이었어요. 내가 들려드리는 얘기는 아마 다른 사람들은 잘 모를 거예요. 1952년 비델라 대통령이 그 여자를 칠레로 데려와서 중혼죄 문제로 소송을 제기하게 하려 했지만, 바로 그 여자 때문에 일이 틀어진 거예요. 그 여자가 돈을 받긴 했지만, (다시) 뺏겨 버렸어요."

그 여자는 그 뒤 몇 달을 칠레에서 살았지요. 우리 어머니가 여러 차례 마루카를 집에 맞아들였어요… 한번은 마루카와 함께 산티아고에서 전차를 탔는데, 누군가가 벽에 큰 글씨로 '네루다는 반역자'라고 써 놓은 것을 보았어요. 마루카가 몹시 흥분하더군요. 내게 이런 말을 했어요. "마르가리타, 난 저런 걸 보면, 당장 내려가 내 손으로 지워 버리고 싶어요"라고 말이에요. 마루카는 정확한 스페인어를 구사했어요. 물론 네덜란드어 악센트가 있었지만요. 흥미로운 사실은 네루다가 그 여자에게 보인 증오심에도 불구하고 마루카는 여전히 그에 대한 애정을 버리지 못하고 있었다는 거예요. 두 사람 사이에서 태어난 딸인 말바 마리나가 1943년 네덜란드에서 그녀 곁에서 죽었을 때, 그녀는 네루다에게 전보를 쳤지요. 그러나 네루다는 아무런 답을 하지 않았어요. 그런 이야기를 듣게 되면 누군가를 사랑하려다가도 섬뜩하여 물러서게 되지 않을까요.[8]

어떤 출처에 의하면, 마루카가 개인 교수를 하며 잠시 칠레에 머물렀다고 한다. 또 다른 기이한 이야기도 있다. 토마스 라고의 주장에 따르면, 마루카가 1954년 2월 하순까지 칠레에 머물러 있었으며, ≪울티마 오라≫에 칠레 경찰이 그녀를 억류하고 심문했다는 소식이 실렸다는 것이다. 경찰은 이 보도에 대한 확인을 거부했는데, 직접 장시간 전화를 하여 사실을 알아본 네루다는 라고를 찾아와 수수께끼 같은 말을 했다고 한다. "마야이라… 같이 산 사람에 대해 우리가 아는 게 거의 없다는 것은 믿기지 않을 정도야. 그 여자가 뭘 해서 먹고사는지 늘 궁금했거든."[9)]

결국 마루카는 네덜란드로 되돌아갔다. 1958년 1월 헤이그에 살고 있던 것이 확실한 그녀는 1965년 3월 27일 그곳에서 사망했다.[10)]

내막을 모르는 사람들의 눈에는, 파블로와 델리아가 다시 가까운 한 쌍이 되어 살바도르 아옌데의 대통령 선거 유세를 위해 함께 열심히 뛰는 것으로 보였다. 네루다는 불법화된 칠레 공산당이 소비에트의 모범을 따라잡을 것을 촉구

---

8) Margarita Aguirre, in conversation with AF, Santiago, March 2000.

9) Tomás Lago, *Ojos y oídos,* p. 198.

10) 마루카에 관한 이전에 알려지지 않았던 정보를 얻게 된 것은 헤이그의 캐슬린 보트허버트의 조사 연구와 바르셀로나의 아나벨 토레스 덕분이다.

했다. 그는 1952년 9월 칠레 공산당 중앙위원회에서 이렇게 말했다. "스탈린그라드에서 어느 상점에 갔습니다. 반쯤 커튼이 드리워진 문을 두드리자 사람이 나와 열어 주었어요. 그때 보니 가게 점원들 모두가 마르크스주의 수업을 하는 중이었습니다… 어느 날은 발레 구경을 갔지요. 소련의 최고 발레리나가 춤을 추고 있었어요. 다음 날 한 친구가 나를 초대하여 그 여자를 보러 갔습니다. 우리는 차를 마시면서 그 여자를 기다렸어요. 그런데 전날 밤 나비 혹은 꽃으로 차려입었던 바로 그 여자가 마르크스주의 수업을 방금 끝내고 책을 옆구리에 낀 채 우리에게 다가오는 것이었습니다. 소련에서 사람들이 그렇게 열심히 공부하고 있다면, 마찬가지로 열심히 학습해야 할 이유가 우리에겐 훨씬 많다고 나는 믿습니다."

같은 연설의 다른 대목에서 네루다는 이렇게 덧붙이고 있다. "나는 문체를 바꿨습니다. 이제 나는 보다 단순하게 글을 씁니다. 나는 모든 사람이 나의 시를 이해할 수 있도록 점차 복잡한 형식들을 탈피해 왔습니다. 소련과 중국 그리고 세계 거의 모든 나라에서 그들의 언어로 내 책이 출판되는 것을 보면서, 나는 누구든지 우리를 이해할 수 있도록 써야 한다는 것을 알게 되었습니다."[11]

회고록에서 그는 이렇게 적고 있다. "1952년 8월과 1957년 4월 사이의 일에 대해서는 상세히 쓰지 않겠다. 이 시기

---

11) 이 연설문은 1952년 9월 산티아고의 *Principios*에 게재되었다.

대부분을 칠레에서 보냈고 내게 특별한 일이 일어나지도 않았으며, 또 독자들을 즐겁게 할 만한 뜻밖의 사건도 없었기 때문이다."[12]

이는 사실과 전혀 다르다는 것을 지금 우리는 알고 있다. 네루다의 회고록이야말로 지금까지 쓰인 가장 매혹적인 것 중 하나이지만, 거기에 항상 진실이 쓰여 있거나 빠짐없이 완벽한 이야기가 들어 있는 것은 아니다. (네루다가 타계한 뒤로 마틸데는 미겔 오테로 실바와 함께 반복되는 내용은 빼고 틀을 다듬는 작업을 했다. 그녀는 — 1970년대 말 파리에서 만난 로버트 프링밀에게 확언했듯이 — 파블로가 쓴 내용에 아무것도 덧붙이지 않았다. 네루다가 남겨 놓은 회고록에는 델리아에 관한 내용이 하나도 없었기 때문에, 사람들이 행여 자기가 일부러 그녀에 대한 긍정적인 내용을 빼 버렸을 것이라고 믿게 되지나 않을까 우려한 마틸데는 오테로 실바와 함께 『이슬라네그라의 추억』에 실린, 델리아에게 바치는 시 중 하나의 내용을 간략하게 뽑아 산문으로 만들어 책에 추가했다고 한다.)[13]

네루다는 아직도 공식적으로는 델리아와 혼인 상태에 있었고 그녀와 함께 살았다. 그는 또한 그녀를 사랑하고 있었다. 그러나 두 사람의 관계에 더 이상 육체적인 요소는 없었

12) Pablo Neruda, *Memoirs*, p.224.

13) 로버트 프링밀이 필자에게 확인해 준 내용.

다는 것이 거의 확실하며, 파블로는 마틸데를 열렬히 사랑하고 있었다. 두 여인을 향한 그의 헌신적 애정은 그에게 심대한 번민을 안겨 주었다.

그 무렵 마틸데는 칠레로 돌아와 산티아고 군인 병원 맞은편의 작은 아파트에 살고 있었다. 네루다는 1949년부터 1952년 사이에 멕시코와 동유럽에서 했던 두 여인 사이의 곡예를 다시 시작했다. 델리아가 — 혼자 외국 여행을 가는 경우 말고는 — 대부분의 시간을 미초아칸에서 보내는 동안, 네루다는 바닷가 이슬라네그라의 집에서 마틸데를 만났다. 그는 이슬라네그라에서 일하는 사람들이 입이 무거울 것이라고 믿었던 것 같다(그러나 이런 믿음은 나중에 드러난 것처럼 근거 없는 것이었다). 네루다는 또 마틸데가 거기 말고도 산티아고의 프로비덴시아 거리 2457번지의 아파트에 사랑의 보금자리를 따로 마련한 것을 알게 되었다.

마틸데를 위한 새집이 계획되고 있었다. 산티아고 베야비스타 구역 내(이곳에는 현재 네루다 재단 본부가 자리 잡고 있다) 페르난도 마르케스 델 라 플라타 거리에 위치한 라 차스코나가 그곳이다. 1952년 11월 5일 마틸데는 그곳의 토지 구입 문서에 서명했다. 그러나 공사는 다음 해까지도 시작되지 않았다.

1952년 11월 18일 마르가리타 아기레가 파블로에게 가져온 전보는 폴 엘뤼아르의 죽음을 알리고 있었다. "그의 안색이 갑자기 창백해지더니 주먹으로 책상을 내리치는 거예요.

그리고 뭔가 분노에 차 '이런, 젠장!' 하고 중얼거렸어요."[14]

델리아는 남편의 삶 속에 마틸데가 존재한다는 사실을 마치 축복이라도 받은 듯 까맣게 모르고 있었지만, 몇몇 사람은 『대장의 노래』가 1952년 이탈리아에서 익명으로 출간된 이래, 네루다가 다른 여인과 사랑에 빠진 것은 아닌지 어렴풋이나마 느끼기 시작했다. 물론 실상을 알고 있는 사람들도 있었지만, 그 수는 많지 않았다.

당시의 좋은 친구는 아이다 피게로아였다. 그녀는 남편 세르히오 인순사와 함께 1948년, 네루다 부부를 산티아고 한복판에 있는 아파트에 숨겨 줌으로써 그들을 칠레 당국의 손아귀에서 보호해 준 적이 있었다. 파블로도 델리아도 운전을 할 줄 몰랐기 때문에 이따금 파블로는 그녀에게 운전을 부탁했다. 세르히오의 차를 이용하여 그녀는 이따금 약속 장소나 시 낭송회에 파블로를 데려다주거나 시장이며 골동품 가게를 둘러보게 해 주었다. 아이다는 남편을 변호사 사무실에 내려 준 뒤 아침에 미초아칸에 도착하곤 했다.

> 시인이 나더러 산티아고의 베야비스타 구역까지 데려다 달라고 부탁한 것이 여러 번이었다. 그의 말로는 당 중앙 위원회-그도 위원 중 한 사람이었다-모임이 열린다는 것이다. 그 말이 사실이 아니라는 것을 나중에야 알게 되

---

14) Margarita Aguirre, *Genio y figura de Pablo Neruda*, p.157.

었다. 사실상 그는 당시 공사 중이던 라 차스코나로 마틸데 우루티아를 만나러 가는 길이었다… 그의 혼외정사에 대해서는 나도 알고 있었지만, 모르는 체했다… (파블로와 델리아 사이의) 나이 차를 생각하면, 그 일은 자연스러운 탈출구 같은 것이었다. 델리아는 질투하지 않았다. 그녀는 많은 여인들이 남편 근처를 맴돌고 있다는 사실을 받아들였다. 델리아는 그 여자들을 칭찬했다. 누구는 참 예쁘다거나 옷을 잘 입는다거나 재능이 뛰어나다거나 하는 식이었다. 그 여자들이 우정이나 문학적인 이유 이외의 다른 의도를 가지고 있지는 않을까 하는 염려는 조금도 하지 않았다.[15]

다른 친구들은 보다 엄격했다. 1953년 7월 27일, 토마스 라고는 이렇게 적고 있다. "여성들 사이에는 파블로가 매일 밤 어둑해지면 이런저런 핑계로 델리아를 혼자 내버려 둔 채 밖으로 나돈다는 소문이 돌고 있다. 그런데 그것은 사실이다. 누구를 만나고 있는 것일까?"[16]

네루다 집안에 분란을 일으키고자 하는 사람들은 수없이 많았다. 그중 한 사람이 마틸데의 사촌이자 그녀의 옛 애인

15) Aída Figueroa, "Delia y Matilde', *Los rostros de Neruda,* ed. Carlos Orellana (Planeta, Santiago, 1998), pp.61-62.

16) Tomás Lago, *Ojos y oídos,* p.170.

이었고 상원 의원이면서 한때 친구이기도 했던 세사르 고도이 우루티아의 아내 마리아였다. 마리아는 누구든 귀를 기울이는 사람이 있으면, 네루다가 마틸데를 사랑하고 있다고 수군대기 시작했다. 파블로는 그런 소문에 대해 쓸데없는 잡담 정도로 치부하며 어깨를 으쓱할 뿐이었다. 그러나 결국은 자기가 고통스러운 선택을 해야 하리라는 것을 알고 있었다.

1952년 1월 27일, 파블로와 델리아가 자동차 충돌 사고로 거의 죽을 뻔하였을 때, 이 진퇴양난의 궁지는 하마터면 갑작스럽고 비극적으로 해결될 뻔했다. 몹시 뜨거웠던 그날, 두 사람은 스페인 공화파의 권리를 위해 일하는 칠레 내 연대 모임 회장 기예르모 페드레갈의 퇴임 기념 오찬을 마치고 '메종 드 프랑스'에서 돌아오던 길이었다. 늘 조심스럽게 운전하는 파블로의 기사 호르헤 팔라시오스가 운전대를 잡았는데, 막 정오가 지난 시간에 수에시아와 시몬 볼리바르 거리의 교차로에서 그들이 탄 차를 무거운 화물차가 들이받았다. 네루다는 오른팔이 부러졌고, 델리아는 발뒤꿈치가 깨지고 잠시 기억을 상실하는 등 여러 군데 부상을 입었다. 네루다는 포스타 데 뉴뇨아 병원으로 옮겨졌고, 그곳에 일곱 시간 동안 있다가 다리에 석고 붕대를 한 채 미초아칸의 집으로 돌아가도 좋다는 허락을 받았다. 델리아는 부상이 심해서 그 뒤로도 이틀 더 병원에 머물러 있어야 했다.

많은 사람들이 집을 방문해 네루다의 건강을 염려했는데, 그중 한 사람이 마틸데 우루티아였다. 그녀는 정맥염으로 오래 고생한 네루다를 멕시코시티에서 간호했던 것처럼, 델리아가 병원에서 퇴원하기 전까지 그를 보살폈다.

몸이 완전히 회복되자 네루다 부부는 여러 차례 칠레를 돌며 아옌데 지지 활동을 했다. 하지만 선거 결과는 충격적이었다. 승자는 1927년부터 1931년까지 칠레를 철권으로 통치한 늙은 독재자 카를로스 이바녜스 델 캄포 장군이었다. 그가 당선된 이유의 하나는, 얄궂게도, 1948년 이래 불법화된 공산당을 합법화하겠다는 공약이었다. 유권자들은 이바녜스가 통치하던 시절의 권위주의적 성격을 잊고 그 시절에 경험한 경제적 번영만 떠올렸던 모양이다. 아르헨티나의 후안 페론 대통령으로부터 직접 자금이 유입되어 이바녜스를 지지하도록 하는 데 사용되기도 했다. 어쨌든 그의 승리는 네루다에게 쓰라린 절망감을 안겨 주었다. 하지만 적어도 공산당은 다시 공개적으로 집회를 가질 수 있게 되었다.

1952년 12월, 네루다와 델리아는 다시 모스크바를 방문하여 제2차 작가대회에 참석했다. 그들은 메트로폴 호텔의 화려한 객실에 머무르면서 러시아의 중요한 작가들과 지식인들을 접견했다. 그런데 네루다가 갑자기 열병에 걸렸다. 그가 칠레로 즉시 돌아가고 싶다고 해서 델리아는 깜짝 놀랄 수밖에 없었다. 델리아는 지금 상태에서 어디로든 몸을 움직여서는 안 된다고 하였으나 그가 고집을 꺾지 않았다. 그가 모스크바를 한시라도 빨리 떠나려고 한 진짜 이유는 물론 마틸데와 함께 있고 싶어서였다. 그녀는 파블로의 간호사이자 연인이었다. 델리아 전기를 쓴 페르난도 사에스에 따르면, 마틸데가 네루다에게 최후통첩을 보냈다고 한다. "나 없이 또다시 유럽으로 긴 여행을 한다면, 적어도 연말 안에는 반드시 돌아오도록 하세요. 그러지 않으면 나는 칠레를 떠나 멕시코로 가겠어요."[17]

네루다가 델리아와 함께 즉각 칠레로 돌아온 것은 아니다. 델리아가 산티아고로 혼자 가는 동안, 네루다는 마틸데를 만날 요량으로 취리히에서 우루과이의 알베르토 만타라스 부부 집으로 갔다. 네루다가 도착한 12월 29일, 같은 날 칠레에서 온 마틸데가 그곳에서 기다리고 있었다. 두 사람은 기쁨에 겨워 알베르토가 운전하는 차를 타고 몬테비데오에서 동쪽으로 30킬로 정도 떨어진 알베르토의 별장으로 갔다.

알베르토는 몇 년 뒤 호세 미겔 바라스에게 이렇게 말했다. "그들은 1953년 1월 내내 그곳에서 단둘이 행복하게 지냈어요."[18] 바로 이곳 '다티틀라(파블로는 Atlántida의 철자 순서를 바꿔 이렇게 부르곤 했다)'에서 네루다식 민속의 하나가 태어났다. 니콜라스카는 파블로의 러시아 친구이자 그의 시를 번역한 세묜 키르사노프가 발명한 독한 칵테일인데, 질 좋은 코냑과 레몬 조각 그리고 설탕을 섞은 것이었다. 네루다는 이것을 응용하여, 코냑과 쿠앵트로, 단맛 없는 샴페

17) Fernando Sáez, *Todo debe ser demasiado,* p.161.

18) José Miguel Varas, *Nerudario,* p.144.

인 그리고 오렌지즙을 사용하여 코케텔론을 만들어 냈다.

그곳에 머무는 동안 두 사람은 뜻밖의 책을 한 권 만들어 냈다. 『다티틀라의 꽃들을 기리는 노래』는 출판 역사상 특별한 것으로서, 거의 반세기가 다 지난 2002년 11월에야 세상에 나오게 된다. 1500부 한정 호화판은 라틴아메리카의 예술과 학문을 지원하는 산티아고의 신테시스 법인에서 제작하였으며, 산티아고, 아바나, 파리, 부에노스아이레스에서 동시에 출간되었다.

거기에는 네루다의 시와 함께 만타라스의 별장 정원에서 두 사람이 소중하게 채집한 들꽃과 들풀의 소묘가 들어 있다. 그리고 네루다와 만타라스가 주고받은 사진과 편지 복사본도 함께 있다. 네루다의 양자인 라미로 인순사에 따르면, 그 책은 만타라스 부부의 친절에 보답하기 위해 마련한 선물이었다.

네루다는 책을 쓰자마자 곧 출간하고 싶어 했다. 그러나 시기가 너무 미묘했다. 그는 여전히 델리아와 혼인 상태였던 것이다. 만타라스는 원고를 서랍에 보관해 오다 1992년 칠레를 방문하여 라미로에게 건네주며 이렇게 말했다. "이 원고를 가지고 어떻게 좀 해 보게. 21세기까지 기다려야 된다고 하더라도 말이야." 슬픈 일이지만, 만타라스는 1994년 타계하고 말았다.[19]

---

19) *Que Pasa*, Santiago, 4 October 2002.

이 책의 원본은 아틀란티다에 있는 네루다 박물관 전시실에서 볼 수 있는데, 제목 아래에 '시, 파블로 네루다; 꽃 수집, 마틸데'라고 적혀 있다.

네루다는 1953년 1월 22일이 되어서야 칠레로 돌아온다. 그는 곧 세 가지 서로 다른 일에 착수한다. 하나는 5월 중 산티아고에서 열리게 되어 있는 대륙 문화 회의 준비였고, 또 하나는 마틸데를 위한 집 라 차스코나를 짓는 일, 나머지 하나는 그가 몇 달 동안 간간이 작업해 오던, 전혀 다른 종류의 시집 『기본적인 송가』를 완성하는 것이었다. 이 시집에는 기쁨에 찬 노래들이 실려 있다.

소련 대표단의 참석을 막으려고 시도하는 등 칠레 정부가 방해 공작을 폈지만, 네루다는 작가 회의 개최 준비에 힘을 쏟았다. 많은 경우 네루다의 개인적인 친구들이기도 한 작가들과 예술가들이 세계 전역에서 초청되었다. 그중에는 디에고 리베라, 니콜라스 기옌, 조르지 아마두 같은 이들도 있었다.

그러나 1953년 3월 5일, 스탈린이 사망했다. 이슬라네그라에서 이 소식을 접한 네루다에게 그것은 마치 – 온전히 스탈린에게 헌정한 유일한 시에 썼듯 – '대양에서 몰아친 거대한 폭풍'처럼 느껴졌다. 닷새 뒤, 그는 칠레 공산당 일간지 《엘 시글로》와 모스크바에서 발행되는 《가제타》에 동시에 실린 글에서 이렇게 말했다. "단순한 사람 중에 가장 위대한 사람, 우리들의 교사가 세상을 떠났다. 그가 떠나는 순간, 우리들의 지식과 지성, 영광과 고통으로 가득한 우리

시대의 문화 위로 폭풍이 몰아친다."[20]

소련의 지도적 시인인 예브게니 옙투셴코는 지도자의 사망에 따른 소련 내의 반응을 이렇게 적고 있다. "나라 전체에 일종의 전신 마비 상태가 퍼졌다. 스탈린이 모든 사람을 일일이 보살펴 준다고 생각하는 데 길들여진 사람들은 그가 사라지자 넋을 잃고 망연자실했다. 러시아 전역이 흐느꼈다. 나도 그랬다."[21]

스탈린이 사망하자 네루다는 자신의 아버지 같은 인물을 잃었다고 느꼈던 것일까? 그랬던 것 같다. 스탈린의 죽음을 노래한 시에서 네루다는 그를 '대장'으로 부르고 있다. 참으로 기이하다. 카프리섬에서 마틸데와 함께 살면서 그는 자신을 '대장'이라고 생각했다. 그리고 그 자신이 지도자의 역할을 떠맡았었다. 네루다는 파스테르나크와는 의견을 같이할 수 없었을 것이다. 이 러시아 작가는 언젠가 옙투셴코에게 이렇게 말한 적이 있다. "나는 어디서든 어느 누구든 지도할 생각이 없다. 나는 시인이란 그저 한 그루 나무라고 생각한다. 그저 고요히 서서 잎사귀를 흔들 뿐이다."[22] 파블로 네루다는 결코 가만히 서 있은 적이 없었다.

---

20) Pablo Neruda, *El Siglo,* Santiago and *Gazeta,* Moscow, 10 March 1953.

21) Yevgeny Yevtushenko, *A Precocious Autobiography* (Penguin Books, London, 1965), p.95.

22) Ibid., p.118.

5월 26일 네루다는 카우폴리칸 극장의 대륙 문화 회의 석상에서 발언했다. 그는 월트 휘트먼을 인용하면서 사람들의 마음을 흔드는 연설을 시작했다. 『모두의 노래』를 쓰던 시절의 어려움을 회상하면서 그는 이렇게 말했다. "모든 것이 이루어지고 있는 대륙, 그리고 무엇보다 우리가 그 안에서 모든 것을 하고 싶어 하는 대륙, 이 대륙을 위해 우리가 글을 쓰고 있다고 나는 믿습니다… 우리들의 도시는 태어나야만 합니다. 우리는 집이 필요하며 학교가 병원이 기차가 필요합니다… 우리는 읽을 줄도 모르는 경우가 너무도 허다한 저 초라한 사람들을 위하여 글을 쓰고 있습니다. 그런데 이 지상에는 쓰고 그리기도 전에 이미 시가 존재했습니다. 바로 그 때문에 우리는 시가 마치 빵 같은 것이며, 모든 사람이 나누어 가져야 한다는 것을 압니다. 교양 있는 이들과 농부들, 광대하고 엄청난, 저 어마어마한 민중의 대가족이 함께 나누어야 한다는 것을 말입니다."[23] 의미심장하게도 냉전의 한복판에서 네루다는 월트 휘트먼이 1881년에 외쳤던 사실, 즉 러시아인과 아메리카인은 서로 다름에도 불구하고 그들을 서로 닮게 만드는 성격상의 어떤 광대함을 공유하고 있음을 깨달아야 한다는 사실을 환기하고 있다.

스탈린이 죽은 지 얼마 되지 않았지만, 네루다의 연설 문

---

23) 산티아고 대륙 문화 회의에서 행한 이 연설은 1953년 5월 31일 산티아고의 *El Siglo*에 게재되었다.

장 하나하나에는 낙관주의가 숨 쉬고 있다. 키를 쥔 원래의 선장이 없이도 배는 앞으로 나아갈 수 있었다. 왜냐하면 나아갈 길이 확고하게 그려져 있었기 때문이다. "나는 장차 다가올 영광을 믿는다. 나는 인간을, 그리고 인간들을 믿는다… 우리의 사랑하는 친구, 이 지상에 발을 딛고 있는 가장 위대한 예술가 중 한 사람인 폴 로브슨이 강압에 의해 이 회의에 참석할 수 없었다는 사실을 나는 알고 있다… 스페인에서, 튀르키예에서, 그리스에서, 여러 해 동안 작가들, 교사들, 예술가들이 감옥에 갇혀 지내 왔다는 사실을 나는 알고 있다. 마크로니소스섬에서는 여러 해 동안 그리스 시인 야니스 리초스가 철조망 뒤에서 글을 쓰고 있다는 사실을 나는 알고 있다. 나는 이 모든 일이 끝나고야 말리라고 믿는다…"[24)]

1953년 11월 27일, 마틸데의 집인 라 차스코나를 짓는 일이 마침내 정말로 시작되었다. 카탈루냐 건축가인 헤르만 로드리게스 아리아스의 설계를 기본으로 삼았지만, 가만히 못 있는 네루다가 거의 매주 밑그림을 바꿔 놓았다. 마틸데는 나중에 이렇게 썼다. "나는 파블로의 친구들을 만나고 싶지 않았다. 그래서 나를 그들에게 소개하지 말아 달라고 부탁했다. 하지만 로드리게스는 집을 지을 사람이어서 달리 방법이 없었다."[25)]

---

24) Ibid.

25) Matilde Urrutia, *Mi vida junto a Pablo Neruda,* p.176.

로드리게스 아리아스는 "땅을 보는 순간 웃음을 터뜨렸다. 그는 '온종일 계단을 오르내리느라 시간이 다 가겠네요' 라고 예언했다. 집터가 수평보다는 수직에 가까운 것은 사실이었다. 그런데 그 점이 바로 우리를 매혹했다. 우리의 사랑은 우리를 다시 젊어지게 했다. 우리는 두 명의 미성년자처럼 굴고 있었다… 며칠 뒤 건축가가 우리에게 설계도를 가져왔다. 그는 여느 훌륭한 건축가가 그렇듯이, 햇빛과 산티아고로 향한 전망을 고려했다. 파블로가 설계도를 힐끗 보더니 이렇게 말했다. '이런 엉터리가 있나! 난 산티아고를 바라보고 싶은 생각이 없네. 안데스를 바라보고 싶단 말일세.' …건축가가 그에게, 그럴 경우 햇빛이 충분하지 않으며, 건물을 더 높이 올려야 한다는 말이 되기 때문에 계단이 더 늘어나게 된다고 설명했다. '좋지!' 하고 네루다가 대답했다. '계단을 얼마든지 더 늘리게.'"[26)]

건축에 필요한 비용의 상당 부분은 1953년 12월 20일 네루다가 받은 스탈린 평화상 상금에서 나왔다. 그러나 공사가 진행되는 동안 네루다가 끊임없이 설계를 변경하는 바람에 나중에는 돈이 모자라게 되었고, 결국 몇 가지 어려운 결정을 내릴 수밖에 없었다.

마틸데의 회상이다. "내가 가진 돈이 상당히 줄어들었다. 그래서 우리는 내가 가진 물건들을 닥치는 대로 팔기 시작했

26) Ibid.

다. 인부들 주급을 어떻게 지불할 것인가 하는 문제가 매주 월요일 마주치는 고민거리였지만, 그래도 우리의 의지와 행운이 우리를 끝까지 밀고 나가게 했다… 우리는 행복한 한 쌍이었다. 우리는 하루 중 어느 시간에라도 우연히 마주치곤 했다. 그는 마치 집귀신 같았는데, 항상 너털웃음을 터뜨리며 나타나 농담을 던지곤 했다. 어떤 때는 급히 들어와 내게 키스를 하고는 다시 떠나가기도 했다."[27]

그사이에 칠레 최고의 시인이 다른 여인과 뜨거운 사랑에 빠져 있으며, 카프리섬에서 두 사람이 보낸 시간을 기념한 익명의 시집 『대장의 노래』의 저자가 바로 네루다라는 소문이 점점 퍼져 나갔다. 마리아 데 고도이 우루티아는 마틸데를 헐뜯는 작업을 계속했다. 델리아도 이 소식을 알았지만, 모르는 척, 혹은 괘념치 않는 척했다. 네루다의 주된 관심은 이 소식이 칠레 공산당에 들어가지 않는 것이었다. 진보적이라는 공산당은 얄궂게도 혼외정사에 대해서는 대단히 부르주아적이고 청교도적인 견해를 가지고 있었다.

마틸데와 조금이라도 더 함께 있고 싶어 안달이 난 파블로는 델리아를 설득하여 자기 대신 유럽에 좀 갔다 와 달라고 부탁했다. 그 전해에 새로운 사랑과 함께 숨 쉴 공간이 필요했던 그가 델리아에게 칠레로 돌아가 있으라고 설득했던 것과 꼭 같은 모습이었다. 네루다는 프랑스의 위대한 화가

27) Ibid.

페르낭 레제와 함께 일한 적이 있는 델리아야말로 레제로 하여금 『모두의 노래』의 새로운 호화본 제작을 위해 그림을 그리게 할 수 있는 적임자라고 설득했다.

델리아는 충실하게도 정말 파리로 건너간다. 그녀는 파블로가 자기를 믿고 일을 맡겨 준 것이 기뻤다. 그리고 레제를 다시 만난다는 생각도 그녀를 감격하게 만들었다. 그러나 그즈음 델리아는 남편이 다른 여자를 열정적으로 사랑하고 있다는 줄기찬 소문에 마음이 흔들리고 있었다. 그게 사실일 수 있을까? 지금껏 그가 계속 거짓말을 해 왔단 말인가?

새해가 밝았고 파블로의 50회 생일이 다가오고 있었다. 그는 자신이 열망하는, 마틸데와의 육체적 사랑을 마음껏 즐길 수 있는 처지가 되었으며, 스탈린을 찬양하는 연설을 계속했다. 1954년 1월 17일, 산티아고의 카우폴리칸 극장에서 열린 스탈린 평화상 수상 기념 환영회에서 그는 이렇게 말했다. "여러 나라의 민중이 내게 안겨 준 이 커다란 영광 앞에서 나는 이 상에 붙여진 그 이름, 스탈린이라는 이름을 생각합니다. 소련에서 나는 엔지니어나 음악가, 학자, 시인의 가슴에서 금으로 된 작은 스탈린 훈장이 빛나는 것을 이따금 보곤 했습니다. 그러나 노동자 영웅, 광부, 철도 노동자, 여성 농민의 가슴에서 이 훈장을 보는 것보다 더 감동적인 일은 없었습니다."[28)]

---

28) 이 연설문은 1954년 1월 18일 산티아고의 *El Siglo*에 처음

같은 달인 1954년 1월, 자칫 또 한 차례의 치명적인 교통사고가 될 뻔한 일을 당했지만 네루다는 무사했다. 네루다가 마누엘 솔리마노(1949년 네루다의 안데스 탈출을 조직하는 데 핵심적 역할을 했던 인물이다)에게 빌린 중고차를 알베르토 만타라스가 운전하고 있었다. 산티아고에서 발파라이소로 가던 중에 브레이크가 고장 났다. 다행히 만타라스는 길에서 벗어난 작은 공터에 차를 세울 수 있었다. 이 아슬아슬한 경험에서 네루다가 교훈을 얻은 것 같지는 않다. 1주일 뒤, 알베르토에게 재차 운전을 부탁한 그와 마틸데는 또다시 형편없는 중고차를 준비한 것이다. 이번에는 엔진이 완전히 꺼지는 바람에 그들은 별수 없이 기차를 타고 산티아고로 돌아와야 했다.

파블로가 마틸데와 단둘이 지내는 시간이 끝나 가고 있었다. 1954년 3월 델리아는 셰르부르항에서 부에노스아이레스로 가는 증기선 안데스호를 탔다. 아르헨티나 수도에 도착한 그녀는 산티아고로 향하기 전에 동생 아델리나에게 결혼생활과 관련한 착잡한 심경을 토로했던 것 같다. 그녀는 분명히 고통스러워하고 있었다. 이슬라네그라에서 친구들을 불러 놓고 『포도와 바람』에 들어 있는 시 한 편을 낭송하는 동안, 청중 몇 사람이 우연히 델리아 쪽으로 시선을 돌렸는데 두 볼에 눈물이 흐르고 있었던 것이다.

발표되었다.

유럽에서 돌아온 지 얼마 지나지 않아, 그녀는 평소답지 않게 이슬라네그라 집의 대청소를 지시했다. 사람들이 책장을 치우다 보니 눈에 띄지 않게 숨겨 둔 위스키병이 여러 개 나왔다. 델리아는 격앙되었다. 자기가 프랑스에 가 있던 석 달 동안 그가 집에서 여러 차례 파티를 벌였다는 증거 때문이 아니라, 그 흔적을 감추려고 잔머리를 굴렸다는 사실 때문이었다.

이 무렵 파블로는 델리아에게는 알리지 말아 달라고 신신당부하면서 몇몇 친구에게 로사리오라는 이름으로 마틸데를 정식으로 소개했다. 토마스 라고는 이렇게 말하고 있다. "식사하는 내내 그는 그녀(마틸데)에게 다가가 부여잡고 무릎을 만지며 분명한 쾌감과 기쁨으로 사랑스레 끌어안는 것이었다. 그는 거듭거듭 '내 사랑'이라며 그녀를 바라보았다."[29)]

1954년 6월, 네루다는 의미심장한 결정을 내리게 된다. 자신이 수집하여 소장하고 있던 책과 수집한 조개껍데기를 전부 칠레 대학에 기증하기로 한 것이다. 값을 따지기 어려울 만큼 귀중한 물건들이었고, 그의 결정은 대단한 것이었다. 네루다는 소중한 책들을 사랑했다. 언젠가 그는 호르헤 에드워즈에게, 자신은 책에 관해서 쓴 책들에는 관심이 없다고 말한 적이 있다. 그는 작고 두툼하며 육즙이 풍부한 스테이크 같은 책을 좋아했다. 6월 20일 칠레 대학의 기증식에서

29) Tomás Lago, *Ojos y oídos*, p.188.

네루다는 이렇게 말했다. "나는 사상가가 아닙니다. 그리고 내가 수집한 이 책들은 연구하기 위해서라기보다는 경배하기 위해서 모은 것들입니다. 나를 눈부시게 매혹했던 것들을 모아 놓은 것이 여기 이것입니다…"[30] 기증 도서 중에는 말년의 엘뤼아르가 선물한 아주 귀중한 자료도 들어 있었다. 마르세유 병원에서 임종을 눈앞에 둔 시인 랭보의 고통을 상세히 적어 어머니 앞으로 보낸 그의 누이 이자벨의 편지 두 통이 그것이다.

그러나 보다 중요한 이정표가 저만치 나타나게 된다. 1954년 7월 12일이면 파블로의 50회 생일이 되는 것이다. 델리아는 세계 전역에서 오게 될 친구들, 작가들의 긴 명단을 작성하느라 정신없이 바빴다. 그 친구들 중 한 사람인 중국 시인 아이칭은 생일을 축하하기 위해 이슬라네그라를 찾은 기념으로 이런 글을 남겼다.

> 우리는 걸어 들어갔노라.
> 항해자의 집으로
> 마당엔 조개껍데기 뒤덮여
> 어쩌면 어젯밤 바다 물결 찾아온 듯…
> 파블로 네루다는

---

30) 이 연설문은 Pablo Neruda, *Discursos del Rector de la Universidad de Chile, don Juan Gómez Millas y de Pablo Neruda* (Prensa de la Editorial Universitaria, Santiago, 1954)에 수록됨.

저 멀리 대양의 파도 바라보고 있는데
그의 언어는 광산에서 캐내 온 것…
타오르는 화톳불 주위로
열두엇 항해의 동료들 모여 서서
술 마시고 이야기 나누니…

여러 나라에서 모여든 우리…
그러나 우린 누구보다 가까운 형제들…31)

그의 생일을 기념하기 위해 칠레 대학에서 열린 행사에서, 네루다는 '시는 어떻게 태어나는가'를 설명한다. "그것은 보이지 않는 저 높은 곳에서 옵니다. 그것은 비밀스럽고 그 기원을 알 수 없으며, 고독하고 향기롭고, 마치 강물처럼, 가는 길에 만나는 모든 것을 녹여 버립니다… 그것은 들판을 적시고, 배고픈 이들에게 빵을 줄 것입니다…"

1954년 8월 11일, 일리야 예렌부르크가 네루다에게 스탈린 평화상을 주기 위해 산티아고에 왔다. 칠레는 러시아인들을 항상 두 팔 벌려 환영했었다고 네루다가 그에게 말했다. 그러나 예렌부르크가 산티아고 공항에 도착해서 받은 대접은 환영이라고 할 수는 없는 것이었다. 네루다의 이야기에

---

31) Ai Qing, "On the Chilean Headland', *Selected Poems of Ai Qing* (People's Literature Publishing House, Beijing, 1996), pp. 234-241. 류홍빈의 번역.

의하면, 환영은커녕 미국의 지시를 받은 칠레 당국이 에렌부르크의 가방을 샅샅이 수색했던 것이다. 그중에서 『모두의 노래』의 첫 러시아어 번역 원고를 문서 가운데서 찾아낸 "학식 높은 공무원들은 의기양양하여 기자들에게 증거를 들이대며 말했다. 이게 바로 모스크바의 지령문이오. 우리가 전부 번역해 낼 거요.' 이리하여 『모두의 노래』가 다시 스페인어로 번역될 참이었다!"[32]

예렌부르크의 짐에 들어 있던 또 다른 유죄의 증거는 무엇이었던가? 라틴어 학명으로 된 칠레 식물 목록과 스칸디나비아 항공사 안내문이었다. "미국에 고용된 그자들은 라틴어를 전혀 몰랐기 때문에 자기네가 무슨 암호라도 취급하는 것으로 생각했다… 스페인어로 적힌 스탈린 평화상 상장도 경찰들 사이에서는 군침을 흘리게 만든 모양이다. 그들은 마치 에펠탑 사진이라도 찍듯이, 그것을 비밀 문건이랍시고 찰칵찰칵 찍어 놓았다."[33]

결국 칠레 대통령이 직접 개입하여 자료를 예렌부르크에게 돌려줄 것을 지시했다. 그러나 우익 언론에서는 이 러시아 문인이 칠레 땅에 머무는 동안 줄곧 그에 대한 중상을 멈추지 않았다.

1954년, 그의 생애가 반세기에 접어든 그해에 두 권의 책

---

32) Pablo Neruda, *Aurora,* No.2, Santiago, December 1954.

33) Ibid.

이 출판되었다. 탐탁하다고 할 수 없는 『포도와 바람』과 탁월한 시집 『기본적인 송가』가 그것이다. 네루다는 늘 『포도와 바람』을 좋아했는데, 그 시집이 자신의 철저한 정치 참여 및 마틸데에 대한 사랑에 부합했기 때문이었다. 놀라운 것은 그가 그 시집 안에 담긴 문학적 결점들을 전혀 깨닫지 못했다는 사실이다. 1953년에 발간된 시선집 『정치시』에 서문으로 쓴 「태양 아래 모든 것이 새로워라」에는 그가 생각하는 시인 본연의 임무가 표현되어 있는데, 그는 자신이 바로 이 의무를 수행하고 있다고 생각했다.

> 인간과의 접촉 없이는 어떤 시도 있을 수 없다… 시의 길은 바깥으로 향해 있으며, 거리와 공장을 지나간다. 그것은 모든 착취당한 자들의 문가에 서서 귀를 기울이며, 달리고 경고하고 호루라기를 불고 끌어모으며 미래의 둔중한 목소리로 위협하기도 한다. 그것은 인간이 투쟁하고 있는 모든 곳에 있으며, 모든 전투 중에, 한 세계가 태어나고 있음을 알리는 모든 종소리 가운데에 있다. 왜냐하면 우리는 힘과 희망과 다정한 마음과 강인한 태도로써 그 세계가 탄생하고 있음을 확실히 할 것이기 때문이다.[34)]

34) Pablo Neruda, Prologue to *Poesía política (discursos políticos) de Pablo Neruda*, ed. Margarita Aguirre (Editora Austral, Santiago, 1953), Vol.1, pp.7-9.

비평가인 하이메 콘차는 1926년에 발간된 시집 『무한한 인간의 시도』만큼이나 『포도와 바람』이 극적으로 변화한 네루다의 시적 비전을 보여 준다고 믿는다. "이 시집에는 교훈적이고 초자연적인 의식(儀式)이 폐허와 부서진 기와들과 함께 공존한다…"[35)]

콘차는 네루다가 스탈린그라드 전투를 여러 번 암시하고 있다는 점에 주목한다. "이 시기 네루다의 시에서 스탈린그라드는 10월 혁명보다 더 중요한 무게를 가지고 현대사의 근본적 전환점을 의미하고 있다. 그것은 새로운 사회 질서가 결정적으로 구축되는 순간이었다. 그것은 평화를 보장하는 승리였다."[36)]

『기본적인 송가』가 전혀 다른 성격의 책이라는 사실은 바로 그가 자기 시를 바꾸고 실험하며 풍요롭게 하려는 의지를 가지고 있었음을 확연하게 보여 준다. 어떤 사람들은 – 칠레 최고의 인기 소설가인 루이스 세풀베다처럼 – 시집 전체를 관류하는 음조와 태도에 통일성이 결여되어 있다는 것을 약점으로 간주한다. 세풀베다는 스페인에서 내게 이런 이야기를 했었다. "나는 네루다의 시가 고르지 않다는 보르헤

---

35) Jaime Concha, 'Neruda desde 1952: "Nunca entendí la lucha sino para que éste termine"', *Texto Crítico,* Santiago, Nos 22-23, 1981.

36) Ibid.

스의 견해에 동감이다. 물론 모든 시인이 다 고르지 않게 시를 쓴다. 그러나 네루다의 시 세계에는 어딘가 특별한 비약이 있다. 어떻게 똑같은 사람이 『열광적인 투석꾼』과 『기본적인 송가』를 함께 쓸 수 있단 말인가?"[37]

그러나 네루다는 새로운 책을 쓸 때마다 항상 자기 자신을 새롭게 하기를 열망했다. 『포도와 바람』이 나온 지 다섯 달 뒤인 1954년 7월에 출간된 『기본적인 송가』는 양파나 토마토 같은 소박한 사물들을 찬양한다. 시행은 때로 아주 짧아 ─ 「아메리카를 기리는 노래」에는 'y(그리고)'라는 단 한 글자로 된 행도 있다 ─ 마치 주위 세계의 본질을 증류시켜 버리려 하는 듯하다.

네루다는 그가 숭배하는 러시아의 영웅 푸시킨이 1824년 송가에 대해 쓴 내용을 모르고 있었던 듯하다. 푸시킨은 송가가 시 중에서 가장 열등한 형식이라고 했다. 왜냐하면 송가에는 '구도'가 결여되어 있어서 단순한 '열광'은 '가장 고상한 아름다움의 불가결한 조건인' 저 '고요함'을 배제해 버리기 때문이라는 것이다.[38] 하지만 네루다는 이 중 많은 시에서 열광과 고요의 감각을 동시에 성취해 내고 있다.

이 시집이 거둔 성공은 대단했는데, 심지어 문학적 · 정

---

37) Luis Sepúlveda, in conversation with AF, Gijón, Spain, May 1999.

38) Alexander Pushkin, 'introduction', *Eugene Onegin* (Penguin Books, London, 1964)에서 인용.

치적 반대파들도 칭송할 정도였다. 알로네는 이렇게 쓰고 있다. "이 시집에서 보이는 표현의 명료성이 사실은 네루다의 작품이 더 많은 대중에게 도달할 수 있도록 소련인들이 요구했던 점이라고 말하는 사람들도 있다. 그것이 사실일지라도 우리는 그들이 수행한 끔찍한 역할을 용서해 줘야 하리라. 쓰라린 감상도 복잡 미묘한 요소도 제거되고 나면, 시가 너무 나가 버리지는 않을까, 산문으로 추락하는 것은 아닐까 염려스러울 수도 있다. 그런데 네루다의 시가 일찍이 이토록 진정성에 차 있던 적도 없었던 것 같다. 이런 식의 찬사에는 제한이 따라붙어야 하리라. 유보 없는 판단은 좋지 않은 것이라고들 하니 말이다. 그러나 우리는 어떤 제한도 생각할 수가 없다. 심지어는 시인이 지닌 공산주의마저도 용서하게 되는 것이다."[39)]

비평가들과 독자들의 찬사에 고무된 그는 이번에도 같은 출판사인 로사다를 위해 두 권의 송가집을 새로 발표했다. 1956년의 『기본적인 새로운 송가』와 1957년의 『세 번째 송가집』이 그것이다. 나중에 그는 이 세 권의 시집과 1959년 시집 『항해와 귀향』을 단일한 책의 일부로 생각한다고 말했다. 사실 마지막 책은 '기본적인 송가의 제4열'이라는 부제를 달고 있다.

---

39) Hernán Díaz Arrieta (Alone), 'Muerte y tranfiguración de Pablo Neruda', *El Mercurio*, 30 January 1955.

150편의 송가 중 일부는 네루다의 친구 미겔 오테로 실바가 편집하는 베네수엘라 일간지 ≪엘 나시오날≫에 처음 실렸다. 오테로 실바는 네루다에게 매주 한 편의 시를 기고해 달라고 했는데, 네루다는 문예란이 아닌 뉴스난에 실어야 한다는 보기 드문 조건을 내걸었다. "이렇게 하여 나는 시간의 역사를 세상에 내놓을 수 있게 되었다. 다양한 사물들, 갖가지 거래, 민중, 과일과 꽃, 삶과 나의 비전, 투쟁 등등 내 창작의 이 거대한 순환적 충동을 통해 내가 받아들일 수 있는 모든 것이 사실상 거기에 담겨 있었다…"[40]

『기본적인 송가』에 대해 레네 데 코스타는 이렇게 쓰고 있다. "여기서 시는 교육적 목적을 위한 방책으로 고안되었다. 그것은 우리 모두가 어울려 살고 있는 이 세계의 경이로운 의미를 보고 증거하고 성찰하도록 도와준다."[41] 나는 『송가』가 교육적이라거나 방책이라는 코스타의 견해에 동의하지 않는다. 주위 세계의 아름다움에 대해 느끼는 시인의 경이가 많은 시를 가득 채우고 있기 때문이다. 그러나 고통에 찬 자기 성찰 같은 것이 없다는 것은 분명하며, 네루다가 주위의 자연과 하나 되는 황홀한 느낌을 기꺼이 독자와 나누려 한다는 코스타의 지적은 정확하다. 사실, 네루다가 가진 일

---

40) Pablo Neruda, *Algunas reflexiones sobre mi vida y obra,* January 1954.

41) René de Costa, *The Poetry of Pablo Neruda* (Harvard University Press, Cambridge, MA, 1979), p.159.

종의 열광은 거역하기 힘든 것이다. 우리는 그의 눈을 통해 세계를 새롭게 향유하게 된다. 그렇다, 소박한 엉겅퀴 하나가 갑옷을 두르고 이제 막 전투에 나서는 군인으로 보이고, 양파는 "눈부신 깃털을 가진 / 새보다 더 아름답다".

『송가』에 담긴 네루다의 의도는, 거리의 평범한 사람들에게 거리의 언어로 일상의 소박한 사물에 대해 말하는 것이다. 그의 『송가』는 세계를 새롭게 소생시키는 신선한 힘으로 가득하다. 이제 그는 (자신을 포함하여) 내면의 불행에 탐닉하는 자아도취적인 시인들을 거부한다. 1952년 유럽 체류 시기에 쓴 첫 번째 시 「보이지 않는 사람」에서 그는 이렇게 말한다.

> 나는 하하 웃는다,
> 씩 웃는다
> 옛 시인들을 생각하며
> …
> 그들은 늘 '나'를 말하지
> …
> 아무도 고통에 신음하지 않아,
> 아무도 사랑하지 않아,
> 내 가련한 형제인
> 시인 자신 말고는[42]

「행복한 날을 기리는 노래」의

나는 그저
행복하다

라는 시구는 『지상의 거처』에 나오는 우울하기로 유명한 시 「배회」의 첫 구절 "그냥 인간으로 사는 게 지긋지긋하다"에 대한 거의 의식적인 거부인 셈이다. 「고독을 기리는 노래」에서 그는 외로움 속에서 창조성을 찾던 낭만적 외톨이에 다시 한번 등을 돌린다.

창조적 고독이라는 말은
진실이 아니다.
…
사막은 지상의
외로움. 그것은
불모의 땅이다
인간의
고독처럼.

훗날 네루다는 또다시 고독을 친구로서 껴안게 되지만,

---

42) Pablo Neruda, *Odas elementales* (Losada, Buenos Aires, 1954).

아직은 아니었다.

「소박한 사람을 기리는 노래」에 나타나는 것처럼, 그가 동료 인간들에 대해 느끼는 강렬한 형제애 속에는, 『마추픽추 산정』에 표현된 대로, 안데스산맥에 요새를 세운 콜럼버스 이전 시대 노예 노동자들의 일상생활에 대해 낱낱이 알고자 하는 욕구가 강하게 메아리치고 있다.

> 난 네가 누군지 알고 싶다,
> 돈은 얼마나 버는지,
> 어느 작업장,
> 어느 광산,
> 어느 약국에서 일하는지,
> 내게는 그것을 알아야 할,
> 그 모든 것을 알아야 할,
> 밤낮없이 알아야 할,
> 네 이름까지 낱낱이 알아야 할,
> 엄청난 의무가 있다,
> 바로 그것이 나의 직업이다.

테무코의 어린 시절을 지극히 예민한 감각으로 기억하는 네루다에게서는 프루스트의 영향이 느껴진다. 「지난날을 기리는 노래」는 놀랍게도 다음과 같은 프루스트적 느낌으로 시작된다.

오늘, 이야기를 나누던 중에,
불쑥 튀어나왔네,
지난날이,
나의 지난날이.

그러나 세 권의 책에 담긴 다른 송가들은 또 다른 기능을 한다. 어떤 것들은 명백하게 정치적이다. 한국 전쟁이 점점 광포해지는 가운데 네루다는 미국의 군사적 공격을 규탄하면서 「원자를 기리는 노래」를 썼다. 「구리를 기리는 노래」는 칠레의 구리 자원 대부분을 약탈하는 미국을 공격하는 시다. ("나의 민중이, / 칠레가, / 자원을 다루는 일에 숙달하여, / 광물을 / 돌에서 떼놓으면, / 그 모든 것 시카고로 / 흘러가 버렸네.") 그보다 훨씬 일찍 쓰인 「과테말라를 기리는 노래」는 민주적으로 수립된 하코보 아르벤스 정권을 1954년 미국의 지원을 받아 전복한 자들을 공격하는 시다.

그러나 네루다의 문학적 명성이 치솟으면서, 그가 끌어가던 이중생활은 더 이상 지탱하기가 어려워졌다. 아이다 피게로아는 내게 이렇게 말했다. "언젠가 델리아가 『대장의 노래』 복사본을 보여 주며 '이 시집은 네루다의 느낌이 강하지만, 그러나 그가 쓴 것은 아니야'라고 말하더군요. 파블로는 '밖에 나갔다 올게, 일이 좀 있어'라며 휭하니 나가는 일이 계속되었지요. 그러던 중 델리아는 네루다가 하는 일이 무얼까 속으로 궁금한 생각이 들기 시작했답니다. 그래도 아무런 짐작을 할 수가 없었지요. 잠깐씩 바람을 피우나 보다 생각했던가 봐요."[43]

고급 포도주를 몇 병 훔쳐서 야단을 맞은 뒤 네루다에게 해고당한 정원사가 어느 날 델리아를 찾아와서 말했다. "사모님, 나는 공산주의자요. 그래서 이런 일이 벌어지는 것을 도무지 받아들일 수가 없어요." 1952년 자동차 사고가 난 후, 델리아가 아직 병원에서 회복을 기다리는 동안 마틸데가 네루다를 간호하러 와 있던 적이 있는데, 당시 그 정원사도 미초아칸에 있었다. 델리아는 그에게 입단속을 시켰다. 그녀로서는 들을 만큼 들은 셈이었다.[44]

네루다의 친구였던 프란시스코 벨라스코와 마리 마트너는 파블로가 이따금 마틸데를 발파라이소로 데려왔고, 그곳에서 경망스럽게도 조카 로사리오라고 소개하곤 했다는 이야기를 들려주었다. 로사리오는 파블로가 익명으로 발표한 시집 『대장의 노래』에서 마틸데에게 붙여 준 이름이었다. "파블로는 오후가 되면 낮잠을 즐기곤 했다. 나는 그에게 작은 침대가 있는 아들 방을 쓰라고 내주었다. 그런데 그는 '조카'라는 마틸데와 함께 그 방으로 자러 가는 것이었다. 그는 그런 것을 개의치 않았고, 나 역시 마찬가지였다." 이것은 마트너의 회상이다.[45]

---

43) Aída Figueroa, in conversation with AF, Santiago, April 2000.

44) Fernando Sáez, *Todo debe ser demasiado,* pp.165-166.

친구들의 회상에 의하면, 그사이 델리아는 점점 예민해진 모양이다. 그녀는 어느 때보다도 더 넋이 나간 듯한 상태일 때가 많아졌다. 옷 입는 감각도 기이하리만큼 엉뚱해졌고, 모자는 눈이 휘둥그레질 만큼 커졌으며, 화장도 훨씬 짙어졌다.

이제 대부분의 친구들은 무슨 일이 일어나고 있는지 알게 되었다. 델리아가 이 일을 알게 되는 것은 시간문제일 뿐이라고 생각한 네루다의 가장 가까운 친구 두 사람 - 테무코 시절 네루다의 학교 친구인 디에고 무뇨스와 그의 아내 이네스 발렌수엘라 - 은 가급적 자연스럽게 진실을 드러내는 것이 좋겠다고 마음먹었다. 델리아는 즉각 네루다에게 따지고 들었고, 네루다는 모든 사실을 부인했다. "그래, 마틸데 우루티아란 여자가 대관절 누구예요?"라고 그녀가 물으면 네루다는 이렇게 말했다. "아니 당신, 그 여자 알잖아. 멕시코에서 당신 블라우스를 다림질해 주던 여자 말이오."[46]

델리아는 그 어느 때보다 부쩍 의심을 품게 되었다. 소문이 사실이라는 것을 입증할 만한 무슨 증거라도 찾으려고 파블로의 옷을 빠짐없이 검사했다. 그리고 어느 날 그것을 찾아냈다. 파블로가 경솔하게 웃옷 호주머니에 남겨 두었던 마

45) Marie Martner and Francisco Velasco, in conversation with AF, Valparaíso, March 2000.

46) Fernando Sáez, *Todo debe ser demasiado,* p.167.

틸데의 편지는 세 번째로 임신한 사실을 네루다에게 알리고 있었다.

끔찍한 장면이 이어졌다. 네루다와 델리아는 대중적 스캔들을 피하기 위해 칠레 공산당 서기장인 갈로 곤살레스와 만나기로 되어 있었다. 파블로는 눈물을 흘리며 델리아에게 곁에 남아 달라고 호소했다. 그러나 그녀는 이미 결심이 서 있었다. "파블로, 이건 부르주아의 결혼이 아니야. 사랑이 더 이상 존재하지 않는다면, 결혼도 존재하지 않는 거지."[47]

네루다는 지인들을 사이에 넣어 델리아의 마음을 돌리려는 필사적인 노력을 계속했다. 그의 논리는 이렇다. "마틸데가 한 일은 내가 마루카와 결혼한 상태였을 때, 델리아가 마드리드에서 내게 한 일과 별반 다를 것이 없는 행위다. 그녀는 나를 침대로 끌어들인 것이다. 델리아는 왜 그걸 이해하지 못하는 걸까? 하지만 그 사람 주위에는 좋지 못한 생각을 충고랍시고 전하는 사람들이 너무 많아. 그게 문제야."

파블로와 델리아가 마지막으로 만난 것은 1955년 칠레의 여름이 끝나 갈 무렵 미초아칸에서였다. 거의 하루걸러 오다시피 하는 디에고 무뇨스와 이네스가 그날 아침 그곳에 있었고, 갈로 곤살레스도 와 있었다. 델리아는 이네스를 한쪽 구석으로 데려가더니 네루다를 떠나기로 결심했다고 알렸다. "파블로의 제안은 받아들일 수가 없어. 당신이라면 그럴 수

47) Ibid.

있겠어?"

이네스는 아무런 대답도 할 수가 없었다.[48]

델리아는 집을 떠나 우선 친구인 그라시엘라 마테를 찾아가 그 집에 잠시 머물렀다. 그러다 1955년 3월 말, 자신이 그토록 오랫동안 사랑하고 믿었던 남자와 한 나라에 살고 있다는 것이 견딜 수 없었던 그녀는 칠레를 떠나 부에노스아이레스로 향했다. 마르가리타 아기레와 당시 그녀의 남편이었던 로돌포 아라오스 알파로가 델리아를 산티아고 공항까지 배웅했는데, 담담한 델리아는 자기 나름의 인생을 살아가기로 마음을 다진 모습이었다.

부에노스아이레스에서 겨우 이틀을 머문 델리아는 유럽으로 가는 배에 올랐다. 아르헨티나에 머무른 그 이틀 동안 그녀는 마르가리타와 로돌포에게 신랄한 편지를 써 보냈다. 두 사람은 물론 다른 사람들이 파블로와 마틸데 일을 알고 있으면서도 자기에게 숨겼다는 사실을 그녀는 용서할 수 없었다. 그것은 상처받은 자존심이 방울방울 피 흘리는 편지였다.

"파블로가 마틸데를 한없이 사랑한다는 것도 사실이었고 델리아와 헤어지는 것이 그에게 너무 고통스러운 일이었다는 것도 사실이었다"라고 이네스 피게로아는 내게 이야기했

48) Inés Valenzuela, in conversation with AF, Santiago, March 2000.

다. "파블로는 세상살이를 아는 남자가 아니었다. 그렇다고 비비 꼬인 악당도 아니었다. 그런 난관 앞에서는 거의 어린아이였다. 파블로가 처음부터 마틸데와 무슨 심각한 장래를 계획한 것은 아니었다. 그런데 그게 점차 엄청난 열정으로 커 나간 것이다. 마틸데는 대단히 강렬한 성격의 소유자이고, 네루다에게는 점차 없으면 안 되는 존재가 된 것이다. 하지만 네루다는 델리아를 무척 사랑하고 있었기 때문에, 그가 치러야 하는 대가는 컸다. 개미라는 별명을 가진 델리아는 무척 사랑스러운 여자였다. 델리아를 잃는 순간 파블로는 자기 자신의 일부를 잃은 셈이다."[49]

마틸데는 델리아와 달리 교양 있는 여성이 아니고 델리아만큼 '세련'되지도 않았던 데다 첫인상이 매우 차가워 보였기 때문에 그녀에게 반감을 느끼는 사람들도 있었다. 그녀는 네루다가 공연히 시간을 허비하는 일이 없도록 지켜 주려 했고, 그것은 찾아오는 방문객들을 물리친다는 것을 의미했다. 하지만 다른 사람들은 애를 써서 애인의 삶에 일종의 질서를 부여하려는 그녀의 노력을 인정했고, 라 차스코나의 공사가 한창이었을 때, 그녀가 새집에서 제대로 된 요리에 나무랄 데 없이 살림을 꾸려 나가고 있었던 사실을 긍정적으로 보았다.

그러나 파블로와 델리아가 헤어진 뒤로 네루다의 가장 가까운 친구들 사이에 금이 가게 된 것은 고통스럽지만 어쩔

---

49) Inés Figueroa, in conversation with AF, Santiago, March 2000.

수 없는 사실이었다. 토마스 라고 같은 이들은 네루다와는 평생 다시는 이야기하기도, 만나기도 싫다고 선언했다.

토마스 라고의 딸인 빅토리아 라고가 칠레에서 내게 들려준 애기다. "두 사람 사이가 너무 안 좋아져서 한 사람이 어디에 간다는 것을 우연히 알게 되면, 다른 쪽에서는 그곳에 가는 것을 피하는 식이었지요. 두 사람 다 그럴 정도로 모질었어요. 그러나 나중에 우리 아버지가 중병을 앓을 때, 파블로는 다른 사람을 시켜 아버지 상태가 어떤지 물어 왔어요. 파블로가 아팠을 때는 아버지 쪽에서 마찬가지로 그랬고요."[50)]

그런저런 일들로 파블로는 고통스러워했다. 그렇지만 그는 자신이 갈망했으나 이제 일흔이 된 델리아는 줄 수 없었던 것, 즉 만족스러운 성생활과 창작 활동에 전념할 수 있는 정돈된 생활을 마틸데가 가능하게 해 주고 있다는 사실을 알고 있었다. 그 변화는 쉽게 이루어질 수 있는 것이 아니었다.

아이다 피게로아가 내게 해 준 말이다.

> 델리아에게 정말 상처를 입힌 것은 파블로가 마틸데를 이슬라네그라로 데려와 자신의 침대에서 함께 잠을 잤다는 사실이었다. 파블로와 달리 마틸데는 항상 네루다 곁에 영원히 남아 있을 수 있는 길을 찾으려 했다고 생각한다. 파블로는 그렇지 않았다. 그는 델리아를 자신의

---

50) Victoria Lago, in conversation with AF, Santiago, April 2000.

지적 동반자로, 그리고 마틸데를 자신의 감각적 열정으로서 유지하고 싶어 했다. 내가 처음 만났을 때 마틸데는 몹시 조잡하고 거친 사람이었다. 이미 살 만큼 산 사람인데도, 네루다는 그녀를 교육하기 위해 대단한 정성을 쏟았다. 독서를 하게 하고 어떤 것들은 암기시키기도 했다. 또 그녀가 청중 앞에서 노래하도록 격려하기도 했다. 노래는 형편없었는데도 말이다! 결국은 네루다도 그것이 별로 좋은 생각이 아니라는 것을 깨닫게 되어, 그런 이야기를 접었다. 그래서 그녀는 파블로의 탁월한 관리인이 된 것이다. 그의 육체적 행복과 건강, 그의 집안 살림 전체를 책임지는 사람 말이다. 그녀는 그의 생활 방식을 통째로 바꿔 놓았다. 그 결과 파블로는 얻은 것이 많았지만, 또 잃은 것도 많았다. 그는 역동적이었던 친교를 상실했다. 마틸데는 몇몇 사람만 집으로 초대하고 나머지는 명단에서 지워 버렸다. 네루다가 델리아와 함께 살 때는 우리가 그냥 집으로 걸어 들어가 파블로에게 말을 걸면 되었다. 자연스럽고 무질서한 생활 방식이라고 할 수 있을 것이다. 그 모든 것을 마틸데가 바꿔 놓았다.[51]

빅토리아 라고의 생각은 더 혹독하다.

51) Aída Figueroa, in conversation with AF, Santiago, April 2000.

마틸데 우루티아는 개미를 짓밟으며 네루다의 삶으로 들어왔다. 그녀는 멕시코와 이탈리아에 있던 델리아의 집에 자리를 마련하고 들어와서 델리아의 친구가 되었다. 델리아는 너무 좋은 사람이었기 때문에 무슨 일이 일어나고 있는지 전혀 눈치채지 못했다. 우리 아버지는 모든 사실을 알고 있었고 그것을 용납할 수 없었다. 마틸데는 두 사람을 갈라놓기 위해, 그리고 디에고 무뇨스나 아카리오 코타포스 같은 사람들을 멀리 떼어 놓기 위해 갖은 수를 다 썼다. 자기가 전면에 나서고 싶었던 것이다. 그녀는 단역을 맡는 것을 견딜 수 없었다.[52]

델리아와 헤어진 뒤로 네루다는 공사가 끝난 라 차스코나에 마틸데와 함께 입주했다. 그러나 델리아와의 파혼이 그에게 심각한 동요를 일으킨 것은 분명했다. 이후 1955년 나머지 기간 내내 그는 시를 별로 쓰지 못한다.

하지만 활동은 여전했다. 그는 1년에 세 번 발행된 ≪가세타 데 칠레≫를 출범시켰고, 그의 시선집이 그해 아랍어와 페르시아어로 출간되었다. 나시멘토가 네루다 강연집 『여행』을 산티아고에서 출간했다. 그리고 그는 세계 각지로 여행을 했다. 마틸데가 공개적으로 그를 동반했다. 그는 다시 소련을 찾았고, 중국과 여타 동구권 국가들을 방문했다. 라

52) *La Tercera,* Santiago, 9 July 2002.

틴아메리카로 돌아오는 중에 브라질과 우루과이에서 시 낭송회를 가진 뒤, 아르헨티나 토토랄에 있는 마르가리타 아기레의 남편 로돌포 아라오스 알파로의 집에 체류했다. 1955년 12월, 그는 그곳에서 『세 번째 송가집』의 일부가 될 두 편의 송가 「나비를 기리는 노래」와 「흑표범을 기리는 노래」를 썼다.

1956년 송가 시리즈 제2권인 『기본적인 새로운 송가』가 부에노스아이레스의 로사다에서 출간되었고, 다음 달 네루다와 마틸데는 칠레로 돌아온다.

1956년 2월, 모든 공산주의자의 내면을 뒤흔드는 일이 일어났다. 제20차 소련 공산당 전당대회 석상에서 니키타 흐루쇼프가 일어나 스탈린의 죄악상을 규탄하는 발언을 한 것이다. 당시 네루다는 아무런 공식 논평을 하지 않았다. 그해 11월 4일 소련 탱크가 부다페스트로 진격했다. 이번에도 역시 네루다는 소련 체제를 비난하는 말을 단 한 마디도 하지 않는다. 이 사건들을 통해 네루다가 내면에 깊은 고통을 받았다고 이야기하는 친구들도 있지만, 또 어떤 친구들은 그가 공개적으로 비난 발언을 하지 않은 사실을 강하게 비판했다.

그는 나중에 ― 아주아주 나중에 ― 회고록에서 그 사실을 언급한다.

> 많은 사람들이 나를 완고한 스탈린주의자로 믿었다. 파시스트들과 반동주의자들은 나를 스탈린의 서정적 해설

가로 묘사해 왔다. 그 때문에 내가 특별히 기분이 언짢은 것은 아니다. 온통 뒤죽박죽인 시대에는 어떤 판단도 가능하다. 우리 공산주의자들끼리 공유하는 비극이 있다면, 그것은 스탈린 문제의 몇 가지 측면에서 우리의 적이 정당했다는 사실을 직시하는 것이었다. 우리를 비틀거리게 만들 정도였던 이 일로 인해 우리는 고통스러웠다. 어떤 사람들은 자신이 속았다고 느꼈다. 절망의 나락에 빠진 그들은 적의 논리를 받아들이고 그들 편으로 넘어갔다. 다른 사람들은, 제20차 전당대회에서 가차 없이 밝혀진 이 고통스러운 사실들이야말로 세계로 하여금 역사적 진실을 보게 만들고 그에 대한 자신의 책임을 받아들임으로써 계속 살아남은 공산당의 성실성을 증명한다고 믿었다. 이것이 나의 입장이었다. 즉 그것은 내게는 알려지지 않았던 스탈린 시대의 어둠이었다. 내 눈에 스탈린은 원칙에 충실한 온화한 인간, 은둔자처럼 소박하며 러시아 혁명을 꿋꿋이 지키는 거인으로 떠오른다. 더군다나 콧수염을 길게 기른 이 작은 사람은 전쟁 중에 거인이 되었던 것이다. 붉은 군대는 그의 이름을 소리쳐 부르며 히틀러의 악령들이 가진 힘을 공격하고 파멸시킨 것이다.[53)]

53) Pablo Neruda, *Memoirs*, pp.318-319.

네루다는 조국 칠레의 공산당 안에서 위안을 얻었다. 그의 말에 의하면, 그는 그 안에서 "개인적 허영이나 전제주의 그리고 물질적 이해와 동떨어져 있는 순박한 사람들의 커다란 집단을 만날 수 있었던 것이다". "나는 공동의 위엄과 정의를 위해 싸우고 있는 정직한 사람들을 알게 된 것이 행복했다."[54)]

오래전부터 많은 사람들이 왜 공산주의가 그토록 오랫동안 지식인들에게 영향을 미치고 있는지를 설명하려 했다. 노벨상 수상자이고 공산주의자인 포르투갈 작가 주제 사라마구는 공산주의에 대해 일단 몸 안에 자리를 잡으면 없애기가 극히 힘든 일종의 호르몬 같은 것이라고 말한 바 있다.[55)] 루이 아라공은 한쪽에 대한 충성을 포기하면 다른 쪽 진영으로 떨어지게 되어 있다는 네루다의 신념에 화답하면서 "바리케이드를 두고는 오직 두 개의 진영만 있을 뿐이다"라고 말했다. 영국의 공산주의자인 에릭 홉스봄에 따르면, 당이란 "우리 삶 전체와 관계되는 것이었다. 우리는 우리가 가진 모든 것을 당에 주었다. 반대로 우리는 당으로부터 승리에 대한 확신과 우애의 경험을 얻을 수 있었다".[56)]

---

54) Ibid.

55) José Saramago, interviewed in *The Guardian,* London, 28 December 2002.

56) Eric Hobsbawm, *Interesting Times - A Twentieth - Century Life* (Allen Lane, London, 2002), p.134.

흐루쇼프의 폭로를 통해 이 충성심은 혹독한 시련을 통과해야 했다. 옙투셴코는 이렇게 말하고 있다. "당 집회에서 문건이 낭독된 뒤, 사람들은 기가 막혀 땅 위로 눈길을 떨군 채 터벅터벅 돌아갔다. 아마도 나이 든 사람들 다수가 이런 질문으로 스스로를 괴롭히고 있었을 것이다. 나는 결국 헛살아온 것인가? 재능 있는 작가 파데예프는 내전 당시 지니고 다니던 권총으로 자살했다. 그의 죽음은 스탈린이 저지른 또 하나의 범죄였던 셈이다."[57]

호르헤 에드워즈는 네루다가 비록 공개적으로는 침묵을 고수하고 있었지만, 그의 시 작업에는 1956년의 그 참담한 소식이 끼친 영향이 드러나 있다고 지적한다.

> 1957년 말에 출간된 세 번째 송가집 저자는 그 이전과 대조되는, 전혀 다른 시인이다. 자연과 생물들, 오래 써서 허름하지만 동시에 인간화된 사물들, 예컨대 하늘을 나는 앨버트로스나 자전거, 시골 영화관, 낡은 기차역 같은 것을 친숙하면서도 육감적이고 향수에 젖은 눈으로 관조하는 시인 말이다… 이 시들을 『포도와 바람』의 시들과 비교하면, 미래를 향해 고정되었던 시인의 눈길이 다시 한번 크건 작건 자기 주위를 둘러싼 것들에 집중되고 있다는 것을 즉각 감지하게 된다. 그것은 눈앞의 풍경,

---

57) Yevgeny Yevtushenko, *A Precocious Autobiography*, p.109.

어디나 존재하는 자연을 관조하고 있을 뿐, 이오시프 스탈린의 죽음을 장엄하게 만드는 태평양 파도의 전갈이나 혁명을 실어 오는 아시아의 바람 같은 (명료한 전언을 담고 있는) 것이 아니다.[58)]

어떤 의미에서 네루다는 사르트르식 '구토', 즉 이 프랑스 철학자가 주위 세계에 대해 느끼는 혐오감을 부정하고 있음을 간접적으로 다시 천명하고 있다. 그가 대중 연설에서 유난히 사르트르를 거론하며 경멸하는 것은 다 그만한 이유가 있다. 사르트르에게 사물과 자연은 아무런 의미를 갖지 못하지만, 네루다에게 그것들은 삶을 고양하는 의미로 가득 차 있다.

그해에 출간된 『기본적인 새로운 송가』에는 「양말을 기리는 노래」라는 절창이 포함되어 있는데, 이 시에서 네루다는 자기의 두 발을 "두 마리의 양털 생선, 두 마리의 기다란 감청색 상어… 두 마리의 커다란 개똥지빠귀, 두 개의 대포" 처럼 바라본다. "내 두 발은 이 천상의 양말 덕에 이렇게 영예로워졌다." 이렇게 열중해 있는 가운데 그는 양말을 '황금빛 새장'에 넣어 두고 "장밋빛 멜론의 과육을 주고픈" 유혹에 저항하기까지 한다.[59)] 유머와 장난기. 이 장난기가 그로 하여

58) Jorge Edwards, *Adiós, Poeta,* p.86.

59) Pablo Neruda, 'Oda a los calcetines', *Nuevas odas elementales*

금 나이 예순이 넘도록 축제 마당에 가장을 하고 나타나게 만들었다.

「폴 로브슨을 기리는 노래」는 미국의 위대한 공산주의 가수를 기리는 노래로서, 동료에 대한 시인의 사랑을 강조하고 있다.

> 불길 위
> 물의
> 힘찬
> 목소리,
> 장엄하고 그윽한, 목쉰, 청아한
> 대지의 목소리
> 우리에게 일러 주었네
> 우리는
> 여전히 인간이라고,
> 고통과 희망을
> 우리 나눠 가졌노라고.

그는 히로시마 이후의 침묵과 다시 떠오르는 로브슨의 목소리를 대비한다.

(Losada, Buenos Aires, 1956).

그대 성스러운 목소리로 하늘을
채우니,
흑인만을
위한 것이 아닌,
가난한 흑인만을 위한 것이 아닌,
가난한
백인을 위해,
가난한 인디언을
위해,
모든 민중을
위해.

「월트 휘트먼을 기리는 노래」는 자신에게 깊은 영향을 준, 또 다른 위대한 시인을 향하고 있다.

생각나지 않네
몇 살 때였는지
어디였는지도,
비에 젖은 광대한 남부였는지
혹은 갈매기 떼 울음소리
날카로운 저 가슴 서늘한
해안이었는지,
누군가의 손을 만졌는데

그건 월트 휘트먼의 손이었다네.

『송가』에 대한 탁월한 연구 업적을 남긴 로버트 프링밀은 네루다의 작품 세계를 상호 배타적인 몇 개의 시기로 나누려는 어떤 시도도 거부하면서, 『송가』는 『모두의 노래』가 서사적으로 그러하듯이 서정적인 방식으로 명확한 정치의식을 표현하고 있다고 지적한다.[60] 프링밀에 따르면, 네루다 자신이 『모두의 노래』에 실린 「나의 당에게」라는 시에서 공산주의의 대의에 헌신하는 자기 입장을 시적으로 설명하고 있는데, 그중 여러 시행이 『기본적인 송가』의 핵심적 개념들을 보여 주고 있으며, 특히

그대는 반석 위인 듯 현실 위에 집 짓게 했네.

같은 구절이나

그대는 세상의 투명함과 환희의 가능성을 보여 주었네.

같은 시행들이 그렇다. 네루다는 시인에게 정말 어려운

---

60) Robert Pring-Mill, 'El Neruda de las *Odas elementales*', *Coloquio internacional sobre Pablo Neruda (la obra posterior a Canto general)*, ed. Alain Sicard (Centre de Recherches Latino-américaines, Poitiers, 1979).

문제는, "단순한 시보다 어려운 시를 쓰는 것이 훨씬 쉽다는 사실이다"[61]라고 요약하고 있다.

1957년 1월 10일, 가브리엘라 미스트랄이 타계했다. 다음 날 칠레 공산당 일간지 ≪엘 시글로≫는 소년 시절 테무코 여학교에 있던 그녀의 사무실로 수줍게 걸어 들어갔던 한 사람이 그녀에게 바치는 조사를 실었다. 그녀를 잃고서 "칠레의 가슴은 슬픔으로 흐느낀다"[62]라고 네루다는 썼다.

그해 봄, 파블로는 마틸데에게 바치는 『100편의 사랑 소네트』를 쓰기 시작했으나 이내 작업을 중단한다. 재앙에 가까웠던 아르헨티나 여행을 위해서였고, 그 뒤 저 우울한 청년기의 배경이었던 극동으로 마틸데를 데리고 떠나는 근사한 여행을 위해서였다. 두 사람은 1957년 대부분을 칠레 밖에서 머무르게 된다.

1957년 4월 1일, 네루다는 일련의 시 낭송회를 계획하고 부에노스아이레스로 갔다. 그러나 4월 11일 그는 체포되어 국립 교도소에서 하루하고도 반나절을 지내게 된다.

> 비밀경찰과 마주치는 것은 위험해 보이지 않을 수도 있다. 그러나 그것이 아르헨티나 비밀경찰이라면 얘기가 달라진다. 물론 약간은 우스개로 하는 말이지만, 그러나

61) Pablo Neruda, *Plática,* Buenos Aires, April 1956.

62) Pablo Neruda, *El Siglo,* Santiago, 11 January 1957.

그들과 만나면 결과가 어떻게 될지 예측할 수 없게 된다. 그 특별한 밤, 나는 방금 칠레에서 도착하여 앞으로도 먼 변경까지 여행을 예정하고 있던 터라, 기진맥진하여 침대에 누웠다. 막 잠이 들려는데 경찰 몇이 내 방으로 밀고 들어왔다. 여기저기 샅샅이 뒤지고 책이며 잡지들을 골라 담는가 하면, 화장실을 수색하고 속옷까지 뒤적였다. 집 뒤쪽 방에서 나를 찾아냈을 때는 이미 나에게 숙소를 제공한 아르헨티나 친구를 데려간 뒤였다.

마틸데가 경찰들에게 이 사람은 파블로 네루다이고 병중이며 더군다나 여행으로 지친 상태라고 말했다. 한 시간 뒤 그들은 구급차를 몰고 나타났다.

마틸데가 항의했지만, 그들은 막무가내였다. 명령을 수행할 뿐이었다. 내가 피곤하건 말짱하건, 건강하건 병들었건, 죽었건 살았건, 데려가게 되어 있었다. 그날 밤은 비가 오고 있었다. 굵은 빗방울이 무거운 부에노스아이레스 하늘에서 떨어져 내리고 있었다. 나는 이해할 수가 없었다. 페론은 이미 실각한 뒤였다. (페드로 에우헤니오) 아람부루 장군이 민주주의의 이름으로 전제 정치를 뒤엎은 뒤인 것이다. 그런데 어떻게 그리고 언제인지도 모르는 채… 나는 감옥으로 끌려가고 있었다. 경찰관 넷이 나를 싣고 가는 들것은 계단을 내려가고 승강기에 타고 복도를 지날 때마다 골칫거리였다. 들것을 나르던 네 사람은 힘들어서 헐떡거렸다. 마틸데가 달콤한 목소리로, '이 사람 몸무게는 110킬로가 넘거든요'라고 말해서 그들의 속을 더 뒤집어 놓았다…

마침내 그들은 2층 맨 끝에 있는, 작고 아주 높은 창문이 달린 방에 나를 집어넣었다. 쉬고 싶었다. 무엇보다 잠, 잠, 잠을 좀 자고 싶었다. 그러나 잠이 오지 않았다… 몇 시간 뒤, 나의 동료 작가들과 친구들이 아르헨티나에서 칠레에서 그리고 다른 몇몇 나라에서 행동을 개시했다. 나는 다시 감방에서 나와 진료실로 옮겨졌다. 소지품을 돌려받고 막 석방되어 나가려던 참에, 간수 복장을 한 직원이 올라오더니 종이 한 장을 손에 쥐여 주었다. 나에게 바치는 시였다. 투박한 시행에 맞춤법도 여기저기 틀렸고, 민중 예술이 으레 그렇듯 순진하기만 한 시였지만, 감시하라는 명령을 받은 사람이 시로써 경의를 표해 준 시인은 이 세상에 나 말고 거의 없지 않을까 하는 생각이 든다.[63]

칠레 영사가 네루다의 석방을 위해 보증을 섰지만, 시인은 남은 시 낭송 일정을 취소하고 아르헨티나를 떠났다.

그와 마틸데는 동양으로 발길을 돌렸다. 네루다는 실론

---

63) Pablo Neruda, *Memoirs,* pp.225-226.

의 콜롬보에서 열리는 평화회의에 초청받은 상태였다. 회의장에 들어서니 수백 명의 불교 승려들이 가득 채우고 있었다. 그들은 그곳을 떠나 이전에 네루다가 살았던 웰라와타 근교의 집을 찾아갔다.

> 그 집을 찾느라 애를 먹었다. 나무들이 자라고 거리의 모습도 바뀌어 있었다. 내가 고통에 찬 수많은 시를 썼던 옛집은 허물어지기 일보 직전이었다. 문에는 여기저기 좀이 슬고 열대 지방의 습기 때문에 벽은 상해 있었지만, 집은 마지막 작별의 순간을 기다리면서 거기에 버티고 있었다.[64)]

실론에 있는 동안 네루다는 지방 신문에 옛날 자기 시중을 들었던 소년 브람피를 찾는 광고를 냈다. 그러나 아무런 소식이 없었다. 두 사람은 조르지 아마두와 그의 부인 젤리아와 함께, 빗물이 새어 들어오는 비행기를 타고서 폭풍을 뚫고 실론에서 랑군으로 향했다. 네루다가 불행한 영사로 그곳에 체류하기 시작한 지 30년이 되는 해였다. "뚫고 들어갈 수 없는 언어를 가진 곳이자 색채가 현란하며 뜨겁고 매혹적인 곳"이 바로 거기였다. 1927년, 그곳은 "영국인 지배자들에 의해 착취당하고 그들의 먹잇감으로 전락한 곳이었다. 그

---

64) Ibid., p.229.

러나 도시는 깨끗하고 환했다. 거리에는 삶의 불꽃이 튀어 오르고, 상점 진열창은 식민지의 물건들로 유혹하고 있었다."[65]

1927년에 네루다는 조시 블리스의 유혹에 넘어갔다. 30년이 흐른 지금, 새로운 연인인 마틸데를 곁에 두고 그는 이 버마 연인에게 그 뒤 무슨 일이 일어났는지 알아보려고 애를 썼다. "아무도 내게 그녀가 살았는지 죽었는지 알려 줄 수 없었다. 함께 살았던 이웃들마저 어디론가 떠나서 종적을 찾을 수가 없었다."[66]

네루다의 친구인 이네스 피게로아는 이렇게 회상한다. "조시 때문에 가슴이 아팠다는 이야기를 들었다. 네루다는 몹시 안타까워했다. 그 여자는 지극히 원초적인, 거대한 대지의 여인이었고, 극단적 애정으로 파블로를 거의 질식시켰다."[67]

네루다와 마틸데는 조르지 부부와 함께 랑군에서 중국으로 향했다. 그곳에서 그들은 네루다의 친구인 중국 시인 아이칭을 만났다. 네루다는 이 시인에 대해 "목소리가 자연스러우면서도 서정적인 시인 중 한 사람"이라고 말하고 있다. "시는 무척 부드럽지만 정치에서는 더없이 냉철한 이 시인들은 자기 운명을 이행하기 위해 제때 조국으로 돌아왔었다."[68]

---

65) Ibid.

66) Ibid., p.231.

67) Inés Figueroa, in conversation with AF, Santiago, April 2000.

68) Pablo Neruda, *Memoirs,* p.231.

그러나 아이칭의 운명은 그 자신의 수중에 있지 않았다.

중국에 있는 동안 파블로와 마틸데는 돌로 이루어진 이상한 숲을 방문하게 된다. 바위는 온통 마치 바늘 같은 모습을 하거나 "고요한 바다의 물결 같은 형상을 하고 있었다". 네루다는 혁명 이후의 중국에서 마치 집에 돌아온 듯한 느낌을 받았다고 말했다. 그러면서도 그는 5년 전 일리야 예렌부르크와 함께 중국을 방문했을 때와는 무언가 달라졌다는 느낌을 받았다. "나는 푸른 빛깔이 그리웠다." 이전에 방문했을 때는 "모두들 일종의 능직물 아니면 가벼운 노동자용 트위드로 만든 프롤레타리아의 청색 옷을 입고 있었다. 남자건 여자건 어린애건 모두 푸른색이었던 것이다. 푸른색의 색조만 다르게 펼쳐지는 이 단순화된 의복이 나는 마음에 들었다. 수많은 푸른색 반점들이 길거리며 가로수 길을 걷고 있는 모습은 아름다웠다".[69] 그러나 푸른색이 더 이상 보이지 않는 이유가 불길한 것이 아님을 네루다는 알게 되었다. 그저 중국의 면직물 산업이 충분히 성장하여 중국 인민들이 갖가지 색상의 옷을 입을 수 있게 된 것뿐이었다.

마틸데, 조르지 아마두와 함께 그는 범선을 타고 양쯔강을 따라 내려갔다. 중국의 풍광이 빚어내는 시를 사랑하긴 하였지만, 꼭 행복했던 여행만은 아니었다. 네루다가 나중에 회상하고 있듯이, 이 위대한 브라질 작가와의 우정에 무

69) Ibid., p.233.

엇인가 변화가 일어났다.

> 사실상 스탈린 시대의 실상이 폭로되면서 조르지 아마두의 내면 깊숙한 곳에서 용수철이 뚝 하고 끊어져 버렸다. 우리는 오랜 친구이고 여러 해 동안 함께 망명 생활의 경험을 나눴으며, 항상 공동의 확신과 희망으로 결합되어 있었다. 그러나 나는 그보다 덜 분파주의적이었다고 생각한다. 나의 천성과 칠레 사람의 기질이 나로 하여금 다른 이들을 더 이해하는 쪽으로 기울게 하였던 것이다. 반면 조르지는 항상 비타협적이었다… 제20차 전당대회의 보고는 모든 혁명가들로 하여금 새로운 입장을 취하고 새로운 결론을 내리도록 몰아간 밀물이며 썰물이었다. 우리 중 다수는 그 고통스러운 진실이 가져온 고뇌로부터 우리가 전면적으로 다시 태어나고 있다는 느낌을 가지고 있었다… 반면 조르지는 양쯔강 양안의 그 경이로운 절벽 사이로 배를 타고 가는 동안 삶의 새로운 단계를 시작했던 것 같다. 그가 혁명에 대한 믿음을 저버렸다고는 생각하지 않는다. 그러나 그는 자신의 작업을 되돌아보면서, 이제까지 그의 작품을 특징짓고 있던 직접적인 정치성을 제거했다.[70)]

70) Ibid., pp.234-235.

만일 이 같은 해석이 진정이라면, 흐루쇼프의 폭로는 네루다로 하여금 내적 회의에 빠지게 한 것이 아니라, 공산주의에 대한 확신을 더욱 강화한 것으로 보인다. 그리고 그는 동요하는 아마두를 비판하고 있는 것 같다.

네루다는 중국에서 쉰세 번째 생일을 맞았다. 젤리아와 마틸데는 아이칭에게 배 위에서 특별한 잔치를 베풀 수 있게 중국 당국을 설득해 달라고 부탁했다. 그들은 실망했다. 중국은 지금 다양한 색깔의 옷을 만들어 낼 정도는 되었지만, 여전히 엄격한 내핍 정책을 시행하고 있었다. 심지어는 마오쩌둥마저 자기 생일잔치를 포기했다는 것이다.

하지만 아이칭이 어떻게 수를 냈다. "내 생일인 그날, 7월 12일에 우리는 식탁에 당국과의 논쟁의 성과인 통닭구이를 올려놓을 수 있었다. 토마토 몇 개와 양파 조각이 작은 접시를 환하게 해 주었다. 그 너머로는 거대한 식탁이 펼쳐졌다. 매일 그렇듯이 감미로운 중국 음식으로 반짝이는 접시들이 그 위를 장식하고 있었다."[71]

여행을 계속하던 어느 날, 베이징에서 열린 모임에 아이칭이 나타나지 않은 불길한 일이 일어났다. 소위 '반(反)우파' 투쟁이 개시된 지 얼마 되지 않았고, 망명한 적이 있는 아이칭은 그 첫 희생양 중 하나였다. 네루다는 괴로웠다. 또 다른 중국 시인 시츠는 이렇게 회상하고 있다.

71) Ibid.

나는 베이징에서 열린 시 토론회 사회를 보고 있었는데, 네루다도 그 자리에 참석했다. 갑자기 그가 자리에서 일어서더니 그 큰 회당의 낭하를 혼자서 돌아다니기 시작했다. 나는 그에게 달려가서 물었다. "무엇을 찾고 계십니까?" 그가 적당히 얼버무렸다. "실은… 당신을 찾고 있었어요." 그러나 나는 그가 정말 찾고 있는 사람이 누군지 알 수 있었다. 우리는 함께 토론회 자리로 갔으나, 그 뒤로 그는 다시는 중국 땅을 밟지 않았다.72)

네루다가 깊은 환멸을 느끼며 중국을 떠난 것은 분명하다. 네루다의 회고록에는 개인숭배를 공격하는 매우 흥미로운 대목이 있다. 이러한 태도는 얼마 안 있어 그를 피델 카스트로와 갈등하게 만든다.

중국 혁명 과정에서 나를 당혹스럽게 한 것은 마오쩌둥이 아니라 마오쩌둥 사상이다. 내가 말하려는 것은 마오쩌둥-스탈린주의, 즉 사회주의 신에 대한 숭배가 반복되는 현상이다. 마오쩌둥이 위대한 조직가요, 위대한 인민해방가임을 누가 부정하겠는가? 그의 서사적 위광과 그토록 시적이고 그토록 우울하며 그토록 오래된 그의 단

---

72) Xu Chi, Preface to *Selected Poems of Pablo Neruda* (Hunan People's Publishing House, Beijing, 1984).

> 순성에 어찌 내가 깊은 인상을 받지 않았겠는가? 그러나 중국을 여행하는 동안, 나는 수백 명의 가난한 농민들이 일터에서 돌아오면서, 연장을 치워 놓기도 전에, 저 연안 시절부터의 소박한 게릴라 전사, 이제는 신으로 바뀐 그 전사의 초상화 앞에 경의를 표하려고 몸을 구부리는 것을 보았다… 스탈린의 경우, 나는 그의 개인숭배에 일조했었다. 그러나 그 시절, 스탈린은 우리에게 히틀러 군대를 쳐부순 정복자로 보였다. 모든 인류의 구원자 말이다. 그의 성품이 타락해 간 것은 불가사의한 과정이며, 우리 모두에게 여전히 수수께끼로 남아 있다.[73]

네루다의 러시아인 친구인 베라 쿠테이시코바는 모스크바에서 내게 이런 말을 했다. 파블로가 마오쩌둥 숭배의 미몽에서 깨어난 것은, 스탈린주의에 대한 그의 개인적 태도가 진정으로 변화해 가는 첫 단계라는 것이다.

네루다와 마틸데는 중국에서 모스크바로 갔고, 그곳을 출발하여 몇 달 동안 소련 연방인 압하지야와 아르메니아를 여행했다. 그가 압하지야에서 충격을 받은 것은, 이전에 본 러시아와는 달리, "이 태양과 밀과 포도밭의 나라는 다른 분위기, 지중해의 특성을 가지고 있었다는 사실이다. 그곳 남자들은 걸음걸이가 다르고 여자들은 이탈리아나 그리스 여

73) Pablo Neruda, *Memoirs*, pp.236-237.

인들의 눈과 손을 가지고 있다".[74)]

두 사람은 다시 아르메니아의 수도 예레반으로 날아갔다. 네루다는 이곳을 "내가 본 가장 아름다운 도시 중 하나"라고 묘사했다. "화산 활동기의 응회암으로 만들어진 이 도시는 연분홍빛 장미의 조화를 지니고 있었다."[75)] 뷰라칸 천체 관측소를 방문한 일은 그에게 잊을 수 없는 기억이 되었다. 그곳에서 그는 "모든 별이 저마다 전율하는 듯 황홀한 글쓰기를 하고 있는데, 땅에 매인 시인의 눈은 그 의미를 알 수가 없구나"[76)]라고 썼다. 뒤이어 그는 동물원에서 수영하는 맥(貊)과 즐거운 만남을 가졌다.

두 사람은 예레반에서 다시 모스크바로 날아가서 일리야 예렌부르크를 만나 환대를 받는다. ("나는 일리야가 스탕달에 대해 더 잘 아는지, 아니면 프랑스 거위 간 요리에 대해 더 잘 아는지, 딱 부러지게 말할 수가 없었다.")[77)] 그 뒤 두 사람은 파리를 잠깐 들른다. 1957년 10월 모스크바로 돌아간 그들은 수도가 온통 축제 분위기에 들떠 있는 것을 보게 된다. 러시아 혁명 40주년이었던 것이다. 기차로 모스크바를 떠나 핀란드로 향하던 그들이 하늘을 바라보니, 거기에 펼쳐진 불

---

74) Ibid., p.240.

75) Ibid., p.243.

76) Ibid.

77) Ibid., p.246.

꽃들이 "마치 서로를 격려하는 마음들의 일제 사격처럼, 서로에 대한 이해와 우정의 신호등이 일시에 켜진 듯"[78] 빛나고 있었다.

핀란드에서 네루다는 고래 사랑에 다시 빠져들어 외뿔고래 이빨을 사고, 다시 스웨덴 항구인 예테보리로 가서 12월 초, 발파라이소를 향해 가는 정기선 볼리바르호에 승선한다. 파블로는 배가 멈추면 베네수엘라를 잠깐 들르고 싶었다. 그러나 베네수엘라의 독재자 마르코스 페레스 히메네스는 "전쟁을 한판 벌일 만큼 많은 수의 군인을 보내어"[79], 네루다로 하여금 그 계획을 단념하게 만들었다. 네루다가 칠레에 도착할 즈음에는 그 독재자가 이미 실각한 뒤였다.

12월 18일, 로사다가 『세 번째 송가집』을 출간했다. 그것은 네루다가 여전히 자신만의 놀랍도록 왕성한 작품 활동을 계속하고 있음을 상기시켜 주는 일이었다. 그해 1월 네루다 전집이 처음으로 로사다에서 출간되었다. 몇몇 비평가는 이 같은 빼어난 생산성을 부정적으로 평가했다. 칠레의 동료 시인 곤살로 로하스는 2003년 네루다 서거 30주년을 맞아 마드리드에서 행한 연설에서 네루다를 위대한 시인이라고 부르면서도, 그는 "한 그루 나무이며, 나무는 가지치기를 많이 해야 한다"[80]라고 말했다.

---

78) Ibid., p.252.

79) Ibid.

파블로와 마틸데는 이슬라네그라에서 새해를 맞았다. 1958년 3월에는 우울한 소식이 전해졌다. 칠레 공산당 지도자인 갈로 곤살레스가 타계한 것이다. 네루다는 칠레 대통령 선거 유세에 두 번째로 가담한다. 또다시 칠레 전역을 돌면서 크고 작은 여러 집회와 유세장에서 연설을 한다. 그러나 그의 온갖 노력은 결국 허사가 되고 말았다. 죽은 아르투로 알레산드리 팔마의 아들 호르헤 알레산드리 로드리게스가 승자였다. 칠레의 경제 구조를 바꾸기 위해 국가의 철저한 개입을 옹호했던 아옌데는 간발의 차이로 낙선했다.

그해 네루다는 다시 침로(針路)를 바꾼다. 『에스트라바가리오』라는 또 하나의 독특한 책이 출판된 것이다. '황혼 일기(크레푸스쿨라리오)'라는 그의 첫 시집 제목과 마찬가지로, '에스트라바가리오'도 그가 만든 신조어다. 그런데 이 최근작－기본적으로 자서전적 소묘가 확장된 것이다－에는 재치 있게 표현된 자기 회의와 자기 비하적인 반어법이 가득하다.

그는 이 시집에 실린 「나는 침묵을 원한다」에서 "내가 원하는 것은 다섯 가지뿐"이라고 말한다.

　　첫째는 끝없는 사랑.

---

80) Gonzalo Rojas, *La Tercera,* Santiago, 23 October 2003에서 인용.

둘째는 가을을 보는 것.
바람에 날려 흙으로 돌아가는
나뭇잎 없이는 나 살 수 없으리.

셋째는 침울한 겨울,
내가 사랑했던 비와, 사나운 추위 속
화톳불의 애무.

넷째는 여름
수박처럼 둥그런.

다섯째는 당신의 두 눈,
내 사랑 마틸데여,
당신 두 눈 없이는 나 잠들고 싶지 않네,
나를 바라보는 당신 없이는 나 살아가고 싶지 않네.
당신이 나를 계속 보고 있음을 확인하기 위해
나, 봄은 포기해도 좋으리.

벗들이여, 이것이 내가 원하는 전부.
따지고 보면 아무것도 아니건만 사실은 모든 것이라네.[81]

---

81) Pablo Neruda, "Pido silencio', *Estravagario.*

이 시집에 보이는 자기 회의는, 자신의 콤플렉스와 모순점들을 인정할 때 보이는 것처럼, 장난스럽고 아무런 고뇌도 담기지 않았다.

이제 나는 알겠네, 내가
한 사람이 아니라 여럿이라는 것을[82]

유머의 섬광도 여기저기 보인다. 「나의 버릇없음에 대해」에서 그는 사람들 사이에서 서투른 자신을 스스로 조롱하며, 바다의 손님이면서도 항상 단 한 치의 흐트러짐도 없는 옷차림에 일절 허튼짓을 하지 않는 물고기들의 타고난 익숙함을 질투한다. 반면에 공식 만찬은 그에게 늘 끔찍한 자리인데, 대중이 있는 자리에서 느끼는 수줍음과 어색한 몸가짐을 그는 어쩌지 못하는 것이다.

두 손으로 뭘 해야 할지 모르겠다.
그래서 손을 두고 오려 했으나,
그러자니 반지를 어디에 낀단 말인가?
얼마나 무서운 불확실성인가!

그런데 나는 아무도 알지 못한다.

---

82) Pablo Neruda, "Regreso a una ciudad', Ibid.

그 사람들 이름이 하나도 기억나지 않는다.

다른 시들에서는 어둠과 유머가 뒤섞인다. 「두려움」은 자기 자신과 함께 살아가는 것, 자신에 대한 세상의 요구와 함께 살아가는 것의 어려움을 표현하고 있는 뛰어난 시다.

모두들 내게 공중으로 뛰어오르라 한다.
강해지라고 축구를 하라고,
달리고, 헤엄치고, 날아오르라고.
그래 좋다.

모두들 내게 쉬라고 충고한다.
의사들을 내게 보내고,
나를 이상한 눈길로 바라본다.
왜들 그러는데, 대체.
…
모두들 부러지지도 않는
포크를 들고 나의 시를 쑤셔 댄다.
틀림없이 파리를 겨냥하면서 말이다.
겁이 난다.

사람들 모두가 두렵다.
차가운 물이, 죽음이.

…

그래서 나는, 해도 짧은 이즈음,
귀를 막으려 하는 것이다.
나 자신을 우리에 가두고
자물쇠로 채워 챙겨 놓을 참이다
세상에서 제일 믿지 못할 내 적수
파블로 네루다와 함께.

마치 그의 일부는 기쁨에 차 있고 다른 일부는 죽음을, 그리고 이제 곧 끝나게 될 이 세상의 아름다움을 생각하기 시작한 것처럼 보인다.

네루다의 회고록이 그렇듯, 이따금 믿기 어려운 대목들이 있는 자신의 회고록에서 마틸데는 파블로가 『에스트라바가리오』를 쓰고 있던 무렵 산티아고에서 세 번째로 아이를 갖게 되었다고 쓰고 있다. 델리아가 파블로의 재킷에서 발견한 마틸데의 편지에 임신 사실이 적혀 있었다는 얘기와 맞아들어가긴 한다. 그러나 친구들은 마흔여섯 나이에 다시 임신했다는 것이 믿기 어렵다고 생각하고 있었다. 마틸데는 자신들이 마침내 부모가 된다는 사실에 기뻐 어쩔 줄 몰랐지만, 그러나 또 한 차례의 유산으로 또다시 그들의 희망이 물거품이 되고 말았다는 이야기를 적고 있다. 이 일이 있고 나서 파블로는 자신들이 아이를 가지겠다는 생각을 포기해야 한다고 말했다고 한다.

진실은 무엇일까? 『에스트라바가리오』에 있는 「레퍼토리」라는 시를 보자. 이 시는 자기 아이(어쩌면 아들?)에게 쓴 것이 아닐까?

> 네가 채 어린아이가 되기도 전에
> 네가 사랑할 수 있을 사람을 찾아봐야겠다.
> …
> 나는 바란다, 그들이 너를 사랑하기를
> 그리고 너는 결코 죽음을 모르기를.

같은 시집에 실린 또 다른 시 「발의 아이가 발에게」는 세 번째 유산 뒤에 쓴 것으로 볼 수도 있다. 이 시집의 다른 부분에도 탄생과 성장을 언급한 대목이 적잖이 있다.

반면 이네스 피게로아는 이 말을 믿지 않는다. "마틸데가 말하는 것과는 달리, 나는 여러 차례 유산이 있었다고는 생각하지 않는다. 그러기에는 너무 나이가 많다. 네루다에게 매달리는, 그녀 나름의 방식이었을 뿐이다. 내가 확실히 아는 바로는 한 번 유산한 적이 있다. 그 일로 두 사람이 다 힘들어했다. 마침 그 무렵이던 1955년에 내가 딸을 낳았다. 그때 네루다가 크게 감격해했다."[83]

『에스트라바가리오』에 여러 번 탄생에 대한 집착이 나타

---

83) Inés Figueroa, in conversation with AF, Santiago, April 2000.

나는 것처럼, 죽음에 대한 집착도 보인다. 네루다는 책을 쓰다가 가끔 인후염을 앓았는데, 그 때문에 한번은 몇 주 동안 목소리가 전혀 나오지 않은 일도 있었다. 「후두」라는 시에서 그는 죽음을 향해 이렇게 묻는다.

> 내 뼈를 가져다 뭘 하겠다는 말이냐?
> 왜 너는 슬퍼하는 자,
> 강직증 환자, 교활한 자,
> 모진 자, 불충한 자, 악랄한 자,
> 살인자, 간음한 자,
> 본분을 저버린 재판관,
> 사기 치는 기자,
> 섬나라의 독재자들,
> 산에 불을 놓는 자들,
> 경찰 두목들을
> 간수, 강도들과 함께 데려가지 않느냐?
> 왜 나를 데려가는 것이냐?
> 내가 뭘 했다고 천국으로 이끈다는 말이냐?
> 지옥도 내가 좋아하는 곳이 아니고
> 지상에 살아 있는 것이 그냥 괜찮은데.

시집 마지막에 실린 긴 시는 「가을의 유서」라는 작품인데, 이 시를 통해 그는 자기가 쓰던 물건을 공산당과 민중에게 남긴다고 말한다. 그는 뒤에 남겨 놓고 가기에는 너무 많은 기쁨을 누린 셈이지만, 그래도 슬픔은 자신을 고통스럽게 한 자들에게 넘기기로 한다("그런데 그들이 누구였는지 기억나질 않네"). 마틸데에게는 "내가 가졌던 모든 것과 가지지 않았던 모든 것을 남긴다".

또 다른 시 「여정」에는 첫 부인 마루카에 대한, 몇 안 되는 (그리고 마지막일) 언급이 보인다.

> 나는 왜 바타비아에서 결혼했던가?
>
> 나는 성 없는 기사,
> 갈 곳 없는 나그네,
> 옷도 돈도 없는 상거지,
> 그저 떠도는 얼간이였을 뿐.

어떤 쉼 없는 움직임이 이 시집의 많은 부분을 움직여 간다. 그가 사랑하는 도시 파리에 있을 때면(「파리여 안녕」에서처럼), 그는 왜 자신을 필요로 하는 조국 칠레로 돌아가지 않는지 의아해한다. 그리고 그는 과거로 또 미래로 시간 속을 오가는데, 이런 모습은 프루스트의 영향이 계속되고 있음을 보여 준다. 「기에르미나는 어디에 있을까?」에서는 테무코에서 보낸 열네 살 어린 시절, "숲 기운으로 축축해진 거미들, 나를 알아보는 딱정벌레며 삼색의 벌들과 함께" 살아가던 때를 회상한다. 또 「목재를 보내 달라고 부탁하는 편지」는 아버지에게 바친 감동적인 시다.

그러나 네루다는 회의에도 불구하고 자기가 가진 것에 대해 근본적으로 만족해한다. 「게으름뱅이」에서 그는 이렇게 노래하고 있다.

> 내 집은 바다와 땅을 가지고 있고,
> 내 아내는 야생 개암 열매 빛깔의
> 커다란 두 눈을 가지고 있네.
> 밤이 내리면 바다는
> 흰빛 초록빛으로 성장을 하고
> 거품 이는 바닷속 달님은
> 대양(大洋)의 신부인 양 꿈에 잠기네.
>
> 내가 사는 별 떠나 다른 별로 바꾸고 싶지 않아라.

구체적으로 현존하는 것, 우리의 오감 전체에 와닿을 수 있는 것을 최상의 것으로 여기는 믿음은, 내가 보기에 그의 마르크스주의와 밀접하게 연결되어 있다. 다시 말해, 그의 정치적 신조가 그의 연애시에 강력한 영향을 미친 것이다. 이제 네루다는 한때 여자 친구 알베르티나 아소카르에게 썼던 것 같은 시구("마치 곁에 없는 것 같아 난 말 없을 때의 네가 좋다.")는 다시 쓰지 않을 것이다. 마르크스주의는 그에게 오직 구체적으로 감각할 수 있는 것만이 실재한다고 가르쳐 주었다. 그는 이제 릴케식 '동경'—사랑하는 이를 그리워하는 것이 그녀를 소유하는 것보다 더 고귀하다는 생각—에 조금도 매력을 느낄 수 없었다.

『에스트라바가리오』는 자신의 의문에 대해 역설적으로 확신하고 있는 사람이 쓴 성숙한 책이다. 네루다의 친구들은 항상 이 시인을 '덩치 큰 아이'라고 생각했는데, 남들을 어느덧 감염시키는, 삶에 대한 사랑을 한 번도 잃지 않았다는 의미로 그랬다고 한다. 그러나 시인은 마침내 성인이 된 것이다.

1958년 보리스 파스테르나크가 노벨 문학상을 받게 되자 네루다는 기뻐했다. 호르헤 에드워즈에 의하면, 이 소식은 소련 문학의 고립 상태가 끝났다는 것을 의미하기 때문에 네루다가 환영했다고 한다. 그러나 며칠 뒤 크렘린 당국이 『의사 지바고』의 출간을 금지하고 수상식을 위해 파스테르나크가 스톡홀름에 가는 것도 막았다는 소식을 듣게 된다. 네루다는 "당연히 이 조치에 항의할 수도 있었다. 그러나 그렇게 되면 심각한 정치적 파장이 일고, 당시 사람들의 표현대로, '적의 논리에 탄약을 제공해 주는' 역할을 하게 되었을 것이다. 그래서 그는 처음의 감격을 감추고 불편한 침묵을 철저히 지키는 쪽을 택했다".[84]

이 침묵을 잘했다고 할 수는 없는 노릇이다. 네루다는 우

---

84) Jorge Edwards, *Adiós, Poeta,* p.90.

익의 적들에게 힘을 실어 주어서는 안 된다는 냉전 시대의 게임 규칙을 예민하게 파악하고 있었던 셈이다. 그래도 파스테르나크를 탄압한 소련 당국의 태도를 그가 침묵으로 용인한 것은 씁쓸한 일이 아닐 수 없다. 소련에 대한 네루다의 애착은 조금도 식지 않았다. 1958년 12월, 파블로와 마틸데는 레닌 평화상 심사 위원회에 참석하기 위해 모스크바로 떠났다. 다음 달, 두 사람은 남미로 돌아와 장기간 베네수엘라를 방문한다. 1959년 4월까지 그곳에 머문 네루다는 칠레인 최초로 수도 카라카스의 명예시민이 되었다. 베네수엘라 체류 중에 네루다는 카라카스 주재 쿠바 대사관에서 피델 카스트로를 만나게 된다. 1959년 초 권력을 장악한 뒤 라틴아메리카의 정치인 · 지식인뿐만 아니라 몹시 긴장한 워싱턴으로부터 주시의 대상이 되고 있던 쿠바 혁명 지도자와 네루다 사이의 편치 않은 관계가 시작된 것이다. 카스트로가 카라카스의 한 호텔에서 네루다와 회동하고 있을 때 갑자기 사진기자가 나타나 두 사람이 함께 있는 모습을 찍으려고 하자, 분명 이 사실을 공개하고 싶지 않았던 카스트로는 격분하여 이 재수 없는 기자를 방에서 거칠게 밀어내 버렸다.

냉전이라는 싸움판에서 최대의 문학적 전사였던 네루다는, 그가 자신의 이름을 진창으로 끌어내리려는 국제적 비밀 전투의 표적이 돼 가고 있다는 사실을 거의 상상도 할 수 없었다.

12. 새로운 체제 1959~1966

1949년에서 1952년 사이에 그에게 강요된 망명의 시간은 전적으로 행복한 날들은 아니었다. 그러나 그 세월은 그를 풍요롭게 하고 향후 몇 년 동안 그가 쓰게 될 책의 내용을 다채롭게 만들었다.

비평가 제임스 놀런은 네루다 시집 한 권 한 권이 새로운 페르소나를 제시하고 있다고 주장한다. 그의 표현에 따르면, "네루다의 주요 페르소나는 다음과 같은 사람을 포함한다. 길 잃은 아이(1923)[『황혼 일기』], 사랑에 빠진 미성년(1923)[『스무 편의 사랑의 시와 하나의 절망의 노래』], 고뇌하는 몽유병자(1933)[『지상의 거처 1925-1931』], 전쟁의 증인(1947)[『제3의 거처』], 정치화된 아메리카의 노래꾼(1950)[『모두의 노래』], 소박한 사물을 노래하는 시인(1954)[『기본적인 송가』], 변덕스러운 사적 인간(1958)[『에스트라바가리오』], 살아온 생애를 노래하는 노시인(1964)[『이슬라네그라의 추억』] 그리고 마지막 작품에서 나타나는 박물학자이자

형이상학자".[1]

그러나 『에스트라바가리오』는, 네루다 자신이 한 쿠바 신문과의 – 흥미롭지만 거의 알려지지 않은 – 인터뷰에서 밝힌 것처럼, "교조주의에 대한 공격"[2]이기도 하다. 어디서나 생기를 앗아 가는 이 편협한 교조주의와의 싸움은, 그의 말에 의하면, "모든 시인의 타고난 자질로서… 나의 시집 거의 모두에서 보이는 문체와 양식 그리고 때로 그 기반의 차이를 설명해 준다".[3]

로버트 프링밀은 『에스트라바가리오』 이후 네루다의 시 세계는 쉬지 않고 앞으로 나아간다고 생각한다. 그가 쓴 바에 따르면, 이 시집은 시인의 창작 도정에서 가을에 해당한다. 마틸데와의 관계가 공고해지고 공적 과업과 깊어지는 자신의 관심사에 몰두하면서, 그의 삶에는 기본적 모형이 나타나기 시작한다.

1959년 11월, 부에노스아이레스의 로사다에서 '항해와 귀향'이라는 제목으로 네 번째 송가집이 발간된 후, 네루다는 1959년 12월 5일에 새로운 시집 『100편의 사랑 소네트』

---

1) James Nolan, *Poet-Chief: The Native American Poetics of Walt Whitman and Pablo Neruda* (University of New Mexico Press, Albuquerque, 1994).

2) Pablo Neruda, *Lunes de Revolución,* Havana, No.88, 26 December 1960.

3) Ibid.

를 칠레에서 출간한다. 마틸데에게 헌정한 이 시집은 예약을 받아 300부를 개인적으로 출판한 것이다. 사람들은 이 시집에 별로 주목하지 않지만, 이 작은 시집은 어떻게 마르크스주의 유물론이 네루다의 연애시에까지 흔적을 남기고 있는지를 거듭 보여 주고 있다. 8번 소네트에서 그는 사랑하는 파토하에게 이렇게 쓴다.

그대를 껴안을 때 나는 존재하는 것을 껴안는다.
모래, 시간, 비의 나무.

모든 게 살아 있고 그래서 나도 살아 있을 수 있다.
그 모든 것을 멀리 가지 않고도 볼 수 있으니,
그대의 삶 속에서 나는 살아 있는 모든 것을 본다.

이 시집의 많은 부분은 육체적 · 물질적이다.

나는 그대의 입, 그대의 음성, 그대의 머리칼을 갈망한다.
…
그대의 매끄러운 웃음을 갈망한다.
…
옹골진 아몬드 하나 먹듯 그대 살결 먹고 싶다.[4]

29번 소네트에서 그는 흥미롭게도, 자기는 종교를 믿지 않지만 심성이 착한 다른 사람들이 그들의 선량함으로 결합되어 — 여기서는 마틸데의 어머니와 네루다 자신의 '마마드레' — '그들의 천국에서' 함께 옷을 빨고 있는 모습이 보인다고 이야기하고 있다.

네루다의 정서적 · 직업적 안정과 행복을 위해 마틸데가 지닌 중요성은 아무리 강조해도 부족할 것이다. 시인의 생애 마지막 15년 정도의 기간 동안 가장 가까웠던 친구의 한 사람은 젊고 아름다운 시인이자 언론인인 사라 비알이다. 네루다는 그녀에게 이렇게 말했다. "(마틸데는) 내 변덕을 끈기 있게 참아 주고 내가 원하는 대로 살고 편안하게 글을 쓸 수 있도록 협조해 준다… 내가 늘 쉬운 사람인 것은 아니다… 나는 나 자신에게 평화를 주는 법을 모른다. 그러나 마틸데가 내 문제들을 해결해 준다. 현실과 관계된 일은 무엇이든 내 생활을 어렵게 만드는데, 그녀는 언짢고 귀찮은 모든 것에서 나를 해방해 준다. 수표에 서명하는 것도 그렇다. (나는 수표에 어떻게 서명하는지 모른다). 여행 일정을 짜는 것도 마틸데다. 모든 계산을 그녀가 다 하는데, 그게 시인에게는 무척 다행스러운 일이다. 그렇지 않은가? 남편에게도 다행이지만, 시인에게는 더 다행이다. 그렇게 해서 그녀는 내 시

---

4) Pablo Neruda, 'XI', *Cien sonetos de amor* (Prensa de la Editorial Universitaria, Santiago, 1959).

작업을 돕는 것이다. 사실 내가 마틸데에게 빚진 것은 너무도 많다."[5]

파블로는 매일 아침 8시에서 11시까지 규칙적으로 글을 썼다. 그가 작업을 하고 있지 않을 때면, 마틸데는 델리아와 달리 주의 깊게 그가 하는 일을 지켜보았다. 특히 다른 여자들이 관계될 때는 더욱 그랬다. 아직도 시인의 발밑에 몸을 던지려고 줄 서 있는 여자들이 많았기 때문이다.

'아니'라고 대답하는 일이 거의 없는, 집요한 네루다 찬미자 중의 한 사람은 마틸데처럼 머리카락이 빨간, 시인 스텔라 디아스 바린이었다. 1958년 5월, 네루다가 의장으로 지명된 칠레작가협회 사무실에서 한창 바쁘게 모임이 진행 중이었다. 마침 스텔라가 기회를 놓치지 않고 네루다에게 일방적으로 사랑을 선언했다. 열두엇 되는 사람들이 빤히 보고 있는 데서 그녀는 네루다에게 이렇게 말했다. "다음번에 당신을 볼 때면, 진도가 훨씬 더 나가게 될 거예요."[6]

마틸데가 새로 도입한 보다 엄격한 체제가 억압적이라고 느끼는 사람들이 많았다. 네루다의 형 로돌포의 아들이자 현재 산티아고의 성공한 사업가인 로돌포 레예스는 어린 시절

---

5) Sara Vial, *Neruda en Valparaíso* (Ediciones Universitarias de Valparaíso, Valparaíso, 1983), p.215. 시인이자 저널리스트인 사라 비알은 이 훌륭한 책에서 자신의 질문에 대한 네루다의 서면 답변을 인용하고 있다.

6) José Miguel Varas, *Nerudario*, p.217.

> 파블로를 찾아가 그의 기차를 가지고 놀곤 했다. 우리에게 그는 유명한 시인이 아니라, 장난감을 내주고 함께 놀아 주는 사람이었다. 그러나 그가 마틸데를 만난 후에는, 그리고 함께 라 차스코나로 옮겨 간 이후에는 상황이 완전히 바뀌었다… 아버지와 함께 파블로에게 인사라도 하려고 불쑥 들르면, 그녀가 나와 "파블로는 자고 있어요"라고 말하곤 했다. 그러면 우리는 기다려야 했다. 또렷이 기억나는 일이 하나 있는데, 언젠가는 파블로가 방에서 나오는데, 아버지가 아래층에서 기다리고 있었다. 파블로가 "아니, 형, 왜 올라오지 않고 있어? 마틸데, 어떻게 로돌포 형을 기다리게 놔둘 수 있어?"라고 말했다. 그러자 그녀가 이렇게 대답하는 것이었다. "하지만, 파블로, 당신 자고 있었잖아요."[7)]

아이다 피게로아의 남편인 세르히오 인순사는 이런 얘기를 들려주었다. "마틸데는 외부에서 네루다의 세계로 들어온 셈이지요. 그 여자는 작가도 시인도 아닙니다. 그러니 이 세계로 들어서기 위해 일종의 입문 과정을 밟아야 했지요. 마틸데는 이따금, 마치 달걀 위라도 걷는 듯, 조심스럽고, 수

---

7) Rodolfo Reyes, in conversation with AF, Santiago, March 2000.

줍고, 신중했어요!"[8]

이네스 발렌수엘라의 얘기다.

마틸데는 파블로를 만나기 전 칠레 밖에서 몹시 분주한 삶을 살았다. 두 사람이 만났을 때 파블로가 쉰 살이었는데, 이 나이는 남자들이 자기 자신에 대해 질문을 시작하고, 자기가 아직도 여전히 옛날 같은 남자인지 의심해 보는 때다. 그런데 그 무렵 델리아는 몹시 늙었고 마틸데는 그를 자극하였던 것이다… 그는 수줍은 사람이다. 여자들이 아베니다 린치에 있는 그의 집으로 와서 그의 품에 몸을 던지곤 했다. 그런 여자들을 거부했어야 마땅한 노릇일 것이다. 그러나 라틴아메리카 남자 누구에게도 그것은 불가능하다. 그랬다면 대단히 무례하고 모욕적인 처사였을 것이다! 하지만 마틸데는 그녀의 외모로, 또 그녀가 가진 인생 경험으로 네루다를 매혹했다. 파블로는 실제로 많은 일에서 무척 순진했다. 그런 그에게 마틸데는 일종의 계시였다. 그 여자는 네루다가 모르고 있던 세계를 그에게 열어 보여 준 것이다.[9]

네루다의 가정생활이 — 적어도 그에게는 — 평화롭고

8) Sergio Insunza, in conversation with AF, Santiago, March 2000.

9) Inés Valenzuela, in conversation with AF, Santiago, April 2000.

만족스러웠던 데 반해, 조국 칠레는 점증하는 긴장의 시기로 접어들고 있었다. 1958년에 집권한 호르헤 알레산드리 로드리게스 정부는 급속히 난국으로 빠져들었다. 저임금을 유지하려는 정책은 노조의 저항에 부딪히고, 급기야 1960년에는 일련의 파업이 계속되었다. 그해 11월, 노동자 두 명이 살해되면서 전국적으로 시위가 벌어지고 파업이 일어났다. 라틴아메리카에 또 다른 쿠바가 들어서는 것을 원치 않았던 미국의 압력으로, 호르헤 알레산드리 로드리게스는 토지 개혁을 향한 첫걸음을 내디뎠다.

1960년 4월 12일, 네루다와 마틸데는 혼란한 조국을 떠나 증기선 '루이 뤼미에르'호를 타고 유럽으로 향했다. 네루다는 배에서 쿠바 혁명 찬가인 『무훈의 노래』를 완성했다. 불과 몇 달 뒤면 이 한 권의 책이 어떤 소란을 가져올지 그는 전혀 예상하지 못했을 것이다.

네루다와 마틸데는 소련으로 갔다. 이 여행은 레닌 평화상(이전의 스탈린 평화상) 종신 심사 위원으로서 그가 해마다 소련을 찾아야 했기 때문이라고들 생각하지만, 마틸데가 회고록에서 밝힌 바에 따르면, 그들은 한 해씩 걸러 참석했다고 한다. 이 상은 해마다 5월 1일에 수여되었다.

1960년 5월 3일, 마틸데의 생일인 이날, 아침 일찍 모스크바 국립 호텔 객실의 전화벨이 울렸다(그들은 거의 항상 이곳에 투숙했는데, 방이 넓고 붉은 광장이 잘 내려다보였기 때문이다). 전화를 건 사람은 당시에 모스크바에 살고 있던 튀르키예 시인 나짐 히크메트였다. 그는 마틸데에게 함께 생일 선물을 사러 나가자는 제안을 했다. 이 이야기를 들은 파블로는 급히 옷을 걸치며 외쳤다. "당신 혼자 튀르키예 친구랑? 그건 절대 안 돼!"

마틸데를 위한 생일 선물이란 게 알고 보니 화가 일리야 글라주노프였다. 다시 말해서, 글라주노프가 마틸데의 초상화를 그리게 되어 있었던 것이다. 초상화를 그리는 데 20분쯤 걸렸고, 마틸데를 항상 젊게 생각하고 있던 네루다는 기분이 좋아져서 이렇게 말했다. "한 10년 지나면 당신이 저런 모습이 될 거야."[10] (마틸데의 초상화는 이것 말고 하나가 더 알려져 있다. 디에고 리베라가 그린 그 유명한 초상화는 두 얼굴을 가진 마틸데를 보여 준다. 빨강 머리의 폭포수가 그녀의 어깨 위로 쏟아져 내린다. 그러나 그림을 더 가까이서 바라보면, 틀림없는 네루다의 윤곽—그의 코, 머리, 두 겹으로 된 그의 턱—이 마틸데의 헝클어진 머릿결 속에 들어 있는 것이 보인다.)

네루다와 마틸데는 모스크바에서 출발하여 얄타와 폴란드, 불가리아, 루마니아, 체코슬로바키아를 방문했다. 두 사람과 칠레인 친구 호세 미겔 바라스는 프라하에 잠시 들러 파블로가 필명을 따온 얀 네루다가 살았던 집들—'두 개의 태양의 집'과 '세 마리 독수리의 집'—을 경외감으로 둘러보

10) Matilde Urrutia, *Mi vida junto a Pablo Neruda,* p.250.

았다. 또 다른 건물인 '세 개의 바이올린의 집'을 보게 되자 네루다는 완전히 매료되었다. 그곳을 방문하는 동안 네루다를 가장 강하게 매혹한 것이 바로 이 악기였다는 사실은 기이한 느낌을 준다.

프라하에서 파리로 간 네루다와 마틸데는 프랑스 관광 비자를 얻기 위해 출국했다가 재입국해야 했지만, 1960년 나머지 기간은 거의 파리에서 지냈다고 할 수 있다. 네루다의 프랑스인 친구인 장 마르세나크가 그의 시 「황소들」을 번역해 냈는데, 거기에는 파블로 피카소가 그린 에칭 16점이 함께 수록되었다.

1960년에 파리에 머문 네루다에 관해서는 현재 카나리아 제도에서 망명 생활을 하고 있는 쿠바 시인 마누엘 디아스 마르티네스의 증언이 있다.

> 우리는 같은 날 아침, 쿠바 문화 담당관의 거처에서 파블로 네루다를 만나는 모임에 초대받았다… 무슨 이유였는지는 기억나지 않지만, 그는 파리에 터를 잡은 쿠바인들이 (그의 시집 『무훈의 노래』를) 아는 첫 번째 사람들이 되기를 원했었다. 시인과의 만남은… 쿠바 대사관 문화 담당관 로베르토 페르난데스 레타마르가 가족과 살고 있던 파시의 아파트에서 방문을 걸어 잠근 채 이루어졌다. 네루다는 상냥하면서도 어딘가 정신이 딴 데 팔려 있는 거인처럼 보였다. 그는 따뜻하고 상대방을 배려하

는 사려 깊은 사람으로 느껴졌다. 반면 [마틸데는] 다른 사람들과 멀찍이 떨어져서, 모든 것을 너무 유심히 살피는 듯한 인상을 주었다. 한 걸음 한 걸음이 엄청난 노력을 요한다는 듯이, 네루다는 아주 천천히 움직였다… 네루다는 우리 앞에서 『무훈의 노래』 전편을 읽었다. 그처럼 시를 못 읽는 사람도 없었다. 콧소리에 단조롭기만 한 그의 낭송은 시를 짓이기고 있었다… 앉을 자리가 없다는 것을 구실로 우리는 최대한 조심스럽게 시 낭송장을 빠져나왔다.[11]

파리에서 네루다는 끔찍한 소식을 접하게 된다. 대규모 지진이 칠레 남부 태반의 지역을 파괴해 버린 것이다. 유년 시절 그에게 아늑한 피난처 구실을 하던 푸에르토 사베드라 역시 거대한 지진과 해일이 삼켜 버렸다. 적어도 콘셉시온에서 푸에르토몬트에 이르는 긴 해안 지대가 지하 세계로 꺼진 듯 가라앉았고, 그 결과 바다가 물러났다 다시 몰려들면서 모든 것을 쓸어 버린 것이다. 콘셉시온에서는 물이 빠진 강바닥을 건너 육지로 탈출하려던 사람들이 모두 희생되었다.[12] 유럽으로 떠나기 전 네루다가 발파라이소의 새집으로 예정해

11) Manuel Díaz Martínez, *Sólo un leve rasguño en la solapa. Recuerdos*. 칠레 대학 웹사이트(SISIB)에 게재된 미공개 도서.

12) 쓰나미의 파괴적인 결과에 대해 이렇게 생생하게 설명해 준 로버트 프링밀에게 고마움을 전한다.

두었던 건물인 라 세바스티아나도 심하게 훼손되었다.

그는 라틴아메리카로 조용히 귀국하려 했다. 1960년 11월 12일, 마틸데와 함께 마르세유에서 배를 탄 그는 우선 쿠바로 향했다. 에르난 로욜라가 쓴 것처럼, 그는 "자기가 그 섬에 발을 들여놓자마자 죽을 때까지 지속될… 오해와 적대 관계가 잇달아 생기리라고는 상상도 못 했을 것이다".[13)]

네루다의 두 번째 쿠바 방문은, 1942년 델리아와 둘이서 쿠바의 숲과 해안을 산책하면서 가방에 조개껍데기를 주워 담던 첫 번째 방문과는 사뭇 달랐다. 피델 카스트로가 권력을 장악한 지 1년이 지난 1960년 말, 당시 분위기는 결정적으로 바뀌어 있었다.

호르헤 에드워즈는 네루다가 처음 쿠바를 방문했을 때는 그곳의 가난을 확인하면서도 동시에 흥겨운 밤 생활을 즐겼다고 말하고 있다. 네루다는 쿠바에서 "혁명이 밤의 흥겨운 잔치를 보존해야 할 필요성에 대해 줄곧 강조했다"는 것이다. "혁명이 그런 볼거리를 억압한 적은 한 번도 없지만, 그러나 특히 신참자들에게서 보이는 청교도주의와 이데올로기적 엄격함이 첫날부터 쿠바에서 느껴졌다."[14)]

쿠바 국립 은행에서 커다란 군홧발을 책상에 올려놓고 네루다를 맞은 체 게바라의 모습이 얼마나 어이없었던가에 대

---

13) Pablo Neruda, *Obras completas,* Vol.2, p.1381.

14) Jorge Edwards, *Adiós, Poeta,* p.146.

해 네루다가 에드워즈에게 얘기한 적이 있다고 한다. 네루다는 게바라의 버릇없는 태도가 섬뜩했다는 것이다. [역설적이게도 파블로는 게바라가 좋아하는 시인이었다. 이 혁명가는 어디를 가나 『모두의 노래』를 늘 몸에 지니고 다녔다. 1965년에는 쿠바 작가 로베르토 페르난데스 레타마르에게 스페인어 시집을 한 권 돌려주면서, 미리 네루다의 『황혼 일기』에 나오는 자신의 애송시 「작별」을 힘들게 베낀 적도 있었다. 그러나 1967년 체 게바라가 총살당했다는 소식을 들은 네루다는 그 소식을 전한 세르히오 인순사가 얼마간 충격에 빠져 있었던 데 반해, 애도의 마음을 표하는 대신 이렇게 말했다. "우리가 찬탄해야 할 사람은 레카바렌(칠레 공산당 창설자) 같은 사람들이지, 여기저기 돌아다니며 무모한 짓을 하는 젊은 몽상가들이 아닐세."][15] 하지만 그의 공식적 태도는 달랐다. 그는 이 위대한 '영웅'을 잃은 것을 탄식하는 글을 여러 편 발표했다.

쿠바 신문 ≪루네스 데 레볼루시온(혁명의 월요일)≫의 편집자 카를로스 프랑키가 에드워즈에게 전한 바에 따르면, 1960년 쿠바를 방문했던 네루다가 아바나의 나시오날 호텔 방에 울적한 모습으로 있는 것을 우연히 보게 되었다고 한다. 프랑키는 이런 상황이 네루다와 불편한 관계에 있던 쿠

---

15) Pierre Kalfon, *Che: Ernesto Guevara, una leyenda de nuestro siglo* (Plaza & Janés, Barcelona, 1997), p.600에서 인용.

바 최대의 시인 니콜라스 기옌에 대한 질투 때문이라고 했다. 부쿠레슈티로 향하던 1951년의 기차 여행에서 기옌이 마틸데에게 치근거렸던 것에 대해 네루다는 여전히 언짢은 기분이었는지 모른다.[16)]

피델이 그때까지 쿠바 혁명의 성격이 사회주의임을 천명하지 않고 있었던 것이 네루다를 우울하게 만들었을 수도 있다. 사실, 1959년 5월 21일 연설에서 카스트로는 심지어 이런 말을 하고 있다. "우리의 혁명은 자본주의도 공산주의도 지향하지 않는다… 자본주의는 인간을 희생시키고, 공산주의는 그 전체주의적 구상 때문에 인권을 유린한다. 우리는 그 어느 것에도 동의할 수 없다." (쿠바는 혁명 전복 세력의 히론 해안 상륙 시도가 있고 난 뒤인 1961년 5월에야 아바나 선언을 통해 혁명의 사회주의적 성격을 선포한다.) 몇 년 뒤 네루다는 에드워즈에게, 카스트로가 권력을 장악하는 과정에서 라틴아메리카에서 가장 강력하고 가장 잘 조직된 공산당 중 하나인 쿠바 공산당을 파괴할 수밖에 없었다고 말했다.

하지만 그 무엇보다 네루다를 당혹스럽게 만든 것은 쿠바의 새 체제가 쿠바 혁명에 바친 자신의 찬가 『무훈의 노래』를 철저한 무관심으로 대하는 듯한 태도였다. 네루다는 그것이 이해할 수 없는 냉대에까지 이르렀다고 생각했다.

그가 실제로 『무훈의 노래』를 쓰기 시작한 것은 1958년

---

16) Jorge Edwards, *Adiós, Poeta,* p.146.

이었다. 알바로 이노호사의 누이인 실비아 타예르가 지적한 대로, 이 시집은 쿠바가 아니라 푸에르토리코에서 일어난 극적 사건에 바쳐진 시구들에서 탄생했다. 타예르가 네루다에게 기이한 사람을 소개했었다. 안토니오 산타에야라는 이름을 가진 이 푸에르토리코인은 칠레에서 열린 프리메이슨 회의에 참석 중이었다. 그는 미국의 손아귀에 있는 푸에르토리코의 정치 · 경제적 해방을 위해 싸우는 투사였다. 그에게 강한 인상을 받은 네루다는 푸에르토리코의 상황을 노래한 몇 편의 시를, 어쩌면 한 권의 시집을 쓰겠노라고 약속했다. 파블로는 바로 이 섬을 염두에 두고 『무훈의 노래』를 쓰기 시작했다. 그러나 쿠바 혁명이 일어나게 되었고, 그것은 라틴아메리카 역사의 전체적 흐름뿐만 아니라 이 시집의 행로마저 바꿔 놓았다.

『무훈의 노래』는 왜 단 한 번도 쿠바에서 재발간된 적이 없을까? 왜 그 섬에서는 아무도 이 시집에 대해 언급조차 하지 않는 것일까? 『무훈의 노래』가 (적어도 공식적으로는) 쿠바에서 무시되었다는 사실은 죽는 날까지 네루다의 가슴에 맺혀 있었다. 그의 회고록은 이렇게 상기시킨다. "쿠바 혁명을 찬양하기 위해 시집 한 권을 온전히 바친 최초의 시인이 바로 나였다는 사실을 나는 잊을 수 없다."

6년 뒤인 1966년, 네루다와 쿠바 정권 사이에는 훨씬 심각한 갈등이 불거지게 되는데, 아마도 거기에 그 해답이 있을지 모른다. 지금은 우선, 1961년 2월 『무훈의 노래』가 산티아고의 아우스트랄 출판사에서 새로 출간된 뒤 칠레로 향하고 있는 두 사람을 따라가기로 하자.

네루다와 마틸데는 지진으로 라 세바스티아나가 얼마나 파괴됐는지 알아보려고 급히 발파라이소로 내달렸다. 마틸데의 회고에 의하면, “서재가 있는 한 층 전체가 무너져 내려 있었다”.

> 파블로는 절망에 빠졌다. 테무코에서 가져온 그의 큰 말은 비바람에 몸을 맡기고 있었다. 그 말은 원래 테무코의 철물상에 있었던 것이다. 학교에 갈 때마다 그 가게가 있는 거리를 지나면서 말이 보이면 그는 늘 코를 쓰다듬곤 했다. 그는 그 말을 보면서 성장했고, 그것이 자신의 일부라고 생각하게 되었다. 테무코를 방문할 때마다 주인에게 팔라고 하였지만, 아무 소용이 없었다… 그런데 어느 날, 이 철물상에 불이 났다. 소방수들이 도착했고 당연히 구경꾼들도 잔뜩 모여들었는데, 개중에는 파블로의 친구들도 있었다. 그들이 나중에 우리에게 들려준 바에 의하면, 그 와중에 오직 한 가지 외침 소리만 들렸다고 한다. “파블로의 말을 구해 내. 말이 불에 상하지 않게 하라고!” 그리고 소방수들이 맨 처음 구해 낸 것이 바로 그 말이었다.[17]

---

17) Matilde Urrutia, *Mi vida junto a Pablo Neruda*, p. 245.

칠레 국경일인 1961년 9월 18일, 라 세바스티아나 공식 입주식이 열렸다. 사라 비알의 회상이다.

> 그 봄날, 위에서는 노랫소리, 기타 소리, 친구들의 목소리가 들리고, 석쇠 위에 고기 굽는 냄새가 입맛을 돋우며 우리를 맞을 채비를 하고 있었다… 비좁은 층계는 돌아나갈수록 더 좁아지고, 위로 향한 계단은 나무로 되어 있거나 카펫이 깔려 있었다. (마루리 극장 지붕에 만든) 테라스에는 종이로 만든 칠레 국기들이 장식되어 있었고, '시골 농부' 차림에 허리에는 띠를 두른 네루다가 얇은 오렌지 조각을 하나 띄운, 치차(발효 포도 주스)를 한 잔씩 내주면서 우리를 맞이했다.[18)]

집 이름은 자식들이 결혼하게 되면 그곳에 와서 살 목적으로 처음 집을 지었던 스페인 사람 세바스티안 코야도를 기리기 위해 붙여진 것이다. 코야도는 사실 4층을 새들의 보호구역으로, 그리고 지붕은 헬리콥터 착륙장으로 바꿀 생각을 하고 있었다. 2, 3층은 프란시스코 벨라스코와 그의 아내인 조각가 마리 마트너의 것이었다. 네루다는 발파라이소만의 장관이 바라보이는 이 집을 무척 좋아했다. 그는 몇 편의 시를 써서 이 집을 향한 애정을 표현했다. 1962년에 출간된 시

---

18) Sara Vial, *Neruda en Valparaíso*, p.18.

집 『충만한 힘』에서 그는 이렇게 썼다.

나는 집을 지었네.

먼저 대기로 그것을 만들었네.
나중에 공중에 깃발을 세우고
창공과 별들 사이,
빛과 어둠 속에
그 깃발 펄럭이게 걸어 두었네.

1961년 6월 3일, 그는 발파라이소에서 '클룹 델 라 보타(장화 클럽)'라는 단체를 만들었다. 그 첫 모임은 시내에 있는 알레만 식당, 그 지역 사람들에게는 '쇼너 바(멋진 술집)'로 알려진 곳에서 열렸다. 사라 비알이 『발파라이소의 네루다』에서 회고하듯이, 첫 모임에서는 친구들에 둘러싸인 네루다가 그 모임의 이름을 만들어 준 장화를 식탁 한가운데에 올려놓았다. 네루다가 멕시코에서 구입한 그 장화는 문장이 장식된 멋진 것이었다. 이 모임의 회원('보탄테')이 되려면, 냅킨으로 두 눈을 가린 채 새끼 돼지를 그릴 수만 있으면 됐다.

회원 중에는 깜짝 놀랄 만한 사람들도 있었는데, 두 사람의 쿠바인인 알레호 카르펜티에르와 니콜라스 기옌도 그렇다. 이것을 보면, 1960년의 쿠바 여행이 개인적 적대감 때문에 망쳐진 것은 아니라는 생각이 들기도 한다. 그러나 이들 쿠바인에 대한 네루다의 태도는 양가적이었다. 사라 비알에 따르면, 기옌은 라 세바스티아나에 머물렀고, 비알의 표현대로라면, 네루다는 그를 "마치 형제처럼 사랑했다". 그렇지만 비알은 곧장, 네루다가 기옌을 '몹시 우쭐거린다'고 평했던 사실을 인정한다. "그 친구는 집을 나서기 전에… 신경을 써서 단장한다. 머리끝에서 발끝까지 거울을 들여다보는가 하면, 얼굴색을 좀 더 하얗게 하려고 갖가지 크림을 얼굴에 덕지덕지 바른다"[19]라고 했다는 것이다.

알레호 카르펜티에르로 말할 것 같으면, 네루다가 회고록에서 자기가 만난 사람 중에서 가장 중립적이라고 평한 적이 있는 인물인데, 그는 1962년 8월 17일 장화 모임 회원이 되었다. 비알은 카르펜티에르가 "다른 모든 쿠바 사람들이 그렇듯, 지칠 줄 모르고 떠들어 대는 사람"이라고 기억하고 있다. "마치 노래하듯 이야기하는 그에게 우리가 홀려 있으면", 더 이상 참을 수 없게 된 네루다가 소리쳤다. "누가 저 바보 녀석 입 좀 닥치게 할 수 없어?"[20]

네루다의 초록 잉크에서는 책들이 계속 흘러나왔다. 그럴 수밖에 없는 것이, 이슬라네그라를 관리 · 유지하고, 라 차스코나와 라 세바스티아나의 건축을 진행하기 위해서 계속 돈이 필요했던 것이다. 1961년 6월, 부에노스아이레스의

19) ibid., p.184.

20) Ibid.

출판사인 로사다가 『칠레의 돌』이라는 책을 발간했다. 네루다는 머리말에서 그 책이 실은 20년 전, 다시 말해서 『모두의 노래』를 쓰느라 바빴던 시절에 착상한 것을 뒤늦게 완성한 것이라고 말하고 있다. 이 새 책은 안토니오 킨타나가 이슬라네그라 주변 바위들을 찍은 사진을 기초로 한 것이다. 칠레 비평가 마저리 아고신이 지적한 것처럼, 이슬라네그라는 네루다에게 "지리적 상상력과 시적 담론으로서 기능하고 있다".[21]

네루다에게는 — 그는 자신의 건강이 시원치 않다는 것을 의식하고 있었다. 통풍과 정맥염이 늘 그를 따라다녔고 그 때문에 가끔 걷기조차 힘들었다 — 마틸데에 대한 사랑과 함께, 돌이 지닌 견고함 그리고 바다의 끈질긴 인내가 위안이었다. 16년 전, 『마추픽추 산정』은 어떻게 돌이 그에게 과거와의 연결을 가능하게 해 주는지, 그리고 사랑과 평화와 우애의 희망찬 미래로 가는 길 또한 열어 주는지를 보여 주었다. 과소평가된 그의 새 시집은 이 생각들을 다시 드러내면서, 동시에 네루다가 자기를 낳고 바로 타계한 생모 로사에게로 끊임없이 돌아가려 한다는 일부 비평가들의 말을 수긍하게 만드는 구절도 담고 있다.

21) Marjorie Agosín, "Neruda en Isla Negra, Isla Negra en Neruda', *Nuevas aproximaciones a Pablo Neruda,* p.34.

나는 돌이었네, 어두운 돌.
떨어져 나올 때의 격렬함,
낯선 탄생 가운데 얻은 상처.
나는 저 확실성으로
돌아가고 싶네.
한복판의 휴식으로,
어머니 돌의 자궁 속으로.
날 부수려는 자들이 언제 어떻게
그곳에서 날 떼어냈는지 알 수 없다네.

1961년 10월, 로사다는 네루다의 『의식(儀式)의 노래』를 발간했다. 에르난 로욜라가 예리하게 지적한 것처럼, 이 시집은 "죽어야 할지 다시 태어나야 할지 갈등하는 가운데 모순된 우수가"[22] 스며든 열 편의 시로 구성되어 있다. 1960년의 지진으로 일부가 파괴된 칠레는 죽음과 재생의 상징이 된다. 「지각 변동」에서 그는 일찍이 그에게 감화를 준 아우구스토 윈터를 다시 떠올리고 있다. "노란 턱수염을 기른 이 노시인"은 푸에르토 사베드라에 칠레 최초의 시립 도서관을 만들었지만, 1960년의 해일로 모두 다 쓸려 가 버렸다.

1961년은 네루다의 생애에서 이정표가 되는 해다. 『스무 편의 사랑의 시와 하나의 절망의 노래』가 부에노스아이레스

22) Pablo Neruda, *Obras completas*, Vol.2, p.1391.

의 출판사 로사다에 의해 그 백만 권째 판을 찍었기 때문이다. 사랑의 시를 쓰는 시인으로서 온 세계에 그만한 명성을 가진 사람은 별로 없었다. 1961년 말경, 예일 대학이 그에게 명예박사 학위를 수여하기로 결정한 사실도 그를 기쁘게 했다. 그는 자신이 T. S. 엘리엇이나 생존 페르스가 간 길을 따라가고 있음을 충분히 의식하고 있었다.

1962년 1월, 네루다는 또 하나의 야심 찬 계획을 추진한다. 브라질 잡지 ≪오 크루제이루 인테르나시오나우≫가 '파블로 네루다의 기억과 회상: 시인의 생애'라는 제목으로 네루다가 직접 쓴 열두 편의 자전적인 글을 연재하기 시작했다. 이 글들은 네루다 사후에 출간된 회고록의 토대가 된다.

두 달 뒤인 3월 30일, 네루다는 칠레 대학교 철학 · 교육대학 학회원 취임을 기념하기 위해 뜻깊은 연설을 하게 된다. 청중에게 자신의 유년기와 자기가 받은 교육에 대해 이야기했는데, 인생의 가을에 해당하는 이 시기에 그는 점점 더 그런 경향을 보였다.

> 내가 지닌 남부 사람 특유의 내성적 태도는 고독과 표현력의 불가분성에 기초하고 있습니다. 우리 지방 사람들, 나의 부모님과 이웃들, 친척 아저씨, 아주머니들, 친구들은 자신을 표현하는 일이 거의 없었지요. 나의 시는 그 근원으로부터 강철의 손에 의해 분리된 채, 하나의 비밀로 남아 있지 않으면 안 되었습니다… 그러나 진실에 대

한 나의 믿음, 희망의 지속과 정의와 시에 대한, 끝없이 생성되는 인간에 대한 나의 믿음은 바로 그 과거로부터 온 것이며, 그 믿음은 지금도 여전히 나와 동행하고 있습니다.[23)]

네루다는 이제 칠레 시가(詩歌)의 '원로 정치인'이 되었으며, 3월 같은 달에, 니카노르 파라가 그에게 거침없는 찬사를 바친다. 둘 사이의 관계는 가끔 꼬이기도 했다. 얼마 전만 해도 파라가 네루다의 '과장된' 언어를 공격한 적이 있었다. 그러나 네루다를 기리는 연설에서 그는 이렇게 말문을 열고 있다. "네루다를 잊는 방법은 두 가지가 있습니다. 하나는 그를 읽지 않는 것이고, 또 하나는 악의를 가지고 읽는 것입니다. 나는 두 가지를 다 시도해 보았습니다. 그러나 어느 쪽도 별 효과가 없더군요." 파라는 네루다의 작품이 고루 빼어난 것은 아니라고 비판하는 사람들을 되받아치면서 이렇게 말한다. "까다로운 몇몇 독자에게는 『모두의 노래』가 고르지 않은 작품일 테지요. 그러나 까다로운 독자들이여, 안데스산맥 자체도 고르지 않은 작품인 것을 어쩌겠습니까."[24)]

---

23) Pablo Neruda, 'Mariano Latorre, Pedro Prado y mi propia sombra', *Pablo Neruda y Nicanor Parra. Discursos* (Nascimento, Santiago, 1962).

24) 니카노르 파라의 연설은 *Pablo Neruda y Nicanor Parra. Discursos*, pp.9-48에 수록되었다.

파라와 네루다 사이의 불화가 정말 어디서 비롯된 것인지는 분명치 않다. 내가 칠레에서 만난 파라는, 산티아고에 아파트를 빌릴 수 있도록 재정적 지원까지 해 주었던 네루다에게 고마운 마음을 품고 있다고 말했다. "파블로 네루다는 마음 씀씀이가 넉넉하다. 한번은 그에게 로스 긴도스에서 팔려고 내놓은 스위스풍 별장을 하나 보았다고 했다. 나는 그곳을 한번 둘러보러 가 보았다. 그 뒤 그를 만나, 석 달치 보증금을 미리 달라는데, 내겐 돈이 없다고 했더니 파블로는 걱정할 것 없다며 그 자리에서 바로 내게 수표를 끊어 주었다."[25]

네루다의 친구이자 그의 전기를 쓴 마르가리타 아기레는 산티아고에서 이런 이야기를 해 주었다. "파블로는 파라를 좋아했어요. 그에 대해서는 항상 좋은 이야기만 했지요. 하지만, 니카노르는 질투가 심했습니다. 그래서 우정이 깨진 거지요. 아니 사실은 두 사람이 정말 친구였던 적은 한 번도

---

25) Nicanor Parra, in conversation with AF, Las Cruces, Chile, April 2000. 1981년, 파라는 우루과이 시인 마리오 베네데티에게 이렇게 말했다. "네루다는 나에게 항상 문제였습니다. 도전이자 길을 가로막는 장애물이었습니다…"(Mario Benedetti, 'Nicanor Parra o el artefacto con laureles', *Los poetas comunicantes*, Marcha, Mexico, 1981, p.46). 그러나 내가 파라를 만났을 때 그는 네루다와의 분쟁이 어떻게 시작되었는지에 대해 입장이 분명해 보였다. 그는 네루다가 1960년경 칠레 잡지 *Ercilla*와 인터뷰를 한 후라고 말했다. 칠레 시의 다른 거장들, 즉 우이도브로, 데 로카, 파라에 대해 어떻게 생각하느냐는 질문에 네루다는 "나에겐 다른 친구들이 있어요. 아라공, 엘뤼아르"라고 답했다.

없었습니다. 니카노르는 파블로보다 훨씬 젊었고, 그래서 두 사람 사이에는 항상 일정한 거리가 있었어요."[26)]

1962년 4월, 네루다와 마틸데는 다시 칠레를 떠나게 된다. 그들은 7월에 모스크바에 있었다. 쿠바 미사일 위기가 이미 시작되고 있던 그 무렵, 네루다는 모스크바의 청중 앞에서 카스트로가 이끄는 쿠바 혁명을 찬양하고 미국의 적대적 태도를 공격했다. 몇 달 뒤인 1962년 10월 12일, J. F. 케네디가 최측근 자문 위원들을 백악관에 모아 놓고 쿠바에 건설 중이던 소련 핵미사일 시설이 확인된 정밀 사진 정보를 놓고 토의를 하기 나흘 전, 네루다는 산티아고의 카우폴리칸 극장에서 쿠바를 옹호하고 "침략자, 케네디 대통령"[27)]을 단죄하는 발언을 했다.

파블로와 마틸데는 러시아에서 불가리아로 갔고, 다시 이탈리아와 프랑스를 거쳐 직항 선편으로 발파라이소에 도착했다. 1961년에서 1962년 중반까지 그는 새로운 책 『충만한 힘』을 집필하고 있었다. 에르난 로욜라는 이 책을 "네루다가 그린 가장 다채로운 빛깔 중 하나"[28)]라고 평가했다.

---

26) Margarita Aguirre, in conversation with AF, Santiago, March 2000.

27) Pablo Neruda, 'Convenios catόlicos hacia la paz', *El Siglo,* Santiago, 14 October 1962.

28) Hernán Loyola, in the notes to Pablo Neruda, *Obras completas,* Vol.2, p.1393.

1962년 9월 로사다가 출판한 이 책은 사실상 다양한 요소의 혼합을 보여 준다. 거기에는 신낭만주의적인 '시인의 의무'가 들어 있는가 하면, 라 세바스티아나에 바치는 사랑의 시, 세균에 감염될까 봐 누구하고도 악수하기를 거부했던 괴짜 음악가 친구 아카리오 코타포스에게 바치는 송가도 들어 있다.

『충만한 힘』은 로욜라가 "네루다의 가장 뛰어난 '정치'시일 뿐만 아니라, 스페인어는 물론 세상의 모든 언어로 쓰인 시를 통틀어 가장 아름다운 '정치'시의 하나"라고 부른 작품을 포함하고 있다. 시 「민중」은 1962년 3월 제20차 칠레 공산당 대회에서 공산당 중앙 위원 자격으로 참가한 네루다가 공식 행사의 하나로 낭송한 것이다. 그는 이 시에서 인간의 연대에 대한 자신의 입장을 요약하고 있다.

> 나는 무덤 사이에서 그를 찾았네. 그리고 아직 먼지로
> 변하지 않은 그의 한쪽 팔을 꼭 잡고서 이렇게 말해 주었네.
>
> '모두가 떠날 테지만, 당신은 계속 살아 있으리.
>
> 당신은 생명을 밝혔네.
>
> 당신 자신의 것을 스스로 만들었네.'

그러니 아무도 속상해하지 마라,
나 혼자 있는 듯 보여도 혼자가 아니니,
나 누구와도 함께 있지 않으나 모두를 위해 말하노니.[29)]

『충만한 힘』은 몇 가지 점에서 낙관주의적인 시집이다. 재생의 주제, 일신우일신의 주제가 이 시집을 관통하고 있는 것이다. 아름다운 소품 「다림질을 기리는 노래」(그는 시에서 "지구의 살갗을 펴고 / 순백의 바다를 매끄럽게 만들라"라고 쓰고 있다)에서 그는 "손이야말로 날마다 세계를 만들어 간다"라고 말한다.

몇몇 시에서는 사춘기 직후의 단계에서 쓰던 어휘들로 돌아가는 모습도 보인다. 「탑에서」와 「세레나데」라는 시에서는 『스무 편의 사랑의 시와 하나의 절망의 노래』에서 썼던 저 유명한 — 오늘날에도 여전히 그렇지만 — '별이 총총한(estrellada)'이라는 단어를 다시 쓰고 있다. 그러나 여기서 중요한 것은 네루다가 이 단어를 절망이 아닌 희망의 시에서 사용하고 있다는 사실이다.

5월 3일, 마틸데가 쉰한 살 되던 이날, 네루다는 그의 '지존(至尊), 파토하'에게 사랑의 시를 쓴다.

---

29) Pablo Neruda, 'El pueblo', *Plenos poderes* (Losada, Buenos Aires, 1962).

그대 내게 빛을 주니, 빛으로 환한 당신.
당신의 정오는 단 하루도 더 늙지 않았어라.

하늘의 별들 흐려질지라도
이 사랑과 함께, 세월은 나이 들지 않으니
내 사랑 당신은 오늘 한 살 더 젊어졌네.[30)]

마틸데에 대한 사랑은 갈수록 단단해지는 영원한 바위였지만, 가까운 친구들의 죽음은 그를 슬프게 하고 모든 것에 마지막이 있다는 사실을 다시금 깨우쳐 주었다. ≪엘 시글로≫에는 1963년 6월 3일, 모스크바에서 심장마비로 숨진 나짐 히크메트를 가슴 아프게 기리는 네루다의 시가 실렸다.

나짐, 자네 왜 죽었나? 자네의 노래 없이
이제 우리 무엇을 하란 말인가?
…
이것 좀 봐, 생각해 보라고.
상상해 보라고, 자네가 준 그 꽃이 없는 세상을[31)]

---

30) Pablo Neruda, 'Un globo para Matilde'. 이 시는 1963년 발파라이소의 익명의 인쇄소에서 리플릿으로 발행되었다.

31) Pablo Neruda, 'Winter Crown for Nazim Hikmet'. 이 시는 1963년 6월 9일 산티아고의 *El Siglo*에 게재되었다.

1963년, 다음 해 노벨 문학상이 네루다에게 주어질 것 같은 조짐이 거의 분명해지고 있었다. 이것은 여러 해 동안 매번 되풀이된 소문이었지만, 우루과이 작가 리카르도 파세이로가 이번에도 시계처럼 정확하게 신문과 라디오를 통해 네루다에 대한 악의적인 공격을 시작했다. 그의 시를 중상하면서 네루다는 노벨상은 차치하고 그 어떤 상도 받을 자격이 없다는 식이었다. 파블로의 스웨덴 친구인 아르투르 룬드크비스트는 작가이자 번역가이고 스웨덴 학술원 회원이었는데, 네루다의 노벨상 수상을 위해 오래전부터 애쓰던 그가 스톡홀름의 문학잡지 ≪BLM(Bonniers Litterära Magasin)≫에 장문의 네루다론을 게재했다.

이번에야말로 정말 네루다가 상을 받을 것처럼 보였다. 그는 회고록에서 이렇게 적고 있다.

> 내가 노벨상을 받는 데는 알려지지 않은 긴 이야기가 있다. 여러 해 동안 내 이름이 매번 빠짐없이 후보자 명단에 올랐지만, 그뿐이었다. 1963년에는 사정이 좀 달랐다. 라디오에서는 거듭 스톡홀름의 수상자 투표에서 내 이름이 유력하며 어쩌면 내가 상을 받게 되리라는 소식을 내보내고 있었다. 그래서 마틸데와 나는 우리 집을 지키기 위한 방어 작전 제3번을 실행에 옮겼다. 우리는 먹을 것과 포도주를 충분히 쌓아 놓고 이슬라네그라의 낡은 대문을 커다란 자물쇠로 걸어 잠갔다. 당분간 포위 상

태가 계속되리라고 생각한 나는 심농의 추리 소설 몇 권을 읽어 가기 시작했다. 기자들이 끝없이 몰려들었지만, 우리는 그들을 바닷가에 세워 두었다. 강력한 만큼이나 아름답기도 한 거대한 구릿빛 자물쇠가 단단히 지키고 있어서 그들은 대문 안으로 들어올 수가 없었다. 그들은 담장 뒤에서 마치 호랑이들처럼 어슬렁거리고 있었다. 그들은 대체 뭘 하겠다는 것인가? 지구 반대편에서 스웨덴 학술원 회원들만 참가하여 진행 중인 논의에 대해 내가 무슨 말을 할 수 있겠는가?[32]

그러나 이 마지막 문장만은 네루다가 잘못 생각한 것이다. 네루다의 노벨상 수상을 방해하기 위해 우익 세력이 국제적 반대 운동을 시작하고 있었다. 이 운동을 주도한 것은 주로 소위 '문화의 자유를 위한 회의'라는 단체였다.

이 모임은 1950년, 우연하게도, 북한이 대한민국을 침공한 바로 그날 열린 협의회에서 탄생했다. 이 협의회의 주제는 부르주아 민주주의보다 공산주의가 더 문화에 걸맞다는 견해를 반박할 방도를 찾자는 것이었다. 그 대표 중에는 극작가 테네시 윌리엄스, 할리우드 배우 로버트 몽고메리, 영국으로 귀화한 헝가리 출신 작가로 공산당과 결별한 아서 케스틀러 등이 포함되어 있었다. 1950년 6월 29일의 폐막식에

32) Pablo Neruda, *Memoirs*, pp.299-300.

서 이 모임이 채택한 자유 선언문을 낭독하던 케스틀러는 "자유가 공세의 기회를 잡았다"고 언명했다.

'문화의 자유를 위한 회의'는 미국 중앙정보국이 자금을 지원했고, 라틴아메리카를 포함한 약 35개 국가에서 활동하고 있었다. 그들의 주요 공격 대상 중 하나가 바로 파블로 네루다였다.[33] 1954년 후반기 중 이 조직의 라틴아메리카 위원회가 진행한 활동 상황 보고서는 "파블로 네루다의 50회 생일과 러시아 작가 예렌부르크를 비롯해 중국과 기타 지역에서 50명의 공산주의 지식인들이 칠레를 방문한 것을 계기로 우리 위원회는 소련 작가들의 노예화에 관한 알렉산드르 솔제니친의 글을 발행하고, 1921년 예렌부르크 자신이 '볼셰비키 야만인들'을 공격하며 쓴 시를 번역하도록 했다"라고 밝히고 있다. 더욱 놀라운 것은 미국 시인 로버트 로웰을 라틴아메리카에 급파하여 이 작업을 돕도록 했다는 사실이다. 그러나 그의 임무 수행은 별로 효과적이지 못했음이 입증되었다.

이 조직의 '길잡이 등불' 역할을 하던 존 헌트와 키스 바츠

---

33) 위에서 언급한 네루다 반대 캠페인 관련 내용과 다른 많은 세부사항에 대해, 그녀와 가졌던 두 차례의 대화와 그녀의 훌륭한 책 『누가 돈을 지불했나? CIA와 문화 냉전(Who Paid the Piper? The CIA and the Cultural Cold War)』(Granta Books, London, 1999)에 실린 자료에 대해 프랜시스 스토너 손더스(Frances Stonor Saunders)에게 감사를 표한다.

퍼드 두 사람은 네루다의 명성에 먹칠하기 위해 드센 운동을 시작했다. 네루다가 1964년 노벨상 수상 후보라는 정보를 헌트가 접한 뒤에 이 공작은 한층 심해졌다. 1963년 12월, 네루다의 평판을 떨어뜨리기 위한 '중상모략'이 시작되었다. 훌리안 고르킨이 멕시코에서 이 조직의 기관지 ≪쿠아데르노스≫를 편집했다. 그는 1921년 스페인에서 발렌시아 공산당을 창설하고 지하 조직에서 코민테른을 위해 활동했으나, 1929년, 소련인들이 자신에게 '살인자가 되라고 설득하고 있다'고 비난하면서 모스크바와의 관계를 격렬하게 끊어 버린 인물이다. 네루다에 대해 전혀 우호적이지 않았던 그는 네루다를 헐뜯는 일을 거들게 된 것이 행복하기만 했다. 그는 스톡홀름에 있는 친구에게 네루다에 관한 편지를 썼고, 헌트에게 "이 [이름이 밝혀지지 않은] 친구가 '네루다 건'에 대해 스웨덴어로 작은 책자를 하나 쓸 준비가 되어 있다"라고 얘기했다. (스웨덴의) 제한된 독자만을 대상으로 한 그런 책자는 별 의미가 없을 것이라고 생각한 헌트는 조직의 활동가인 르네 타베르니에에게 프랑스어와 영어로 쓰인 완벽한 자료집을 만들어 몇몇 개인에게 돌리라고 지시했다. 그는 타베르니에에게 훌리안 고르킨 및 그의 '스웨덴 친구'와 함께 셋이서 이 자료집을 준비하게 했다. 출간된 자료집은 공산주의의 대의를 위한 네루다의 헌신에 초점을 둔 것으로서, "예술가 네루다를 정치 선동가 네루다와 구분하는 것은 불가능하다"라고 주장하고 있었다. 보고서는 또 네루다가 자신의 시를 '전면적이고 전체주의적인' 정치적 참여의 '수단'으로 사용하고 있으며, 바로 그것이 중요한 이유가 되어 1953년 스탈린 평화상을 수상할 수 있었다고 주장하면서, 이것을 '시적 노예 상태'로 묘사했다.[34]

보고서는 또 네루다가 "좋은 폭탄과 나쁜 폭탄을 구별"했다고 쓰고 — 소련이 실험한 핵폭탄은 좋은 것이고, 미국이 히로시마에 투하한 핵폭탄은 나쁜 것이라고 —, 1940년 멕시코 화가 다비드 알파로 시케이로스가 처음 레온 트로츠키의 목숨을 노리려다 실패한 일에 네루다가 가담한 적이 있다는 낡은 이야기를 다시 들고나왔다. 이 주장은 이미 네루다가 단호하게 부인한 바 있었다. 보고서는 네루다가 쿠바 혁명 찬가 『무훈의 노래』 서문에 쓴 글을 인용하면서 이렇게 끝맺고 있다. "나는 공공의 이익을 위한 시인, 즉 순수 시인으로서의 임무를 다시금 자랑스럽게 떠맡고자 한다."

네루다는 1964년 노벨상을 받지 못했다. 수상자는 장폴 사르트르였는데, 그는 즉각 그 상을 거부했다. 사르트르가 마땅히 상을 받아야 할 사람은 네루다라고 했다는 이야기도 있지만, 어느 정도 신빙성이 있는지는 알 수 없다.

네루다는 정해진 규칙적인 작업 일정을 유지해 나가면서도 — 그는 젊은 시인들에게 항상 시 쓰기는 매일매일의 작업이 되어야 한다고 말하곤 했다 —, 수많은 강연 약속과 언론

---

34) 친절하게도 프랜시스 스토너 손더스가 필자에게 빌려준 자료.

기고 등을 마다하지 않았으며, 라틴아메리카에서 가장 널리 알려진 정치인의 한 사람으로서 그의 명성도 더욱 확고해져 갔다. 피델이 소련을 방문하기 전날 밤, 모스크바에서 발행되는 ≪프라우다≫에서 네루다에게 이 쿠바 지도자에 대해 몇 마디 써 달라는 요청을 해 왔다. 그때까지만 해도 아직 둘 사이에 어떤 균열의 조짐은 없었다. 그는 「어느 검투사의 초상」이라고 제목을 붙인 글을 보냈다. 1963년 7월 28일, 이 글은 ≪엘 시글로≫에 스페인어로 모습을 드러냈다.

> 이제 모스크바 사람들이 피델 카스트로를 직접 보고 듣고 느끼고 체험했으니, 나 역시 그를 아노라고 말하고 싶다… 그는 키가 몹시 커서 당신은 그를 올려다보게 된다… 우리 아메리카 대륙의 사람들이 그를 존경하는 것은 당연하다. 그는 갑자기 훌쩍 자라서 자기 조국을 또 그만큼 성장시켰기 때문이다… 행동의 말, 노래하는 행동으로써 말이다.[35)]

그런데 얼마 안 있어 1963년 9월 29일 산티아고의 부스타멘테 공원에서 행한 연설에서 네루다는 – 소련에서 행해지는 문인 탄압에 대해 별 관심이 없었던 것과는 대조적으로 – 중국 당국이 소위 문화 대혁명 기간에 지식인들, 특히 그

---

35) Pablo Neruda, 'Retrato de gladiador', *El Siglo*, 28 July 1963.

의 개인적 친구들을 다루었던 방식에 대해 규탄했다.

> 그리고 칠레 사람들에게 두루 알려져 있고 중국 최고의 시인이며 나의 50회 생일 때 칠레를 방문했던 오랜 공산주의자 아이칭은 지금 어디에 있는가? 프랑스어를 안다는 이유로 그리고 그 밖의 갖가지 우스꽝스러운 죄목을 들어 우익으로 낙인찍힌 그는 고비 사막으로 추방되었다… 그리고 자기가 쓴 시를 다른 이름으로 서명하도록 강요받았다. 달리 말하자면, 그는 정신적으로 사형 집행된 것이다. 중국 지도자는 내게 그 이야기를 해 주면서 차갑게 미소를 지었다. 동지들, 나는 지금 미소를 지을 수가 없다… 무엇 때문에 이 방황과 분열과 박해의 단계를 통과해야 한단 말인가?… 우리 공산주의자들은 테러를 용납할 수 없다. 개인숭배를 행하는 억압적 정권 아래서는 모든 사상이 왜곡되는 법이다.[36]

케네디 대통령이 쿠바 미사일 위기 때 수행한 역할 때문에, 그리고 그가 세계를 핵전쟁의 위기로 몰아간다고 생각했기 때문에 네루다가 일찍이 그를 비난한 적이 있었는데, 1963년 11월, 그가 암살됐다는 소식이 들리자 네루다 역시 전 세계 다른 사람들과 마찬가지로 충격을 받았다. 12월 1일

---

36) 이 연설은 다음 날인 1963년 9월 30일 *El Siglo*에 게재되었다.

에 행한 라디오 방송에서 그는 월트 휘트먼이 1879년 4월 14일, 에이브러햄 링컨의 피살에 관해 이야기한 내용을 상기시킴으로써 자신이 이 미국 시인을 통해 북아메리카와 연결되고 있음을 거듭 확인한다. 휘트먼은 사건 현장이었던 극장에 기자로 참석해 있었다.[37)]

1964년 네루다는 60세가 된다. 7월 12월, 그의 생일을 기념하기 위해 ≪엘 시글로≫는 그와의 긴 대담 기사를 싣는다. 신문에서는 "이 시인은 젊고, 기민하며, 미소 짓는 얼굴에 생기가 발랄하다"라고 적고 있다. "시인은 아침 7시에 일어난다. 전화는 8시쯤부터 울리기 시작한다. 그 때문에 옷 입을 시간도 없을 지경이다."

대담자가 네루다에게 자신의 꿈을 이루었다고 생각하느냐고 물었다.

> 만약 당신이 이야기하는 꿈이 야심을 의미한다면, 나는 그 모든 꿈을 이루었다고 말할 수 있다. 왜냐하면 나는 어떤 현실적 야심도 가져 본 적이 없기 때문이다. 나는 한 번도 상원 의원이 되는 것도, 대통령 혹은 심지어 이 슬라네그라의 읍장이 되는 것도 원하지 않았다. 그런 점에서는 만사가 다 잘 진행되었다. 작가로서의 나의 작업

---

37) 케네디의 죽음에 대한 네루다의 라디오 성명. 1963년 12월 1일 *El Siglo*에 실렸다.

에 관해서 이야기하자면, 그것이 한 번도 꿈이나 야심으로 느껴진 적이 없었다. 그것은 처음부터 지금까지 내 육체의 기관이 확장된 것이나 마찬가지였다. 내게는 시를 쓴다는 것이 보는 것, 듣는 것과 같았다. 그것은 내 안에 담긴 그 무엇이었다.

공산주의가 예술가들의 완전한 자기실현을 방해한다고 항의하는 사람들에 대한 답변을 요청받고서 그는 단지 이렇게 말했을 뿐이다. "공산주의자들인 베르톨트 브레히트, 아라공, 피카소 같은 이들만큼 완성된 예술가들은 드물다. 완성과는 거리가 먼 반공주의 예술가들, 작가들이 많이 있다."[38)]

수많은 비평가들이 네루다의 시에 관한 논문과 책을 쓰기 위해 줄지어 서 있게 되었다. 그중 가장 중요한 작업 중의 하나가 1964년, 칠레 비평가이자 대학 교수인 라울 실바 카스트로에 의해 출간되었다. 산티아고의 칠레 국립 도서관에서는 네루다 전문가들의 연속 강연이 진행되었다. 페르난도 알레그리아, 마리오 로드리게스, 에르난 로욜라, 우고 몬테스, 넬슨 오소리오, 루이스 산체스 라토레, 볼로디아 테이텔보임, 마누엘 로하스, 하이메 조르다노, 페데리코 쇼프 같은 이들이 이 행사에 참여했다. 또 칠레의 세 잡지 – ≪아우로라≫, ≪마포초≫, ≪알레르세≫ – 가 각기 네루다 특집을 마련했다.

---

38) Pablo Neruda, interviewed in *El Siglo,* Santiago, 12 July 1964.

네루다의 60회 생일을 맞아 부에노스아이레스의 로사다가 애절하면서도 흥미로운 사실을 드러내는 『이슬라네그라의 추억』을 발간했다. 5부로 된 이 시집은 대체로 자전적인 내용으로서, 아버지와 양어머니, 특히 자신의 생모에게 바치는 절절한 시들을 담고 있다.

그이 얼굴
나 한 번도 뵌 적 없기에
죽은 이들 가운데서 소리쳐 불러 보았네.
그러나 거기 묻힌 다른 이들처럼
그이는 못 알아보네. 듣지도, 대답하지도.
그런데 그이는 당신 아들도 없는 그곳에서,
다소곳이 눈에 띄지 않게,
그림자들 가운데 홀로 계시네.[39)]

시집 안에는 조시 블리스와 버마에서 살았던 기억을 담은 두 편의 시와 9년 전 헤어진 뒤로도 오랫동안 고마운 마음을 계속 지니고 있던 델리아 델 카릴에게 바쳐진 다른 두 편의 시가 들어 있다. (델리아는 네루다나 마틸데보다 더 오래 살면서 1989년 104세로 숨을 거둘 때까지 줄곧 그림을 그렸다.) 그는 델리아를 이렇게 그린다.

---

39) Pablo Neruda, 'Nacimiento', *Memorial de Isla Negra*.

온화한

행인,

저 아련히 울리는 음향의 시절에

내 손을 묶고 있던 강철과 꿀의 실 한 올

…

한 남자가 한 여자와

헤어지게 되는 것은 적대감에서가 아니라

성장하기 때문.[40]

『이슬라네그라의 추억』에서 네루다는 사적 시인과 공적 예언자라는 자신의 두 역할 사이를, 테루사와 알베르티나를 향한 사랑의 기억과 스페인에 대한 애정이나 칠레의 미래에 대한 두려움(「잔혹한 불길」) 사이를 오가는 것처럼 보인다. 비평가 루이스 곤살레스 크루스는 네루다가 이 무렵 자기 자신을 하나의 개인으로 보는 관점을 확립했다고 본다. 대중으로부터 떨어져 나온 소수자의 일원이라는 생각은 그가 그토록 열렬히 받아들였던 공산주의 철학과 근본적으로 모순되는 것이다. 곤살레스 크루스에 따르면, 워즈워스 같은 낭만주의 시인들과 마찬가지로 네루다 역시 어린 시절이야말로 자신의 영혼이 가장 순수했다고 믿었으며, 어른이 되어서도 이 순수함을 회복하려 노력했다. 전적으로 신뢰할 만한 것은

40) Pablo Neruda, 'Delia (II)', *Memorial de Isla Negra.*

아닐지라도 흥미로운 견해다. 내 생각에 네루다는 공산당에 입당했을 때 비로소 자신이 진정으로 '어른이 되었다'고 느낀 것 같다. 그러나 자신의 유년기, 청소년기와의 결별은 실제 감각으로도 자신의 뿌리에서 고통스럽게 떨어져 나가는 것이었다. 『이슬라네그라의 추억』에 들어 있는 몇 편의 빼어난, 그리고 가장 진솔한 시들은 저 옛날의 유년기로 돌아가려는 것들이다.

이 시집에서 가장 의미 있는 부분 중 하나인 「삽화」에서 네루다는 인류가 이성을 회복한 것을 환영하고 있다. 스탈린의 범죄를 분명하게 언급하면서 그는 인민의 삶을 지배하고 있던 두려움에 대해 탄식하며, 자신의 경찰을 통해 만인을 위협하던 공포의 대상이 동상으로 우뚝 서 있는 사실을 규탄한다. 그런데 몇 년 전이었다면, 이 동상들을 향해 그는 무한한 찬사를 보냈을 것이다. 이것은 1956년 흐루쇼프의 폭로 이후, 네루다가 스탈린 우상화에서 벗어났음을 보여 준다.

「우리는 침묵했다」에서 그는 "안다는 것은 고통스러운 것, 그런데 우리는 알게 되었다"라고 쓴다. 그러나 다음에 나오는 시 「공산주의자들」에서 그는 새로워진 강인한 결단과 함께 약속한다. 비록 어두운 달이 별을 가렸지만,

> 알게 되리 이제, 우리가 무엇이고 무엇을 생각하는지를.
> 이제 알게 되리, 우리가 무엇이고 무엇이 될 것인지를.

다른 말로 하자면, 스탈린 시대는 "그 암적 본질을 우리 중 누구도 의심하지 않았거나 혹은 인정하기를 거부했던" 일시적 탈선이었던 것이다. 동료 마르크스주의자이자 프랑스의 네루다 전문가인 알랭 시카르의 말을 빌리자면, "역사가 탄생시켰지만, 역사 자신이 다시, 그 무한한 지혜로써, 그리고 변증법의 신을 통해, 이미 제거해 버린 암"[41]이었다. 그러나 스탈린주의는 탈선 이상의 훨씬 많은 것을 의미했다. 네루다에게 스탈린은 히틀러의 파시즘에 맞서 기꺼이 자기 조국을 이끌어 가려 했던 유일한 지도자였다.

주세페 벨리니가 지적한 것처럼, 운율 면에서 보면, 5부로 된 이 시집의 시들은 『송가』나 『에스트라바가리오』를 특징지었던 불규칙 운율이나 11음절 운율을 특징으로 한다. 벨리니에 의하면, 그중 예외가 마틸데에게 바치는 찬가인데, 네루다는 여기서 — 근대 시인 페트라르카가 라우라를 찬미할 때 그러했듯이 — 팽창하는 운율을 자신에게 허용함으로써, "충만한 자기감정을 마음껏 표현하고 찬미하는 여인의 빼어난 미덕을 강조하게"[42] 된다.

이 시집의 마지막 부분에서도 마틸데에 대한 사랑과 조국에 대한 사랑은 거의 불가분의 것이 된다(그녀는 세 사람의

41) Alain Sicard, in his address to the 'Simposio Pablo Neruda', 1975.

42) Giuseppe Bellini, in the introduction to his edition of *Memorial de Isla Negra* (Visor, Madrid, 1994), p. 13.

아내 중 유일한 칠레인이었다).

밝은 빛 어두운 빛의 그대, 어두운 빛 금빛의 마틸데,
당신은 밀이요, 포도주, 조국의 빵
...
당신은 엉덩이로 노래했네, 순박한 옛 아라우칸족 사람인 그대
고향 포도주 담아 얼얼하게 달아오른 맑디맑은 항아리를 닮았네.[43]

정신없이 바빴던 1964년 그해는 셰익스피어 탄생 400주년이기도 했다. 이를 기념하기 위해 네루다에게 『로미오와 줄리엣』을 번역해 달라는 요청이 왔다.

나는 이 제안을 겸허하게 받아들였다. 겸허하게 그리고 어떤 의무감을 가지고… 나는 새로운 사실을 발견하게 되었다. 영원한 사랑과 끔찍한 죽음이라는 줄거리 뒤에, 또 하나의 극이, 또 하나의… 중심 주제가 있다는 것을 이해하게 된 것이다. 『로미오와 줄리엣』은 인간들 사이의 평화를 옹호하는 빼어난 이야기다. 그것은 무익한 증

---

43) Pablo Neruda, 'Tú entre los que parecían extraños', *Memorial de Isla Negra.*

오에 대한 단죄이며 야만적인 전쟁에 대한 고발이다.[44)]

완성된 번역본은 로사다에 의해 9월 9일 출간되었고, 새로운 대통령 선거에 입후보한 살바도르 아옌데를 위해 네루다가 다시 칠레 전역을 오르내리는 동안, 칠레 대학 내 칠레 연구소 소속 연극단에서 10월 10일 네루다 번역본에 따른 공연 준비를 하고 있었다.

네루다는 1964년 선거에서야말로 좌파가 마침내 승리할 것이라는 기대를 높이 가졌다. 특히 1962년의 평가 절하 이후 호르헤 알레산드리 로드리게스 정부에 대한 기업가들의 지원이 줄어들기 시작했다. 그해 반정부 시위 과정에서 목숨을 잃은 사람은 여섯이나 되었다. 1963년의 자치 단체 선거에서는 공산주의자들이 작게나마 승리를 거두기도 했다. 그러나 네루다는 또 한 번 실망해야 했다. 1964년 선거의 승자는 에두아르도 프레이였다. 쿠바의 그늘 – 그리고 공산주의에 대한 공포 – 이 선거 운동 과정 내내 무겁게 드리워져 있었던 탓이었다.

1965년 2월, 네루다와 마틸데는 유럽 여행을 떠난다. 6월 5일 그에게 옥스퍼드 대학에서 명예박사 학위를 수여했다. 라틴아메리카인에게 이 영예가 주어지기는 처음이었다. 옥

44) Pablo Neruda, *Anales de la Universidad de Chile,* No.129, Santiago, January-March 1964.

스퍼드에 초청받은 것은 또 다른 점에서도 의미 있는 일이었다. 네루다는 여전히 영국 내무부의 블랙리스트에 올라 있었지만, (초청 책임자인) 로버트 프링밀이 외무부에 몇 차례 전화를 걸었다. 외무부에서는 네루다의 방문이 성사되는 것을 환영했을 뿐만 아니라, 그렇게 되면 명단에서 시인의 이름을 지워 버릴 수 있는 계기가 되리라는 점에서 옥스퍼드의 초청 계획에 적극 동의했다.[45)]

파블로와 마틸데는 영국에서 파리로 건너가 7월 내내 그곳에 머물렀다. 프랑스 체류 중에 공산당 기관지 ≪위마니테≫가 자기들과 함께 머무는 시인을 축하해 주었다. 하지만 언제나 그렇듯, 적들은 여기서도 그에게 달려들 준비를 하고 있었다.

프랑스 잡지 ≪라 브레슈≫ 1965년 11월 호에 실린 한 치사한 글은 네루다의 재능 자체를 모독했다. 이 글은 네루다의 '전투적 열정'을 치켜세우면서 일찍이 스페인 시인 후안 라몬 히메네스가 네루다를 두고 비방했던 이야기들, 그리고 멕시코시티에서 트로츠키를 살해하려다 도주한 화가 다비드 알파로 시케이로스를 네루다가 도왔다는 옛날 음반을 다시 꺼내 들었다. 글의 결론은 이렇다. "그가 거둔 최대의 문학적 영광은? 스탈린상이다. 공산당 소속 상원 의원이고 크렘린의 음유 시인인 네루다는 지난 10년 동안 상부에서 구술

---

45) Robert Pring-Mill, in a note to AF, September 2003.

하는 지시에 대해 한 획도 거슬리지 않으면서 복종했다는 점에서 다른 이들과 구별된다."[46]

물론 이 잡지는 몇 해 전인 1942년 후안 라몬 히메네스가 네루다에게 편지를 써서 사과하고 그를 라틴아메리카 최대의 시인으로 칭했다는 사실은 빠뜨리고 있다.

파블로와 마틸데는 파리에서 부다페스트로 날아갔다. 1965년 네루다는 이 도시에서 과테말라 친구인 미겔 앙헬 아스투리아스와 힘을 합하여, 헝가리 음식과 좋은 포도주에 대한 – 산문과 시를 번갈아 가며 지은 – 호화판 소책자『헝가리에서의 식사』를 썼다.[47]

비평가 마리아 살가도에 따르면, 이 책에서 네루다와 아스투리아스는 "자본주의/공산주의라는 냉전 시대의 교조적 양분법으로 특징지어진" 서방 세계의 이야기 방식에 대해 나름의 평가를 내리고 있다고 한다. "아스투리아스와 네루다로 하여금 헝가리를 '고추와 피망의 합류점'으로 상상하게 만든 것은 다름 아닌 이 역사적 시기의 정치적 긴장이라고 생각한다."[48]

---

46) *La Brèche*, Paris, No.8, November 1965.

47) 『헝가리에서의 식사(Comiendo en Hungria)』는 1969년 5개 언어로 동시에 출판되었으며, 바르셀로나의 루멘 출판사(Editorial Lumen)와 부다페스트의 코르비나 출판사(Editorial Corvina) 등이 참여하였다.

48) María A. Salgado, 'La confluencia de ajíes y paprika: Hungría

이 기이한 해석에 동의하든 안 하든, 좋은 음식을 사랑하는 것이 이 세계의 심각한 긴장 상태를 이완시켜 줄 수 있기라도 하듯, 이 책의 많은 부분에는 거의 유토피아적인 느낌이 배어 있다.

책이 스페인에서 출판되기 위해서는 작가가 누구인지 숨길 수밖에 없었다. 책 표지는 얼핏 특별한 것이 없어 보인다. 하얀 식탁보에 커다란 포크와 숟가락이 놓여 있다. 누가 무엇을 썼는지 알 수 있는 유일한 방법은 쪽마다 실려 있는 도상(圖像)을 확인하는 것이다. 포크가 그려진 것은 네루다가 쓴 것이고 숟가락은 아스투리아스의 글을 의미한다. 스탈린주의자 시인이 공저자인 책이 검열의 그물을 뚫고 프랑코 치하의 스페인에 들어갈 수 있었다는 것은 흥미로운 일이다.

1965년 평화회의를 위한 여행 때문에 네루다는 헝가리에서 유고슬라비아, 핀란드를 거쳐 러시아로 갔다. 레닌 평화상 심사 위원이었던 그는 러시아에서 기쁜 소식을 접하게 된다. 지금은 로마에서 망명 생활을 하고 있는 오랜 친구 라파엘 알베르티가 수상자가 된 것이다. 유고슬라비아의 블레드에서는 펜클럽 33차 총회에 참석했다. 국제 펜클럽 회장으로 뽑힌 미국 극작가 아서 밀러가 이 자리에서 다음 해 뉴욕 총회에 참석해 달라고 네루다를 초청했다. 밀러는 그에게 자기

---

en el imaginario de Asturias y Neruda' (The University of North Carolina at Chapel Hill).

가 힘껏 노력하여, 공산주의 지식인 입국 금지령을 미국 당국이 철회하도록 하겠노라고 약속했다.

13. 또 다른 쿠바 위기 1966~1968

1966년 칠레의 여름, 파블로의 친구이자 변호사인 세르히오 인순사는 당시 칠레에 와 있던 델리아 델 카릴 앞으로 이혼 요구서를 보내는 거북한 일을 맡게 되었다. 그녀는 네루다가 원하는 것을 냉정하게 거절했다. 그 문제를 거론하는 것조차 싫다는 입장이었다.

"네루다는 자기가 델리아와 결혼 계약을 체결할 때는 마리아 하헤나르와 아직 혼인 유효 상태였기 때문에 델리아와의 결혼은 무효라고 주장했다"라는 것이 칠레에서 만난 인순사의 말이었다. 그것은 기묘한 논리였다. 곤살레스 비델라 대통령이 1952년 마루카를 불러서 네루다를 이중 혼인 죄로 법정에 세우게 했을 때의 바로 그 논리였던 것이다. 네루다가 마루카와 혼인 상태에 있기 때문에 델리아와의 결혼은 합법적이 아니라는 것이 당시의 주장이었다. "멕시코에서는 마루카와의 이혼을 승인했지만, 여기 칠레에서는 아니었다."[1]

델리아가 이혼에 동의하기까지 여러 달에 걸쳐 긴장된 대화가 오가야 했다. 그녀는 자신이 재판 과정에 직접 개입하지 않는다는 엄격한 조건을 내세워 이혼에 동의했다. 루이스 쿠에바스 마케나가 그녀를 대리할 권한을 위임받았다.

1966년 6월 16일, 산티아고 법정은 마침내 네루다의 요구를 받아들여 델리아 델 카릴 이라에타와의 혼인이 해소됐음을 선언했다. 이제 그는 마틸데와 결혼할 수 있는 몸이 되었다. 그러나 결혼식은 그해 하반기쯤으로 미뤄야 했다. 같은 달, 네루다는 뉴욕에서 열리는 제34차 국제 펜클럽 총회에 참석하기로 되어 있었던 것이다.

뉴욕으로 가는 일은 상당한 의미를 갖는 것이었다. 일부에서는 – 대체로 익명으로[2] –, 네루다가 이 기간 동안 불편한 시간을 갖게 될지도 모른다는 우려를 표하기도 했다. 왜냐하면, 대의원들이 안드레이 시냡스키나 율리 다니엘의 문제를 안건으로 상정할 가능성이 있었기 때문이다. 이 젊은 두 소련 작가는 아브람 테르츠와 니콜라이 아르자크라는 가명으로 작품을 서방 세계로 유출했다는 이유로 1966년 2월 강제 노역장으로 끌려갔다.

미국 당국자들은 네루다와 마틸데에게 비자를 내주려 하지 않았다. 네루다는 미국에서 공산주의자로 자동 분류되어

---

1) Sergio Insunza, in conversation with AF, Santiago, March 2000.

2) 'La otra cara de la medalla', *PEC*, Santiago, No.76, 10 May 1966 참조.

입국이 금지되어 있었다. 그러나 아서 밀러는 약속했던 대로 막후에서 열심히 움직여 린든 존슨 정부로 하여금 규정을 완화하도록 노력했다. 밀러가 내게 해 준 이야기에 의하면, 결국 "그들은 네루다처럼 명성 높은 인물의 입국을 막는 것이 좋을 게 없다는 사실 때문에 갈팡질팡했고, 네루다의 경우 금지 규정을 푸는 것이 현명하리라는 것을 깨닫게 되었다".[3] 밀러의 느낌으로는, 만일 미국이 네루다 같은 이들에게 보다 개방적인 태도를 취하려는 노력을 중하게 여겼다면, "친소련 인사들의 대오가 흐트러질 수도 있었다. 만약 그들에게 선택하라고 한다면, 많은 사람이 미국을 택했을 것이다. 하지만 그들에게는 선택의 기회가 없었다".[4]

밀러의 말에 의하면, 네루다는 "뉴욕을 열정적으로 사랑했다"고 한다. 길거리와 그의 낭송회마다 꽉 들어차던 청중, 셰익스피어와 월트 휘트먼의 책을 산 책방들이 그를 사로잡았다. "그가 문학에 더 관심이 많은 듯하여 정치 이야기를 나누진 않았지만, 미국을 긍정적으로 생각하는 듯했다. 그는 현대 미국 작가들을 이미 읽어서 알고 있었다."[5]

네루다가 뉴욕과 워싱턴(그는 국회 도서관을 위해 몇 편의 낭송 시를 녹음했다), 그리고 캘리포니아에서의 시간을

---

3) Arthur Miller, in conversation with AF, November 2001.

4) Ibid.

5) Ibid.

즐겼을 수는 있다. 그러나 미국에 체류하는 동안에도 그는 미국의 대외 정책–특히 계속되고 있던 베트남 전쟁–에 대해서는 가차 없이 비판했다.

네루다와 함께 서점을 돌아다니던 아서 밀러는 "그렇게 광대한 정신을 가진 사람이 어떻게 계속해서 스탈린주의를 지지할 수 있는지 도무지 이해할 수 없다"는 느낌을 어느 때보다 강하게 받았다고 한다. "내가 생각할 수 있는 것은 그저 이 사람은 부르주아 사회로부터 너무 심하게 소외된 까닭에, 확신의 1930년대가 만든 꿈의 러시아에 대해 잘못된, 거의 종교적 충직성에 가까운 태도를 벗어나지 못했다는 정도였다. 그는 그 나라의 인간 현실을 있는 그대로 인정하기가 수치스럽다고 느끼고 있었다."[6)]

그러나 네루다가 뉴욕에 있는 동안 문제가 일어날 조짐이 보였다. "그곳에 도착해 보니 쿠바 작가들도 초청을 받았다고 했다. 펜클럽에서는 알레호 카르펜티에르가 오지 않은 사실에 놀라고 있었다. 그들은 나더러 그 이유를 밝힐 수 있냐고 물었다… 분명히 고위층에서 최종 결정이 내려져 그의 참석을 막았던 것이다."[7)]

펜클럽 대회 의장의 한 사람은 당시 ≪문도 누에보≫의 편집장이던 우루과이 비평가 에미르 로드리게스 모네갈이었다.

---

6) Arthur Miller, *Timebends: A Life* (Minerva, London, 1990), p.597.

7) Ibid.

내가 사회를 본 라틴아메리카 원탁회의에는 네루다, 파라, 마리오 발렌테 요사, 카를로스 푸엔테스, 아롤두 지 캄푸스, 빅토리아 오캄포 등 모두가 발언했다. 쿠바 소설가 알레호 카르펜티에르도 참석을 약속했지만, 마지막 순간에 쿠바 작가 전체가 회의 참석을 거부했다. 그들은 문화적으로 미국을 '고립시키려' 했던 것이다. 어쨌든 1960년대에 미국을 방문하는 라틴아메리카인들은 (쿠바에서) 즉각 배신자로 낙인찍혔다.[8)]

회의 중 한번은 전체주의 체제하에 살고 있는 작가들의 처지를 놓고 네루다와 이탈리아 소설가 이냐치오 실로네 사이에 격렬한 논쟁이 벌어졌다. 회의 소식지에 따르면,[9)] 실로네는 이 작가들이 체제의 도구로 존재하고 있을 뿐이라면서 소련이 보리스 파스테르나크에게 보인 태도를 규탄했다. 그러면서 헝가리 작가들이 1956년 봉기 때 수행한 역할을 적극 옹호했다. 프랑스와 칠레 기자들에 의하면, 네루다는 (자신이) 이미 끝났다고 믿었던 냉전에 실로네가 다시 불을 붙이고 있다고 응답했다고 한다. 그는 또 실로네에게 자신은 '선

---

8) Emir Rodríguez Monegal, 'The Boom: A Retrospective', Interview by Alfred J. MacAdam, *Review,* No.33, January 1984, pp.30-34.

9) *Le Figaro,* Paris, 20 June 1966, and *PEC,* Santiago, 28 June 1966 참조.

동가'라는 딱지를 자랑스럽게 받아들인다며, 자신이 철의 장막 양편에 있는 나라들을 여러 차례 여행했지만, 그동안 자기가 만난 것은 '행복한 작가들과 불행한 작가들' 두 부류뿐이었다고 말했다.

펜클럽 대회에서 주목을 받은 일이 또 하나 있었다. 시민권을 박탈당한 채 망명 생활을 하고 있던 소련 작가 발레리 타르시스가 냉전을 열전으로 바꾸자고 제안한 것이다. (네루다는 나중에 칠레 주간지 ≪에르시야≫에 소련 작가들이 뉴욕 대회에 불참한 이유는 아마도 타르시스 같은 '광대'가 와 있었기 때문일 것이라고 말했다.)[10] 시냡스키와 다니엘의 경우에 대해서는 네루다가 언급을 하긴 했지만, 그러나 칠레로 돌아온 뒤였다. ≪엘 메르쿠리오≫는 7월 16일 자에서 네루다의 발언이라며 이렇게 보도하고 있다. "나는 이 세계 어디에서고 작가들이 작품 때문에 박해받는 것에는 동의할 수 없다. 그러나 – 논란의 여지가 있을 수 있는 이 문제를 추켜들어서 – 냉전을 격화시키는 데 기여하지 않는 것 역시 나의 의무라고 믿는다…"

뉴욕에서 칠레로 돌아가는 길에 네루다와 마틸데는 우선 멕시코에 기착하여 멕시코 국립자치대학(UNAM)에서 수차례 시 낭송회를 가졌다. 이것은 네루다의 마지막 멕시코 방문이 되었다. 멕시코 작가 하비에르 위메르의 집에서 네루다

---

10) *Ercilla*, Santiago, 20 July 1966.

를 만난 호세 레부엘타스와 시인 에두아르도 리살데는 파블로와 긴 시간 대화를 나누며 그를 설득하려 했다.

> 소련이 어떤 나라인지 잘 알면서도 더 이상 자신과 다른 사람들을 속일 수는 없다는 것, 네루다는 – 그가 지닌 거대한 지적 · 도덕적 명성을 생각할 때 – 강제 수용소의 존재라는 범죄와 비판 세력에 대한 근거 없는 박해, 자유가 박탈된 숨 막히는 현실과 소련 내 연방 공화국들의 왜곡된 경제를 고발하지 않으면 안 된다는 것을 말이다.[11)]

그 자리에 함께 있던 멕시코 언론인 마르코 안토니오 캄포스에 따르면, "네루다는 어느 정도 수긍하는 기색이 없지 않은 표정으로 듣고 있었다"고 한다. 그도 그럴 만한 일이었다. 네루다의 위치는 이제 강제 수용소를 반대하는 발언을 해도 될 만큼 충분히 강력한 것이었다.

페루에서는 리마 시립 극장과 산마르코스 대학, 그리고 아레키파 공대에서까지 열광하는 청중을 상대로 시를 낭송했다. 그는 마틸데와 함께 페르난도 벨라운데 테리 대통령의 초대를 받았는데, 그는 페루작가협회 – 소설가 시로 알레그리아가 의장으로 있는 – 의 요청에 따라 네루다에게 『마추픽

---

11) Marco Antonio Campos, 'Los días terrenales de Revueltas', *La Jornada Semanal*, Mexico City, 11 June 2000.

추 산정』을 기리는 페루 태양 훈장을 수여했다.

미국을 잠시 방문하고 페루에 잠깐 들른 일이 어떤 폭풍을 몰고 올지 네루다는 상상도 할 수 없었으리라. 문제는 페루 정부가 피델 카스트로의 쿠바 정부에 반대하고 있었다는 것이었다. 뉴욕과 태평양 연안 방문이 놀라울 만큼 성공적이었던 데다 누가 봐도 우호적이었던 벨라운데 테리 대통령과의 만남은, 쿠바에서 보기에 자기들 식 공산주의에 대한 배신으로 여겨졌다. 멕시코 소설가 카를로스 푸엔테스는 미국 사진 잡지 ≪라이프≫의 스페인어판에 글을 써서, 펜클럽 대회가 냉전 시대 종식의 시작을 알리는 신호라는 네루다의 믿음에 화답했다.

그런데 이제 네루다의 전 생애에서 가장 쓰라린 일 중의 하나, 그의 생애 마지막까지 상처가 지워지지 않았던 일이 일어날 참이었다. 1966년 7월, 100여 명의 쿠바 지식인들이 — 피델 카스트로의 직접 지시에 따른 것이 분명한 — 「쿠바인들의 편지」를 발표했다. 그들은 네루다가 기꺼이 적을 관용하려 한다고 비난하면서, 이러한 태도는 카스트로주의의 대안으로 라틴아메리카에 퍼지고 있는 미온적인 친양키 개량주의의 완벽한 사례라고 공격했다.

서한은 쿠바 공산당 공식 일간지인 ≪그란마≫ 1966년 7월 31일 자에 여러 쪽에 걸쳐 게재되었다. 네루다와 다른 좌파 지식인들에게 20년 동안 비자를 거부해 오던 미국이 어떤 이유에서 태도를 바꾸게 되었는지를 물으면서 시작하는 이

서한은 "이것이 바로 우리가 지구상에서 평화롭게 공존하는 시기로 접어들었음을 증명하는 것인가?"라고 묻고 있다. 서명자들은 이 수사적 질문에 대해 다시 "아니다"라고 답한다. "그렇다면 다른 설명이 가능하다. 어떤 경우에는 이들 좌파들이 좌파이기를 그만두고 정반대편에 서서 미국의 정책에 협력하는 지도자가 되었기 때문인 것이다." 서한에 따르면, 네루다의 경우처럼 실제로 좌파인 사람들도 있지만, "그들의 참석 자체를 미국이 이용하고 있다"는 것은 엄연한 사실이라는 것이다. 서한은 이렇게 말한다.

> 얼마 전 장폴 사르트르는 미국 방문 초청을 거절했다. 이용당하는 것을 피하기 위해서였고, 더욱이 자신은 미국의 베트남 침략을 용인할 수 없다는 사실을 구체적으로 보여 주기 위해서였다… 콩고와 산토도밍고를 침략한 지 얼마 안 된 미군이 베트남을 야만적으로 유린하고 같은 행위를 쿠바에서도 저지르려 준비하고 있는 상황에서 가상의 평화 공존이나 냉전 종식을 찬양하는 것은 용납할 수 없는 일이다.

서한은 네루다에게 이렇게 요구하고 있다. "우리가 결정적 해방을 쟁취하고 나서야 종식될 이 기나긴 전쟁에서 당신이 명백하게 우리 편에 서 있다는 것을 우리는 알아야겠다." 그러면서 『모두의 노래』를 썼던 네루다라면 1966년의 네루다를 단죄할 것이라고 넌지시 언급했다. 만약 그의 친구가 곤살레스 비델라 대통령과 식사를 하고 산티아고 대통령궁에서 훈장을 수여받았다면, 네루다는 무슨 이야기를 했겠느냐고 묻기도 했다.[12)]

서한을 기초한 사람은 로베르토 페르난데스 레타마르와 니콜라스 기옌, 리산드로 오테로, 에드문도 데스노에스, 암브로시오 포르넷이었고, 서명한 이들 중에는 알레호 카르펜티에르, 호세 레사마 리마, 비르히니오 피녜라 등이 있었다. 쿠바 작가 중에서는 엔리케 라브라도르 한 사람만 서명을 거부했다.

에르난 로욜라는 이 서한을 "라틴아메리카 문화사에서 가장 불행한 문건"이자 "부당하고 정당화될 수도 없고 근거도 없는 공격 행위였다"[13)]라고 평가한다. 호르헤 에드워즈는 이 서한을 네루다가 경험한 가장 고통스러운 상처 중 하나로 느꼈다.

> 우파 쪽의 어떤 공격도 그에게 그토록 고통스럽지는 않았을 것이다… 위에서 지시가 내려오지 않았다면 어떤 쿠바 작가라도 감히 그런 글을 쓰고 서명할 리가 없다는

---

12) 'Carta de los Cubanos', *Granma,* Havana, 31 July 1966. Pablo Neruda, *Obras completas,* Vol.5, pp.1390-1396에 재수록되었다.

13) Ibid.

> 것을 그는 너무나 잘 알고 있었다. 그리고 그 생각을 떠올린 인물은 피델 카스트로였다는 데 대해 네루다는 추호도 의심하지 않았다.[14]

당시 네루다는 아무런 공개적 의사 표시를 하지 않았다. 단지 1966년 8월 2일, ≪엘 시글로≫에 자신을 옹호하는 짤막한 답변을 한 것이 전부였다. "내가 방문한 미국에서도, 또 다른 나라들에서도 나는 나의 공산주의 이상과 흔들림 없는 원칙과 혁명의 시를 견지했다. 나를 알고 있는 당신들이, 이 점에 관한 한, 용납할 수 없는 의혹을 품거나 퍼뜨리지 말아줄 것을 나는 희망하고 요구할 권리를 가지고 있다."[15]

하지만 그는 사적으로는 쓰라린 심경을 토로하곤 했다. 그는 피델이 자신을 미워할 만한 개인적인 이유가 있다고 확신하고 있었다. 네루다가 에드워즈에게 이야기한 바로는, 자기가 피델에게 스스로를 개인숭배 대상으로 만들어서는 안 된다고 에둘러 경고한 적이 있는데, 그 말을 편안하게 받아들이지 못하더라는 것이다. 이 경고는 『무훈의 노래』의 「피델 카스트로에게」에 나온다. 시 속에서 네루다는 피델에게 칠레산 포도주 한 병을 함께 마시자고 청한 뒤, 그가 술을 마시자,

14) Jorge Edwards, *Adiós, Poeta,* p.149.

15) Pablo Neruda, *El Siglo,* 2 August 1966.

…그대의 승리는
내 조국의 오래된 포도주와 같나니,
그것을 만든 것은 한 사람이 아니라 많은 사람들
포도 한 송이가 아니라 많은 나무들
한 방울의 물이 아니라 수많은 강물
한 사람의 대장이 아니라 숱한 전투임을[16)]

깨닫도록 이야기한다.

네루다는 1968년에 초청을 받았지만, 다시는 쿠바에 가지 않았다. 그리고 그 서한에 서명한 사람들을 결코 용서하지 않았다. 그는 공개적인 반성과 사과를 요구했지만, 그 일은 결코 실현되지 않았다.

"네루다는 단련된 친구, 공산당원이었다"라고 호르헤 에드워즈는 말한다. "그 때문에 그는 단 한 번도 자신이 카스트로를 좋아하지 않는다는 사실을 공개적으로는 인정하지 않았다. 그러나 사실상, 내면 깊숙한 곳에서 그는 카스트로를 좋아하지 않았으며, 그를 견딜 수 없어 했다. 그리고 그런 느낌은 카스트로 쪽에서도 마찬가지였다."[17)]

1970년대 아바나의 한 연회에서 칠레 시선집 한 부를 받아 든 카스트로에 대해 에드워즈가 기억하고 있는 것이 있

16) Pablo Neruda, 'A Fidel Castro', *Canción de gesta.*

17) *La Tercera,* Santiago, 17 March 2002.

다. 이 쿠바 지도자는 책장을 휙휙 넘기면서 니카노르 파라의 시 한 편에 대해 한마디하고 가브리엘라 미스트랄의 시에 대해 농담을 했다. 그런데 네루다의 시가 들어 있는 면이 나오자 힐끗 보고 얼른 다른 면으로 책장을 넘겼다.[18]

쿠바 사건은 온통 서글픈 일이었다. 네루다는 분명 쿠바를 사랑하고 있었기 때문이다. 1960년, 그는 쿠바 신문 ≪루네스 데 레볼루시온≫에 자신의 방문을 기념하기 위해 '물 만난 물고기'라는 제목의 시를 게재하여, 아바나 거리에서 사람들이 쿠바에 온 소감을 물으면, 자신이

나는
쿠바에서
물 만난 물고기 같은 느낌이라오.[19]

라고 대답했다는 이야기를 쓰고 있다.

그해 10월 28일, 파블로와 마틸데는 정식으로 혼인했다. 결혼식은 친구들과 기록 담당 공무원이 참석한 가운데 이슬라네그라에서 열렸다. 사진 기자들은 집 주변 담장 밖에 세워 두었는데, 그중 몇몇은 네루다가 칠레의 언론 자유를 침

---

18) Jorge Edwards, *Adiós, Poeta.*

19) Pablo Neruda, 'Pez en el agua', *Lunes de Revolución,* Havana, No.88, 26 December 1960.

해하고 있다고 주장하면서 안으로 들어오려고 실랑이를 벌이기도 했다. 네루다의 부탁을 받은 볼로디아 테이텔보임이 밖으로 나가 기자들과 이야기를 나눈 끝에, 성혼 선언이 이루어지는 순간을 담은, 잘 나온 사진을 제공해 주기로 하고 그들을 달래 놓았다.

나중에 알게 된 사실이지만, 사진을 찍기로 한 사람은 전문가가 아니었다. 1949년 네루다를 칠레에서 빠져나가게 도와준 중고차 판매상 마누엘 솔리마노가 사진 촬영을 맡았는데, 그래도 그럴싸한 사진이 나왔다. 검은 양복을 입은 파블로와 하얀 드레스를 입은 마틸데 곁에 마틸데의 노래 선생인 블랑카 하우저와 그의 남편 아르만도 카르바할이 증인으로서 있었다.

1966년에는 파리에서 루이 아라공의 『파블로 네루다에게 바치는 엘레지』가 발간되었고, 로드리게스 모네갈이 쓴 네루다 연구서 『움직이지 않는 여행자』가 출판되었다. 11월 1일에는 칠레 현대 미술 동호회가 비매품으로 네루다의 『새의 기술』을 펴냈다. 여기에 실린 시들은 대부분 1962년과 1963년 사이에 쓰인 것들이다. 네루다가 직접 이야기한 바로는, 붉은 광장에 서서 보스토크 3호와 4호에 탄 두 소련 우주 비행사의 동시 우주 비행을 기념하는 축제를 구경하는 동안 이 책에 대한 구상이 떠올랐다고 한다. 네루다는 칠레에 서식하는 새들에 관한 한 빼어난 전문가였다. 1949년 수염을 기르고 안데스산맥을 넘어 탈출할 때 만든 가짜 서류에도 직업을 조류학자라고 적은 것은 그럴싸했다.

책에 그림을 그린 칠레 화가 훌리오 에스카메스는 이 책이 만들어진 과정을 이렇게 이야기하고 있다.

> 우리는 지칠 줄 모르는 마틸데와 함께 길을 나섰다. 나는 쌍안경과 공책, 연필을 챙겨 들었고 파블로는 모자와 오래된 선원용 망원경을 가지고 있었다. 시인은 정확하게 테루테루 새가 떼 지어 몰려 있는 곳으로 우리를 안내한다. 우리는 멀찌감치 자리를 잡고서 여러 시간 동안 그녀석들을 관찰한다… 파블로와 일한다는 것은, 나 같은 화가에게는, 자극으로 가득 찬 세계 전체와 접촉하는 법을 배우는 것이었다.[20]

『헝가리에서의 식사』가 통상적인 요리책이 아니듯이, 이 책 역시 새들을 관찰하기 위한 보통 안내서와는 다르다. 진짜 새들('파하린토스')은 상상의 새들('파하란테스')과 번갈아 나타난다. 이렇게 고안된 새 중에는 '날개 달린 얼뜨기 군사 독재자(Tontivuelo-Autoritarius Miliformis)'라는 새도 포함되어 있는데, 이 새는

20) Julio Escámez, 'Testimonio', *Aurora,* Santiago, Nos 3-4, 1964, pp.225-226. Hernán Loyola, in his notes to his edition of Pablo Neruda, *Obras completas,* Vol.3, p.949에서 인용.

날지 못하여, 나는 것마저도 못하여
다른 새들에게 날아라 명령만 할 뿐
…
앉은 채 몸집만 커져 가고
깃털도 없이 한심한 이 새는
날개도 없고, 노래할 줄도, 날아오를 줄도 몰랐다.

그래도 독재자는 명령을 내렸으니.

여기에는 대단한 재미와 장난기가 들어 있다. 이 시집에 실린 시 중에서 가장 의미심장한 것의 하나가 「'나'라는 새—이슬라네그라의 파블로」이다. 자신의 모순된 성격에 대한 이 시의 감각은 『에스트라바가리오』의 몇몇 시와 공명하고 있다.

내 이름은 파블로 새,
깃털 하나뿐인 새,
해맑은 그림자와
어지러운 빛 더불어 날아오른다
…
날아오르지만 날지 못하고, 노래 부른다.
나는 고요한 폭풍 속
성난 한 마리 새.[21)]

1966년에 출간된 『모래 위의 집』은 이슬라네그라의 아름다운 삶에 바치는 산문으로 된 찬가다. 네루다는 죽은 친구들을 기억하여 그들의 이름을 천장 들보에 새겨 두었다. 알베르토 로하스 히메네스, 호아킨 시푸엔테스, 페데리코 가르시아 로르카, 폴 엘뤼아르, 미겔 에르난데스, 나짐 히크메트. "그들은 왜 그리 서둘러 떠나고 말았나? 들보에 새겨진 그들의 이름은 결코 지워지지 않으리라."[22] 그는 현재 이슬라네그라 집의 큰 방 중 한 곳에 보관되어 있는 저 유명한 돛대 머리에 관해 이야기하고 있다. 그것은 원래 1948년 그가 피신 중이던 발파라이소 해변에 좌초한 배에 딸린 것이었다. 칠레 북부 안토파가스타에서 가져온 닻도 있었는데, "메마른 모래밭에서 졸며 지내던" 그것은 지금 이슬라네그라 바깥쪽 나무들과 모래 사이에 자리 잡고 있다. 집 앞에 놓여 있는 기관차는 어린 시절 그가 아버지와 함께 숲을 헤치며 달렸던, 그 놀라움 가득한 멋진 여행을 상기시킨다.

이 무렵 건강이 쇠락하기 시작하면서 그는 죽음, 자신과 마틸데의 죽음에 관한 생각을 자주 하게 된다. 『모래 위의 집』에서 그는 "우리 없이도 모든 게 그대로 남아 있을 것이며, 우리가 죽은 뒤에 올 새날들을 위해 모든 것이 준비되어 있을

---

21) Pablo Neruda, *Arte de pájaros* (Edición de la Sociedad de Amigos del Arte Contemporáneo, Santiago, 1966).

22) Pablo Neruda, *Una casa en la arena* (Lumen, Barcelona, 1966).

것"임을 깨닫는다. 이 책의 마지막에는 적절하게도 바다가 등장하고 있다. 그 "뒤척이는… 푸른 배…"와 함께 "바다는 묶어 둘 수도 가둬 둘 수도 없는 것".

1967년 5월, 네루다는 모스크바에서 열린 소련 작가 회의에 참석한다. 그는 활기에 차 있었다. 베라 쿠테이시코바는 그해 레프 오스포밧과 함께 입주한 새 아파트에 네루다가 방문했던 일을 인상 깊게 기억하고 있다. "맨 처음 우리가 겪은 것은 승강기가 고장으로 멈춰 선 일이다. 사람들이 와서 우리를 꺼내 줄 때까지 네루다는 조금도 동요하지 않고 침착하게, 철두철미 칠레인답게 기다렸다. 나는 그가 화를 내거나 당황하는 것을 본 일이 없다."[23] 아파트에서 시인을 맨 처음 본 사람 중에는 나이 든 바닥 청소부도 있었는데, 세심하게 손을 닦은 뒤에야 네루다와 악수를 했다. 그런 뒤 네루다의 시 한 수를 외워서 낭송하는 것이었다. 네루다가 기뻐했음은 물론이다.[24]

레프 오스포밧은 네루다를 유머 감각이 뛰어나고 친구들에 대한 애정이 깊었던 사람으로 기억한다. 모스크바에서 열린 연회에서 파블로가 일어나더니 이렇게 말했다. "이 자리에 계신 분들 중에는 나에 관한 긴 책을 쓴 내 친구 레프도 있

23) Vera Kuteishikova, in conversation with AF, Moscow, September 2003.

24) Lev Ospovat, *América Latina,* Moscow, July 1984, p.91에서 인용.

습니다. 사람들 말로는 괜찮은 책이라고 하더군요. 그러나 난 잘 모르겠습니다. 그걸 읽을 수가 없었으니까요. 왜인지는 잘 아시리라 생각합니다. 그러니 축배를 들기로 합시다. 앞으로 나올 나에 관한 책은 내가 모르는 언어로 쓰이도록 빌기 위해서 말이지요."[25)]

네루다가 정식 혼인을 한 첫해인 그해에 작은 위기가 발생했다. 부부는 모스크바를 떠나 귀국하는 길에 북부 이탈리아의 비아레조에 머물고 있었다. 문화 분야에서 민족 간 상호 이해를 위해 일하는 국제적 인사에게 수여하는 상이 그해에 제정되어 네루다가 수상자로 선정되었던 것이다. 여성들이 남편 주위로 접근하면 마틸데는 보통 독수리눈이 되어 경계했다. 그러나 이번만은 아니었다. 수상식이 열리기 전, 파블로는 이탈리아 조각가인 마리노 마리니의 집에 가 있었다. 네루다 곁에는 '피렌체에서 가장 아름다운 여인'이 앉아 있었다. 나중에 그가 이야기한 바로는, 대화 도중 영국 조각가 헨리 무어의 이름이 언급되자, '금빛 눈을 한 이 마법의 여인'이 그가 꼼짝없이 홀리게 될 제안을 했다. 자기가 네루다를 위해 영국에 살고 있는 무어를 찾아 주겠다는 것이었다. "'내 차에서 당신을 기다리고 있을게요. 헨리 무어를 만날 방법이 있으니, 그냥 가겠다는 말만 하고 어디로 가는지는 말하지 말고 나오세요.' 나는 그녀의 황홀한 자취를 따라갔다."

---

25) Ibid.

그녀는 상당한 거리를 운전하여 어느 시골 사유지로 그를 데려갔다. 그 자리에 헨리 무어가 있었다. "작고 통통한 몸집에 상냥하면서도 강인한 사람이었다… 한 반 시간쯤 함께 있는 동안 우리가 나눈 이야기는 – 이유는 모르겠으나 – 죽음에 관한 것이 전부였다. 나는 단단함의 극한을 알고 있는, 다시 말해서 영원한 돌을 알고 있는 위대한 석공과 함께 있는 듯한 느낌을 받았다."

그사이에 비아레조 대극장에서는 상을 받으러 나올 네루다를 기다리며 텔레비전 촬영기의 조명이 화려하게 빛나고 있었다. 마틸데는 네루다가 어디에 가 있는지 의아해하며 쓸쓸하게 객석에 앉아 있었다. 네루다와 그의 신비로운 미녀는 극장으로 돌아오는 중이었지만, 그들이 도착한 것은 시장과 위원들이 전부 자리를 뜬 뒤였다. "마지막 사람이 나갈 때까지 나는 어둠 속에서 기다렸다. 자리가 텅 비자 마틸데를 찾으러 갔다. 그녀는 아직도 화가 풀리지 않고 있었다."[26]

이탈리아를 출발한 두 사람은 아무도 몰래 스페인에 도착했다. 1967년 6월의 이 방문은 나중에 2002년이 되어서야 바르셀로나 일간지 ≪라 방과르디아≫에 소개되었는데,[27] 당시 프랑코 치하의 스페인에서는 네루다가 여전히 기피 인물이었기 때문에 일이 조용히 진행되어야 했다. 프랑코의 승리

---

26) Pablo Neruda, *Passions and Impressions,* pp.189-190.

27) *La Vanguardia,* Barcelona, 11 August 2002.

이후 그가 스페인을 방문한 것은 이번이 처음이 아니었다. 그는 이미 1960년에 카디스를 잠깐 스쳐 지나간 적이 있었다.[28] 그러나 그때는 아무도 모르게 불과 몇 시간 머문 것에 불과하고 만난 사람도 없었다. 이번에는 그의 스페인 출판인인 에스테르 투스케츠가 네루다와 마틸데를 배에 싣고 해변에 내려 비밀스레 바르셀로나를 방문하게 했는데, 그녀는 어떤 방법을 동원했는지 절대 밝히려 들지 않았다.

바르셀로나에 잠시 머무는 동안 네루다는 콜롬비아 소설가 가브리엘 가르시아 마르케스를 만났다. 그는 1992년에 쓴 책에서 허구화된 시인의 멋진 초상을 그려 놓았다.

> 파블로 네루다는… 아침 내내 우리와 함께 몇몇 중고 책방을 돌며 희귀본 책을 찾으러 다녔다. 그는 군중 사이를 마치 아픈 코끼리처럼 걸어 다녔다. 모든 것 하나하나가 어떻게 움직여 가는지 알고 싶어 하는 어린애 같은 호기심을 가지고서 말이다. 세상은 그에게 거대한 태엽 인형 같은 것이었다… 섬세하면서도 식탐이 강한 르네상스 시대 교황에 대해 우리가 떠올리는 모습에 그만큼 근접한 이를 나는 만난 적이 없다… 그의 아내 마틸데는 식당보다는 이발소에서 사용함 직한 턱 수건을 그에게 받쳐

---

28) 네루다는 1961년에 출판된 『의식의 노래(Cantos ceremoniales)』에 실린 「카디스 엘레지(Elegía de Cádiz)」에서 이 도시를 처음 방문한 사실을 묘사하고 있다.

주었다. 하지만 그렇게 하지 않고서는 소스로 목욕할 지경이 되는 것을 막을 도리가 없었던 것이다. 그날은… 전형적인 본보기가 될 만한 날이었다. 그는 바닷가재 세 마리를 외과 의사의 정교함으로 발라내면서 먹어 치웠다. 그러면서도 동시에 다른 사람들의 접시를 탐욕스럽게 바라보며 조금씩 덜어 먹었다. 그가 즐겁게 먹는 모습은 사람들에게 감염되는 것이었다. 갈리시아 대합조개, 칸타브리아 삿갓조개, 알리칸테 참새우… 그런 것들을 맛보는 내내 그는 꼭 프랑스인들처럼, 다른 진미 요리 이야기를 했는데, 그중에서도 그가 마음속에 간직하고 있는 옛날식 칠레 해산물 요리 이야기를 많이 했다.[29)]

바르셀로나에 머물던 두 사람은 프랑스를 거쳐 영국으로 건너갔다. 1967년 8월 런던에서 열린 국제 시 토론회에서는 한때 서로 좋아했지만 30년 가까이 만나는 것조차 거부한 두 시인이 마침내 재회했다. 옥타비오 파스의 회상이다. "어느 날 나는 런던의 국제 시 축제에 초청받았다. 그런데 네루다가 나보다 하루 일찍 시를 낭송했다."

낭송은 성공적이었다. 나는 다소 긴장되어 있었다. 내가

---

29) Gabriel García Márquez, *Doce cuentos peregrinos* (Mondadori España, Madrid, 1992). p.98.

낭송을 하기로 한 날, 우연히 만난 여자가 알고 보니 마틸데 우루티아였다. 그녀가 나를 보더니 "옥타비오 파스 아닌가요?" 하고 물었다. "맞습니다. 당신은 마틸데 우루티아지요. 사진을 본 적이 있어서 알아보겠군요." 그녀는 자기도 마찬가지라고 하더니 "파블로가 이층에 있는데, 가서 인사라도 하시지요. 아주 기뻐할 거예요. 어서요, 가 보세요" 하며 재촉했다. 세 층을 올라가 네루다가 있는 방으로 가 보니 신문 기자와 회견 중이었다. 마틸데 우루티아가 인터뷰를 중단시키고 무슨 특별한 설명도 없이 기자를 잠시 내보내더니 네루다에게 수수께끼 놀이처럼 묻는 것이었다. "내가 누굴 데려왔는지 당신 알 수 없을걸요?" "누군데?" 하고 네루다가 물었다. "옥타비오 파스요." 그 말을 듣자마자 네루다는 "아니 이 사람, 어서 오게" 하며 나를 덥석 안았다. 우리는 서로 포옹을 나누었다. "옥타비오, 자네 얼굴이 아주 좋아 보이네." "파블로, 당신도 멋져 보이는데요." 그러자 네루다가 "자네가 보기에 내가 더 늙은 것 같지 않나?"라며 근심스러운 듯 물었다. "제가 보기엔, 더 이상 좋을 수가 없어 보이는데요 뭐"라고 대답했지만, 그러나 사실 네루다는 늙어 보였다. 세월은 자신을 통과한 자에게 어김없이 세금을 걷어 간 것이다…[30]

---

30) Octavio Paz, interviewed in *Excélsior,* 7 December 1990.

두 사람이 위층에서 만난 사실을 모르고 있던 로버트 프링밀은 둘이 대기실에서 만나는 자리에 자기가 있었는데, 사람들 앞에서 포옹하는 모습이 "그다지 진심인 것 같지 않았고, 마지못해 한다는 느낌을 강하게 받았다"[31]라고 내게 말했다. 사실, 그 뒤로도 여러 해 동안, 파스는 계속해서 네루다의 정치적 '과오'를 공격했다. 1980년에 사르트르에 대해 쓴 에세이 「장폴 사르트르 – 어떤 기억」에서 그는 이렇게 말하고 있다. "무엇 때문에 그[사르트르]는 그렇게 애를 써 가며 눈을 감고 귀를 막으려 했는가? 나는 물론 아라공과 네루다를 위시한 많은 사람들이 알면서도 침묵함으로써 공모자가 되고 불성실한 자가 된 것과는 다르다고 생각한다." 솔제니친에 관한 다른 에세이(「솔제니친을 생각하며: 진흙 뒤의 먼지」)에서는 더 나아가 이렇게 말한다. "아라공, 엘뤼아르, 네루다와 그 밖의 유명한 스탈린주의자 작가들, 시인들을 생각할 때면, 단테의 '지옥 편' 중 몇 문단을 읽을 때의 소름이 다시 돋는 것을 느낀다. 그들이 선의에서 출발한 것은 분명하다… 그러나 그들은 자신도 모르게 한발 한발 거짓말, 허위, 사기, 위증의 올가미에 점점 깊이 빠져들어 가는 자신을 보게 되고, 마침내 그들은 영혼을 상실해 버린 것이다. 문자 그대로 그들은 넋 나간 이들이 되었다."[32]

31) Robert Pring-Mill, in a note to AF, November 2003.

32) Octavio Paz, *On Poets and Others*, translated by Michael Schmidt

그러나 자신이 관여하는 멕시코 잡지 ≪라 부엘타≫에 1993년 9월 네루다에 관한 글을 실었을 때, 그는 '가장 소중한 나의 적'이라고 불렀다. 시인으로서의 네루다에 대한 그의 찬탄은 대단한 것이다. 1990년 호르헤 에드워즈와 전화 통화 중에 그는 자신이 네루다 전집을 읽는 중이었으며, 자신의 결론은 "네루다는 자기 세대 최고의 시인이라는 것. 아니 그보다 훨씬 더 나아가, 우이도브로보다, 바예호보다, 보르헤스보다 더 뛰어난 시인이라는 것, 스페인어권 시인들을 통틀어 가장 빼어난 시인이라는 것이다"[33]라고 말했다.

네루다의 경우, 몇 년 뒤 런던 행사를 언급하면서 파스에 대해서는 아무런 이야기도 하지 않았다. 자조적으로 이런 이야기를 남겼을 뿐이다. "스펜더, 올슨, 마그누스 엔첸스베르거, 오든, 웅가레티, 베리먼 그리고 내 주위에" 사인을 받으려고 몰려와 있던 사람들은 "미국 비트족 시인 앨런 긴즈버그가 머리를 어깨까지 늘어뜨린 채 땅바닥까지 내려오는 수염에 신비로운 미소를 머금고서, 부적과 묵주, 티베트 장신구를 주렁주렁 목에 걸고 나타나자"[34] 너도나도 썰물처럼 그쪽으로 몰려가 버렸다.

네루다와 마틸데는 1967년 8월 칠레로 돌아왔다. 그해에

(Carcanet, Manchester, 1987), pp.45 and 126.

33) Jorge Edwards, *Adiós, Poeta,* p.76에서 인용.

34) *Ercilla,* Santiago, 4 April 1969.

63년 전 그가 태어난 칠레 남부의 파랄 읍에서 그를 '자랑스러운 파랄인'으로 지명했다.

12월 4일, 네루다의 다음 시집인 『바르카롤라』가 출간되었다. 그것은 대체로 마틸데에게 바치는 긴 연애시라고 할 수 있다.

> 왜인지 어디서부터인지도 모르는 채 당신을 사랑했네, 바라보지도 않고 무작정 사랑했네
>
> …
>
> 칠레의 여인아, 당신이 바로 나의 뿌리인 줄 나는 알지 못했네[35)]

이 시집은 네루다가 생의 후반에 쓴 가장 초현실적인 책 중 하나다. 예를 들어 그는 「부활」이라는 시에서 이렇게 쓰고 있다.

> 친구여, 너의 입맞춤은 물에 잠긴 대성당 물속에서
> 종소리 울려 퍼지듯 노래하는데, 성당 창문으로
> 들어오는 눈 없는 물고기들, 몸가짐 흐트러진 해초들

『바르카롤라』의 두 번째 장에서 네루다는 파리 위세트

---

35) Pablo Neruda, *La barcarola* (Losada, Buenos Aires, 1967).

거리의 기억을 따뜻하게 회상하는가 하면, 오랜 친구 루벤 아소카르르의 타계 소식을 들었을 때의 기분을 「손에 장미 들고, 환히 웃으며」에서 되살려 놓기도 한다.

이 시집은 또 네루다가 처음 다듬어 본 도적 호아킨 무리에타의 전설을 소개하고 있다. 그는 얼마 뒤 이 이야기를 자신의 최초이자 유일한 희곡으로 각색했다. 네루다가 처음 이 신비스러운 범법자에 매혹된 것은 칠레에서 비델라 대통령의 손아귀를 벗어나 피신 중이던 1948년이었다. ≪내셔널 지오그래픽≫에 실린 무리에타의 기사와 특히 반짝거리는 광택지에 실려 있던 이 도적의 사진은 그를 사로잡았다. 멕시코인들과 칠레인들이 서로 자기 나라 사람이라고 주장하는 무리에타는 1840년대 캘리포니아의 황금 열풍에 몸을 담았다가 살해되었는데, 잘린 그의 목이 샌프란시스코 박람회에 전시된 바 있다.

1966년, 네루다는 후회에 가까운 어조로(그는 "경험으로 배운 것이지만, 무슨 일을 하기도 전에 그 일에 대해 너무 많은 얘기를 해 놓으면, 이상하게도 그 일은 절대 이룰 수 없게 된다"라고 말했다) 무리에타를 소재로 한 시에 관한 계획을 설명했다.[36] 그 전설 전반에 관한 그의 관심은 1964년 살바도르 아옌데를 위한 대통령 선거 운동 기간에 더욱 증대되었다. 콘셉시온에서 만난 칠레 작가 페르난도 알레그리아가

36) Pablo Neruda, *Passions and Impressions,* p.140.

1849년 캘리포니아에서 황금을 털던 칠레인을 소재로 소설을 한 권 썼다고 말해 주었던 것이다. 그 뒤 1966년, 미국을 여행하던 네루다는 캘리포니아의 버클리에서 알레그리아를 포함한 몇몇 친구에게 『바르카롤라』에서 뽑은 시를 들려주었다. 그가 소감을 묻자, "몇몇 열광적인 여성들이 기막힌 희곡이라고 대답했다"라고 알레그리아는 전한다. 그러나 그것은 네루다가 듣고 싶은 말이 아니었다. 그는 그것을 시로 생각하고 썼던 것이다. "그에게 그것은 아직 무대 연극을 위한 작품이 아니며, 대담하고 상상력 풍부한 연출가가 볼만한 쇼로 바꾸어 놓을 수 있을 가극 대본 정도에 불과하다고 이야기해 주는 편이 더 정직했으리라 생각한다."[37)]

네루다는 1943년 카탈루냐 출신 건축가인 친구 헤르만 로드리게스에게 이슬라네그라의 집 안뜰에 작은 야외극장을 지어 달라고 부탁한 바 있지만, 한 번도 희곡을 써 보겠다고 생각한 적은 없었다. 당혹스러웠던 1960년의 아바나 방문 기간에 쿠바 신문 ≪루네스 데 레볼루시온≫과 가진 흥미진진한 인터뷰에서 그는 이런 말을 했다.

> 극장 연출가들은 내게 가끔 공연을 위한 작품을 써 달라고 부탁하곤 했다(칠레는 극단이 많고 연극의 수준은 상

37) Fernando Alegría, 'La Barcarola, barca de la vida', *Revista Iberoamericana,* Pittsburgh, Nos 82-83, January-June 1973, pp.73-98.

당하다)… 나는 그런 제안을 매번 물리쳤는데, 능력이 없기 때문이다. 어떻게 쓰는지를 그냥 모르는 것이다. 단편이건 장편이건 내가 결코 소설을 쓰지 못하는 것과 마찬가지다. (그는 자신이 1926년에 『거주자와 그의 희망』이라는 중편 소설을 썼던 사실을 잊고 있다.) … 시극(詩劇)은 지루하기 짝이 없다는 사실을 말하지 않을 수 없다. 페데리코 가르시아 로르카의 일부 작품까지도 그렇다… 그보다는 차라리 청중을 압도하고 얼이 빠지게 하고 황홀하게 만드는 진짜 줄거리가 있는 작품이 더 낫다… 나의 비판에서 브레히트는 제외하고 싶다. 그는 가끔 자기 시를 연극 안에 삽입하지만, 항상 대화의 강렬함이 살아 있고, 연극에 대한 빼어난 지식을 바탕으로 하고 있어서, 그 사람이야말로 지난 수년 동안 가장 위대한 연극 작가라고 생각하기 때문이다.[38]

프랑스 연출가이자 배우인 네루다의 친구 장루이 바로가 무대에 올릴 만한 것을 하나 써 달라고 했을 때, 네루다는 "나는 시인일 뿐이다. 나는 시를 쓰는 데만 관심이 있고, 어쨌든 무대 공연을 위한 작품은 어떻게 쓰는지 알지 못한다"라고 대답했다. "바로는 '당신이 잘못 생각하는 것이다. 당신은 시를 쓰고, 내가 그것을 연극으로 바꾸면 된다'라고 말했다. 나

38) Pablo Neruda, *Lunes de Revolución*.

는 당혹스러웠다. 나는 사물에 대해 곰곰 아주 느리게 생각하는 사람이기 때문에 ― 내가 남부 사람이라는 것을 잊지 마라 ― 이 대화는 내 머릿속에 오래 남아 몇 해를 빙빙 돌고 있었다. 그러던 어느 날 나는 이렇게 말했다. 안 될 게 뭐야?"[39]

네루다의 희곡 『호아킨 무리에타의 영광과 죽음』은 라 차스코나에서 처음으로 대본 낭독이 이루어졌다. 파블로와 마틸데, 칠레 작가이자 여배우인 마리아 말루엔다, 그녀의 남편인 배우 로베르토 파라다가 각기 배역을 맡아 읽었다. 노래 대부분은 칠레의 위대한 가수 겸 작곡가 빅토르 하라가 맡아 불렀다.

네루다는 연극 원고를 연출가 페드로 오르토우스에게 건네주었고, 그는 음악 작곡을 위해 세르히오 오르테가에게 다시 원고를 넘겼다. 오르토우스는 "쓸데없이 참견하여 여기저기 삭제하는가 하면 내게 이 부분 저 부분을 바꿔 달라고 요구했다. 내가 항의라도 할라치면, 로페 데 베가도 셰익스피어와 일하며 똑같은 작업을 거쳤다고 일깨워 주었다…"[40]

네루다의 가까운 친구가 된 세르히오 오르테가는 네루다가 "주인공 호아킨 무리에타를 정의를 위해 싸우는 보편적 인물로 바꿔 놓았다"[41]라고 말했다. 작품에 마지막 손질이 가

---

39) Pablo Neruda, in a conversation on Radio Magallanes, transcribed in *El Siglo,* Santiago, 6 November 1966.

40) Ibid.

해지는 동안 오르테가는 이슬라네그라에 네루다와 함께 남아 있었다. "그는 더없이 인간적이고 트여 있으며 관대한 사람이었다… 호아킨 무리에타는 일종의 로빈후드 같은 사람이었는데, 네루다는 그 인물과 일체감을 느꼈음이 분명했다."[42]

네루다가 과거로 시선을 돌리려 했다는 사실은 흥미롭다. 이는 아마도 현재에 대한 환멸이 짙어져 갔기 때문일 것이다. 이전에 발간된 책에서는 지구 말고 다른 행성에서 살 생각이 전혀 없다고 썼었다. 그러나 『바르카롤라』에는 「우주 비행사」라는 시가 실려 있는데, 이것은 지구를 벗어나고 싶은 욕구를 반영하고 있다.

또 한 가지 흥미로운 사실은 열렬한 평화 애호가인 네루다가 난폭한 도적의 전설에 매료되었다는 것이다. 그러나 『로미오와 줄리엣』처럼 이 이야기에는 정의와 관련된 요소들이 다수 등장한다. 무리에타는 살해된 부인의 원수를 갚으려는 것이다. 네루다는 가끔 내면에서 이 같은 진퇴양난과 마주쳐야 했다. 즉 전쟁을 단죄하면서도 어떤 전쟁은 정의롭다고 여기는 것이다. 그는 프랑코에 맞서 싸우는 공화파와 스탈린그라드에서 나치를 궤멸한 러시아인들을 찬양했다. 이 점에서 무리에타는 완벽한 영웅이었다. 무리에타가 칠레인

---

41) Sergio Ortega, interviewed in *La Tercera*, Santiago, 26 July 1998.

42) Sergio Ortega, interviewed in *La Montagne*, Clermont-Ferrand, 20 November 2002.

이라는 명백한 증거는 어디에도 없지만, 네루다는 그를 그렇게 받아들였다. 하지만 그의 친구 아이다 피게로아가 내게 이야기한 것처럼, 네루다는 이렇게 항변하곤 했다고 한다. "무슨 이유로 멕시코인들이 모든 도적을 독점한다는 말인가? 무리에타는 칠레인이야!"

〈호아킨 무리에타의 영광과 죽음〉은 1967년 12월 14일, 산티아고에서 칠레 대학 연극단에 의해 처음 공연되었다. 페르난도 알레그리아는 그것을 "오페라와 코미디, 사르수엘라(스페인의 민속 오페라로 쿠바, 멕시코 등 스페인어권 국가들에 퍼져 있고, 보통 대사가 있는 음악극의 형태를 취한다—옮긴이 주), 팬터마임 그리고 발레까지 온갖 요소가 뒤섞인 빼어난 서사시"라고 평했다. 동시에 칠레 출판사인 지그재그에서 연극 대본 초판을 찍었다.

이 작품에서 로르카 소극(笑劇)의 반향을 읽는 비평가들도 있었다. 쉽지 않은 이 작품은 때때로 얼이 빠질 만큼 아름다우며, 서사시와 사랑의 대화 그리고 익살극이 뒤얽혀 있다. 로버트 프링밀은 이 작품에 스며든 베르톨트 브레히트의 영향을 간파해 낸다. 만약 브레히트의 『서푼짜리 오페라』나 『억척 어멈과 그의 자식들』 같은 작품이 없었다면, 네루다 연극의 모습은 많이 달라졌으리라는 것이다. 1968년 이슬라네그라에서 프링밀과 만난 네루다는, 희곡을 쓰는 일이 대단히 매혹적으로 여겨졌다고 말하면서, 연출가와 배우들, 작곡가와 긴밀하게 연결되어 일하는 동안 생애 처음으로 자신이 외로운 늑대처럼 글을 쓰는 것이 아니라 다른 이들과 한 조가 되어 일한다는 느낌을 받았다고 했다. "그를 매혹한 것은 사람들이 작업에 창조적으로 참여하는 그 집단적 성격이었다."43)

1968년 4월 네루다가 졸리오퀴리 훈장 수상자로 선정되어 산티아고 시립 극장에서 수여식이 거행되었다. 졸리오퀴리는 1950년 평화 운동의 일환으로 네루다를 인도로 보내 네루와의 별로 탐탁지 않은 회견을 경험하게 했던 사람이기도 하다. 네루다의 수상 연설은 대부분이 소련 친구 일리야 예렌부르크를 회상하는 데 바쳐졌다. 그는 1967년 8월 31일 모스크바에서 숨졌다. "모든 나라, 모든 공항이 은발 머리에 구겨진 바지를 입고 다니며 공포와 전쟁에 반대하는 전투에 자신의 힘과 지성을 기꺼이 바친 이 사람을 목격했습니다. 그가 타계함으로써 나는 가장 흠모하고 존경하던 사람 중 한 명을 잃었습니다."

그는 이 자리를 빌려 베트남에 개입한 미국을 재차 공격하고, 쿠바를 상대로 새로 도입된 미국의 통상 금지령과 불과 나흘 전 테네시주 멤피스에서 마틴 루터 킹이 '잔인하고 냉혹하게' 살해된 사실을 비판했다. 네루다는 린든 존슨 대통령의 사임을 요구하면서 동시에 베트남 침공에 대해 침묵하고 있던 라틴아메리카 국가들을 규탄했다. "우리는 평화를 믿으며, 평화가 지배하는 세상을 위해서라면 문이란 문은

---

43) Robert Pring-Mill, in a note to AF, December 2003.

다 두드릴 것이다."[44]

칠레 남부 콘셉시온 대학 강연회에서 네루다가 이야기한 것처럼, "아마도 인간 역사 전체를 통해 시인의 임무는 똑같았을 것이다… 시는 반역이다… 우리 시인들은 증오를 증오하며, 전쟁을 상대로 전쟁을 벌인다."[45]

1968년 5월, 그는 미국예술 · 문학아카데미 명예 회원으로 선임되었다. 이슬라네그라에서 아카데미 원장 조지 케넌에게 3월 12일자로 보낸 편지에서 그는 이렇게 말하고 있다.

> 보잘것없는 나의 시 작업을 통해, 과거에서 현재에 이르기까지 저 혜안을 가진 인물들, 브라크, 샤갈, 이자크 디네센, T. S. 엘리엇, 지드, 말로, 마티스, 미로, 헨리 무어, 네루, 오로스코, 버트런드 러셀, 버나드 쇼, 슈바이처, 쇼스타코비치, 빌라로부스, H. G. 웰스 같은 이들과 나란히 선다는 것은 내게 불편하면서도 또 영광스러운 일입니다.[46]

---

44) Pablo Neruda, *El Siglo,* Santiago, 10 April 1968.

45) Pablo Neruda, *El Siglo,* Santiago, 28 August 1966.

46) Pablo Neruda, letter to George F. Kennan, 12 March 1968. Pablo Neruda, *Obras completas,* Vol.5, pp.1013-1014에 수록되었다.

14.
노벨상과 최후의 열정적 사랑
1968～1972

60대 중반의 네루다가 그동안 이룬 많은 업적을 조용히 즐기고 있었더라도 얼마든지 용서받을 수 있었을 것이다. 그러나 그는 어느 때보다 더 격렬한 동요로 가득한 마지막 10년을 맞고 있었다.

1968년 7월, 로사다는 네루다 전집 3판을 발행했다. 그 무렵까지 두 권 분량으로 펴내기에 충분한 글이 쌓였던 것이다. 이 신판에는 에르난 로욜라가 작성한 완전한 서지가 포함되어 있다.

1968년 11월 8일, 새로운 시집 『하루의 손』이 출간된다. 어떻게 보면 이 작품은 거북하고 마땅찮으며, 나아가 독창성도 설득력도 부족한 느낌을 준다. 그것은 마치 '죄의식에 사로잡힌 상태'처럼 읽힌다. 그는 자신의 두 손이 유용한 일을 하나도 한 적이 없다고 후회한다. 때를 묻히지 않고 늘 깨끗하게 간직해 온 탓에 '부정적인 손'이라는 것이다. 그는 자기 역시 미겔 에르난데스처럼 시골에서 땅을 갈거나 심지어는 옛 선조들처럼 마추픽추의 석공이었으면 좋았으리라 생각한다.

그래, 나는 유죄다.
내가 이루지 못한 그 모든 일 때문에,
내가 씨 뿌리지 못하고 베어 내 측량하지 못한 것들 때문에,
사람들이 땅에 살도록 선동하지 못한 것 때문에,
나의 목소리 모래에게 말을 걸며
사막에 남아 있었던 죄 때문에.[1)]

「달의 아이」에서는 이렇게 말하고 있기까지 하다.

세상은 내 것이 아닌 것 같다.
그것은 못을 박고 자르고
이 건물들을 세운 사람들의 것이다
…
나는 더 이상 나의 존재를 선포할 권리가
없다. 나는 달의 아이였다.

---

1) Pablo Neruda, 'Los soberanos', *Las manos del día* (Losada, Buenos Aires, 1968).

이 시에서 엿보이는 자기 집착에 가까운 태도는 오래도록 버리지 못한 청소년기의 고통스러운 몸짓을 떠올리게 한다.

그러나 비평가 하이메 알라스라키는 이 시집을 달리 읽는다. 자신이 시를 가지고 무언가 쓸모 있는 일을 하지 않은 것, 시는 밀가루와 마찬가지로 실용적이어야 한다는 사실을 잊은 것에 대한 속죄의 표현이 이 시집이라는 것이다.[2]

또 다른 전문가인 마누엘 두란은 더 나아가 이렇게 이야기한다. 이 시집은

> 마음 깊은 곳에서 네루다를 괴롭히는 갈등을 드러내고 있다. 그의 공적 인격과, 결코 혼자만의 것이 아니었던 자기 삶의 개인적 자유 사이의 갈등이 바로 그것이다… 정치적으로 그의 지향은 당당한 것이었고, 강령화되어 있으며, 조직의 것이었다. 노동자, 농민, 프롤레타리아의 대의를 드높이는 것 말이다. 그러나 『하루의 손』은 일상 속 자신의 모습이란, 자기 이전에 케베도가 그랬던 것처럼, '교양 작가'라는 사실, 자기 두 손으로는 아무것도 건설할 줄 모르고, 오직 단어들, 문장들, 이미지와 문단과 시만 창조해 냈던 '특권적 지식인'이라는 사실을 분명히 하고 있다.[3]

---

2) Jaime Alazraki, in his address to the 'Simposio Pablo Neruda'.

3) Manuel Durán, introduction to Pablo Neruda, *Late and*

그러나 이 무렵의 네루다가 시인이라는 자신의 직업을 전적으로 무의미하게 여겼을 리 만무하다. 자신의 말이 평범한 민중에게 불러일으키는 변화를 보고 얼마나 감동했는지를 친구들에게 이야기한 경우가 허다하기 때문이다. 그중에는 알랭 시카르에게 말한 것처럼, 시를 이해할 줄 아는, 양털 깎는 노동자들로만 이루어진 청중도 있었다.

훨씬 젊긴 하지만 동료인 칠레 시인 라울 수리타가 1980년 한 기자에게 이야기한 것을 들었다면, 네루다는 기뻐하고 심지어 놀라기도 했으리라.

> 다른 많은 사람들의 생각과 달리 나는 개인적으로 네루다의 가장 위대한 작품은 『지상의 거처』가 아니라 그의 정치시라고 생각한다… 거기 네루다가 있으며, 내 작품을 포함한 그 어떤 작품도 그를 통과하지 않으면 안 된다. 그것은 글쓰기의 문제가 아니다. 파라가 그러했듯이, 그에게도 무수히 많은 모방자들이 있었다. 당신은 네루다를 모방할 수 없다. 그러려면, 그보다 더 잘 써야 하는데, 내가 알기로 네루다보다 더 잘 쓰는 사람은 없다.[4]

Posthumous Poems, 1968-1974 (Grove Press, New York, 1988), p.xxii.

4) Raúl Zurita, interviewed in *Revista APSI,* 16-29 December 1980, p.441.

네루다는 육체 노동자와 동료 지식인들 모두가 좋아할 수 있었던 것 같다. 1971년 프랑스 주간지 ≪렉스프레스≫와의 회견에서 그는 이렇게 말하고 있다. "나의 가장 큰 단점은 게으름이다. 나는 일을 해 본 적이 없다. 엄청난 일꾼이었던 우리 아버지에 대해 내가 경탄하는 것은 바로 그 때문이다… 그분은 평생 일을 하셨다. 그런데 나는 아무것도 할 수가 없다. 아마도 시를 조금 쓰는 것 말고는."[5]

그러나 『하루의 손』은 더 많은 것을 이야기하고 있는지도 모른다. 동료와의 유대–희곡을 한 번 썼던 일이 그에게 그토록 즐거운 경험이 될 수 있게 해 주었던 바로 그 유대감과 단합–가 없는 외롭고 냉정한 삶은 공허하고 무의미하다는 사실 말이다. 그는 시를 쓰는 일이 본질적으로 고립 속에서 이루어지는 작업이라는 것, 그 고립은 자신의 언어가 타인에 의해 읽힐 때 끝난다는 사실을 의식하고 있었다.

1968년 카라카스를 잠깐 방문한 뒤, 네루다는 산티아고의 주간지 ≪에르시야≫에 칼럼을 연재하게 된다. 그리고 연재가 한창이던 1968년 8월, 바르샤바 조약군의 침공으로 '프라하의 봄'이 무참하게 유린되는 일이 벌어졌다.

피델 카스트로를 비롯한 세계 각국의 공산당은 반혁명 세력의 봉기를 예방하기 위해 체코 당국이 탱크 부대의 개입을

---

5) Pablo Neruda, interviewed in *L'Express,* Paris, 13 September 1971.

요청했다며 이 사태를 공식적으로 정당화했다. 그러나 칠레 주재 체코 대사를 비롯한 다른 사람들은 그 사실을 부정했다.

호르헤 에드워즈는, 평소 가까이 알고 있던 나라인 체코슬로바키아 사태에 대해 네루다가 공식 논평은 물론 친구들에게까지 아무런 언급을 하지 않은 사실이 참으로 기이하게 생각되었다고 적고 있다. 프라하 침공의 날인 8월 21일, 그는 직접 네루다를 방문했으며, 시인이 아무런 이야기도 하지 않은 것에 놀랐다. 두 사람은 책과 친구들에 대해 이야기하고 농담을 주고받았지만, 프라하에 대해서는 일언반구도 없었다. 집을 나서면서 혹시 유럽으로 떠날 계획이 있느냐고 묻자, 네루다는 "아마 그럴 일이 없을 것 같다. 체코 사태가 너무 심각하게 돌아가고 있다"[6]라고 대답했을 뿐이다.

프라하 침공에 대해 네루다가 사적인 자리에서조차 굳게 입을 다물었다는 사실은 기이할 뿐만 아니라 충격적이기까지 하다.

1968년에 네루다가 프라하를 언급한 것은 에드워즈에게 한 이야기가 전부다. 그러나 다음 해인 1969년, 그는 시선집 『세상의 종말』을 펴냈다. 산티아고에서 처음 간행된 이 책에는 마리오 카레뇨, 네메시오 안투네스, 페드로 미야르, 마리 마트너, 훌리오 에스카메스, 오스발도 과야사민의 그림이 들어 있었다. 1년 전 프라하의 봄을 짓밟은 소련 탱크 소식을

6) Jorge Edwards, *Adiós, Poeta,* p.183.

듣고 네루다가 내면에서 어떤 응답을 하였는지를 우리는 이 시집에서 읽을 수 있다.

프라하의 시간은 내 머리 위로
돌처럼 떨어지고,
어둠의 한순간,
나의 운명은 흔들리고 있었네.
…
보이는데도 보지 않았던
이 눈먼 사람을 용서해 다오.[7)]

잊을 수 없는 수많은 경험을 나누었고, 가장 위대한 작가인 얀 네루다가 그에게 필명을 제공했던 도시가 탱크에 짓밟힌 일은 네루다에게 깊은 환멸과 혼란을 가져다주었다. 『세상의 종말』에 실려 있는 「1968년」을 『포도와 바람』의 낙관적 분위기와 비교하면, 사회주의 혁명에 대한 네루다의 단순한 믿음이 얼마나 심각하게 흔들렸는지를 알 수 있다.

개인적으로도 그가 심각하게 염려한 일들이 있었다. 그의 러시아 친구인 베라 쿠테이시코바가 내게 들려준 이야기에 의하면, 모스크바를 찾았던 네루다가 한번은 그녀에게 이

7) Pablo Neruda, '1968', *Fin de mundo* (Losada, Buenos Aires, 1969).

렇게 물었다고 한다. "어떻게 조지프 브로드스키 같은 위대한 시인을 그 사람들이 박해할 수 있단 말이오?"[8] (브로드스키는 1963년, "사회에 기생하는 생활"을 이유로 재판을 받았다. 그는 소련작가동맹에 가입하지 않은 채 시를 쓰고 있었는데, 재판 결과 러시아 북부에 있는 아르한겔스크에서 5년간 중노동을 하도록 선고받았다. 그러나 석방 운동 덕분에 18개월 만에 풀려났다.) 1958년 보리스 파스테르나크에 대한 소련 당국의 태도에 대해 한 번도 공식적으로 항의하지 않았던 것처럼, 의미심장하게도 네루다는 이번에도 공개적으로 이의를 제기하지는 않았다. 소련의 동료들에 대한 박해에 맞서 떨쳐 일어나 발언하지 않은 것은 공산당에 대한 그의 애정을 고려할 때 이해할 수 없는 바는 아니지만, 그래도 그것은 올바른 태도가 아니었다.

그러나 네루다는 미국 측에 대해서도 깊은 혐오감을 느끼고 있었다. 그가 65세 되던 해를 쓰라리게 만든 이 이중의 환멸을 분명하게 아는 것은 중요하다. 그는 에이브러햄 링컨과 월트 휘트먼을 배출한 이 나라가 지상의 어떤 민족으로부터도 사랑받지 못하는 나라로 전락하고 말았다고 쓰고 있다. "그들은 더 이상 합중국(Estados Unidos)이 아니라 얼빠진 나라(Estados Estúpidos)가 되고 말았다."[9]

---

8) Vera Kuteishikova, in conversation with AF, Moscow, September 2003.

베트남 전쟁의 터무니없음은 계속 그에게 섬뜩한 느낌을 주었고 그를 아프게 했다.

> 왜 그렇게 멀리까지 가서 죽인단 말인가?
> 왜 그렇게 멀리까지 가서 죽어야 한단 말인가?[10)]

「시학 (I)」에서 네루다는 『하루의 손』에 표현된 자기 비하를 되풀이하고 있는 것처럼 보인다. 그런데 여기 『세상의 종말』에서는 목재를 사랑스럽게 쓰다듬으며 톱으로 켜는 '목수-시인'으로 자신을 부르고 있다. 그는 또한 화덕과 밀가루와 이스트를 준비하는 '빵 굽는 시인'이며, '외로운 철물상'이기도 하다. 이런 표현들은 시를 쓰는 일의 상징으로 읽혀야겠지만, 「부활」에서의 어조는 『하루의 손』에 나오는 탄식조와 상당히 거리가 멀다.

> 내가 언젠가 다시 산다 해도
> 지금과 마찬가지이리라

진화하고 변화하는 능력인 한결같지 않음, 이것이야말로 네루다의 시를 그토록 힘 있고 신선하며 풍요롭게 만드는 원

---

9) Pablo Neruda, 'Por qué, señor?', *Fin de mundo.*

10) Ibid.

천이다. 그런데 한 가지 의아한 점이 있다. 만약 1년도 채 안 되어 사라질 수 있는 것이라면, 『하루의 손』에 나타난 그의 회한은 어느 정도로 진지한 것일까?

마찬가지로, 『세상의 종말』에 실린, 스탈린 개인숭배를 비판하는 시 「숭배 2」는 얼마나 진지하게 받아들일 수 있는 것일까?

백만 개의 끔찍한 스탈린 사진은
그 재규어의 콧수염으로
흰 눈을 덮었네.

초원 위 흰 눈 아래
슬픔과 죽음 있었음을 알고
우리 가슴 피 흘릴 때
그의 초상 걸어 내고
끝없이 공포를 키워 내던
그의 두 눈 지켜보지 않는 곳에서
우리 깊은숨 들이쉬었네.

그런 뒤 네루다는 이렇게 말하고 있다.

잊는 것이 더 나으리라
희망을 지탱하기 위해서

…

우리는 빛을 찾았고

우리의 이성도 되찾았으므로.

칠레 비평가 페데리코 쇼프는 1956년 흐루쇼프의 폭로 이래 네루다가 스탈린주의에 대해 보인 태도를 신중하게 검토하고 있다.

> 1958년에 출간된 『에스트라바가리오』의 내용이나 문체는 – '드러내고 숨기기'라는 흥미로운 방식을 통하여 – 당시에 각별히 행복한 시기를 통과하고 있던 이 시인에게 흐루쇼프의 폭로가 가져온 충격의 영향을 보여 주기 시작하는 것 같다… 시인은 이 어두운 이야기의 막중한 무게를 기꺼이 감당할 준비가 되어 있노라고 선언한다. 그러나 그것은 그가 얼마 전부터 끌고 가고 있는 '거대한 돌덩이들'을 담은 무거운 자루에 짐이 하나 더 보태진 것일 뿐이라고 생각한다는 이야기도 하고 있다. 이 선언은 물론 스탈린주의의 정치적 심각성을 최소화하는 하나의 방식이다. 그러나 시인은 자신이 져야 할 책임의 범위를 다른 방법들로 줄이려고 시도하기도 한다. 스탈린주의가 자행한 범죄의 규모가 실제 어느 정도였는지를 자신은 모르고 있었다고 선언하거나, 무엇보다도, 이 책[『에스트라바가리오』]을 특징짓는 해학적이고 경쾌한 문체

를 통해서 말이다… 하지만, 이 시집 이후 스탈린주의에 대한 네루다의 고민은 끊이지 않으며, 막대한 분량의 후기 저작에서는 다양한 순간에 거듭 다시 나타나곤 한다. 『이슬라네그라의 추억』(1964)을 쓸 즈음에는 자신이 스탈린 시대 소련 사회의 긍정적 측면만 노래해 왔음을 인정한다. 그는 또 당시 스탈린의 범죄에 관한 이런저런 소식을 전해 들었음을—"어둠 속에서 모습을 드러내던 사소한 사실 하나하나가 우리를 충분히 고통스럽게 했다." —, 그러나 다른 많은 사람들이 그랬듯이 자신도 전술적 이유로 침묵하였음을 고백하고 있기도 하다. 『에스트라바가리오』에 실린 시들에는 스탈린의 생애와 정치를 두 시기로 구분하는 모습이 나타나기 시작하는데, 그는 이후 이 같은 관점을 결코 포기하지 않는다. "빛을 향해 갈 길을 묻던 / 낮 시간의 통치가 구현된" 시기와 절대 권력을 장악하면서 당을 파괴하고 자신을 인민들로부터 분리하는 시기의 구분 말이다.[11]

에르난 로욜라는 수록된 시의 분위기가 묵시록적이었기 때문에 네루다가 '세상의 종말'이 아닌 '최후의 심판'을 제목으로 삼으려 했다고 말하고 있다.[12] 네루다 자신도 이탈리

---

11) Federico Schopf, 'Reception and Context of Pablo Neruda's Poetry', *Pedro Lastra o la erudición compartida* (Premià Editora, Mexico City, 1988) pp.332-372.

아 비평가인 주세페 벨리니에게 보낸 편지에서 『세상의 종말』은 "쓰라린" 책이며, "20세기의 잔혹성과 사악함에 대한 일종의 악몽"이라고 적고 있다.[13] 그러나 벨리니가 덧붙이고 있는 것처럼, 네루다는 깊은 고뇌에도 불구하고 인간의 삶 안에서 적극적인 역할을 수행하고 미래에 대한 희망을 다시 세우기 위한 자신의 의무, 자신의 사명을 재차 확인하고 있다.

네루다가 거듭해서 되돌아가는 곳은 사랑이었다. 마치 그것이 정치적 환멸에서 자신을 지켜 주기라도 하는 것처럼… ≪마르차≫와의 회견에서 공산주의와 요란스럽게 결별한 헝가리 출신 영국 작가 아서 케스틀러에 대한 견해를 묻자 네루다는 매우 흥미로우면서도 놀라운 방식으로 이렇게 대답했다.

> 그는 격심한 피로를 느꼈던 것 같다. 나는 그런 피로를 느끼지 않는다. 왜냐하면, 나는 정치에 관해서만 글을 쓴 것이 아니기 때문이다. 내가 쓴 시를 다 합치면 아마 7000여 쪽쯤 될 것이다. 그런데 그중에 정치를 주제로

---

12) Hernán Loyola, in his notes to Pablo Neruda, *Obras completas,* Vol.3, p.980.

13) Giuseppe Bellini, 'Viaje al corazón de Neruda', *Boletín de la Unidad de Investigación*, University of Alicante, Alicante, December 1999, pp.7-13.

한 것은 4쪽도 채 되지 않는다! 바로 그 때문에 나는 이런 상황에 구애받지 않을 이유를 여럿 가지고 있다. 내 시의 근원은 다른 곳에 있다… 나는 오히려 사랑을 더 자주 노래한다. 정치는 다른 사람들의 뇌리를 사로잡고 있지만, 내게는 아니다… 무엇이 중요한가? 자기 존재의 매 순간에 자신이 참으로 느끼는 것을 쓰는 일이다… 나는 무슨 무슨 유파에 관심이 없다. 상징주의건, 사실주의건, 초현실주의건.[14)]

그런데 도대체 정치라는 것이 무엇인가? 멕시코 신문 ≪엑셀시오르≫와의 회견에서는 이렇게 선언하고 있다. "다른 사람의 행복을 위해 싸우지 않는다면, 당신은 행복해질 수 없다. 다른 사람들이 가지지 않은 것을 혼자 가지고 있으면, 결코 죄책감에서 벗어날 수가 없는 법이다. 인간은 홀로 행복한 섬이 될 수 없다."[15)]

이와 같은 정신에 충실한 모습이겠지만, 네루다는 시인들뿐만 아니라 다른 분야에서 일하는 젊은 예술가들에 대해서도 한없이 너그러웠다. 오늘날 칠레에서 가장 널리 알려진 가수이자 작곡가인 티토 페르난데스(그는 '테무코 사람'이

---

14) Pablo Neruda, interviewed in *Marcha,* Montevideo, 17 September 1971.

15) Pablo Neruda, interviewed in *Exélsior,* Mexico City, 23 October 1971.

다)는 1969년 12월 14일 테무코를 방문한 네루다가 곁에 앉아 몇 시간 동안이나 자신의 자작시 낭송을 주의 깊게 들어주어 놀랐던 경험을 이야기한다. "나는 그의 태도를 결코 잊을 수 없을 거예요. 더구나 그가 손수 나서서 나의 음반 계약을 주선해 준 사실도요. 그는 내게 시인이 아니라 가수가 되어야겠다고 말했지요!"16)

네루다는 또한 자신의 모험 정신을 계속해서 보여 주기도 했다. 1969년, 그는 19세기의 미국 소설가이자 자신처럼 바다를 사랑했던 허먼 멜빌의 짧은 소설 『베니토 세레노 선장』을 원작으로 한 영화 〈바보〉의 각색을 시작했다. 1865년에야 출간되었지만, 이미 1799년에 쓰인 이 소설은 산타마리아 ― 기다란 칠레 해안 남단에 위치한 작은 무인도 ― 항구에 정박 중인 대형 기선 선장 아마사 델라노를 주인공으로 하여 노예들의 반란을 다룬 작품이다.

오래전부터 멜빌의 작품을 가지고 작업하고 싶었던 네루다는 운문으로 된 각색 원고를 쓰기 시작했다. 네루다가 하려는 작업에 대해 멜빌이 항의하는, 두 사람 사이의 재미있는 대화가 작품 속에서 전개되기도 한다. 멜빌은

내가 썼지만 아무도 들으려고도

---

16) Tito Fernández ('El Temucano'), in conversation with AF, London, May 2002.

읽으려고도 하지 않았던 그 싸늘해져 버린 이야기

를 네루다가 다시 살려 내려는 것에 항의한다.

난 그들의 원한을 가지고 화염을 피웠지.
그 얘기는 더 이상 하지 말자. 불은 꺼졌으니.

인간은 불사조처럼 잿더미에서 다시 솟아오를 수 있다는 낙관적 믿음이 묘하게도 『마추픽추 산정』을 상기시키는 가운데, 네루다는 '멜빌'에게 이렇게 말한다.

벗이여, 난 아직 시간이 있다고 생각하네.
잿더미에서 떠오를 시간 말일세.
시간과 더불어 해체된 이들은
먼지 속에서 몸을 드러내 다시 한번 존재하게 될 걸세.
그들의 재 위로 자네의 숨결 훅 불어오면 말이야.[17]

안타깝게도 네루다는 이 흥미로운 계획을 완성하지 못했고, 아직 배아 상태에 머문 이 작업에 대해 알고 있는 사람도 거의 없다.

---

17) From *Babo el rebelde.* 원고는 마틸데 우루티아가 보존하여 오다가 *El fin del viaje* (Seix Barral, Barcelona, 1982)에 수록되었다.

『세상의 종말』을 쓰고 있던 무렵, 네루다는 그가 쓴 가장 짧은 시집이 될 '아직도'라는 이름의 빛나는 소품을 완성한다. 433행으로 이루어진 이 한 편의 시는 보석이라고 할 만하다.

로버트 프링밀에 따르면, 『아직도』가 쓰인 것은 1969년 7월 5일과 6일 겨우 이틀 동안이었다. 이 시는 산티아고에 있는 네루다의 첫 출판사 나시멘토에 의해 500부가 곧바로 인쇄되었는데, 이 안에는 네루다 시가의 가장 감동적인 부분들이 포함되어 있다.

> 여행길에서 혹 사과를 훔치고 있는
> 한 소년을
> 만나거든,
> 그리고 귀먹은 노인 한 사람
> 아코디언을 켜고 있거든,
> 기억해 다오 내가 바로
> 그 소년, 그 사과, 그 노인인 것을.[18]

9월 3일, 칠레 공산당 총서기 루이스 코르발란이 중요한 임무를 띠고 이슬라네그라에 도착했다. 1970년 대통령 선거에서 네루다에게 조건부 후보가 되어 달라는 요청이었다. 인민연합을 구성하게 될 여섯 개 정당에서 그 외에 다른 세 사

---

18) Pablo Neruda, *Aún* (Nascimento, Santiago, 1969)에서 인용.

람의 '예비 후보'를 정해 이듬해 9월 선거에 대통령 후보가 될 사람을 가리게 되어 있었다.

결국 그는 공산당 측 예비 후보로 지명되었지만, "내가 원하면 후보를 사퇴할 수 있다는 조건으로 그렇게 했다. 나는 사퇴가 불가피하다고 느끼고 있었다. 모든 사람이 공산주의자를 중심으로 연합한다는 것은 생각하기 어려운 일이었다".[19]

회고록에서 네루다는 자신은 대통령이 되는 일에 별로 관심이 없었다고 적고 있다. 어떤 기자가 국가를 경영하는 번거로운 책임을 기꺼이 떠맡을 생각이 있냐고 묻자, 그는 그렇다고 대답했다. 다만, 자기가 날마다 낮잠을 잘 수 있게 해준다는 조건을 달았다. "낮잠 자는 일만은 절대 타협할 수 없다"[20]는 것이 그의 지론이었다.

산티아고의 테아티노스 거리에 있는 공산당 중앙위원회 사무실 발코니에서 그는 환호하는 군중 앞에 나서서 예비 후보를 수락한다고 말했다. "내 인생이 시와 정치로 나뉘리라고 생각해 본 적은 한 번도 없다."[21]

그가 지명된 사실은 당연히 칠레의 모든 중앙 일간지 1면을 장식했다. 단지 한 신문, ≪라 나시온≫만이 그를 개인적으로 공격하는 기사를 썼다. 이 신문은 "인위적이고 우아하

---

19) Pablo Neruda, *Memoirs,* p.336.

20) Pablo Neruda, *La Segunda,* 3 October 1969.

21) 이 연설문은 1969년 10월 1일 산티아고의 *El Siglo*에 게재되었다.

며 부르주아적인 파블로 네루다의 태도"와 다른 공산주의자들, 예를 들어 루이스 코르발란 같은 사람의 소탈한 모습을 대조했다. 기사는 "예비 후보가 피워 문 파이프의 자욱한 연기"를 한참 공격하였고, 심지어는 네루다가 외국인 같은 음성을 가졌다고 비난하기도 했다.[22)]

그러나 대부분의 언론은 칠레에서 가장 유명한 인사가 헤비급 정치 경기장에 도전의 표시로 모자를 던진 것을 흥미롭게 지켜보고 있었다. 그러나 그들 대부분은 현직 대통령 에두아르도 프레이의 정당을 네루다가 꺾을 수 있으리라고 생각하지는 않았다.

건강이 좋지 않았음에도 네루다는 또 한 번 당을 위해 자리를 박차고 일어나 칠레 전역을 돌았다. 이번에는 자신의 '예비 후보' 당선과 관련한 선거 운동을 하게 되었는데, 걷는 데 문제가 있어서 가급적 비행기로 이동했다. 친구인 아이다 피게로아에 의하면, "이슬라네그라에서 일이 산더미같이 쌓여 힘든 상황이었는데도" 네루다가 후보 경선에 나서는 것을 수락했다고 한다. "그는… 빚이 엄청나게 많아서, 다가오는 지급 기일을 생각하며 일해야 했다. 네루다가 수입이 많다고 생각하는 사람들이 있었지만, 그것은 사실이 아니다…"[23)]

좌파 연합의 최종 결정은 사회당 후보인 살바도르 아옌데

---

22) *La Nación.* Ref to come.

23) Luis Alberto Mansilla, 'Vivir con Neruda'에서 인용.

가 가장 적합한 후보라는 것이었다. 이제 시인은 자기가 가장 잘할 수 있는 일, 빛나는 시를 쓰는 일을 할 수 있게 되었다.

이 시점에 고삐를 넘겨주게 되어 네루다가 몹시 행복해했다는 것이 일반적으로 받아들여지고 있는 생각이다. 그러나 몇 달 뒤, 네루다는 모스크바에서 만난 친구 호세 미겔 바라스에게 이렇게 말했다.

> "내가 대통령 후보로 나서는 것은 우리의 대의에 대한 경의의 표현이라는 것을 나는 늘 알고 있었다. 마땅히 감당해야 할 희생이라는 것을 말이다. 정식 후보가 될 사람은 누군가 따로 있었다. 아옌데야말로 의심할 여지 없이 최선의 후보였다. 그러나 어쩌겠는가?" 그는 자기비판의 엷은 미소를 띠며 덧붙였다. "일단 선거 운동이 시작되면, 꼼짝없이 흥분 상태로 빠져들어 가게 되는 것이 보통이다. 끔찍한 것은, 동지들이 내게 이제 목표를 이루었으니 나의 후보 지위를 철회하겠다고 말하는 순간, 마음이 섭섭했다는 것이다. 이것을 이해할 수 있겠는가? 그 여섯 달 전만 해도 나는 집에서 조용히 글을 쓰며 지내는 것 말고는 바랄 것이 없노라고 단언했는데도 말이다."[24]

회고록에도 나오는 이야기지만, 네루다는 살바도르 아옌

24) José Miguel Varas, *Nerudario,* pp.245-246.

데를 위해 네 차례나 선거 운동을 도왔으나, 아옌데가 가진 연설가로서의 역량이나 어조를 별로 높이 평가하지 않았다. 그러나 두 사람은 다 같이 멕시코 벽화미술가들을 좋아하고 고대 토착 예술을 사랑했다. 아이다 피게로아의 회상에 의하면, "[아옌데는] 『모두의 노래』를 잘 알고 있었는데, 네루다 자신이 잊고 있었던 몇몇 연을 암송하여 그를 놀라게 한 적도 있었다".[25]

네루다 자신은 이렇게 말하고 있다.

> 아옌데를 수행한 사람 중 누구도 그의 정력을 따라갈 수가 없었다. 그는 처칠과 맞먹을 만큼, 언제고 필요하다 싶으면, 곧바로 잠에 떨어지는 재주가 있었다. 때때로 우리는 칠레 북부의 한없이 펼쳐진 황무지를 여행한 적도 있었는데, 그는 차 한 귀퉁이에서 깊은 잠에 떨어졌다. 그러다 갑자기 길 위에 자그마한 붉은 얼룩 같은 것이 나타나곤 했는데, 가까이 가 보면 그것은 열댓 혹은 스무 명쯤 되는 남자들이 부인, 아이들과 함께 깃발을 든 모습으로 바뀌는 것이었다. 차가 멈춰 선다. 아옌데는 두 눈을 비비며 일어나 중천에 걸린 해와 노래를 부르고 있는 그 작은 무리의 사람들을 보고서 그들과 함께 자기도 국가를 부르곤 했다. 그런 뒤, 그는 그들에게 생생하고 감

---

25) Luis Alberto Mansilla, 'Vivir con Neruda'에서 인용.

> 동적인 즉흥 연설을 했다. 그가 차로 돌아오고 우리는 다시 멀고 먼 칠레의 길을 떠나는데, 자리에 앉은 아옌데는 별달리 애를 쓰지 않고도 금세 다시 잠 속으로 빠져들었다.[26]

1969년 말, 네루다는 당시에 페루 수도 리마 주재 칠레 대사관 영사로 있던 호르헤 에드워즈에게 유럽에서 편지를 한 통 쓴다. 마틸데와 함께 선편으로 칠레로 돌아갈 참인데, 리마에 내려 시 낭송회를 갖고 싶다, 당신 집에 머물러도 되겠느냐는 내용이었다. 파블로의 부탁을 받고 에드워즈는 잠시 공황 상태에 빠졌다. 네루다는 쉬운 손님이 아니다. 그에게는 도수 낮은 위스키와 좋은 포도주가 꼭 필요하다. "공산당원인 시인이 그렇게 값비싼 취미를 가졌다고 놀라는 사람들도 있지만, 네루다의 이론적 정당화는 지극히 단순했다. 절대적 평등주의란 혁명 초기부터 이미 폐기된 것으로 아무도 그것을 추구하지 않았다. 그보다는 기회의 균등을 추구했다. 그런데 사회주의가 건설된 것은, 다른 여러 가지 목표도 있지만, 시인들과 예술가들이 이따금 동 페리뇽 샴페인 한 병쯤 소비할 수 있도록 하기 위해서인 것이다."[27]

네루다는 정말로 리마에 내려 우르술라회 수녀 학교의 넓

---

26) Pablo Neruda, *Memoirs,* p.338.

27) Jorge Edwards, *Adiós, Poeta,* p.206.

은 강당을 꽉 메운 청중 앞에서 시를 낭송했다.

> 사석에서나 심지어 신문 기자와의 회견에서도 네루다는 자주, 사람들이 가장 좋아하는 그의 시집 『스무 편의 사랑의 시와 하나의 절망의 노래』가 자기 작품 중 가장 보잘것없는 것이라고 말하곤 했다. 그날 오후, 열렬한 청중이 지켜보는 가운데 시간은 흐르는데 시집 『스무 편의 사랑의 시와 하나의 절망의 노래』에 실린 시를 읽을 기미는 보이지 않았다. 청중 사이에서는 아무도 분명하게 말하진 않았어도 어떤 기다림, 궁금증 같은 것이 감지되고 있었다. 그러다 갑자기, 시 한 편 한 편을 읽을 때마다 쏟아지던 갈채가 차츰 가라앉을 무렵, 그 자신만의 독특한 목소리로 낭송을 시작했다. "오늘 밤 나는 세상에서 가장 슬픈 시를 쓸 수 있다…" 그 순간, 홀에 있던 청중이 일제히 한숨을 토해 냈다. 대부분 여성들의 것이었지만, 남녀노소가 함께 어울려 쏟아 내는 거대한 탄식이기도 했다. 마치 그 순간이 오기까지 억눌려 있었던 그 무엇 같았다. 시인은 활짝 미소를 지었다… 그리고 이제 숨소리마저 멈춘 듯한 침묵 속에서 계속 시를 낭송해 갔다.[28]

1970년 4월, 네루다와 마틸데는 칠레를 떠나 다시 유럽으

---

28) Ibid., pp.207-208.

로 갔다. 5월 3일에는 모스크바에서 마틸데의 생일을 보냈다. 호세 미겔 바라스가 호화스러운 모스크바 국립 호텔에서 두 사람과 함께 점심을 했다. 이 호텔은 네루다가 올 때마다 늘 3층에 있는 널찍한 스위트룸을 내주었는데, "천장에는 구름과 어린 천사들이 그려져 있고, 발코니에 서거나 창문으로 내다보면 근사한 크렘린궁이 바라보이는 곳이었다". 네루다는 언제나처럼 기운차게 대화를 이어 갔지만, 바라스가 보기에 "[그는] 어딘가 울적해 보였다. 마틸데는 근심 어린 표정으로 그를 보았고, 몇 가지 검사에 관해 그녀가 넌지시 이야기했던 것 같다. 물론 우리는 뒤이어 정치 이야기를 했다".[29)]

그 뒤 5월에 네루다와 마틸데는 이탈리아에 머물면서, 밀라노의 피콜로 극장에서 공연된 〈호아킨 무리에타의 영광과 죽음〉 이탈리아 초연을 보았다.

칠레로 돌아오는 길에 네루다는 7월 초순, 베네수엘라에 내려 푸에르토 아술에서 열리고 있던 라틴아메리카 작가 공동체 제3차 회의에서 연설했다. 그의 연설은 '빛나는 세대의 작가들'에 대한 그의 변함없는 낙관주의를 보여 주고 있으며, 과테말라와 산토도밍고에서 벌어지고 있던 탄압을 규탄하는 내용이었다. 그리고

> 푸에르토리코의 굴욕적인 상황과 아이티를 둘러싸고 있

29) José Miguel Varas, *Nerudario*, pp.244-245.

는 범죄의 어둠, 영원히 아물지 않고 있는 니카라과의 상처, 고문이 매일매일의 빵처럼 일상이 되어 버린 브라질을 나는 고발했다. 볼리비아에서는 작가들이 여전히 투옥된 상태이고, 쿠바는 미국이 우리 대륙의 공화국들에 강요한 봉쇄 정책으로 고립되어 음식도 의약품도 책도 들어가지 못하고 있다. 파라과이의 감옥은 잊힌 수감자들로 넘쳐나고, 나의 조국 칠레는 작가들과 학생들이 모여 있는 곳에 총을 쏘아 대는 것이 익숙한 일이 되어 버렸다.[30)]

1970년의 대통령 선거를 향해 가던 칠레는 점증하는 폭력으로 사실상 망가지고 있었다. 그러다 최악의 사태가 일어났다. 칠레 남부의 푸에르토몬트에서 경찰이 일단의 토지 불법 점유자들을 향해 발포하였고, 이 과정에서 맨손으로 있던 노동자 아홉 사람이 희생된 것이다(공산주의자 가수인 빅토르 하라가 이 사건을 추모하여 유명해진 노래를 불렀다.)

같은 해인 1970년, 네루다는 발파라이소 시청으로부터 '발파라이소의 빛나는 아들'이라는 명예로운 칭호를 얻었다. 아마도 부지불식간에 나온 이야기겠지만, 그는 감사 연설을 하는 도중에 흥미롭게도, 자신이 왜 산티아고에서 방황하며 보낸 젊은 날들을 공허하다고 생각하는지 알 수 있게 해 준

---

30) Pablo Neruda, speech in Puerto Azul, Venezuela, July 1970.

다. "이제 막 사춘기를 벗어나 산티아고에 도착한 나 같은 남부 출신 시골뜨기에게는 산티아고가 너무 맛있는 요리이거나 혹은 쓴맛이 너무 강한 음료 같아서, 꿈과 환상에만 온전히 잠길 수 있는 여유가 전혀 없었다."[31]

1970년에는 또 — 쉰여덟의 나이에 자기 얼굴에 노화가 시작될 것을 점점 더 걱정하던 — 마틸데가 극적인 결정을 한다. 그녀는 파블로에게 부에노스아이레스로 가서 얼굴 성형 수술을 받겠다고 말한 것이다. 네루다는 처음에 깜짝 놀랐다. 산티아고 공항에서 그녀를 배웅하던 네루다는 친구인 마리 마트너를 돌아보며 "근심스러운 듯 물었다. '수술하고 나서도 예전처럼 웃을 수 있는 거겠지?' 사실 마틸데의 웃는 모습은 아주 매력적이었다. 그리고 파블로는 웃는 법을 몰랐다. 그는 소리 없이 웃었는데 마틸데는 큰 소리를 내며 웃었고, 파블로는 그 모습을 사랑했다".[32]

그러나 마틸데가 부에노스아이레스에서 성형외과 의사의 메스 아래 누워 있는 동안, 네루다는 마지막이 될, 새로운 열정을 찾았다. 예순다섯이던 그는 아내의 조카인 알리시아

---

31) 이 글은 『나는 공공의 유용성을 지닌 시인(Soy un poeta de utilidad pública)』이라는 제목의 12쪽짜리 소책자에 실려 『네루다, 발파라이소(Neruda, Valparaíso)』(Ediciones de la Universidad, Valparaíso, 1992)의 부록으로 출판되었다.

32) Marie Martner, in conversation with AF, Valparaíso, March 2000.

우루티아와 사랑에 빠지게 된 것이다. 마틸데가 알리시아를 어린 딸과 함께 이슬라네그라로 불러 같이 지내고 있었다. 이제 30대였던 그녀는 어린 딸 로사리오를 이슬라네그라의 학교에 들여보냈다(로사리오는 네루다가 자신들의 관계를 숨기기 위해 마틸데에게 붙여 주었던 바로 그 이름이다).

그런데 알리시아와의 관계를 통해 에너지의 놀라운 폭발이 뒤늦게 일어나게 된다. 시집 『불타는 칼』이 바로 그것이다. 당시에 그것은 정신적 쇄신에 관한 놀라운, 성서적 서사시로 읽혔다. 이 시집은 낙원에서의 인간 추방을 이야기하는 성서 창세기 부분을 인용하며 시작된다. 시집이 완성된 지 얼마 안 되어 한 기자의 질문에 네루다는 "아담과 이브의 신화, 죄와 벌에 관한 것인데, 사실은 새로운 아담과 새로운 이브를 그리고 있다"라고 말했다. "세계는 종말을 맞게 되어 폭탄과 전쟁으로 황폐해졌는데, 지상에 남은 유일한 인간인 아담이 이브를 만나게 된다. 그들과 함께 다시 한번 생명과 인류의 삶이 시작되는 것이다."[33]

가브리엘 가르시아 마르케스는 언젠가, 마틸데에 대한 네루다의 태도는 성실하다기보다는 충성스러운 것이었다고 말한 바 있다. 이런 식의 구분은 라틴아메리카, 일반적으로는 라틴 문화 안에서 자주 들을 수 있는 표현이다. 하지만 여성에 대한 네루다의 태도는 그의 친구 피카소와 아주 다른

33) Rita Guibert, *Seven Voices*, pp.3-78.

종류의 것이다. 피카소는 부인이나 정부의 초상을 그릴 때면, 자신이 신비로운, 거의 마술적인 작업을 수행하고 있다고 여겼다. 그것은 흔히, 사랑에서 비롯되는 그림들이 아니었다. 그림을 그리는 행위는 그리는 대상을 지배하는 힘을 부여해 준다고 피카소는 느끼고 있었다. 네루다는 달랐다. 시의 대상이 예술가를 휘어잡는 일이 종종 일어났던 것이다. 실제로 『불타는 칼』에서 네루다는 로시아(알리시아 우루티아)를 지상에 나타난 최초의 여성으로 그리고 있다. 그 이상 강력한 힘을 가진 존재가 어디에 있겠는가.

에르난 로욜라는 이 마지막 연애에서 네루다가 정서적 에너지를 얻었다는 것과는 별개로, "비록 분명하게 밝히고 있지는 않지만, [1905년에 죽은 프랑스 작가] 마르셀 슈보브가 쓴 『불타는 대지』를 네루다가 젊어서 번역한 적이 있는데, 이 시집의 또 다른 근원이 바로 이 산문 작품"[34]이라고 주장하고 있다.

나는 네루다의 친구들에게, 알리시아와의 관계는 시인의 결혼 생활에서 사라져 버린 그 무엇을 회복하려 한 것인지 물었었다. 네루다는 마틸데를 여느 때와 마찬가지로 열정적으로 사랑했다는 것이 그들의 대답이었다. 그리고 네루다의 친구 프란시스코 벨라스코에게 네루다와 알리시아의 관계

---

34) Hernán Loyola, in his notes to Pablo Neruda, *Obras completas*, Vol.3, p.987.

가 육체적인 데까지 나갔다고 생각하는지 무례하게 물었을 때, 그는 아주 기쁜 표정으로, (아마 증거를 가지고 한 대답은 아니었겠지만) "아니요, 그것은 온전히 정신적인 연애였을 뿐이오"[35]라고 대답했다.

그러나 시집에서 묘사된 로도/네루다와 로시아/알리시아의 관계를 읽다 보면 그 말을 믿기 어렵다. 다정하면서도 성적인 느낌이 생생하기 때문이다.

> 초목 무성한 들판에 벌거벗은 로시아,
> 하얀 몸, 푸른 눈, 가녀린 꽃잎,
> 눈부신 허벅지에 칠흑의 머리채,
> 그녀는 세계를 열어 로도를 안으로 맞아들인다[36]

아르헨티나에서 돌아온 마틸데는 이슬라네그라의 자기 집 지붕 아래서 네루다가 자기 조카를 사랑하게 된 사실을 알고서 격분하여 그녀를 짐과 함께 문밖으로 내쫓았다. 파블로가 그녀 조카와 짜고서 그녀를 속인 것이다. 알리시아 역시 마틸데처럼 빨강 머리를 하고 있었다. 마틸데와 다른 점은 그녀가 네루다 나이의 절반밖에 되지 않았다는 것이다.

---

35) Francisco Velasco, in conversation with AF, Valparaíso, March 2000.

36) Pablo Neruda, 'El amor', *La espada encendida* (Losada, Buenos Aires, 1970).

『불타는 칼』에 나오는 로시아가 실은 알리시아를 모델로 삼았다는 것을 마틸데가 알았다면, 두 사람의 결혼 생활은 유지되기 어려웠을 것이다. 모든 인류의 어머니인 이브라는 최고의 찬사를 마지막 만난 연인에게 바쳤다는 사실을 알았다면 말이다. 더군다나 네루다는 자기가 만든 이브를 풍요로운 다산성의 여인으로 형상화하고 있는데, 마틸데는 적어도 두 번이나 유산을 경험하지 않았던가.

> 로시아가 말한다: 우리는 사슬을 끊어 버렸어.
> 로도가 말한다: 너는 내게 백 명의 아이를 낳아 줄 거야.
> 로시아가 말한다: 나는 여기에 빛을 가져올 거야.
> 로도가 말한다: 너를 사랑해. 우리는 삶을 시작할 거야.[37]

마틸데는 네루다를 떠나겠다고 으름장을 놓았다. 처음에는 그와 함께 지내는 것이 불가능하게 여겨졌다. 그녀가 친구들에게 그 이야기를 하자, 다들 마음을 가라앉히라고 했다. 입 밖에 내지는 않았지만, 두 사람 사이에는 새로운 긴장이 흘러 그들을 괴롭히고 그들을 불행하게 만들었다.

네루다에게는 남들에게 알리고 싶지 않은 걱정거리가 또 있었다. 1970년 7월 12일, 예순여섯이 되는 생일에, 그는 의

---

37) Pablo Neruda, 'Dicen y vivirán', *La espada encendida.*

사이자 라 세바스티아나에 사는 이웃이었던 친구 프란시스코 벨라스코를 따로 불러 이렇게 말했다. "이봐, 나 걱정거리가 있는데 말이야. 오줌에 피가 섞여 나오거든." 벨라스코는 당장 산티아고 최고의 비뇨기과 의사를 찾아가라고 충고했다. 파블로는 그의 충고를 받아들였다. 다만 부분적으로 말이다. 발파라이소의 살바도르 병원 원장이던 벨라스코의 증언이다. "그는 전문의를 찾아가 진찰을 받았습니다. 무언가 작은 종양이 하나 보이는데, 한 달 내로 다시 와서 몇 가지 검사를 받으라고 했다는 거예요. 그런데 그는 다시 찾아가지 않았어요. 덜컥 겁이 났던 모양입니다."[38]

벨라스코는 결국 죽음을 가져온 전립선암을 네루다가 피할 수도 있었다고 생각한다. "네루다가 소홀히 한 탓입니다. 검사를 받으러 가지 않은 사이에, 병이 계속 진행되고 있었던 거지요."[39]

육체적으로 또 정신적으로 몹시 힘든 가운데, 9월 4일 칠레에서는 대통령 선거가 치러졌고, 그 결과는 온 세계를 놀라게 만들었다. 살바도르 아옌데가 36.3%를 득표하여 34.9%를 얻은 차점자 호르헤 알레산드리 로드리게스를 간발의 차이로 누른 것이다. 선거 결과는 칠레 의회의 인준을 받아야 했

38) Francisco Velasco, *La Tercera*, Santiago, 23 September 2003에서 인용.

39) Ibid.

다. 그리고 미국은 칠레 의회가 아옌데 반대 표결을 하도록 온갖 책동을 자행할 것이었다. 그러나 그 순간만은 인류 역사상 처음으로 민주적 선거를 통해 마르크스주의자 대통령이 탄생할 것처럼 보였다. 10월 24일, 칠레 의회는 아옌데를 대통령으로 승인했다.

바로 며칠 뒤, 네루다는 아옌데에게 전화를 걸어 다급한 요청을 했다. "나를 여기서 좀 떠나 있게 해 줘. 프랑스 주재 대사로 임명해 달라고." 『모두의 노래』에서 칠레의 바보란 바보는 모두 대사가 된다고 쓴 적이 있는 네루다는 사랑하는 조국에서 떠나 있기 위해 무언가 핑계가 필요했다. 그는 결혼 생활을 복구해야 할 필요가 있었고, 그러기 위해서는 알리시아로부터 멀리 떨어지는 것이 유일한 방책으로 보였다. 네루다가 속속들이 잘 알고 있는 나라가 프랑스이기 때문에 아옌데는 네루다야말로 대사로서 적임자라고 생각했다. 그는 곧바로 네루다를 대사로 지명하고, 외무 장관이던 클로도미로 알메이다에게 상원의 공식 인준을 받기 위한 조처를 취하게 했다.

로버트 프링밀이 들은 다른 이야기에 의하면, 칠레 공산당에서 아옌데에게 넌지시 네루다를 프랑스 주재 대사로 임명하는 것이 추문을 피할 수 있는 길이라고 귀띔했다고 한다.[40]

---

40) Robert Pring-Mill, in a note to AF, January 2004.

프란시스코 벨라스코는 시인이 "프랑스를 택했고, 그 이유는 네루다가 제일 좋아하는 나라 중 하나일 뿐만 아니라 비뇨기과 전문의 수준이 최고라고 자랑하는 땅이었기 때문"[41]이라고 했다. 마틸데는 회고록에서 네루다가 자신의 정확한 병명을 몰랐다고 쓰고 있는데, 벨라스코는 생각이 달랐다. "그저 모르는 척했을 뿐이다. 나는 그에게 관절염이라고 둘러대면서, 암이라는 사실을 말하지 않으려고 했다. 그러나 그는 무엇이 잘못되어 가고 있는지 알고 있었고, 내가 거짓말을 하고 있다는 것도 알고 있었다."[42]

1970년에서 1971년으로 넘어가는 신년맞이 밤은 네루다에게 여느 때처럼 즐겁지 않았다. 그는 자신의 건강이 이울고 있음을 알고 있었고, 마틸데와의 관계는 여전히 긴장 상태였다. 그가 친구들에게 한 이야기를 통해 볼 때, 새 정부가 제대로 순항할 수 있을지에 대해서도 불안해한 것 같다. 19세기의 호세 발마세다 이래 가장 위대한 대통령이 아옌데라고 선언했음에도 내전 이전의 스페인 공화국 정부와 같은 운명을 겪게 되지나 않을지 염려하고 있었던 것이다.

다행히 네루다는 줄곧 눈코 뜰 새 없이 바빴다. 1971년 1월 7일, 그는 마틸데와 함께 수천 마일 떨어진 곳에 있는 태평양

---

41) Francisco Velasco, *La Tercera*, Santiago, 23 September 2003에서 인용.

42) Ibid.

상의 신비로운 칠레 영토 이스터섬을 처음으로 방문하게 된다. 그는 칠레의 텔레비전 방송국 '카날 13'과 함께 '파블로 네루다의 역사와 지리'라는 제목의 연속 기록물을 찍어 1971년 중반에 방영할 계획이었다.

오직 한 차례뿐이었던 네루다의 이스터섬 방문을 아직도 생생하게 기억하고 있는 여성은 그가 '라파 누이의 뮤즈'라고 불렀던 마리아 이그나시아 파오아 랑기토파이다. 그녀의 신원은 20년이 흐른 뒤인 1999년에야 밝혀졌다. 그녀는 섬에서 발행되는 ≪라 가세타 데 이슬라 데 파스쿠아≫에서 이런 이야기를 하고 있다. "네루다는 나를 이그나시아라고 불렀다. 섬에서는 누구나 나를 말라깽이란 의미로 마카오아라고 부른다는 사실을 전혀 몰랐던 것이 분명하다." 네루다가 이 여행에 대해 쓴 책 『홀로 핀 장미』에 나오는 시에는 "라파 누이의 리듬에 맞춰 춤추는 천진한 미녀"라는 표현이 있는데, 그녀는 그것이 자기를 가리킨다고 생각하고 있다. 그 섬에서 네루다도 춤을 추었지만, "그는 춤을 잘 추는 사람이 아니었다"고 한다.[43)]

『홀로 핀 장미』는 1972년 파리에서 호화판으로 99부를 처음 찍었다. 이 책에서 네루다는 섬과 그곳의 석상들이 지닌 변치 않는 신비와 그 자신을 포함한 관광객들의 일상적인

---

43) *La Gaceta de Isla de Pascua*, Easter Island, Year 4, No.7, Summer 1999.

삶을 대조하고 있다. “위선적인 미소”를 흘리며, “신드바드나 콜럼버스”처럼 “술집 광고 전단” 말고는 달리 빨려 들 만한 것을 모르다가 다시 비행기나 배를 타고 원래의 현실로 되돌아가는 사람들 말이다. 네루다답지 않은 이 염세적 태도는 부분적으로, 알리시아와의 사랑이 좌절되고 마틸데와의 결혼 생활에 불협화음이 계속되는 데서 오는 불행한 느낌 때문이었을 것이다.

아직 이스터섬에 체류 중이던 1월 21일, 그는 칠레 의회가 자신의 파리 주재 대사직을 승인했다는 소식을 듣게 된다. 한때는 자신의 가장 큰 적이요 박해자였던 가브리엘 곤살레스 비델라가 맡았던 자리를 이제 그가 책임지게 된 것이다. 더 기구한 것은 전임자가 다름 아닌 노련한 외교관 카를로스 모를라 린치였다는 사실이다. 네루다는 린치가 마드리드 주재 칠레 대사관에 근무하던 시절, 스페인 작가 미겔 에르난데스에게 외교적 망명을 허용해 주지 않음으로써 그의 죽음에 한몫했다는 – 잘못된 것으로 보이는 – 비난을 한 적이 있다.

1971년 3월 2일, 파블로와 마틸데는 칠레를 떠나 파리로 향했다. 그들은 도중에 일주일 예정으로 부에노스아이레스에 머물렀는데, 이곳에서 네루다는 이제 막 출범한 아옌데 정권을 옹호하면서, 기간산업 국유화 정책에 대한 비판에 맞섰다. 동시에 그는 미국을 규탄했다.

우리가 알다시피, 멕시코에서는 30년도 더 전에 카르데나스에 의해 석유가 국유화되었고, 이집트에서는 나세르에 의해 수에즈 운하가 국유화되었다. 매일 세상 어딘가에서는 국유화가 진행되고 있다. 경제적으로 또 지적으로 그렇게 발전된 나라였던 칠레에서는… 미국인들을 위해 날마다 100만 달러어치 양을 생산하는 구리는 차치하고라도, 전화와 전기까지 외국인들이 소유하고 있다. 제발이지, 우리가 되찾고 싶어 하고 되찾아야 할 그 하루당 수백만 달러를 가지고, 우리 국민에게 옷을 입히고 병원과 학교를 짓고 도로를 건설하려고 노력한다고 해서, 우리를 두려워할 이유가 대체 무엇이란 말인가?[44]

1971년 4월, 파리에 무사히 도착한 네루다는, 대사관 2인자로 함께 일하게 된 친구 호르헤 에드워즈에게, 에드워즈 이름으로 적잖은 편지를 받게 될 테니, 편지가 오는 즉시 자신에게 조심스레 건네 달라고 부탁했다. 이 편지들은 칠레에서 계속 네루다에게 편지를 쓰던 알리시아로부터 오는 것이었음이 나중에 밝혀졌다. 에드워즈의 회상이다. "일주일에 한두 번꼴로 편지가 오기 시작했다. 한번은 파블로나 나나 둘 다 신뢰하고 있던 다른 사람을 통해 편지를 건네주는 실

44) Pablo Neruda, in an interview in *Siete Días Ilustrados,* Buenos Aires, No.200, 15 March 1971.

수를 저질렀는데, 파블로가 나를 몹시 꾸짖었다. '다시는 그러지 말게. 무슨 일이 있더라도 말이야.'"[45]

에드워즈는 칠레에 있는 알리시아의 딸에게 네루다가 답으로 계속 선물을 보냈으며, 알리시아가 파리로 와서 살게 할 계획까지 세우고 있었음을 넌지시 비치고 있다. 그 계획이라는 것이 병든 사람의 공상에 불과해 보였다고 덧붙이면서 말이다.

파리에 온 지 얼마 안 되어 네루다는 코생 병원에서 첫 수술을 받았다. 그는 수술 담당 의료진에 칠레 친구인 라울 불네스를 포함해 달라고 요구했다. 1971년 마틸데는 병원 측의 통보를 받게 된다. 네루다가 전립선암에 걸렸다는 내용이었다. 그녀는 남편에게 알리기를 거부했다. 하지만, 가까운 친구들에게는, 네루다 앞에서 함구한다는 조건으로, 이 일을 알려야 한다고 생각했다.

아이다 피게로아는 1971년에 네루다의 병이 암이라는 사실을 조심스레 전해 듣게 되었다고 한다. "하지만, 그는 모르고 있었다. 눈에 띄게 몸이 야위었지만, 그래도 자신이 암에 걸렸을 것이라고는 상상도 못 하고 있었다."[46]

네루다는 외교관으로서의 직무를 충실히 수행했다. 아이다가 보기에 "그는 프랑스 주재 대사로서 빼어난 역할을 해

---

45) Jorge Edwards, *Adiós, Poeta,* p.296.

46) Luis Alberto Mansilla, 'Vivir con Neruda'에서 인용.

냈는데, 그가 수행해야 할 업무가 만만치는 않았다". 그의 재임 기간 중에 "칠레의 대외 채무액을 놓고 다시 협상이 벌어졌다… 그래서 작가들보다는 은행가들, 경제인들과 더 자주 회동했다. 내가 그를 찾아간 것은 1971년이었는데… 대사관은 방문객들로 활기가 넘쳤다. 이제 막 건설된 파리 수도권 고속 전철을 보러 함께 갔는데, 네루다를 알아본 노동자들이 그를 둘러싸고 환담을 나누었다".[47)]

1971년 7월 12일은 네루다의 예순일곱 번째 생일이었지만, 모든 것이 간소하게 치러졌다. 네루다는 아직 수술 뒤끝이었고, 알리시아 문제 때문에도 여전히 비틀거리고 있었다. 그는 이전과 달리, 어떤 종류의 생일 축하에도 관심이 없었다. 어린애 같던 천진한 우스개도 없어졌고, 자기 기분을 감추려는 마음도 전혀 없었다. 생일 전날, 그는 칠레에 있는 볼로디아 테이텔보임에게 답장을 보내면서, 열이 있지만, "별로 괘념치 않으며, 다음 날이 생일인데, 그것도 마찬가지로 별 관심이 없다"[48)]고 썼다.

그 뒤 파블로와 마틸데는 베네수엘라 친구인 미겔 오테로 실바 ― 네루다 사후, 마틸데는 실바와 함께 네루다 회고록을 정리 · 간행하게 된다 ― 와 함께 1971년 여름 휴가를 북부 이탈리아에서 보내기로 한다. 그런데 이 계획은 네루다에게 거

---

47) Ibid.

48) Volodia Teitelboim, *Neruda*, p.434.

의 치명적이 될 뻔했다. 토스카나에 도착해 보니 기록적인 더위가 기승을 부리고 있었다. 8월 중순에 시에나에서 열리는 유명한 팔리오 경마 축제를 관람하던 도중, 갑자기 몸이 이상해진 네루다가 기절하는 일이 발생했다. 얼마 안 있어 그는 반(半)혼수상태에 빠지게 된다. 의사들은 구급차를 불러 그를 즉각 피렌체로 이송하라고 권고했고, 병원에 가서야 의식을 회복한 네루다는 피렌체의 발리오니 호텔로 옮겨졌다. 이탈리아 주재 칠레 대사 카를로스 바사요와 그의 아내 카르멘 등 친구들이 그를 찾아왔다. 8월 18일에 쓴 소네트에서[49] 그는 "변함없는 친구들이여 / 나는 이제 아팠던 기억도 없다네"라고 썼지만, 그것은 일촉즉발의 아찔한 상황이었다.

파리로 돌아온 지 얼마 지나지 않은 9월 11일, 니키타 흐루쇼프가 모스크바 근교 별장에서 심장마비로 숨졌다는 소식이 네루다에게 전해졌다. 호르헤 에드워즈에 의하면, 네루다는 오래전부터 흐루쇼프의 지지자였는데, 소련 공산당이 그를 취급하는 태도를 보고 오싹해했다고 한다. 특히 장례식을 초라하게 치르는 데 대해 네루다는 동의할 수 없었다. 네루다를 방문했던 한 헝가리 장관이 네루다의 생각에 동의하면서도, 프랑스어로 이렇게 말했다. "파블로, 그래도 사회주의는 결국 승리할 걸세!" 네루다 역시 프랑스 말로 대답했다. "내 생각엔 쉽지 않을 것 같소."[50]

---

49) Pablo Neruda, 'Soneto Florentino', *El fin del viaje*.

1971년 프랑스 주간지 ≪렉스프레스≫와 가진 주목할 만한 인터뷰에서, 에두아르 바일비가 스탈린과 그의 범죄에 대해 묻자, 네루다는 간결하게 "내 생각이 틀렸었다"[51]라고 답했다.

그해 가을 초엽, 스웨덴 학술원 회원이자 네루다의 친구였던 아르투르 룬드크비스트가 파리로 그를 찾아와서, 학술원이 그해 노벨 문학상을 네루다에게 수여하기로 결정했다는 소식을 사적으로 전했다. 그 이야기를 들은 네루다는 처음에는 반신반의했다. 이전에도 그런 식의 헛소문이 난무했다.

9월 하순으로 예정된 공식 발표를 기다리는 동안, 네루다는 에드워즈에게 자기와 함께 노르망디로 가서 살 만한 집을 물색하자고 부탁했다. 칠레에서 산티아고가 그랬던 것처럼, 파리가 점차 싫증이 난 모양이다. 그는 좀 더 자연에 가까이 다가갈 필요를 느꼈다. 에드워즈의 회상이다.

> 토요일이었던 그날 오전이 다 지나갈 무렵, 우리는 콩데쉬르 이통에 있는 그 집을 찾아냈다. 으리으리한 노르망디풍 저택에 딸린 제재소 건물이었는데, 낮은 지대에 들어서 있어서 마을에서는 보이지 않는 르네상스식 성채가 굽어보고 있는 곳이었다. 성의 격자 정문에서는 큰길

---

50) Jorge Edwards, *Adiós, Poeta,* pp.272-273.

51) Pablo Neruda, interviewed in *L'Express,* 1971.

이 보였다. 그런 경우 늘 마찬가지지만, 네루다는 바로 결정을 내리고, 마치 자기 목숨이 거기 달려 있기라도 하듯, 집에 대해 생각하기 시작했다… 그는 몇 가지 서류에 서명하고 계약금으로 수표를 건넸다. 그리고 오후 2시가 되기 전에 이미 모든 서명이 끝나고 계약이 완료되었다… 나는 그에게 노르망디에서 테무코를 찾아낸 격이라고 말했다. 아무 대답이 없었지만, 그도 같은 생각이었던 것 같다. 나무로만 지어진 집이었다.[52)]

1971년 10월 21일, 네루다는 공식적으로 노벨 문학상 수상자로 발표되었다. 파리에 있는 그의 거처로 기자들이 몰려들어 소감을 들으려 했다. 아옌데 대통령은 "자기 동포, 자기 형제를 축하하고 있는" 칠레 국민의 "기쁨"을 담은 전보를 보내왔다.

아옌데는 "이미 여러 해 전에 이 특별하고도 뜻깊은 영예를 네루다가 누릴 수 있었고 누렸어야 했다"라고 썼다. "그의 책과 시가 전 세계의 언어로 번역되는 데는 그리 오랜 시간이 걸리지 않았다. 그러나 자기 민족에 헌신했던 시인에게 이 상이 돌아갔다는 점은 특별히 언급할 만한 가치가 있다."[53)]

---

52) Jorge Edwards, *Adiós, Poeta,* pp.288-289.

53) Salvador Allende, 'Chile Vive', *Obras Escogidas (1970-1973)* (Editorial Crítica, Barcelona, 1989).

네루다가 사람들에게 함구하라고 해서 아는 사람이 거의 없던 사실이지만, 그는 며칠 내로 다른 여러 가지 의학적 검사를 받게 되어 있었다. 파블로 피카소의 90회 생일을 축하하기 위해 파리의 팔레 데 스포르에서 기념행사가 거행될 예정이었는데, 유감스럽게도 네루다는 칠레 정부를 대신하여 이 자리에 참석하기가 어렵게 되었다.

네루다와 마틸데는 노벨상 수상을 위해 12월에 스톡홀름으로 건너갔다. 공항에는 아르투르 룬드크비스트가 마중을 나왔다. 그는 기자들에게 자신이 여러 해 전부터 이 순간을 위해 길고도 힘든 일을 해 왔다고 밝혔다.

네루다의 노벨상 시상식을 취재한 유일한 칠레 기자는 비르히니아 비달이었다. 그녀는 12월 10일 스톡홀름 공항에서 비옷을 걸치고 비행기 트랩을 내려오던 네루다의 모습을 이렇게 기억하고 있다.

> 그는 천천히 트랩을 내려오고 있었다. 얼굴에는 미소가 없었다. 기자들이 그를 에워싸고 질문 공세를 시작했다. 진지하고도 노련한 태도로 대답하는 그의 모습에는 고요한 기운이 서려 있었다. "내 취미는 조개와 낡은 책과 낡은 신발을 수집하는 것입니다. 파리에서의 나는 외교관 시인과 사회주의자의 칵테일 같은 느낌이었습니다." 잠시 침묵이 흐르고 그가 꾸밈없는 태도로 말을 이어 나갔다. "나는 당신들을 몹시 두려워하는데, 지금은 마치

당신들이 나를 두려워하는 것 같군요." … 누군가가 이렇게 물었다. "가장 아름다운 단어를 꼽으라면 무엇을 들겠습니까?" "마치 라디오에서 나오는 노랫말처럼, 아주 통속적으로 대답하지요. 낡을 대로 낡은 단어를 가지고요. '사랑'이라는 단어 말입니다. 그 단어는 쓰면 쓸수록 더 강해지지요. 아무리 남용하더라도 해로울 게 없는 말이기도 하고요."[54]

회견이 끝난 뒤, 그는 스톡홀름의 호텔로 자리를 옮겼다. 친구인 미겔 오테로 실바와 그의 아내 마리아 테레사 카스티요가 그곳으로 올 것이라는 소식에 네루다는 감격했다. 오랜 친구이자 동료 외교관이며 스웨덴 주재 칠레 대사로 있는 루이스 엔리케 델라노와 다시 만나게 된 것도 그를 행복하게 했다.

시상식이 있기까지 사흘 동안, 스톡홀름 주변에서는 네루다가 익명의 인물로부터 협박을 받았다는 소문이 돌았다. 연미복을 입고 제국주의적인 행사에 참가하는 작태를 용납할 수 없으며, 시상식이 진행되는 동안 연미복을 가위로 잘라 누더기로 만들어 주겠다는 것이었다. 스웨덴 경찰은 이 협박을 심각하게 받아들였다. 그러나 그것은 미겔 오테로 실

---

54) Virginia Vidal, 'La captura de un condor con cazamariposas', *Los rostros de Neruda*, ed. Carlos Orellana, pp.143-144.

바가 장난으로 건넨 농담에 불과했음이 나중에 밝혀졌다.

1971년 12월 13일, 시상식 당일 네루다는, 비르히니아 비달이 말한 대로, 지극히 편안한 모습으로 스톡홀름의 필라델피아 교회에 앉아 있었다. 대사관에 행사가 있을 때마다 여러 차례 입곤 했던 연미복 차림이었다.

스웨덴 국왕이 그와 악수하러 왔고, 두 사람은 곧 활발히 대화를 주고받았다. 마틸데가 나중에 네루다에게 둘이서 무슨 이야기를 나누었냐고 묻자, 네루다는 이렇게 말했다. "돌에 관한 이야기를 하기 시작했지. 그분은 돌 수집에 빠져 있거든. 나는 우리 칠레의 이스터섬에 대해 말해 주었어… 그 거대한 석상들이 시선은 멀리 대양을 응시한 채 어떤 모습으로 하늘을 마주하고 있는지를 말이야. 우리는 그 이야기를 아주 오랫동안 했어. 그분이 깊은 인상을 받아서 급기야 그 섬을 방문하도록 내가 초대하겠다고 했지. 그랬더니 만사를 제치고 그러고 싶다면서도, 요즘 들어 건강이 여의치 않다고 하더군."[55] 국왕은 그해 말에 운명했다.

그가 한 가장 힘찬 연설 중 하나였던 장시간의 수상 연설을 통해, 네루다는 우선, 1949년 안데스산맥을 넘어 아르헨티나로 탈출하던 예외적 경험을 청중에게 소개했다. 그리고 그 경험이 자신의 시에 무엇을 가르쳐 주었는지를 이야기했다.

---

55) Matilde Urrutia, *Mi vida junto a Pablo Neruda,* pp.283-284.

나는 시를 쓰기 위한 무슨 처방을 책에서 배운 적이 없습니다. 마찬가지로, 티끌만큼이라도 소위 통찰력이라는 것을 줄 만한 이러저런 양식이나 문체에 관해 새로운 시인들에게 충고해 줄 생각도 없습니다… 시인은 '작은 신'이 아닙니다… 그는 다른 직업이나 기술을 가진 사람들과 달리 어떤 신비로운 운명이 선택한 사람이 아닙니다. 나는 이따금, 최상의 시인이란 우리에게 일용할 빵을 마련해 주는 사람이라고 주장하곤 했습니다. 자기가 신이라고 생각하지 않는, 우리 곁 바로 가까이에 있는 저 빵 굽는 사람 말입니다. 그는 밀가루를 반죽하고, 그것을 화덕에 집어넣어, 노릇노릇 황금빛으로 구워 낸 다음, 동료의 의무로서 매일매일 우리에게 그것을 건네주지요. 만약 시인이 이 단순한 깨달음을 얻을 수 있다면, 공동체를 건설하고, 인간을 둘러싼 조건을 변화시키며, 빵, 진실, 포도주, 꿈 같은 인간의 생산물을 다른 이에게 건네주는, 저 단순하거나 혹은 복잡한 구조, 저 거대한 활동 안에서, 이 깨달음 역시 그 구조와 활동의 한 요소로 전환될 수 있을 테지요. 모든 민중의 일상적 노동에 바치는 자신의 헌신과 애정, 자기 몫의 참여를 한 사람 한 사람 모든 인간의 손에 건네려는 이 끝없는 투쟁에 시인이 동참하고자 한다면, 그때 그는 땀과 빵과 포도주와 모든 인간의 꿈에 참여하지 않으면 안 됩니다… 내가 쓴 시구 하나하나는 모두 만지면 만져지는 객체로서 존재하기를 선택했고, 내 시 한 편 한 편은 유용한 노동의 수단이 되기를 요구했으며, 나의 노래 하나하나는 서로 교차하는 두 길의 만남을 위한 표지로 내걸리기를 갈구했고, 혹은 어느 누군가가, 다른 이들이, 다음 세대에 올 사람들이 새로운 표지들을 새겨 넣을 돌 조각 하나, 나무 조각 하나가 되기를 열망해 왔습니다.

스탈린주의가 오류였음을 에둘러 인정하면서 그는 자신의 역할에 대해 이렇게 말한다.

> 내가 복무하는 곳은 때때로 실수를 저지를 수는 있지만, 그러나 끊임없이 전진하면서, 변화에 저항하는 자들의 시대착오와 고집불통인 자들의 조바심에 맞서 매일매일 투쟁을 계속해 나가는 명예로운 군대입니다. 왜냐하면 장미꽃과 조화로움, 고양된 사랑과 끝없는 그리움 같은 것에 대해서만이 아니라, 일찍이 내가 시 안으로 끌어온 저 쉼 없는 인간사에 대한 연대감도 시인으로서의 나의 의무에 포함된다고 믿기 때문입니다.[56]

그날 밤 스톡홀름에서 루이스 엔리케 델라노의 부인인 롤라 팔콘이 만찬 자리를 마련했다. 마틸데는 롤라에게 파블로

---

56) Pablo Neruda, *Obras completas,* Vol.5, pp.332-341.

가 암에 걸렸다는 사실을 전하면서 파블로가 그 사실을 알면 안 된다고 당부했다.

다음 날 네루다는 스톡홀름의 현대 미술 박물관에서 마룻바닥에 앉거나 혹은 누워 있는 젊은 청중을 상대로 시 낭송회를 가졌다. 그가 시를 읽으면, 스웨덴 배우 막스 폰쉬도브가 스웨덴어 번역을 다시 읽었다.

네루다가 스웨덴을 떠나기 전, 그를 깜짝 놀라게 할 일이 하나 남아 있었다. 어떤 전시회에 초대를 받아 간 그는 기쁨과 황홀함으로 입이 쩍 벌어지고 말았다. 그중 가장 빛났던 것은 1628년 항구를 떠나기도 전에 첫 '항해'에서 가라앉고 말았던 17세기 스웨덴 전함 '바사'였다. 수많은 떡갈나무로 만들어진 이 범선을 물 밖으로 끌어내 보니 흠집 하나 없는 완벽한 형태를 보존하고 있었던 것이다.

노벨상 수상자가 네루다로 결정된 것에 대해 모두가 다 기뻐한 것은 아니었다. 아르헨티나 작가인 호르헤 루이스 보르헤스는 라몬 차오 기자에게 이렇게 말했다.

> 그[네루다]는 아메리카 대륙의 독재자들에 맞선 시를 한 편 썼고, 미국에 대해서도 몇 구절 썼다. 그러나 페론에 대해서는 단 한 줄도 쓴 적이 없다. 사람들은 그가 올바른 분노를 느낄 줄 아는 사람이라고 생각했는데 말이다… 아르헨티나 여인과 결혼했던 그라면, 그곳에서 무슨 일이 일어나고 있는지 너무 잘 알고 있었을 게 아닌

가? 그러나 그는 자기 시가 무슨 해가 되지 않기를 바란 것이다. 내가 칠레에 들렀을 때, 네루다는 나와 마주치지 않으려고 자리를 뜨고 말았다. 그렇게 하길 잘했다고 생각한다. 사람들은 우리 두 사람이 맞붙어 싸우기를 기대하고 있었기 때문이다. 그는 칠레의 공산주의자 시인이고 나는 보수적인 아르헨티나 시인으로서 공산주의자들을 반대하는 사람이다. 나는 국가가 개인을 통제해야 한다고 가르치는 이론을 받아들일 수가 없다. 그러나 내가 지금 이야기한 어떤 것도 네루다 시의 빼어난 수준과는 무관하다. 1967년에 노벨 문학상이 미겔 앙헬 아스투리아스에게 돌아갔을 때 나는 네루다가 받았어야 했다고 즉각 말한 적이 있다. 그러다 마침내 1971년 그가 상을 받았다. 작가가 정치적 이념에 의해 판단되는 것은 옳지 않다고 생각한다. 러디어드 키플링이 영국 제국주의를 옹호한 것은 사실이다. 그러나 그럼에도 그가 위대한 작가라는 사실은 인정해야 한다고 생각한다.[57]

파블로와 마틸데는 스톡홀름에서 폴란드로 떠났다. 칠레 연출가 보리스 스토이체프가 감독한 〈호아킨 무리에타의 영광과 죽음〉의 폴란드 초연을 보기 위해서였다. 그 뒤 두 사람은 비공개로 소련을 방문했다. 1971년 말경이었는데, 뒤늦

57) Jorge Luis Borges, *Le Monde Diplomatique*, August 2001.

게나마 노벨상 수상을 축하하는 행사가 모스크바에서 개최되었다. 그러나 네루다가 그곳을 방문한 것은 소련 최고 수준의 의사들에게 재차 진단을 받기 위해서였다.

모스크바 방문 중 가장 기념할 만한 일은 네루다의 친구이자 마야콥스키의 친구였던 소련 시인 세묜 이사코비치 키르사노프가 베풀어 준 파티였다. 마틸데는 "두 사람이 만나는 자리에 있으면, 마치 기지와 유쾌함이 불꽃을 튀기는 화톳불 가에 있는 것 같았다"고 말했다. 세묜은 그 자리에서 파블로에게 아름다운 포도주 잔을 선물하며 이렇게 말했다. "자네가 이 잔으로 건배할 때마다 내가 곁에 있을 걸세."[58] 그 뒤 네루다는 파리로 돌아와 관료로서의 일을 다시 시작했다.

대체로 따분하다고 여기면서도 그는 외교관직을 진지하게 수행했다. 호르헤 에드워즈의 회고에 의하면, 네루다는 늘 아침 10시만 되면, 자신이 "거대한 무덤"이라고 부르던 대사관 4층 집무실로 올라갔다고 한다. 그곳에서 텔렉스와 서한을 두고 에드워즈와 의견을 나누고 두어 명의 방문객을 맞곤 했다.

> 정오쯤 되면 그는 벌써 피로를 느꼈다. 바로 옆에 있던 내 방문에 고개를 들이밀고, "더 이상 못 하겠어. 나가서 잠깐 걷다가 올게"라고 말하곤 했다. 나는 "어서 가 봐요.

---

58) Matilde Urrutia, *Mi vida junto a Pablo Neruda*, p.309.

다른 일은 걱정 말고"라고 말하거나 "무슨 무슨 시간에 점심 약속 있는 것 잊지 마세요"라고 말해 주기도 했다. 그러나 그는 병 때문에 몹시 힘들 때 말고는 약속을 잊는 그런 사람이 아니었다… 오후에는 3층에 있는 커다란 침실에서 문을 걸어 잠그고 혼자 지냈다. 회고록에 쓰고 있는 것처럼, 그곳은 십자군 시대의 기사가 말까지 데리고 머물러도 될 만큼 충분히 넓은 곳이었다. 시에스타가 끝나고 오후 6시나 혹은 그 이후에라도 나는 그의 방으로 내려가 그날 하루 무슨 일이 있었는지를 보고했다. 그럴 때면 네루다가 등을 깔고 누워 있는 모습이 보이곤 했다. 침상 탁자에는 차 한 잔이 놓여 있고 침대는 책과 잡지로 덮여 있었다. 그리고 살찐 그의 맨발이 홑이불 바깥으로 삐져나와 있곤 했는데, 당시 마틸데가 그의 발과 다리에 안마를 해 주고 있었기 때문이다. 정맥염을 다스리기 위해서였거나 아니면 당시에 네루다를 괴롭히던 통풍 증상을 완화하려고 그랬던 것 같다. (하루는 그가 "통풍 때문에 더 이상 캐비아를 못 먹게 됐어"라며 투덜거렸다. 공산주의자 시인의 불평치고는 우스운 대목이 아닐 수 없다.) 그러다 네루다가 일어날라치면 마틸데가 쪼그리고 앉아 구두끈을 매 줘야 했다. 시인 네루다는 믿을 수 없을 만큼 손놀림이 서툴렀기 때문이다…

한번은 온통 하얀색으로 차려입고 환영회에 나갈 채비를 끝낸 그가… 걱정이 가득한 표정으로 마틸데를 소리쳐 불렀다. 만약 그녀가 와서 구두끈을 매 주지 않으면, 닻을 올릴 수 없는 무거운 배처럼, 그 자리에서 꼼짝 못 하고 기다려야 할 처지였다.[59)]

1971년 12월 7일, 네루다는 노르망디의 새집에서 집들이 잔치를 열었다. 그는 그 집에 마푸체족 인디오 말로 '콘도르'를 뜻하는 '라 망켈'이라는 이름을 붙였다. 금세 소란이 일어났다. 칠레 우익은 네루다가 프랑스에 성을 하나 샀다는 바보 같은 주장을 펴기 시작했다. 그 집은 사실 커다란 저택에 딸린 퇴락한 제재소였을 뿐이다. 네루다가 노벨상 상금을 당겨써서 그 집을 샀다고 주장하는 사람들도 있었다. 그러나 네루다가 계약금으로 수표에 서명할 때는 아직 공식적으로 수상자 통보를 받기도 전이었다.

라 망켈에서 네루다는 생애 마지막에서 두 번째가 될 신년맞이 파티를 열었다. 두 사람은 모스크바에서 엄청난 양의 거위 고기와 싱싱한 캐비아를 가져왔었다. 1972년 새해에 함께할 만한 사람들 명단을 작성해 본 뒤, 파블로와 마틸데는 에드워즈와 함께 명단을 결국 두 사람으로 줄였다. 유네스코 주재 콜롬비아 대표로 있던 시인 아르투로 카마초 라미레스와 그의 부인이 그들이었다. 네루다는 아르투로를 좋아했다. 그는 성격이 쾌활하고, 흥미롭게도 정치에는 관심이

59) Jorge Edwards, *Adiós, Poeta,* pp.251-252.

없었다. 그러나 초대 손님 명단이 두 사람으로 줄어들었다는 사실은 네루다의 건강이 기울고 있다는 것과 좀 더 조용히 사람들과 어울리고 싶어 하게 되었다는 것을 보여 준다. 공교롭게도, 집에 온 카마초는 기관지염이 심해서 밤새 소파에 엎드려 있어야 했다.

그 뒤 몇 달 동안 여러 친구들이 라 망켈을 거쳐 갔다. 1972년 2월, 아르헨티나 소설가인 훌리오 코르타사르와 당시에 그의 부인이었던 리투아니아 태생의 우그네 카르벨리스가 커다란 밴을 타고 도착했다. 마침 볼로디아 테이텔보임도 그곳을 찾아온 터라 그들은 주말 내내 시간을 함께 보낼 수 있었다. 그러나 네루다의 병에 대해서는 아무도 언급하지 않았다. 코르타사르는 밴에서 자면서 돌아다닌 유럽 여행담으로 집주인을 즐겁게 해 주었다. 언젠가 네루다는 사라 비알에게 사람이 가진 덕목 중에 자기가 제일 높게 치는 것이 무엇인지를 이야기한 적이 있다. "똑똑한가 아닌가는 절대 중요하지 않아. 좋은 사람인가가 문제지."[60] 훌리오에게는 두 가지가 다 있었기 때문에 네루다는 그를 사랑했다. 그곳에 머무는 동안 두 사람은 문학과 여행과 옛 기억들에 대해 행복한 대화를 나누었다.

네루다는 매주 금요일 파리에서 노르망디로 가서 주말을 보냈다. 1972년 3월 로사다가 간행한 『불모의 지리』를 계속

60) Sara Vial, *Neruda en Valparaíso*, p.120.

쓴 곳도 그곳이었다. 서문에는 1971년 칠레와 프랑스에서 썼다고 되어 있지만, 그 대부분은 훨씬 앞서 쓰였다. 그중 일부는 1969년 칠레 대통령 예비 후보 경선 기간에 쓴 것이고 (칠레 남부의 도시들을 언급하고 있는 앞부분의 시들이 특히 그렇다), 일부는 1970년 3월과 6월 사이에 이탈리아를 여행하면서 쓴 것이다. 그중 네 편의 시－「여행」, 「몬테비데오 소나타」, 「바다 풍경」, 「거친 파도 위에서」－는 1970년 이탈리아에서 칠레로 돌아오는 길에 쓴 것으로 알려져 있다.

에르난 로욜라는 『불모의 지리』가 당시 칠레의 정치적 소용돌이에 대해 － 직접적이든 간접적이든 － 놀라울 만큼 아무런 언급을 하지 않고 있다는 사실을 정확하게 지적한 바 있다. 네루다가 마틸데의 조카인 알리시아에 대해 느끼고 있던 열정도 이 시집에는 전혀 나타나지 않는다. 그 무렵 칠레 북부에 살던 알리시아는 필경 － 지금도 그곳에서 딸과 손자 셋을 데리고 살고 있는 그녀는 자신과 네루다의 관계에 대해 그 누구에게도 입을 열기를 거부하고 있다 － 네루다로부터 남몰래 쓴 에로틱한 시들을 건네받았을 것이라고 로욜라는 믿고 있다. 사실 네루다는 「그녀는 아마 나를 기다리고 있을 거야」라는 시를 아마도 1973년에 쓴 것 같고, 이 시는 2002년에 처음으로 공개되었다. 그 시에서 네루다는 (아리카 부근의) 이키케에

나 두고 왔네

사랑 하나, 우산 하나
그리고 뭔지 모를 하나.
살아오는 내내
그 사랑
생각했네
혹은 어떤 물건,
혹은 아무짝에도 쓸모없는
어떤 물건 하나 생각했네
…
행여 찾을 수 있을까,
내가 잃어버리지
않은 그것
다시 찾을 수 있을까
알고 싶네,
어쩌면 아직도
나를 기다리고 있을 그것[61]

---

61) Pablo Neruda, 'Tal vez me espera', *El fin del viaje*. 2000년, 볼로디아 테이텔보임은 산티아고 국립 도서관에서 네루다의 『모두의 노래』 초판 발간 50주년 기념 낭송회를 마친 후 자신의 책 중 한 권에 서명하고 있었는데, 줄을 서 있던 한 여성이 알리시아 우루티아라고 자신의 이름을 밝혔다. "나는 '알리시아에게 사랑을 담아'라고 썼고, 그녀는 내 뺨에 키스를 하고 떠났다. 사생활을 존중하는 마음에서 다시는 그녀를 찾지 않았다. 그녀는 육체적으로 마틸데를 빼닮은 모습이었다"(*Revista Intramuros,* No.9, 2002,

『불모의 지리』에는 이제 더 이상 자신의 육체적 쇠락을 숨기지 않는 시인이 드러나 있다.

> 그 많은 상패 받아 들고 난 지금
> 나 알몸인 듯 느껴지네,
> 내가 나왔던 그곳,
> 땅 밑 저 축축한 곳으로 돌아갈 채비가 되어.[62]

그 뒤에 곧바로 쓰라린 시구가 이어진다.

> 인간들 사이에선 아무도 인간을 가엾어하지 않누나[63]

1972년 3월 파블로와 마틸데는 다시 밀라노에 있게 된다. 이번에는 제13차 이탈리아 공산당 대회에 참석하기 위해서였다. 그는 밀라노 학술원에서 밤에 낭송회를 가졌다. 마침 이탈리아어로 번역되어 동시 출간된 『지상의 거처』, 『모두의 노래』, 『세상의 종말』이 서점에 진열된 모습을 본 그는 뿌듯함을 느꼈다.

Santiago).

62) Pablo Neruda, 'No sé cómo me llamo', *Geografía infructuosa* (Losada, Buenos Aires, 1972).

63) Ibid.

두 사람은 5월에 모스크바를 방문한다. 파블로는 검사를 더 받아야 한다는 것을 알고 있었다. 이번에도 국립 호텔에 숙소를 정할 수 있었지만, 병원에 입원해 있는 기간이 대부분이었다.

베라 쿠테이시코바와 그녀의 남편 레프 오스포밧이 병실로 찾아왔다. 그녀가 보기에 네루다의 용태는 심상치 않았다.

> 우리는 그의 건강에 관해서는 한마디도 주고받지 않았다. 그러나 그가 어떤 상태에 놓여 있는지 숨기기는 불가능했고, 그는 자기 몸에 무슨 문제가 있는지 분명히 알게 되었다. 그는 담담한 모습으로 말수가 별로 없었다. 우리는 새로 나온 이탈리아어판 시집에 대해 이야기를 나누게 되었다. 레프는 자기가 준비하고 있는 네루다 산문 선집의 목록을 보여 주었다. 그의 조국 칠레의 정치 상황에 대해서도 대화를 나누었는데, 그때 그가 한 말을 나는 잊을 수가 없다. "내가 볼 때 현재 상황은 비관적이다. 그러나 미래에 대해서는 낙관하고 있다." 그는 아옌데 정권의 취약성에 대해서 어떤 환상도 품지 않았지만, 그래도 여전히 희망을 잃지 않고 있었다.[64]

---

64) Vera Kuteishikova, in conversation with AF, Moscow, September 2003.

그것은 네루다의 마지막 러시아 방문이 되고 말았다.

파리로 돌아온 그는 건강이 날로 악화하고 있는데도 칠레의 외채를 줄이기 위한 회합을 여러 차례 계속했다. 그중에는 조르지 퐁피두 대통령과의 면담도 있었는데, 네루다는 퐁피두에게 『새의 기술』을 한 부 기증했다. (멕시코 소설가 카를로스 푸엔테스는 네루다에게 직접 들은 이야기라면서, 퐁피두 대통령과 면담한 세 시간은 대부분 보들레르 시에 관한 이야기로 지나갔다고 했다.) 1972년 프랑스를 공식 방문한 소련 지도자 레오니트 브레즈네프는 프랑스 주재 소련 대사관에서 네루다를 개인적으로 접견했다. 이 자리에서 네루다는 브레즈네프가 나서서 소련 작가 알렉산드르 솔제니친에 대한 박해를 멈추게 해 달라고 요청했다. 그러나 브레즈네프는 "아무 말 없이, 나무토막 같은 표정 없는 얼굴로 내 말을 듣기만 해서, 화제를 다른 데로 돌릴 수밖에 없었다". 네루다는 호르헤 에드워즈에게 이렇게 말했다. "솔제니친은 따분한 친구고 게다가 견디기 힘든 바보야. 그래도 건드리지 말고 놔둬야 해. 책임을 져야 하는 건, 우리처럼 반대쪽에 서 있는 공산주의 작가들이겠지."[65]

짧았던 네루다의 파리 재임 기간 중 마지막 몇 달 사이에 그를 찾아온 명사로는 ('라 파시오나리아(시계풀)'로 불리던) 돌로레스 이바루리를 들 수 있다. 스페인 내전기의 공산

---

65) Jorge Edwards, *Adiós, Poeta,* p.273에서 인용.

주의 영웅이었던 그녀는 모스크바에서 망명 생활을 하고 있었다. "네루다는 얼마 전 프랭탕 백화점에서 사 온 안락의자에 그녀를 앉혔다… 그녀는 자기 생각에… 필연적으로 이루어질 수밖에 없는 스페인 민주화에 대해 열정적으로 이야기했다." 네루다가 나중에 에드워즈에게 무척 재밌다는 표정으로 들려준 이야기에 의하면, 스페인에서 이루어진 역사적 진전에 대해 너무 격앙되어 찬양하던 그녀는, 앉아 있던 안락의자가 엎어지는 바람에 마루에 나뒹굴고 말았다고 한다. "의자가 기괴한 등껍질처럼 그녀를 덮어서 마치 거대한 거북 한 마리가 출현한 듯했는데, 네루다와 그 자리에 함께 있던 서너 명의 다른 사람들이 놀라 비명을 질러 댔다."[66] 4월 7일, 네루다는 펜클럽 연설을 위해 뉴욕으로 날아갔다. 1966년의 뉴욕 여행 때 그를 동행했던 페르난도 알레그리아가 이번에도 함께 와서 뉴욕 앨곤퀸 호텔 바로 옆방에 머물렀다. 그는 이렇게 회상한다. "나는 네루다가 중병을 앓고 있다는 것도, 파리에서 수술을 받았다는 것도 알고 있었지만, 그는 도통 어떤 얘기도 하려 들지 않았다. 그러나 그의 몸 상태가 어떤지는 이런저런 사소한 데서 드러나고 있었다… 마틸데가 담담하면서도 확실하게 그를 보살피고 있었다."[67]

---

66) Ibid., p.275.

67) Fernando Alegría, 'Neruda: Reflexiones y reminiscencias', an address given to the 'Simposio Pablo Neruda'.

호텔 바에서 한 잔씩 하는 것도 취소해야 했지만, 그래도 네루다는 불평하지 않았다. "치과에 가서 몹시 힘든 치료를 견뎌 내야 하기도 했다. 치료가 끝나자 우리는 택시를 타고 바닷조개를 사러 갔다. 가는 도중에 우리의 대화는 예상치 않은 분위기를 띠게 되었다. 그는 늙어 가고 있었다. 그러나 누구나 다 늙어 가는 것 아닌가. 누군가 우리에게 그 사실을 굳이 상기시켜 줄 필요는 없는 것이다."[68]

4월 10일, 네루다는 펜클럽 미국 센터 창립 50주년을 기념하는 뉴욕 만찬 연설을 했다. 그는 자기가 칠레의 외채를 경감하기 위한 협상을 진행해야 할 처지이지만, 개인적으로 미국에 막대한 빚을 지고 있다는 사실을 언급했다.

> 이제 일흔이 다 되어 가는 내가, 생애 처음으로 빚을 지게 된 월트 휘트먼을 발견한 것은 겨우 열다섯 살 때였습니다. 오늘 여러분 가운데에 서 있는 나는, 내가 살아 나갈 수 있게 도와준 저 어마어마한 빚을 아직도 갚지 못한 채 이 자리에 있습니다… 위대함이란 여러 얼굴을 가지고 있기 마련이지만, 스페인어로 글을 쓰는 시인인 나는 세르반테스보다 월트 휘트먼에게서 더 많은 것을 배웠습니다. 휘트먼의 시 세계에서는 무지렁이들이 천대받는 법이 결코 없고, 인간이 가진 조건이 조롱거리가 되는

68) Ibid.

일도 전혀 없습니다.[69]

네루다가 휘트먼에게 진 빚은 실로 막대하다고 할 수 있다. 네루다의 집일을 해 주던 목수 라피타가 흰 수염을 기른 이 미국 시인의 초상화가 이슬라네그라의 집 벽에 걸려 있는 것을 보고, "저 양반이 당신 할아버지신가요?"라고 물었을 때 네루다는 주저 없이 "그렇소"라고 대답했다.

그의 후기 시 여러 곳에서 낙담한 슬픈 어조가 나타나는 것과는 대조적으로, 공적인 자리에서 그의 발언은 명명백백한 낙관으로 일관되어 있다. 뉴욕에서 그는 아시아 · 아프리카에서 식민주의가 끝나기를 희망한다는 것과, 아프리카와 아메리카의 흑인 작가들이 "고통 속에서 오랫동안 침묵하던 자기 종족의 진짜 맥박 소리를 전하기 시작했다"는 것을 이야기했다. 그리고 "정치적 투쟁은 시의 일부를 이루는 필수 요소이며, 이따금 피가 되어 흐르는 인간 해방의 역사는, 언제나 노래로 흐르고 있다"[70]라고 말했다.

대중 앞에서는 자신의 진실을 덤덤하게 덮어 두려는 것 같았으나, 시 속에는 어쩔 수 없이 그것이 드러나고 있었다.

네루다는 허약했다. 더는 세상의 주목을 받으려고 하지 않았고, 더 이상 어떤 궁정의 황제가 되기를 바라지도 않았

69) 이 연설문은 1971년 산티아고의 *AuCh*에 게재되었다.

70) Ibid.

다. 그는 평화를 원했다. 세계의 평화만이 아니라, 자신의 평화도 함께 원했다. 그 평화를 그는 뉴욕에서 찾을 수 없었다. 페르난도 알레그리아의 회고다.

> 그의 주위에 몰려드는 사람들이 너무 많았다. 나는 네루다가 창백해지는 것을 보았다… 사람들은 그를 둘러싸고 그를 짓이기며 구석으로 몰아갔다. 그는 마침내 자리를 뜨지 않을 수 없게 된다. 우단이 깔린 어떤 우아한 방에 들어선 그는, 마치 마지막 몇 회전을 치르고 있는 권투 선수처럼 녹초가 되어, 숨을 들이쉬고 샴페인 한 모금을 마신다… 느릿느릿 화장실로 가던 그가 잠시 내게 들러, 몸이 좋지 않으니 11월에는 칠레로 돌아가겠다면서, 사람들에게는 아무 말 하지 말아 달라고 한다. 그러나 누구나 다 그의 상태를 알고 있었다.[71]

두 번째로 뉴욕을 방문한 이 기간에 네루다는 골동품 가게 순례를 즐겼다. 그중에서도 특히 조개껍데기 파는 가게를 좋아했다. 영국 생물학자인 줄리언 헉슬리 경은 언젠가 산티아고 공항에 도착하여 친구인 네루다를 찾았다. 그러자 기자들이 "시인 네루다를 말씀하시는 겁니까?" 하고 물었다. 그러자 헉슬리는 이렇게 말했다. "아니요, 나는 네루다라는 이

71) Fernando Alegría, 'Neruda: Reflexiones y reminiscencias'.

름을 가진 시인을 모릅니다. 내가 찾고 있는 사람은 조개 전문가 네루다요."

네루다는 유엔 본부와 '시(詩) 센터'에서 두 차례 시 낭송회를 갖고, 4월 13일에는 컬럼비아 대학에서 교수와 학생들을 대상으로 강연을 했다. 그리고 다음 날 파리로 돌아왔다.

얼마 안 있어 그는 당시 파리에 망명 중이던 유명한 그리스 작곡가 미키스 테오도라키스를 만나게 된다. 테오도라키스는 『모두의 노래』를 음악으로 만들고 있었다. 그는 시인에게 리허설을 시작할 준비가 끝났다고 말했다. 파블로는 한쪽 귀퉁이에 다소곳이 앉아 성악가, 합창단, 오케스트라가 자신의 시를 노래하고 연주하는 것을 들었다. 「어떤 짐승들」, 「새들은 날아오네」, 「해방자들」, 「반란의 아메리카」, 「나의 당에게」, 「나는 살리라」 등이었다. 스스로 놀랄 일이었지만 —그는 음악을 전혀 이해하지 못했다—, 아마도 이날 리허설의 경험이 좋았던 네루다는 테오도라키스에게 손수 서명한 『모두의 노래』를 한 부 증정한 뒤, 다른 몇 편의 시도 오라토리오에 포함해 달라고 부탁했다. 그래서 새로 추가된 것은 「에밀리아노 사파타에게」, 「라우타로」 그리고 「산디노」였다.

7월 12일은 그의 예순여덟 번째 생일이었다. 네루다는 비록 허약해지긴 했지만, 눈에 띄게 기분이 좋은 상태였다. 노르망디의 라 망켈에서 열린 파티에 그는 실크해트에 빨간 바텐더 웃옷을 걸치고서 가짜 콧수염을 달고 나타났다. 식탁 위에 각양각색의 포도주 잔을 조심스레 차려 놓고 모스크바에서 가져온 캐비아를 유쾌하게 나눠 준 뒤, 갑자기 초대 손님 중 한 명을 향해 – 칠레 작가 폴리 델라노였다 – 이렇게 말했다. "폴리, 내게 축하 좀 해 줘야겠어."

나는 잘 차려진 식탁 이야기를 하는 줄 알았다. 그런데 아니었다. "방금 오줌을 잘 쌌거든. 용케 오줌을 싸게 되면, 그때마다 모든 사람에게 축하를 받아야 할 것 같은 기분이 든단 말이야." 그때는 뚱딴지같은 소리로 들렸다. 그가 전립선암을 앓고 있다는 사실을 모르고 있었기 때문이다. 지난번 모스크바에 간 것이 병 치료 때문이었다는 사실도 나는 몰랐었다.[72]

1972년 9월 19일, 네루다는 노동자, 학생, 기타 직종을 대표하는 공산주의 청년 단체 '라 호타' 제7차 총회를 위해 쓴 낙관적인 인사말에서 공산주의에 대한 확고한 헌신을 다시금 천명한다.

젊은이들은 젊게 사는 법을 배워야 한다. 그러나 그것은 쉬운 일이 아니다. 나는 슬픔에 빠진 소년이었다. 남부에 사는 가난한 사람들의 슬픔, 비의 울음소리, 빈틈없는

---

72) Poli Délano, 'Neruda: caracolas y elegías', *La Tercera,* Santiago, 27 September 2003.

> 고독, 이런 것들이 내 삶에 드리워져 있었다. 나는 나중에야 알게 되었다. 삶이 우리 앞에 던져 놓는 문제들이 심각하면 심각할수록, 우리가 갈 길을 찾기가 어려우면 어려울수록 그리고 우리가 사회의 불의를 더욱더 진지하게 느낄수록, 그만큼 우리가 지닌 책임을 가치 있게 느껴야 할 더 많은 이유가 존재한다는 사실을 나는 나중에야 알게 되었다. 바로 그렇게 해서 우리는 기쁨으로 가는 길을 찾게 되는 것이다… 우리는 우리의 기쁨을 함께 나눌 수 있도록, 우리의 기쁨이 온 세계에 두루 건네질 수 있도록 투쟁하는 것이다.

그로 하여금 그토록 삶의 가치를 긍정하는 시인이 되게 만든 것은 바로 살아 있다는 사실 자체의 기쁨이었다. 그리고 이 기쁨을 함께 '나누고자' 하는 그의 속 깊은 마음이 그토록 많은 충직한 친구들을 – 심지어 정적들 사이에서까지 – 갖게 만든 것이다.

하지만 이 연설문에서 네루다는 젊은이들에게 현 상황에 대해 경고하고 있기도 하다.

> 자본주의와 제국주의는 '자유세계'라는 가면 밑에 정체를 숨기고 있다. 그 밑에 숨겨진 것은 테러와 계급적 억압, 왜곡되고 타락한 사회다… 오늘날, 수많은 국가들이 혁명을 경험하고 있다. 공산주의자들은 수난당하고 폭

력의 희생자가 되며 중상당하고 있다. 오늘날 그들은 세계의 운명을 결정하는 데 다수파로 군림하고 있다… 역사는 전진해 나간다. 낙오자들, 조바심치는 자들을 뒤로 하면서… 내가 칠레 공산주의자들의 가족에 합류했을 때, 나는 이미 성인이었다. 나는 이미 고독을 통과해 나왔었다. 나는 갖가지 비극을, 불운을, 재앙을 느꼈고 이해했었다. 여러 전쟁을, 패배를, 타격을, 승리를 통과했었다. 나는 그 모든 것을 알고 있다고 생각했다. 그러나 나의 당 안에서, 또 여러 민족과 함께 어울려 아메리카와 칠레의 여러 길을 걸으면서, 나는 내가 배워야 할 것이 아직 많다는 것을 깨달았다. 내가 한 번도 만난 적 없는 이름 없는 사람들이, 지혜와 올곧음과 확고함에 대해 참으로 위대한 가르침을 매일매일 내게 주고 있다는 것을 나는 알게 되었다.

그리고 함축적인 마지막 구절이 이어진다. "누구도 자신을 당보다 우월하다고 여겨서는 안 된다. 이 겸손한 마음가짐이 맹목적 추종을 의미하는 것은 아니다. 그보다는 개인적인 요소를 극복하는 것, 우리를 항상 진리로 이끌어 가는 규율을 배우는 것을 의미한다."[73] 생애 마지막 해까지도 공산

73) Pablo Neruda, 19 September 1972. '라 호타(La Jota)'의 웹사이트(http://cipres.cec. uchile.cl/jjcc/jota/index-jota.html.)에 게재되었다.

당은 그에게 가장 중요한 존재였다.

1972년 10월, 유네스코는 네루다를 집행 위원으로 선임할지를 두고 투표를 진행했다. 그를 승인하는 결과가 나오자 허약한 몸 상태에도 불구하고 네루다는 행사에 참석했다. 식장에서는 우레 같은 환영의 박수갈채가 쏟아졌다. 유네스코 위원단 앞에서 행한 연설에서 그는 시인으로서의 삶에서 가장 중요한 순간의 경험을 이야기했다. 시집 『가슴속의 스페인』에 실린 시들을 산티아고 시장 짐꾼들 앞에서 낭송하던 그는 그들의 반응을 들으면서, 평범한 사람들을 위해 시를 쓰고 '어려운' 시구들을 피하지 않으면 안 된다는 사실을 깨달았다고 했다.

며칠 뒤인 10월 27일, 네루다는 파리 외과 병원에서 두 번째 수술을 받았다. 그는 이번에도 수술 사실을 절대 밖에 알리지 말아 달라고 부탁했다. 네루다는 친구들에게 여러 차례 그런 일 없을 것이라고 약속했음에도, 내키지 않는 마음으로, 대사직을 사임할 결심을 하고 있었다. 건강이 악화하여 이제 칠레로 돌아가야 할 때가 된 것이다. 그때가 언제이든 이 지상을 떠나는 순간이 오면, 그때 자신이 있을 곳은 칠레였기 때문이다.

그는 칠레에 있는 친구 테이텔보임에게 편지를 써서, 계획 중이던 귀국 환영회를 12월 2일까지 미뤄 달라고 부탁했다. 수술 후에 회복할 시간이 필요했기 때문이다. 아직은 자신의 귀국이 일시적인 것인 양 외부에 알릴 필요가 있었다.

네루다는 미키스 테오도라키스에게 — 언론이나 다른 친구들에게도 그렇게 알려지길 바라면서 — 공식적인 귀국 이유를 말해 주었다. 아옌데 대통령으로부터, 칠레가 심각한 문제에 당면하고 있으니 어떻게든 빨리 귀국하라는 연락이 왔다는 것이었다.

이제 파리를 영원히 떠날 날이 코앞으로 다가온 네루다에게 새로운 습관이 하나 생겼다. 그는 대사관 침실에서 싸구려 망원경을 통해 나폴레옹의 무덤이 있는 앵발리드의 황금색 돔 지붕을 바라보곤 했다. 그런데 놀랍게도 그 망원경은 어린이용이었다. 생의 마지막 순간까지 네루다는 결코 세상에 대한 아이 같은 호기심을 잃지 않았다.

15.
마지막 시간－독수리의 혼
1972~1973

1972년 11월 파블로와 마틸데는 마침내 파리를 떠났다. 두 사람은 유럽에서 비행기로 귀국하는 도중 언제나처럼 부에노스아이레스에 잠시 체류했다. 칠레로 돌아온 것은 11월 21일이었다. 2년 동안의 외국 생활을 접고 산티아고 푸다우엘 공항에서 비행기 트랩을 내려서는 시인의 모습은 불안해 보였다. 20년 전 망명길에서 돌아오던 때의 빛나던 모습과는 너무 대조적이었다. 이번에는 조국에서 최후를 맞기 위해 돌아오는 길이라는 것을 그는 잘 알고 있었다. 그가 돌아오고 있는 칠레는 또한 심각한 정치적 대립 속에 빠져들고 있었다.

아이다 피게로아는 "그는 지쳤고 안색도 좋지 않았다"라고 말한다.

> 칠레 국립 경기장에서 열린 환영식에서는 당시 공화국 부통령이던 프라츠 장군이 연설을 했다. 이 자리에 참석하느라 네루다는 힘든 육체적 희생을 감내해야 했다. 무

> 개차로 경기장을 한 바퀴 도는 동안 네루다는 마치 두 다리가 멀쩡한 듯이 내내 서 있어야 했다. 그런 뒤 그는 아주 멋진 연설을 했다. 정부 관계자나 일반인들 혹은 기자들에게 자기가 아프다는 사실을 알리고 싶지 않았던 그는 사람들이 건강에 대해 염려해 주면 몹시 곤혹스러워했다. 행사가 끝나자마자 곧장 이슬라네그라로 돌아가서 다시는 대중 앞에 나서지 않았던 것도 그 때문이다.[1)]

12월 2일 산티아고 국립 경기장에서 열린 행사에 모든 자리가 다 찬 것은 아니었다. 여기저기 빈자리가 보였는데, 파블로 네루다와 관련된 행사치고는 드문 일이었다. 두려움 때문이었다. 집 밖 길거리에서 사람들 눈에 띄는 것, 그런 공개적 정치 행사장에 모습을 드러내는 것에 대한 두려움 말이다. 네루다는 연설 중에 칠레에 다가오는 파시즘의 위협에 대해 분명하게 지적했다. 어떤 불길한 예감을 느꼈던 그는 당시의 칠레 분위기를 프랑코가 반란을 일으키기 전의 스페인과 비교했다. 그 뒤 스페인은 내전을 겪으며 피를 흘리게 되었던 것이다. 다가오는 1973년 3월 총선을 통해 야당은 아옌데를 실각시킬 기회를 찾고 있었다. 네루다는 이 중요한 선거를 위해 최선을 다하겠다고 약속했다. 그러면서도 여전히 자기 병세를 공개하는 것은 거부했다. 그의 특집이 실린

1) Luis Alberto Mansilla, 'Vivir con Neruda'에서 인용.

잡지 표지에는 이런 말이 실려 있다. "저 빛나는 칠레의 길 위에서 내가 하나의 작은 기억으로만 존재할 때도, 삶과 투쟁과 시는 여전히 살아 있을 것이다."

네루다는 자신의 병이 무엇인지를 얼마나 '정확히' 알고 있었을까? 마틸데는 네루다 친구들 모두에게서 암이라는 사실을 그에게 말하지 않겠다는 약속을 받아 냈다. 1972년 12월 28일, 네루다는 이슬라네그라에서 호르헤 에드워즈에게 편지를 보내면서 엉덩이의 '류머티즘'에 대해 언급하고 있다. 그리고 몇 달 뒤 다시 이런 글을 써 보낸다. "류머티즘이 날마다 더 심해지고 있다. 지팡이를 짚고 다니지만, 사람들에게 이런 모습을 보여 주고 싶지 않다. 산티아고에는 한 번도 가지 않았다."[2] 사실 그는 뻔질나게 병원을 들락거리고 있었는데, 응급 검진 때문이었다.

에드워즈의 회상이다.

> 칠레 의사들은 마틸데에게, 암의 진행 속도가 느려서 네루다가 아직도 몇 년은 더 살 수 있으며 쾌활한 기분을 유지하는 것이 중요하다고 충고했다. 만약 우울증에 빠지게 되면, 아드레날린 분비가 중단되고, 그 때문에 암의

---

2) *La Tercera,* Santiago, September 2003, special Internet edition marking the thirtieth anniversary of Neruda's death. http://docs.tercera.cl/especiales/2003/30aniosneruda/obra/cartaedwards.htm.에서 인용.

진행 속도가 빨라진다는 것이었다. 네루다에게 병이 위중하다는 것을 숨겨야 할 충분한 이유가 되는 셈이었다.[3)]

칠레의 정치 상황은 극도로 위태로웠다. 살바도르 아옌데의 인민연합은 칠레 공공 생활의 양상을 완전히 바꿔 놓았다. 정부는 경제를 국유화하고 대대적인 소득 재분배 정책을 도입할 계획을 세우고 있었고, 민중이 국가 경제에 참여할 수 있도록 허용할 생각이었다. 하지만 칠레 사회는 갈수록 양극화되고 있었다. 1971년 6월, 칠레의 한 극좌파 집단에 의해 기독교민주당 정치 지도자인 에드문도 페레스 주코비치가 살해되면서 정치적 긴장이 고조되었다. 정책 결정이 제대로 이루어지는 데 가장 큰 걸림돌은 견해차가 너무 큰 여섯 개의 정당이 연합하고 있다는 사실이었다. 급진당은 온건한 사회 민주주의를 추구하는 데 반해 아옌데가 소속된 사회당 내 좌파는 레닌주의자들이었다. 정부는 헌법을 통해 포괄적인 정책을 실행할 수 있는 수단을 확보하고자 했지만, 연정을 이루고 있던 사회주의자들과 공산주의자들은 그 완급을 놓고 의견이 갈렸다. 사회주의자들은 '혁명적 폭력'이 긴요하다고 생각하고 있었던 반면, 공산주의자들은 – 외교 정책에서는 모스크바를 충실히 지지하고 있었지만 – 국내 문제에서는 보다 신중했으며 중산 계급을 안심시켜야 할 필요

3) Ibid.

성을 느끼고 있었다. 사회당 내에도 분파주의가 존재하는 데다 규율이 점차 무너지는 분위기도 생겨났다.

인민연합 정부는 몇 가지 놀라운 진보를 성취해 내기도 했다. 초등학생 전원에게 무상으로 우유를 공급한다든가, 세제를 개혁한다든가 하는 것이 그것이다. 그러나 임금 인상을 억제하지 못하고 다른 경제적 실책이 겹치면서 점점 논쟁이 격렬해졌다. 보다 긴밀한 조율을 위해 1972년 7월, 사회당의 카를로스 마투스가 경제 장관에 임명되고 공산당의 오를란도 미야스가 재무 장관을 맡게 되었다. 그러나 물가를 제대로 잡지 못하고 화폐가 평가 절하되면서 인플레이션이 극심해졌다.

내부 갈등이 깊어 가는 동안, 미국이 당시 어느 정도로 칠레 내정에 개입했는지에 대해서는, 2000년 11월 미 국무부가 공개한 기밀 해제 문서들이 잘 보여 주고 있다. 라틴아메리카에 또 다른 '쿠바'가 출현할 가능성에 공포를 느낀 미국은 이미 1964년에 미 행정부 정책연구위원회의 승인 아래 300만 달러를 칠레에 투입하여 기독교민주당 대통령 후보인 에두아르도 프레이를 지원했다. 1964년 9월 4일 프레이는 여유 있게 대통령에 당선되었다. 그리고 1970년 3월 5일, 같은 위원회에서 12만5000달러를 승인하여 선거가 있기까지 몇 달 동안 아옌데의 인민연합에 대한 신뢰를 실추시키기 위한 공작이 진행되었다. 6월 27일에는 다시 40만 달러가 추가로 제공되었다. 7월 16일에는 미 중앙정보국 전임 국장이던 존 매콘이 중앙정보국의 윌리엄 브라운과 미국 다국적 기업인 국제 전화 전신 회사(ITT) 사장 해럴드 제닌 사이의 회담을 주선하여 이 회사의 자금이 아옌데 반대 운동을 강화하는 데 쓰일 가능성을 모색했다.[4)]

1970년 9월 4일 아옌데가 승리하자, 미국은 다시 25만 달러를 산티아고 주재 미 대사에게 제공하여, 선거 결과를 인준하는 1970년 10월 24일의 결정적인 의회 투표에 영향을 미치려 했다. 한편, 제닌은 9월 9일 매콘에게, 만일 미국 정부가 칠레 의회 내에 아옌데의 인준을 저지할 연합 세력을 꾸릴 계획이라면, 자신이 100만 달러를 지출할 용의가 있다고 알렸다. 며칠 뒤 매콘은 국무 장관 헨리 키신저와 정보국장 리처드 헬름스를 만났다. 9월 15일에는 닉슨 대통령이 헬름스에게 군사 쿠데타를 지원하여 아옌데의 집권을 막으라고 지시한다. 다음 날 키신저는 백악관 기자 회견을 통해 아옌데의 집권은 미국과 라틴아메리카에 '심대한 문제들'을 야기할 것이라는 입장을 표명한다.

1970년 10월, 국제 전화 전신 회사는 "아옌데가 향후 6개월의 어려운 고비를 절대로 넘기지 못하게" 만들 18개 항의 계획서를 백악관에 제출했다. 그 계획은 거부되었다. 칠레 군 총사령관이자 아옌데 대통령의 민주적 선출을 지지했던

4) 1970년 당시 ITT는 칠레 통신사 칠테코(Chilteco)의 지분 70%를 소유하고 있었다.

레네 슈나이더는 10월 19일과 20일, 두 차례의 암살 기도를 모면했지만, 22일 치명상을 입게 된다. 이틀 뒤 칠레 의회는 아옌데의 승리를 153 대 35로 승인했다. 패배를 인정한 닉슨 정부는 산티아고의 주요 우익 신문인 ≪엘 메르쿠리오≫에 수십만 달러를 지원함으로써 신생 마르크스주의 정권에 대한 비난과 중상을 시도했다. 약 70만 달러가 신문사로 흘러들어 갔다.

아옌데가 부닥친 문제는 또 있었다. 1972년 8월 21일, 소매상인들의 24시간 파업이 폭력적 상황으로 끝나자 그는 산티아고 지역에 비상사태를 선포하지 않으면 안 되었다. 기회를 노리던 미국은 10월 26일, 다음 해 3월의 총선을 앞두고 야당 세력과 칠레 민간 부문에 대한 140만 달러의 지원금을 승인했다. 아옌데 대통령은 1972년 12월 4일, 뉴욕의 유엔총회 연설에서 칠레가 '심각한 공격'의 희생양이 되고 있으며, "광범위한 외세의 압력"에 직면해 있다고 주장했다.

이 과정은 네루다의 파리 체류 기간의 배경이 된다. 그는 점점 건강이 악화하고 있었지만, 조국 칠레의 미래에 대한 심각한 우려는 병을 더 무겁게 했다. 칠레가 제대로 된 길을 가고 미국의 간섭에서 벗어나기를 바라는 염원은 그가 쓴 가장 논란이 많은 책 『닉슨 암살 선동과 칠레 혁명 찬양』에 곧바로 고스란히 표현된다. 네루다가 이 글을 쓴 것은 1972년 12월과 1973년 1월 사이였다. 그해 3월, 산티아고의 출판사인 키만투에서 특별판 1000부가 간행되었다. 다음 달에는 리마에서 다량의 보급판이 그리할보에 의해 출간되었다.

수많은 네루다 애호가들이 서정성을 포기하고 노골적인 논쟁으로 돌아섰다는 이유로 이 책을 폄훼했다. 그러나 이 책은 1973년 3월 칠레 총선 과정에서 인민연합 선거 운동에 힘을 보태기 위한 작업의 일환으로 쓰였음을 알아야 한다. 로버트 프링밀은 그가 쓴 탁월한 저서에서 이렇게 말했다.

> 그때는 위기의 시기였고 시인은 자신의 예술을 전적으로 인민연합을 위해 사용할 준비가 되어 있었다. 의도적으로 정치 팸플릿의 성격을 띤 책을 써서 대중에게 호소하려 한 것이다. 그런 책을 쓰면 그의 시를 좋아하는 사람들 대다수가 자신의 노력을 부정적으로 보리라는 것을 분명히 알고 있었고, 책의 내용이 너무도 시류와 밀접하게 관련된 것이라 책을 쓰는 순간의 상황이 지나가고 나면 의미를 잃으리라는 것도 잘 알았지만, 그 같은 선택을 한 것이다.[5]

미국으로부터 계속해서 자금이 흘러들어 왔음에도 인민연합은 3월 4일 총선에서 43%의 지지를 얻었다.

네루다가 '최종적 설명'이라고 이름 붙인 『닉슨 암살 선동

---

5) Robert Pring-Mill, 'Neruda y las coordenadas de la poesía de compromiso (I)', *Nerudiana,* published by the Istituto di Lingue e Letterature Romanze, University of Sassari, Sardinia, 1995.

과 칠레 혁명 찬양』 서문은 1973년 1월에 쓴 것으로 되어 있으며, 대단히 함축적이다. 그는 책을 쓰는 것 말고는 다른 방법이 없었음을 말하고 있다.

> 나의 노래는 아라우칸족의 돌처럼 단단하여 내 민중의 적들을 향해 날아가는 강력한 무기다. 그것은 일시적 기능에 불과할지 모른다. 그래도 나는 그 기능을 수행하겠다. 그리고 나는 시가 동원할 수 있는 저 가장 오래된 수단을 동원할 것이다. 고전주의나 낭만주의 작가들이 적을 파괴하려 할 때 썼던 방법인 노래와 팸플릿 쓰기가 그것이다. 그러니 굳건히 버티라. 내가 맨 먼저 방아쇠를 당기리니![6]

그 나름으로 더욱더 함축적인 것은 파블로가 1973년 2월 15일, 이슬라네그라에서 로버트 프링밀에게 보낸 편지다. 여기서 그는 『닉슨 암살 선동과 칠레 혁명 찬양』이 1960년 쿠바 혁명을 찬양한 『무훈의 노래』와 같은 정치 팸플릿이라고 말했다. "그 시들은 일부러 다수 대중이 읽으라고 쓴 것들이다."[7] 프링밀의 견해에 의하면, 네루다는 그의 시 전체의

---

6) Pablo Neruda, 'Peremptory Explanation', *Incitacion al nixonicidio y alabanza de la revolución chilena* (Editora Quimantú, Santiago, 1973).

7) Robert Pring-Mill, 'Neruda y las coordenadas de la poesía de

정치적 성격에도 불구하고, 이 두 작품은 그 형식에서(현학적인 요소나 표현의 섬세함 혹은 연금술적 난해성 따위가 보이지 않는다는 점에서) 자신의 다른 시들과 분명한 차이를 가지고 있음을 알고 있었다. 편지는 또 "사회적 투쟁에 직접적인 영향"을 조금이라도 미치고 있는 책은 이 두 권뿐이라고 그가 믿고 있음을 보여 주는 듯하다.[8)]

아르헨티나 친구 엑토르 에안디에게 보낸 편지에서 시인은 "인생을 꿰뚫어 보고 그것을 예언적으로" 만들 "권한을 위임받은" 존재이고, "시인은 미신이어야 하고 신비로운 존재여야 하며… 시는 그 안에 우주적 실체와 정념과 사물을 담아내야 한다"[9)]라고 썼던 것이 1929년인데, 네루다는 그로부터 얼마나 먼 길을 걸어온 셈인가!

이제 죽음을 눈앞에 둔 평화주의자 네루다가 기꺼이 폭력을 선동하는 모습을 보이는 것이다. 그 자신은 이것을 역설적이라고 여기지 않았다. 1970년 1월 리타 기버트에게 그는 이렇게 말했다.

> 여기저기 도처에 보이는 것이 폭력이다. 공포와 파시스트들의 폭력이 지배하는 나라들에서는… 이 상황에서

---

compromiso (I)'에서 인용.

8) Ibid.

9) Pablo Neruda, *Pablo Neruda, Héctor Eandi. Correspondencia,* p.60.

벗어나기 위해서라면 어떤 수단도 정당화된다고 생각한다. 아이티의 파파 도크 같은 범죄자들이 정부를 이끌어 갈 때, 다른 가능성이 무엇이 있겠는가? 파라과이 같은 곳은 감옥이 정치범들로 넘쳐난다. 나라마다 사람들이 자신의 길을 선택하지 않으면 안 된다. '나는 일반적인 정치 원리로서의 폭력을 믿지 않는다'라는 식으로 말할 수는 없는 것이다.[10]

네루다는 1972년 10월 말에서 11월 사이의 옥스퍼드 방문 기간에 『닉슨 암살 선동과 칠레 혁명 찬양』에 대해 이야기할 계획이 있었다. 프링밀이 그를 초청하여 시 낭송회를 갖고 '제3세계에서의 시인의 역할'이라는 주제로 열릴 토론에 참석해 줄 것을 요청했다. 안타깝게도 이 계획은 취소할 수밖에 없었다. 2차 수술을 위해 파리에 가게 된 데다 그 뒤 대사직을 사임하고 칠레로 돌아가 쉬어야 했기 때문이다. 몸이 완전히 회복되면 다시 옥스퍼드로 가겠다는 것이 그의 생각이었다. 그는 1965년 6월 명예박사 학위를 받기 위해 이 대학 도시를 처음 방문한 것이 노벨상을 받게 된 중요한 첫걸음이었다고 생각했다. 그는 기쁜 마음으로, 1972년 노벨상 수상 연설 때 탐색하기 시작한 생각들을 이 기회를 빌려 더 전개해 보려고 계획하고 있었다.

---

10) Rita Guibert, *Seven Voices*, pp.37-38.

프링밀에게 보낸 1973년 2월 15일 자 편지에서 네루다는 이렇게 덧붙이고 있다.

> 그 시가 스스로를 '전투적'이라고 하건 말건, 혹은 어떤 방식으로든 사람들에게 도움이 되건 말건, 민중은 현학적인 시에는 관심을 갖지 않는다. 그것은 직업적인 전문가들 사이에서나 설왕설래하는 사치품에 불과하다. 갖가지 경험을 통해 나는 많은 것을 배웠다. 그중에서도 내면적인 시와 공적 표현의 분리에 대해 말하자면, 후자가 논쟁을 회피해야 할 이유는 없다. 오히려 논쟁을 장악하고 논쟁을 촉발하는 것이 마땅하다.[11]

1972년 11월, 타예레스 그라피카 가르시아에서 『파블로 네루다 민중 시선』을 펴냈다. 이 시선집은 아옌데 대통령이 네루다의 노벨상 수상을 기념하기 위해 제안한 것으로 아옌데가 직접 서문을 썼다. 이 책은 특별히 네루다가 인세를 한 푼도 받지 않을 것이라는 점을 밝히고 있다. 수록 작품은 친구이자 비서인 오메로 아르세가 1972년 9월 노르망디의 라 망켈에서 시인과 대화를 나누며 선정했다. 네루다는 『가려 뽑은 결점』이라는 책에서 아르세와의 유쾌했던 작업을 회고

11) Robert Pring-Mill, 'Neruda y las coordenadas de la poesía de compromiso (I)' 참조.

하고 있다. 제목이 네루다의 느낌을 요약하고는 있지만 『하루의 손』을 특징짓는 탄식조의 자기 비하는 보이지 않고, 그보다는 『에스트라바가리오』의 빼어난, 그리고 대단히 매혹적인 자기 조롱으로 돌아가고 있다.

「무능력자」라는 시는 성인이 된 이후 여성들과의 관계에서 그토록 운이 좋았던 사람치고는 놀라울 만큼 자기 비하적인 분위기를 담은 재기 넘치는 작품이다.

> 아, 그 소녀들!
> 나는 그런 빼어난 여인들을 보지 못했다
> …
> …그리고 나는 돌아다녔지
> 초라한 몰골로, 사랑에 빠진 얼간이 같은 모습을
> 짐짓 의기양양 감추면서,
> 감히 다리를 바라보지도
> 내 욕망 위로 쏟아지는 검은 물의 폭포 같은
> 목덜미로 흘러내린 저 머릿결을 쳐다보지도 못하면서.
>
> 신사 숙녀 여러분, 그 뒤에도 내가 어디를 가든
> 마찬가지 일이 벌어졌으니
> 그들은 팔꿈치로 치거나 차가운 눈길로
> 나를 경쟁에서 밀쳐 냈고,
> 나를 식사 자리에 끼워 주지 않았으며,

모두들 금발 미녀들을 데리고 어디론가 나가 버렸다.[12]

그러나 기울어 가는 건강이 그의 책 위에 그늘을 드리우고 있었다. 놀라운 시 「전사의 패러디」에서 네루다는 거의 착란에 가까운 상태에 빠진다. 이전에도 그는(『지상의 거처』에 실린 「내 다리의 의식(儀式)」에서) 자기 몸의 일부, 특히 마치 주인과는 별개인 듯 보이는 자신의 다리를 바라보면서 느끼는 즐거움을 시로 쓴 적이 있다. 병 때문에 이제 점점 빈번하게 열이 오르고 어느 날 그런 상태에서, 통풍으로 엉망이 된 자신의 다리가 쓸모없게 되었다고 느낀다.

여기 이렇게 위에서 나는 당신들을 볼 수 있다.
내 두 발 없이 당신들은 얼마나 서툰가,
내 충고 없이,
얼마나 느릿느릿 포석 위를 걸어가는가.
당신들은 태양도 전혀 모르고
화약도 잘 알지 못하니,
어린아이 되는 것 배워야 하리.
먹는 것, 쳐들어가는 것,
산을 오르는 것,

---

12) Pablo Neruda, 'El incompetente', *Defectos escogidos* (Losada, Buenos Aires, 1974).

공책을 정돈하고,
벼룩을 잡고,
영토를 판독하고,
섬들을 발견하는 것 배워야 하리.

궁지에 몰린 살바도르 아옌데 정부는 자기 진영의 가장 유명한 지지자가 미칠 수 있는 영향력을 여전히 잊지 않았다. 1973년 초엽, 정부에서는 시인의 70회 생일을 축하하기 위해 1974년 7월 12일 국가적 행사를 치를 계획이라고 발표했다. 세계 전역에서 작가들이 초대되고 칠레 국민 역시 이 행사에 참여하게 될 것이었다.

마틸데는 이렇게 회상하고 있다. "이 같은 애정 표시에 작게나마 나름대로 고마움을 표하기 위해, 네루다는 깜짝 선물을 준비하기 시작했다. 자신이 사랑했던 사람들 모두에게 주는 선물 말이다."[13]

그의 사후에 출판된 여덟 권의 책(일곱 권의 시집과 회고록)이 어떤 순서로 쓰였는가에 대해서는 상당한 이견이 존재한다. 그가 가끔 몇 권의 책을 동시에 썼다는 것은 익히 알려진 사실이다. 그리고 마틸데의 말대로 그중 여섯 권은 네루다가 타계하기 전에 이미 완성되어 있었다는 것도 잘 알려져 있다. 나머지 두 권—『바다와 종』과 『가려 뽑은 결점』—은

13) Matilde Urrutia, *Mi vida junto a Pablo Neruda*, p.249.

미완성 상태였다. 문제를 더 복잡하게 만드는 것은 네루다가 책이 완성되기 전이라도 그 일부분을 한정판으로 펴내기를 좋아했다는 사실이다. 그는 또 개별 시들을 신문, 특히 친구인 미겔 오테로 실바가 편집하던 베네수엘라 일간지 ≪엘 나시오날≫에 이따금 싣곤 했다. 네루다가 자신의 70회 생일을 위해 쓰고 있던 책 중에는 그가 쓴 가장 아름다운 서정시들이 일부 포함되어 있다. 그 시들은 고뇌와 죽음의 공포, 육체적 쇠락에 대한 자각, 평화와 고독과 이해의 추구로 채워져 있다. 그가 어떤 식으로든 글쓰기를 계속할 수 있었다는 사실 자체가 경이로운 것이었다.

1973년 1월 중순, 그는 발파라이소의 라 세바스티아나에서 칠레를 방문 중이던 몇몇 소련 작가와 유쾌한 담소를 나누고 있었다. 그는 상자에 든 유리잔을 보여 주면서 세묜 키르사노프가 선물해 준 것이라고 설명했다. 그런데 방문 작가 중 한 사람이 잠시 망설이더니 네루다에게 이렇게 물었다. "왜 키르사노프 이야기를 현재 시제로 하는 거죠? 그 사람이 한 달 전에 죽은 것을 모르고 계셨나요?" 1972년 12월 키르사노프는 모스크바에서 사망했다.

마틸데는 "그 순간은 설명하기가 무척 어려웠다"고 회상하고 있다.

> 파블로는 잔을 손에 쥐고 멈춰 서서 그것을 물끄러미 바라보았다. 몇 분간, 고통스러운 침묵이 흘렀고 그는 아무

말 없이 방을 나가 어디론가 사라졌다. 나는 밖으로 나가 멀찍이서 그를 지켜보았다. 그는 두 눈으로 술잔을 뚫어지게 응시하며 넋이 나간 듯한 얼굴로 이리저리 걷고 있었다. 나는 가까이 다가갈 엄두가 나지 않았다. 멀리서 그의 모습을 바라보면서, 더 이상 이 세상 사람이 아닌 우리의 친구 생각에, 아니 그보다도 파블로가 느끼는 고통 때문에 나는 흐느꼈다. 그 고통이 얼마나 큰지는 오직 나만이 알고 있었다. 몇 분이 지나고 그가 방으로 돌아왔다. 누구도 입을 열 수 없는 침묵이 흘렀다. 우리는 서로를 바라보았다. 그가 애써 미소를 지었다. 나도 싱긋 웃음을 보였다. 그가 어딘지 덤덤한 목소리로 이렇게 말했다. "이 잔은 멋진 키르사노프가 익살을 부리며 준 것인데, 지금 이 순간 그 친구가 절대로 원치 않는 것이 있다면 그건 우리가 축배를 멈추는 것 아니겠나."[14)]

그 소식 말고도 또 다른 비보가 전해졌다. 발파라이소에서 코발트 치료를 받고 있던 네루다에게 파블로 피카소가 아흔한 살을 일기로 타계했다는 소식이 날아들었다. 1973년 4월 8일이었다. 칠레 기자 루이스 알베르토 만시야가 발파라이소의 캅 두칼 호텔 객실에서 네루다를 취재했다.

14) Ibid., p.240.

> 그는 누워 있었다. 의자가 하나도 없어서 침대 발치에 앉으라고 그가 권했다. 그는… 절대로 거를 수 없는 낮잠을… 막 자고 난 뒤였다. 그는 일어나… 바다에 면한 방 안을 이리저리 걸었다. 물론 그는 우리가 알고 있던 네루다가 아니었지만, 그래도 그날은 기분이 아주 좋아 보였다. 그는 말을 많이 했다. 자신의 70회 생일 이야기도 했고, 아옌데에 공감을 표하면서, 그 사람이야말로 정말 문화를 이해하는 대통령이라고 생각한다는 이야기도 했다… 피카소에 대해서도 진지한 이야기며, 이런저런 일화를 포함하여 하고 싶은 이야기가 많은 것 같았다. 두 사람은 오랜 우정 비슷한 정치적 입장으로 결속되어 있었다… 그의 얼굴에 어쩔 수 없이 흔적을 남기고 있는 코르티손만이 그가 중병에 걸린 사람임을 일깨워 주었다.[15]

네루다는 여전히 어딘가 낙관적인 상태였다. 4월 13일, 그는 호르헤 에드워즈에게 편지를 쓰면서, 아옌데 정부는 온갖 압력에도 불구하고 버텨 나갈 것이라는 믿음을 이야기했다. 이 편지에서도 그는 자신의 병이 류머티즘이라면서, 칠레에서 사는 것이 "다른 무엇보다 기운이 솟게 하고 위안을 준다"라고 썼다.

1973년 6월 29일, 실패한 쿠데타인 이른바 '탕케타소

15) Carlos Orellana, ed., *Los rostros de Neruda*, p.180.

(tanquetazo)'라는 사건이 일어났다. 로베르토 소우페르 대령이 이끄는 우익 군대가 탱크를 앞세워 산티아고 중심부를 점령하고서 국방부와 대통령궁을 공격한 것이다. 정부에 충성하는 군대가 반란군을 진압하긴 했지만, 이 사건은 합법적으로 선출된 칠레 대통령에 대항하여 42년 만에 처음 일어난 전복 시도였고, 국가는 무너지고 있었다.

파블로의 친구이자 변호사인 세르히오 인순사는 당시 칠레 법무 장관직을 맡고 있었다. 그는 합헌적인 정부를 무너뜨리려는 세력이 목표를 달성하기 위해 가능한 온갖 수단을 동원할 채비가 되어 있다는 것을 알 수 있었다. "파블로는 이슬라네그라에서 사태의 추이를 면밀히 지켜보고 있었다. 그는 정보에 목말라했다… 자기를 찾아오는 사람들에게 맨 먼저 던지는 말은 '얘기 좀 해 봐, 대체 어떻게 돌아가고 있는 거야'였다."[16]

1973년 7월 12일, 네루다는 69회 생일 파티를 열었다. 파티라는 말은 정확한 표현이 아니다. 아이다 피게로아의 회고다. "우리 중 그를 보러 간 사람은 불과 몇 명뿐이었다. 그는 침대에 누워 있었다. 나는 과일 바구니를 들고 갔는데, 그가 일어설 수 있게 부축해 주며 말했다. '포옹과 입맞춤, 거기다 과일까지 한 아름 가득 받으세요.'"[17]

---

16) Luis Alberto Mansilla, 'Vivir con Neruda'에서 인용.

17) Aída Figueroa, ibid.

아이다의 남편인 세르히오 인순사와 친구 두어 명이 침상 주변에 둘러앉았다. 다른 사람들은 아래층에서 마틸데와 식사를 했다. 아이다의 이야기다. "우리는 농담을 할 기분이 아니었다. 나라 사정은 그야말로 병적 흥분 상태였다… 우리는 그마저도 더 악화하리라고 생각하고 있었다."[18)]

네루다는 몹시 허약해져 있었다. 이슬라네그라로 네루다를 찾아간 적잖은 친구들은 이번이 어쩌면 그의 마지막 생일 파티가 될지도 모른다고 생각했다. 공산당 의원인 볼로디아 테이텔보임, 글래디스 마린, 그리고 부에노스아이레스의 네루다 출판인의 아들인 곤살로 로사다가 포함된 소규모 대표단이 도착했다. 로사다는 네루다가 따뜻하게 지내도록 부친이 보낸 두툼한 파타고니아 재킷을 선물했다. 네루다는 마틸데에게 아직 출판되지 않은 일곱 권의 책 원고를 가져오라고 했다. 한 권 한 권이 자신의 생애 중 매 10년을 담은 것이었다. 그가 로사다에게 원고를 건네자 그는 바로 출판할 것을 약속했다. 네루다는 이듬해까지 기다려 달라고 했다. 어쨌든 1974년이라야 그의 70회 생일이 되기 때문이다.

호세 미겔 바라스가 지적한 대로, "이 마지막 원고의 필체는 달라져 있었다. 글씨를 보면 시인이 아프다는 것을 알 수 있을 정도였다".[19)] 그는 침대에 누운 채 서판을 무릎 위에 걸

---

18) Ibid.

19) José Miguel Varas, *Qué Pasa,* Santiago, 3 January 2000에서

치고 작품을 썼다.

후안 러브럭에게 보낸 1975년 2월 25일 자 편지에서 마틸데는 이렇게 쓰고 있다.

> 파블로는 사후에 출판될 책 전체의 제목을 직접 골랐다. 제목이 정해지지 않은 시들은 내가 첫 행을 제목으로 올렸다. 파블로가 쓴 책이나 시에, 나나 혹은 다른 누군가가 제목을 붙이는 일은 상상할 수 없었다. [1973년] 9월, 파블로는 내게 앞으로 두 달 더 자서전 일에 매달리겠다고 말했다. 그의 공책에는 주석 달린 몇몇 장에 대한 기록이 있지만, 결국 그것을 쓰지는 못했다. 그러나 회고록은 처음부터 마지막 장까지 내리 준비가 끝나 있었고, [칠레에서 군사 쿠데타가 일어난 1973년 9월] 11일 이후 쓰기 시작한 이 마지막 장은 어떤 경우라도 그가 회고록의 종결부로 결정해 놓은 상태였다.[20]

우리는 네루다가 1973년에 회고록을 다시 검토한 사실을 알게 되었다. 그는 1962년 ≪오 크루제이루 인테르나시오나우≫에 썼던 열 편의 글과 기타 자료들을 회고록 집필에 사용했다.

인용.

20) *Simposio Pablo Neruda*, p.77에서 인용.

에르난 로욜라는 네루다가 사후 첫 번째로 출판될 책 중 하나인 『2000년』을 이스터섬을 노래한 『홀로 핀 장미』와 함께 1971년 초에 썼다고 믿고 있다. 그리고 나중에 시를 다시 고쳤다고 한다. 사실 『2000년』은 밀라노 대학의 네루다 전문가이자 친구인 주세페 벨리니에 의해 1974년에 이탈리아어판이 출간된 바 있었다. 다른 시들과 함께 '유고작'이라고 되어 있으나, 1972년 프랑스에서 출간된 『홀로 핀 장미』가 포함되어 있으니 이는 오류인 셈이다. 네루다의 부에노스아이레스 출판사인 로사다가 1974년 1월 8일 별도의 판으로 처음 출간했다.

비평가인 루이스 사인스 데 메드라노는 『2000년』의 경우, 당대에서 바라본 미래 세계에 대한 네루다의 전망은 조지 오웰의 입장에 더욱 가까워지고 있다고 주장한다. 그것은 20세기만큼이나 비인간적이고 불의에 찬 세계이리라는 것이다. 여러 가지 의미에서 이 시집은 또 "나는 장대비 쏟아지는 파리에서 죽으리라"(바예호의 유고 시집 『인간의 시』에 수록된 「흰 돌 위에 검은 돌」의 첫 행이다 — 옮긴이 주)고 노래한 세사르 바예호를 상기시킨다. 바예호는 죽은 뒤의 자신을 상상하며, 자신이 받은 부당한 대우를 슬퍼하는 사람들의 목소리를 들을 수 있었다.[21]

---

21) Luis Sáinz de Medrano, in his address to the conference 'Neruda, con la perspectiva de 25 años'.

내 생각으로는 『2000년』에 나타나는, 죽음 뒤의 시간에 대한 이 같은 관심은 다른 누구보다도 케베도를 연상시키는 것 같다. 주지하다시피, 네루다는 스페인 황금 세기의 이 시인에게 자신이 많은 것을 빚지고 있음을 여러 차례 밝히고 있다. 다음과 같은 구절만큼 케베도를 닮은 것이 또 어디 있겠는가?

> 앞서 이야기한 2000년에 나 도착했는데, 거기서 나 무엇을 얻을까,
> 무엇으로 내 몸 가려운 곳 긁으며, 나 자신의 제로,
> 나의 부재 위로 의기양양하게 자태를 뽐내는
> 세 개의 동그라미 그것 가지고 나 무얼 해야 한단 말인가?[22]

또 다른 비평가 셀레나 미야레스는 네루다의 후배인 칠레 시인 니카노르 파라 역시 죽은 자들의 음성으로 이야기하는 기법을 사용하고 있다고 지적한다.[23] 그러나 죽음에서 솟아 나오는 목소리에는 순수와 진실이 담겨 있음을 처음 깨달은

---

22) Pablo Neruda, 'Los hombres', *2000* (Losada, Buenos Aires, 1974).

23) Selena Millares, 'Pablo Neruda, en la encrucijada antipoética', *Boletín de la Unidad de Investigación*, University of Alicante, Alicante, December 1999, pp.33-40.

사람은 케베도였다.

『2000년』에서 네루다는 어떤 식의 유토피아도 믿지 않는다는 태도를 가차 없이 드러낸다. 적어도 1956년부터 15년 동안 줄곧 깊어져 온 환멸의 과정이 논리적 절정에 이른 셈이다. 스페인 시인 호르헤 기옌이 언젠가 지적했듯이, 가르시아 로르카에게서 삶의 유쾌함을 배웠던 네루다와는 판이한 네루다를 보게 되는 것이다. 기옌은 "로르카가 네루다를 만들었다"라고 썼다. 그러나 정치적 환멸이 이제 그를 야금야금 갉아먹고 있었다. 그것은 1966년 자신을 공격한 문건에 서명함으로써 그를 분노하게 만든 쿠바 시인 니콜라스 기옌 때문에, 회고록에서 호르헤 기옌을 "선한 기옌, 스페인의 기옌"이라고 부르는 그 네루다이다.

하지만 네루다는 이 책에서 근본적으로는 낙관주의자로 남아 있다. 그는 스스로 소련의 성취라고 여기는 것들에 집착한다. 물론 사인스 데 메드라노가 정확하게 지적하듯이, 이것은 "이데올로기적 이유가 아니라 감정적 이유에서"이지만 말이다.

그가 다가오는 세기라는 생각과 마주 선 것은 이번이 처음은 아니다. 『모두의 노래』 안에는 「2000년에 쓰다」라는 시가 포함되어 있기 때문이다. 자신이 육체적으로 생존하기 위해서는 오직 의학적 기적에 의지할 수밖에 없다는 것을 느끼고 있었겠지만, 새 책은 어떤 형식으로든 살아남기로 단호히 결심한 네루다를 보여 주고 있다. 저 유명한 「소네트 18」

의 셰익스피어처럼 네루다는 자신이 작품을 통해 계속 살아가리라는 희망을 분명히 밝히고 있다.

오늘은 오늘이고 어제는 지나갔네, 틀림없어.

오늘은 또한 내일이고, 나는 떠났었지.
지나가 버린 어느 차가운 한 해와 함께.
그 해는 나와 함께 떠났었지, 나를 데려가 버렸지.

이것 역시 분명해. 내 해골은, 때때로,
말들로 이루어져 있다는 것, 대기와 빗물에
몸을 드러낸 뼈처럼 단단한 말들로 말이야.
나는 일어나고 있는 일을 축하할 수 있었지.
내 뒤에 노래나 증언이 아니라
완강한 말들의 뼈를 남기면서 말이야.[24)]

네루다의 '생일 책들' 중 다음 것은 『엘레지』였는데, 여기에는 모스크바에서 죽은 많은 친구들에 대한 감동적인 애도사가 들어 있다. 스페인 조각가 알베르토 산체스, 튀르키예 시인 나짐 히크메트, 소련 작가 일리야 예렌부르크, 세묜 키르사노프 그리고 또 한 사람의 러시아 번역가 오바디 사비치

---

24) Pablo Neruda, 'Celebración', *2000*.

등이 거기에 포함된다.

그 미소는 어디에 있는가,
또 그 이야기하는 듯하던 그림은,
또 가르침을 주던 단어는,
그 웃음소리, 웃음소리는,
그 거리들에서 내가 잃어버린 사람들의
그 맑은 너털웃음은[25)]

그는 스탈린은 자기 영혼 안에 거처하던 신과 악마 사이에 붙들려 있었다고 썼다. 여전히 알 수 없는 것은 네루다가, 아마도 감상적인 이유에서, 스탈린을

저 지혜롭고 고요하던 그루지야인,
포도주며 다른 많은 것에 정통했던 사람

이라고 언급하고 있다는 사실이다. 마치 그의 범죄가 그가 직접 저지른 일이 아니기라도 한 듯이 말이다.

에르난 로욜라는 네루다가 다음 책 『노란 심장』을 일종의 충격 상태에서 썼다고 믿고 있다. 마틸데가 조카 알리시아와 네루다의 관계를 알게 되고, 네루다 자신은 프랑스에서

---

25) Pablo Neruda, 'XVII', *Elegía* (Losada, Buenos Aires, 1974).

결혼 생활을 유지하려 애쓰던 일이 있고 나서 썼다는 것이다. 그것이 사실인지는 알 수 없지만, 마틸데는 이 시집이 자신에 대한 많은 것을 담고 있다고 여기고 있다.

사실 이 책에서 네루다는 자신의 정신 상태나 자기 몸에 대해 대단히 솔직하게 이야기하고 있기도 하다.

> 이따금 난 행복하네!
> …
> 내 울적한 전립선과
> 변덕스러운 내 요도와 함께,
> 그들은 나를 서서히
> 임상 분석의 끝으로 이끌어 가네.[26)]

1973년 칠레의 겨울, 네루다는 기자이며 장차 소설가가 될 이사벨 아옌데(살바도르 아옌데 대통령의 조카딸)를 이슬라네그라로 초대했다.

> 시인의 상태는 좋지 않았다… 전나무와 유칼립투스 사이에서 바람이 울부짖고, 바다는 잿빛, 문 닫힌 집들과 텅 빈 거리가 있는 해변 마을엔 가랑비가 내리고 있었

---

26) Pablo Neruda, 'Sin embargo me muevo', *El corazón amarillo* (Losada, Buenos Aires, 1974).

다… 어깨에 판초를 두르고 성당 돌조각처럼 기이하고 커다란 머리 위에 모자를 쓴 파블로 네루다가 격식을 차리지 않고 나를 맞아 주었다. 그는 내가 쓴 유머러스한 기사들을 즐겨 읽었으며 이따금 복사해서 친구들에게 나눠 주기도 한다고 했다. 그는 허약했지만 기운을 내서 나를 이끌고 자신이 수집한 소박한 보물들이 들어찬 방으로 안내했다. 어두운 방은 굽이굽이 경이로웠다. 그는 조개껍데기며 술병들, 책과 그림들을 보여 주었다… 그는 또한 음식을 즐겼다. 점심으로 우리는 칠레 연근해의 왕이라 할 수 있는 저 하얗고 쫄깃한 맛의 농어를 구워 먹으며 달지 않은 흰 포도주를 곁들였다. 그는 갑자기 죽음이 기회를 앗아 가기 전에 쓰려고 애쓰는 중인 회고록 이야기를 꺼냈다… 오랫동안 정치 상황에 대해서도 이야기했는데, 그는 무척 고통스러워했다. 조국 칠레가 폭력적인 극단으로 분열되고 있는 상황을 이야기할 때는 목이 메기도 했다. 우익 신문들은 6단짜리 제목을 이렇게 뽑고 있었다. "칠레인들이여, 당신의 증오를 잘 간직해 두라, 필요할 날이 올 것이니!" 그러면서 군부에게 권력을 장악하도록 부추기고 아옌데에게는 대통령직을 사임하든가 아니면, 한 세기 전 발마세다 대통령이 내전을 피하기 위해 그랬던 것처럼, 자살하라고 요구하고 있었다…

점심을 먹고 나니 비가 내리기 시작했다… 나는 시인이

지쳐 있고 포도주를 마셔 취기가 오르기 시작했다는 것을 깨닫고 서둘러야겠다는 생각이 들었다.

"괜찮으시면 지금 인터뷰를 해도 좋을 것 같은데요" 하고 내가 제안했다.

"인터뷰라니?"

"아니, 그것 때문에 제가 여기 온 것 아닌가요?"

"나를 인터뷰한다고? 그런 곤욕을 치러 낼 자신이 전혀 없는데"라며 그가 껄껄 웃었다.

"아가, 넌 이 나라를 통틀어 최악의 기자일 게 분명해. 넌 객관적일 수가 없거든. 네가 하는 모든 일 한복판에 너 자신을 두니 말이야. 너 자신도 모르게 없는 이야기를 하지는 않나 몰라. 뉴스거리가 없으면 넌 아마 지어낼 거야. 왜 소설을 쓰지 그러니? 그 모든 결점이 문학에서는 미덕이 되거든."[27]

오스발도 로드리게스는 네루다의 다음 책 『겨울 정원』에 대해 "가장 심원한 서정성을 간직한 그의 시집의 하나"[28]로 평가한다. 또 다른 비평가 하이메 알라스라키는 이 시집과 다른 최후의 작품들에 대해 흥미로운 이론을 개진하고 있다.

---

27) Isabel Allende, *Paula*, pp.180-182.

28) Osvaldo Rodríguez, *La poesía póstuma de Pablo Neruda* (Editorial Hispamérica, Gaithesburg, MD, 1995), p.63.

네루다 자신은 동양에서 영사로 근무하던 시절, 그 지역의 종교로부터 영향을 받지 않았다고 – 심지어는 거리를 두었다고 – 이야기했다. 그러나 로드리게스는 이들 후기 시에 보이는 순환적 형식이나 내면으로 회귀해야 할 필요성 그리고 몇몇 상징은 브라만 철학을 떠올리게 한다고 주장한다. 「개가 죽었다」라는 시에서 그는 애완견이 죽은 뒤 교감을 나눈다.

나의 개에게는 아니 세상의 모든 개에게는
천국이 있다고 믿는다. 그래, 난 그 천국에
들어가지 못하겠지만, 그러나 개는 부채 같은 꼬리
흔들며 날 기다릴 것이다.
내가 그곳에 도착했을 때 우정을 나눌 수 있게.[29]

「별」에서는 자연과 친교를 맺는다.

…모래는 결정했다
그리고 풍경과 파도의 일부요
소금의 한 음절, 한 마리 물벼룩인
나, 주권자이자, 해변의 노예는
투항하여, 바위에 나를 묶었다.

---

29) Pablo Neruda, *Jardín de invierno* (Losada, Buenos Aires, 1974).

칠레의 우익 비평가인 이그나시오 발렌테는 "네루다가 마지막까지, 자연의 얼굴을 드러내고 빛에 담긴 어떤 특성과 어떤 순간, 하루의 어떤 시간, 어느 한 계절의 미묘하고 찰나적인 신비를 드러내는 저 놀라운 능력을 유지하고 있었다"는 사실에 주목한다. "이 모든 것이 화려하고 물 흐르는 듯한 언어 속에 담겨 있어서 시는 네루다 작품이 늘 그렇듯 자연스러운 음악적 감각과 함께 내달린다."[30]

사실 네루다 작품이 그 자연스러운 음악적 감각을 놓친 적은 단 한 번도 없을 테지만, 그의 친구 아이다 피게로아는 내게 이런 말을 했다.

> 병세가 많이 악화되었을 때 네루다가 이슬라네그라에서 이런 말을 했다. "아이다, 내가 음악을 들을 줄 알았다면 얼마나 큰 도움이 되었을까!" 파블로는 정말 매력적인 인간이다. 그는 함께 이야기하고 있는 사람을 존중했다. 나는 그가 누구를 험담하는 것을 한 번도 들은 적이 없다. 시인으로서만이 아니라, 인간관계와 관련된 모든 것에서 그는 천재였다. 그에게 없는 유일한 것이 있다면, 그것은 음악을 들을 줄 아는 귀였다! 그는 음악을 이해할 줄 몰랐다. 새소리, 사람들의 말은 들을 줄 알았지만,

---

30) Ignacio Valente, 'Neruda's *Jardín de invierno, El Mercurio,* Santiago, 30 November 1980.

음악은 아니었다.[31]

네루다 자신도 회고록에서 이렇게 적고 있다. "내 귀는 아주 분명한 가락 말고는 알아듣지를 못했는데, 그 경우마저도 쉽지 않았다." 의미심장하게도 그가 처음으로 정말 마음이 끌렸던 음악은 '순전히 문학적인' 연관, 즉 마르셀 프루스트와 관계된 것이었다. 그것은 세자르 프랑크의 피아노와 바이올린을 위한 소나타의 세 장짜리 앨범이었다.

> 시적 리얼리즘의 가장 위대한 창시자인 프루스트는 수많은 예술 작품, 그림, 성당, 여배우, 책 들에 열정적으로 탐닉했다. 그의 통찰력은 무엇이든 만나게 되는 것을 환하게 비추지만, 이 소나타의 매혹과 거기에 담긴 반복되는 작은악절에 대해서 그는 거듭, 다른 어떤 대목에서도 보기 힘들 강렬함을 가지고 이야기하고 있다… 나는 그 악절을 들으며 프루스트의 마술적 이야기를 떠올리고 싶었는데, 어느덧 음악의 날개에 실려 휩쓸려 가 버리고 말았다.[32]

이제 네루다는 거의 사람을 만나지 않고 지내게 된다. 아

---

31) Aída Figueroa, in conversation with AF, Santiago, April 2000.

32) Pablo Neruda, *Memoirs,* pp.97-98.

주 가까운 친구 몇 명만 그를 찾아올 뿐이었다. 그는 혼자 있을 때나 사람들과 어울릴 때나 점점 더 자신의 유년 시절을 돌아보게 된다. 그의 친구 사라 비알이 전해 준 말이다.

> 네루다는 유년 시절에 대해 많은 이야기를 했다. 그는 '무뚝뚝한 아버지'에 대해 이야기했다. 어린 시절의 두려움은 잊은 채 깊은 애정을 느끼고 있는 그 거친 아버지를 마음으로 찬탄하면서 말이다. 그러나 어쩌면 네루다는 자신의 유년기에 대해 이상화된 시선을 가지고 있었던 것 같다. [이복여동생인] 라우리타에 의하면, 테무코 시절 네루다는 몹시 지루해했으며, 대부분 침대에서 시간을 보냈다고 한다.[33]

의사들의 파업은 발파라이소에서 받고 있던 코발트 치료가 불가능해진다는 것을 의미했다. 네루다는 이 치료를 통해 병을 다스릴 수 있다는 희망을 지탱해 나가고 있었다. 그는 아이다 피게로아에게 이제 두 가지 선택만 남아 있다고 말했다. '달덩이 얼굴을 갖게 되거나 아니면 죽거나' 중 하나라는 것이다. 달덩이 얼굴이란, 코르티손 요법을 다시 시작하게 되면 얼굴이 붓게 될 것을 알고서 하는 말이었다. "파블로는… 불평하지 않았고 병 이야기도 하지 않았다. 그는 여느

33) Sara Vial, in conversation with AF, Viña del Mar, April 2000.

때와 마찬가지로 시간표에 따라 열심히 글을 써 갔다. 이따금 그는 침대에서 몸을 움직이지 않은 채 그 자리에서 그대로 계속 글을 쓰기도 했다. 그는 미래에 대한 계획을 이리저리 바꿔 보기를 좋아했다."[34]

이 무렵 그를 찾은 사람 중에는 칠레 공산당 지도자인 루이스 코르발란이 있었다. 그는 네루다에게 아옌데가 갖은 어려움 속에서도 원기 왕성하며 칠레를 위해 선택한 길을 계속 추구해 나가려는 결의가 확고하다고 전해 주었다.

칠레 시인이자 외교관인 움베르토 디아스 카사누에바도 이슬라네그라를 찾아와서 이런 증언을 남겼다.

> 그가 이때처럼 친밀하고 형제같이 느껴진 적은 없었다. 내가 이렇게 말했다. "당신 집 들보에 보니 죽은 친구들 이름이 새겨져 있더군. 어떤 들보는 아직 깨끗하여 이름이 써지길 기다리는 것 같고." 그가 대답했다. "그래, 움베르토, 죽음이란 얼마나 끔찍한가. 더없이 냉혹하고 말이야." 나는 그가 젊은 날 번역한 적이 있는 릴케 이야기를 꺼냈다. 훗날, 그는 나를 포함하여 릴케파를 반대한다고 했었다. 그 이야기를 듣더니 네루다는 웃음을 터뜨렸다. "움베르토, 순수시고 비순수시고가 없다는 것을 지금은 알지. 내가 잘못을 저지른 게 분명해. 하지만 그것

34) Luis Alberto Mansilla, 'Vivir con Neruda'에서 인용.

을 인정할 정도로 나는 정직하지 않았는가."[35]

네루다는 아팠지만, 노벨 문학상 상금으로 하려던 일을 밀고 나가겠다는 결심이 단단했다. 세르히오 인순사의 기억이다.

> 1972년 말, 칠레로 돌아온 네루다는 즉시 나를 불러서 – 당시 나는 [아옌데 정부의] 법무 장관이었다 – 그가 오랫동안 생각하고 있던 계획을 추진해 달라고 했다. 이슬라네그라 부근의 푼타 데 트랄카에 땅을 사 두었는데, 그곳에 안락한 주거를 마련하여 국내외 작가들이 최장 6개월 정도 머무르면서 집필에 전념하게 하자는 것이었다. 자신의 상금 일부와 인세에 국가 보조금을 더하여 재정 문제를 해결하면 될 일이었다… 인민연합 정부는 위원회를 구성했고 내가 대표가 되었다… 작은 방갈로 몇 채를 지어 작가들이 와서 일하게 하고, 중앙에 마련할 건물은 도서관과 대화 및 친교 장소로 사용할 생각이었다. 시인은 재단에 자기 서재를 기증할 생각이었는데, 그중에는 랭보의 초판본 시집들과 1954년 칠레 대학에 기증할 당시 포함되지 않은 다른 책들이 들어 있었다. 더욱이 이

35) Humberto Díaz Casanueva, 'En el aniversario de la muerte de Pablo Neruda'. 이 연설은 *Casa de las Américas,* No.144, May-June 1984, pp.154-158에 게재되었다.

슬라네그라의 시인 집 앞에는 문화의 집을 만들어, 이슬라네그라를 비롯한 전 세계의 유명 직공들이 짠 벽걸이 융단을 영구 전시할 계획이었다… 칠레에 돌아온 뒤 처음 몇 달 동안 이 계획은 시인을 온통 들뜨게 했다. 그는 이슬라네그라에 갇혀 지내다시피 하면서 아무도 만나지 않았지만, 이 계획에 대해 이야기하려는 사람에게는 문이 활짝 열렸다… 그는 이런 말을 하기도 했다. "사람들이 나더러 나쁜 시인이라고 할 수 있을지는 몰라도, 나쁜 건축가라고는 절대 못 할 걸세."[36]

네루다는 또 마푸체어로만 수업이 진행되는 대학을 설립할 구상을 하기도 했다.

한때는 세상에서 가장 사교적이었고 모든 사람에게 대문을 활짝 열어 두었던 그가 병든 은둔자가 되어 가고 있다는 것을 생각하면 슬퍼지지 않을 수 없다. 네루다가 낙관적으로 추진했던 칸탈라오 작가 재단 계획이 끝내 수포로 돌아간 것 역시 슬픈 일이다. 문화 파괴자들이 건물 자재를 짓밟아 버렸고, 그 계획은 네루다와 함께 죽어 사라지고 말았다.

그럼에도 불구하고 네루다는 마지막까지 계속 글을 썼다. 그는 조국을 위해 여덟 권의 책을 펴내고 말리라 작정하고 있었다. 『질문의 책』은 그가 지닌 예전의 기지와 짓궂음,

36) Luis Alberto Mansilla, 'Vivir con Neruda'에서 인용.

어린애 같은 생의 기쁨들로 가득 차 있을 뿐만 아니라 주변 세계를 바라보는 더없이 독창적인 시선도 엿보인다.

> 왜 거대한 비행기들은
> 자기 아이들과 함께 날지 않는 걸까?
> …
> 내가 죽고 나서 시간을 알지 못하면
> 누구에게 몇 시냐고 물어볼 것인가?
> …
> 벌 떼가 쫓아오면
> 눈먼 장님은 어디서 살 수 있을까?
> …
> 말해 줘, 장미는 벌거벗은 거야,
> 아니면 가진 옷이 그것뿐인 거야?
> …
> 희망에는 이슬을 뿌려 줘야 한다는데
> 사실일까?
> …
> 왜 크리스토퍼 콜럼버스는
> 스페인을 발견하지 못했나?[37)]

---

37) Pablo Neruda, *Libro de las preguntas* (Losada, Buenos Aires, 1974).

갑자기 어조가 달라지는 곳도 있다.

우리네 삶은 두 희미한 빛 사이의
터널이 아닐까?

그러다 그는 15년 전의 저 멋진 자기 비하로 되돌아간다.

세상에 파블로 네루다로 불리는 것보다
더 멍청한 게 있을까?

시집 『바다와 종』은 네루다가 쓴 마지막 시들을 일부 보여 준다. 네루다의 유작들에 대해 통찰력 있는 글을 쓴 영국 비평가 크리스토퍼 페리암은, 이전에는 시인의 정체성을 확실히 해 주던 장소의 이미지들 — "이미지와 기억의 근원으로서의 대지, 그리고 순수의 은유로서의 바다"[38] — 이 생애 마지막 몇 해에는 희미해진다고 보고 있다. 대지와 연결된 기억들이 점차 강력해지면서도 고통과 연결되는가 하면, 시를 생동하게 하는 바다는 그것이 기반하고 있는 구조 자체를 파괴하려 든다고 페리암은 쓰고 있다.[39]

---

38) Christopher Perriam, *The Late Poetry of Pablo Neruda* (Dolphin, Oxford, 1989) 참조.

39) Christopher Perriam, *The Late Poetry of Pablo Neruda: Some Patterns of Time, Place and Memory in the Creative Imagination* (D.

주세페 벨리니는 빼어난 유작 연구에서, 이 시집과 『지상의 거처』 제2권이 특히 그 절망적 분위기에서 유사하다고 지적한다. 벨리니는 특별히 『지상의 거처』에 나오는 「바다에 빠진 시계」와 『바다와 종』의 「오늘은 얼마나 많은 시간이…」를 비교하고 있다. 앞의 시는 초현실적 분위기를 지닌 데 반해, 후기 시의 음조는 엄숙한 성찰에 가깝다. 그리고 이 시에서 바다는 네루다의 다른 어떤 시보다 더 검은 빛을 띠고 있다.

『바다와 종』은 「마지막」이라는 시로 끝나는데, 어쩌면 네루다가 쓴 최후의 시일지도 모른다. 그것은 마틸데에게 바치는 연애시로 대단히 감동적이다.

> 당신이 살아 있는 동안
> 산다는 것은 얼마나 아름다웠던가!
>
> 밤에, 내가 잠자는 동안
> 세상은 더욱 푸르고 더욱 지상의 것이었으니
> 당신의 작은 두 손에서 그것은 거대하였어라.

시를 쓰지 않을 때면 네루다는 작은 라디오를 귀에 꽂고 두 눈은 텔레비전 화면을 응시한 채 최근 소식을 알려고 애를 썼다. 그 최근 소식은 끔찍한 것이었다. 미국이 새로운 군사

Phil., Christ Church, 1985).

쿠데타를 지원하기 위해 돈을 쏟아붓고 있었던 것이다. 8월 2일 칠레의 버스 및 택시 소유주들이 파업을 선언했다. 8월 23일, 프라츠 곤살레스 장군이 국방 장관 및 총사령관직을 사임하고, 아옌데 대통령에게 정부에 대한 충성파로 여겨지던 아우구스토 피노체트 장군을 추천했다. 그것은 재앙에 가까운, 잘못된 선택임이 나중에 드러난다. 8월 27일, 상점주들이 또다시 반(反)아옌데 파업을 외쳤다. 정부 지지자 10만 명이 아옌데 당선 3주년을 기념하기 위해 9월 4일 산티아고 거리를 누비며 반격을 시도한다. 하지만 사흘 뒤, 라울 몬테로 제독이 해군 사령관직에서 해임되었다. 이로써 쿠데타의 마지막 장애물이 제거된 셈이었다. 피노체트 장군의 쿠데타 음모 개입은 상당히 늦게 이루어진 것으로 보인다. 하지만 그 일은 이제 쿠데타 준비 작업이 막바지에 이르렀음을 알리는 것이었다.

1973년 8월 말경, 네루다는 기자인 루이스 알베르토 만시야를 이슬라네그라로 불러, 과학자 알레한드로 립슈츠(네루다는 언젠가 그를 '이 나라에서 가장 중요한 사람'이라고 불렀다) 탄생 100주년을 기념하기 위해 특별 호를 준비 중이던 ≪엘 시글로≫에 몇 줄의 글을 구술했다.

> 그는 서재에서 벽난로를 향해 앉아 있었다. 울적하고 낙담한 분위기가 느껴졌다. 무릎에는 가브리엘라 미스트랄의 시선집 『비탄』이 놓여 있었다. 그는 미스트랄의 시

「죽음의 소네트」에 다시 한번 깊은 인상을 받았다며 몇 행을 읽어 주었다… 그는 텔레비전 뉴스를 빠짐없이 다 보았고 라디오를 들었으며 신문도 이것저것 빼놓지 않고 읽었다. "금세 내전이 일어날 것 같지 않은가?" 하고 그가 물었다. 나는 상황이 긴장되고 미묘한 것은 사실이지만, 돌파구가 있을 것이라면서 그를 진정시켰다. 그랬더니 그는 나더러 립슈츠 박사 자신과 몇몇 작가에게 이야기해서 위원회를 구성하여 인민연합 정부를 지원하기 위한 대규모 국제회의를 개최하도록 해 보라고 했다. 그가 가능한 작가들의 이름을 열거했는데, 그중에는 사르트르, [로베르토] 마타, [에르네스토] 사바토, [마리오] 바르가스 요사, 가르시아 마르케스, 아서 밀러 등이 망라되어 있었다. 겉으로는 네루다의 70회 생일을 기념하기 위한 것이지만, 그 목적은 전 세계 주요 문화계 인사들의 지지를 모아 아옌데 대통령 정부를 옹호하려는 것이었다.[40)]

같은 달, 네루다는 ≪뉴욕 타임스≫에 기고문을 보내 국제 전화 전신 회사가 칠레의 합헌적 정부에 끊임없이 개입하려 든다며 이 회사를 규탄했다. 신문에 반론이 실리자 네루다는 사망하기 불과 한 달 전, 목숨이 위태로울 만큼 병이 중

---

40) Luis Alberto Mansilla, 'Los últimos días', *Anales de la Universidad de Chile,* Sexta Serie, Santiago, No.10, December 1999.

했음에도 혼신의 힘을 기울여 재반론을 구상했다. 호세 미겔 바라스에게 이야기한 것처럼, 그것은 "코를 내리치는 주먹 한 방처럼 강력하고 피렌체의 칼날처럼 정밀한 것"[41]이 될 것이었다.

그러나 너무 늦었다. 1973년 9월 11일 화요일 아침, 바라스는 네루다에게 전화를 걸어 발파라이소에서 군사 쿠데타가 일어났다고 전했다. 그는 그날로 예정된 이슬라네그라 방문도 연기해야 할 것 같다고 말했다.

> "나중에 봐요, 어쩌면."
> "다시는 못 볼 거야, 어쩌면" 하고 네루다가 근심 어린 목소리로 대답했다. 과연 그의 말대로 되었다.[42]

9월 11일, 군대가 봉기하여 잔인하게 정권을 무너뜨렸다. 대통령궁이 점령되고 살바도르 아옌데는 지금까지도 정확한 진상을 알 수 없는 상황에서 숨졌다. 그는 자살했거나 아니면 살해되었을 것이다(현재는 쿠데타군에 저항하다가 자살하였다는 것이 정설이다 — 옮긴이 주). 수천 명의 평범한 시민들 역시 살해되었다.

마틸데는 아옌데 정부가 어떻게든 살아남을 수 있었다면,

---

41) José Miguel Varas, *Nerudario*, p.247.

42) Ibid.

네루다 역시 — 병이 위중하기 짝이 없었음에도 — 회복될 수 있었으리라고 주장했다. 그녀 말에 따르면, 네루다는 그날 기분이 좋은 상태였는데, 아옌데 사망 소식을 듣는 순간 돌변했다고 한다.

다른 사람들의 생각은 그렇지 않다. 파블로의 친구이자 법무 장관이던 세르히오 인순사는 이렇게 말하고 있다.

> 암이 너무 많이 진행된 상태여서 끝을 맞는 것은 시간문제였을 뿐이다. 얼마나 견딜 수 있을 것인가? 담당 의사들이 그를 살아 있게 만든 것은 기적이었다. 어떤 때는 그의 상태가 최상의 건강을 누릴 때와 마찬가지로 좋았다. 쿠데타가 일어날 때까지만 해도 네루다는 죽음이 임박했음을 몰랐으리라 생각한다. 그는 앞으로 10년간의 일을 구상하고 있었기 때문이다. 새로운 책 제목들이 머리에 떠오르고 있었고, 회고록도 단 한 사람, 단 한 가지 사건도 빼놓지 않고 몇 권의 책으로 기록할 생각이었다. 그의 불굴의 생의 의지가 1973년 9월 11일에 끝났다고 나는 생각한다. 그는 텔레비전을 통해… 모네다궁이 폭격당하는 모습을 지켜보았고, 장군 넷이 군사평의회를 구성한다고 발표한 저 유명한, 음산하기 짝이 없는 광경을 보았던 것이다. 다음 날 그가 심하게 통증을 느껴 마틸데는 그를 산티아고로 데려가 산타마리아 병원에 입원시켰다. 그녀에게는 파블로가 있을 때 군인들이 몰려

와 집을 뒤집어 놓는 것을 피하려는 생각도 있었다.[43]

9월 14일, "그는 기분이 조금 나아져서 무언가를 불러 줄 테니 받아쓰라고 했다". 마틸데의 회상이다. "나는 열심히 종이와 연필을 찾았다. 그리고 금세 그의 곁에 앉아 부르는 대로 받아썼다. 그것은 회고록 마지막 장이었다. 나는 몹시 기뻤다. 왜냐하면 구술을 받아 적는 동안 11일 이후 우리가 겪고 있던 끔찍한 긴장을 떨쳐 버릴 수 있었기 때문이다."[44]

칠레는 혁명이 거의 없고 대부분 안정된 정부로 이루어졌던, 장구한 민간의 역사를 가지고 있다. 이들 정부 전체가 보수적이고 평범했다. 고만고만한 대통령이 대부분이었지만, 그중에 두 명의 위대한 이가 있었으니, 발마세다와 아옌데가 그들이다. 흥미로운 것은 두 사람 다 동일한 배경 즉, 이 지역에서는 스스로를 귀족이라고 부르는 부유한 계급에서 나왔다는 점이다. 졸렬한 과두 정치에 의해 시시한 땅이 되어 버린 나라를 위대한 국가로 만들고자 했던 절조 있는 이 두 사람은 죽음으로 향하는 동일한 길을 걸어갔다. 발마세다는 질산염 자원을 외국계 회사들에 넘겨주기를 거부하다가 자살로 내몰렸고, 아

43) Luis Alberto Mansilla, 'Vivir con Neruda'에서 인용.

44) Matilde Urrutia, *Mi vida junto a Pablo Neruda,* p.10.

엔데는 칠레의 대지 아래 누워 있는 또 다른 재산인 구리를 국유화했기 때문에 살해되었다…

아옌데의 행동과 업적은 칠레에 영원히 지워질 수 없을 가치를 지닌 것이었고, 그것이 칠레 해방의 적들을 분개하게 만들었던 것이다. 이 위기가 지닌 비극적 상징성은 대통령궁을 폭격한 데서 분명해진다. 그것은 스페인, 영국, 러시아의 무방비 도시를 상대로 한 나치의 전격전을 연상시킨다. 똑같은 범죄가 이제 칠레에서 자행되고 있었던 것이다. 칠레 공군 조종사들이 급강하 폭격을 하고 있던 대통령궁은 수백 년 동안 산티아고에서 이루어지는 시민 생활의 중심이었다. 내가 회고록에 남기기 위해 이 몇 줄의 글을 서둘러 적고 있는 것은, 도저히 입에 담을 수도 없는 사건들이 나의 위대한 벗, 아옌데 대통령을 죽음으로 몰고 간 지 불과 사흘 뒤다. 그가 살해된 사실을 침묵으로 둘러싸고, 아무도 모르게 매장해 버리면서, 오직 그의 부인만 저 불멸의 육신을 따라갈 수 있게 해 놓은 것이다. 이 일을 자행한 범죄자들은 죽어 있던 그의 시신에서 명백한 자살의 증거를 찾았다고 말한다. 외국으로 흘러 나간 이야기는 이와 다르다. 공중 폭격이 있자마자 탱크가 진격을 개시했던 것이다. 수많은 탱크가 단 한 사람을 상대로 영웅적 전투를 벌인 것이다. 그 한 사람, 칠레 공화국 대통령 살바도르 아옌데, 그는 집무실에서 오직 자신의 위대한 가슴 하나만 부여잡고 연기와 화염에 둘러싸인 채 그들을 기다리고 있었다. 그들은 그토록 멋진 기회를 놓칠 수 없었다. 그가 기관총으로 난사당해야 했던 것은, 절대로 자신의 직책을 사임하려 하지 않았기 때문이다. 그 육신은 사람 눈에 띄지 않는 곳에 비밀리에 매장되었다. 그 유해는 온 세상의 슬픔을 함께 가져간 단 한 사람의 여인이 뒤따르는 가운데 무덤으로 갔다. 죽어 있던 저 빛나는 모습은 또다시 조국을 배반한 칠레 군인들의 기관총에 벌집이 되어 갈가리 찢기고 말았다.[45)]

마틸데의 회상이다. 그들이 작업을 하고 있는 동안, "사람들 말소리가 들렸다. 누구일까? 그 순간 운전기사가 얼이 빠진 상태로 들어와 말했다. '수색이에요.'" 철모 쓴 군인들을 가득 실은 버스가 밤늦게 이슬라네그라에 도착하더니, 사람들을 전부 집 밖으로 내몰았다. 네루다는 위층 침실에 있었다. 군인들이 랜턴을 들고 정원의 나무와 풀숲을 헤치며 수색하는 모습이 창문으로 보였다. 지상의 천국에 가장 가깝다고 생각하던 곳에, 그가 진저리를 치는 군인들이 급습해 온 것을 목도해야 하는 것은 그가 겪은 가장 참담한 경험이었을 것이다.

지휘관이 네루다를 찾았다. 어디에 있는지를 들은 그는

---

45) Pablo Neruda, *Memoirs,* pp.348-350.

손에 총을 들고 조심스레 계단을 올라갔다. 그러다 놀라운 일이 벌어졌다. 그 젊은 군인은 갑자기 네루다와 얼굴을 마주치게 된 것이다. 그는 당황했다. 네루다가 그를 바라보더니 말했다. "잘 둘러보게. 자네에게 위험한 것이라곤 여기 한 가지밖에 없네. 시(詩) 말일세." 군인은 공손하게 철모를 벗더니, 더듬거리듯, "미안합니다, 네루다 선생" 하며 물러나 부하들을 인솔하고 떠나갔다. 집안 물건은 하나도 다치지 않았다.

산티아고의 페르난도 마르케스 델 라 플라타 거리에 있는 집, 라 차스코나도 군인들이 수색했는데, 집은 폐허가 되고 말았다. 마틸데는 그 이야기를 바로 전해 들었지만, 파블로에게는 입을 닫았다.

칠레 독립 기념일인 9월 18일, 그의 건강이 악화했다. 마틸데는 응급조치가 필요하다고 판단하고 구급차를 불러 병원으로 옮겼다. 이상하게도 따뜻하고 맑은 해가 비치는 날이었다.

> 가는 길에 군 순찰대가 그들을 세웠다. 파블로 네루다가 병중이어서 병원에 가는 길이라고 마틸데가 이야기했지만, 그들은 들은 척도 하지 않았다. 두 사람 다 구급차에서 내려야 했다. 군인들이 차량과 서류, 옷가지를 꼼꼼히 뒤지는 동안 반 시간쯤 기다리고 있어야 했다. 파블로는 한마디도 하지 않았다. 갑자기 그의 두 볼 위로 눈물이

흐르는 것이 마틸데에게 보였다. 그가 말했다. "내 얼굴 좀 닦아 줘, 파토하."46)

산티아고의 산타마리아 병원 402호실을 곧바로 찾아온 중요한 인물 중 한 사람은 멕시코 대사 곤살로 마르티네스 코르발라였다. 그가 마틸데에게 전한 말은, 멕시코 대통령 루이스 에체베리아가 직접 나서서 파블로와 마틸데 두 사람을 즉시 안전한 멕시코로 실어 나르도록 DC8 수송기를 준비해 두었다는 것이었다. 마틸데에게 이 제안을 전해 들은 네루다의 첫 반응은 부정적이었다. "나는 칠레를 떠나지 않을 거야. 이곳이 내 나라고 이곳이 내가 있을 자리야."47)

9월 20일, 멕시코 대사가 다시 찾아와서 9월 22일 토요일에 비행기를 타고 칠레를 떠나도록 거듭 네루다를 설득했다. 수색 부대가 라 차스코나를 짓밟은 이야기를 마틸데에게 듣고 난 네루다는 월요일인 24일에, 그것도 일시 체류를 위해 떠난다는 조건으로 멕시코행을 수락했다. 그는 자기들이 금방 돌아오게 될 것이라고 말했다.

네루다가 자신이 쓴 마지막 글을 멕시코 대사에게 건네주었다는 사실은 잘 알려져 있지 않다. 손 글씨로 쓴 이 짤막한 글은 네루다의 친구들이기도 한 세 사람의 멕시코 벽화 화가

---

46) Luis Alberto Mansilla, 'Vivir con Neruda'에서 인용.

47) Matilde Urrutia, *Mi vida junto a Pablo Neruda*, pp.14-15.

-디에고 리베라, 다비드 알파로 시케이로스, 호세 클레멘테 오로스코-의 전시회 소개 글이었다. 9월 13일 산티아고에서 개막식이 열릴 예정이던 이 눈부신 전시회는 아옌데 대통령이 축사를 하게 되어 있었지만, 쿠데타와 그의 죽음으로 당연히 취소되었다. 네루다가 '세 사람'이라는 제목을 붙여 놓은 이 짧은 글에는 이렇게 씌어 있다. "이 그림들 속에 살아 있는 불길은 영원히 꺼질 수 없는 것이다. 지금 이곳 (칠레에) 그 불길은 살아 있다. 우리는 우리 민중의 힘을 드러내는, 이 불길 속의 거대한 기운, 대지의 기운이 필요하다."[48)]

네루다가 멕시코로 떠나기로 동의한 뒤, 마틸데는 네루다가 가져가고 싶어 하는 책 목록을 들고 이슬라네그라로 갔다.

> 여행에 필요한 다른 물건들도 챙기고 있는데, 전화가 왔다. 파블로였다. 나더러 즉시 돌아오라는 것이었다. "다른 이야기는 아무것도 할 수 없어"라고 그가 말했다. 나는 최악의 사태가 벌어졌다고 생각했다. 정신없이 가방을 꾸려 출발했다… 병실로 뛰어 들어가 그의 곁에 앉았다. 나는 긴장으로 지친 상태였다. 파블로는 흥분되어 있었다. 여러 친구들과 이야기를 해 보았는데, 칠레에서 무슨 일이 일어나고 있는지를 자기가 전혀 모르고 있다

---

48) Pablo Neruda, 'Tres Hombres', *El Proceso,* Mexico City, 9 September 1978에 게재되었다.

니 믿을 수 없다는 것이었다. 그가 말했다. "그자들이 사람을 죽이고 있어. 갈가리 찢긴 시신들을 내주고 있다고. 시체 공시소엔 주검이 즐비하고 사람들이 바깥에 수백 명씩 모여 서서 시신을 양도하라고 요구하고 있다니까. 노래하던 빅토르 하라에게 무슨 일이 일어났는지 당신 몰랐어? 그자들이 하라의 몸도 갈기갈기 찢어 놓았어. 기타를 치던 두 손을 다 뭉개 놓았대." 머리칼이 쭈뼛 서는 당시의 일들을 행여 그가 알세라 조심하고 있었는데, 파블로는 내가 아무것도 모르고 있다고 생각한 것이다. "빅토르 하라의 몸을 갈기갈기 찢다니. 당신 몰랐어? 맙소사. 그것은 마치 나이팅게일을 죽이는 짓이나 똑같지. 사람들 말을 들으니, 하라가 계속 노래를 멈추지 않자, 그자들이 미쳐 날뛰었다는 거야."[49]

네루다는 텔레비전 뉴스를 계속 보겠다고 했지만, 마틸데가 그를 겨우 설득하여 병실에서 치우게 되었다. 그러나 그러기 전에 네루다는 총살당한 젊은이들의 시신을 마포초강 부근에서 건져 내고 있다는 사실을 고통스럽게 알게 되었다.

네루다가 숨지기 하루 전 아이다 피게로아가 병실을 찾았다.

나는 처음으로 그가 통증을 호소하는 말을 들었다. "발

---

49) Matilde Urrutia, *Mi vida junto a Pablo Neruda*, pp.15-16.

끝에서 머리끝까지 온몸이 다 아파." 그리고 허드렛일을 하러 나간 마틸데가 보이지 않자 이렇게 덧붙였다. "게다가 파토하도 없네. 나를 어떻게 움직이고 침대에 어떻게 눕혀야 하는지 아는 건 그 사람뿐인데." 그는 친구인 델리아 베르가라가 가져온 프랑스 소설을 읽는 중이었다. 두 손에 책을 펴 들 힘이 없어서, 여러 부분으로 찢은 작은 책자로 읽고 있었다. 그동안 옆방에서는 오메로 [아르세]가 몇 편의 시와 최근 사태와 관련해 쓴 회고록 일부를 깔끔하게 타자하고 있었다. 그가 타자 원고를 가져오면 파블로가 교정을 보았다.[50)]

오메로 아르세 역시 몇 년 뒤 피노체트의 비밀경찰인 국가정보국(DINA)에 납치되어 잔혹하게 구타당한 뒤 알 수 없는 상황에서 숨졌다.

파블로는 친구들의 운명이 어찌 되었는지 걱정되어 가슴을 태웠다. 아이다의 남편 세르히오는 이미 산티아고의 온두라스 대사관에 피신해 있었다. 네루다는 아이다에게 "이자들은 사람을 죽인다니까"라는 말을 몇 번이고 되뇌었다. 그는 멕시코로 떠나 그곳에서 칠레의 사태를 고발할 생각을 버리지 않고 있었다. 그러나 아이다가 만난 네루다는 숨 쉬는 것조차 힘겨워 보였다.

---

50) Luis Alberto Mansilla, 'Vivir con Neruda'에서 인용.

칠레 화가 네메시오 안투네스도 9월 22일 네루다를 찾아갔다. 네루다는 고통스러워하고 있었지만, 의식은 또렷했고 체념한 모습이었다. 그가 평생 간직해 온 저 낙관주의의 마지막 불꽃이 마침내 스러지고 만 것일까? 네루다는 네메시오에게 이렇게 말했다. "이 군인이라는 자들이 지금은 끔찍할 만큼 잔인하게 굴고 있지만, 조금 있으면 사람들 마음을 끌어 보려고 들 걸세. 착하디착한 보통 사람인 양 행세하면서 말이야. 텔레비전 카메라 앞에서 어린애들이며 노인들을 끌어안고 다독거리겠지. 집도 지어 주고 과자 상자도 건네고, 훈장 같은 것도 달아 주겠지. 여러 해 동안 사라지지 않고 버틸 거야. 그러는 사이, 문화도 예술도 텔레비전도, 그 어느 영역에서건 철두철미 범속함이 지배하겠지."

9월 22일 밤, 네루다는 마틸데와 단둘이 남아 있었다. 나중에 그녀는 "그날 밤, 그 사람은 내게 무척 다정했다"라고 에르난 로욜라에게 말했다.

> 그 사람에게 눈을 좀 붙이라고 했지. 그러면 기운을 찾는 데 도움이 된다는 걸 자기도 알고 있으니까. 그가 "우리는 이보다 더한 어려움도 헤쳐 나왔어" 하고 말하더군. 그러고서 몇 시간 잠을 잤어. 그러나 깨어났을 때는 더 이상 예전 같은 상태가 아니었지. 그 뒤 다시는 같은 모습을 찾지 못했어. 열이 오르니, 이제 나를 못 알아보더군. 오락가락 착란 증세를 보이며 마음과 의식은 박해받

고 고문당하는 친구들한테 가 있는 거야. 횡설수설하다가 "그 친구들을 총으로 쏴 죽이고 있어, 총으로 쏴 죽이고 있어" 하며 소리치곤 했지. 그러다 다시 꾸벅꾸벅 졸고 또다시 환각에 빠져들고 하더니 일요일 아침 의식 불명 상태가 되었어.[51]

파블로 네루다는 1973년 9월 23일 일요일 밤 10시 30분에 숨을 거두었다. 마틸데와 이복여동생 라우리타가 임종을 지켰고, 그들의 친구인 테레사 아멜도 그 자리에 있었다. 시인의 마지막 말은 "나, 간다"였다. 그의 몸이 떨리는 게 느껴졌다. 그리고 그는 떠났다.

에르난 로욜라가 다음 날 아침 마틸데를 찾아갔다.

마틸데는 파블로의 유해에서 절대 떨어지지 않겠다고 마음먹고 있었다. 그자들이 행여 장례식이라는 가면극을 벌이거나 혹은 그보다 더 사악한 목적으로 유해를 탈취하려 들지 몰랐기 때문이다. 그녀는 산타마리아 병원의 그 음울한 회랑에서 밤을 지새웠다. 그녀의 모습을 나는 결코 잊을 수가 없다. 계엄 상태에서 통행금지가 해제되는 시각에 바로 병원으로 간 나는 외로움 속에 홀로 버

---

51) Hernán Loyola, *Ser y morir en Pablo Neruda,* Actas del Quinto Congreso, AIH, Bordeaux, 1974.

려져 있던 마틸데의 모습을 아주 이른 시간에 보았기 때문이다. 나중에 외신 기자들이 도착하고 네루다의 유해는 예배당 대기실로 옮겨졌다. 그곳은 텅 빈 잿빛이어서 차라리 시체 공시소 같은 느낌을 주었다. 운동복 상의에 목이 터진 셔츠를 입은 시인의 모습은 들것 위에서 쉬고 있는 것 같았다. 얼굴은 평온하여 거의 미소 짓고 있는 것처럼 보였다. 관이 오기까지는 몇 시간이 걸렸다. 그동안 내내 마틸데는 들것 곁에 서서 아무 말 없이 네루다의 얼굴을 바라보고 있었다. 고통 속에서도 매우 담담하던 모습이 잊히지 않는다. 그녀는 이따금 기자에게 무슨 말을 했다. 마침내 관이 도착했다. 철회색이었다. 마틸데가 말했다. "나는 장례에 관해서는 아무것도 몰라. 테레사가 알아서 관을 주문했지. 나는 검은색은 안 된다고만 했어. 파블로는 장례식에서 검은색 쓰는 것을 싫어했거든."[52)]

아이다 피게로아는 월요일 아침 일찍 병원으로 갔다.

회랑의 들것에 안치된 파블로의 유해에는 시트가 씌워져 있었다. 예배당 근처였다. 자기들 일에 골몰한 병원 직원들이 무심하게 지나쳤다. 소식을 듣자마자 나는 마

52) Ibid.

틸데에게 전화를 걸어, 우리 집에 빈소를 차리라고 했었다. 군인들이 약탈하고 불태워 버린 네루다의 집 라 차스코나로 유해를 옮기기는 불가능해 보였기 때문이다. 그러나 마틸데는 거절했다. "작가협회에서도 빈소를 제공하겠다는 연락이 왔지만, 집으로 모셔야 한다고 생각해요." 집이라고 해야 깨진 돌, 부서진 유리, 뒤집힌 가구들뿐인데, 뭐 하러 굳이 그 어려움을 감당하려고 하는지 물었다. 그녀는 "집이 엉망일수록 파블로가 더 좋아할 것 같지 않아요?" 하고 되물었다. 외교관들과 외신 기자들이 올 것이고, 그들은 칠레 문학의 가장 위대한 영광인 노벨 문학상 수상자의 면전에서도 멈추지 않았던 파시즘의 만행을 확인하게 되리라는 것, 그것을 마틸데는 깨달았던 것이다.[53)]

산티아고에 폭우가 쏟아지고 있었다. 진흙탕을 뚫고 네루다의 유해를 집으로 옮기는 일은 녹록지 않았다. 관을 들여놓기 위해서는 임시로 다리를 설치해야 했다. 누군가가 널빤지를 하나 놓자, 다른 사람들이 뒤를 이었다. 10여 분 만에 '다리' 비슷한 것이 만들어졌다.

에르난 로욜라의 회고에 따르면, 이 작업을 하는 동안,

53) Luis Alberto Mansilla, 'Vivir con Neruda'에서 인용.

집 안 위층 큰방에서는 깨진 돌과 갖가지 수색의 잔해를 치우느라 부산했다. 마치 폭격을 맞은 것 같았다. 그곳에 관을 안치했다. 수많은 이름 없는 사람들이 꽃을 바치고 눈물을 흘렸다… 정오에 군사평의회 대표로 이바녜스 대령과 다른 군인 한 명이 도착했다. 그러나 마틸데는 그들을 맞기를 거부했다. 많은 외신 기자들이 와 있었고 저녁 6시, 7시경이 되자 집 안은 사람들로 꽉 찼다. 칠레가 느끼는 고통을 어떤 방식으로든 표현하고자 하는 사람들이 줄을 이었다. 그들 중 일부는 현장에서 체포될지도 모른다는 두려움에 조용히 왔다가 얼른 떠나는 경우도 분명 있었다… 네루다의 빈소에서 날을 지새운 사람들은 마틸데와 라우라 레예스, 카르카모스 부부, 아이다 피게로아, 엘레나 나시멘토, 후아니타 플로레스, 엔리케타 킨타나(사진작가 안토니오 킨타나의 부인), 그리고 나까지 아홉 사람뿐이었다. 마틸데가 잠시 눈을 붙였다. 그녀가 한숨도 자지 않고 밤낮없이 그 많은 날을 견뎠다는 것은 믿을 수 없을 정도였다. 하지만 채 두 시간도 안 되어 그녀는 다시 눈을 떴다. 초롱초롱한 정신으로 시인의 유해를 지키는 근위병으로 돌아간 그녀는 온종일 그랬던 것처럼, 그를 뚫어지게 바라보고 있었다… 봄이 막 시작되었지만, 추위가 맹렬하여 부서진 창틈으로 한기가 쉽사리 방 안으로 밀려들고 있었다.[54)]

조의를 표하러 온 사람 중에는 검은 양복에 검은 안경을 쓴 노인이 한 사람 있었는데, 그는 네루다가 열아홉 살 때 첫 시집 『황혼 일기』를 출판하도록 돈을 빌려준 적이 있는 에르난 디아스 아리에타(알로네)였다. 그는 공산주의에 대한 증오심에서 아옌데 정권의 붕괴를 요구하는 글을 여러 편 썼었다. 네루다는 죽어서도 살아서도, 정치적 성향을 떠나 모든 사람에게 사랑과 찬탄의 대상이었다.

제복을 입은 경찰과 군인들이 집으로 들어왔다. 그들은 철모를 벗으려는 시늉도 하지 않았다. 그중 한 명이 자기는 아우구스토 피노체트 장군을 대신해서 왔다며 이렇게 말했다. "칠레 문학의 영광인 위대한 시인 파블로 네루다의 미망인과 친척들에게 조의를 표하기 위해 이야기를 좀 하고 싶다"는 것이었다. 파블로의 친구인 첼라 알바레스가 말을 끊었다. "여기 있는 사람 모두가 네루다의 친척이오." 그녀는 마룻바닥 여기저기 흩어져 있던 책이며 그림들을 가리키며 그에게 말했다. "당신들이 만들어 놓은 이 폐허에서 우리가 지금 네루다를 지키며 경야를 하고 있는 중이오. 그에게 마지막으로 경의를 표하기 위해 존경과 평화를 요구합니다. 그리고 오늘 밤은 우리끼리만 있을 수 있게 보장해 주시오." 그 장교는 칠레 정부가 시인을 위해 3일간의 애도 기간을 선포했다고 말했다. 그런데 시인이 운명한 날부터 계산한다고 하

---

54) Hernán Loyola, *Ser y morir en Pablo Neruda.*

니, 사실상 몇 시간 뒤면 애도 기간이 끝나는 셈이었다.

25일 화요일, 아침 9시, 출입구와 1층을 흥건히 적시고 있는 물바다를 건너 또 한 번 운구해야 하는 서글픈 일이 남아 있었다… 어렵사리 밖으로 나오자 수많은 노동자, 학생 들이 길거리에 모여 있었다. 사람들이 외치는 소리가 들리기 시작했다. 누군가가 "파블로 네루다 동지는!" 하고 외치면 다른 사람들이 "살아 있다!" 하고 소리쳤다. 장례 행렬은 도전적인 분위기를 만들며 길게 이어졌다 (물론 [군사 정부는] 집단적 시위를 금지하고 있었다)… 길을 나아갈수록 행진하는 사람들이 불어났다. 라 파스 거리에 있는 국회 의사당에 도착하면서 장례 행렬은 강렬한 대중적 항의로 바뀌었다. 그리고 그것은 9월 11일의 쿠데타 이후 처음이었다… 고백건대 나는 두려움으로 온몸이 얼어붙는 것 같았다. 사람들이 점점 더 거센 목소리로 인터내셔널가를 부르기 시작했기 때문이다. 그러다 문득 보니, 나 자신도 두 손을 하늘 높이 흔들면서 노래를 부르고 있었다. 빈틈없이 무장한 군인들이 묘지 반대편 광장을 둘러싸고 있었고, 조금 있으면 그들이 기관총을 난사할 것이라고 나는 진심으로 믿었다. 누군가가 큰 소리로 "파블로 네루다 동지는!" 하고 외치면 우리는 모두 "살아 있다!" 하고 화답했다. 외치는 소리는 두세 차례 반복되었고, 갈수록 더 힘찬 목소리로 대답했다. 그러다 돌연 "빅토르 하라 동지는!" 하는 외침 소리가 들렸다. 갑자기 우리는 목이 멘 듯 목소리가 갈라졌다. 비열하게 살해된 그의 죽음을 규탄하기 위해 빅토르의 이름이 공개적으로 불린 것은 그때가 처음이었다. "살아 있다!" 그러자 다시 외치는 소리가 들렸다. "살바도르 아옌데 동지는!" 이제 갈라지고 쉰 우리 목소리는, 온 세계가 들을 수 있게 소리치고픈 열망으로, 격정과 공포로 뒤틀린 울부짖음이 되어 외쳤다. "살아 있다!" 그 순간 우리에게서 두려움은 사라졌다고 나는 믿는다. 그들은 거기서 우리를 어쩔 수 없었기 때문이다. 두 손을 하늘 높이 들고 인터내셔널가를 부르며 죽는 편이 더 나았다. 목청껏 노래를 부르며, 모두 소리 내어 울며, 우리는 묘역 안으로 들어갔다. 어쩌면 그 많은 외신 기자들이 있어서 우리가 목숨을 부지했는지도 모른다… 묘역에서는 기이한 일이 일어났다. 비석 가까이 가는 동안 장례 행렬이 속도를 내기 시작한 것이다… 모두들 하관식을 지켜보기 위해 묘 가까이 가고 싶어 했다. 그래서 장례 행렬 바깥에 서서 따라오던 사람들이 걸음을 재촉하기 시작한 것이다. 어쩌다 보니 마틸데와 행렬을 이루고 있던 다른 사람들도 거의 뛰다시피 급히 걸어가는 모습이 보였다. 운구하던 사람들도 발걸음을 빨리하기 시작한 것이, 다른 사람들이 서두르는 데다 아무도 의식(儀式)다운 엄숙한 분위기를 유지하려고 지휘하는 사람이 없

었기 때문이다. 그리고 어쨌든 아무도 그런 분위기를 필요로 하지 않았다.[55)]

누군가가 네루다의 『가슴속의 스페인』을 펴 들고 스페인을 파괴한 프랑코를 공격하는 시를 읽기 시작했다. "자칼마저도 등을 돌릴 자칼들아… / 장군들아 / 배신자들아, / 폐허가 된 나의 집을 보라, / 박살 난 스페인을 보라"

군인들은 여전히 기관총을 장전한 채 지켜보고 있었다. 마틸데는 나중에 이렇게 말했다. "세상에서 가장 평화로운 사람을, 한 사람의 시인을 두고서 경찰과 군대라니 이 무슨 소동이었단 말인가!"[56)] 추도객으로 그 자리에 있었던 로세르 브루는 내게 이렇게 말했다. "폭발할 듯한 격렬한 분위기였습니다. 경찰과 군인들이 우리를 포위하고 있었으니까요. 오싹할 만큼 무서웠어요."[57)]

네루다는 줄곧, 바다를 굽어볼 수 있게 이슬라네그라에 묻히고 싶다고 말했었다. 그러나 그것은 불가능했다. 그리고 네루다의 몸을 거두어 줄 작은 벽감 하나 마련되어 있지 않았다. 마지막 순간에야 작가 아드리아나 디트본이 집안 소유 영묘(靈廟) 안에 있는 자신의 벽감을 네루다를 위해 쓸 수

55) Ibid.

56) Matilde Urrutia, *Mi vida junto a Pablo Neruda,* p.29.

57) Roser Bru, in conversation with AF, Santiago, March 2000.

있게 해 주었다. 그를 묻기 전, 이름을 알 수 없는 한 젊은이가 간밤에 직접 쓴 글을 읽었고, 첼라 알바레스가 『모두의 노래』 일부를 낭송했다. 네루다의 친구였던 프란시스코 콜로아네는 시인이 바다와 칠레를 얼마나 사랑했는가를 상기시켰다. 욜란도 피노 사베드라는 추도사에서 이렇게 말했다. "파블로 네루다의 육신이 지상의 거처를 떠나고 있는 지금, 그 안에 있던 불멸의 영혼은 높이 솟아 조국의 영광이 되고 있다." 그다음에 신원을 알 수 없는 수많은 익명의 사람들이, 사랑하면서도 한 번도 만난 적이 없는 시인을 위해 몇 마디씩 했다.

네루다가 운명한 지 얼마 지나지 않은 어느 날 아침, 그의 친구 프란시스코 벨라스코가 라 세바스티아나 — 발파라이소의 이 집은 그와 그의 부인이 네루다 부부와 공동으로 소유하고 있었다 — 로 돌아오는 길이었는데, 집 안이 소란했다. 사람들이 모여 파블로가 살고 있던 집 꼭대기 부분을 가리키고 있었다. 집 근처에 살며 일을 거들어 주던 젊은이가 "박사님!" 하고 그를 불렀다. "파블로 선생이 쓰던 방 쪽에 이상한 일이 생겼어요. 안에 뭐가 들어 있는 것 같아요." 그들은 조심스레 위층으로 올라갔다. 거실로 들어가 보니, "거대한 독수리 한 마리가 사나운 눈빛에 발톱은 금방이라도 공격할 태세를 갖추고 있었다". 몇 달 동안 모든 곳을 다 잠가 두었는데, 어떻게 그 독수리가 집 안에 들어갈 수 있었을까? 벨라스코는 문득 네루다가 언젠가 자기에게 한 말이 떠올랐다. "만약 다음 생(生)이 있다면, 나는 독수리가 될 걸세." 벨라스코는 라 차스코나에 있던 마틸데에게 전화를 걸어 그 이야기를 했다. 마틸데는 조금도 주저하지 않고 말했다. "파블로가 왔던 거예요."[58)]

그 뒤 얼마 안 되어 마틸데는 파블로의 생일 선물을 세상에 내놓기 위해 일하기 시작했다. 그녀는 미겔 오테로 실바와 함께 베네수엘라에서 네루다 회고록을 완성하는 작업을 진행했다. 이듬해인 1974년, 네루다가 부탁한 대로 로사다가 일곱 권의 시집을 펴냈다. 길었던 마지막 투병 기간 내내 쓴 시들이었다.

네루다는 『100편의 사랑 소네트』에서 마틸데에게 이렇게 당부했다.

> 내가 죽는다면, 나보다 오래, 넘치는 맑은 힘으로 살아남아
> 창백한 자들 냉정한 자들의 마음을 분노로 끓게 하라.
> 남쪽에서 남쪽까지 지워지지 않을 그대 두 눈 초롱하게 치켜뜨고,
> 태양에서 태양까지 그대의 입 기타처럼 아름다운 소리 울려라.

---

58) Francisco Velasco, *Neruda, el gran amigo* (Galinost-Andante, Santiago, 1987), p.133에서 인용.

그녀는 이후 10년을 네루다에 대한 기억과 그의 작품이 살아 있게 하는 데 전념했다. 네루다 재단을 만들고 싶어 했지만, 그녀가 살아 있는 동안에는 피노체트 독재로 불가능했다. 대신 그녀는 집행 위원회를 꾸려 실질적으로 재단 출범을 준비했다. 다음 몇 해 동안 그녀는 네루다를 기리는 여러 모임에 참석하곤 했다. 그중에는 놀랄 만한 경우도 있었는데, 프랑스의 위대한 무언극 예술가인 마르셀 마르소는 평생 지켜 온 규칙을 깨고 처음으로 관객 앞에서 입을 열어 친구 네루다를 기리는 말을 했다.

『스무 편의 사랑의 시와 하나의 절망의 노래』는 스페인어로 쓰인 시집 중 여전히 가장 많이 읽히는 작품이며, 그의 시는 모든 주요 언어는 물론 세상에 알려지지 않은 여타 언어로도 계속 번역되고 있다. 그러나 어느 비평가가 지적했듯이, "당신이 만약 네루다 전집을 갖게 되면, 당신의 마음이 어떤 상태에 있건 그와 대화를 나눌 수 있게 된다. 고독 속에서, 불행한 사랑 가운데서, 혹은 그저 생각에 잠겨 있는 중에도, 당신은 네루다의 시 곁에서 희망을 찾을 수 있게 된다. 네루다는 자신의 삶과 자신의 시를 수많은 국면과 양상으로 빚어 놓아서, 우리는 누구나 어떤 상황에서고 그로부터 어떤 이야기를 듣게 된다. 그는 그 모든 선함과 악함, 범속과 모순 가운데 있는 인간 존재를 빚어 놓았다".[59]

---

59) Hernán Loyola et al., 'Pablo Neruda, ¿poeta para el siglo XXI?'

1974년 5월 말경의 어느 춥고 안개 낀 날 아침, 네루다의 유해는 산티아고 시립 공동묘지로 옮겨졌다. 마틸데는 1985년 1월 5일 숨을 거두었다. 그녀 역시 암이 데려갔다. 그녀가 지상을 떠날 무렵, 네루다가 파토하를 위해 지어 준 집, 라 차스코나는 여전히 정부에서 파견한 자들이 관리하고 있었고, 이슬라네그라는 아무도 접근할 수 없게 봉쇄된 상태였다. 1986년 6월이 되어서야 파블로 네루다 재단이 마침내 정부의 인가를 받았고 마틸데가 지명한 집행 위원들이 이사진을 구성하게 되었다. 그리고 마침내 칠레에 민주주의가 복원된 1992년이 되어서야 파블로와 마틸데의 유해는 비로소 이슬라네그라의 집 앞에 안장되어 태평양의 파도와 함께 있게 되었다.

인간은 한 조각 소금처럼 대양으로 녹아든다.

(Mesa redonda), *Boletín de la Unidad de Investigación,* University of Alicante, Alicante, December 1999, p.88.

옮긴이의 말

파블로 네루다는 1971년 노벨 문학상 수상 연설에서 이렇게 말했다. "나는 지리적으로 다른 나라들과 동떨어진 어느 한 나라의 이름 없는 변방에서 왔습니다. 그동안 나는 시인들 가운데서 가장 소외된 시인이었으며 지역의 한계에 갇힌 나의 시 안에서는 늘 고통의 비가 내렸습니다." 칠레의 시인을 휘감았던 이러한 숙명적 변방 의식에도 불구하고 탄생 120주년을 맞은 지금까지도 네루다는 "[마추픽추의] 죽은 왕국이 살아 있다"는 그의 시구처럼 수많은 이들의 가슴속에 살아 노래하고 있다. 네루다는 그토록 고통스럽게 쓴 자신의 시가 숱한 사람들을 행복의 길로 인도했다는 것은 이해할 수 없는 기적이라고 말한다. 우리 문학에서도 김남주, 정현종을 비롯하여 네루다의 시를 가까이 호흡한 시인을 만나기는 어렵지 않다. 그러나 정작 일반 독자들이 네루다의 이름을 친숙하게 느끼게 된 것은 안토니오 스카르메타의 소설 『불타는 인내』(국내에는 『네루다의 우편배달부』로 소개됨)를 원작으로 한 마이클 래드퍼드 감독의 영화 〈일 포스티노〉를 통해서였다. 이 영화의 마지막을 장식하는 「시」는 우리나라 고등학교 문학 교과서에 수록되어 있고, 시인 김용택이 엮은 『시가 내게로 왔다』 역시 이 시의 한 구절에서 제목을 따온 것이다.

문학 평론가 김재용에 의해 밝혀진 바에 따르면, 처음으로 네루다를 만난 한국 작가는 칠레 시인과 동갑내기인 월북 작가 상허 이태준이라고 한다. 상허는 1951년 아시아 문학 좌담회에 참가하여 시베리아 횡단 열차를 이용해 몽골을 거쳐 베이징에 도착한 네루다를 만난 뒤 『위대한 새 중국』에서 "미국 자본가들 밑에 피땀을 착취당하고 있는 칠레 광산 노동자들 속에서 시를 써 왔고, 제2차 세계대전 당시에 벌써 미국이 앞으로 파쇼의 길을 걸을 것을 예견하여 미국 청년들에게 경종을 울리는 많은 시를 썼으며, 미제와 자기 나라 반동 정권의 갖은 박해 속에서 세계 평화를 위하여 싸워 온 시인"으로 소개하고 있다. 책의 저자인 파인스타인이 밝히고 있듯이, 네루다의 시가 우리말로 번역된 것도 이 무렵이라고 한다. 그러나 네루다가 국내에 본격적으로 알려진 것은 김수영이 일찍이 1969년에 ≪창작과 비평≫에 「다문 입으로 파리가 들어온다」, 「유성」, 「고양이의 꿈」 등 아홉 편의 시를 번역해 실으면서였다. 시를 "온몸으로 밀고 나갔던" 김수영의 대담한 전위주의 정신, 그리고 시인의 양심과 타락한 현실의 충돌에서 오는 자의식과 비애는 나르시시즘과 열린 광장에 대한 욕망이 교차하는 네루다의 시와 닮은꼴이며, 두 시인 모두 개인적 자아에서 사회적 자아로, 고독에서 인간적 연대로, 모더니즘의 실천에서 그 극복으로, 소시민적 허위의식과 자조적 미학에서 그 청산으로 나아갔던 시적 궤적(혹은 그 가능성)을 보여 주었다.

네루다의 시는 1971년 노벨문학상 수상을 계기로 비교적 활발하게 소개되었으며, 1970년대에 민족 문학론을 주창했던 작가 및 평론가들에 의해 제3세계 문학의 전범으로 거론되기도 했다. 이 무렵 번역시를 통해 네루다를 알게 된 시인이 김남주다. 그는 드러내 놓고 하이네와 네루다, 마야콥스키 등 외국 시인의 영향을 진하게 받았다고 거듭 밝힌 바 있으며, 그의 오랜 동료 이강에 따르면 "민족 해방을 가장 주요한 과제로 삼았던 남미의 문학이 그의 문학관에 결정적인 영향을 끼쳤다"라고 한다. 무엇보다 네루다의 시가 보여 주는 탁월한 역사 인식에 매료된 김남주는 1979년 남민전 사건으로 투옥된 이래 "싸우는 사람들이 일상적으로 보아 주기를 바라는" 마음으로 또 자신의 시 정신을 벼리기 위해 복역 중이던 감방에서 네루다의 시를 틈틈이 번역하였으며, 이러한 작업은 훗날 번역 시집 『아침저녁으로 읽기 위하여』(1988)

의 출간으로 빛을 본다. 시를 인간에 대한 믿음을 관철하고 불의에 맞서기 위한 가장 강력한 무기로 여긴 네루다의 혁명 정신과 투쟁적 리얼리즘은 "공포야말로 인간의 본성을 캐내는 데 / 가장 좋은 무기"라는 인식으로 항상 "시대의 어둠을 가르는 전령"이고자 했던 김남주의 시를 관통하고 있다. 한편, 네루다 시의 행로가 유년기를 보낸 테무코와 그곳이 상징하는 순수 자연의 세계로 돌아가는 기나긴 여정인 것처럼, 김남주의 민중적 서정의 중심에도 정치 이데올로기가 아니라 "산마루에 걸린 초승달이 입이 귀밑까지 째지도록 웃고 있는" 그의 고향 해남이 자리 잡고 있다. 순결한 자연과 대지에 대한 사랑에서 역사와 인류 보편에 대한 광대한 전망으로 확장을 이뤄 낸 네루다와 김남주는 둘 다 시와 풍토와 혁명의 동거를 탁월하게 실현한 시인들이다.

김남주와는 다른 시각에서 네루다의 시를 받아들인 시인이 칠레의 시인을 "워낙 좋아하는" 정현종 시인이다. 그는 『네루다 시선』 옮긴이 후기에서 마치 "역자 자신이 쓴 것처럼 으스대고 싶기도 하다"라는 말로 네루다와의 친연성을 드러낸다. 정현종 시인이 네루다에게서 읽어 낸 것은, 그의 시에 대해 김현이 지적했던 것처럼, "시적인 부드러움을 잃지 않고

서 그를 둘러싼 사람들의 고통을 감싸 안는" 변증법적 상상력이었으리라. 정현종은 추상화와 일반화를 거부하는 네루다 시의 물질세계에 대한 천착을 두고 "어김없이 노래하는 사물의 핵심에 이르며, 그리하여 모든 시의 꿈이라고 할 수 있는 자연으로서의 언어 - 인공자연(人工自然)을 실현하고 있다"라고 갈파하였는데, 훗날 인간과 물질세계의 관계로 심화하는 네루다의 이 인공자연은 정현종의 첫 시집 『사물(事物)의 꿈』이 보여 주는 시적 풍경과 다름이 없다. 이 풍경 속에는 "사물과 생명의 숨과 꿈이 들끓고" 있으며, 그것은 "사물들과의 우주적 교감에 대한 열망이자, 동시에 그것을 억압하는 현실에 대한 예리한 저항의 문맥"을 함유한다. 그래서 정현종은 "네루다를 읽으면 참 신명 같은 것이 나고 환기의 기분이 든다"라고 했을 것이다.

이처럼 네루다는 오랜 시간을 두고 점차 우리에게 친숙한 시인으로 다가왔다. 그 과정에서 『스무 편의 사랑의 시와 하나의 절망의 노래』에 이어 뒤늦게나마 대표작인 『모두의 노래』, 『기본적인 송가』('너를 닫을 때 나는 삶을 연다'로 번역) 등의 시집이 속속 번역 · 소개되었다. 2004년 탄생 100주년을 맞아 그의 조국 칠레에서는 국가 통합의 상징으로 자리매

김되었고 전 세계적으로 대대적인 기념행사가 열리는 등 네루다의 삶과 작품 세계가 집중적인 조명을 받은 바 있다. 국내에 변변한 관련 서적 하나 없어 답답해하던 차에 기회가 닿아 소개하게 된 파인스타인의 책 역시 시인의 탄생 100주년을 기념하여 기획되었다. 이 전기는 테무코의 자연 속에서 시인의 꿈을 키웠던 유년기부터 보헤미안적인 삶에 탐닉했던 산티아고 학창 시절, 외교관으로 아시아와 라틴아메리카와 유럽을 떠돌던 시절, 그리고 눈 덮인 안데스를 넘어 망명길에 올랐던 고난의 시절을 거쳐 피노체트의 군사 쿠데타 직후 고통 속에서 눈을 감은 생의 마지막 순간까지 파란만장한 네루다의 삶의 행로를 좇는다. 또 열정과 고뇌에 물든 에로티시즘, 세계의 상실과 파괴에 대한 초현실주의적 직관, "양귀비로 뒤덮인 형이상학" 대신 "거리의 피"를 노래하는 투철한 역사의식, 그리고 후기 시에서 엿보이는 동양적 에스프리에 이르기까지 시인의 광대무변한 창작 여정을 따라간다. 많은 미공개 자료를 담고 있는 이 전기에는 저자가 저널리스트 특유의 직업 정신으로 발품을 팔아 가며 발굴하고 축적한 시인의 친구들과 지인, 전문 학자들의 무수한 목소리가 들어 있다. 쉼 없이 등장하는 이 목소리들은 때로 매끄러운 책 읽기를 가로막고 직설적이고 건조한 문체는 시인을 지면 위에서 살아 숨 쉬게 만드는 데 실패하기도 한다. 또 때로는 지나친 세심함으로 시인의 삶과 작품 세계의 대응 관계를 천착하다가 전기적 세부만으로 설명할 수 없는, 네루다 시의 끝간데 없는 폭과 깊이에 대한 분석적 통찰을 놓치기도 한다. 그러나 네루다의 절친한 벗이자 정치적 동지였던 볼로디아 테이텔보임이나 네루다의 측근이자 비서였던 마르가리타 아기레가 쓴 네루다 전기의 다분히 편파적인 신화적 색채나 시인이 숨을 거두기 직전까지 매달린 회고록의 다소 환상적인 분위기와 비교한다면, 이 전기의 구체성과 엄밀성, 객관적 거리는 "움직이지 않는 여행자"였던 시인의 다채로운 면모를 오롯이 되살려 내는 미덕을 지니고 있다. 또 이 책에는 자신의 삶을 "모든 삶으로 이루어진 삶"으로 이해하고 '모두의 노래'를 불렀던 시인의 전기답게 가르시아 로르카, 사르트르, 미스트랄, 보르헤스, 바예호, 엘뤼아르, 아라공, 예렌부르크, 아스투리아스, 파스, 피카소, 디에고 리베라 등 20세기를 풍미했던 작가·예술가들은 물론 체 게바라, 마오쩌둥, 카스트로, 스탈린, 히틀러, 프랑코, 트로츠키, 아옌데 등 수많은 정치적 인물의 흥미로운 일화가 잇달아 등장함으로써 당대 역사와 문학 · 예술의 지형도를 보는 또 다른 즐거움을 선사한다.

이 책은 2005년 국내 한 출판사에서 번역서가 나온 바 있으나, 예기치 않게 출판사가 문을 닫으면서 일찌감치 절판되고 말았다. 그 이후 시인의 삶을 둘러싸고 적지 않은 논란이 있었다. 1973년 쿠데타 직후 피노체트 군부에 암살되었다는 주장이 꾸준히 제기되어 오던 차에 2013년 사인 규명을 위해 이슬라네그라에 있는 네루다의 무덤이 발굴되었으며, 작년 2월에는 칠레 법원이 그의 사망 원인을 재조사하라는 판결을 내리는 등 타살 의혹을 둘러싼 논란은 여전히 현재 진행형이다. 그런가 하면, 시대의 변화 속에서 네루다의 삶이 일부 부정당하고 단죄되는 일도 있었다. 2018년 칠레 의회는 산티아고 공항의 이름을 네루다 공항으로 바꾸려던 계획을 철회한다고 발표하였는데, 네루다가 회고록에서 밝히고 있는 타밀족 여성 폭행 일화를 들어 여성 단체와 시민 사회가 거세게 반발한 것이 직접적인 원인이었다. 또한 회고록의 내용에 더해 그의 작품이 여성을 성적 대상화하였다는 비판도 적지 않았다. 네루다 전기를 20년 가까이 지난 시점에 재출간하는 것은, 시대에 따라 평가와 판단의 잣대가 달라지기 마련이지만 이 책에 담긴 내용과 네루다 문학의 가치, 그리고 그 도저한 보편성과 확장성이 오늘날에도 여전히 유효하다고 믿기 때문이다. 재출간 과정에서 원서와 기존 번역을 꼼꼼히 살펴 크고 작은 오류를 바로잡고, 기존 번역에서 지면의 제약 때문에 축소되었던 원주(原註)를 되살리는 등 대폭 수정·보완하였다. 이 전기의 재출간을 계기로 "잉크보다 피에 더 가까운" 네루다의 삶과 문학에 대한 그의 열정이 다시 한번 우리 독자들의 가슴에 닿게 되기를 바란다.

2025년 2월

김현균·최권행

지은이에 대해

애덤 파인스타인은 많은 신문과 잡지에 스페인·라틴아메리카 문학에 관한 글을 발표했으며, ≪번역 현대시(Modern Poetry in Translation)≫에 수록된 페데리코 가르시아 로르카와 마리오 베네데티의 작품을 번역했다. BBC 라틴아메리카국(局)에서 근무했으며 스페인의 주요 일간지 ≪엘 문도≫의 런던 특파원으로 활동했다.

옮긴이에 대해

김현균은 서울대학교 서어서문학과에서 라틴아메리카 현대 문학을 가르치고 있다. 서울대학교 서어서문학과를 졸업하고 동 대학원에서 석사 학위를, 마드리드 콤플루텐세대학교에서 박사 학위를 받았다. 라틴아메리카 문학을 국내에 알리고 스페인어권에 우리 문학을 소개하는 데도 힘쓰고 있다. 루벤 다리오 시선『봄에 부르는 가을 노래』, 파블로 네루다 시집『너를 닫을 때 나는 삶을 연다』,『네루다 시선』, 세사르 바예호 시집『조금밖에 죽지 않은 오후』, 로베르토 볼라뇨 시집『낭만적인 개들』, 로베르토 볼라뇨 소설『아메리카의 나치 문학』,『부적』,『안트베르펜』, 이베로아메리카 동시선『작은 성냥갑』, 마리오 베네데티 소설『휴전』, 후안 카를로스 오네티 소설『아디오스』, 로베르토 페르난데스 레타마르 에세이『칼리반』, 에두아르도 갈레아노 에세이『시간의 목소리』, 스페인어권 단편선『날 죽이지 말라고 말해 줘!』 등을 우리말로 옮겼고, 김수영 시선『우선 그놈의 사진을 떼어서 밑씻개로 하자(Arranca esa foto y úsala para limpiarte el culo)』, 김영하 소설『나는 나를 파괴할 권리가 있다(Tengo derecho a destruirme)』, 한국 현대문학선『끝이 시작되었다(Por fin ha comenzado el fin)』(공역)를 스페인어로 번역하여 각각 멕시코, 스페인, 콜롬비아에서 출간했다. 지은 책으로는『낮은 인문학』,『차이를 넘어 공존으로』,『라티노/라티나 : 혼성 문화의 빛과 그림자』,『스페인어권 명작의 이해』,『세계를 바꾼 현대 작가들』(이상 공저),『어둠을 뚫고 시가 내게로 왔다』 등이 있다.

최권행은 서울대학교 인문대학 불어불문학과 명예교수다. 서울대학교 불어불문학과를 졸업하고 동 대학원에서 '몽테뉴와 신세계'를 주제로 석사 학위를, 프랑스 스트라스부르대학교에서 '17세기 프랑스 소설'을 주제로 박사 학위를 받았다. 김지하 시집『화개(花開)』를 샤를 쥘리에와 함께 프랑스어로 옮겼으며, 레나테 자하르의『프란츠 파농 연구』, 미셸 드 몽테뉴의『에세 I, II, III』(심민화 공역)을 우리말로 옮겼다. "몽테뉴와 정치의 인간화", "몽테뉴의 독자와 자유인의 공동체" 등의 논문이 있다.

파블로 네루다

지은이 애덤 파인스타인
옮긴이 김현균 · 최권행
펴낸이 박영률

초판 1쇄 펴낸날 2025년 4월 7일

커뮤니케이션북스(주)
출판등록 제313-2007-000166호(2007년 8월 17일)
02880 서울시 성북구 성북로 5-11
전화 (02) 7474 001, 팩스 (02) 736 5047
commbooks@commbooks.com
www.commbooks.com

ISBN 979-11-7307-706-7 03870

책값은 뒤표지에 있습니다.